OLYMPISCHE WINTERSPIELE
Pyeongchang 2018

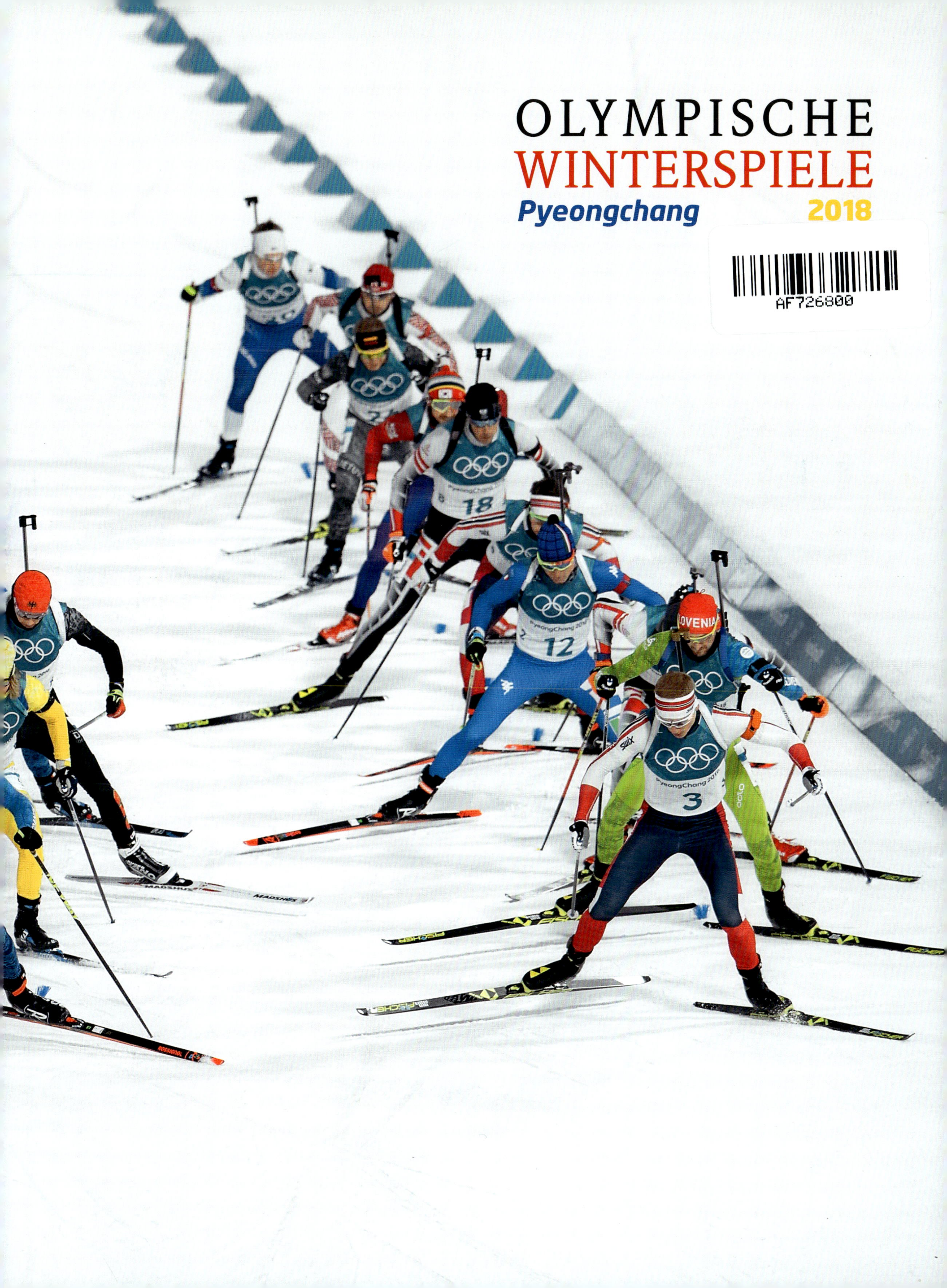

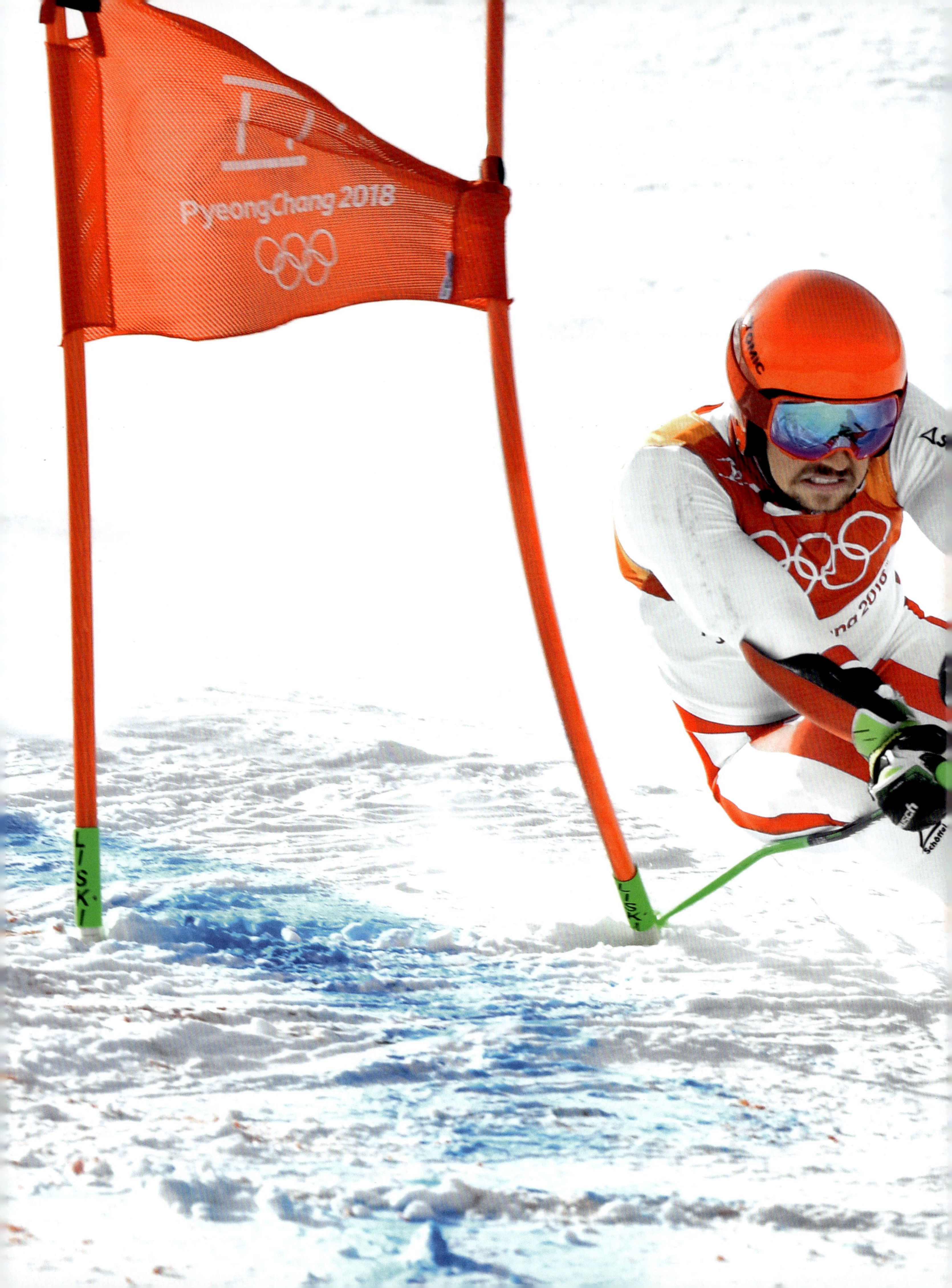
PyeongChang 2018
LISKI
LISKI

OLYMPISCHE WINTERSPIELE

Pyeongchang 2018

SVEN SIMON

dpa Deutsche Presse-Agentur

dpa

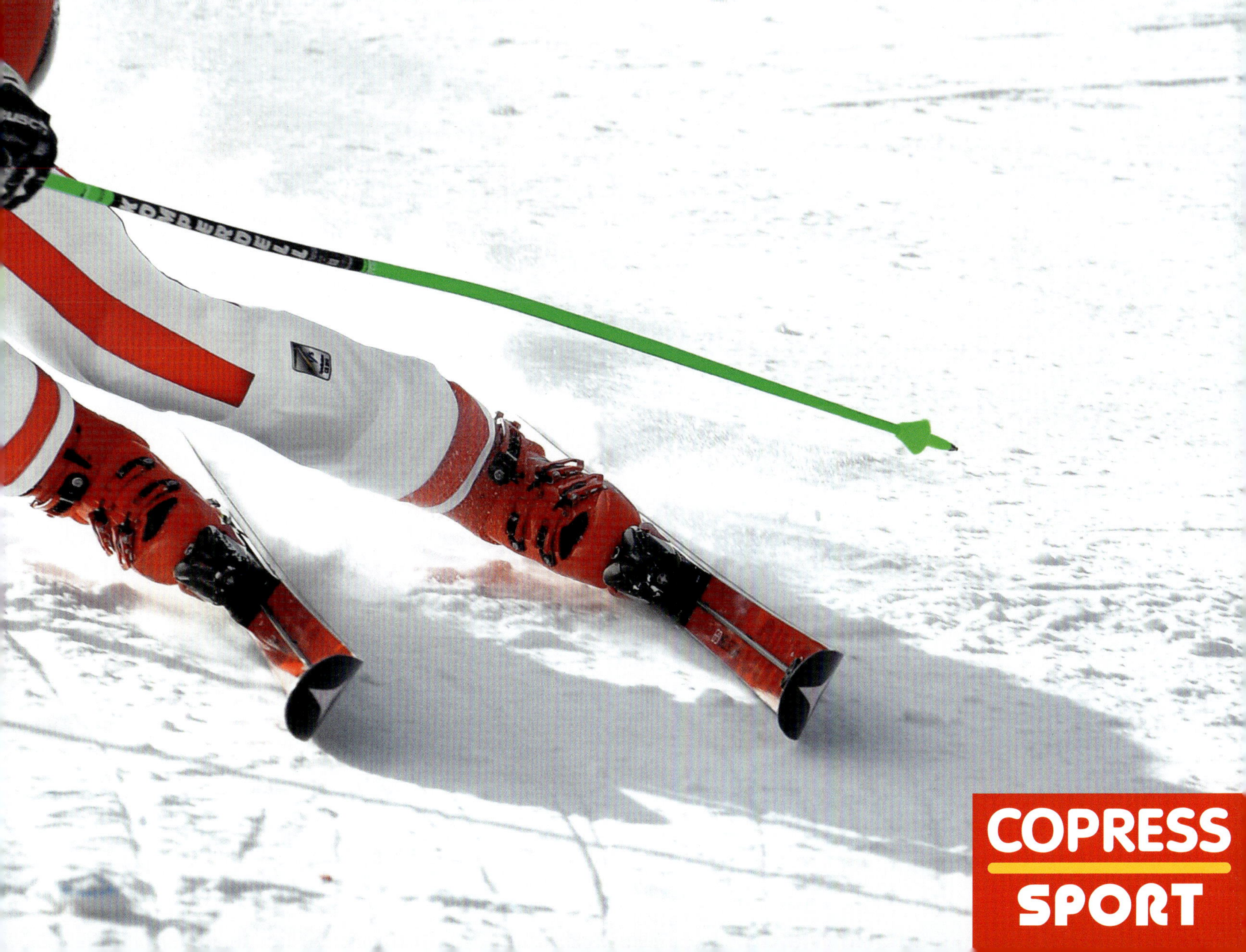

COPRESS SPORT

PyeongChang 2018

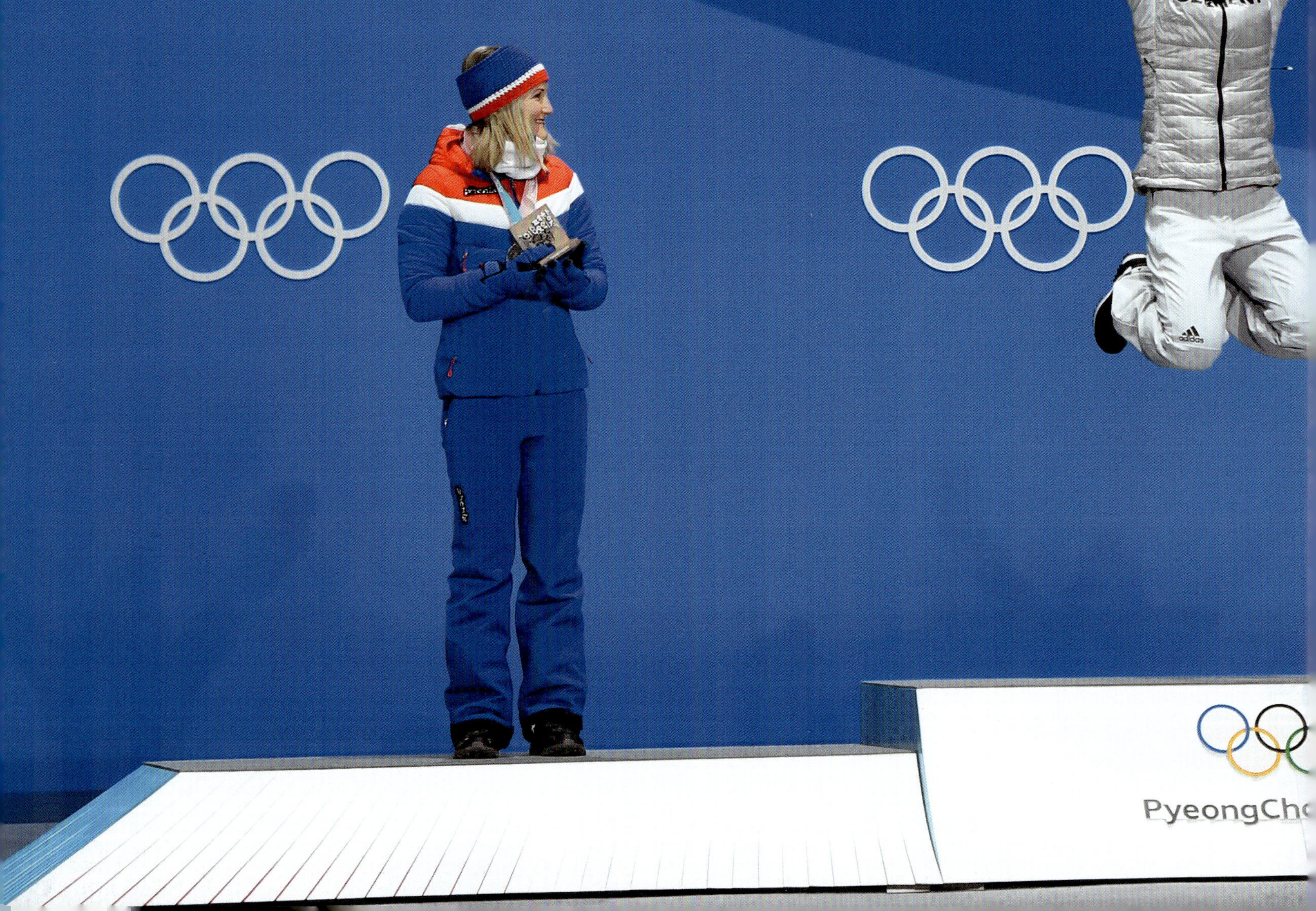

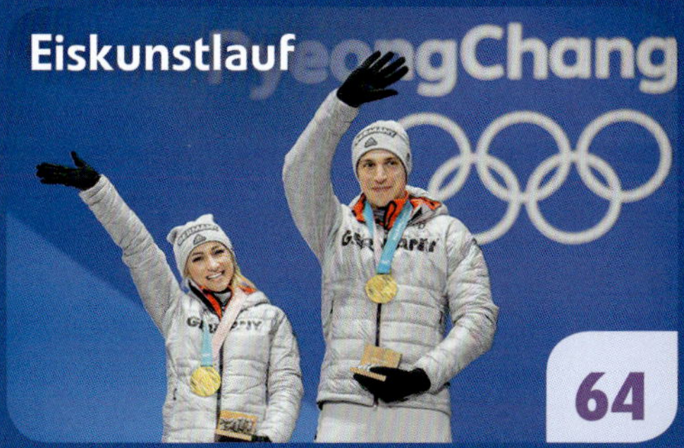

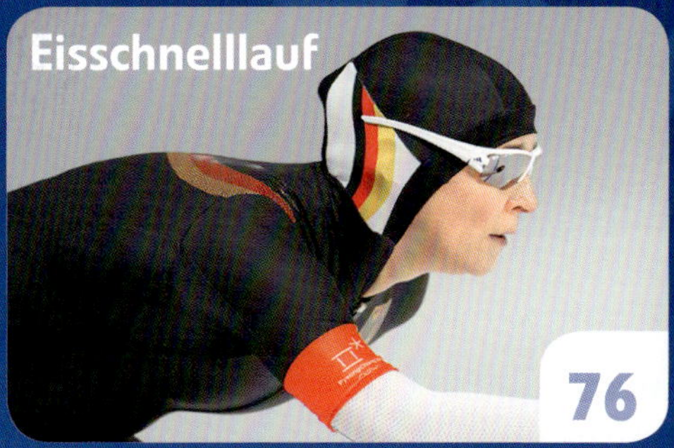

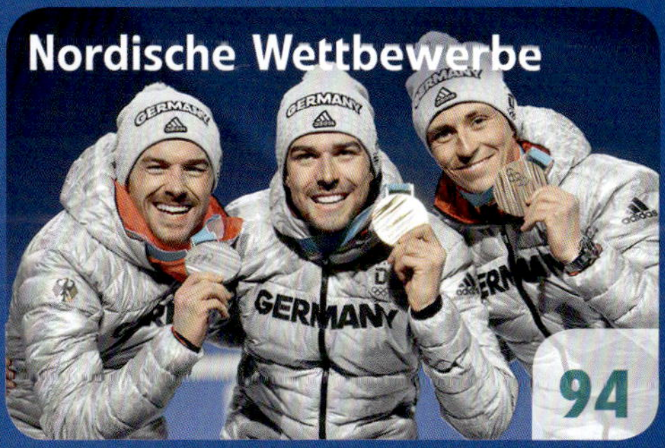

Finale

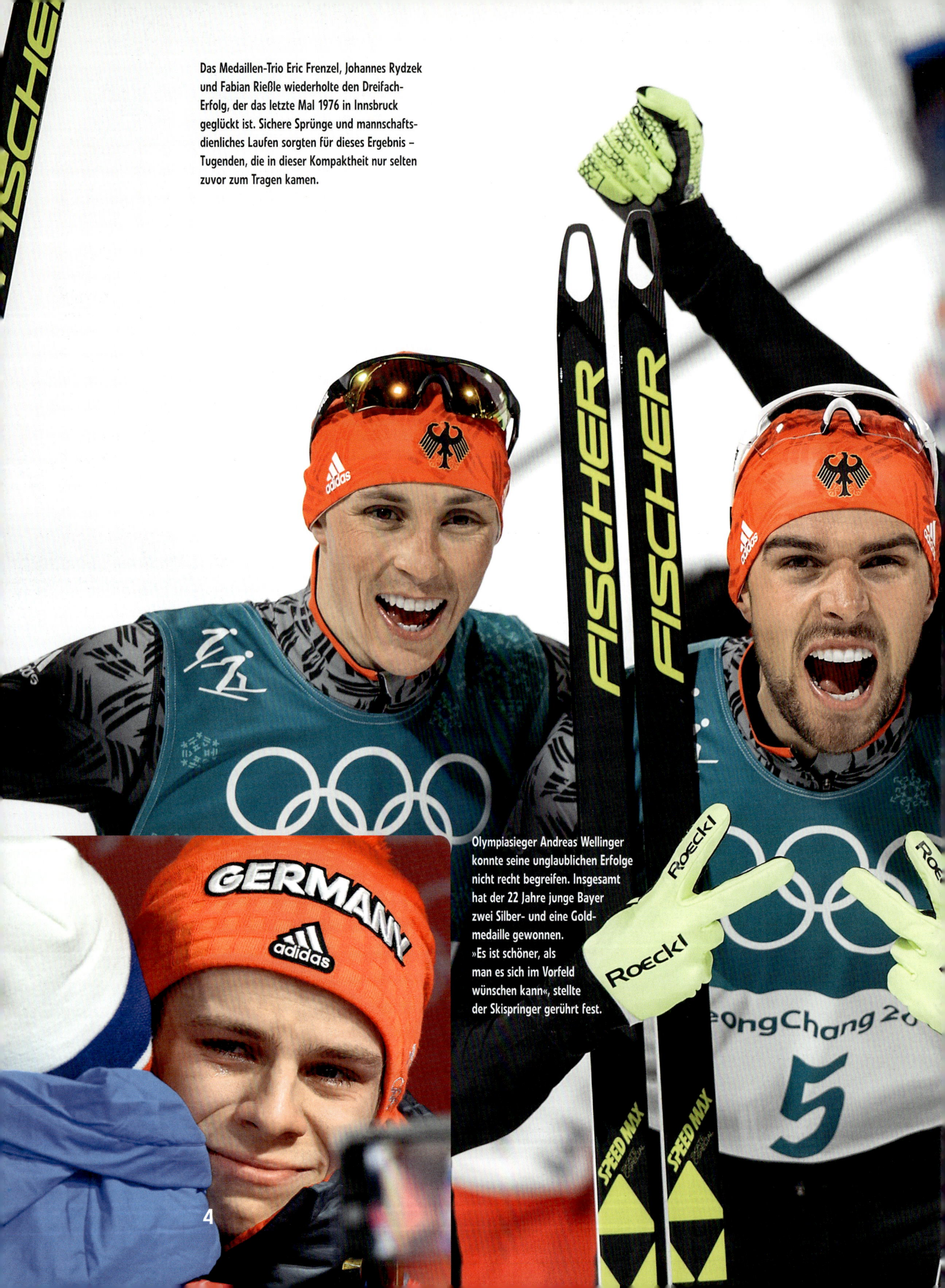

Das Medaillen-Trio Eric Frenzel, Johannes Rydzek und Fabian Rießle wiederholte den Dreifach-Erfolg, der das letzte Mal 1976 in Innsbruck geglückt ist. Sichere Sprünge und mannschaftsdienliches Laufen sorgten für dieses Ergebnis – Tugenden, die in dieser Kompaktheit nur selten zuvor zum Tragen kamen.

Olympiasieger Andreas Wellinger konnte seine unglaublichen Erfolge nicht recht begreifen. Insgesamt hat der 22 Jahre junge Bayer zwei Silber- und eine Goldmedaille gewonnen. »Es ist schöner, als man es sich im Vorfeld wünschen kann«, stellte der Skispringer gerührt fest.

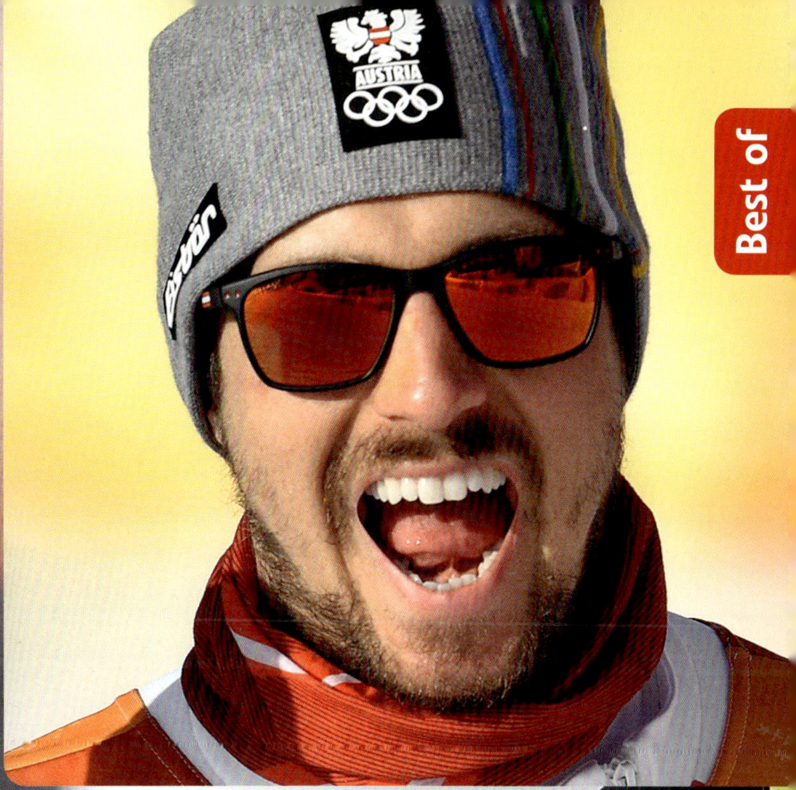

Der Österreicher Marcel Hirscher antwortete auf die Frage, ob er die Zeit in Südkorea genießen könne: »Nein. Ich bin nur zum Arbeiten hier.« Dieser Ehrgeiz zahlte sich für das Ski-Ass mit zwei gewonnenen Goldmedaillen aus.

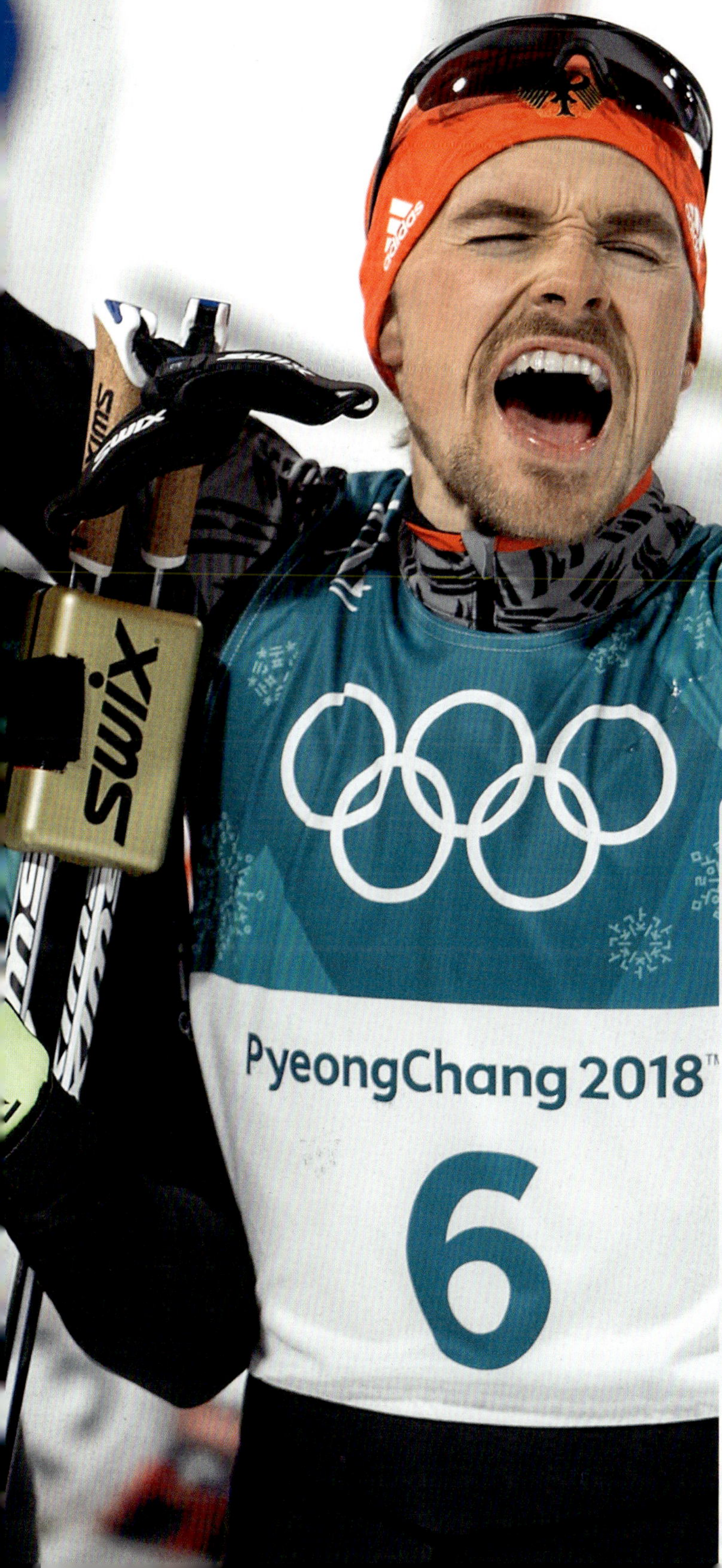

Nach ihrer atemberaubenden Kür gelangten Aljona Savchenko und Bruno Massot vom vierten auf den ersten Platz. Ein historischer Sieg, der das letzte Mal 1952 gelang. Die 34 Jahre alte Eiskunstläuferin war vollkommen überwältigt von ihrem Sieg: »Das war mein Traum von klein an, nach 30 Jahren Arbeit ist er wahr geworden.«

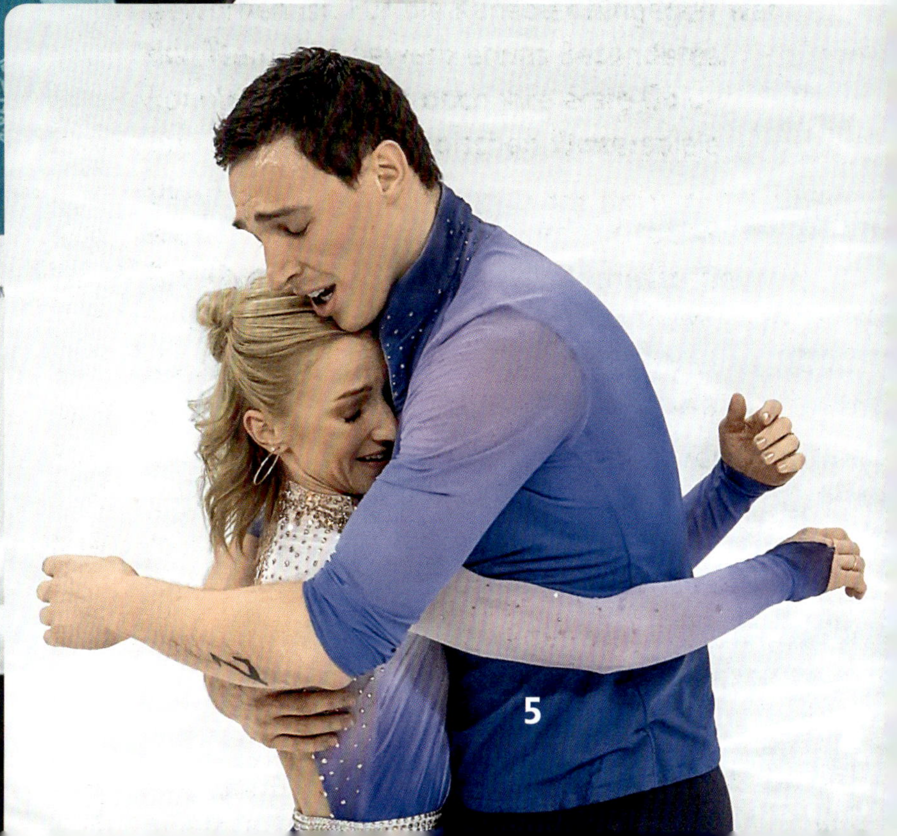

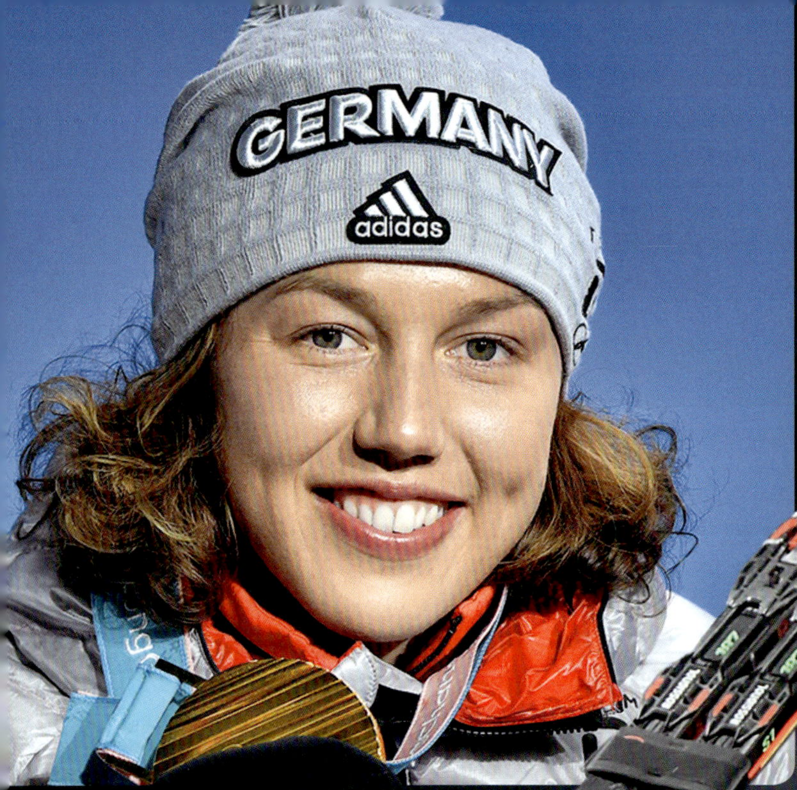

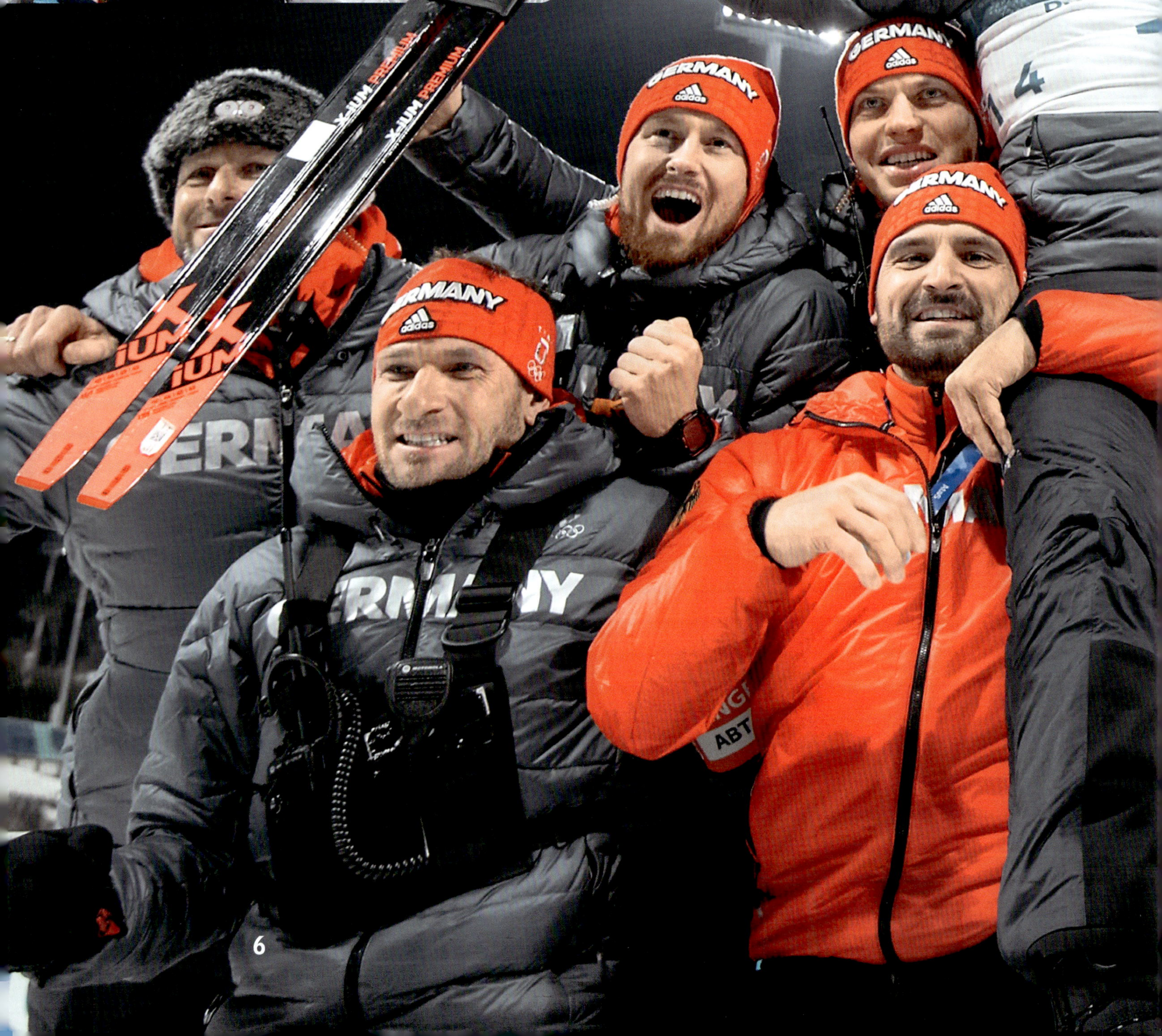

Laura Dahlmeier kann auf für sie sensationelle Winterspiele zurückblicken: Mit drei Medaillen (2x Gold, 1x Bronze) beendete sie die olympischen Spiele – für immer? Ein Karrierende wollte sie sich offenhalten.

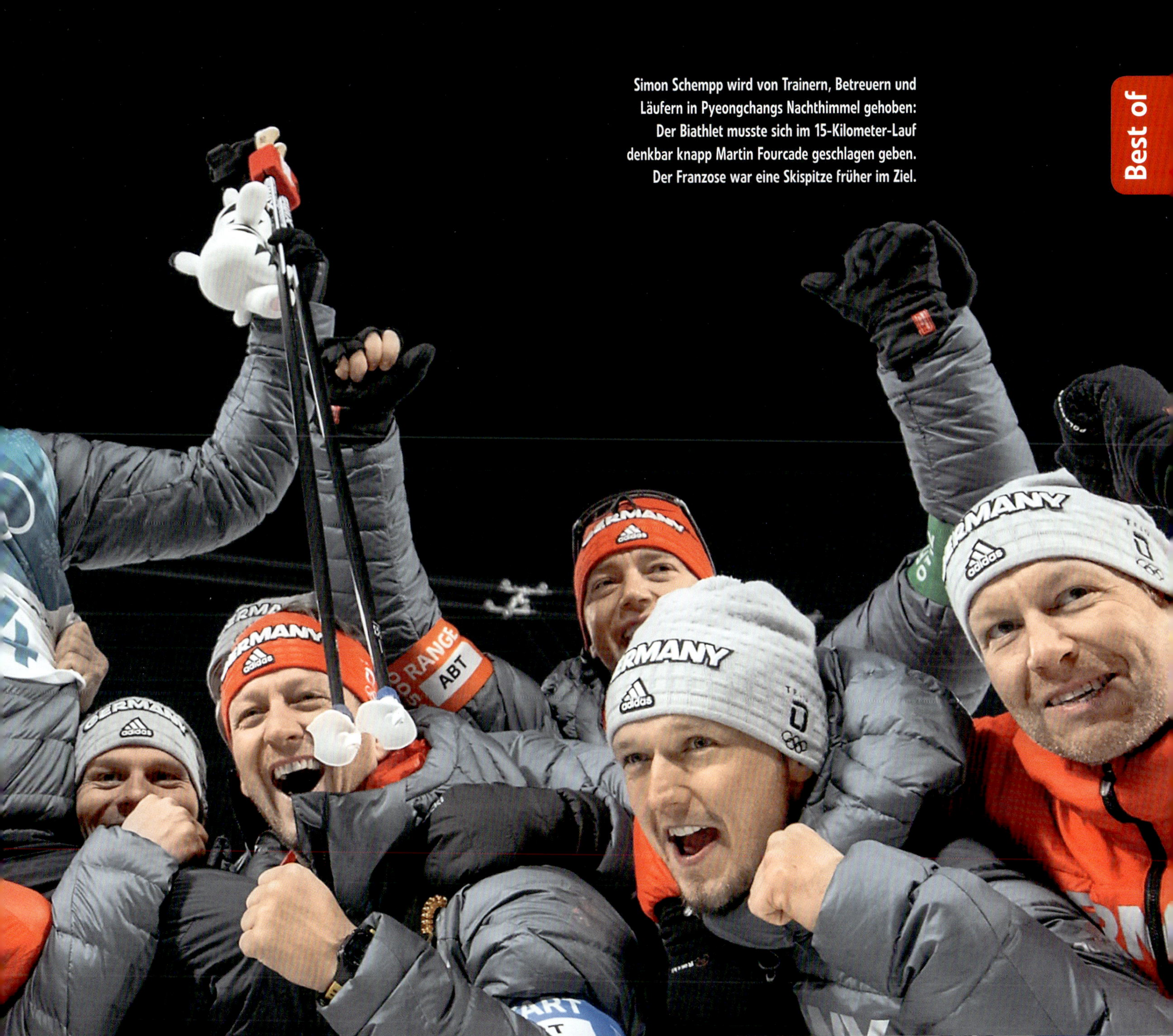

Simon Schempp wird von Trainern, Betreuern und Läufern in Pyeongchangs Nachthimmel gehoben: Der Biathlet musste sich im 15-Kilometer-Lauf denkbar knapp Martin Fourcade geschlagen geben. Der Franzose war eine Skispitze früher im Ziel.

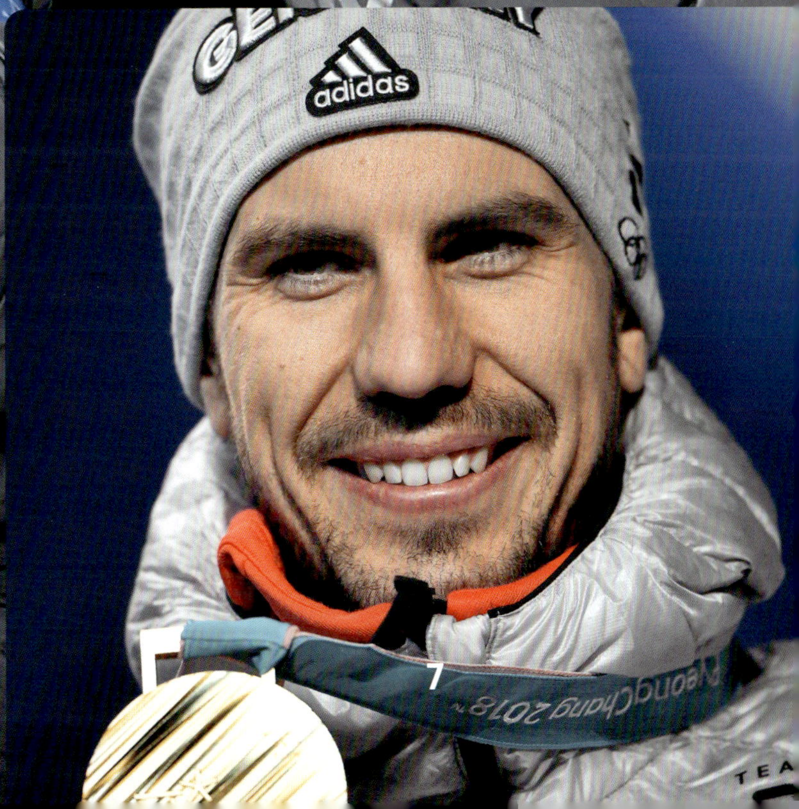

Arnd Peiffer erkämpfte sich im 10-Kilometer-Sprint den ersten Rang. Insgesamt gab es für das deutsche Biathlon-Team einiges zu feiern.

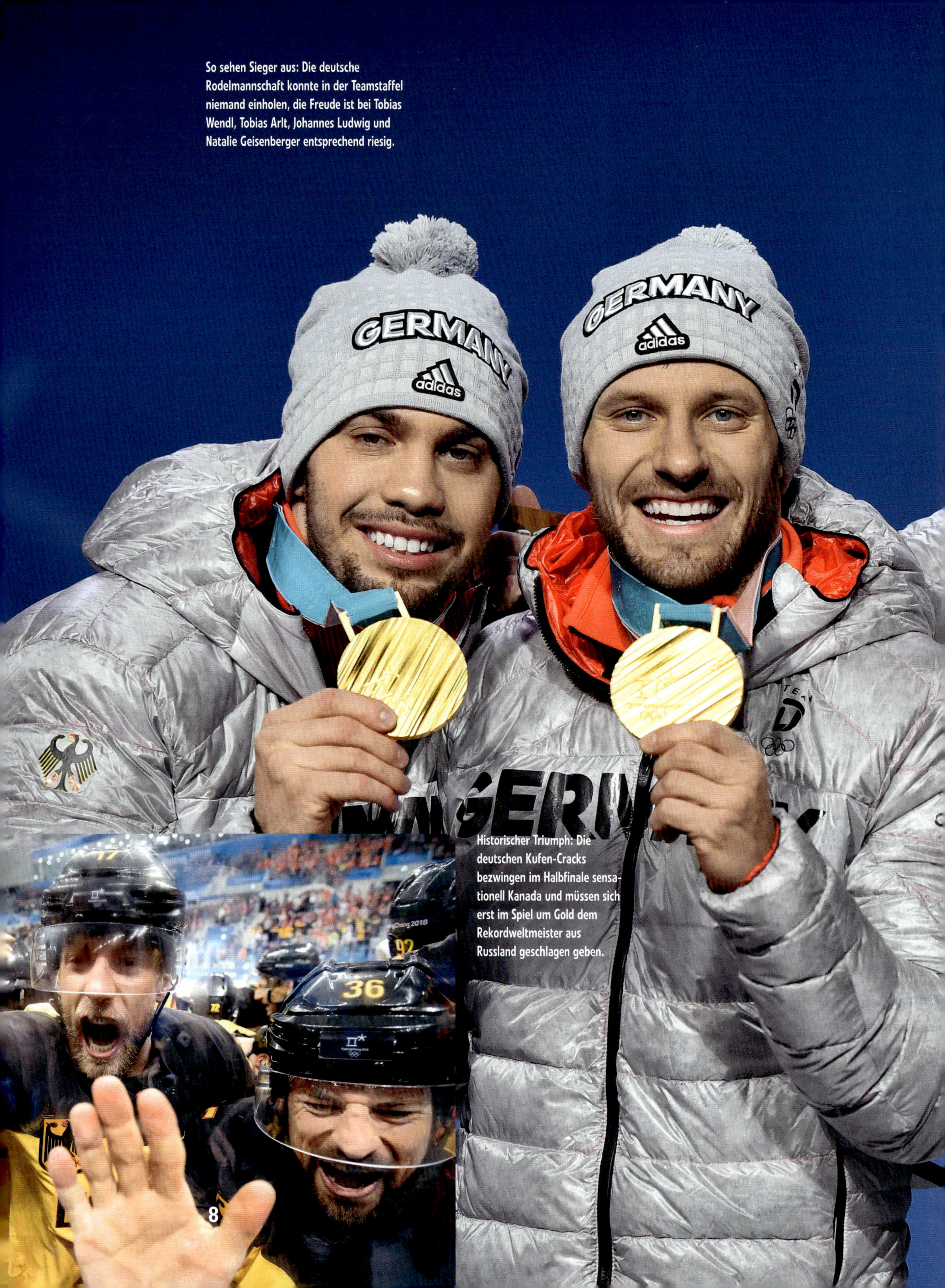

So sehen Sieger aus: Die deutsche Rodelmannschaft konnte in der Teamstaffel niemand einholen, die Freude ist bei Tobias Wendl, Tobias Arlt, Johannes Ludwig und Natalie Geisenberger entsprechend riesig.

Historischer Triumph: Die deutschen Kufen-Cracks bezwingen im Halbfinale sensationell Kanada und müssen sich erst im Spiel um Gold dem Rekordweltmeister aus Russland geschlagen geben.

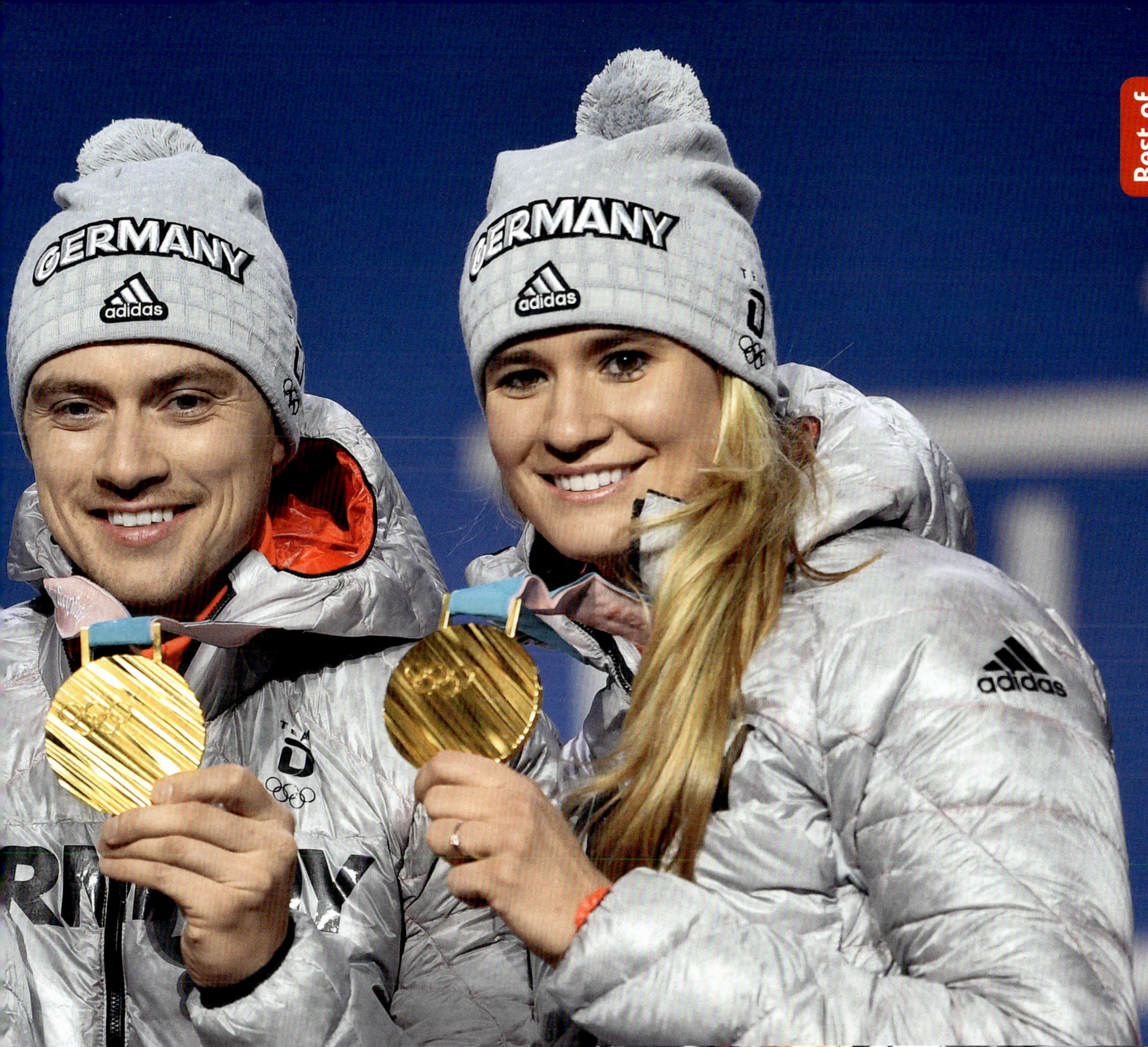

Geteilte Freude bei den deutschen Bobfahrern: Francesco Friedrich und Thorsten Margis kamen zeitgleich mit den Kanadiern ins Ziel. Beide Teams konnten sich am Ende die Goldmedaille umhängen.

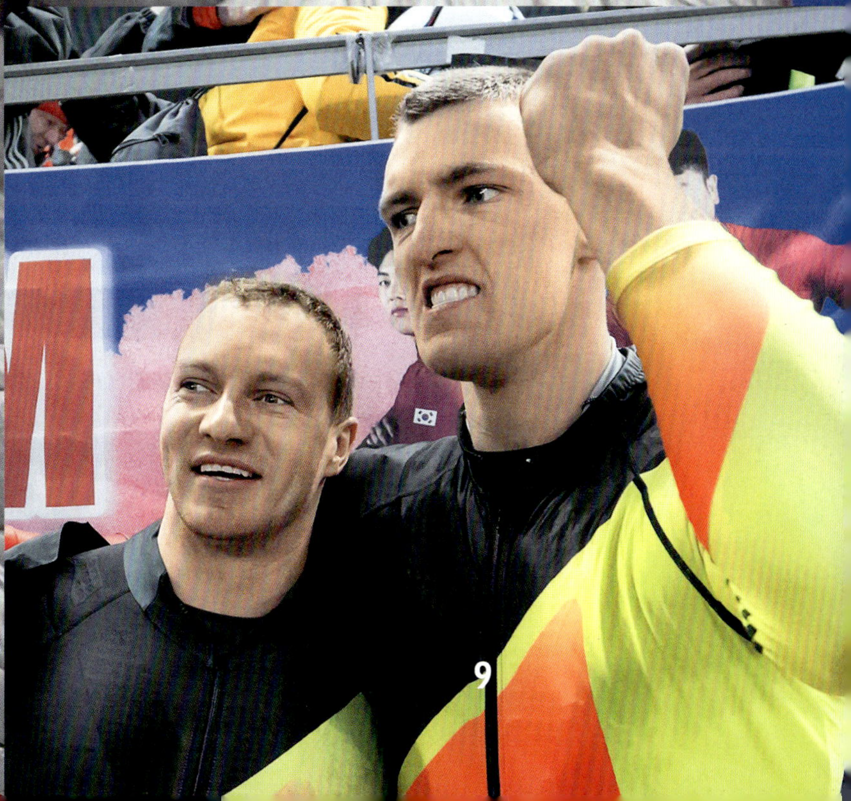

Das olympische Feuer brennt: Nach der farbenprächtigen Feier sind die Spiele eröffnet.

Emotionale Eröffnungsfeier im Zeichen des Friedens

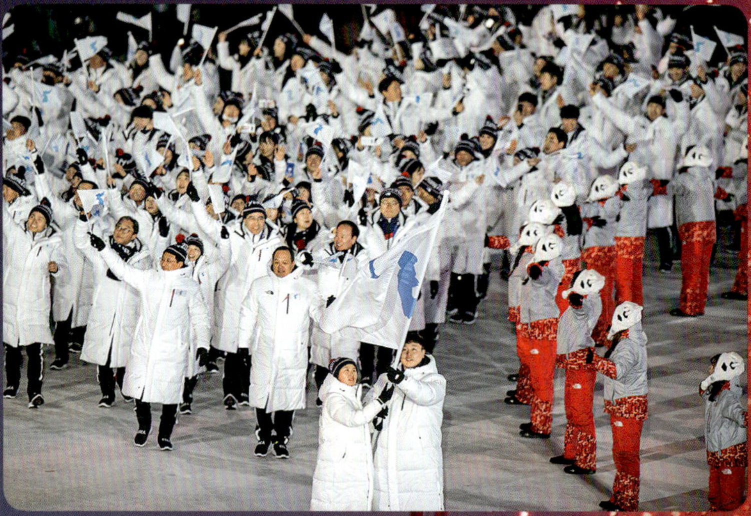

Historische Annäherung: Sportler aus Süd- und Nordkorea marschieren gemeinsam ins Stadion.

Mit einer bunten und kunstvollen Show eröffnete Südkoreas Staatspräsident Moon Jae In die XXIII. Olympischen Winterspiele von Pyeongchang. Die Feier, die unter dem Motto »Frieden in Bewegung« vor rund 35 000 Zuschauern und einem Milliarden-Publikum weltweit an den Fernsehern stattfand, stand ganz im Zeichen der vorsichtigen Annäherung von Süd- und Nordkorea.

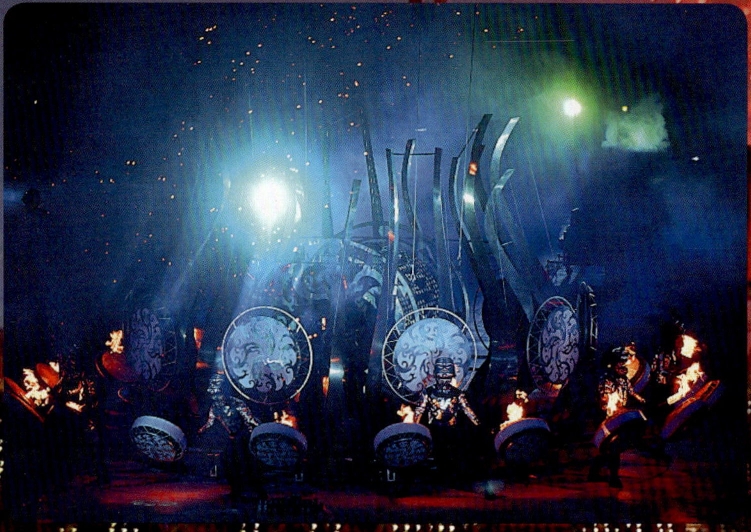

Beeindruckende Künstler jonglieren mit Fackeln.

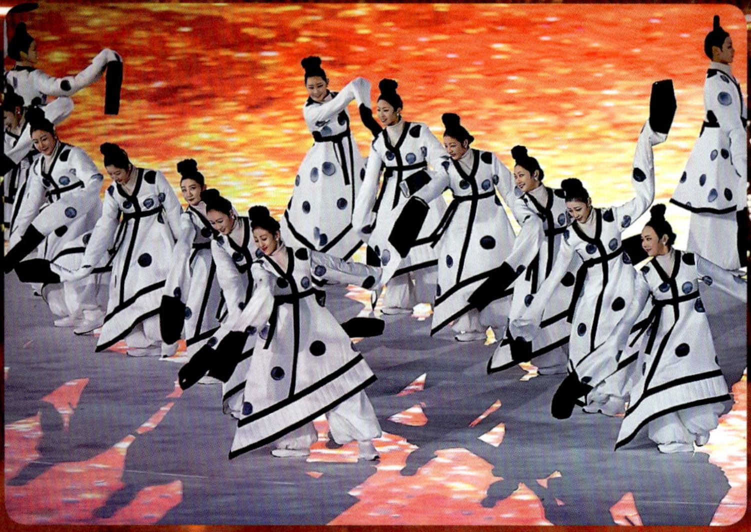

Koreanische Tänzerinnen in traditionellen Kleidern.

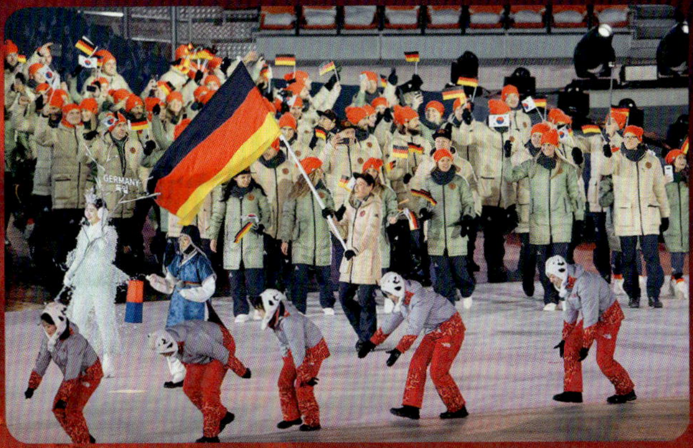

Er darf die deutsche Fahne schwenken: Nordischer Kombinierer Eric Frenzel (Bild links).

Bei Temperaturen um minus zwei Grad und einem unangenehmen Wind mochte bei der Eröffnungsfeier trotz des farbenprächtigen Licht- und Musikspektakels der Funke auf das Publikum zunächst kaum überspringen. Das sollte sich jedoch schnell ändern.

Die Feier begann mit Glockengeläut, das die Athleten und Wintersport-Fans in aller Welt begrüßte. Fünf koreanische Kinder nahmen die Zuschauer anschließend mit auf eine eindrucksvolle Fantasie-Reise durch Koreas Kultur und Geschichte.

Traditioneller Hauptteil und emotionaler Höhepunkt dieser Eröffnungsfeier sollte der Einmarsch der Nationen werden.

Die deutsche Mannschaft zog – angeführt vom Nordischen Kombinierer Eric Frenzel als Fahnenträger – als neuntes Team in das Stadion ein. »Es war ein tolles Erlebnis. Ich werde mich ein Leben lang daran erinnern!«, sagte Frenzel nach der Show.

Hoch emotional wurde es dann beim Einmarsch des gemeinsamen Teams von Süd- und Nordkorea. Die nordkoreanische Eishockeyspielerin Hwang Chung Gum und der südkoreanische Bobfahrer Won Yun Jong führten das Team an und schwenkten gemeinsam die Vereinigungsflagge.

Ein weiteres Zeichen der Annäherung setzten die Eishockeyspielerinnen Park Jongah (Südkorea) und Jong Su Hyon (Nordkorea), die in einem gemeinsamen Team bei den Winterspielen antreten. Sie übergaben die olympische Fackel gemeinsam an die Eiskunstläuferin Kim Yuna, die in Vancouver 2010 olympisches Gold gewonnen hatte. Sie entzündete schließlich als Schlussläuferin des 101 Tage dauernden Fackellaufs die olympische Flamme im Olympiastadion nach einer kurzen Performance auf dem Eis.

Auf der Tribüne beklatschten Südkoreas Staatschef Moon und Kim Yo Jong, Schwester von Nordkoreas Machthaber Kim Jong Un, die koreanische Mannschaft und gaben sich anschließend im Beisein unter anderen von US-Vizepräsident Mike Pence, Japans Premierminister Shinzō Abe, UN-Generalsekretär António Guterres und Bundespräsident Frank-Walter Steinmeier die Hand.

IOC-Chef Thomas Bach dankte den koreanischen Sportlern und sah in dem Einmarsch ein Beispiel »für die einzigartige Kraft des Sports, Menschen zu vereinen«. »Alle Athleten um mich herum, alle Zuschauer hier im Stadion und alle Olympia-Fans, die rund um die Welt zuschauen. Wir alle sind von dieser wunderbaren Geste berührt«, sagte der Präsident des Internationalen Olympischen Komitees (IOC). »Wir alle schließen uns Ihnen an und unterstützen Sie in Ihrer Friedensbotschaft.«

22 Athleten hat Nordkorea zu den Spielen in den Süden geschickt und damit die zarte Hoffnung auf eine Annäherung der beiden Staaten geweckt. Das IOC hatte den kurzfristigen Start der Nordkoreaner möglich gemacht.

Die emotionalen Gesten des Friedens übertünchten zumindest für kurze Zeit das Thema Doping, sichtbar war es bei der Zeremonie dennoch. Wegen der Suspendierung ihres Nationalen Olympischen Komitees liefen die vom IOC zugelassenen russischen Athleten unter der Bezeichnung »Olympische Athleten aus Russland« in ungewohnter graublauer Teamkleidung und mit weißen Schals ein. Wenige Stunden vor der Eröffnungsfeier hatte der Internationale Sportgerichtshof CAS noch eine Klage von 45 russischen Sportlern und zwei Betreuern zurückgewiesen. Damit blieb es bei 168 Teilnehmern aus Russland.

IOC-Präsident Bach betonte zum Auftakt dieser Winterspiele: »Nur wer die Regeln einhält und sauber bleibt, kann seine olympische Leistung wirklich genießen.« »Nur dann werden Ihre lebenslangen Erinnerungen die Erinnerungen an einen wahren und würdigen Olympioniken sein. Bleibt sauber!«, appellierte er in seinem Grußwort an die Athleten.

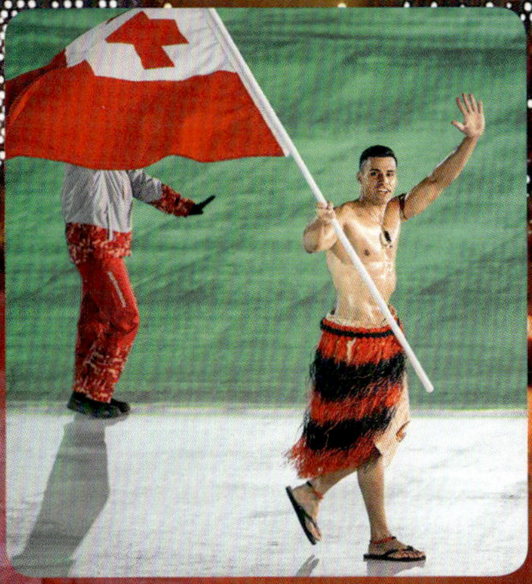

Hingucker: Im Bastrock und mit Flip-Flops läuft Pita Taufatofua aus Tonga ins Stadion.

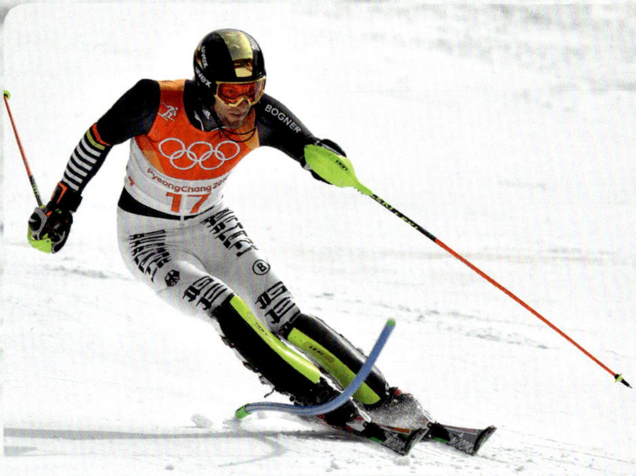

Knieprobleme machten Fritz Dopfer während den Winterspielen von Pyeongchang zu schaffen.

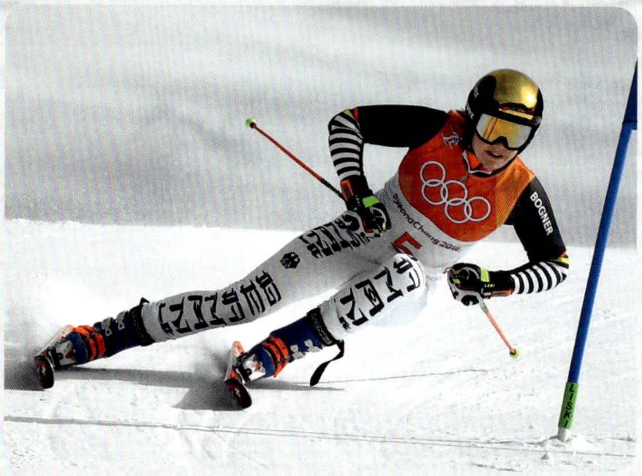

Viktoria Rebensburg verpasste als Vierte in ihrer Spezialdisziplin Riesenslalom nur knapp das Podium.

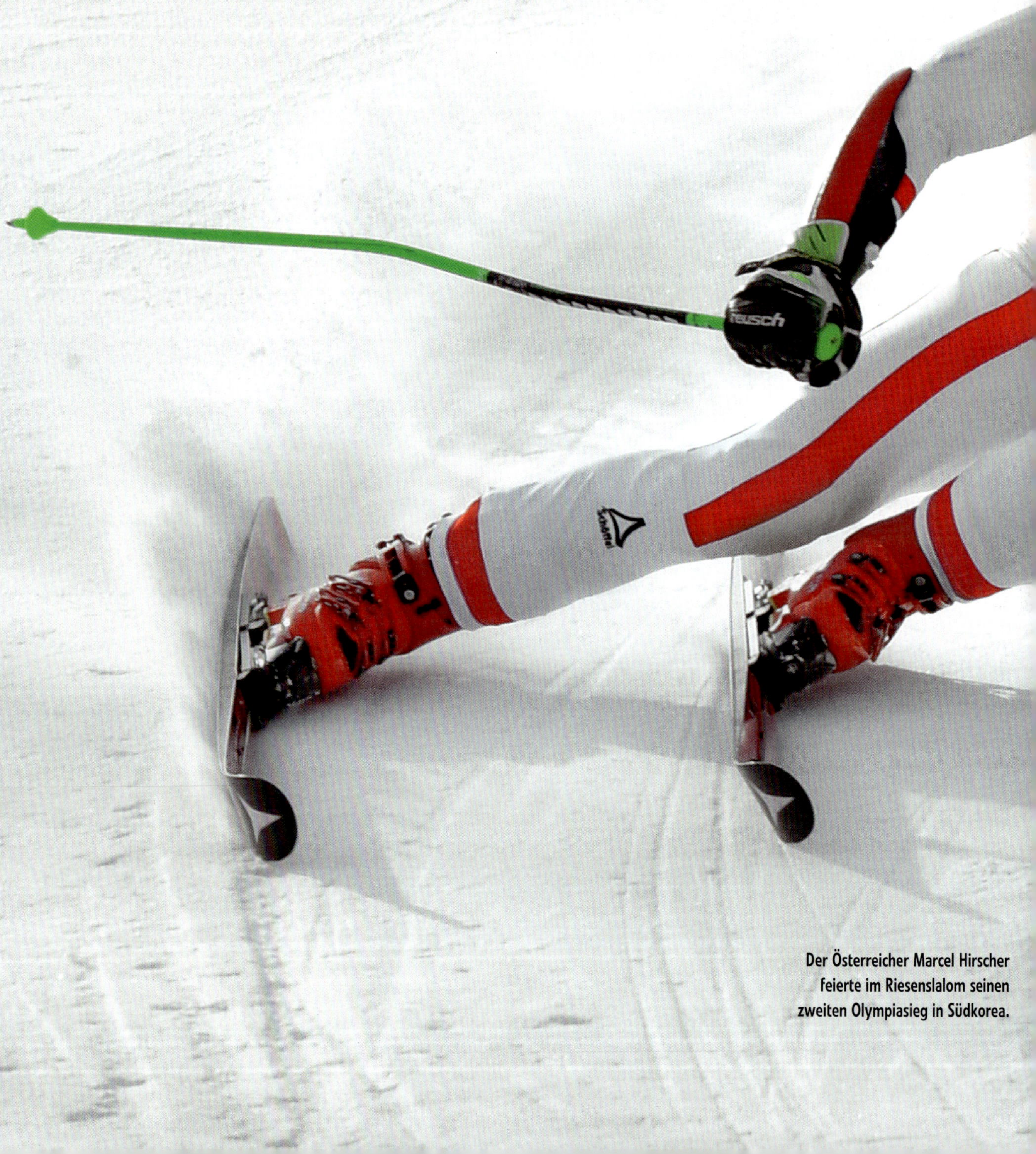

Der Österreicher Marcel Hirscher feierte im Riesenslalom seinen zweiten Olympiasieg in Südkorea.

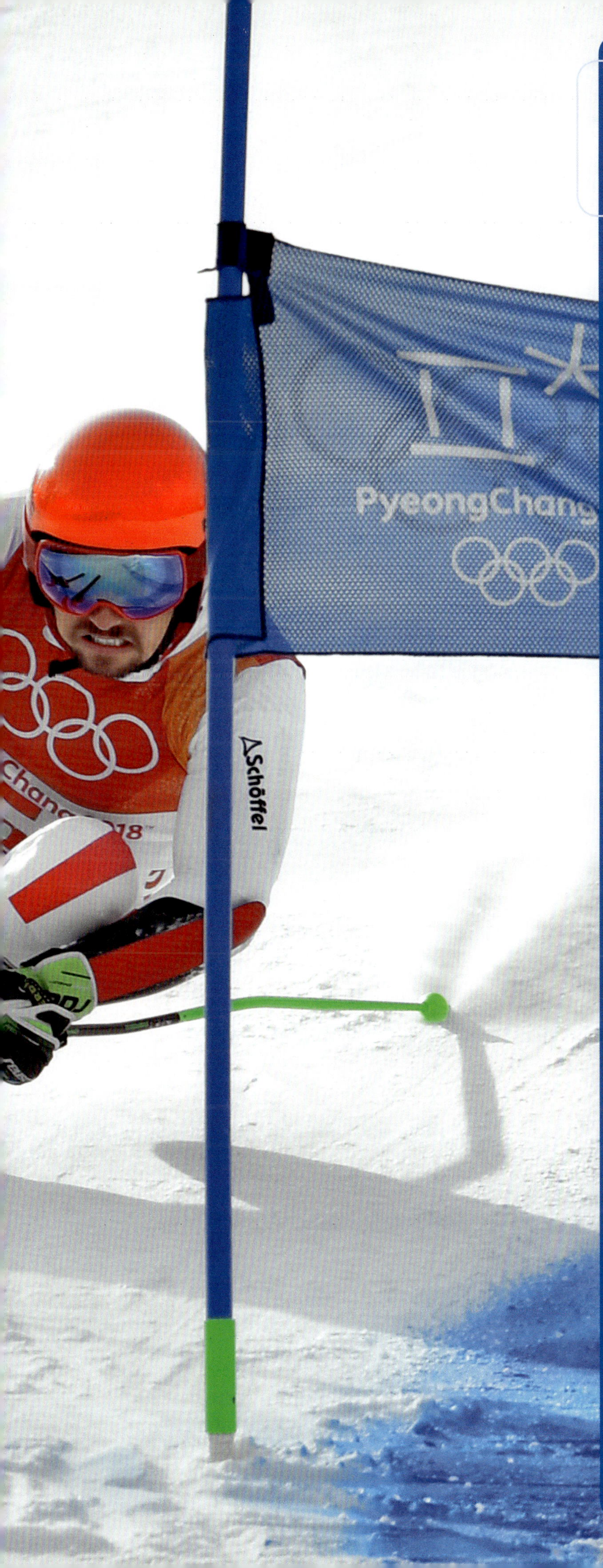

Alpine Wettbewerbe

Kein Glück fürs Treppchen: Ohne Medaille beenden Deutschlands Alpinen die Winterspiele in Pyeongchang. Viktoria Rebensburg wurde Vierte im Riesenslalom, Thomas Dreßen Fünfter in der Abfahrt – aber eine Platzierung in den Top Drei konnten die deutschen Skirennfahrer bei Olympia nicht reißen. Auch im Team-Event zeigt das Quartett zwar einen engagierten Auftritt, scheitert aber gegen den späteren Olympiasieger aus der Schweiz. Für eine Sensation sorgte die Tschechin Ester Ledecka. Nach überraschendem Gold auf Ski im Super-G fuhr sie auch den Sieg im Parallel-Riesenslalom auf dem Snowboard ein. Sie ist damit eine von nur fünf Sportlerinnen und Sportlern in der Geschichte der Winterspiele, die Olympiasieger in zwei verschiedenen Disziplinen geworden sind – und das bei der gleichen Veranstaltung. Auch der Österreicher Matthias Mayer schrieb mit seinem Super-G Gold Geschichte: Nach Skirennfahrer Aksel Lund Svindal wurde er der zweite männliche Skirennfahrer, der Olympia-Gold in beiden Speed-Events holte – vor vier Jahren in Sotschi hatte er die Abfahrt gewonnen. Freuen konnten sich außerdem die deutschen Snowboarder. Gleich zwei Deutsche gewannen mit Selina Jörg (Silber) und Ramona Hofmeister (Bronze) in Südkorea im Parallel-Riesenslalom eine Medaille. Das erste Olympia-Gold seiner Karriere sicherte sich der Österreicher Marcel Hirscher mit dem Sieg in der unberechenbaren Super-Kombination der Männer. Das letzte Gold für Österreich in dieser Disziplin hatte Mario Reiter vor genau 20 Jahren gewonnen. Auch im Riesenslalom überzeugte Hirscher und verließ Südkorea gleich mit zwei Goldmedaillen. Wechselnder Wind und heftige Böen machten vielen Sportlern während des gesamten Wettkampfes zu schaffen. Viele Stürze mit teils schweren Verletzungen führten insbesondere bei den Crossern und Freestylern zu frustrierenden Wettkampfbedingungen.

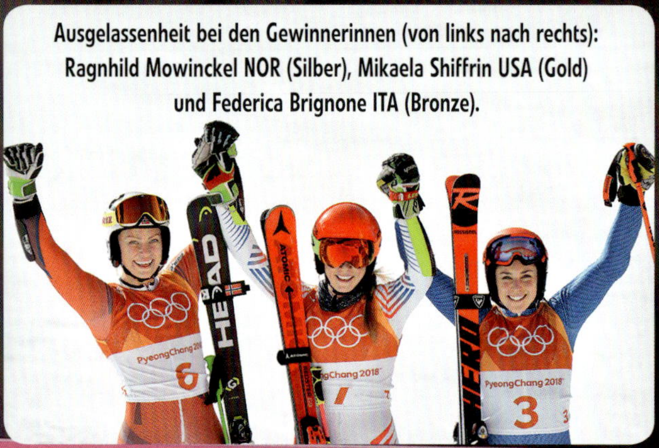

Ausgelassenheit bei den Gewinnerinnen (von links nach rechts): Ragnhild Mowinckel NOR (Silber), Mikaela Shiffrin USA (Gold) und Federica Brignone ITA (Bronze).

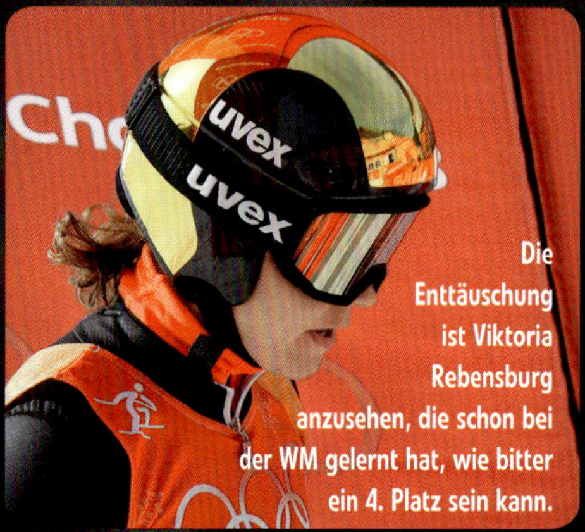

Die Enttäuschung ist Viktoria Rebensburg anzusehen, die schon bei der WM gelernt hat, wie bitter ein 4. Platz sein kann.

> »Das ist das Leben und meins wird trotzdem weitergehen.«
>
> *Viktoria Rebensburg nach der verpassten Medaillen-Chance im Riesenslalom.*

Riesenslalom, Frauen

Von geplatzten Hoffnungen und einer gefassten Verliererin

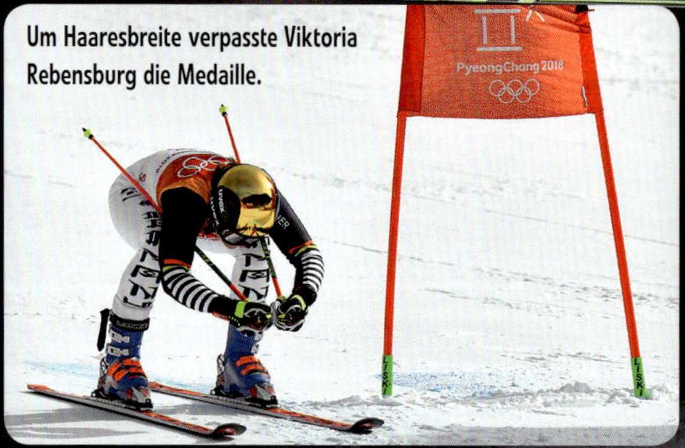

Um Haaresbreite verpasste Viktoria Rebensburg die Medaille.

Trotz einer Aufholjagd hat Viktoria Rebensburg die fest eingeplante Medaille im Riesenslalom hauchdünn verpasst. Die beste deutsche Skirennfahrerin kam am Tag des Riesenslaloms beim Sieg der Amerikanerin Mikaela Shiffrin nur auf Rang vier. Nach der Hundertstel-Enttäuschung fand Rebensburg nur langsam ihr Lächeln wieder und freute sich auf einen tröstenden Abend mit ihren Eltern. Die verpatzte Medaillenchance durch die Gold-Favoritin tat dem deutschen Alpinteam so richtig weh. Die 28-Jährige vom Tegernsee vergab die Chancen auf eine bessere Platzierung durch einen groben Fehler im ersten Lauf, in dem sie nur auf Platz acht landete. Vor dem Rennen gab sich Rebensburg noch zuversichtlich: »Ich weiß jetzt, wie es zu fahren ist. Und es geht super zu fahren.«

Die Niederlage traf Rebensburg sehr: »Es ist immer bitter, Vierter zu werden.« Die 28-Jährige erinnerte sich an die WM im Vorjahr, als sie ebenfalls Vierte in der Abfahrt geworden war. »Nach dem letzten Jahr in St. Moritz weiß ich schon, wie sich das anfühlt, das hätte ich nicht unbedingt noch mal gebraucht«, sagte sie.

Doch trotz der verpassten Medaillen-Chance behielt sie ihr Selbstbewusstsein: »Es ist extrem schade. Ich weiß trotzdem, dass ich eine gute Riesenslalom-Saison gefahren bin. Die werde ich nach Olympia auch wieder fortsetzen.« Ehe sie aus dem Zielbereich trottete, fügte sie wie zur Bekräftigung hinzu: »Das ist das Leben und meins wird trotzdem weitergehen.«

Statistik

Riesenslalom, Frauen

15.2.2018, Yongpyong Alpine Centre

Platz	Name	Land	Zeit
1.	**Mikaela Shiffrin**	**USA**	**2:20,02 (1:10,82/2+1:09,20/4) Min.**
2.	**Ragnhild Mowinckel**	**NOR**	**2:20,41 (1:11,17/4+1:09,24/5)**
3.	**Federica Brignone**	**ITA**	**2:20,48 (1:10,91/3+1:09,57/8)**
4.	Viktoria Rebensburg	GER	2:20,60 (1:11,45/8+1:09,15/3)
5.	Marta Bassino	ITA	2:20,69 (1:11,19/5+1:09,50/7)
6.	Frida Hansdotter	SWE	2:21,05 (1:11,32/7+1:09,73/11)
7.	Tessa Worley	FRA	2:21,06 (1:12,06/14+1:09,00/2)
8.	Manuela Mölgg	ITA	2:21,20 (1:10,62/1+1:10,58/23)
9.	Wendy Holdener	SUI	2:21,27 (1:11,92/13+1:09,35/6)
10.	Sara Hector	SWE	2:21,53 (1:11,22/6+1:10,31/19)
12.	Anna Veith	AUT	2:22,10 (1:12,43/15+1:09,67/10)
17.	Ricarda Haaser	AUT	2:23,36 (1:13,37/19+1:09,99/14)
24.	Bernadette Schild	AUT	2:24,81 (1:14,50/28+1:10,31/19)
28.	Simone Wild	SUI	2:26,75 (1:13,52/22+1:13,23/33)

A: Stephanie Brunner AUT (1:11,53/9), Lara Gut SUI

Reihenfolge: Gesamtzeit (1. Lauf/Platz+2. Lauf/Platz)

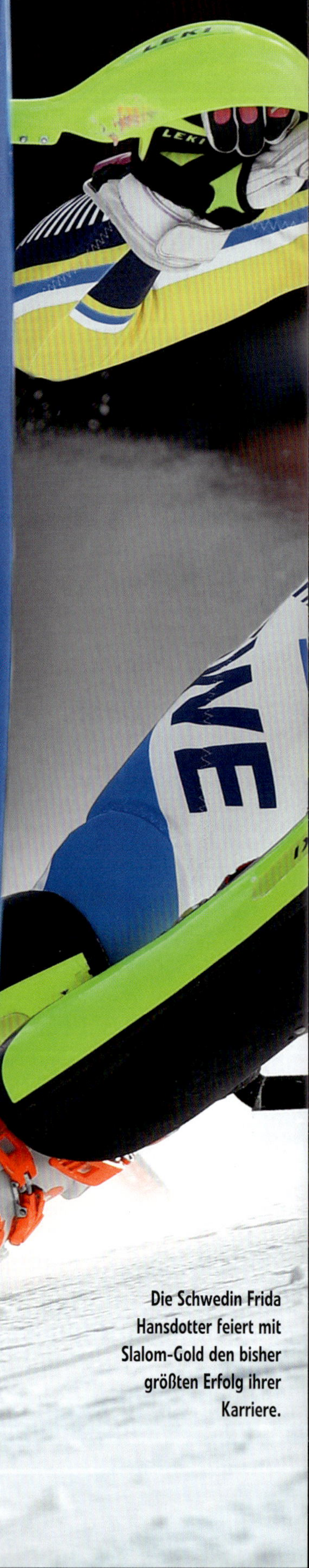

Die Schwedin Frida Hansdotter feiert mit Slalom-Gold den bisher größten Erfolg ihrer Karriere.

Die Ehrung für Siegerin Mikaela Shiffrin aus den USA, die zweitplatzierte Norwegerin Ragnhild Mowinckel und Federica Brignone aus Italien auf Rang drei, wollte sich Rebensburg dennoch nicht antun. Statt Rebensburg war Shiffrin die gefeierte Athletin an der Piste von Yongpyong. Als der Sieg perfekt war, ging die Amerikanerin in die Knie und weinte, später berichtete sie: »Ich habe heute den Hang, den Berg und meine Ski gefühlt und wirklich angegriffen.«

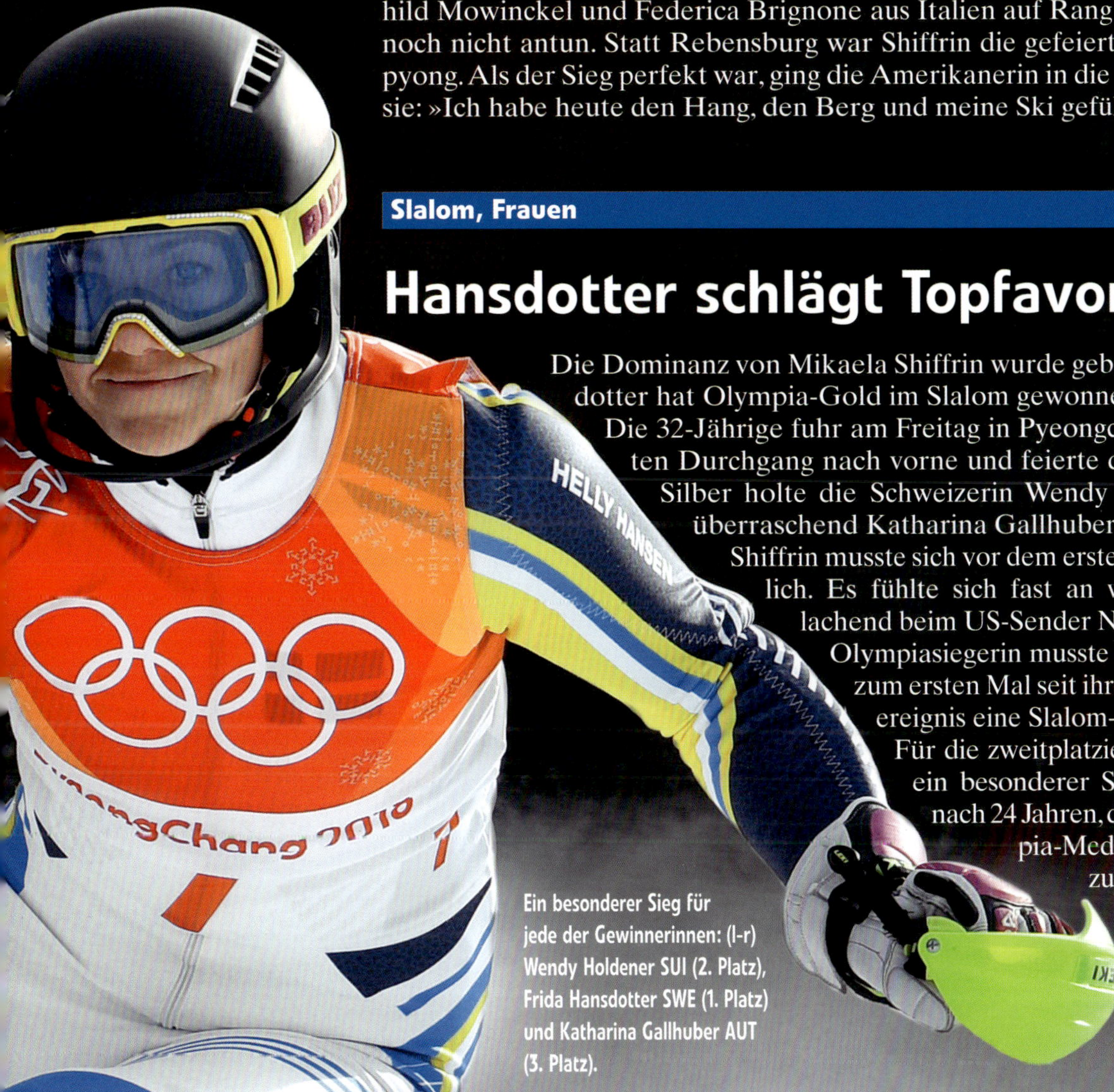

Slalom, Frauen

Hansdotter schlägt Topfavoritin

Die Dominanz von Mikaela Shiffrin wurde gebrochen. Die Schwedin Frida Hansdotter hat Olympia-Gold im Slalom gewonnen und Mikaela Shiffrin entthront. Die 32-Jährige fuhr am Freitag in Pyeongchang von Rang zwei aus dem ersten Durchgang nach vorne und feierte den größten Erfolg ihrer Karriere. Silber holte die Schweizerin Wendy Holdener, Bronze gewann völlig überraschend Katharina Gallhuber aus Österreich.

Shiffrin musste sich vor dem ersten Lauf übergeben. »Das kam plötzlich. Es fühlte sich fast an wie ein Virus«, berichtete Shiffrin lachend beim US-Sender NBC über ihr Befinden. Die Sotschi-Olympiasiegerin musste einen Tag nach Riesenslalom-Gold zum ersten Mal seit ihrem WM-Titel 2013 bei einem Großereignis eine Slalom-Niederlage hinnehmen.

Für die zweitplatzierte Wendy Holdener war es sicher ein besonderer Sieg: Sie war die erste Schweizerin nach 24 Jahren, die im Slalom der Frauen eine Olympia-Medaille gewinnen konnte. Dies war zuletzt Vreni Schneider gelungen.

Die Überraschung des Rennens war zweifellos die 20-jährige Katharina Gallhuber: Gerade einmal 0,32 Sekunden Rückstand verhinderten den Sieg in Gold – dabei war das zuvor beste Weltcup-Resultat der Niederösterreicherin ein sechster Platz.

Die deutschen Fahrerinnen verbuchten ihr schlechtestes Slalom-Ergebnis der Olympia-Geschichte: Marina Wallner kam bei ihrem Olympia-Debüt auf Platz 19. Lena Dürr und Christina Geiger schieden aus. »Ich bin wirklich gut losgekommen, dann hat mich meine Verletzung doch ein bisschen gequält«, sagte die am Sprunggelenk angeschlagene Geiger nach ihrem Aus im zweiten Lauf.

Ein besonderer Sieg für jede der Gewinnerinnen: (l-r) Wendy Holdener SUI (2. Platz), Frida Hansdotter SWE (1. Platz) und Katharina Gallhuber AUT (3. Platz).

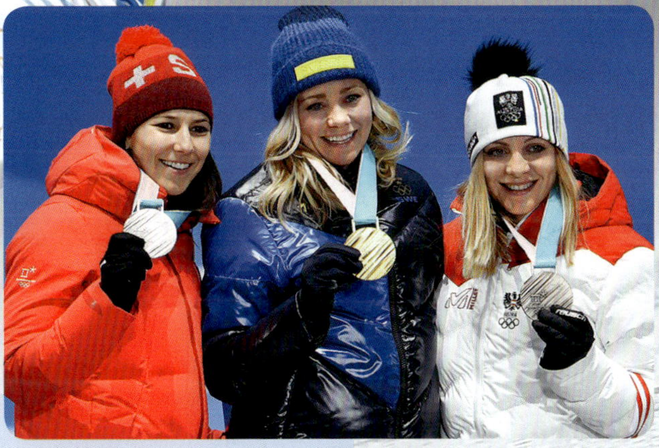

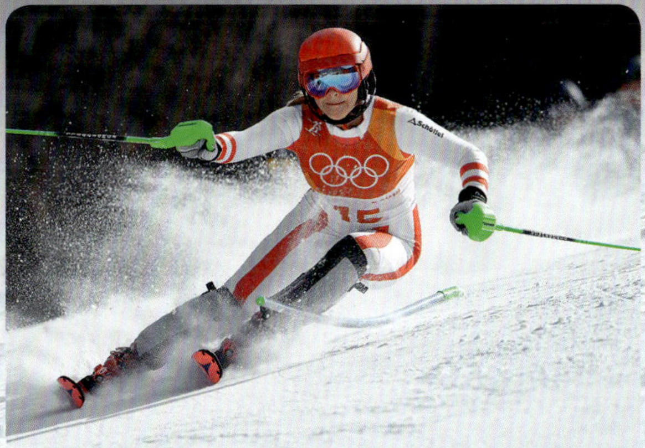

Mit Bestzeit im zweiten Lauf »aufs Stockerl« und nur knapp an Gold vorbeigeglitten: Katharina Gallhuber aus Österreich.

Statistik

Slalom, Frauen

16.2.2018, Yongpyong Alpine Centre

1.	**Frida Hansdotter**	**SWE**	**1:38,63 Min. (49,09/2+49,54 Sek./2)**
2.	**Wendy Holdener**	**SUI**	**1:38,68 (48,89/1+49,79/5)**
3.	**Katharina Gallhuber**	**AUT**	**1:38,95 (50,12/9+48,83/1)**
4.	Mikaela Shiffrin	USA	1:39,03 (49,37/4+49,66/3)
5.	Anna Swenn-Larsson	SWE	1:39,61 (49,29/3+50,32/10)
6.	Nina Haver-Löseth	NOR	1:40,16 (49,75/5+50,41/11)
7.	Bernadette Schild	AUT	1:40,18 (49,89/8+50,29/9)
8.	Katharina Liensberger	AUT	1:40,57 (50,43/10+50,14/8)
9.	Chiara Costazza	ITA	1:40,60 (49,83/7+50,77/17)
10.	Irene Curtoni	ITA	1:41,04 (51,15/14+49,89/7)
14.	Denise Feierabend	SUI	1:41,73 (51,93/24+49,80/6)
16.	Michelle Gisin	SUI	1:41,85 (51,43/18+50,42/12)
19.	Marina Wallner	GER	1:42,10 (51,12/12+50,98/22)

A: Christina Geiger GER (51,44/19), Lena Dürr GER, Stephanie Brunner AUT

Reihenfolge: Gesamtzeit (Laufzeiten/Platz)

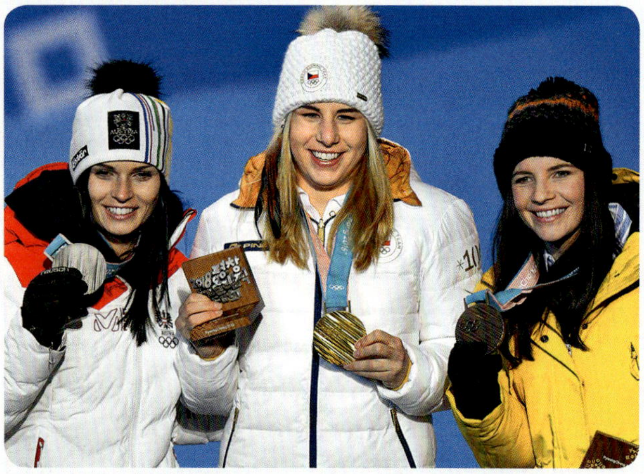

Anna Feith (Österreich, von links nach rechts), Ester Ledecka (Tschechien) und Tina Weirather (Liechtenstein) präsentieren stolz ihre Medaillen.

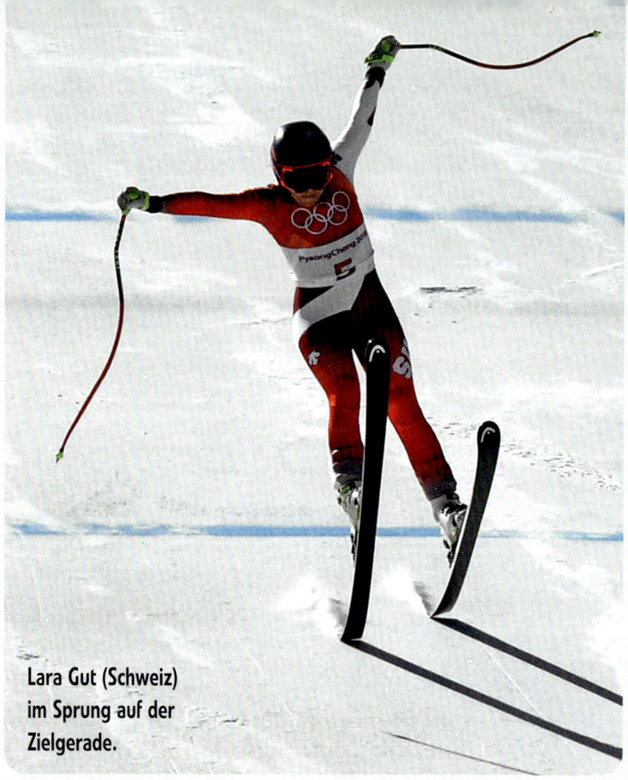

Lara Gut (Schweiz) im Sprung auf der Zielgerade.

Ski Alpin, Super-G, Frauen

Geschichten, die Olympia schreibt

Schockiert stand die zweimalige Snowboard-Weltmeisterin Ester Ledecka aus Tschechien im Zielraum und konnte ihr Glück selbst kaum fassen: Sensationell gewann sie die olympische Goldmedaille im alpinen Super-G. Die 22-Jährige triumphierte mit einer Hundertstelsekunde Vorsprung vor der Konkurrenz. Nach langen Verletzungsproblemen sicherte sich die österreichische Sotschi-Olympiasiegerin Anna Veith zumindest noch Silber, nachdem es lange so aussah, als würde sie als Gewinnerin aus dem Wettbewerb gehen. Der drittplatzierten Tina Weirather aus Liechtenstein und der viertplatzierten Lara Gut blieb jeweils ihr erster großer Titel verwehrt.

Niemand hätte mit dieser furiosen Fahrt von Ledecka gerechnet. »Es ist richtig cool, sie hat es richtig gut runtergezogen«, lobte die Skirennfahrerin Viktoria Rebensburg die Siegerin. »Für eine Snowboarderin ist es eine richtig schnelle Fahrt gewesen. Das sind Geschichten, die Olympia schreibt.«

»Es ist richtig cool, sie hat es richtig gut runtergezogen.«

Viktoria Rebensburg über den Überraschungssieg von Ester Ledecka.

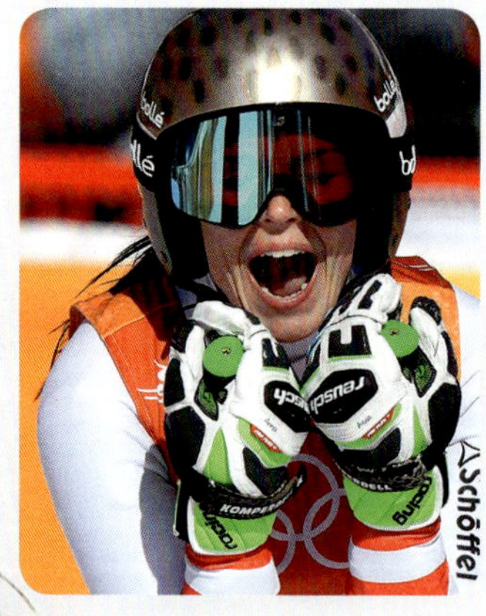

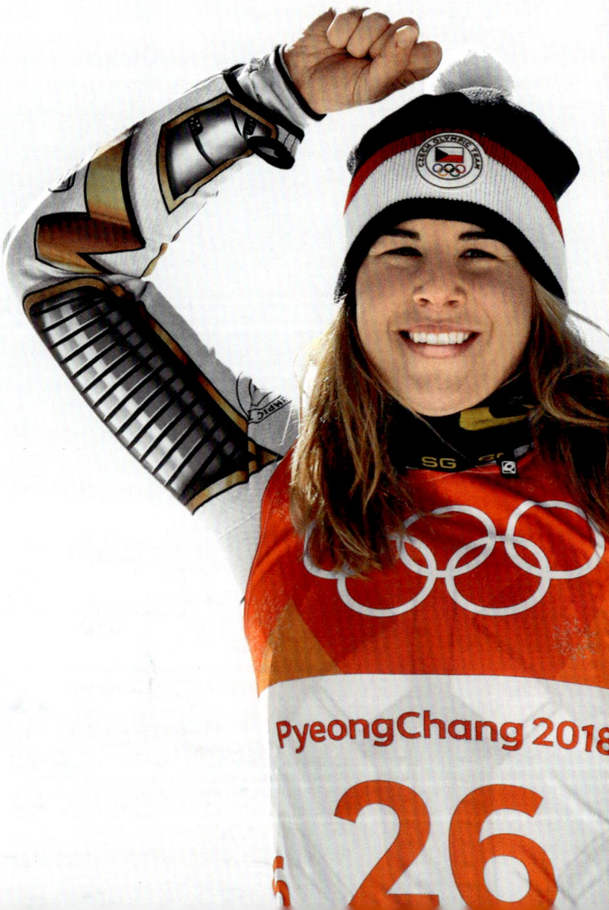

Statistik

Super-G, Frauen

17.2.2018, Jeongseon Alpine Centre

1.	**Ester Ledecka**	**CZE**	**1:21,11 Min.**
2.	**Anna Veith**	**AUT**	**1:21,12**
3.	**Tina Weirather**	**LIE**	**1:21,22**
4.	Lara Gut	SUI	1:21,23
5.	Johanna Schnarf	ITA	1:21,27
6.	Lindsey Vonn	ITA	1:21,49
6.	Federica Brignone	USA	1:21,49
8.	Cornelia Hütter	AUT	1:21,54
9.	Michelle Gisin	SUI	1:21,57
10.	Viktoria Rebensburg	GER	1:21,62
17.	Corinne Suter	SUI	1:22,24
18.	Nicole Schmidhofer	AUT	1:22,30
21.	Tamara Tippler	AUT	1:22,50
27.	Jasmine Flury	SUI	1:23,30

A: Kira Weidle GER

Linkes Bild: Vom Snowboard zum Ski: Esther Ledecka (Tschechien) ist auf beiden Brettern zuhause.

Rechtes Bild: Anna Veith (Österreich) sah lange Zeit wie die sichere Siegerin aus.

Rebensburg selbst wurde mit vier Zehntelsekunden Rückstand auf Bronze Zehnte. Nach ihrer eigenen Zieldurchfahrt legte sie die Zunge an die Oberlippe und warf enttäuscht den Kopf in den Nacken. Mit einer ungewöhnlichen Linie im unteren Streckenabschnitt vergab die 28-Jährige eine bessere Platzierung, die Medaillenränge waren für sie aber nicht zu erreichen.

Ski Alpin, Abfahrt, Frauen

Große Enttäuschung am Hang

Lindsey Vonn zelebrierte eine tränenreiche Bronze-Show, Viktoria Rebensburg nahm ohne eine letzte Medaille ganz ungerührt von Olympia Abschied. Deutschlands beste Skirennfahrerin hatte nach ihrem blassen Schlussakt in Pyeongchang als Neunte in der Abfahrt längst ihre Sachen gepackt, da weinte der US-Alpinstar Vonn noch immer vor den TV-Kameras.

Italiens erste Abfahrts-Olympiasiegerin Sofia Goggia und Ragnhild Mowinckel aus Norwegen waren in Südkorea bei besten Bedingungen schneller. »Aber ich bin auf dem Podium, also bin ich sehr glücklich«, sagte Vonn zum Abschluss und verwies auf den harten Kampf auf dem Weg nach Pyeongchang. Das Happy End – ein zweites Mal Abfahrts-Gold – blieb Vonn vor den Augen vieler Familienmitglieder aber verwehrt. Zu gut war vor allem Goggia gefahren: »Sie nimmt sich nicht zu ernst, sie fährt einfach gerne schnell«, sagte Vonn.

Mit dem Start in der Kombination gab es für Vonn noch eine Olympia-Verlängerung mit Medaillen-Option. Rebensburg dagegen steigt vor dem Team-Event ins Flugzeug und verlässt die Olympischen Winterspiele nach Riesenslalom-Gold 2010 und Bronze 2014 erstmals in ihrer Karriere ohne Edelmetall. »Natürlich ist es schade«, bilanzierte die 28-Jährige nach den Plätzen vier (Riesenslalom), zehn (Super-G) und neun (Abfahrt).

Weil es derzeit außer Rebensburg keine Deutsche mit Potenzial für Medaillen gibt, heißt das auch: Erstmals seit zwölf Jahren bleibt der Deutsche Skiverband bei Winterspielen ohne Damen-Einzelmedaille. »Die Vicky muss immer im Wind stehen, ganz alleine, deswegen ist das umso heftiger für sie«, sagte Alpinchef Wolfgang Maier, meinte aber auch: »Bei Olympischen Spielen, wenn es nur um Medaillen geht, war es dann doch nicht das, was man insgeheim erwartet hat.«

Österreichs Damen mussten ebenfalls eine Schlappe hinnehmen: Platz zehn für Ramona Siebenhofer war das schlechteste Abfahrts-Ergebnis seit 24 Jahren. Und auch die Schweizerinnen gingen leer aus, schafften es mit Corinne Suter (6.) und Michelle Gisin (8.) zumindest doppelt unter die besten Zehn.

> »Bei Olympischen Spielen, wenn es nur um Medaillen geht, war es dann doch nicht das, was man insgeheim erwartet hat.«
>
> *Alpinchef Wolfgang Maier zum Abschneiden der deutschen Ski-Frauen.*

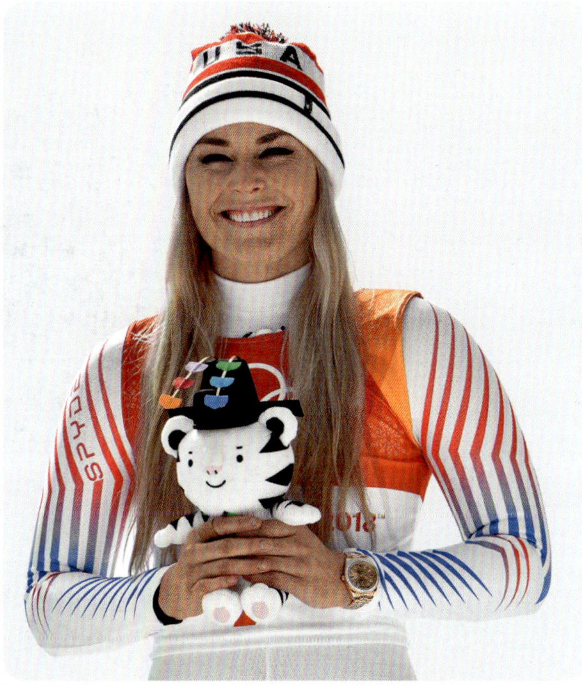

Lindsey Vonn (USA) kehrte nach den verpassten Spielen von Sotschi zurück auf die olympische Bühne.

Statistik

Abfahrtslauf, Frauen

21.2.2018, Jeongseon Alpine Centre

1.	**Sofia Goggia**	**ITA**	**1:39,22 Min.**
2.	**Ragnhild Mowinckel**	**NOR**	**1:39,31**
3.	**Lindsey Vonn**	**USA**	**1:39,69**
4.	Tina Weirather	LIE	1:39,85
5.	Alice McKennis	USA	1:40,24
6.	Corinne Suter	SUI	1:40,29
7.	Breezy Johnson	USA	1:40,34
8.	Michelle Gisin	SUI	1:40,55
9.	Viktoria Rebensburg	GER	1:40,64
10.	Ramona Siebenhofer	AUT	1:40,98
11.	Kira Weidle	GER	1:41,01
12.	Nicole Schmidhofer	AUT	1:41,02
13.	Cornelia Hütter	AUT	1:41,04

A: Lara Gut SUI, Stephanie Venier AUT, Jasmine Flury SUI

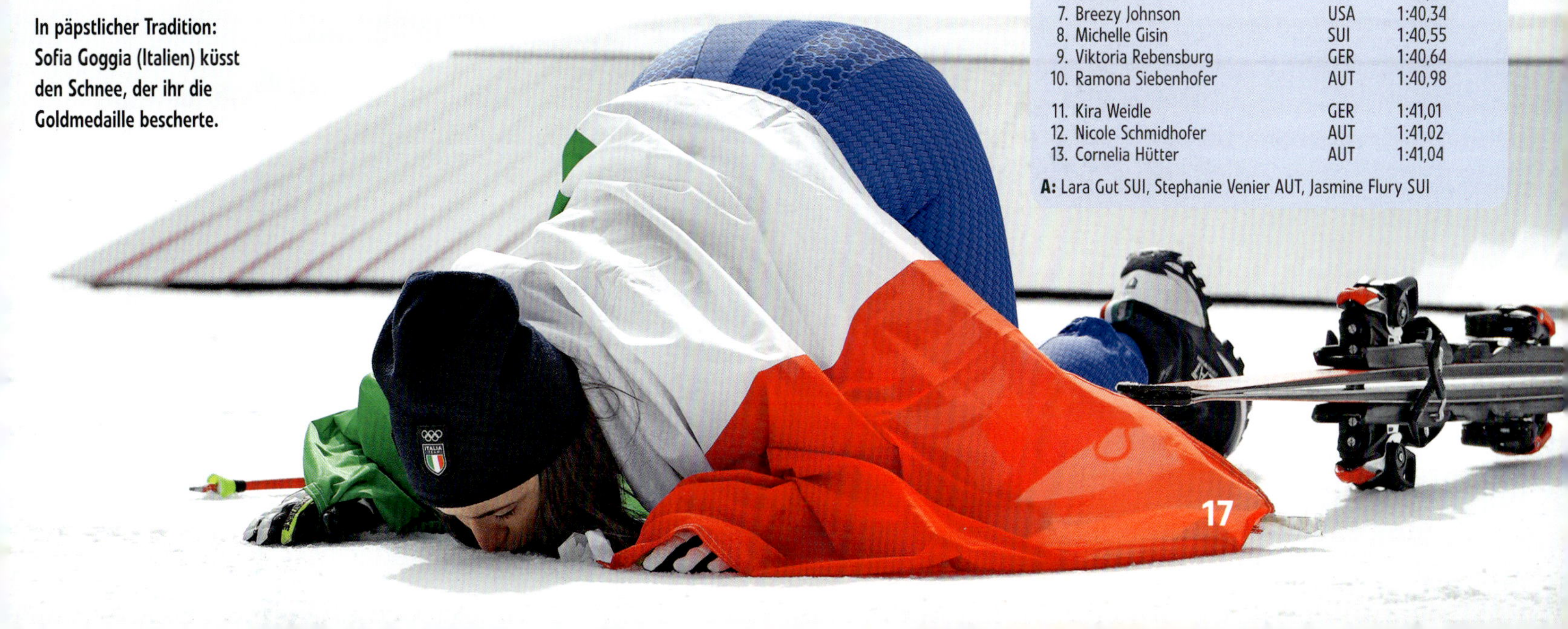

In päpstlicher Tradition: Sofia Goggia (Italien) küsst den Schnee, der ihr die Goldmedaille bescherte.

Abschied in Gold und Bronze

Die Schweizer Skirennfahrerin Michelle Gisin holt sich den Olympiasieg in der alpinen Kombination. Vor dem favorisierten US-Star Mikaela Shiffrin schnappte sie sich die Goldmedaille. Im Ziel hatte Gisin, WM-Zweite von 2017, nach dem abschließenden Slalom 0,97 Sekunden Vorsprung. Den Doppel-Medaillensieg machte Wendy Holdener, ebenfalls eine Schweizerin, mit ihrem dritten Platz perfekt.

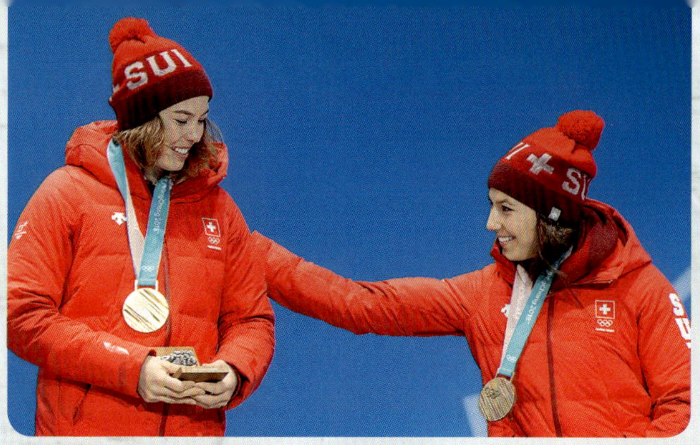

Michelle Gisin (links) und ihre Teamkollegin Wendy Holdener feiern ihre Gold- bzw. Bronzemedaille für die Schweiz. Zwischen ihnen landete Mikaela Shiffrin aus den USA.

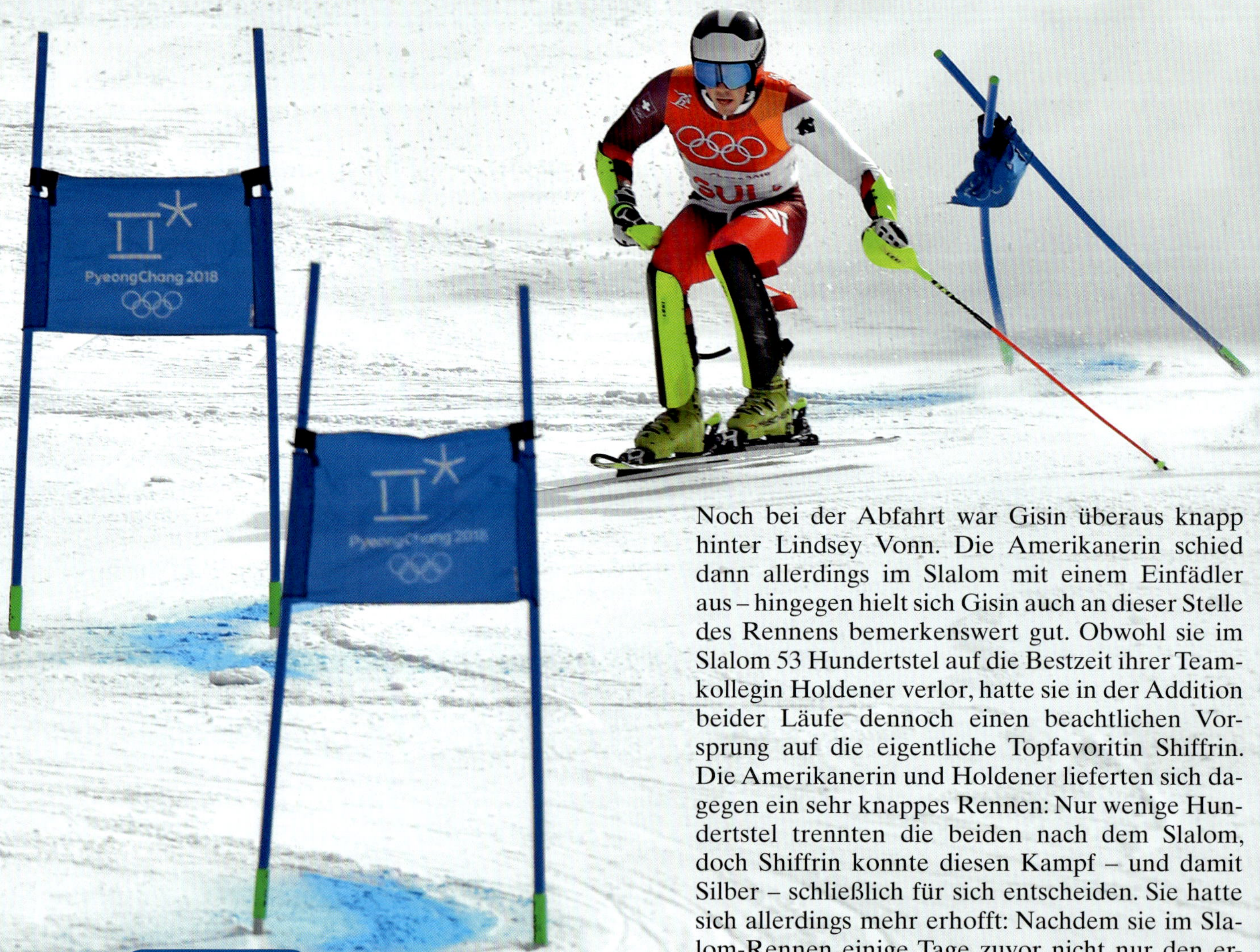

Noch bei der Abfahrt war Gisin überaus knapp hinter Lindsey Vonn. Die Amerikanerin schied dann allerdings im Slalom mit einem Einfädler aus – hingegen hielt sich Gisin auch an dieser Stelle des Rennens bemerkenswert gut. Obwohl sie im Slalom 53 Hundertstel auf die Bestzeit ihrer Teamkollegin Holdener verlor, hatte sie in der Addition beider Läufe dennoch einen beachtlichen Vorsprung auf die eigentliche Topfavoritin Shiffrin. Die Amerikanerin und Holdener lieferten sich dagegen ein sehr knappes Rennen: Nur wenige Hundertstel trennten die beiden nach dem Slalom, doch Shiffrin konnte diesen Kampf – und damit Silber – schließlich für sich entscheiden. Sie hatte sich allerdings mehr erhofft: Nachdem sie im Slalom-Rennen einige Tage zuvor nicht nur den erhofften Sieg, sondern auch einen Podestplatz verpasste, wollte sie sich mit der Super-Kombination rehabilitieren. Doch Gisin ließ ihr hierfür keine Chance und dominierte diese Disziplin.
Damit ist Gisin in die Fußstapfen ihrer großen Schwester Dominique getreten: Diese wurde 2014 Abfahrts-Olympiasiegerin – vier Jahre später kann sich nun auch die kleine Schwester über eine Goldmedaille freuen. Es gibt sogar zweifachen Grund zur Freude, denn mit diesem Sieg sorgte Gisin für eine Premiere: Nie zuvor ist es einer Schweizerin in dieser Disziplin gelungen, Gold zu gewinnen. Brigitte Oertli (1988) und Vreni Schneider (1994) holten damals noch Silber, Maria Walliser (1988) schaffte Bronze.

Statistik

Super-Kombination, Frauen

22.2.2018, Jeongseon Alpine Centre

Platz	Name	Land	Zeit
1.	**Michelle Gisin**	**SUI**	**2:20,90 Min. (1:40,14 Min./3+40,76 Sek./4)**
2.	**Mikaela Shiffrin**	**USA**	**2:21,87 (1:41,35/6+40,52/3)**
3.	**Wendy Holdener**	**SUI**	**2:22,34 (1:42,11/10+40,23/1)**
4.	Ragnhild Mowinckel	NOR	2:22,63 (1:40,11/2+42,52/11)
5.	Petra Vlhová	SVK	2:22,99 (1:42,58/13+40,41/2)
6.	Valerie Grenier	CAN	2:23,44 (1:41,79/8+41,65/8)
7.	Ramona Siebenhofer	AUT	2:23,45 (1:40,34/4+43,11/15)
8.	Federica Brignone	ITA	2:23,53 (1:42,51/12+41,02/6)
9.	Denise Feierabend	SUI	2:23,94 (1:43,04/17+40,90/5)
10.	Marta Bassino	ITA	2:24,24 (1:42,61/14+41,63/7)
13.	Ricarda Haaser	AUT	2:24,81 (1:41,75/7+43,06/14)

A: Stephanie Venier AUT

Reihenfolge: Gesamtzeit (Abfahrt/Platz+Slalom/Platz)
(keine deutsche Beteiligung)

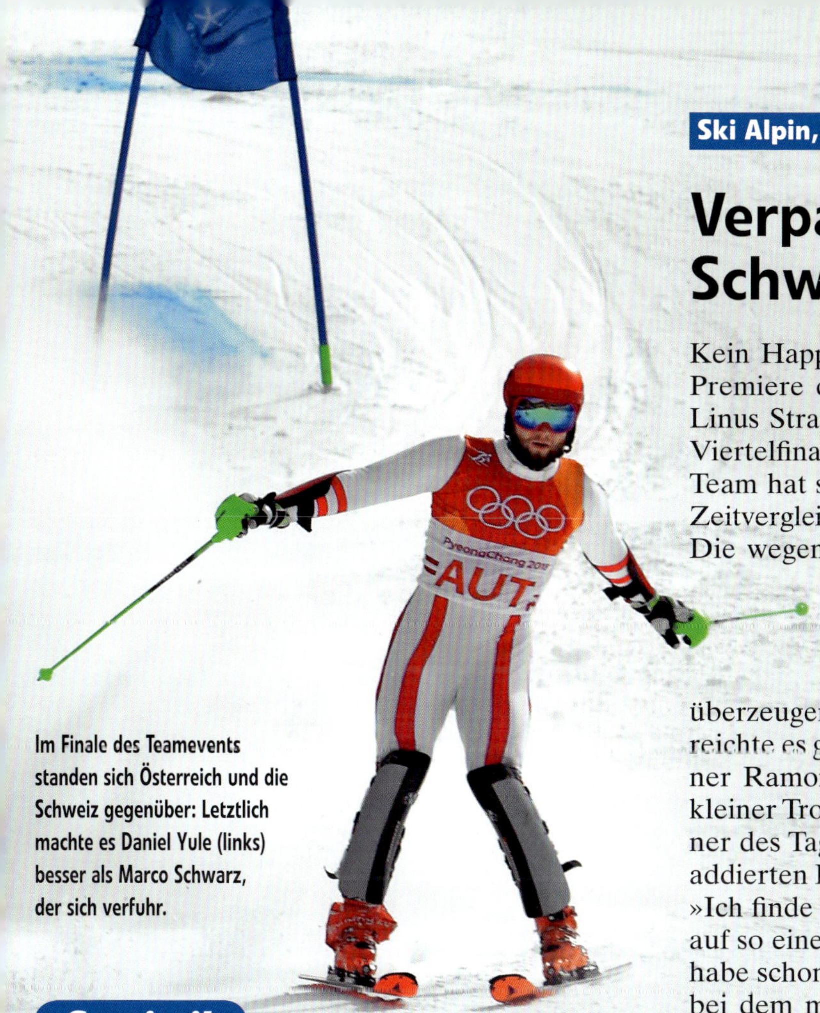

Im Finale des Teamevents standen sich Österreich und die Schweiz gegenüber: Letztlich machte es Daniel Yule (links) besser als Marco Schwarz, der sich verfuhr.

Ski Alpin, Team, Mixed

Verpasste Mini-Chance, Schweizer einfach stärker

Kein Happy End für das deutsche Alpin-Team: Bei der olympischen Premiere dieses Mannschaftsrennens scheiterte das Ski-Quartett um Linus Straßer, Alexander Schmid, Lena Dürr und Marina Wallner im Viertelfinale gegen das spätere Gold-Quartett aus der Schweiz. »Unser Team hat sich ordentlich präsentiert, man kann gegen die Schweiz im Zeitvergleich ausscheiden«, verteidigte sich Alpin-Chef Wolfgang Maier. Die wegen Verletzungen dezimierte deutsche Auswahl reist erstmals seit 2006 ohne Olympia-Edelmetall nach Hause.

Im Team-Event wäre ein Coup möglich gewesen, bei dem Wettkampf in Form eines Parallel-Slaloms mit je zwei Männern und Frauen konnten die Deutschen schon öfters überzeugen. Nach dem Erfolg in der ersten Runde über die Slowakei reichte es gegen die Eidgenossen um die Slalom-Silbermedaillengewinner Ramon Zenhäusern und Wendy Holdener dann aber nicht. Ein kleiner Trost war, dass die Deutschen den Schweizern als einziger Gegner des Tages ein 2:2 abrangen und das Weiterkommen erst durch die addierten Fahrzeiten entschieden wurde.

»Ich finde trotzdem, dass sich jeder von uns gut verkauft hat und man auf so eine Art und Weise auch ausscheiden kann«, sagte Straßer. »Ich habe schon gehofft, dass mehr möglich ist, weil das ein Wettbewerb ist, bei dem man nie weiß, was passiert, es immer eng hergeht und das Glück auch auf der anderen Seite sein kann«, resümierte Dürr.

Die Glücklichsten im elften und letzten Alpin-Rennen in Südkorea waren die Schweizer, die im Finale gegen Österreich gewannen. Im Halbfinale hatten Zenhäusern und Co. die Weltmeister aus Frankreich bezwungen, Österreich schaltete schon im Viertelfinale die favorisierten Schweden aus. Bronze ging an Norwegen.

Statistik

Ski Alpin, Team, Mixed

24.2.2018, Yongpyong Alpine Centre

Finale:
AUT – SUI 1:3

Lauf um Platz 3:
NOR – FRA 2*:2

Halbfinale:
AUT – NOR 3:1
FRA – SUI 1:3

Viertelfinale:
AUT – SWE 4:0
GBR – NOR 2:2*
ITA – FRA 1:3
GER – SUI 2:2*

Platzierungen:

1. Schweiz	
Denise Feierabend	21,52 Sek.
Ramon Zenhäusern	19,46
Wendy Holdener	21,24
Daniel Yule	20,10
2. Österreich	
Katharina Liensberger	21,21
Michael Matt	DQ
Katharina Gallhuber	21,34
Marco Schwarz	A
3. Norwegen	
Kristin Lysdahl	21,48
Sebastian-Foss Solevaag	19,95
Nina Haver-Löseth	21,71
Leif Kristian Nestvold-Haugen	19,69
4. Frankreich	
Tessa Worley	21,29
Alexis Pinturault	20,20
Adeline Baud Mugnier	21,40
Clement Noel	20,00
5. Deutschland	Halbfinale
Marina Wallner	
Alexander Schmid	
Lena Dürr	
Linus Straßer	
5. Schweden	
5. Italien	
5. Großbritannien	

*Zeitvorsprung

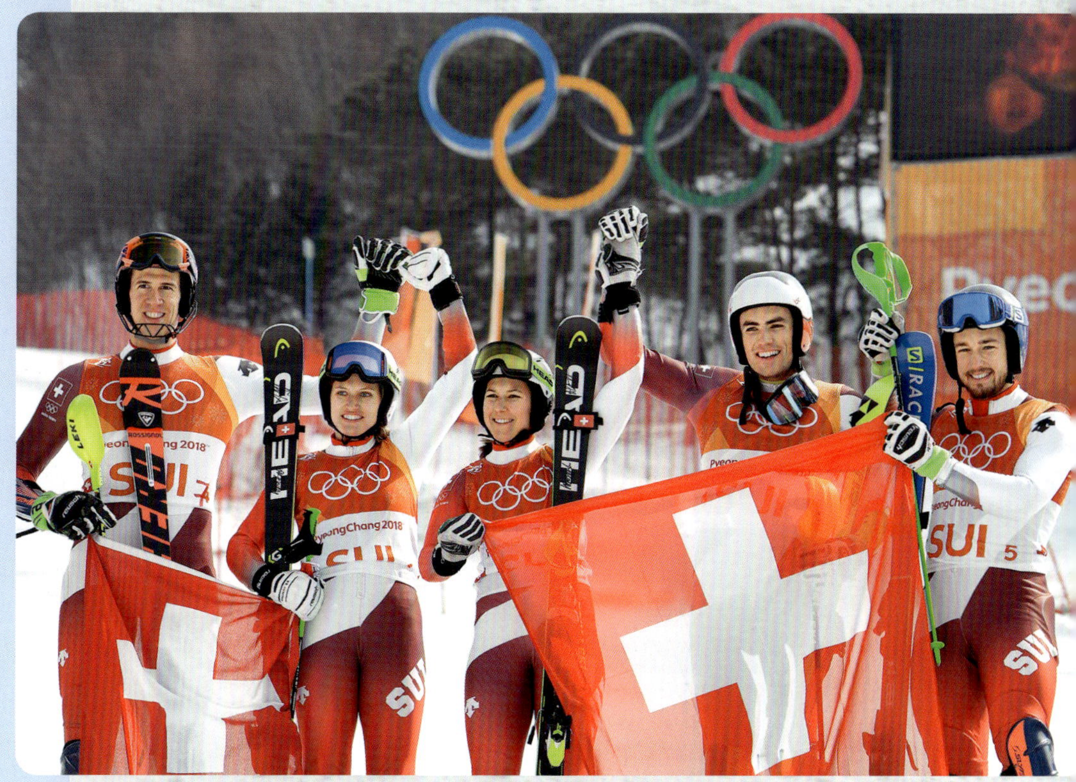

Das Team aus der Schweiz jubelt über den Sieg im Finale gegen die Österreicher. Sie konnten die Olympia-Premiere des Mannschaftsrennens mit 3:1 für sich entscheiden.

Keine Medaille vom Underdog

Nachdem im Riesenslalom am selben Tag schon Viktoria Rebensburg knapp das Podest verpasste, musste auch Thomas Dreßen eine Niederlage hinnehmen: Platz fünf in der alpinen Königsdisziplin. Vom Underdog zum Mitfavoriten hatte sich Dreßen entwickelt und war entsprechend selbstbewusst in die Abfahrt gegangen. Nach dem kurzen Frust-Moment über die verpasste Medaille scherzte der 24-Jährige schnell wieder mit den freiwilligen Helfern und posierte für Selfies. Der erreichte Rang fünf war immerhin das beste deutsche Abfahrts-Ergebnis bei Olympia seit 26 Jahren. Zuletzt war von den deutschen Herren Markus Wasmeier als Abfahrts-Vierter bei Olympia 1992 ähnlich weit vorne. Und trotz der Hoffnung auf Edelmetall für den Kitzbühel-Sieger ist es ein gutes Resultat. »Ich habe wieder gezeigt, dass ich mich etabliert habe in der Weltspitze und werde alles daran setzen, dass ich da bleibe«, sagte Dreßen in Pyeongchang.

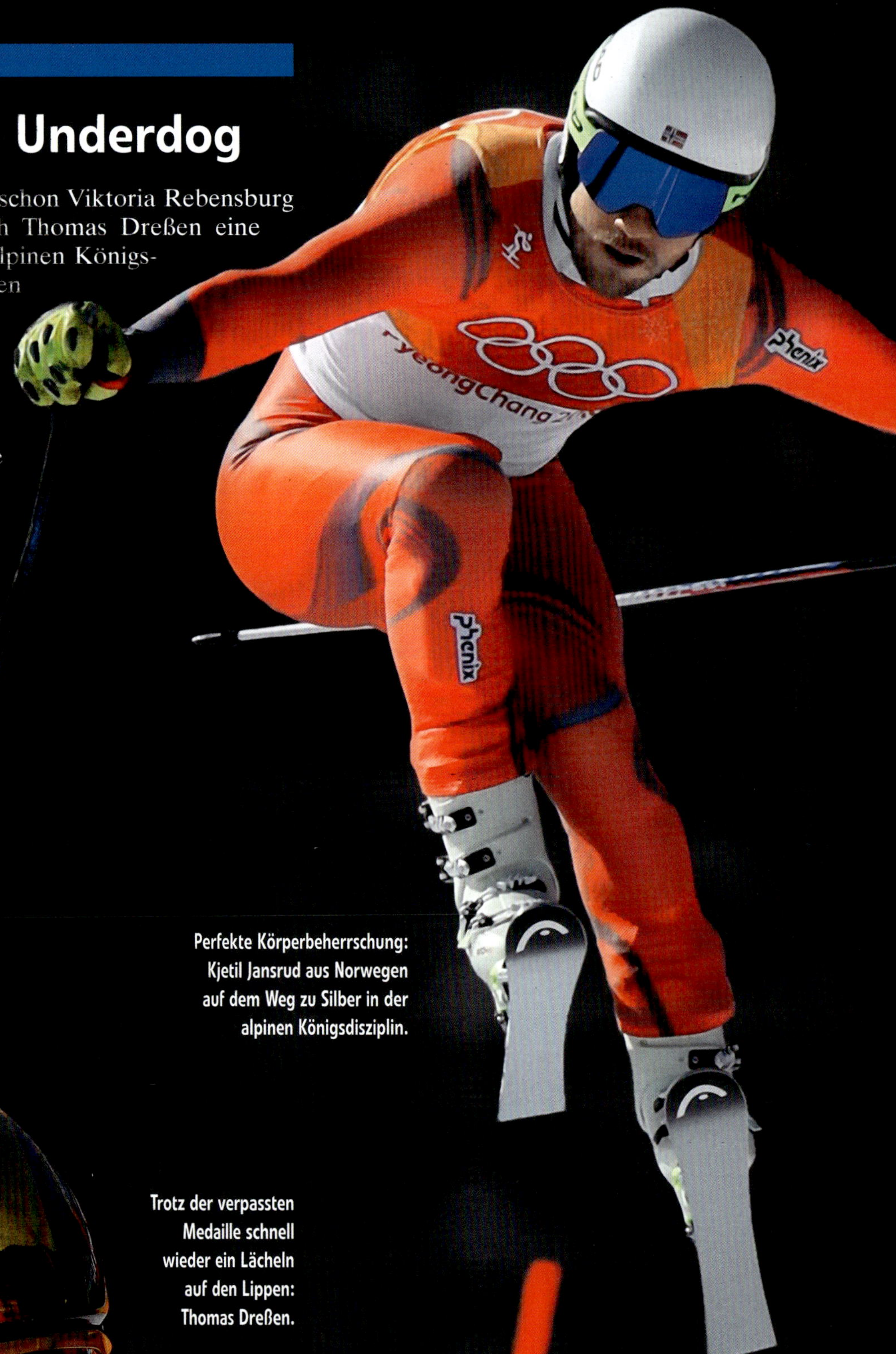

Perfekte Körperbeherrschung: Kjetil Jansrud aus Norwegen auf dem Weg zu Silber in der alpinen Königsdisziplin.

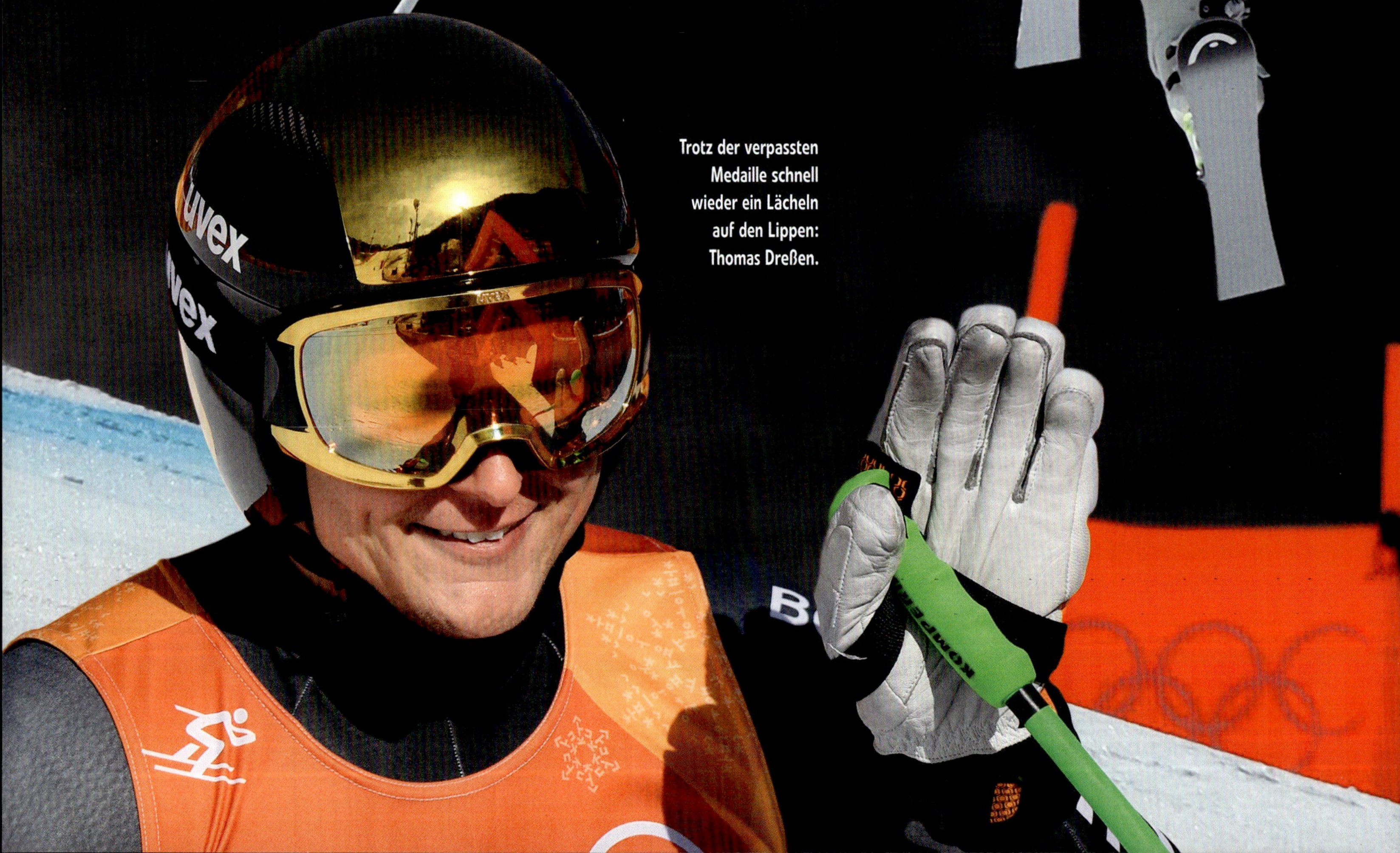

Trotz der verpassten Medaille schnell wieder ein Lächeln auf den Lippen: Thomas Dreßen.

Gegen Sieger Aksel Lund Svindal, dessen norwegischen Landsmann Kjetil Jansrud und den drittplatzierten Schweizer Beat Feuz war Dreßen diesmal chancenlos. Für Feuz reiht sich die Drittplatzierung in eine außerordentliche Serie ein: Dritter wurde er 2015 bei der WM in Beaver Creek und im letzten Jahr gar Weltmeister. »Im ersten Moment war ich schon enttäuscht, dass es für keine Medaille gereicht hat. Aber am Ende des Tages Fünfter zu sein, ist nicht so schlecht«, räumte Dreßen ein. 0,78 Sekunden fehlten dem Olympia-Debütanten auf Gold. »Vor mir ist keiner jünger als ich, das sind alles erfahrene Läufer«, erinnerte Dreßen.

»Ich habe wieder gezeigt, dass ich mich etabliert habe in der Weltspitze und werde alles daran setzen, dass ich da bleibe.«

Thomas Dreßen über seinen fünften Platz

Wie Kitzbühel-Sieger Dreßen zeigte auch Andreas Sander eine solide Vorstellung und wurde Zehnter. »Meine Leistung war sicher nicht so gut, wie der Platz es jetzt zeigt«, sagte der Ennepetaler. »Ich hätte mehr zeigen können, die Aggressivität hat mir gefehlt, warum auch immer.« Als dritter deutscher Teilnehmer kam Josef Ferstl auf Platz 25. Vor vier Jahren in Sotschi war gar kein Abfahrer des Deutschen Skiverbandes am Start.

Dank Sanders gutem Resultat konnten die deutschen Speedfahrer schon an diesem Tag des Wettkampfs festhalten: Mission erfüllt, Perspektive sehr gut. »Auch wenn wir knapp an einer Medaille vorbeigefahren sind, muss man trotzdem sehen, woher wir kommen. In welcher kurzen Zeit man diese positive Entwicklung genommen hat«, sagte Sportdirektor und Alpinchef Wolfgang Maier. »Gegen diese Leute zu verlieren, ist keine Schande«, fügte er im Hinblick auf das Podium mit den besten Abfahrern der Saison hinzu.

Der Goldmedaillengewinner Aksel Lund Svindal ist mit seinen 35 Jahren nun der älteste Olympiasieger der Geschichte. Schon bei seiner letzten Olympia-Abfahrt stand er lange, musste nur bei der Fahrt von Jansrud nochmal richtig zittern. Den Super-G gewann er 2010. Am Ende war er der erste männliche Skirennfahrer, der Olympia-Gold in beiden Speeddisziplinen holte. »Hut ab vor seiner Leistung«, gratulierte Dreßen. Er habe Svindal gesagt, »dass er ein Vorbild für jeden Athleten ist, der am Start steht.«

Ungewohnt leer waren die Tribünen beim Sieg von Svindal, was dieser etwas bedauerte: »Es ist komisch: Das sind die Olympischen Spiele und es sind so wenige Zuschauer da. Das ist ein bisschen traurig. Wenn wir dieses Rennen in Österreich, der Schweiz, Italien, Norwegen oder Schweden gehabt hätten, es wären 50000 Leute da gewesen. In den USA vermutlich auch«, erklärte er. Trotz der Enttäuschung zeigte Svindal aber auch Verständnis: »Aber in diesen Ländern würde auch keiner Shorttrack anschauen. Hier ist es voll. Olympia ist größer als alpines Skifahren. Und wenn das hier einfach nicht die große Nummer ist, dann ist das Pech für uns.«

Statistik

Abfahrtslauf, Männer

15.2.2018, Jeongseon Alpine Centre, Streckenlänge 2965 m

Platz	Name	Land	Zeit
1.	**Aksel Lund Svindal**	**NOR**	**1:40,25 Min.**
2.	**Kjetil Jansrud**	**NOR**	**1:40,37**
3.	**Beat Feuz**	**SUI**	**1:40,43**
4.	Dominik Paris	ITA	1:40,79
5.	Thomas Dreßen	GER	1:41,03
6.	Peter Fill	ITA	1:41,08
7.	Vincent Kriechmayr	AUT	1:41,19
8.	Brice Roger	FRA	1:41,39
9.	Matthias Mayer	AUT	1:41,46
10.	Andreas Sander	GER	1:41,62
11.	Max Franz	AUT	1:41,75
12.	Hannes Reichelt	AUT	1:41,76
13.	Mauro Caviezel	SUI	1:41,86
21.	Marc Gisin	SUI	1:42,82
25.	Josef Ferstl	GER	1:42,98
33.	Gilles Roulin	SUI	1:43,88

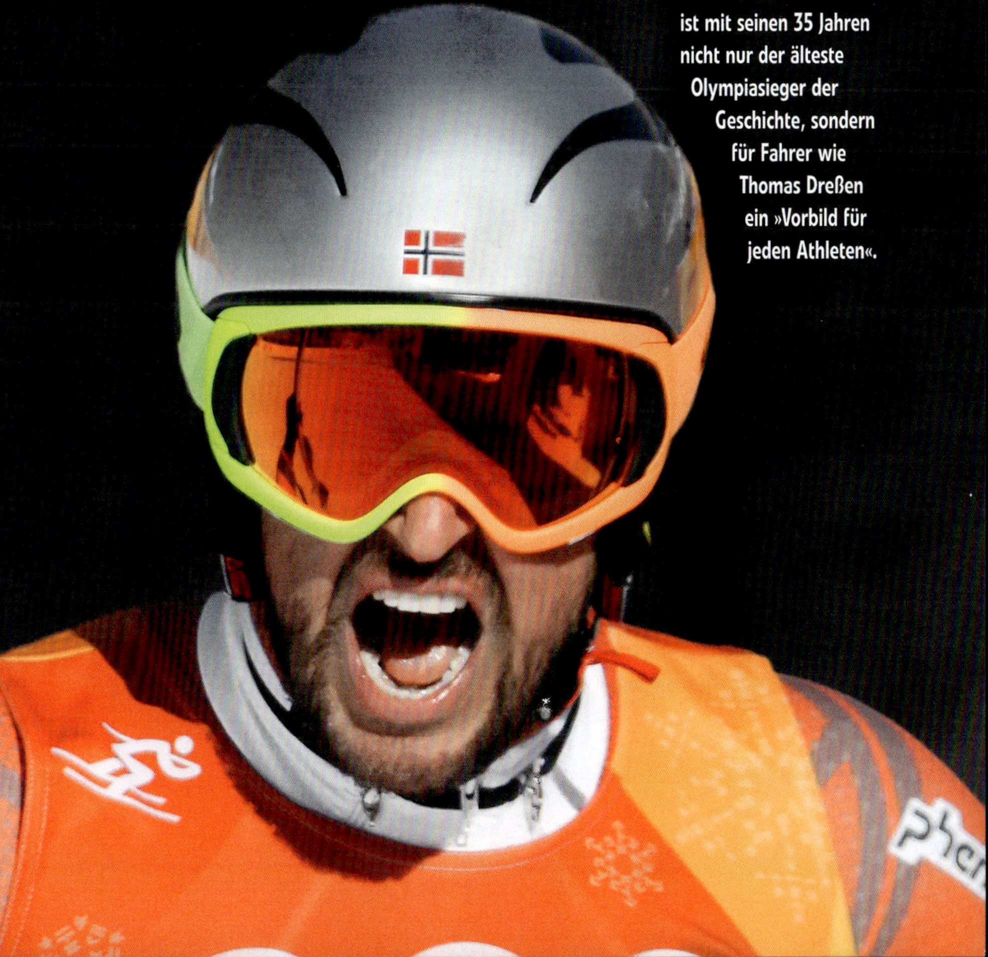

Aksel Lund Svindal ist mit seinen 35 Jahren nicht nur der älteste Olympiasieger der Geschichte, sondern für Fahrer wie Thomas Dreßen ein »Vorbild für jeden Athleten«.

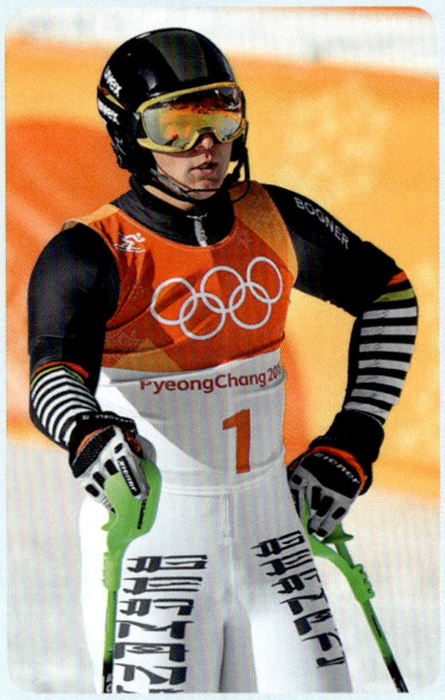

Die beste Abfahrtszeit lieferte der deutsche Teilnehmer Thomas Dreßen.

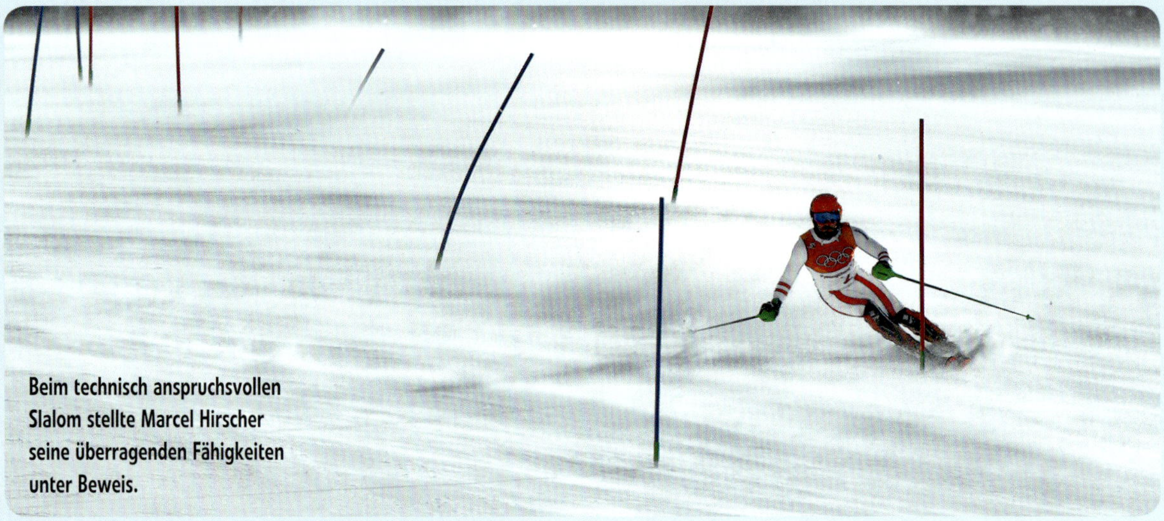

Beim technisch anspruchsvollen Slalom stellte Marcel Hirscher seine überragenden Fähigkeiten unter Beweis.

Super-Kombination, Männer

Olympiasieg? Kann man machen!

Der Ski-Superstar aus Österreich hat endlich das geschafft, was ihm vor vier Jahren in Sotschi noch nicht gelungen ist: Marcel Hirscher hat mit dem Sieg in der unberechenbaren Super-Kombination der Männer das erste Olympia-Gold seiner Karriere gewonnen. Das letzte Gold für Österreich hatte Mario Reiter vor genau 20 Jahren gewonnen.
Umso erstaunlicher Hirschers verhaltene Freude: Der erste Platz in Südkorea ist ihm nicht ganz so viel wert wie sein Gold bei der Heim-WM in Schladming vor fünf Jahren: »Dass das heute hier funktioniert, ist eine Draufgabe, das ist gar nicht in Worte zu fassen. Aber für mich hat das nicht so viel Wert, wie in Schladming vor 40 000, 50 000 Leuten zu Hause zu gewinnen, bei meinem Heim-Rennen, meiner Heim-WM«, sagte Hirscher.
Insbesondere beim technisch anspruchsvollen Slalom bewies der Salzburger seine Ausnahmestellung. Doch auch die Abfahrt meisterte er. Bei widrigen Bedingungen und starken Winden verlor der sechsfache Weltmeister und Gesamtweltcupsieger Hirscher nicht viel Zeit auf den nach der ersten Disziplin führenden Deutschen.
Denn Thomas Dreßen lieferte die beste Abfahrtszeit. Am Ende belegte er einen achtbaren neunten Platz. Der Skirennfahrer aus Mittenwald fiel am Dienstag im entscheidenden Slalom wie erwartet hinter die Technikspezialisten zurück. Silber gewann Alexis Pinturault aus Frankreich, Bronze ging an dessen Landsmann Victor Muffat-Jeandet.
Mit der starken Abfahrt war der Kitzbühel-Sieger Dreßen nicht vollkommen zufrieden. »Es hat sich nicht schlecht angefühlt, ein paar Passagen wären aber schon noch besser gegangen«, sagte der 24-Jährige zu seiner Leistung im ersten Teil der Kombination. »Ich habe

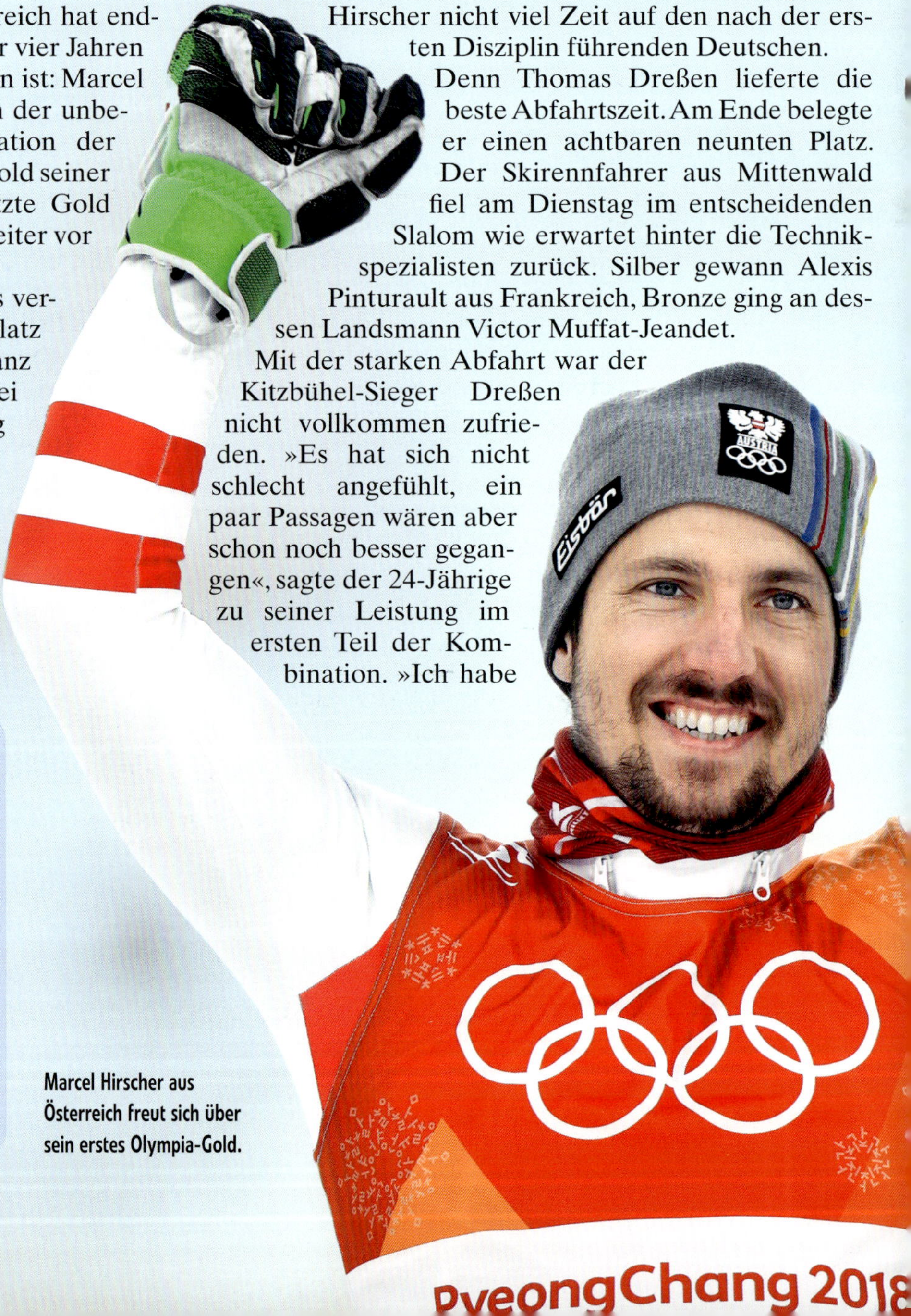

Marcel Hirscher aus Österreich freut sich über sein erstes Olympia-Gold.

Statistik

Super-Kombination, Männer

13.2.2018, Jongseon-Alpin-Zentrum

1.	**Marcel Hirscher**	**AUT**	**2:06,52 Min. (1:20,56 Min./12+45,96 Sek./1)**
2.	**Alexis Pinturault**	**FRA**	**2:06,75 (1:20,28/10+46,47/3)**
3.	**Victor Muffat-Jeandet**	**FRA**	**2:07,54 (1:21,57/29+45,97/2)**
4.	Marco Schwarz	AUT	2:07,87 (1:20,98/19+46,89/5)
5.	Ted Ligety	USA	2:07,97 (1:21,36/26+46,61/4)
6.	Thomas Mermillod Blondin	FRA	2:08,02 (1:20,89/17+47,13/6)
7.	Kjetil Jansrud	NOR	2:08,67 (1:19,51/4+49,16/19)
8.	Stefan Hadalin	SLO	2:08,94 (1:21,15/21+47,79/7)
9.	Thomas Dreßen	GER	2:08,96 (1:19,24/1+49,72/24)
10.	Klemen Kosi	SLO	2:09,37 (1:20,61/16+48,76/15)
11.	Luca Aerni	SUI	2:09,52 (1:21,34/25+48,18/11)
12.	Mauro Caviezel	SUI	2:09,60 (1:20,47/11+49,13/18)
15.	Carlo Janka	SUI	2:09,80 (1:20,58/14+49,22/20)

A: Matthias Mayer AUT, Vincent Kriechmayr AUT, Justin Murisier SUI, Linus Straßer GER, Andreas Sander GER, Josef Ferstl GER

probiert, mit Gefühl zu fahren und nicht zu viel zu riskieren.« Dreßens bislang beste Kombi-Platzierung im Weltcup war ein fünfter Platz im Dezember 2017 in Bormio. Bei der Weltmeisterschaft vor einem Jahr in St. Moritz wurde er nach Platz drei in der Abfahrt am Ende 14.

Für Dreßens Team-Kollegen lief es nicht ganz so gut: Josef Ferstl und Andreas Sander gingen nach Abfahrtsplatzierungen jenseits von Rang 30 nicht mehr an den Slalom-Start. Linus Straßer fädelte im Torlauf ein.

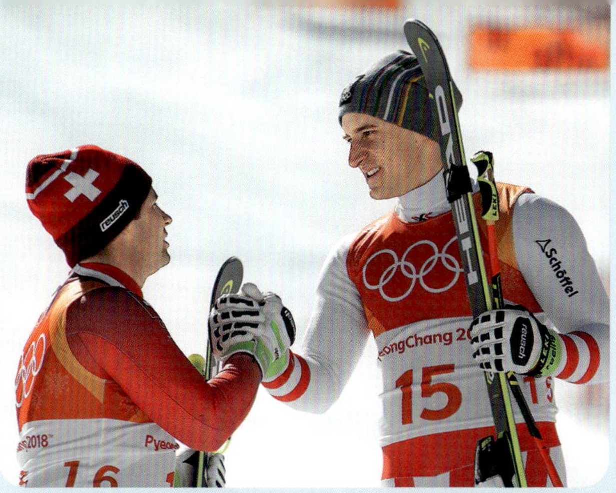

Der zweitplatzierte Schweizer Beat Feuz gratuliert Matthias Mayer aus Österreich zu seinem Sieg.

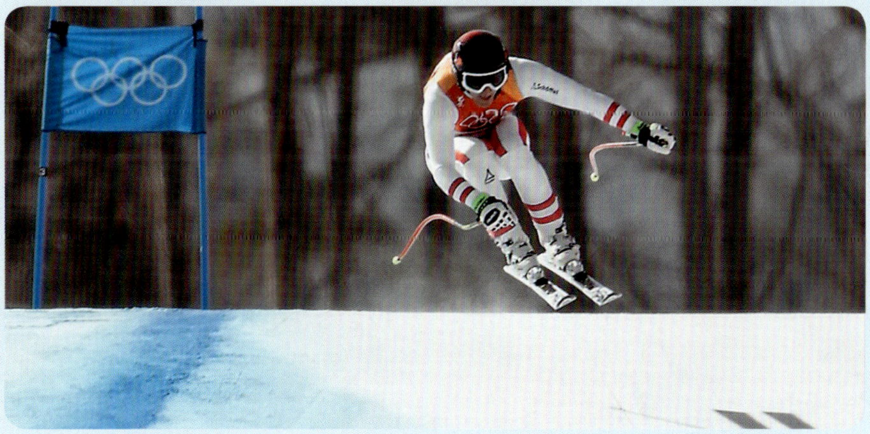

Drei Tage zuvor gestürzt, anschließend sichert sich Matthias Mayer die Goldmedaille – und schreibt damit Geschichte.

Super-G, Männer

Kurioses Déjà-vu

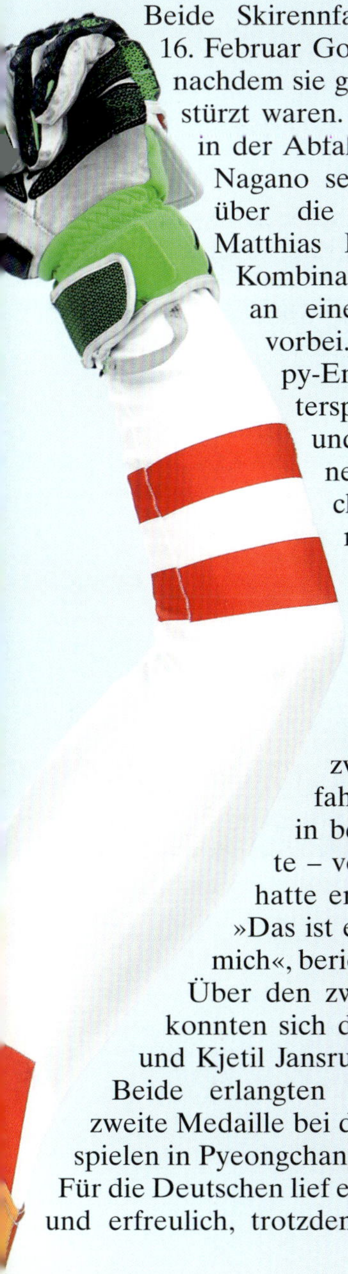

Bei der Nachricht des Super-G-Golds von Matthias Mayer dürfte sich so mancher Österreicher zwei Dekaden zurückgesetzt gefühlt haben. Zwischen Matthias Mayers Sieg und Hermann Maiers Erfolg 1998 bestanden nämlich verblüffende Parallelen: Beide Skirennfahrer holten an einem 16. Februar Goldmedaillen im Super-G, nachdem sie genau drei Tage zuvor gestürzt waren. Hermann Maier erlebte in der Abfahrt der Winterspiele von Nagano seinen legendären Abflug über die Streckennetze hinweg, Matthias Mayer rutschte in der Kombination weg und nur knapp an einer Pisten-Bohrmaschine vorbei. Dass die beiden Happy-End-Geschichten bei Winterspielen in Asien passierten und die zwei Sportler phonetisch auch noch den gleichen Nachnamen haben, rundete die kuriose Parallele ab.

Noch dazu schrieb Mayer mit dem Sieg Geschichte: Nach Skirennfahrer Aksel Lund Svindal wurde er der zweite männliche Skirennfahrer, der Olympia-Gold in beiden Speed-Events holte – vor vier Jahren in Sotschi hatte er die Abfahrt gewonnen. »Das ist etwas ganz Spezielles für mich«, berichtete Mayer.

Über den zweiten und dritten Platz konnten sich der Schweizer Beat Feuz und Kjetil Jansrud aus Norwegen freuen. Beide erlangten hierdurch ihre jeweils zweite Medaille bei den Olympischen Winterspielen in Pyeongchang.

Für die Deutschen lief es zwar weniger historisch und erfreulich, trotzdem machte sich Andreas Sander (Rang 8) zufrieden auf den langen Heimweg und Thomas Dreßen (Rang 11) hatte beim Verlassen der Piste gar ein breites Grinsen im Gesicht. Auch ohne Medaillen hatten die deutschen Speed-Fahrer ein positives Fazit ihrer Olympia-Premieren in Südkorea gezogen. Zwar waren beide mit ihren Rängen nicht auf Schlagdistanz zum Podium, dennoch sagte Sander: »Das war nicht schlecht, aber auch nicht richtig gut.« Er ergänzte in der Hoffnung, sich bei den Winterspielen in vier Jahren wieder präsentieren zu können: »Vielleicht waren das ja nicht meine letzten Olympischen Spiele.«

»Das ist etwas ganz Spezielles für mich.«

Matthias Mayer, nachdem er als zweiter männlicher Skirennfahrer Olympia-Gold in beiden Speed-Events gewann.

Statistik

Super-G, Männer

16.2.2018, Jeongseon Alpine Centre

1.	**Matthias Mayer**	**AUT**	**1:24,44 Min.**
2.	**Beat Feuz**	**SUI**	**1:24,57**
3.	**Kjetil Jansrud**	**NOR**	**1:24,62**
4.	Blaise Giezendanner	FRA	1:24,82
5.	Aksel Lund Svindal	NOR	1:24,93
6.	Vincent Kriechmayr	AUT	1:25,13
7.	Dominik Paris	ITA	1:25,18
8.	Andreas Sander	GER	1:25,21
9.	Dustin Cook	CAN	1:25,23
10.	Bostjan Kline	SOL	1:25,36
11.	Hannes Reichelt	AUT	1:25,40
12.	Thomas Dreßen	GER	1:25,51
17.	Max Franz	AUT	1:25,96
21.	Gilles Roulin	SUI	1:26,20
26.	Thomas Tumler	SUI	1:26,52
27.	Josef Ferstl	GER	1:26,81

A: Mauro Caviezel SUI

Enttäuschung aber keine Resignation: »Vielleicht waren das ja nicht meine letzten Olympischen Spiele«, so Andreas Sander (Rang 8).

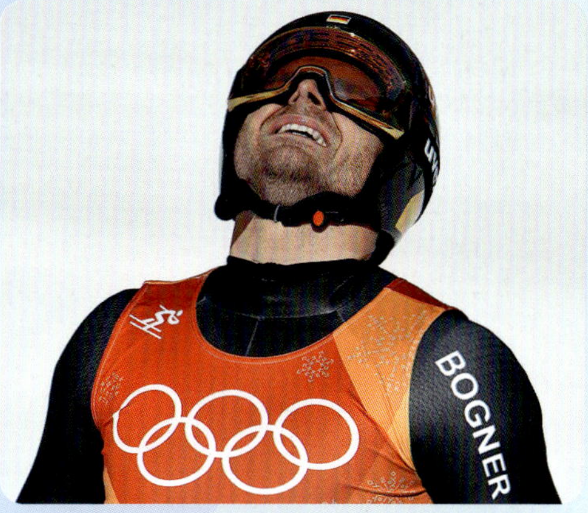

Ski Alpin, Riesenslalom, Männer

Der Aufstieg zur Ski-Legende

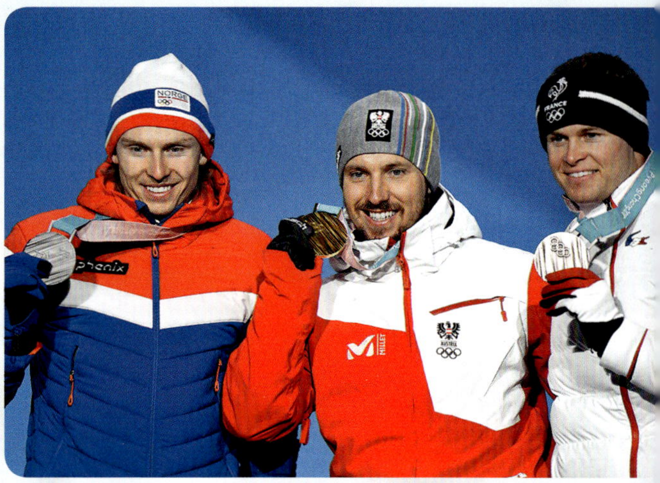

Stolze Gewinner des Riesenslaloms (von links nach rechts): Henrik Kristoffersen (2. Platz, Norwegen), Marcel Hirscher (1. Platz, Österreich) und Alexis Pinturault (3. Platz, Frankreich).

Nach der Machtdemonstration von Marcel Hirscher konnten seine ärgsten Verfolger nur noch verblüfft applaudieren – an eine Attacke auf den besten Skirennfahrer der Gegenwart war auch bei dieser Disziplin nicht zu denken. »Ziemlich gut« fühle er sich nach dem zweiten Sieg nach jenem in der Kombination und gab sich verbal weit weniger spektakulär als auf seinen Ski.

Mit zwei dominanten Läufen hatte der Österreicher den Dauerrivalen Henrik Kristoffersen aus Norwegen um 1,27 Sekunden distanziert – das war der größte Vorsprung bei einem olympischen Männer-Riesenslalom seit 50 Jahren. Frankreichs Alexis Pinturault wurde Dritter (+1,31). »Ich war schon überrascht, dass es so viel ist«, sagte Hirscher zum Vorsprung.

Dass der akribische Superstar zu den besten Rennfahrern der Historie gehört, darüber herrscht kein Zweifel. Bislang 55 Weltcup-Erfolge, die Bestmarke von sechs Triumphen in der Gesamtwertung und vier WM-Titel reichten vielen aber nicht, um Hirscher mit Ski-Legenden wie dem »Herminator« Hermann Maier gleichzusetzen. Olympia-Ehren mussten her – und Hirscher lieferte: 20 Jahre nach Maiers famosen Winterspielen in Nagano holte nun auch er zweimal Gold. »Das hat hier jeder erwartet«, sagte er. »Wenn man das umsetzen kann, ist es schon cool.«

»Das hat hier jeder erwartet.«

Marcel Hirscher zu seinem Olympiasieg.

Als Hirscher im Yongpyong Alpine Center ins Ziel raste und nur kurz auf der Anzeigetafel überprüfen musste, dass er mal wieder überlegen gewonnen hatte, standen Kristoffersen und Pinturault bereits Spalier und klatschten. »Er fährt in einer eigenen Liga und wir kämpfen nur um Silber und Bronze«, räumte Kristoffersen zu Hirschers Form im Riesenslalom ein. Inklusive der WM 2017 hat der Star nun neun der vergangenen zehn Riesenslaloms gewonnen.

Felix Neureuther und Stefan Luitz konnten verletzungsbedingt nicht für Deutschland antreten – ohne das Duo war das deutsche Ski-Team weit entfernt von den Spitzenrängen. Linus Straßer wurde 22., Fritz Dopfer kam auf Rang 26. Alexander Schmid schied nach guter Zwischenzeit im ersten Lauf aus. Es war das schlechteste olympische Riesenslalom-Ergebnis der deutschen Herren seit 2006. »Am Schluss ist es nicht so, dass das Medaillen wären, die irgendjemandem in Deutschland fehlen. Wir gewinnen sie oder auch nicht«, meinte Straßer. »Entweder wir Sportler haben Medaillen oder nicht. In erster Linie sind wir für uns hier.«

Statistik

Riesenslalom, Männer

18.2.2018, Yongpyong Alpine Centre

1.	**Marcel Hirscher**	**AUT**	**2:18,04 (1:08,27/1+1:09,77/2) Min.**
2.	**Henrik Kristoffersen**	**NOR**	**2:19,31 (1:09,58/10+1:09,73/1)**
3.	**Alexis Pinturault**	**FRA**	**2:19,35 (1:08,90/2+1:10,45/12)**
4.	Zan Kranjec	SLO	2:19,77 (1:09,52/9+1:10,25/8)
5.	Thomas Fanara	FRA	2:19,83 (1:09,22/6+1:10,61/16)
6.	Victor Muffat-Jeandet	FRA	2:19,85 (1:09,44/8+1:10,41/10)
7.	Mathieu Faivre	FRA	2:19,99 (1:09,06/5+1:10,93/20)
8.	Leif Kristian Nestvold-Haugen	NOR	2:20,23 (1:08,93/3+1:11,30/25)
9.	Loic Meillard	SUI	2:20,45 (1:09,77/12+1:10,68/17)
10.	Matts Olsson	SWE	2:20,70 (1:09,31/7+1:11,39/27)
15.	Gino Caviezel	SUI	2:21,25 (1:09,99/13+1:11,26/24)
19.	Luca Aerni	SUI	2:21,62 (1:11,40/26+1:10,22/7)
22.	Linus Straßer	GER	2:21,67 (1:11,54/30+1:10,13/4)
26.	Fritz Dopfer	GER	2:22,07 (1:10,69/19+1:11,38/26)

A: Stefan Brennsteiner AUT (1:10,02/25), Justin Murisier SUI, Alexander Schmid GER, Christian Hirschbühl AUT
DQ: Manuel Feller AUT

Reihenfolge: Gesamtzeit (Laufzeiten/Platz)

Ski Alpin, Slalom, Männer

Alter Schwede

Vor den Augen seines Königs Carl Gustaf krönte sich der Schwede Andre Myhrer zum ältesten Slalom-Olympiasieger der Ski-Geschichte. Im Alter von 35 Jahren und 42 Tagen gewann Myhrer vor dem Schweizer Ramon Zenhäusern und ist der erste Alpin-Olympiasieger aus Schweden seit dem großen Ingemar Stenmark. Hinter Zenhäusern wurde der Österreicher Michael Matt Dritter. »Er ist einer der größten Athleten in der schwedischen Geschichte. Mit ihm in einer Reihe genannt zu werden, ist eine große Ehre«, sagte Myhrer. »Ich habe mein Herz auf der Piste gelassen.«

Myhrer profitierte bei seinem Sieg auch vom Aus des Norwegers Henrik Kristoffersen, der nach dem ersten Durchgang geführt hatte, dann aber nach einem Fehler nicht ins Ziel kam. »Es ist besser, es zu probieren und zu scheitern, als es gar

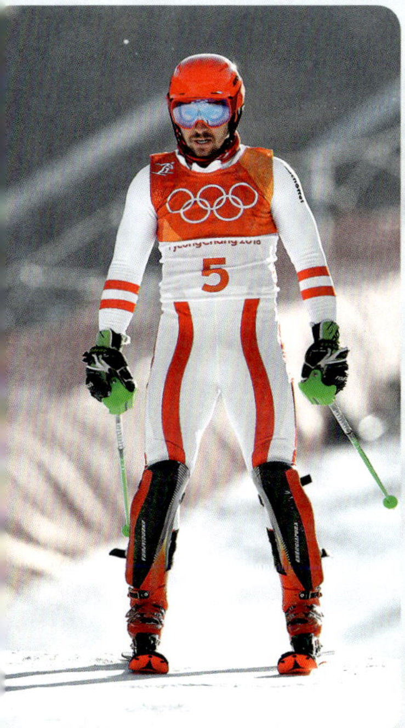

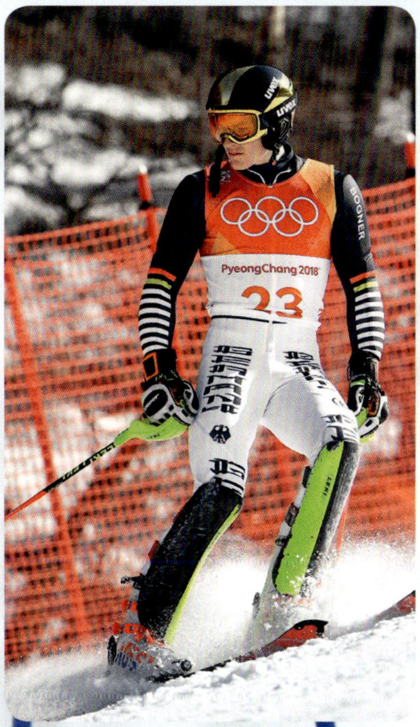

Sowohl der österreichische Sieger des Riesenslaloms, Marcel Hirscher (linkes Bild), als auch der deutsche Teilnehmer Linus Straßer schieden beim Slalom aus.

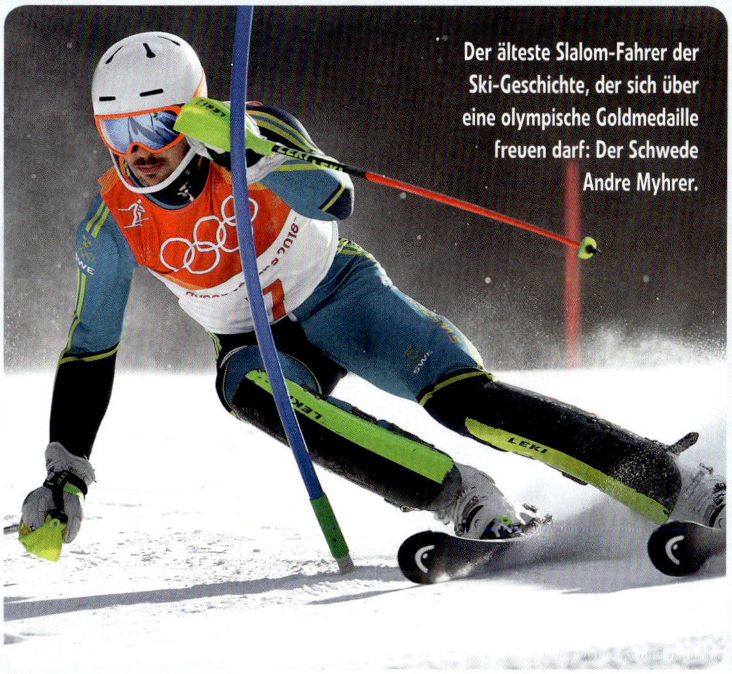

Der älteste Slalom-Fahrer der Ski-Geschichte, der sich über eine olympische Goldmedaille freuen darf: Der Schwede Andre Myhrer.

nicht zu probieren«, sagte Kristoffersen danach. Der Patzer des 23-Jährigen kam so unerwartet, dass Matt bereits bei den Journalisten in der Mixed Zone stand und zurück in den Zielraum musste. Top-Favorit Marcel Hirscher aus Österreich, in Pyeongchang in der Kombination und dem Riesenslalom schon mit Gold dekoriert, war bereits im ersten Lauf ausgeschieden.

»Ich habe mein Herz auf der Piste gelassen.«

Andre Myhrer, ältester Slalom-Olympiasieger.

Das einzige Resultat für den Deutschen Skiverband verbuchte in Abwesenheit des schmerzlich vermissten Kreuzband-Patienten Felix Neureuther der ehemalige WM-Zweite Fritz Dopfer auf Rang 20. »Im Moment gibt es keine Gedanken an ein Karriereende«, betonte Dopfer. Wegen der Folgen eines Schien- und Wadenbeinbruchs war er noch weit von seiner einstigen Form entfernt.

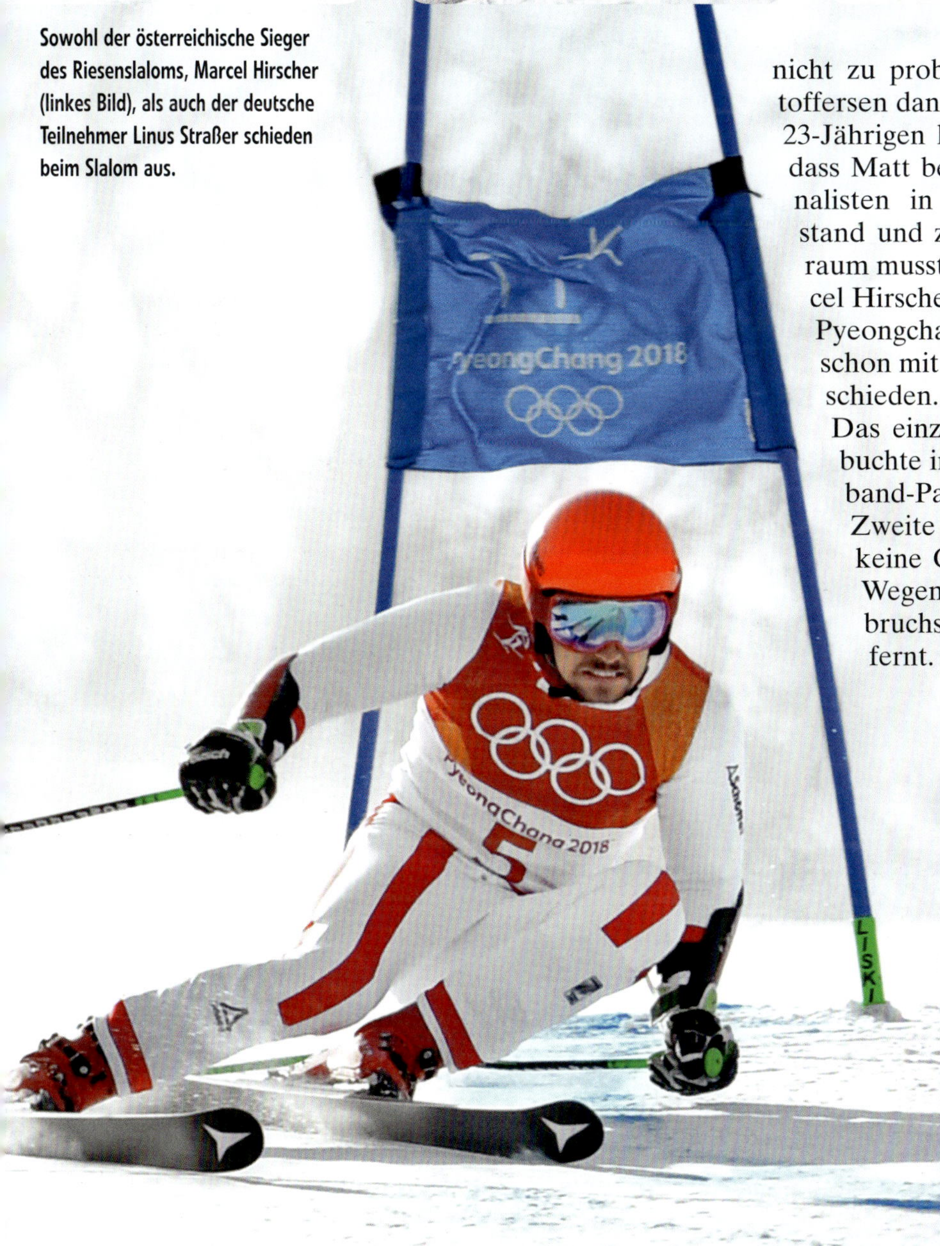

Der Österreicher Marcel Hirscher erreichte einen Vorsprung beim Riesenslalom, den es so seit 50 Jahren nicht gab.

Statistik

Slalom, Männer

22.2.2018, Yongpyong Alpine Centre

1.	**Andre Myhrer**	**SWE**	**1:38,99 Min. (47,93/2+51,06 Sek./8)**
2.	**Ramon Zenhäusern**	**SUI**	**1:39,33 (48,66/9+50,67/2)**
3.	**Michael Matt**	**AUT**	**1:39,66 (49,00/12+50,66/1)**
4.	Clement Noel	FRA	1:39,70 (48,58/7+51,12/10)
5.	Alexis Pinturault	FRA	1:39,72 (48,54/6+51,18/11)
6.	Victor Muffat-Jeandet	FRA	1:39,75 (48,34/3+51,41/14)
7.	Kristoffer Jakobsen	SWE	1:39,94 (48,74/10+51,20/12)
8.	Daniel Yule	SUI	1:40,12 (48,88/11+51,24/13)
9.	David Ryding	GBR	1:40,16 (49,09/13+51,07/9)
10.	Sebastian-Foss Solevaag	NOR	1:40,18 (48,53/5+51,65/20)
11.	Marco Schwarz	AUT	1:40,19 (48,62/8+51,57/19)
14.	Loic Meillard	SUI	1:40,32 (49,63/19+50,69/3)
15.	Manuel Feller	AUT	1:40,38 (49,35/16+51,03/6)
20.	Fritz Dopfer	GER	1:41,27 (49,79/22+51,48/17)

A: Marcel Hirscher AUT, Luca Aerni SUI, Linus Straßer GER

Reihenfolge: Gesamtzeit (Laufzeiten/Platz)

Knapp aus den Top 12 verdrängt: Katharina Förster.

Freestyle, Sprung, Frauen

Weißrussland sichert sich erneut die Goldmedaille

Ski-Freestylerin Hanna Huskowa aus Weißrussland gewann Olympia-Gold im Sprung. Die Weißrussin profitierte bei den Winterspielen auch von Fehlern und Stürzen der Konkurrentinnen und gewann mit 96,14 Punkten. Die Chinesin Zhang Xin holte knapp dahinter Silber und lag klar vor ihrer Teamkollegin Kong Fanyu, die sich Bronze sicherte.
Zum zweiten Mal nacheinander ging Gold damit in dieser Disziplin an Weißrussland. Sotschi-Siegerin Alla Zuper verpatzte ihren letzten Sprung und wurde Vierte. Die 38-Jährige startete zum sechsten Mal bei Winterspielen und ist damit Rekordhalterin im Ski-Freestyle. Die chinesische Mitfavoritin Xu Mengtao schaffte es überraschend nicht in den dritten Final-Durchgang der besten Sechs. Deutsche Teilnehmerinnen waren nicht am Start.

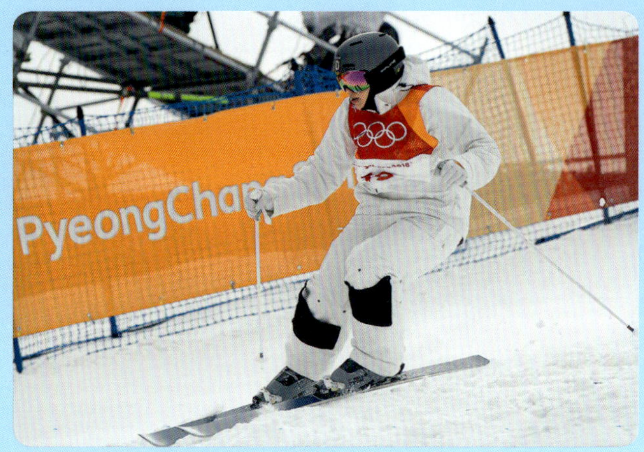

Als einzige Deutsche hatte Katharina Förster das erste Finale erreicht und scheiterte darin nach einem gelungenen Auftritt nur knapp. Erst Laffont als letzte Starterin verdrängte sie aus den Top 12, die im zweiten Final-Durchgang ran durften. Als 13. verfehlte die 29 Jahre alte Förster aus Simmerberg um einen Rang das Weiterkommen. Für die zweite deutsche Vertreterin, Lea Bouard vom SC Wiesloch, waren ihre ersten Olympischen Spiele nach der Qualifikation beendet. Die Disziplin wird vom Deutschen Skiverband finanziell nicht gefördert, deswegen hatten beide allein ihre Olympia-Teilnahme bereits als Erfolg gewertet.

Der anspruchsvolle Slopestyle-Kurs machte so mancher Teilnehmerin Probleme. Nicht der im großen Bild zu sehenden Sarah Höfflin, die Gold gewann.

Freestyle, Buckelpiste, Frauen

Französische Freestyle-Kunst und zufriedene Deutsche

Mit einem minimalen Vorsprung hat Ski-Freestylerin Perrine Laffont als erste Französin Olympia-Gold auf der Buckelpiste geholt. Die 19-Jährige verhinderte damit einen erneuten Triumph von Sotschi-Siegerin Justine Dufour-Lapointe. Nur 0,09 Punkte lag Laffont im dritten und letzten Endlauf der Top Sechs vor der Kanadierin. Dritte wurde Julia Galischewa aus Kasachstan.

Freestyle, Slopestyle, Frauen

Erst Sturz, dann Schock, dann Silber

Die Schweizer Ski-Freestylerin Sarah Höfflin hat Gold im Slopestyle geholt. Die 27-Jährige setzte sich mit 91,20 von 100 möglichen Punkten vor ihrer Teamkollegin Mathilde Gremaud und der Britin Isabel Atkin durch. Die 18-jährige Gremaud sicherte sich damit im ersten Wettkampf nach einem Kreuzbandriss am 26. März des vergangenen Jahres Olympia-Silber.

(Unten, von links nach rechts): Die Medaillengewinnerinnen des Freestyle-Sprung-Wettbewerbs: Zhang Xin, Hanna Huskowa und Kong Fanyu. Stolz präsentieren die besten auf der Buckelpiste Justine Dufour-Lapointe, Perrine Laffont und Julia Galyschewa ihre Medaillen.

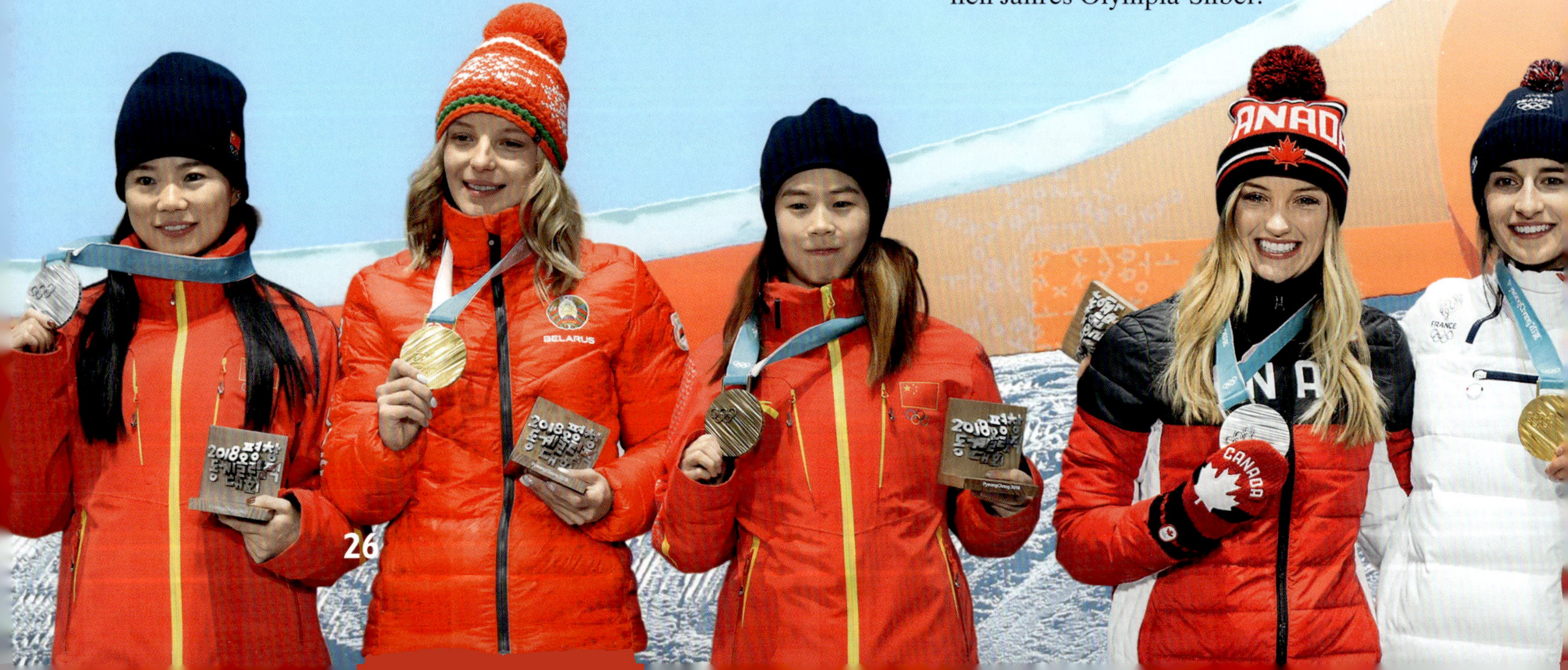

Die Olympia-Zweite hat erst am Morgen vor dem Wettkampf die ärztliche Freigabe für ihren Start erhalten. Im Training am Vortag war die Ski-Freestylerin aus der Schweiz nach eigenen Angaben bei einem Sturz auf den Rücken gefallen, mit dem Kopf aufgeschlagen und im Krankenhaus untersucht worden.

»Ich stand unter Schock, ich habe alles über das Training gestern vergessen«, sagte die 18-jährige Gremaud. »Heute Morgen musste ich noch ein paar Tests machen, ob ich antreten darf. Ich hatte keinen Druck, ich habe den Wettkampf einfach genossen.«

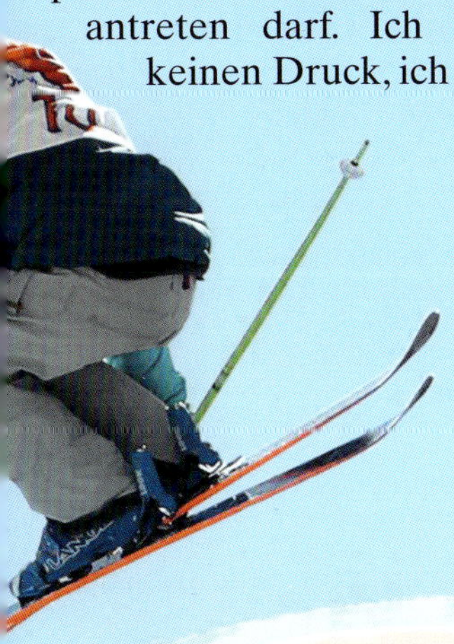

Auf dem anspruchsvollen Kurs mit Kunststücken über Rails (Geländer) und Kicker (Sprünge) hatten zahlreiche Athletinnen Probleme. Sotschi-Olympiasiegerin Dara Howell aus Kanada und Weltmeisterin Tess Ledeux aus Frankreich hatten den Sprung ins Finale der besten 12 verpasst.

Den Olympiasieg der Schweizerin beobachtete die deutsche Ski-Freestylerin Kea Kühnel nur als enttäuschte Zuschauerin. Obwohl der Einzug ins Slopestyle-Finale von ihr nicht zu erwarten gewesen war, zeigte sich die Bremerhavenerin nach ihrem Debüt bei den Winterspielen nicht zufrieden. »Ich weiß, dass ich es besser kann. Es ist schade, dass ich den Sport für Deutschland nicht besser präsentieren konnte«, sagte Kühnel.

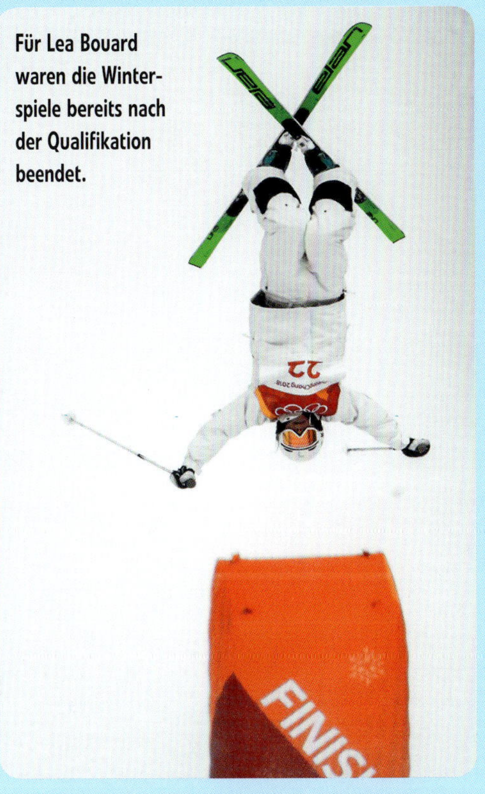

Für Lea Bouard waren die Winterspiele bereits nach der Qualifikation beendet.

»Heute Morgen musste ich noch ein paar Tests machen, ob ich antreten darf. Ich hatte keinen Druck, ich habe den Wettkampf einfach genossen.«

Mathilde Gremaud zu ihrem Silber.

Statistik

Freestyle, Sprung, Frauen

16.2.2018, Phoenix Snow Park

1.	**Hanna Huskowa**	**BLR**	**96,14 Pkt.**
2.	**Zhang Xin**	**CHN**	**95,52**
3.	**Kong Fanyu**	**CHN**	**70,14**
4.	Alla Zuper	BLR	59,94
5.	Laura Peel	AUS	55,34
6.	Madison Olsen	USA	47,23 B-Finale
7.	Ljubow Nikitina	OAR	80,01
8.	Alexandra Orlowa	OAR	61,25
9.	Xu Mengtao	CHN	59,25
10.	Kiley McKinnon	USA	80,95 C-Finale

(keine deutsche, schweizerische oder österreichische Beteiligung)

Freestyle, Buckelpiste, Frauen

11.2.2018, Bogwang-Schneepark

1.	**Perrine Laffont**	**FRA**	**78,65 Pkt., 3. Finale**
2.	**Justine Dufour-Lapointe**	**CAN**	**78,56**
3.	**Julia Galyschewa**	**KAZ**	**77,40**
4.	Jakara Anthony	AUS	75,35
5.	Britteny Cox	AUS	75,10
6.	Andi Naude	CAN	ohne Zeit
7.	Jaelin Kauf	USA	76,03, 2. Finale
8.	Keaton McCargo	USA	75,79
9.	Audrey Robichaud	CAN	74,89
10.	Regina Rachimowa	OAR	73,55
13.	Katharina Förster	GER	72,33, 1. Finale
21.	Deborah Scanzio	SUI	69,02, Qualifikation
25.	Lea Bouard	GER	65,08
26.	Melanie Meilinger	AUT	57,71

Freestyle, Slopestyle, Frauen

17.2.2018, Phoenix Snow Park

1.	**Sarah Höfflin**	**SUI**	**91,20 Pkt.**
2.	**Mathilde Gremaud**	**SUI**	**88,00**
3.	**Isabel Atkin**	**GBR**	**84,60**
4.	Maggie Voisin	USA	81,20
5.	Johanne Killi	NOR	76,80
6.	Yuki Tsubota	CAN	74,40
7.	Katie Summerhayes	GBR	71,40
8.	Jennie-Lee Burmansson	SWE	65,00
9.	Tiril Sjaastad Christiansen	NOR	60,40
10.	Devin Logan	USA	56,80
16.	Lara Wolf	AUT	66,40 Qualifikation
18.	Kea Kühnel	GER	59,60

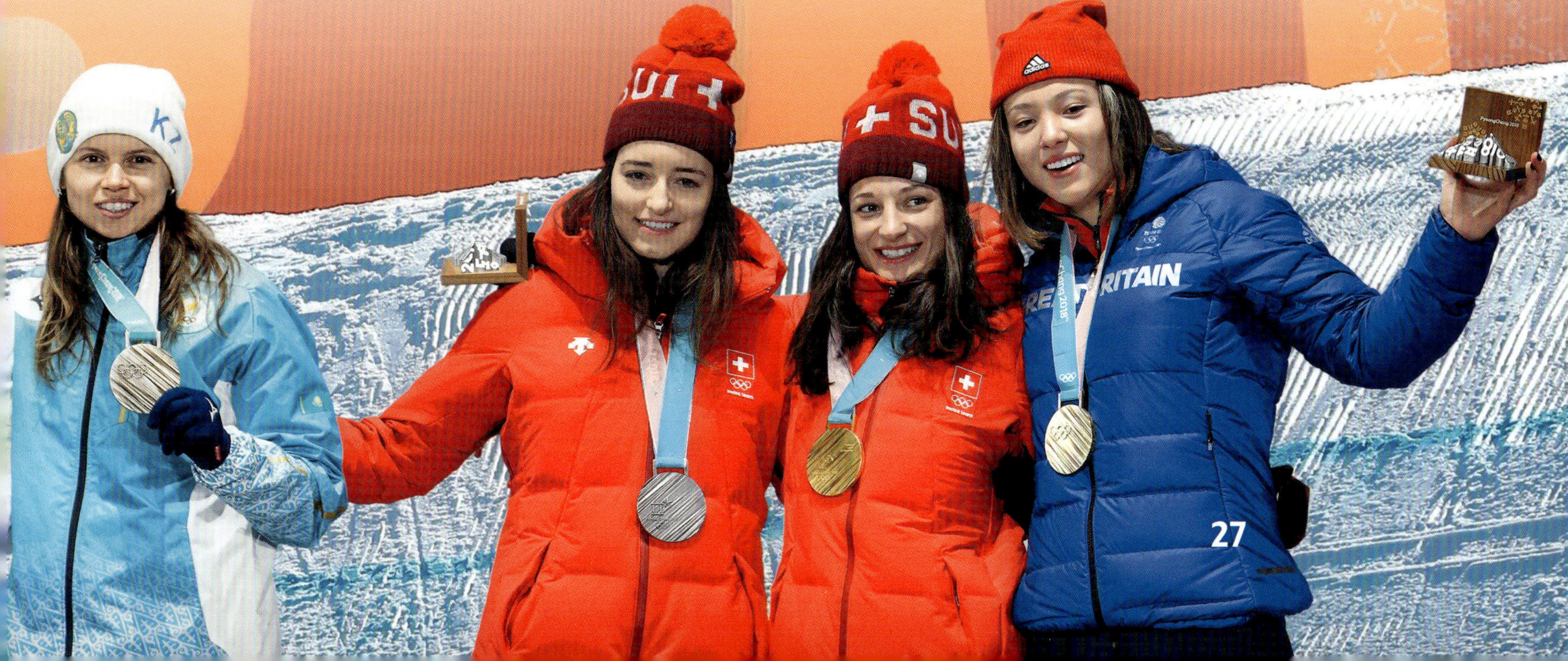

Doppelsieg für die Schweizer Slopestyle-Artistinnen (von links nach rechts): Mathilde Gremaud, Sarah Höfflin und die Britin Isabel Atkin.

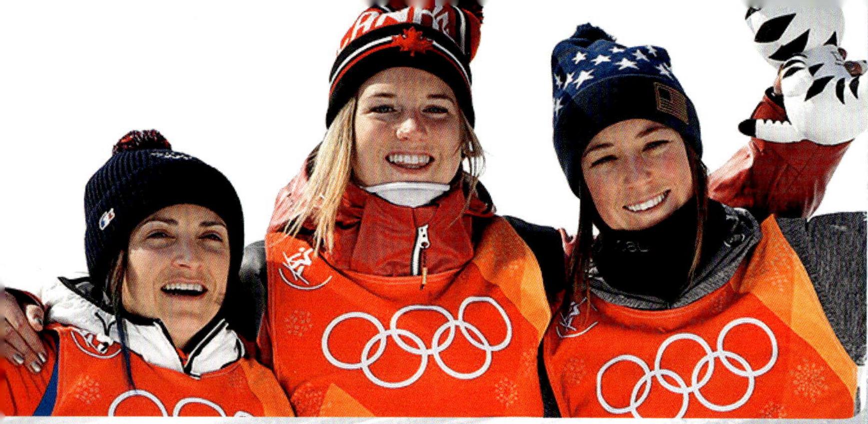

Marie Martinod aus Frankreich (von links nach rechts), die Kanadierin Cassie Sharpe und Brita Sigourney aus den USA freuen sich über ihre Spitzenplätze.

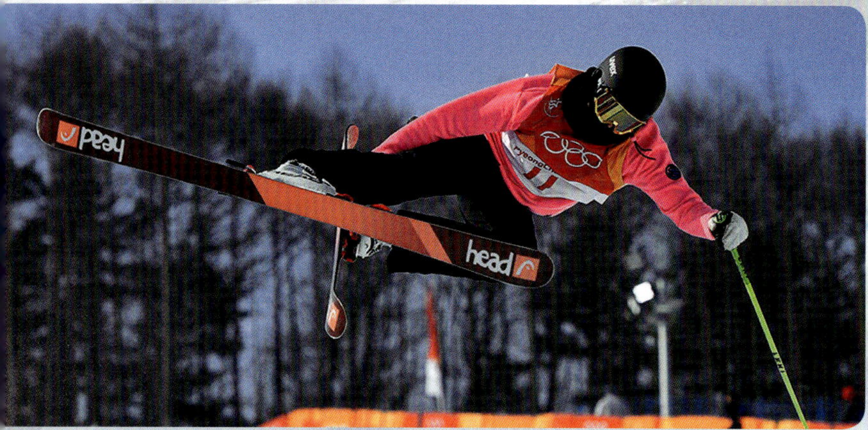

Sabrina Cakmakli aus Deutschland überzeugt mit einer soliden Leistung und landet am Ende auf dem 8. Platz.

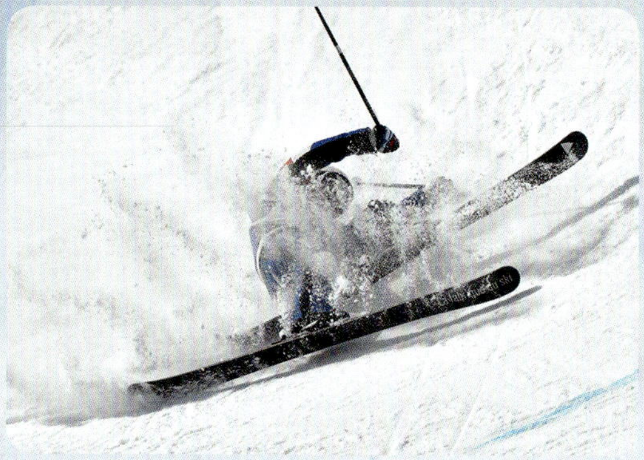

Heftige Stürze sind beim Ski-Cross keine Seltenheit.

Freestyle, Cross, Frauen

Ehemalige Skirennfahrerin trägt Silber

Doppeltes Medaillen-Glück für Kanada: Die Nordamerikanerinnen holen sich im Ski-Cross-Finale bei den Olympischen Winterspielen Gold und Silber. Kelsey Serwa holte vier Jahre nach Rang zwei in Sotschi den Olympiasieg in Pyeongchang und feierte damit den größten Erfolg ihrer Karriere. Rang zwei ging an Brittany Phelan, die 2014 noch als alpine Skirennfahrerin angetreten und im Slalom 15. geworden war. Cross fuhr sie zu diesem Zeitpunkt erst seit zwei Jahren. Bronze sicherte sich Fanny Smith aus der Schweiz.

Die große Favoritin Sandra Näslund ging überraschend leer aus, sie wurde Vierte. Die Weltmeisterin aus Schweden hatte vor Olympia vier Weltcup-Rennen in Serie gewonnen.

Ohne die am Kreuzband verletzte Mitfavoritin Heidi Zacher hatte der Deutsche Skiverband bei den Winterspielen keine Chance auf eine Medaille. Julia Eichinger schied als einzige deutsche Teilnehmerin im Achtelfinale aus. Die 25-Jährige aus Neureichenau ging von einem Infekt geschwächt ins Rennen, ein Edelmetall wäre nach eigener Aussage ohnehin unwahrscheinlich gewesen. »Ich war kein Medaillenkandidat und es war mir klar, dass hier fast ein Weltwunder passieren muss, dass ich ins Finale fahre. Andere sind viel stärker«, sagte Eichinger.

Statistik

Freestyle, Cross, Frauen

23.2.2018, Phoenix Snow Park

1.	**Kelsey Serwa**	**CAN**	
2.	**Brittany Phelan**	**CAN**	
3.	**Fanny Smith**	**SUI**	
4.	Sandra Naeslund	SWE	
5.	Alizee Baron	FRA	B-Finale
6.	Lisa Andersson	SWE	
7.	Sanna Lüdi	SUI	
8.	Sami Kennedy-Sim	AUS	
9.	Katrin Ofner	AUT	Viertelfinale
10.	Marielle Berger Sabbatel	FRA	
12.	Talina Gantenbein	SUI	
13.	Andrea Limbacher	AUT	
21.	Julia Eichinger	GER	Achtelfinale
23.	Priscillia Annen	SUI	

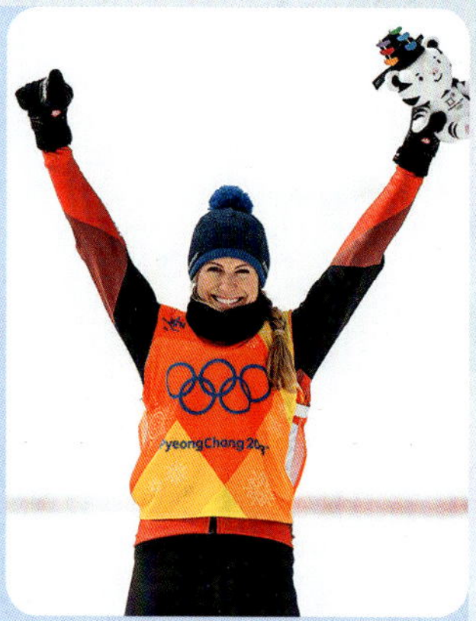

Fanny Smith aus der Schweiz freut sich über ihren dritten Platz im Ski-Cross.

Freestyle, Halfpipe, Frauen

20.2.2018, Phoenix Snow Park

1.	**Cassie Sharpe**	**CAN**	**95,80 Pkt.**
2.	**Marie Martinod**	**FRA**	**92,60**
3.	**Brita Sigourney**	**USA**	**91,60**
4.	Annalisa Drew	USA	90,80
5.	Ayana Onozuka	JPN	82,20
6.	Walerija Demidowa	OAR	80,60
7.	Rowan Cheshire	GBR	75,40
8.	Sabrina Cakmakli	GER	74,20
9.	Zhang Kexin	CHN	73,00
10.	Rosalind Grönewoud	CAN	70,60
13.	Elisabeth Gram	AUT	72,20 Qualifikation

Freestyle, Halfpipe, Frauen

Trotz Spezialtrick keine Medaille in der Halfpipe

Nachdenklich stützte sich Ski-Freestylerin Sabrina Cakmakli mit dem Ellbogen auf das Absperrgitter. Nach ihrem soliden Auftritt als Achte im olympischen Halfpipe-Wettbewerb von Pyeongchang war die 23-Jährige ein bisschen enttäuscht. Den vorletzten Sprung hatte die Partenkirchenerin verpatzt, ein paar Plätze nach vorn hätte sie womöglich rücken können.

Im Phoenix Snow Park bei Sonnenschein und einem Grad minus klappte nur der erste Lauf. Die Wertung von 74,2 von 100 möglichen Punkten blieb ihre beste. Sie lag damit mehr als 17 Zähler hinter einer Medaille und mehr als 21 hinter

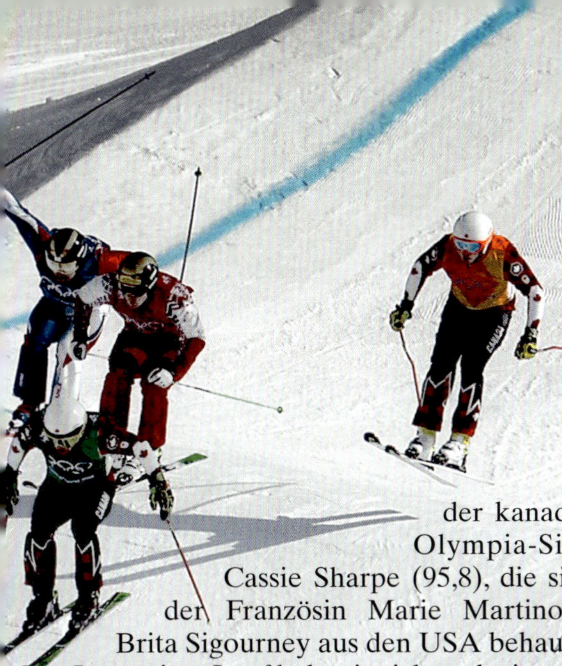

der kanadischen Olympia-Siegerin Cassie Sharpe (95,8), die sich vor der Französin Marie Martinod und Brita Sigourney aus den USA behauptete.

Im zweiten Lauf habe sie sich nach einer unsauberen Landung nicht mehr zusammenreißen und fokussieren können, schilderte sie. Im abschließenden Durchgang zeigte die Deutsche zwar ihren Spezialtrick – den sogenannten Flair, einen Sprung mit Überkopf-Drehung. Ein kleiner Fehler beim vorletzten Trick brachte sie aber zu Fall.

»Top-Acht der Welt ist etwas, mit dem wir zufrieden sein können«, resümierte Freestyle-Sportdirektor Heli Herdt. »Für eine Medaille hätten die anderen schon ordentlich patzen müssen.«

Freestyle, Cross, Männer

Heftige Stürze überschatten Ski-Crosser

Nach dem enttäuschenden Abschneiden des deutschen Ski-Cross-Trios musste Paul Eckert den heftigen Sturz des Kanadiers Christopher Delbosco einordnen. Im letzten Achtelfinallauf verlor der 35-Jährige bei einem Sprung die Kontrolle, flog mit seinen Skiern mehr als 30 Meter weit durch die Luft, knallte übel auf die Piste und schlitterte weiter. Es waren schockierende Bilder für die Zuschauer bei den Olympischen Winterspielen in Pyeongchang. Neben Delbosco stürzten auch der Franzose Terence Tchiknavorian und der Österreicher Christoph Wahrstötter schwer und mussten abtransportiert werden.

»Es gehört leider dazu, es lässt sich nicht vermeiden. Es sieht für die Zuschauer krass aus, das sehe ich ein«, sagte Eckert.

Dass die Stürze das Rennen überschatteten, lag auch am ernüchternden Ergebnis der Deutschen. Eckert scheiterte ebenso wie Hronek als Dritter seines Achtelfinallaufs, Wilmsmann wurde Vierter und damit Letzter. Jeweils die besten Zwei eines Laufes ziehen in die nächste Runde ein. Gold holte der Kanadier Brady Leman, Vierter von Sotschi, mit 0,19 Sekunden Vorsprung vor dem Schweizer Marc Bischofsberger. Nach einem Sturz rettete der Russe Sergej Ridzik Bronze.

Freestyle, Halfpipe, Männer

Gold für Mr. Kinderbuchautor

Als der dreijährige Malachi nach dem erneuten Halfpipe-Triumph von Papa David Wise schon aufs Podium geklettert war, sprang Töchterchen Nayeli hinterher. Mit seinen beiden Kindern auf dem Arm und der Unterstützung seiner ganzen Familie feierte Ski-Freestyler Wise wie in Sotschi auch in Pyeongchang Gold.

Nach zwei verpatzten Läufen bot der 27-Jährige die beste Show. Erst wechselte er zum dritten Mal seine Skier, dann verdrängte er mit einer fast perfekten Vorstellung und 97,2 von 100 möglichen Punkten in seinem letzten Versuch noch seinen Teamkollegen Alex Ferreira.

Der US-Amerikaner mit den langen blonden Haaren, bisher einziger Olympiasieger der Disziplin, ist die Antithese des vermeintlichen Bilds eines hippen Freestylers. Wises Twittername beginnt mit »Mr«, er hat ein Kinderbuch geschrieben.

Vor Olympia musste er eine Reihe von Schicksalsschlägen verdauen, wie er erklärte. Doch all diese Probleme haben ihm die Kraft für seinen letzten Auftritt in Pyeongchang verliehen, sagte White. »Wir sind Kämpfer.«

Statistik

Freestyle, Cross, Männer

21.2.2018, Phoenix Snow Park

1.	**Brady Leman**	**CAN**	
2.	**Marc Bischofberger**	**SUI**	
3.	**Sergej Ridsik**	**OAR**	
4.	Kevin Drury	CAN	
5.	Armin Niederer	SUI	B-Finale
6.	Arnaud Bovolenta	FRA	
7.	Filip Flisar	SLO	
8.	Dave Duncan	CAN	
9.	Alex Fiva	SUI	Viertelfinale
10.	Francois Place	FRA	
12.	Thomas Zangerl	AUT	
14.	Robert Winkler	AUT	
15.	Jonas Lenherr	SUI	
16.	Adam Kappacher	AUT	
17.	Christoph Wahrstötter	AUT	Achtelfinale
18.	Paul Eckert	GER	
23.	Tim Hronek	GER	
25.	Florian Wilmsmann	GER	

Freestyle, Halfpipe, Männer

22.2.2018, Phoenix Snow Park

1.	**David Wise**	**USA**	**97,20 Pkt.**	
2.	**Alex Ferreira**	**USA**	**96,40**	
3.	**Nico Porteous**	**NZL**	**94,80**	
4.	Beau-James Wells	NZL	91,60	
5.	Noah Bowman	CAN	89,40	
6.	Mike Riddle	CAN	85,40	
7.	Aaron Blunck	USA	84,80	
8.	Andreas Gohl	AUT	68,80	
9.	Torin Yater Wallace	USA	65,20	
10.	Thomas Krief	FRA	9,80	
16.	Lukas Muellauer	AUT	63,60	Qualifikation
18.	Joel Gisler	SUI	59,80	
19.	Rafael Kreienbühl	SUI	55,20	
21.	Marco Ladner	AUT	54,20	
25.	Robin Briguet	SUI	29,40	

(keine deutsche Beteiligung)

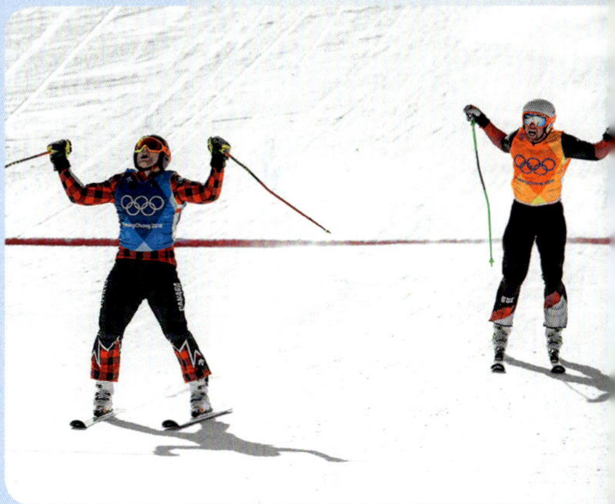

Beim Ski-Cross freut sich der Kanadier Brady Leman (links) über seinen Sieg vor dem Schweizer Marc Bischofberger (rechts).

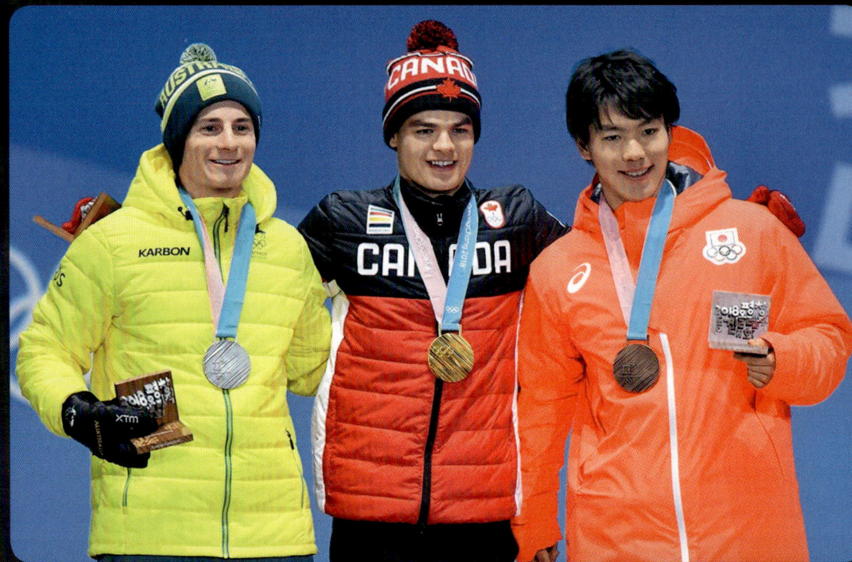

Die Gewinner auf der Buckelpiste (von links nach rechts): Matt Graham (2. Platz), Mikael Kingsbury (1. Platz) und Daichi Hara (3. Platz).

Freestyle, Sprung, Männer

In Gedenken an seinen Bruder

Weltmeister Jonathon Lillis war es nicht gelungen, für seinen verstorbenen Bruder eine Olympia-Medaille zu holen. Der Ski-Freestyler aus den USA schaffte im zweiten Final-Durchgang als Achter nicht den Einzug in die entscheidende Runde der besten sechs. Lillis wolle in Erinnerung an seinen jüngeren Bruder Olympia-Gold holen, hatte das Team der USA zuvor auf Twitter mitgeteilt.

Zum Olympiasieger kürte sich Alexander Abramenko. Der Ukrainer gewann äußerst knapp mit 128,51 Punkten und einem Vorsprung von 0,46 Zählern vor dem Chinesen Jia Zongyang. Bronze sicherte sich Ilja Burow von den Olympischen Athleten aus Russland (OAR). Sotschi-Olympiasieger Anton Kuschnir (Weißrussland) hatte sich am Samstag nicht für das Finale qualifiziert.

Freestyle, Buckelpiste, Männer

Kingsbury macht seinem Namen alle Ehre

Topfavorit Mikael Kingsbury hat seine Dominanz auf der Buckelpiste mit dem Olympiasieg bewiesen. Nach Silber vor vier Jahren in Sotschi zeigte der Ski-Freestyler aus Kanada mit 86,63 Punkten eine überragende Leistung. Mit mehr als vier Punkten lag der 25 Jahre alte Ski-Freestyler damit deutlich vor dem Australier Matt Graham. Bronze holte Daichi Hara aus Japan.

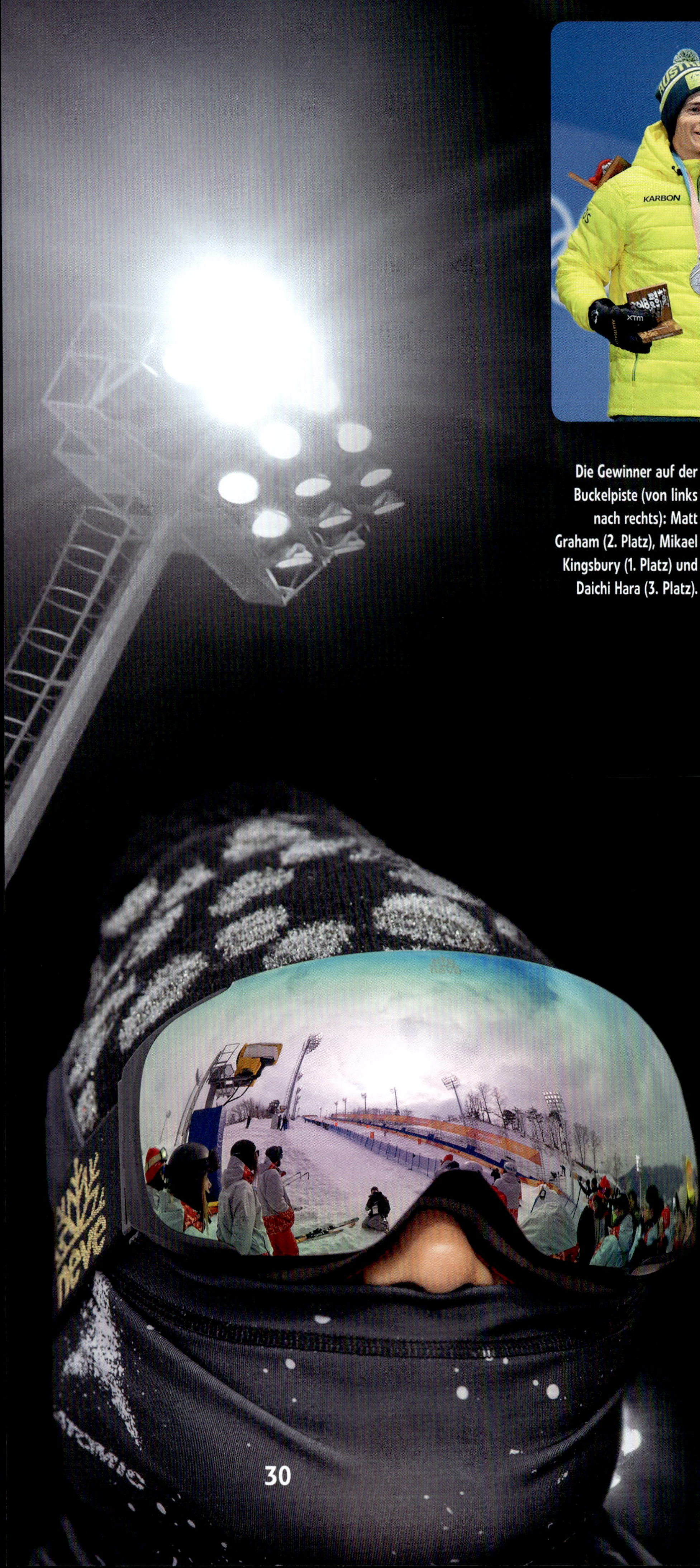

Der japanische Weltmeister und Mitfavorit Ikuma Horishima stürzte im zweiten Lauf und verpasste die Entscheidung. Deutsche hatten in der Herren-Konkurrenz dieser Disziplin nicht teilgenommen.
Kingsbury ist auf der Buckelpiste seit Jahren der dominierende Athlet. Von 2012 bis 2017 gewann der Kanadier jeweils den Gesamt-Weltcup. Bei Olympia in Sotschi hatte sich Kingsbury noch seinem Landsmann Alexandre Bilodeau geschlagen geben und mit Silber begnügen müssen.

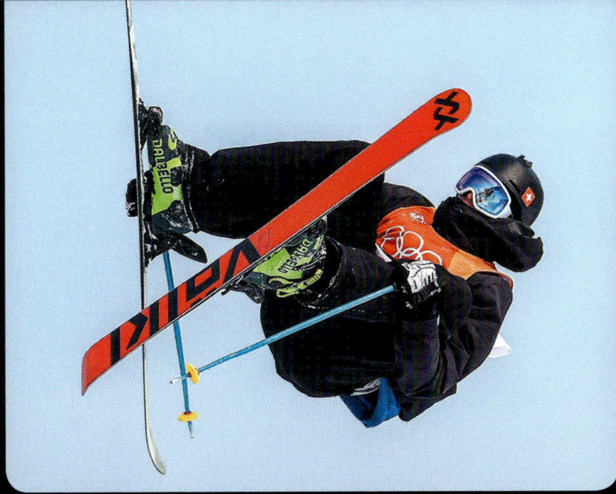

Ärgerlich: Seine 95 erreichten Punkte im Vorprogramm hätten für das Finale gereicht, doch Andri Ragettli landete letztlich nur auf Rang 7.

Freestyle, Slopestyle, Männer

Tränenreiche Gegenwart und hoffnungsvolle Zukunft

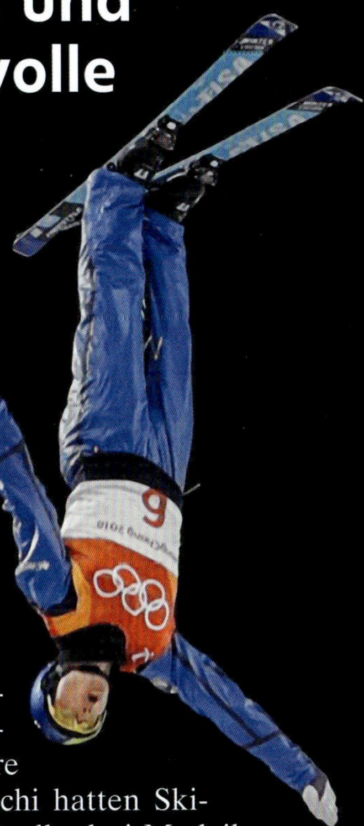

Der Ukrainer Alexander Abramenko gewann mit einem knappen Vorsprung von 0,46 Punkten Gold im Freestyle-Sprung (großes Bild).

Der norwegische Ski-Freestyler Oystein Braaten holte Gold im Slopestyle. Mit seiner Flugshow auf höchstem Niveau setzte sich der 22-Jährige mit 95,00 von 100 möglichen Punkten durch. Braaten gewann vor Nick Goepper aus den USA und dem Kanadier Alex Beaulieu-Marchand. Bei der olympischen Slopestyle-Premiere vor vier Jahren in Sotschi hatten Ski-Freestyler aus den USA alle drei Medaillen geholt, Goepper gewann damals Bronze. Deutsche Teilnehmer waren in Südkorea nicht dabei.
Nach seiner Norovirus-Erkrankung war der Schweizer Mitfavorit und Ex-Weltmeister Fabian Bösch mit nur 55,00 von 100 möglichen Punkten und dem 24. Platz schon in der Qualifikation ausgeschieden. »Wir hatten eine schwierige Woche. Aber das war nicht das Entscheidende bei Fabian«, sagte der verantwortliche Schweizer Trainer, Misra Torniainen, und verwies auf die Erkrankung. »Es ist heute nicht aufgegangen, das ist Sport.«
Böschs zuletzt ebenfalls erkrankter Teamkollege Elias Ambühl zog dagegen ins Finale der besten Zwölf ein und kam auf Platz neun. Ärgerlich lief es für Andri Ragettli: Erreichte er im Vorprogramm noch mit seiner Session 95 Punkte – die im Finale für den Sieg gereicht hätten – misslang ihm ein riskanter Trick im entscheidenden Moment, sodass er lediglich auf Platz 7 landete. Die Niederlage verkraftete der erst 19 Jahre junge Sportler nur sehr schwer, weinte bittere Tränen und zeigte damit eine Seite, die viele seiner Social-Media-Fans nicht von ihm kannten. Trotz seiner Niedergeschlagenheit verlor der Bündner aber sein Ziel mit Blick auf Peking 2022 nicht aus den Augen: Den Sport eines Tages zu dominieren.

Statistik

Freestyle, Sprung, Männer

18.2.2018, Phoenix Snow Park

Platz	Name	Land	Punkte
1.	**Alexander Abramenko**	**UKR**	**120,51 Pkt.**
2.	**Jia Zongyang**	**CHN**	**128,05**
3.	**Ilia Burow**	**OAR**	**122,17**
4.	Pawel Krotow	OAR	103,17
5.	Olivier Rochon	CAN	98,11
6.	Stanislau Hladtschenko	BLR	92,61
7.	Qi Guangpu	CHN	122,17 B-Finale
8.	Jonathon Lillis	USA	95,47
9.	Liu Zhongqing	CHN	94,57
10.	David Morris	AUS	111,95 C-Finale
11.	Mischa Gasser	SUI	99,12
12.	Dimitri Isler	SUI	97,79
16.	Noe Roth	SUI	116,64 Qualifikation
23.	Nicolas Gygax	SUI	88,92

(keine deutsche und österreichische Beteiligung)

Freestyle, Buckelpiste, Männer

12.2.2018, Bogwang-Schneepark

Platz	Name	Land	Punkte
1.	**Mikael Kingsbury**	**CAN**	**86,63 Pkt., 3. Finale**
2.	**Matt Graham**	**AUS**	**82,57**
3.	**Daichi Hara**	**JPN**	**82,19**
4.	Marc-Antoine Gagnon	CAN	77,02
5.	Casey Adringa	USA	75,50
6.	Vinjar Slatten	NOR	33,61
7.	Pawel Kolmakow	KAZ	76,10, 2. Finale
8.	Dmitri Reikherd	KAZ	58,64
9.	Sacha Theocharis	FRA	34,49
10.	Sho Endo	JPN	ohne Zeit

(ohne deutsche Beteiligung)

Freestyle, Slopestyle, Männer

18.2.2018, Phoenix Snow Park

Platz	Name	Land	Punkte
1.	**Oystein Braaten**	**NOR**	**95,00**
2.	**Nick Goepper**	**USA**	**93,60**
3.	**Alex Beaulieu-Marchand**	**CAN**	**92,40**
4.	James Woods	GBR	91,00
5.	Teal Harle	CAN	90,00
6.	Evan Mceachran	CAN	89,40
7.	Andri Ragettli	SUI	85,80
8.	Ferdinand Dahl	NOR	76,40
9.	Elias Ambühl	SUI	73,20
10.	Jonas Hunziker	SUI	66,20
24.	Fabian Bösch	SUI	55,0 Qualifikation

(keine deutsche und österreichische Beteiligung)

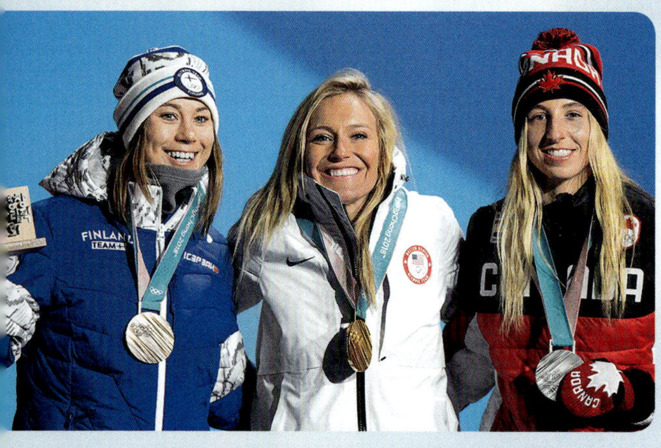

Aus dem schwierigen Wettbewerb als Siegerinnen hervorgegangen (von links nach rechts): Enni Rukajarvi (3. Platz), Jamie Anderson (1. Platz) und Laurie Blouin (2. Platz).

Snowboard, Slopestyle, Frauen

Dramatisches Aus vor gefährlichem Finale

Silvia Mittermüllers erhoffte Olympia-Premiere endete schon vor dem Wettkampf dramatisch. Nach einer Hirnblutung im Herbst hatte sich die Freestyle-Snowboarderin für die Winterspiele in Pyeongchang qualifiziert, trotz Fiebers wollte die 34-Jährige bei schwierigen Bedingungen mit starken Windböen im Slopestyle-Finale starten. Doch im Training direkt vor dem ersten Lauf stürzte die Münchnerin und verletzte sich am rechten Knie – die Chance auf den Auftritt auf dem Kurs im Phoenix Snowpark war dahin.

Sie habe es mit ganzem Herzen trotz der schwierigen Situation und obwohl sie krank war, probieren wollen, schrieb Mittermüller auf Twitter. »War das die richtige Entscheidung? Ich weiß es nicht.«

Nach ihrem Sturz war die seit Jahren beste deutsche Freestylerin kurz liegengeblieben und dann humpelnd weggegangen. Sie wurde während des Wettkampfs und vor dem zweiten Olympiasieg der US-Amerikanerin Jamie Anderson zu ärztlichen Untersuchungen gebracht.

Im Finale, das um 75 Minuten nach hinten verschoben worden war, machten wechselnder Wind und heftige Böen den Athleten bei ihren Tricks und Sprüngen zu schaffen. Die Snowboard-Artistinnen stürzten reihenweise. »Es war ziemlich gefährlich. Man wusste nicht, was einen erwartet. Sie hätten es absagen oder verschieben sollen«, sagte die drittplatzierte Enni Rukajarvi aus Finnland.

Olympiasiegerin Jamie Anderson reduzierte aus Vorsicht ihren Schwierigkeitsgrad. Ihr Lauf hätte sonst kaum fürs Finale gereicht, sei aber unter diesen Bedingungen gut gewesen, sagte sie. Sie gewann vor Weltmeisterin Laurie Blouin aus Kanada.

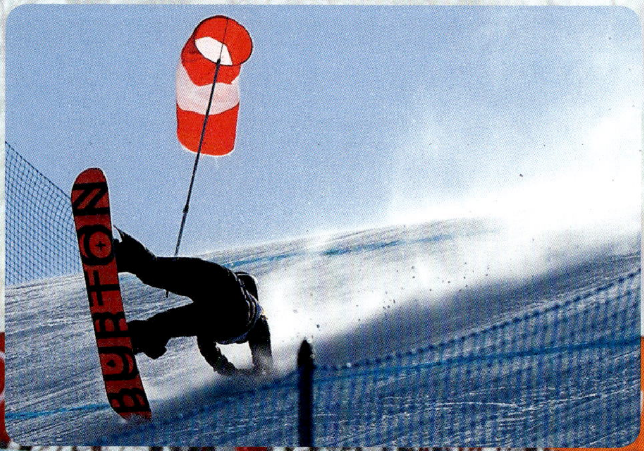

Heftige Böen machten den Athletinnen zu schaffen, es kam reihenweise zu Stürzen. »Sie hätten es absagen oder verschieben sollen«, so Enni Rukajärvi.

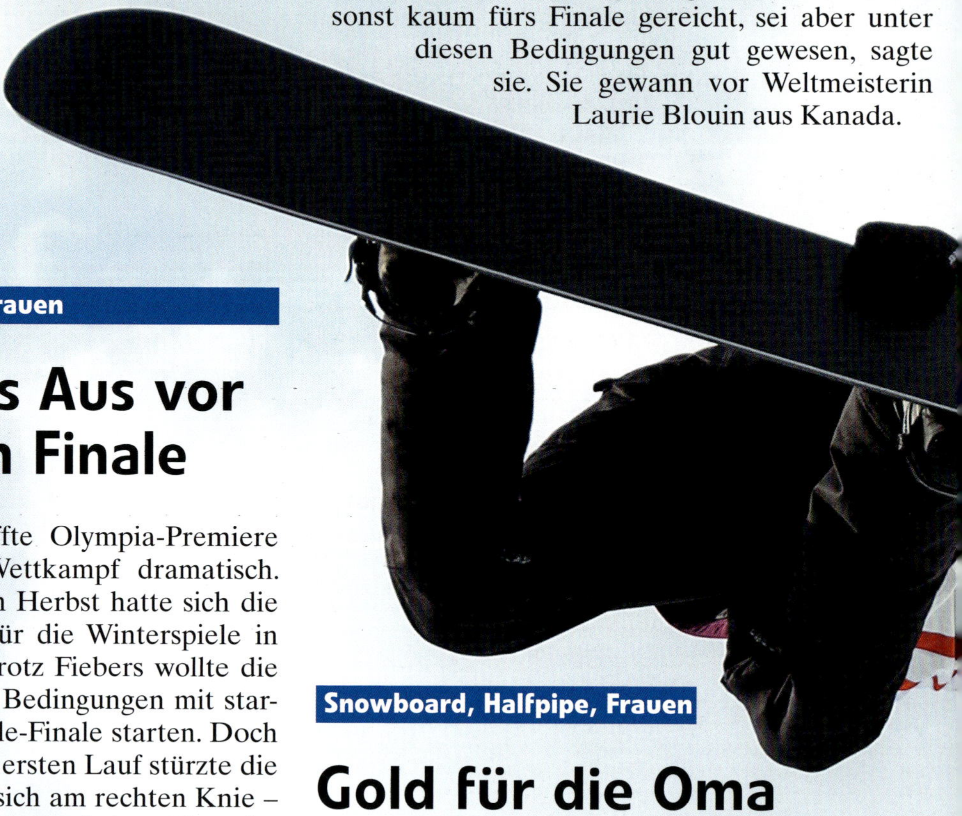

Für die Schweizerin Verena Rohrer endete der Halfpipe-Wettbewerb in der Qualifikation.

Snowboard, Halfpipe, Frauen

Gold für die Oma

Den olympischen Snowboard-Triumph in der Heimat ihrer Familie widmete Supertalent Chloe Kim ihren Eltern und ihrer Großmutter. Mama Boran Yun Kim und Papa Jong Jin Kim waren 1982 aus Südkorea in die USA ausgewandert. Nun reiste Chloes Oma aus Seoul an, um ihrer Enkelin in Pyeongchang zum ersten Mal bei einem Halfpipe-Wettkampf zuzuschauen. »Als ich herausgefunden habe, dass sie hier ist, habe ich gedacht: Das ist für sie«, sagte die 17 Jahre alte Kim.

Ihre Beziehung zum Gastgeberland hatte für einen riesigen Hype und Andrang gesorgt, wie es ihn vor dem Finale mit Superstar Shaun White im Phoenix Snow Park noch um keinen der Snowboard- und Ski-Artisten gegeben hatte. Die Erwartungen waren riesig. Doch der Teenager steckte all den Druck auf der größten Sport-Bühne weg. Auf dem Podium im Zielbereich wischte sich Kim die Freudentränen aus dem Gesicht. Sie hasst es eigentlich, zu weinen.

Klar abgeschlagen holte Liu Jiayu mit Silber die erste Snowboard-Medaille bei Olympia für China. US-Teamkollegin Arielle Gold wurde Dritte. Kims Vorbild, Kelly Clark, blieb nur Platz vier: »Chloe ist reifer als normal für ihr Alter«, sagte die erfolgreichste Snowboard-Olympionikin.

Snowboard, Cross, Frauen

Unerwarteter Sieg für Italien

Premiere für Italien: Die Mitfavoritin Michela Moioli hat als erste Italienerin Olympia-Gold im Snowboardcross gewonnen. Die 22-Jährige setzte sich vor der Französin Julia Pereira de Sousa Mabileau und Sotschi-Olympiasiegerin Eva Samkova aus Tschechien durch. Für alle drei Gewinnerinnen war dies die erste olympische Medaille.

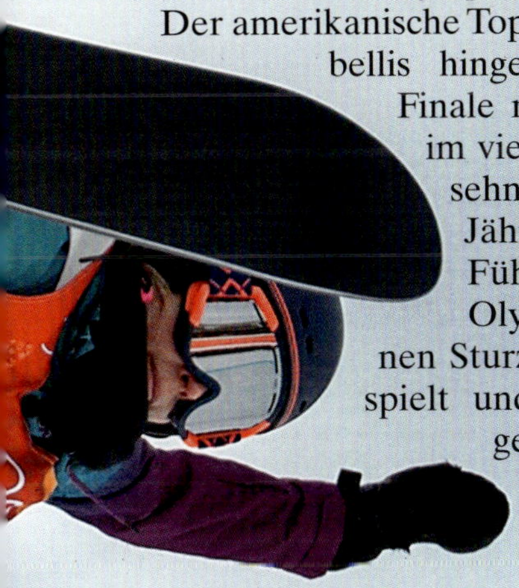

Der amerikanische Top-Star Lindsey Jacobellis hingegen verpasste im Finale mit Platz vier auch im vierten Anlauf das ersehnte Gold. Die 32-Jährige hatte 2006 als Führende den sicheren Olympiasieg durch einen Sturz aus Übermut verspielt und war nur Zweite geworden.

Deutschlands erste Olympia-Teilnehmerin im Snowboardcross seit zwölf Jahren war im Viertelfinale ausgeschieden. Jana Fischer war in ihrem zweiten Qualifikationslauf gestürzt. Die 18-Jährige hatte bei hohem Tempo die Kontrolle verloren und war im Fangnetz gelandet, fuhr aber anschließend noch ins Ziel. Sie wurde danach wegen Nasenblutens versorgt, startete dann aber trotzdem im Viertelfinale. Dort blieb sie in ihrem Lauf allerdings ohne Chance und wurde Vierte. Da nur die besten Drei ins Halbfinale einzogen, war der Wettbewerb für sie vorbei.

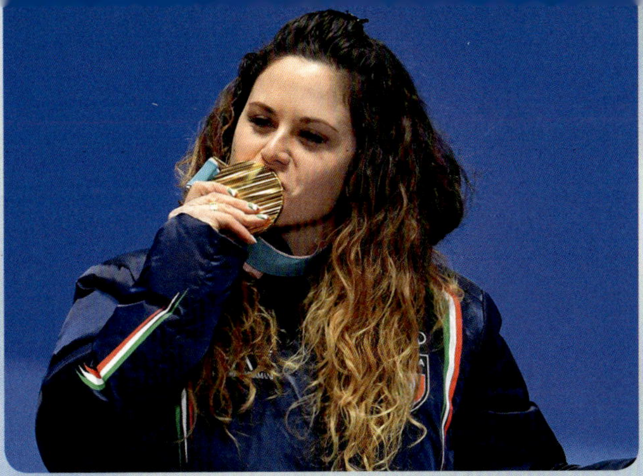

Als erste italienische Goldmedaillengewinnerin im Snowboardcross ist Michela Moioli zurecht stolz auf ihren Sieg.

> »Das ist alles verrückt. Meine Geschichte mit der Welt zu teilen, ist unglaublich.«
>
> *Chloe Kim*

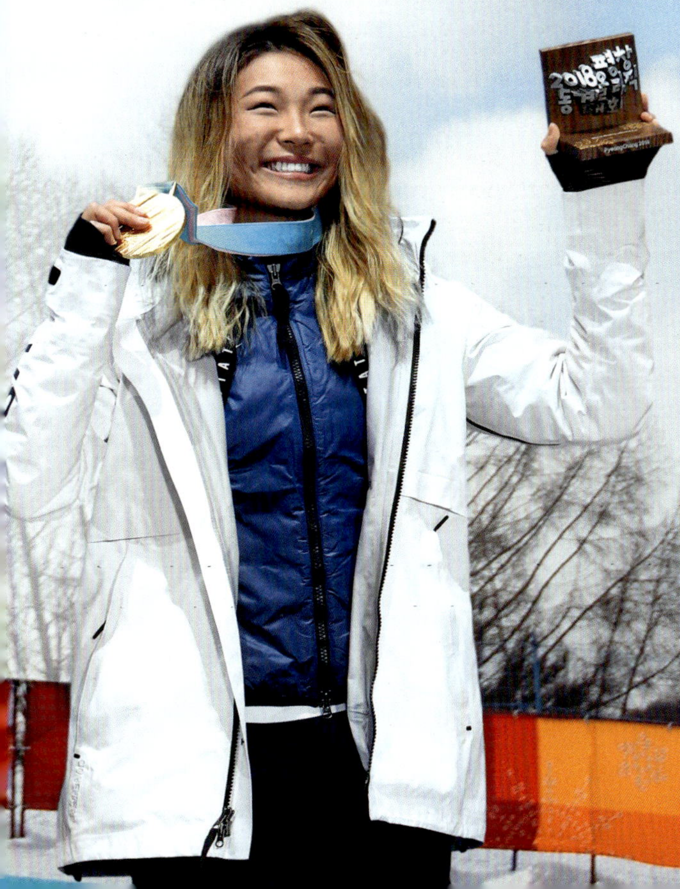

Chloe Kims Oma sah ihrer Enkelin beim Siegessprung zu. »Als ich herausgefunden habe, dass sie hier ist, habe ich gedacht: Das ist für sie«, sagte die 17-Jährige.

Statistik

Snowboard, Slopestyle, Frauen

11.2.2018, Bogwang-Schneepark

1.	**Jamie Anderson**	**USA**	**83,00 Pkt.**
2.	**Laurie Blouin**	**CAN**	**76,33**
3.	**Enni Rukajärvi**	**FIN**	**75,38**
4.	Silje Norendal	NOR	73,91
5.	Jessika Jenson	USA	72,26
6.	Hailey Langland	USA	71,80
7.	Sina Candrian	SUI	66,35
8.	Sofia Fjodorowa	OAR	65,73
9.	Yuka Fujimori	JPN	63,73
10.	Elena Könz	SUI	59,00
15.	Anna Gasser	AUT	46,56
18.	Isabel Derungs	SUI	39,66
20.	Carla Somaini	SUI	36,71

DNS: Silvia Mittermüller GER

Snowboard, Halfpipe, Frauen

13.2.2018, Bogwang-Schneepark

1.	**Chloe Kim**	**USA**	**98,25 Pkt.**
2.	**Liu Jiayu**	**CHN**	**89,75**
3.	**Arielle Gold**	**USA**	**85,75**
4.	Kelly Clark	USA	83,50
5.	Cai Xuetong	CHN	76,50
6.	Haruna Matsumoto	JPN	70,00
7.	Queralt Castellet	ESP	67,75
8.	Sena Tomita	JPN	65,25
9.	Mirabelle Thovex	FRA	63,00
10.	Sophie Rodriguez	FRA	50,50
14.	Verena Rohrer	SUI	55,00 Qualifikation

(keine deutsche Beteiligung)

Snowboard, Cross, Frauen

16.2.2018, Phoenix Snow Park

1.	**Michela Moioli**	**ITA**	
2.	**Julia Pereira De Sousa Mabileau**	**FRA**	
3.	**Eva Samkova**	**CZE**	
4.	Lindsey Jacobellis	USA	
5.	Chloe Trespeuch	FRA	
6.	Alexandra Jekowa	BUL	
7.	Charlotte Bankes	FRA	B-Finale
8.	Raffaella Brutto	ITA	
9.	Tess Critchlow	CAN	
10.	Nelly Moenne Loccoz	FRA	
15.	Lara Casanova	SUI	Viertelfinale
16.	Jana Fischer	GER	
19.	Alexandra Hasler	SUI	
22.	Simona Meiler	SUI	

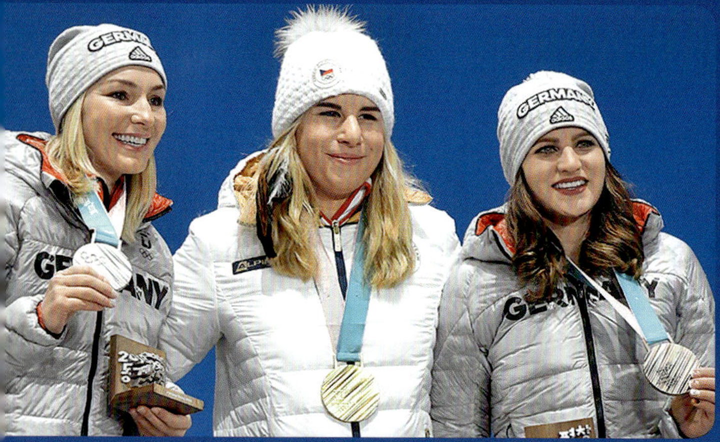

Doppeltes Medaillenglück für Deutschland im Parallel-Riesenslalom: Selina Jörg (links) und Ramona Hofmeister (rechts) waren mit Silber und Bronze überglücklich. Ester Ledecka (Mitte) bewies ihre Dominanz auf Skiern und dem Snowboard.

Snowboard, Parallel-Riesenslalom/Big Air, Frauen

Ein ganz besonderes Double

In all der Aufregung um den Doppel-Coup mit Ramona Hofmeister verhaspelte sich Selina Jörg. Ihre »uralten« Schuhe hätten sie doch tatsächlich zu Gold geführt, stammelte die 30 Jahre alte Snowboarderin. »Äh: zu Silber. Um Gottes willen.« Der zweite Platz im Parallel-Riesenslalom hinter Superwoman Ester Ledecka fühlte sich für Jörg jedoch wie ein Olympiasieg an. Überglücklich fiel sie ihrer mit Bronze dekorierten Teamkollegin Hofmeister im Ziel in die Arme.

Am Olympia-Final-Wochenende feierten die einzigen Medaillengewinnerinnen des deutschen Snowboardverbands von Pyeongchang den größten Erfolg ihrer Karrieren. Nur die tschechische Dominatorin Ledecka, die nach Gold im Super-G der Skirennfahrer mit ihrem zweiten Olympiasieg Geschichte schrieb, konnten sie nicht bezwingen.

»Die Silbermedaille ist heute wie Gold für mich. Mit der Ramona heute zusammen auf dem Podium zu stehen – es gibt nichts Schöneres«, freut sich Jörg und kündigte eine ausgelassene Party an: »Das deutsche Haus wird ordentlich auf den Kopf gestellt. Wir werden uns das eine oder andere Gläschen genehmigen.«

> »Die Silbermedaille ist heute wie Gold für mich. Mit der Ramona heute zusammen auf dem Podium zu stehen – es gibt nichts Schöneres.«
>
> *Selina Jörg*

Mit einer Olympiamedaille hat sich auch die österreichische Snowboarderin Anna Gasser gekürt. Mit dem letzten Sprung der Disziplin-Premiere »Big Air« zog die Weltmeisterin mit 185,00 Punkten an der Amerikanerin Jamie Anderson vorbei. »Ich wusste, wenn ich diesen letzten Sprung stehe, reicht es für Gold«, sagte die 26 Jahre alte Ausnahmekönnerin der österreichischen Nachrichtenagentur APA. »Olympiasiegerin hört sich gut an,

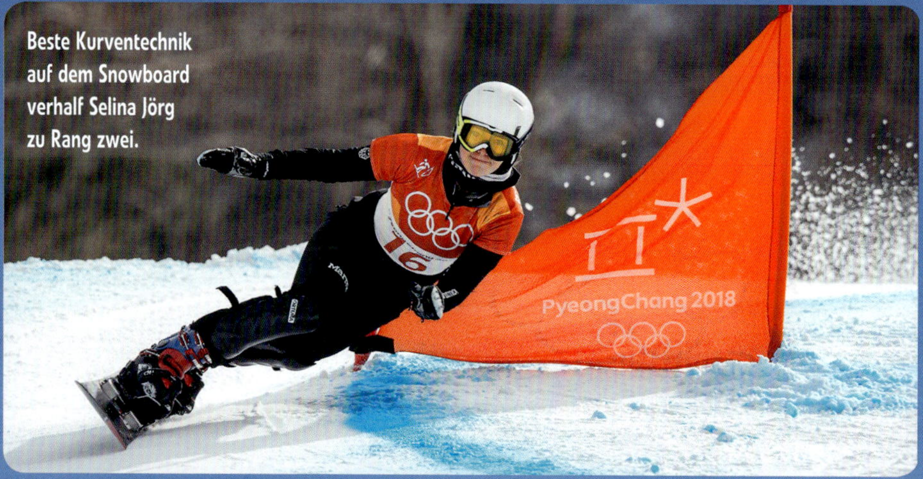

Beste Kurventechnik auf dem Snowboard verhalf Selina Jörg zu Rang zwei.

Statistik

Snowboard, Parallel-Riesenslalom, Frauen

24.2.2018, Phoenix Park

1.	**Ester Ledecka**	**CZE**
2.	**Selina Jörg**	**GER**
3.	**Ramona Theresia Hofmeister**	**GER B-Finale**
4.	Aljona Sawarsina	OAR
5.	Tomoka Takeuchi	JPN Viertelfinale
6.	Julie Zogg	SUI
7.	Daniela Ulbing	AUT
8.	Ina Meschik	AUT
9.	Carolin Langenhorst	GER Achtelfinale
10.	Milena Bykowa	OAR
12.	Julia Dujmovits	AUT
13.	Ladina Jenny	SUI
16.	Patrizia Kummer	SUI
21.	Anke Wöhrer	GER Qualifikation
23.	Stefanie Müller	SUI
30.	Claudia Riegler	AUT

Snowboard, Big Air, Frauen

22.2.2018, Alpensia Ski Jumping Centre

1.	**Anna Gasser**	**AUT**	**185,00 Pkt.**
2.	**Jamie Anderson**	**USA**	**177,25**
3.	**Zoi Sadowski Synnott**	**NZL**	**157,50**
4.	Reira Iwabuchi	JPN	147,50
5.	Sina Candrian	SUI	140,25
6.	Silje Norendal	NOR	131,50
7.	Yuka Fujimori	JPN	122,75
8.	Miyabi Onitsuka	JPN	119,00
9.	Spencer O'Brien	CAN	113,25
10.	Julia Marino	USA	93,25
15.	Carla Somaini	SUI	70,75 Qualifikation
18.	Elena Könz	SUI	65,75
22.	Isabel Derungs	SUI	59,25

Snowboard, Parallel-Riesenslalom, Männer

24.2.2018, Phoenix Park

1.	**Nevin Galmarini**	**SUI**
2.	**Lee Sang Ho**	**KOR**
3.	**Zan Kosir**	**SLO B-Finale**
4.	Sylvain Dufour	FRA
5.	Benjamin Karl	AUT Viertelfinale
6.	Stefan Baumeister	GER
7.	Roland Fischnaller	ITA
8.	Edwin Coratti	ITA
9.	Alexander Payer	AUT Achtelfinale
10.	Vic Wild	OAR
11.	Sebastian Kislinger	AUT
12.	Andreas Prommegger	AUT
21.	Kaspar Flütsch	SUI Qualifikation
22.	Dario Caviezel	SUI
25.	Patrick Bussler	GER
31.	Alexander Bergmann	GER

Snowboard, Big Air, Männer

24.2.2018, Alpensia Ski Jumping Centre

1.	**Sebastien Toutant**	**CAN**	**174,25 Pkt.**
2.	**Kyle Mack**	**USA**	**168,75**
3.	**Billy Morgan**	**GBR**	**168,00**
4.	Chris Corning	USA	153,00
5.	Redmond Gerard	USA	143,00
6.	Michael Schärer	SUI	140,75
7.	Torgeir Bergrem	NOR	131,00
8.	Jonas Boesiger	SUI	118,25
9.	Maxence Parrot	CAN	117,75
10.	Mark McMorris	CAN	72,50
25.	Nicolas Huber	SUI	76,75
31.	Clemens Millauer	AUT	47,00

DNS: Moritz Thönen SUI

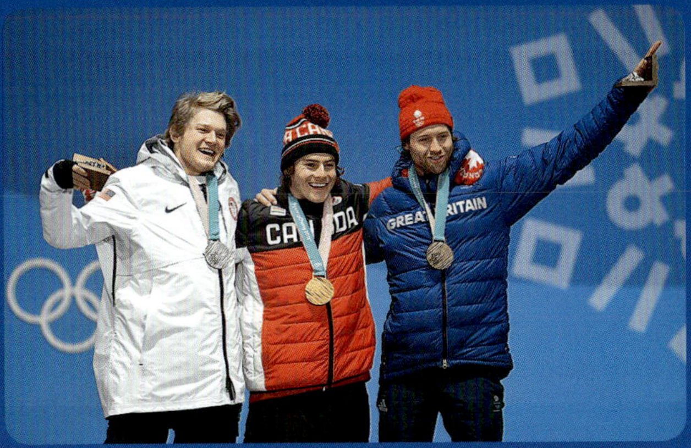

Kyle Mack aus den USA (von links nach rechts), Sebastien Toutant aus Kanada und der Brite Billy Morgan feiern die ersten olympischen Big-Air-Medaillen.

das ist ein Wahnsinn, daran kann ich mich gewöhnen.«
Gasser erzielte zum Abschluss 96,00 Zähler und schaffte damit die höchste Wertung des Tages. Anderson kam auf insgesamt 177,25 Zähler und verpasste ihren insgesamt dritten Olympiasieg. Ihr blieb damit Silber, nachdem sie in Südkorea wie schon 2014 in Sotschi im Slopestyle triumphiert hatte. Bronze ging mit großem Rückstand an die 16-jährige Neuseeländerin Zoi Sadowski Synnott (157,50). Es zählen die besten zwei von drei Versuchen.
Der Big-Air-Wettbewerb wurde erstmals bei Olympia ausgetragen, Deutsche waren nicht vertreten. Silvia Mittermüller hatte ihren Olympia-Startplatz sicher, die Münchnerin zog sich aber im Training vor dem Slopestyle-Finale einen Meniskusriss zu.

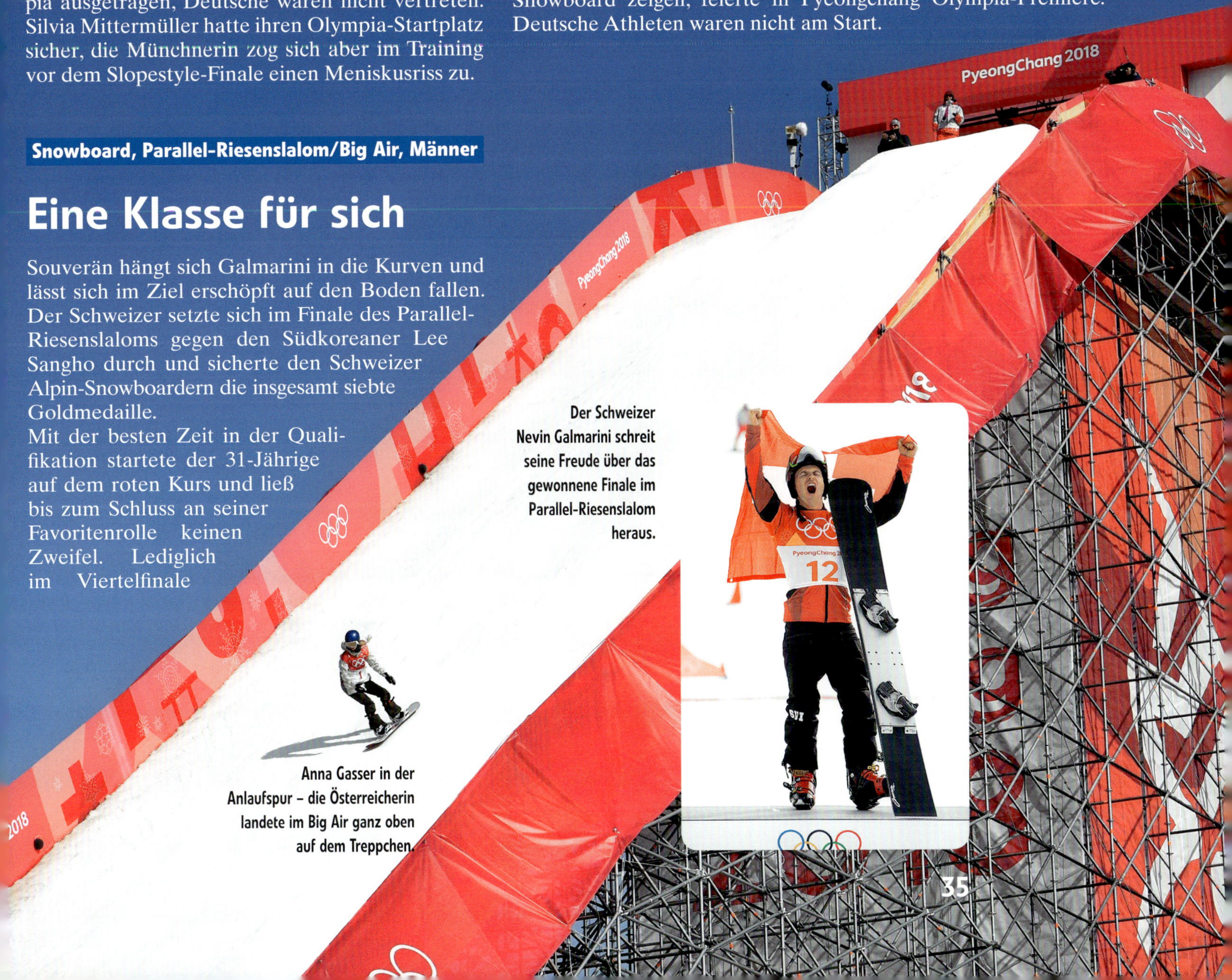

Snowboard, Parallel-Riesenslalom/Big Air, Männer

Eine Klasse für sich

Souverän hängt sich Galmarini in die Kurven und lässt sich im Ziel erschöpft auf den Boden fallen. Der Schweizer setzte sich im Finale des Parallel-Riesenslaloms gegen den Südkoreaner Lee Sangho durch und sicherte den Schweizer Alpin-Snowboardern die insgesamt siebte Goldmedaille.
Mit der besten Zeit in der Qualifikation startete der 31-Jährige auf dem roten Kurs und ließ bis zum Schluss an seiner Favoritenrolle keinen Zweifel. Lediglich im Viertelfinale gegen den Italiener Roland Fischnaller kam Galmarini etwas ins Straucheln, schaffte aber mit sechs Hundertsteln Vorsprung den Eintritt in die nächste Runde. Im Halbfinale überzeugte er dann gegen den Franzosen Sylvain Dufour und ließ im Finale den Südkoreaner Lee hinter sich.
Galmarini hatte sich vor vier Jahren in Sotschi noch mit Silber begnügen müssen. Bronze holte der Slowene Zan Kosir, der im Viertelfinale Stefan Baumeister als besten deutschen Starter bezwang. Patrick Bussler und Alexander Bergmann schafften es nicht in die K.o.-Läufe.
Eine Überraschung bei den Männer-Snowboardern brachte der letzte Wettbewerb im Alpensia Nordic Stadium: Der Kanadier Toutant sichert sich Gold im Big-Air-Wettbewerb und ließ die Favoriten hinter sich. Der WM-Dritte von 2016 zeigte gleich zum Start zwei starke Versuche und hielt die Konkurrenz mit 174,25 Punkten klar auf Distanz.
»Ich bin wirklich glücklich, dass es für mich geklappt hat. Und ich bin sehr froh, dass ich das Podium mit meinen Homies teilen kann«, sagte der 25 Jahre alte Kanadier. Mit seinen »Homies« meinte er den Amerikaner Kyle Mack, der mit 168,75 Punkten Silber holte und den Briten Billy Morgan, der sich mit seinem letzten Versuch noch Bronze sicherte und Großbritannien erstmals bei Winterspielen eine fünfte Medaille bescherte. »Für mich ist wirklich ein Traum wahr geworden«, sagte US-Boy Mack.
Der Wettbewerb, bei dem die Springer waghalsige Versuche auf ihrem Snowboard zeigen, feierte in Pyeongchang Olympia-Premiere. Deutsche Athleten waren nicht am Start.

Der Schweizer Nevin Galmarini schreit seine Freude über das gewonnene Finale im Parallel-Riesenslalom heraus.

Anna Gasser in der Anlaufspur – die Österreicherin landete im Big Air ganz oben auf dem Treppchen.

Snowboard, Slopestyle, Männer

Gold dank Schnee im Garten für den 17-jährigen Gerard

Auch im eigenen Garten übte der erst 17 Jahre alte Freestyle-Snowboarder Redmond Gerard für sein Slopestyle-Gold von Pyeongchang. Seine Brüder bauten nach dem Umzug aus dem US-Bundesstaat Ohio nach Colorado im Schnee auf dem Familien-Grundstück einen kleinen Kurs auf. Es wurde ein beliebter Treffpunkt für den Teenager und seine Freunde. »Es hat einfach Spaß gemacht. Es hat mir geholfen, mich in der Realität wohler zu fühlen«, erzählte Gerard am Sonntag nach seinem imposanten Olympiasieg.

Das Snowboarden im Garten hat seinen Anteil daran, dass sich Gerard zum ersten amerikanischen Goldmedaillen-Gewinner in Südkorea kürte. Er ist jetzt der jüngste männliche US-Olympiasieger bei Winterspielen seit 1928 und mit 17 Jahren und 227 Tagen der jüngste Olympiasieger im Snowboarden überhaupt. Im dritten und letzten Final-Lauf meisterte er den anspruchsvollen Kurs im Phoenix Snowpark bei schwierigen Bedingungen so eindrucksvoll, als wäre er bei sich zuhause.

»Es fühlt sich unglaublich an«, sagte der Teenager. »Ich habe mir selbst gesagt, dass ich einen Lauf durchbringen will. Ich bin so glücklich, dass es geklappt hat.« Auch die Familie schaute bei seinem Olympia-Debüt zu – und hatte seine Nervosität etwas beruhigt.

In einem engen Finale lag Gerard vor dem Kanadier Max Parrot. Dessen Landsmann Mark McMorris, Führender nach dem zweiten Lauf, sicherte sich Bronze.

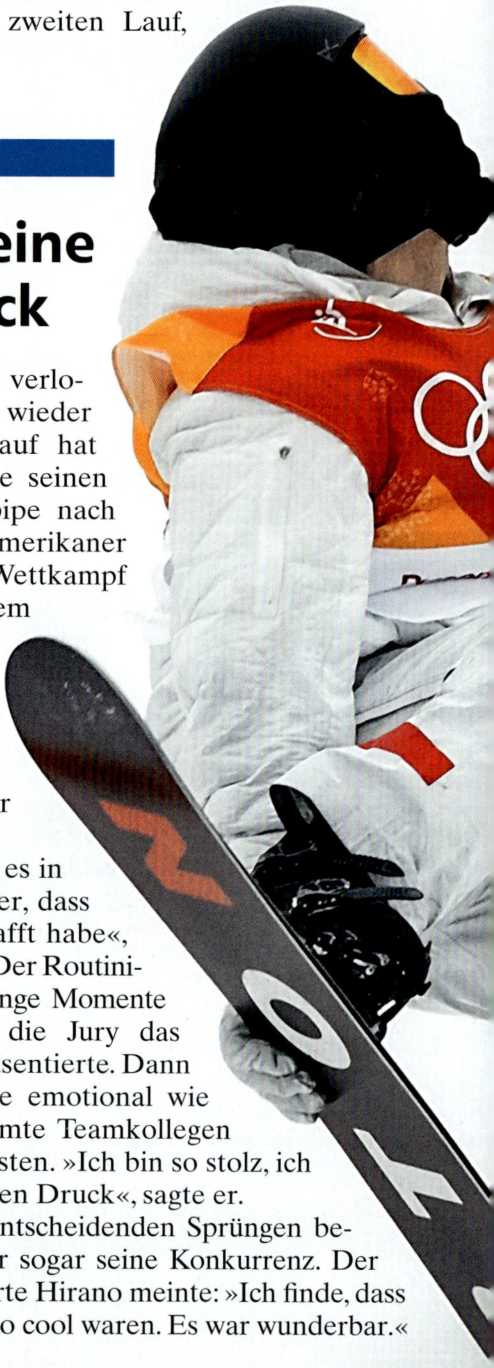

Mit seinem dritten Auftritt erlangte der Amerikaner Shaun White 97,25 Punkte – und setzte sich somit an die Spitze.

Snowboard, Halfpipe, Männer

White erobert seine Krone cool zurück

In Sotschi 2014 hatte er sein Gold verloren, in Pyeongchang dominierte er wieder die Halfpipe. Mit einem Traumlauf hat Snowboard-Superstar Shaun White seinen dritten Olympiasieg in der Halfpipe nach 2006 und 2010 gefeiert. Der US-Amerikaner setzte sich in einem spannenden Wettkampf durch und sicherte sich mit seinem dritten Auftritt als Letzter des Finals Gold.

Für seine beste Vorstellung erhielt der 31-Jährige 97,75 Punkte. Damit lag White vor dem Japaner Ayumu Hirano und Weltmeister Scotty James aus Australien.

»Ich wusste vor dem Lauf, dass ich es in mir habe. Im Ziel war ich mir sicher, dass ich es geschafft habe«, sagte White. Der Routinier musste bange Momente warten, bis die Jury das Ergebnis präsentierte. Dann weinte White emotional wie selten, umarmte Teamkollegen und Journalisten. »Ich bin so stolz, ich brauche diesen Druck«, sagte er.

Mit seinen entscheidenden Sprüngen beeindruckte er sogar seine Konkurrenz. Der Zweitplatzierte Hirano meinte: »Ich finde, dass seine Tricks so cool waren. Es war wunderbar.«

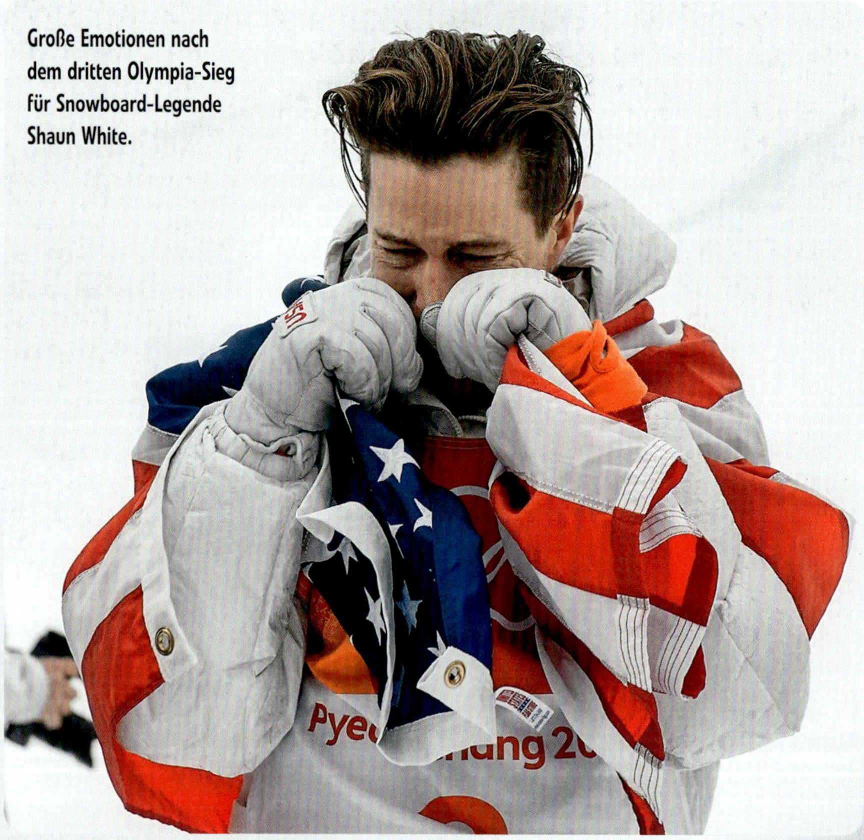

Große Emotionen nach dem dritten Olympia-Sieg für Snowboard-Legende Shaun White.

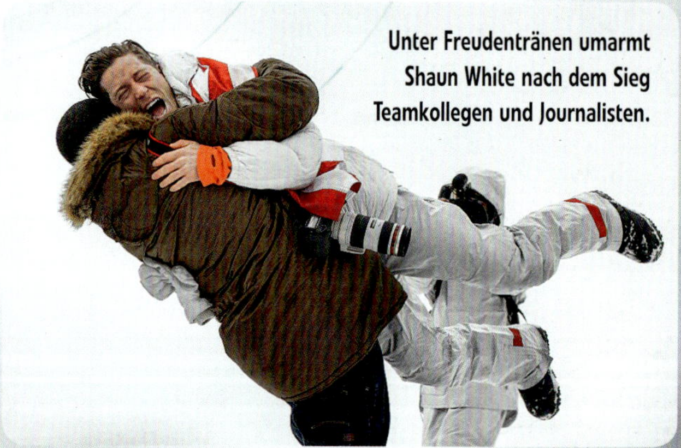

Unter Freudentränen umarmt Shaun White nach dem Sieg Teamkollegen und Journalisten.

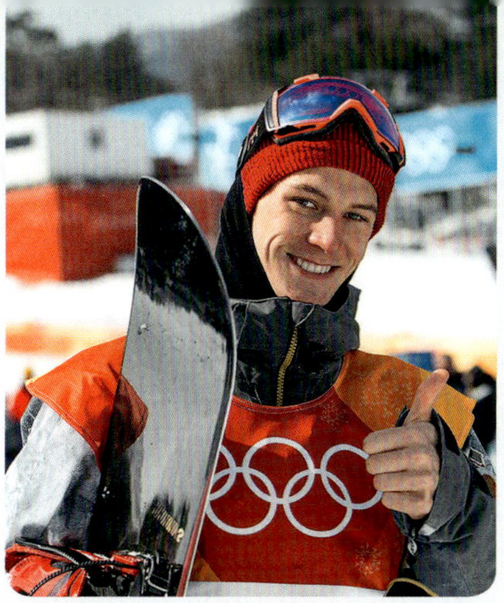

Nachdem er im Halbfinale ausgeschieden war, erreichte Johannes Höpfl den 22. Platz.

Snowboard, Cross, Männer

Französische Dominanz und halsbrecherische Stunts

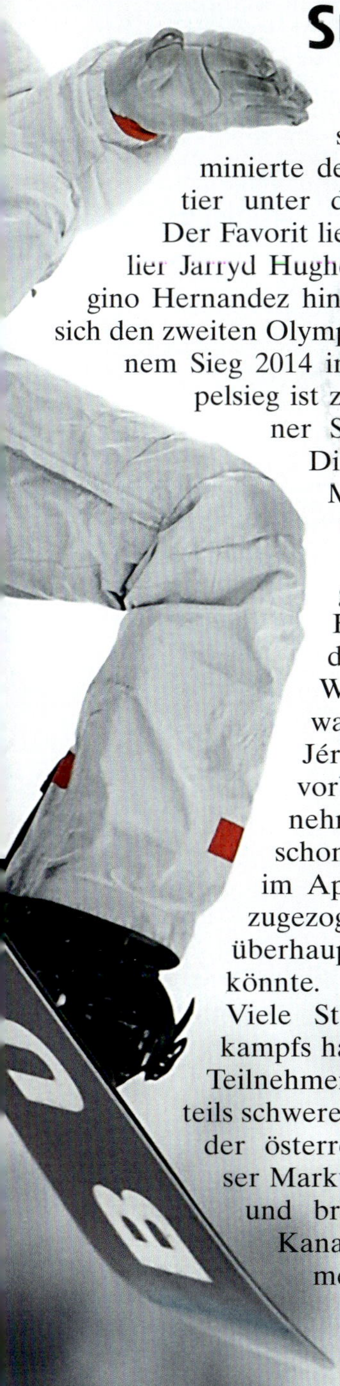

Auch bei diesen olympischen Winterspielen dominierte der Franzose Pierre Vaultier unter den Snowboardcrossern. Der Favorit ließ im Finale den Australier Jarryd Hughes und den Spanier Regino Hernandez hinter sich. Damit holte er sich den zweiten Olympiasieg in Folge nach seinem Sieg 2014 in Sotschi – so ein Doppelsieg ist zuvor nur dem Amerikaner Seth Westcott gelungen. Die drei deutschen Starter Martin Nörl, Paul Berg und Konstantin Schad hatten das Finale hingegen verpasst.

Für die Teilnehmer aus der Schweiz verlief der Wettbewerb ähnlich: So war für die beiden Junior-Weltmeister Kalle Koblet und Jérôme Lymann der Wettkampf mit dem Viertelfinale vorbei. Überhaupt bei den olympischen Spielen teilnehmen zu können war allerdings für Lymann schon Erfolg genug: Der 22-Jährige hatte sich im April 2016 eine Gehirnerschütterung zugezogen – lange war unklar, ob er überhaupt jemals wieder snowboarden könnte.

Viele Stürze während des Wettkampfs hatten die Freude mancher Teilnehmer stark getrübt, es kam zu teils schweren Verletzungen. So stürzte der österreichische Snowboardcrosser Markus Schairer im Viertelfinale und brach sich dabei den fünften Halswirbel. Der Kanadier Christopher Robanske ist nach einem Zusammenprall mit Martin Nörl (mit dem achten Platz der beste Deutsche) von der Strecke abtransportiert worden.

Statistik

Snowboard, Slopestyle, Männer

11.2.2018, Bogwang-Schneepark

1.	**Redmond Gerard**	**USA**	**87,16 Pkt.**
2.	**Maxence Parrot**	**CAN**	**86,00**
3.	**Mark McMorris**	**CAN**	**85,20**
4.	Staale Sandbech	NOR	81,01
5.	Carlos Garcia Knight	NZL	78,60
6.	Marcus Kleveland	NOR	77,76
7.	Tyler Nicholson	CAN	76,41
8.	Torgeir Bergrem	NOR	75,80
9.	Niklas Mattsson	SWE	74,71
10.	Seppe Smits	BEL	69,03

Q: 13. Clemens Millauer AUT; 21. Jonas Boesiger SUI; 29. Michael Schärer SUI; 30. Nicolas Huber SUI; 34. Moritz Thönen SUI (keine deutsche Beteiligung)

Snowboard, Halfpipe, Männer

14.2.2018, Phoenix Snow Park

1.	**Shaun White**	**USA**	**97,75 Pkt.**
2.	**Ayumu Hirano**	**JPN**	**95,25**
3.	**Scotty James**	**AUS**	**92,00**
4.	Ben Ferguson	USA	90,75
5.	Patrick Burgener	SUI	89,75
6.	Chase Josey	USA	88,00
7.	Raibu Katayama	JPN	87,00
8.	Jake Pates	USA	82,25
9.	Jan Scherrer	SUI	80,50
10.	Kent Callister	AUS	62,00
23.	Johannes Höpfl	GER	59,50
27.	Elias Allenspach	SUI	25,50

Snowboard, Cross, Männer

15.2.2018, Phoenix Snow Park

1.	**Pierre Vaultier**	**FRA**	
2.	**Jarryd Hughes**	**AUS**	
3.	**Regino Hernandez**	**ESP**	
4.	Nick Baumgartner	USA	
5.	Mick Dierdorff	USA	
6.	Alex Pullin	AUS	
7.	Alessandro Hämmerle	AUT	B-Finale
8.	Martin Nörl	GER	
9.	Anton Lindfors	FIN	
10.	Cameron Bolton	AUS	
16.	Jerome Lymann	SUI	Viertelfinale
18.	Kalle Koblet	SUI	
19.	Paul Berg	GER	
22.	Markus Schairer	AUT	
32.	Konstantin Schad	GER	Achtelfinale
39.	Lukas Pachner	AUT	

Souverän und gewohnt dominierend: Der Titelverteidiger Pierre Vaultier gewinnt erneut Gold im Snowboard-Cross-Wettbewerb.

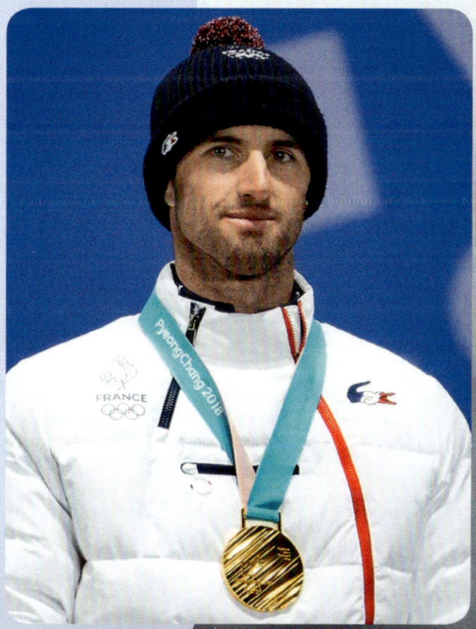

Patrick Burgener aus der Schweiz erreichte den fünften Platz beim Halfpipe-Wettbewerb.

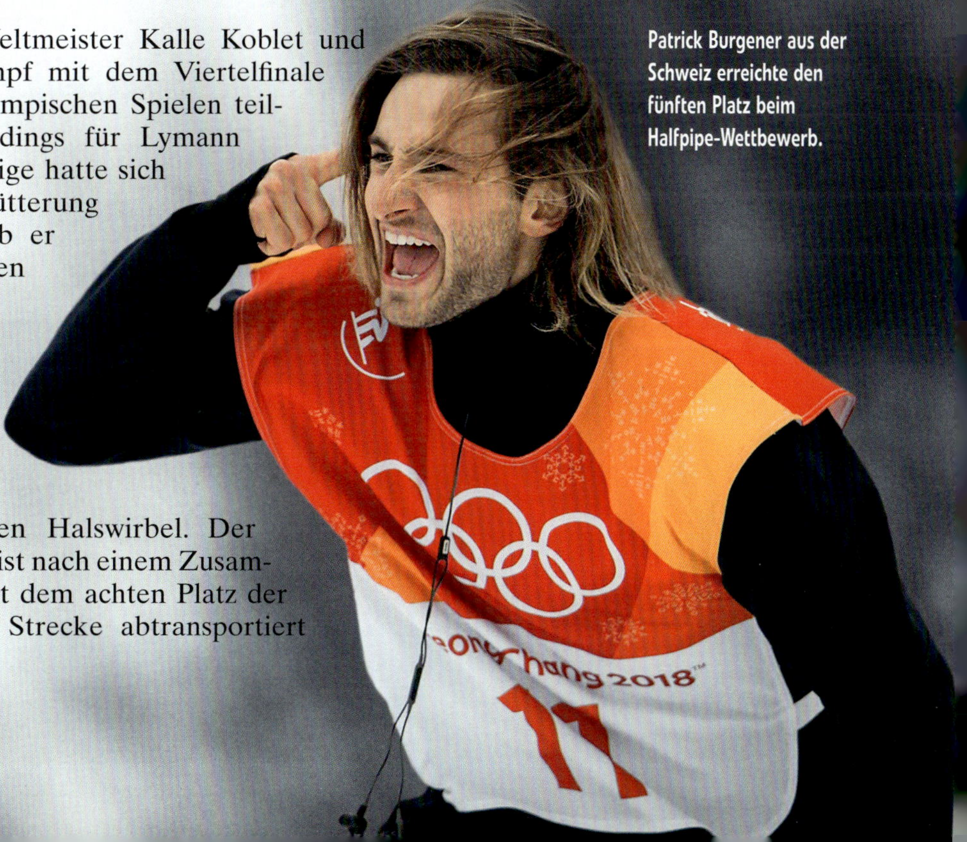

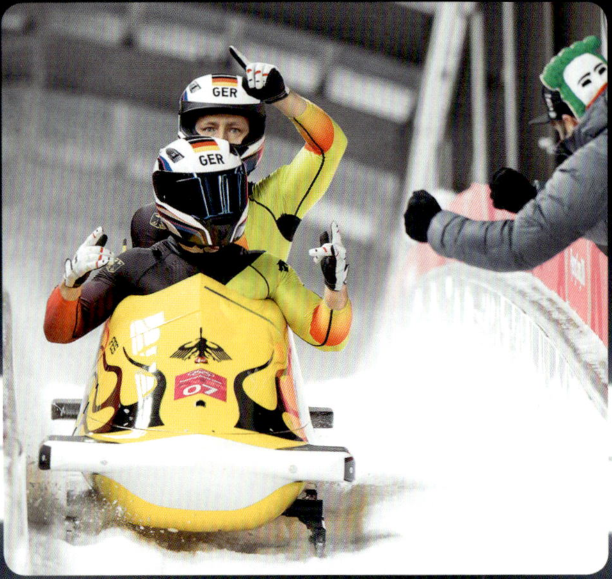

Den reinsten Thriller lieferte das deutsche Zweierbob-Team Francesco Friedrich und Thorsten Margis: Nach vier Durchläufen hatten sie die exakt gleiche Zeit wie ihre Konkurrenten aus Kanada – und teilten sich dadurch am Ende die Goldmedaille.

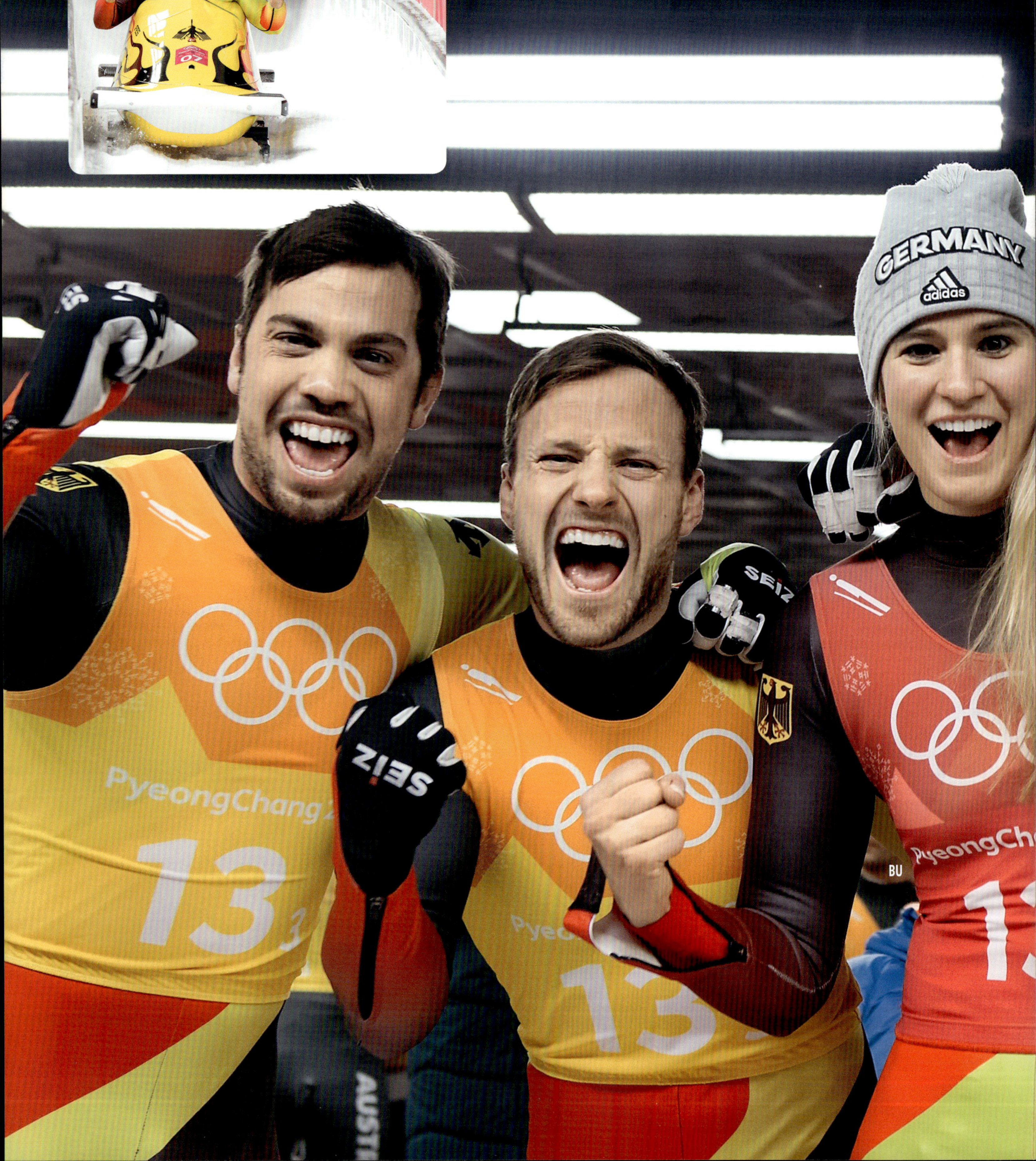

Die Teamstaffel des deutschen Rodelteams war der krönende Abschluss einer unglaublichen Siegestour: Nachdem Tobias Arlt, Tobias Wendl, Natalie Geisenberger und Johannes Ludwig (von links nach rechts) schon Medaillen in ihren Disziplinen holen konnten, durften sich alle zusammen noch einmal über Gold freuen.

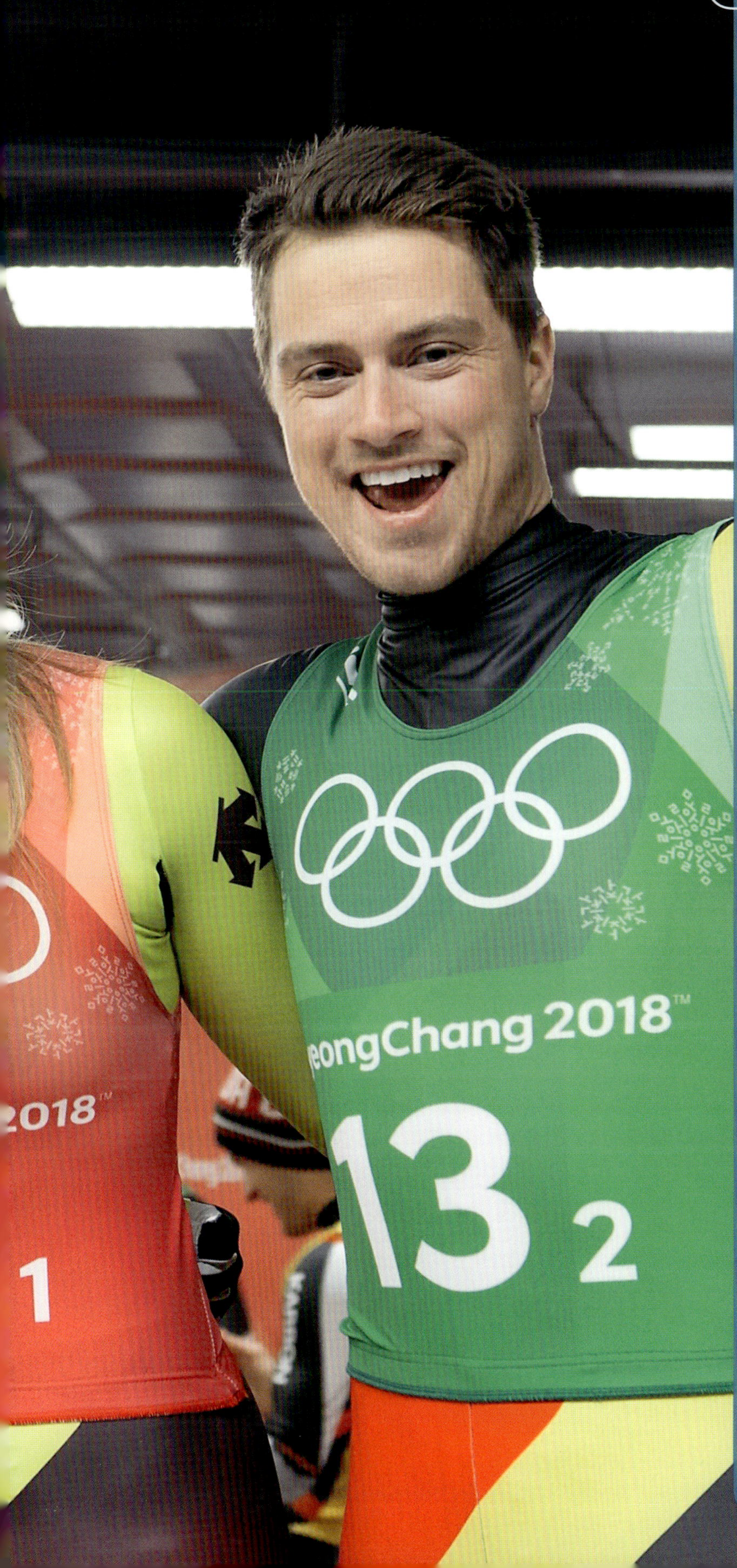

Bobsport/ Rodeln/ Skeleton

Medaillenfest für die Bobfahrer und Bobfahrerinnen: Da holte vollkommen unerwartet das B-Team des Zweierbobs der Frauen auf einmal Gold. Selbst die Fahrerinnen selbst, Mariama Jamanka und Lisa-Marie Buckwitz konnten es gar nicht glauben, nachdem sie mit Bestzeit im Ziel angekommen waren. Ähnlich spektakulär ging es beim Zweierbob der Männer vonstatten: Nach vier Durchläufen hatten Francesco Friedrich und Thorsten Margis die exakt gleiche Zeit wie ihre kanadischen Rivalen – und so durften sich beide Länder über Gold freuen. Zeitgleich kam auch das deutsche Viererbob-Team um Nico Walther mit den Koreanern ins Ziel. Beide mussten sich allerdings Friedrich und seinen Goldjungs geschlagen geben. Phänomenal lief es auch bei der Rodel-Disziplin: Beim Einsitzer der Frauen stieg Natalie Geisenberger mit ihrer Gold-Fahrt zur erfolgreichsten Olympionikin ihrer Sportart auf – gefolgt von Dajana Eitberger, die sich in ihrem Olympia-Debüt mit Silber schmücken durfte. Die wohl bitterste Niederlage seiner Karriere hatte Felix Loch im Einsitzer-Rodeln zu verkraften: Nachdem er in der letzten Kurve patzte, gelangt es seinem überaus starken Konkurrenten aus Österreich, sich die verdiente Goldmedaille umzuhängen. Der Goldregen wurde dann aber wieder beim Doppelsitzer der Männer fortgesetzt: Tobias Wendl und Tobias Arlt fuhren überraschend auf den 1. Rang und konnten sich gegen die Konkurrenz durchsetzen. All das kam schließlich bei der Team-Staffel zusammen, in der die deutschen Rodler unter Freudeschreien ihres Trainers die sechste Medaille erringen konnten. Beim Skeleton konnten die Frauen überzeugen: Hier durfte sich Jacqueline Lölling über eine Silbermedaille freuen.

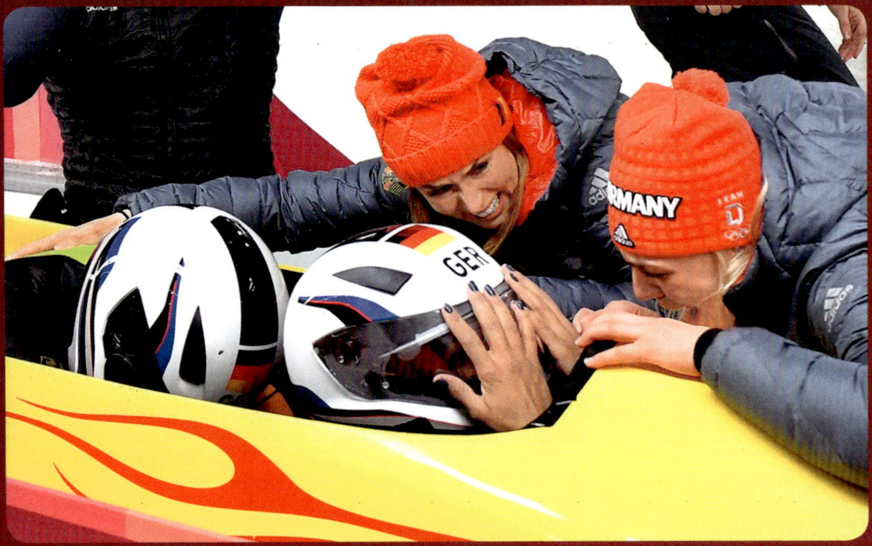

Sie können es beide noch nicht glauben: Mariama Jamanka und Lisa Buckwitz rasten für Deutschland zu Gold – und werden von Ihren Teamkolleginnen beglückwünscht.

»Das war ein Moment der Fassungslosigkeit. Wir haben nicht sofort verstanden, was geschehen war.«

Mariama Jamanka über die ersten Momente nach der Gold-Entscheidung.

Zweierbob, Frauen

Aus dem Schatten ins Rampenlicht

Noch bei der Siegerehrung im Olympic Sliding Centre von Pyeongchang blickten Mariama Jamanka und Lisa Buckwitz ungläubig. Wenige Minuten zuvor waren die Zweierbob-Pilotin und ihre Anschieberin völlig überraschend zum Olympiasieg gerast. Das Duo aus Oberhof und Potsdam hatte nach der Zieldurchfahrt für einen Augenblick fast regungslos im Schlitten gesessen, ehe sie in einer Jubeltraube aus Trainern und Betreuern untergingen.

»Das war ein Moment der Fassungslosigkeit. Wir haben nicht sofort verstanden, was geschehen war«, beschrieb die 27 Jahre alte Jamanka die Sekunden. »Dann habe ich geschrien, die haben geschrien, Lisa hat geschrien. Das war einfach unglaublich.«

Als B-Team waren Jamanka und Buckwitz gestartet und rasten zu Gold. Nach vier Läufen lagen sie acht Hundertstelsekunden vor Weltmeisterin Elana Meyers Taylor mit Lauren Gibbs aus den USA. Dritte wurde die zweimalige Olympiasiegerin Kaillie Humphries aus Kanada mit Phylicia George.

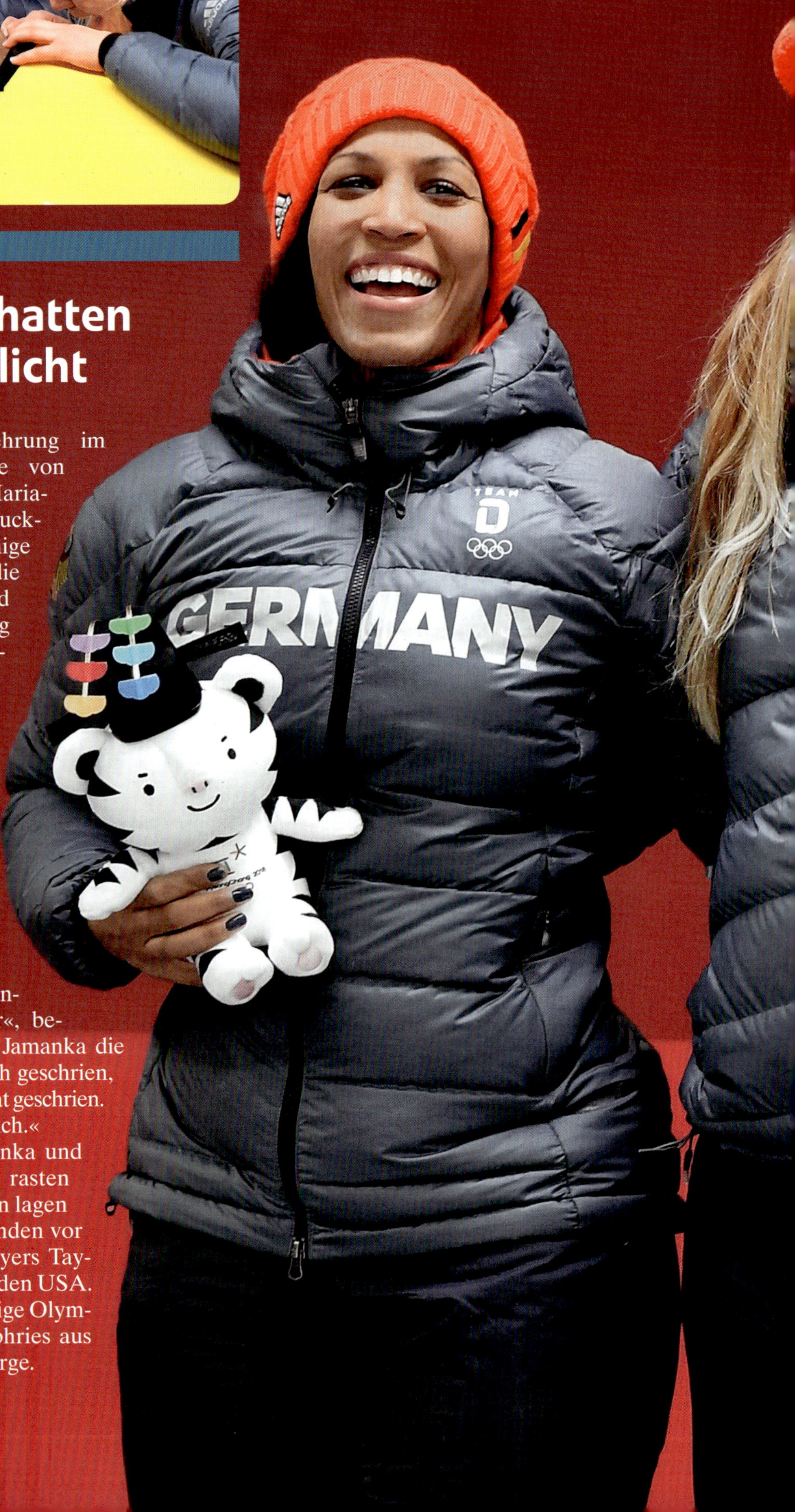

Jamanka ist die erste deutsche Olympiasiegerin im Zweierbob seit dem Erfolg von Sandra Kiriasis 2006 in Turin. In Vancouver und Sotschi waren die deutschen Frauen leer ausgegangen.
Etwas abseits des Jubels standen die tief enttäuschten Stephanie Schneider und Annika Drazek. Sie waren als eigentliches deutsches Nummer-eins-Paar nach Pyeongchang gefahren und wurden Vierte. Am Ende fehlten acht Hundertstelsekunden auf Bronze – durch einen schlechten dritten Lauf. »Dass das Scheiße war, muss ich nicht sagen«, meinte Schneider mit tränenerstickter Stimme.

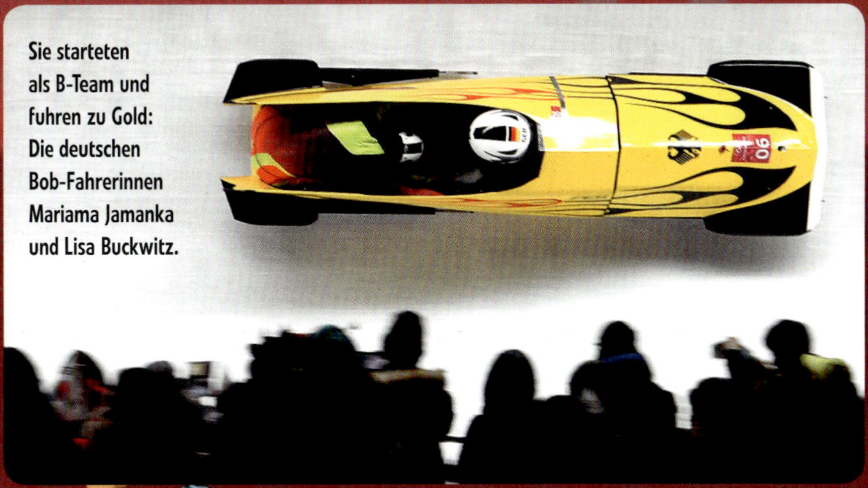

Sie starteten als B-Team und fuhren zu Gold: Die deutschen Bob-Fahrerinnen Mariama Jamanka und Lisa Buckwitz.

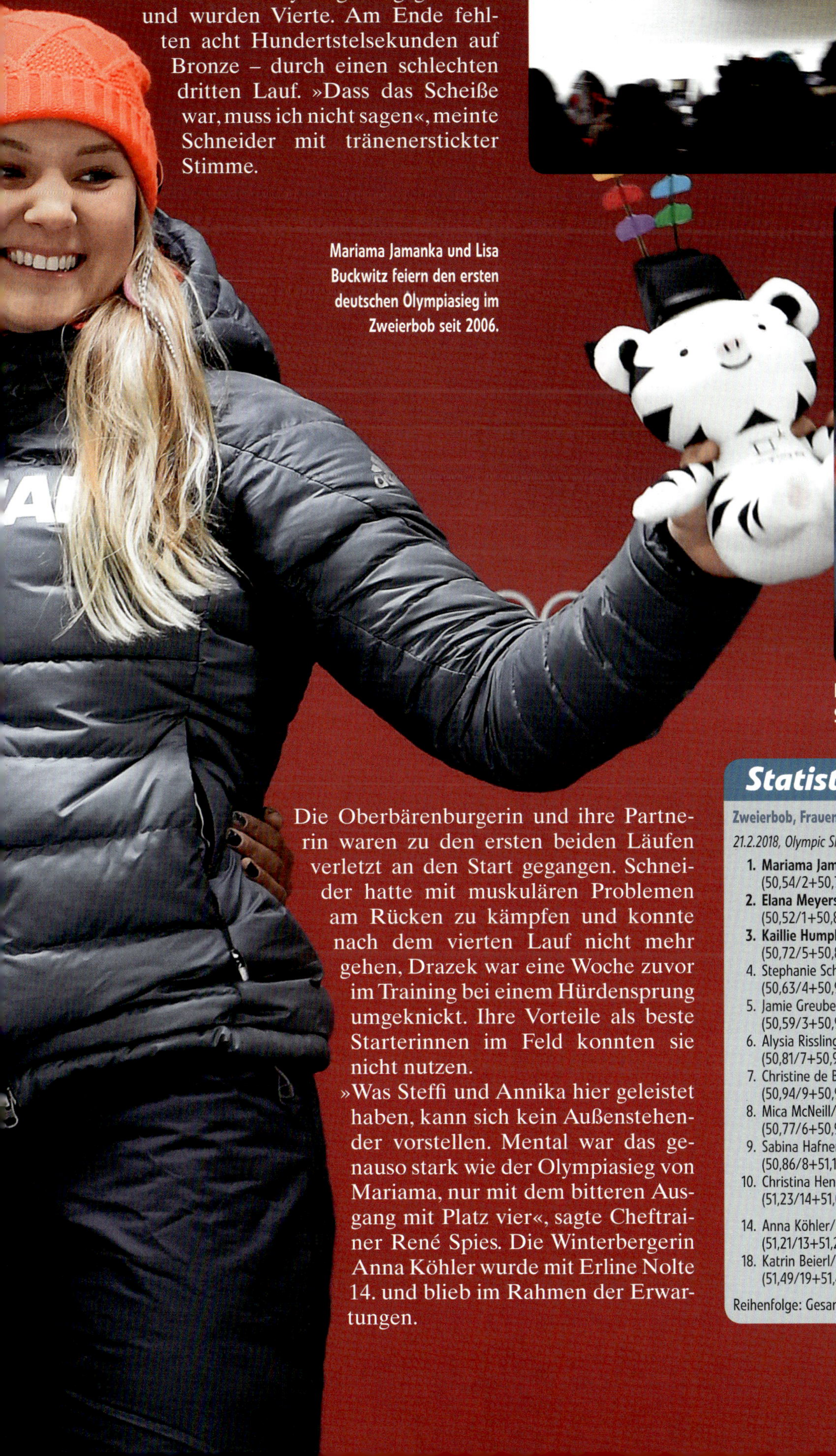

Mariama Jamanka und Lisa Buckwitz feiern den ersten deutschen Olympiasieg im Zweierbob seit 2006.

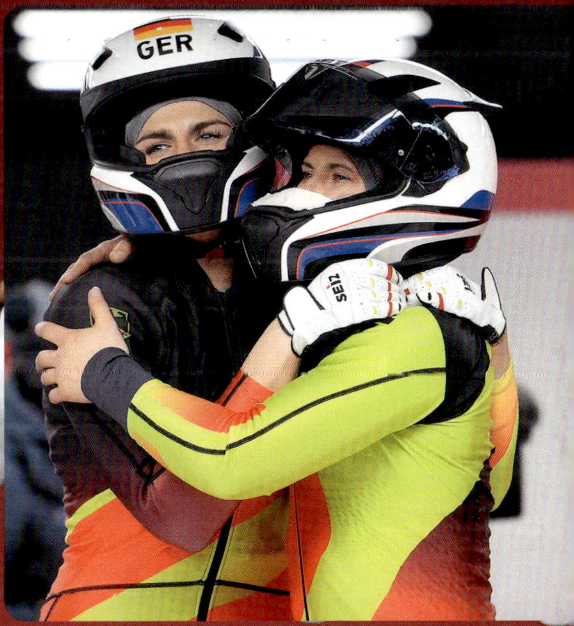

Die eigentlichen deutschen Favoritinnen, Stephanie Schneider und Annika Drazek, erreichten den vierten Platz.

Die Oberbärenburgerin und ihre Partnerin waren zu den ersten beiden Läufen verletzt an den Start gegangen. Schneider hatte mit muskulären Problemen am Rücken zu kämpfen und konnte nach dem vierten Lauf nicht mehr gehen, Drazek war eine Woche zuvor im Training bei einem Hürdensprung umgeknickt. Ihre Vorteile als beste Starterinnen im Feld konnten sie nicht nutzen.
»Was Steffi und Annika hier geleistet haben, kann sich kein Außenstehender vorstellen. Mental war das genauso stark wie der Olympiasieg von Mariama, nur mit dem bitteren Ausgang mit Platz vier«, sagte Cheftrainer René Spies. Die Winterbergerin Anna Köhler wurde mit Erline Nolte 14. und blieb im Rahmen der Erwartungen.

Statistik

Zweierbob, Frauen

21.2.2018, Olympic Sliding Centre

Platz	Team	Land	Zeit
1.	**Mariama Jamanka/Lisa Buckwitz** (50,54/2+50,72/1+50,49/2+50,70/1)	**GER**	**3:22,45 Min.**
2.	**Elana Meyers Taylor/Lauren Gibbs** (50,52/1+50,81/2+50,46/1+50,73/3)	**USA**	**3:22,52**
3.	**Kaillie Humphries/Phylicia George** (50,72/5+50,88/3+50,52/3+50,77/4)	**CAN**	**3:22,89**
4.	Stephanie Schneider/Annika Drazek (50,63/4+50,93/5+50,71/5+50,70/1)	GER	3:22,97
5.	Jamie Greubel Poser/Aja Evans (50,59/3+50,99/8+50,59/4+50,85/5)	USA	3:23,02
6.	Alysia Rissling/Heather Moyse (50,81/7+50,95/6+50,83/7+51,04/6)	CAN	3:23,63
7.	Christine de Bruin/Melissa Lotholz (50,94/9+50,91/4+50,75/6+51,29/12)	CAN	3:23,89
8.	Mica McNeill/Mica Moore (50,77/6+50,95/6+51,16/11+51,19/7)	GBR	3:24,07
9.	Sabina Hafner/Rahel Rebsamen (50,86/8+51,16/10+51,07/9+51,21/9)	SUI	3:24,30
10.	Christina Hengster/Valerie Kleiser (51,23/14+51,04/9+51,00/8+51,24/11)	AUT	3:24,51
14.	Anna Köhler/Erline Nolte (51,21/13+51,20/11+51,46/13+51,41/17)	GER	3:25,28
18.	Katrin Beierl/Victoria Hahn (51,49/19+51,41/16+51,51/17+51,43/16)	AUT	3:25,84

Reihenfolge: Gesamtzeit (Laufzeiten/Platz)

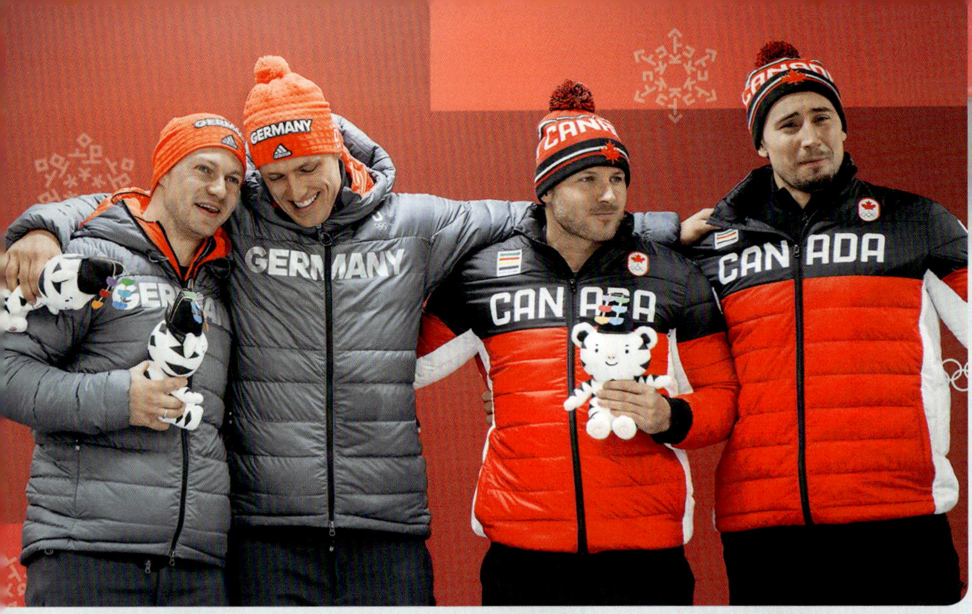

Trotz ihrer Rivalität freuen sich Francesco Friedrich und Thorsten Margis (links) sowie Alexander Kopacsz und Justin Kripps (rechts) über ihr Doppelgold in Pyeongchang.

Zweierbob, Männer

Jahrhunderttalent auf historischer Mission

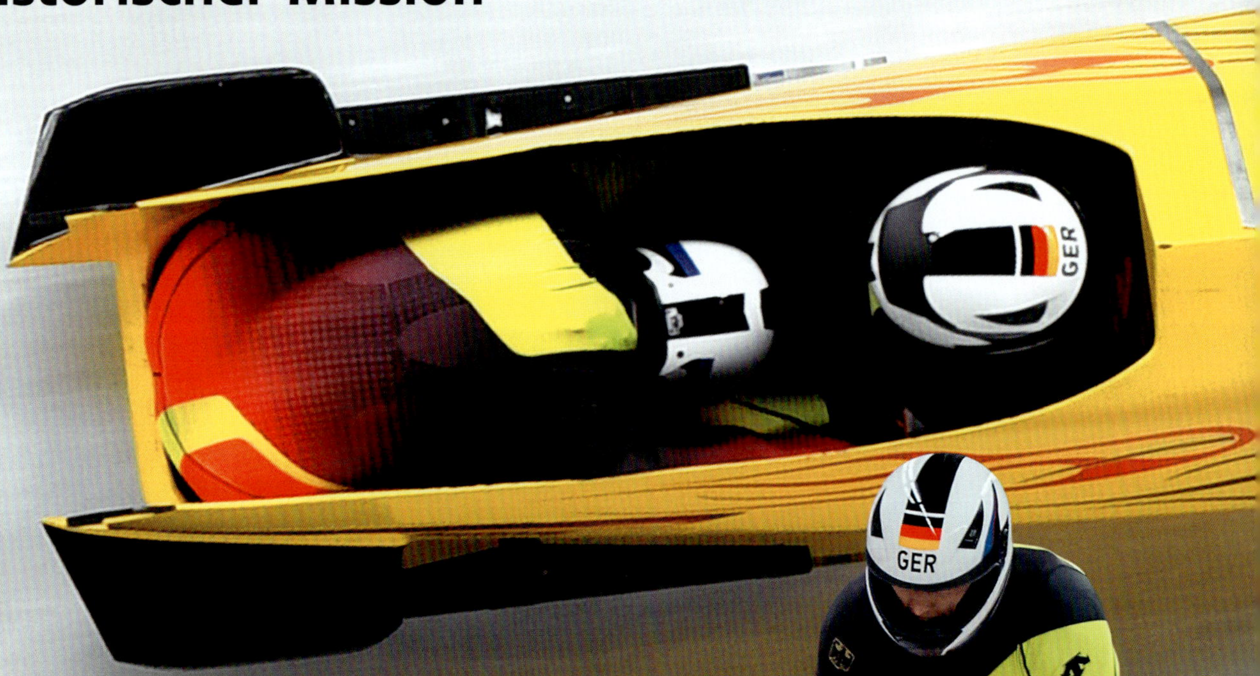

Nico Walther und Christian Poser (beide Deutschland) im olympischen Eiskanal.

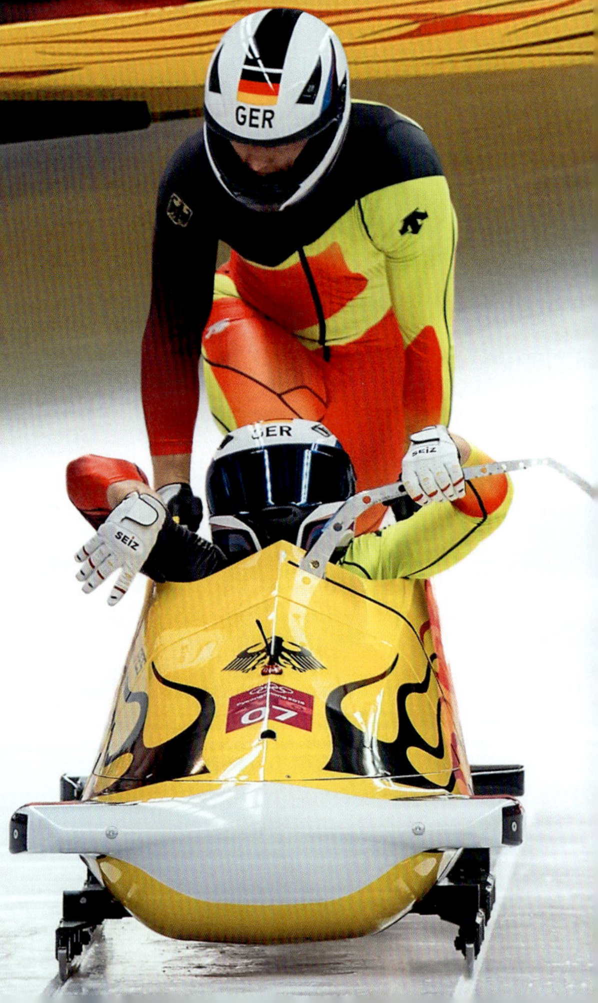

Der Deutsche Francesco Friedrich (vorne) rast im dritten Lauf zum Startrekord.

Nach einem Thriller um Gold in der olympischen Eisröhre von Pyeongchang umarmten sich die beiden Hauptdarsteller Francesco Friedrich und Justin Kripps innig. Nach vier spannenden Läufen im Olympic Sliding Centre durften sich die beiden Rivalen mit ihren Anschiebern Thorsten Margis und Alexander Kopacz gemeinsam als Olympiasieger feiern lassen. Der Sachse und der Kanadier hatten nach vier Durchgängen die exakt gleiche Zeit stehen.

»Das war ein Sensationsfinale, es war fantastisch für den Bobsport«, sagte Friedrich. Bundestrainer René Spies meinte: »Das war ein unglaubliches Rennen. So spannend habe ich das noch nie erlebt.« Hinter Bronze-Gewinner Oskars Melbardis aus Lettland wurden Friedrichs Trainingspartner Nico Walther mit Christian Poser und der Berchtesgadener Johannes Lochner mit Christopher Weber Vierter und Fünfter. Walther hatte nach dem ersten Tag noch geführt.

Es war der achte Olympiasieg eines deutschen Bobpiloten. Zwei Bobs zeitgleich hatte es bereits bei den Winterspielen 1998 in Nagano gegeben. Damals holten der Italiener Günther Huber und der Kanadier Pierre Lueders Gold.

Das »Jahrhunderttalent«, wie sein Heimtrainer Gerd Leopold den Oberbärenburger nennt, galt als Topfavorit für Pyeongchang. »Es war ein langer Weg, Ich bin sehr glücklich. Es waren acht Jahre mit dem Jungen«, sagte Leopold. Am ersten Tag hatte sein Schützling nur am Start seine Klasse gezeigt und schaffte den Startrekord von 4,58 Sekunden. Doch zeigte er einige Fehler in der Bahn und war zur Halbzeit Fünfter. Für die letzten beiden Durchgänge bekam Friedrichs Schlitten hinten neue Kufen.

Mit Erfolg. Im dritten Lauf raste er als einziger Pilot unter die 49-Sekunden-Marke und zum Bahnrekord in 48,98 Sekunden. Mit Platz zwei war er in Lauerstellung mit einem Rückstand von sechs Hundertstelsekunden auf Kripps. Im Final-Durchgang war er wieder ein bisschen schneller als der Kanadier und zog mit ihm gleich. Schon bei der

»Das war ein unglaubliches Rennen. So spannend habe ich das noch nie erlebt.«

Bundestrainer René Spies zum Lauf von Francesco Friedrich.

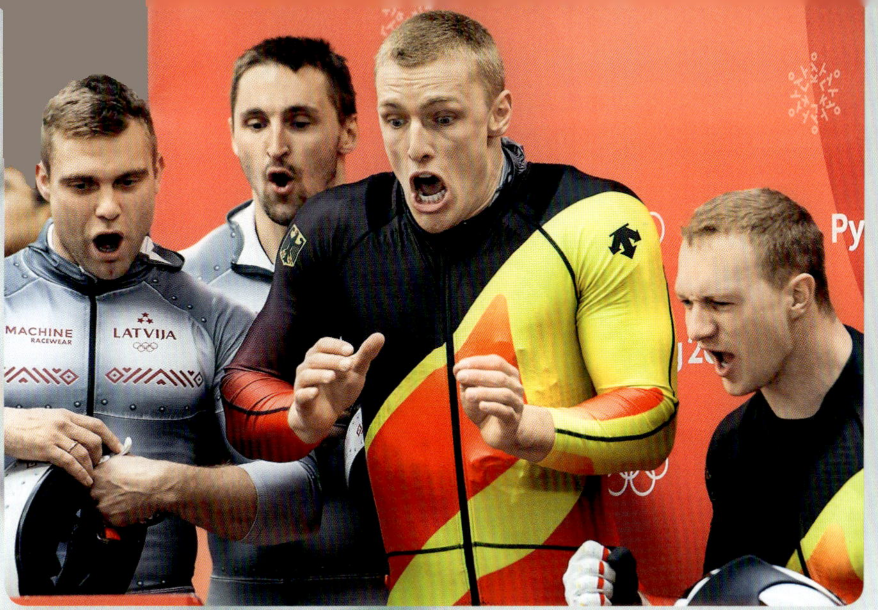

Francesco Friedrich (ganz rechts) und Anschieber Thorsten Margis (zweiter von rechts) erhalten das Medaillenergebnis.

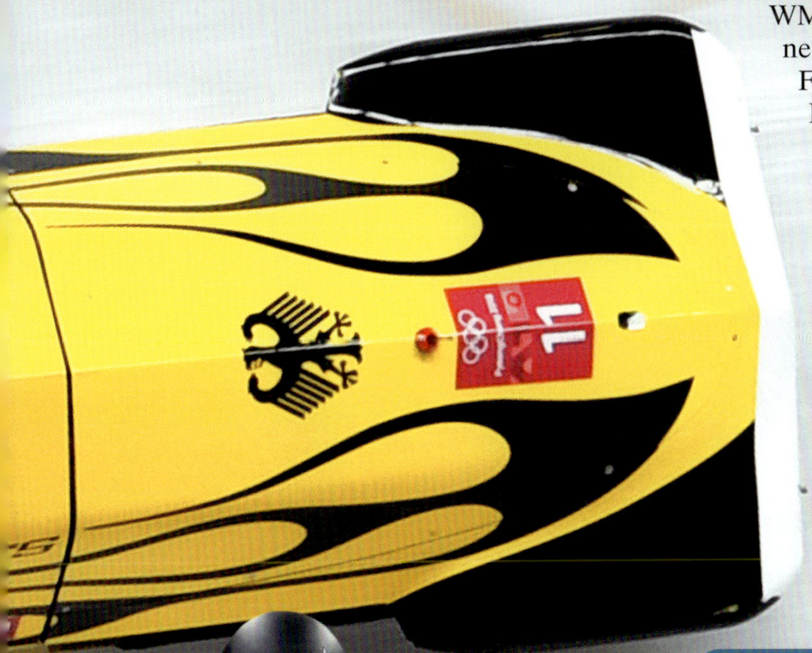

WM 2017 hatten sich die beiden ein spannendes Duell geliefert. Damals siegte Friedrich.

Friedrich hat als jüngster Zweierbob-Weltmeister in seiner Paradedisziplin bislang alles gewonnen. Mit dem vierten WM-Coup im Vorjahr wandelt er auf den Spuren des legendären Italieners Eugenio Monti, der von 1957 bis 1962 fünf WM-Titel in Serie gewann. Diese Bestmarke kann er 2019 auf der WM-Bahn im kanadischen Whistler schaffen. Lediglich der Olympiasieg fehlte bislang. »Nur ein Olympia-Gold macht dich legendär«, sagte Leopold, der schon Harald Czudaj 1994 in Lillehammer zum Vierer-Olympiasieger formte.

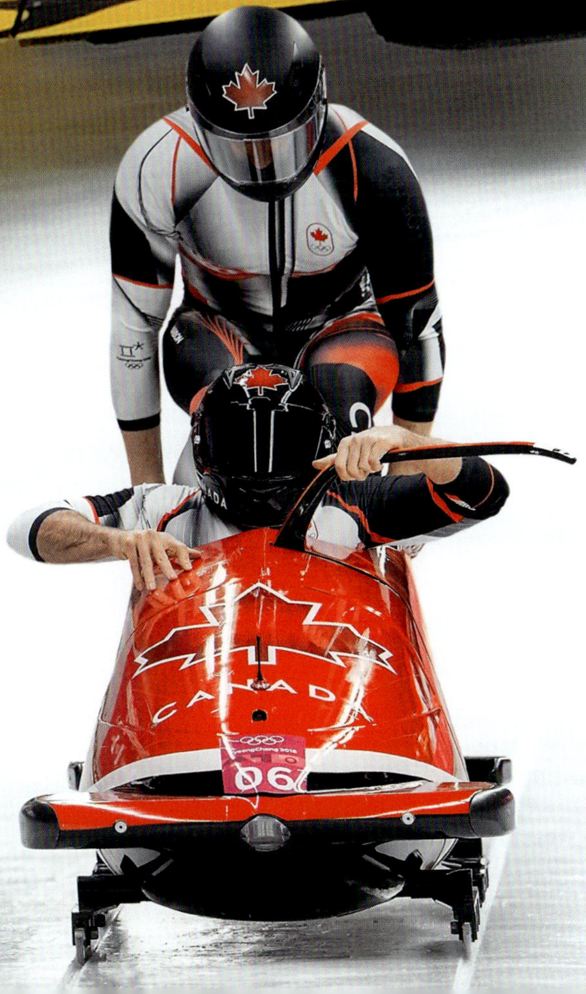

Statistik

Zweierbob, Männer

19.2.2018, Olympic Sliding Centre

Platz	Name (Laufzeiten/Platz)	Land	Zeit
1.	**Justin Kripps/Alexander Kopacz** (49,10/2+49,39/3+49,09/3+49,28/3)	**CAN**	**3:16,86 Min.**
1.	**Francesco Friedrich/Thorsten Margis** (49,22/5+49,46/5+48,96/1+49,22/2)	**GER**	**3:16,86**
3.	**Oskars Melbardis/Janis Strenga** (49,08/1+49,54/10+49,08/2+49,21/1)	**LAT**	**3:16,91**
4.	Nico Walther/Christian Poser (49,12/3+49,27/1+49,32/6+49,35/4)	GER	3:17,06
5.	Johannes Lochner/Christopher Weber (49,24/6+49,34/3+49,09/2+49,47/8)	GER	3:17,14
6.	Yunjong Won/Youngwoo Seo (49,50/11+49,39/3+49,15/5+49,36/5)	KOR	3:17,40
7.	Nick Poloniato/Jesse Lumsden (49,48/10+49,48/7+49,33/9+49,45/6)	CAN	3:17,74
8.	Benjamin Maier/Markus Sammer (49,41/9+49,47/6+49,32/6+49,56/10)	AUT	3:17,76
9.	Oskars Kibermanis/Matiss Miknis (49,21/+49,57/+49,32/+49,70)	LAT	3:17,80
10.	Christopher Spring/Lascelles Brown (49,38/4+49,58/12+49,56/6+49,72/14)	CAN	3:18,24
11.	Rico Peter/Simon Friedli (49,72/16+49,53/9+49,52/10+49,49/9)	SUI	3:18,26
15.	Markus Treichl/Kilian Walch (49,67/13+49,67/15+49,56/13+49,66/13)	AUT	3:18,56
16.	Clemens Bracher/Michael Kuonen (49,73/17+49,90/19+49,64/16+49,56/10)	SUI	3:18,83

Reihenfolge: Gesamtzeit (Laufzeiten/Platz)

Der Kanadier Justin Kripps (vorne) beim Start im Olympic Sliding Centre.

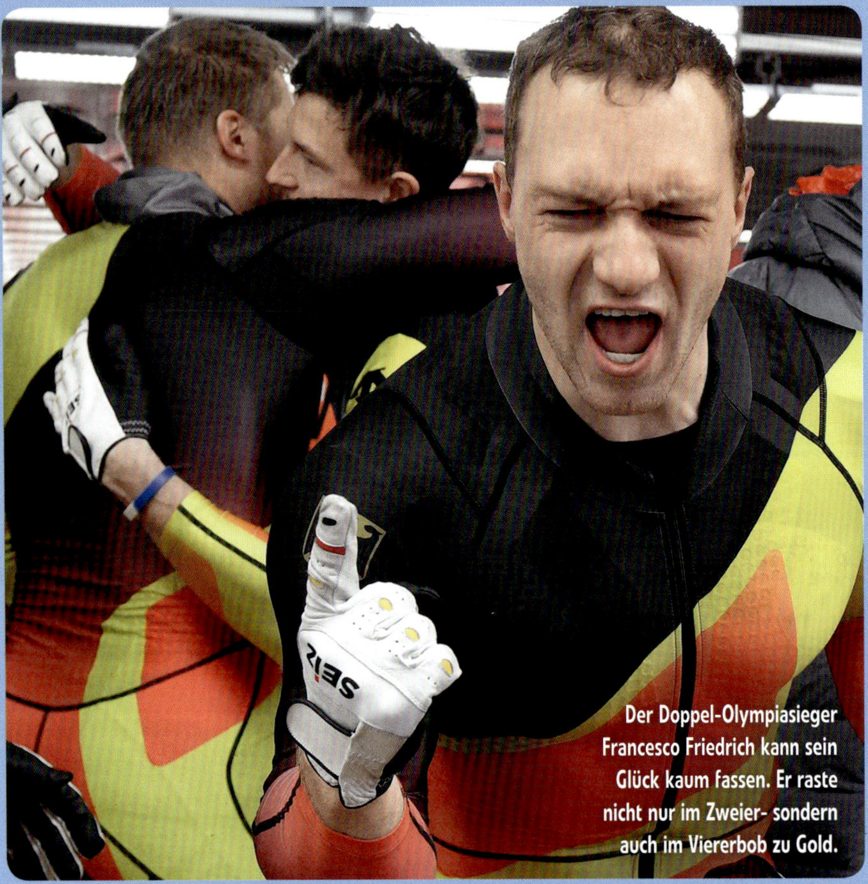

Der Doppel-Olympiasieger Francesco Friedrich kann sein Glück kaum fassen. Er raste nicht nur im Zweier- sondern auch im Viererbob zu Gold.

Bob, Vierer, Männer

Gold-Doppel für Deutschlands Bobsportler

Nach seinem grandiosen Sieg wurde Francesco Friedrich von seinen Gefühlen übermannt. »Wir haben vier Jahre drauf hingearbeitet, gerade auch die Jungs, die mir immer den Rücken freihalten, das ist das Beste, was passieren konnte«, sagte der Doppel-Olympiasieger im Bob. Nach seinen Triumphen im Zweier- und nun im Viererbob dachte der Sachse mit tränenerstickter Stimme auch an seine Liebsten daheim: »Meine Familie, meine Frau, die meinen kleinen Sohn Karl hüten musste, das ist für alle die größte Belohnung.«

Cooler war Friedrich im schwierigen Eiskanal des Olympic Sliding Centres mit seiner Crew Candy Bauer, Martin Grothkopp und Thorsten Margis unterwegs. Nach vier Läufen hatte der 27 Jahre alte Pilot aus Oberbärenburg beinahe schon unglaubliche 0,53 Sekunden Vorsprung vor Vereinskollege Nico Walther und dem zeitgleichen südkoreanischen Fahnenträger Won Yunjong herausgefahren. »Der Wallner-Bob und ich waren mit den drei Jungs hinten drin eine kleine Einheit, es hat hundertprozentig gepasst. Ich habe mit minimalen Lenkbewegungen immer die Linie treffen können«, sagte Friedrich nach dem ersten Doppel-Erfolg im Viererbob seit 34 Jahren.

Auch der so ehrgeizige Heimtrainer Gerd Leopold war überzeugt von der Performance seines »Jahrhunderttalents«: »Ich habe ihn so stark erwartet, dass es natürlich so aufgeht, ist Wahnsinn«, sagte er und attestierte: »Er lebte nicht nur vom starken Start, sondern überzeugte in der Bahn.«

Das war auch für Walther der Schlüssel zu Silber. Im letzten Durchgang schaffte er mit seiner routi-

»Der Wallner-Bob und ich waren mit den drei Jungs hinten drin eine kleine Einheit, es hat hundertprozentig gepasst.«

Francesco Friedrich

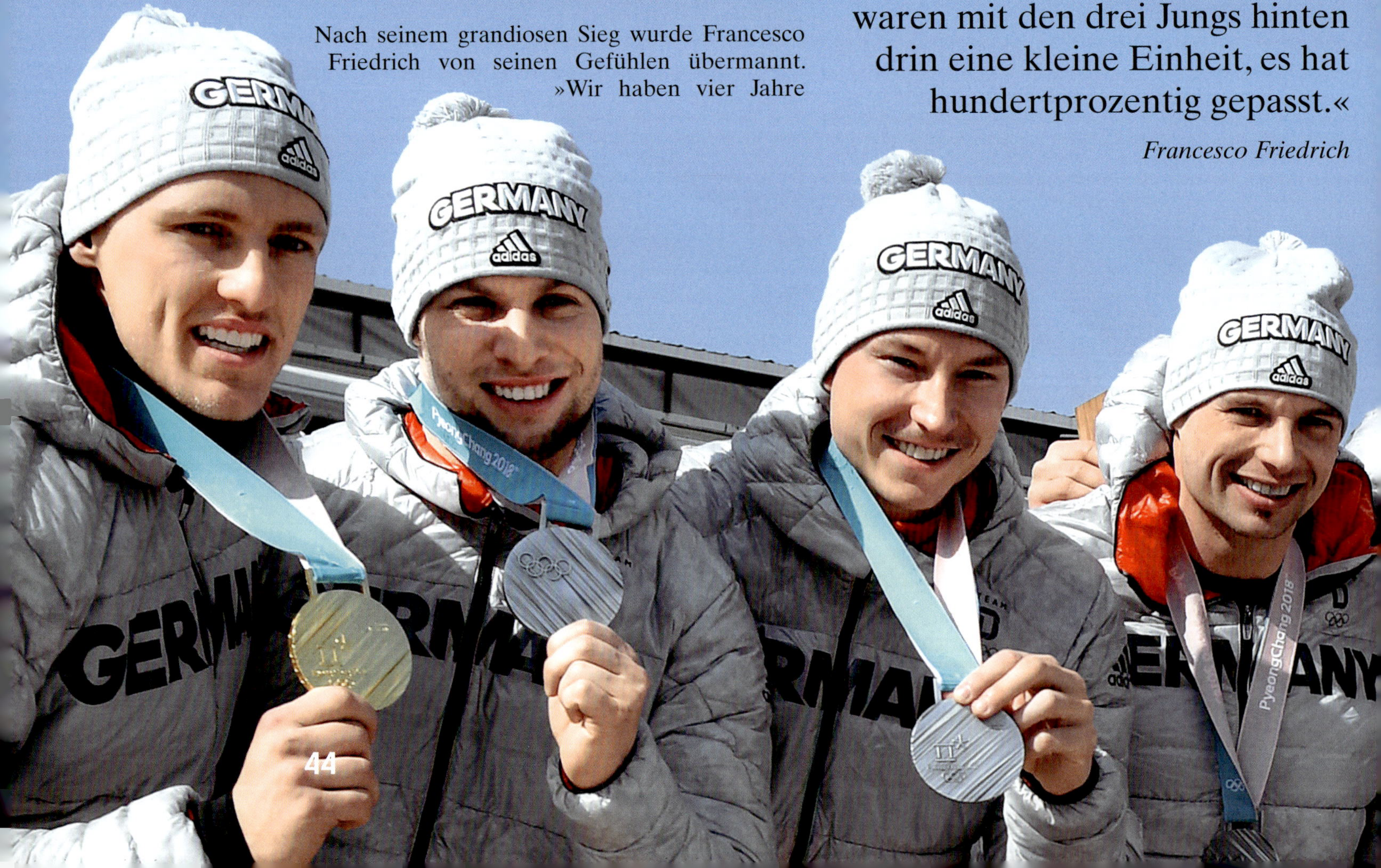

Statistik

Bob, Vierer, Männer

25.2.2018, Olympic Sliding Centre

1. Deutschland 1 **3:15,85 Min. (48,54/1+49,01/1+48,76/1+49,54 Sek./3)**
Francesco Friedrich
Candy Bauer
Martin Grothkopp
Thorsten Margis

2. Deutschland 3 **3:16,38 (48,74/3+49,16/2+48,90/4+49,58/7)**
Nico Walther
Kevin Kuske
Alexander Rödiger
Eric Franke

2. Südkorea 2 **3:16,38 (48,65/2+49,19/4+48,89/3+49,65/10)**
Won Yunjong
Jun Junglin
Seo Youngwoo
Kim Donghyun

4. Schweiz 1 3:16,59 (49,05/8+49,16/2+48,87/2+49,51/1)
Rico Peter
Thomas Amrhein
Simon Friedli
Michael Kuonen

5. Lettland 2 3:16,65 (48,82/4+49,39/12+48,91/5+49,53/2)

6. Kanada 1 3:16,69 (48,85/5+49,28/9+48,95/6+49,61/8)

7. Österreich 1 3:16,90 (49,10/14+49,21/5+49,03/7+49,56/4)
Benjamin Maier
Kilian Walch
Markus Sammer
Danut Moldovan

8. Deutschland 2 3:17,11 (48,95/6+49,26/7+49,10/9+49,80/17)
Johannes Lochner
Christian Poser
Christopher Weber
Christian Rasp

9. USA 2 3:17,28 (49,09/12+49,34/10+49,08/8+49,77/16)

10. Lettland 1 3:17,41 (49,18/15+49,26/7+49,34/11+49,63/9)

14. Schweiz 4 3:17,91 (49,06/9+49,54/16+49,59/16+49,72/14)
Clemens Bracher
Alain Knuser
Martin Meier
Fabio Badraun

A: Österreich 2
Markus Treichl
Markus Glueck
Marco Rangl
Ekemini Bassey

nierten Crew im FES-Bob um Kevin Kuske, Alexander Rödiger und Eric Franke mit 4,88 Sekunden seine beste Startzeit. »Die Jungs haben es fantastisch gemacht, Kevin hat vor seinem Ruhestand noch mal all seine Körner aus seinen müden Knochen herausgeholt«, lobte er den 39-jährigen Kuske. Mit Silber und nun sechs Medaillen bei fünf Winterspielen wurde der viermalige Olympiasieger zum erfolgreichsten Bobsportler der Welt.

Letztmals hatten 1984 in Sarajevo Wolfgang Hoppe und Bernhard Lehmann für die damalige DDR einen Doppel-Erfolg im Viererbob geschafft. Friedrich ist erst der siebte Bobpilot, der in der 94-jährigen Bob-Historie das goldene Double perfekt machte. Mit Andreas Ostler (1952), Meinhard Nehmer (1976), Wolfgang Hoppe (1984) und Andre Lange (2006) schafften das bislang nur vier Deutsche. »Willkommen im Club, damit ist Franz in der Gilde der Großen angekommen«, sagte der viermalige Olympiasieger Lange.

Bitter war das Rennen für Weltmeister und Weltcupgesamtsieger Johannes Lochner, der mit vier Weltcupsiegen nach Pyeongchang reiste. Mit dem baugleichen Wallner-Schlitten wie Friedrich wurde er nur Achter. »Wir werden den Schlitten komplett auseinanderlegen, mal sehen, vielleicht finden wir den Fehler«, sagte er.

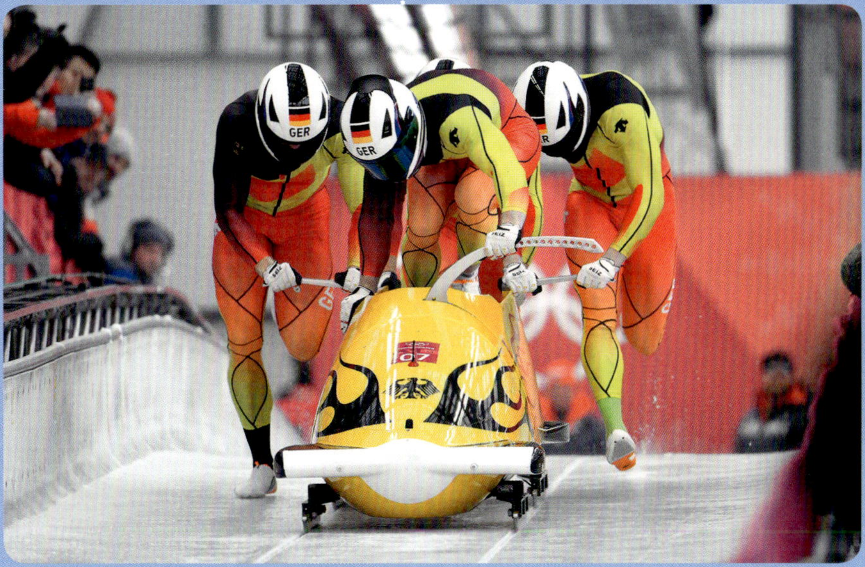

Francesco Friedrich, Candy Bauer, Martin Grothkopp und Thorsten Margis auf dem Weg zum Treppchen.

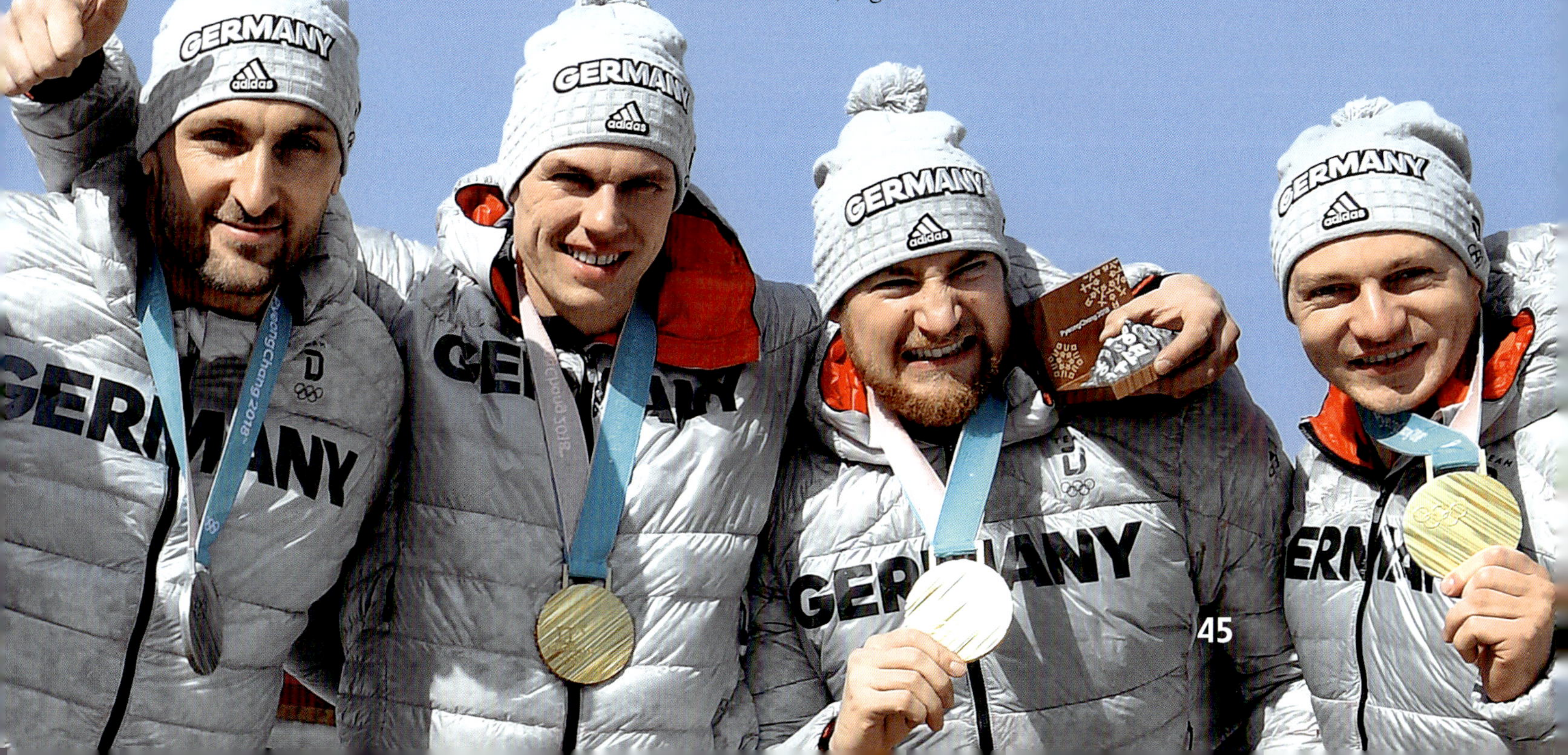

Ganz oben in der Bob-Weltspitze: Deutschland holt sich gleich zwei Medaillen im Viererbob.

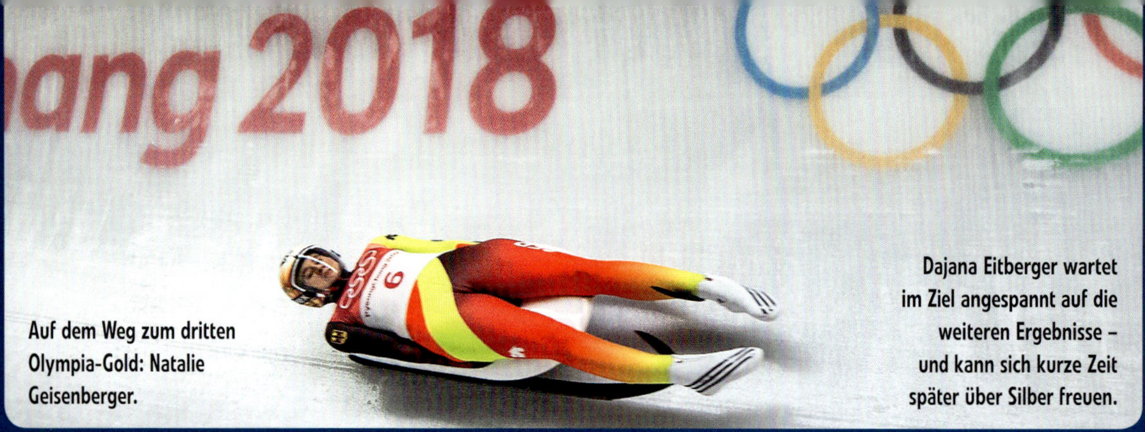

Auf dem Weg zum dritten Olympia-Gold: Natalie Geisenberger.

Dajana Eitberger wartet im Ziel angespannt auf die weiteren Ergebnisse – und kann sich kurze Zeit später über Silber freuen.

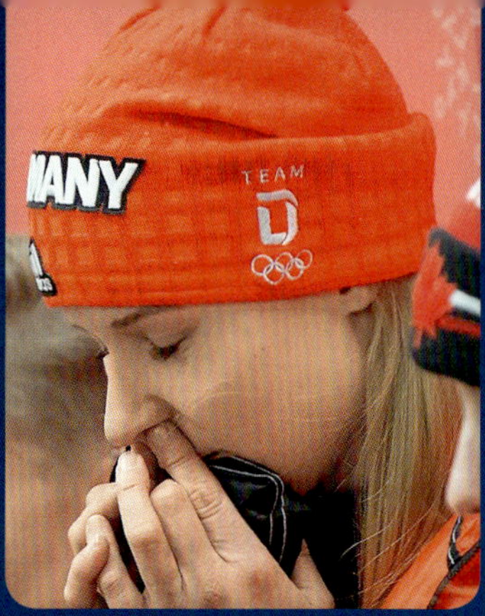

Statistik

Rodeln, Einsitzer, Frauen

13.2.2018, Alpensia-Sliding-Zentrum

Platz	Name (Laufzeiten/Platz)	Land	Zeit
1.	**Natalie Geisenberger** (46,245/1+46,209/3+46,280/1+46,498/2)	**GER**	**3:05,232 Min.**
2.	**Dajana Eitberger** (46,381/7+46,193/2+46,577/7+46,448/1)	**GER**	**3:05,599**
3.	**Alex Gough** (46,317/2+46,328/4+46,425/3+46,574/3)	**CAN**	**3:05,644**
4.	Tatjana Hüfner (46,322/3+46,339/6+46,392/2+46,660/5)	GER	3:05,713
5.	Kimberley McRae (46,339/4+46,449/8+46,480/4+46,610/4)	CAN	3:05,878
6.	Erin Hamlin (46,357/6+46,333/5+46,506/5+46,716/8)	USA	3:05,912
7.	Raluca Stramaturaru (46,469/8+46,532/12+46,606/9+46,681/6)	ROU	3:06,288
8.	Frisch Aileen Christina (46,350/5+46,456/9+46,751/13+46,843/11)	KOR	3:06,400
9.	Madeleine Egle (46,726/14+46,646/14+46,541/6+46,696/7)	AUT	3:06,609
10.	Andrea Vötter (46,577/10+46,483/11+46,907/15+46,892/13)	ITA	3:06,859
11.	Martina Kocher (46,837/17+46,657/15+46,638/11+46,761/10)	SUI	3:06,893
17.	Hannah Prock (46,622/13+46,585/13+47,743/25+46,854/12)	AUT	3:07,804

A: Birgit Platzer AUT

Reihenfolge: Gesamtzeit (Laufzeiten/Platz)

Rodeln, Einsitzer, Frauen

»Achterbahn der Gefühle« mit Happy-End in der Eisrinne

Als Natalie Geisenberger ihre Gold-Fahrt beendet hatte, war auch Teamkollege Felix Loch nicht mehr zu halten. Die tragische Figur vom Männer-Rennen drückte der Ausnahmerodlerin nach ihrem erneuten Gold-Coup einen dicken Kuss auf die Wange. Mit ihrem dritten Olympiasieg stieg die 30-Jährige aus Miesbach zur erfolgreichsten Olympionikin ihrer Sportart auf. »Ich war so entspannt wie noch nie. Ich habe alles erreicht, was ich mir erträumt habe. Und jetzt noch ein bisschen mehr«, sagte sie im Olympic Sliding Centre.

»Ich habe alles erreicht, was ich mir erträumt habe. Und jetzt noch ein bisschen mehr.«

Natalie Geisenberger

Dajana Eitberger machte mit Silber bei ihrem Olympia-Debüt den deutschen Doppelerfolg perfekt und umschlang Geisenberger mit der deutschen Fahne. »Ich bin total happy, sprachlos, erleichtert und euphorisch«, sagte die 27-Jährige aus Ilmenau und sprach von einer »Achterbahn der Gefühle«. Schwer enttäuscht war indes 2010-Olympiasiegerin Tatjana Hüfner, die im vierten und letzten Lauf von Platz zwei hinter die Bronze-Gewinnerin Alex Gough aus Kanada zurückfiel.

Geisenberger hatte vor vier Jahren in Sotschi schon Gold im Einzel und bei der Premiere des Teamwettbewerbs geholt. In Pyeongchang zeigte sie wieder einmal ihre Dominanz. In allen vier Läufen wirkte sie souverän. »Mich freut es für die Natalie. Sie hat es in vier Läufen hinbekommen. Das ist hammergeil und echt stark«, sagte Felix Loch, der sein viertes

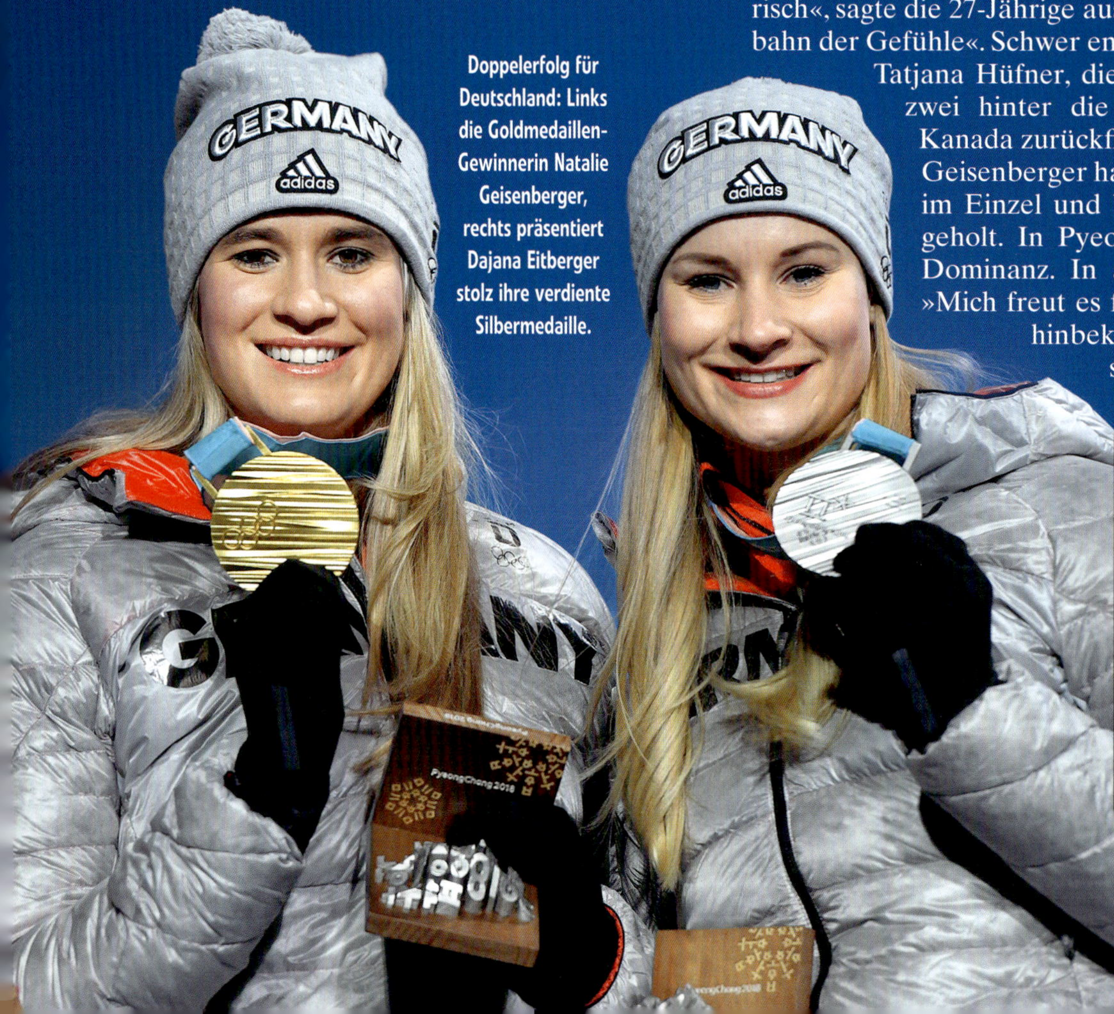

Doppelerfolg für Deutschland: Links die Goldmedaillen-Gewinnerin Natalie Geisenberger, rechts präsentiert Dajana Eitberger stolz ihre verdiente Silbermedaille.

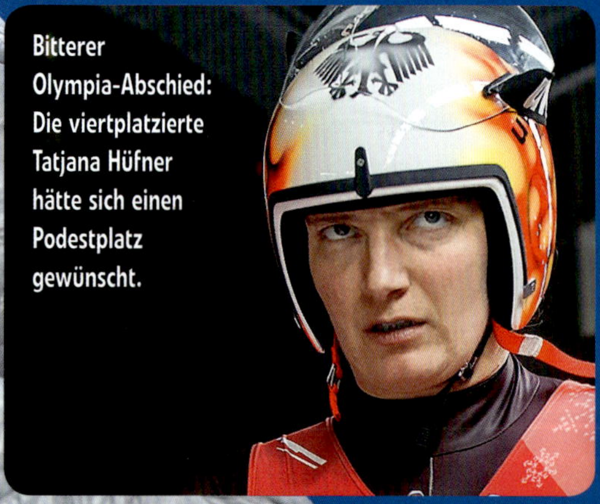

Bitterer Olympia-Abschied: Die viertplatzierte Tatjana Hüfner hätte sich einen Podestplatz gewünscht.

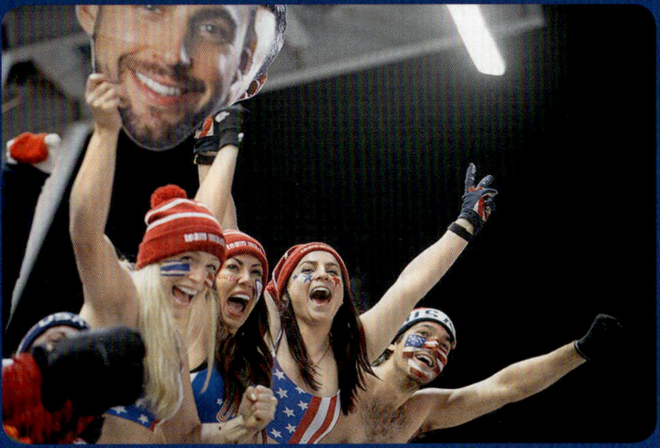

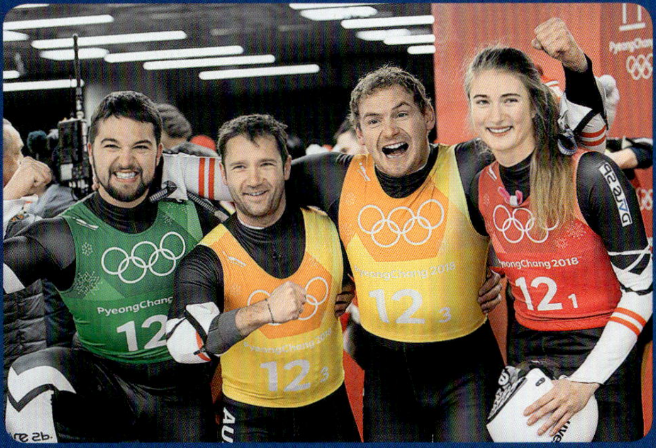

Auch, wenn es nicht für eine Medaille gereicht hat: Die USA-Fans ließen sich ihre Freude nicht nehmen (Bild links).

Ausgelassener Jubel bei den drittplatzierten Österreichern.

Gold im letzten Lauf durch einen Fehler vergeben hatte. Ähnlich sah es Rodel-Idol Georg Hackl: »Wahnsinn, Platz eins und zwei ist mehr, als wir erwarten durften. Ich bin froh, dass zwei von den Mädels das gemeistert haben.«
Cheftrainer Norbert Loch hatte bereits vor dem Wettkampf prophezeit: »Sie ist in der Form ihres Lebens.« Kurz vor Olympia gewann Geisenberger als erste Frau überhaupt sechsmal in Serie den Gesamtweltcup. Bei allen 13 Rennen in diesem Winter, ob Weltcup oder Sprintrennen, stand sie auf dem Podest. Ihre Erfolgsserie als Rekordsiegerin baute sie auf 48 Weltcupsiege aus.
Etwas bedröppelt stand nur Hüfner neben dem jubelnden Team. So hatte sie sich den Olympia-Abschied nicht vorgestellt. »Das ist das Bittere für mich. Ich bin ins Ziel gekommen und dachte, es war ein anständiger Lauf«, sagte die 34-Jährige. »Das muss ich so hinnehmen. Bei den nächsten Olympischen Spielen sieht man mich auf jeden Fall nicht mehr.«

Rodeln, Team-Staffeln

Ein goldener Abschluss

Zwei Urschreie von Cheftrainer Norbert Loch hallten durch den Olympic Sliding Centre, als die Rodel-Doppelsitzer Tobias Wendl und Tobias Arlt ins Ziel gerauscht waren und das deutsche Quartett zum olympischen Gold im Teamwettbewerb geführt hatten. Natalie Geisenberger, Johannes Ludwig sowie Wendl und Arlt wiederholten den Olympiasieg bei der damaligen Premiere in Sotschi 2014 und sorgten nun auch in Südkorea für einen goldenen Abschluss. Die silberne Medaille sicherte sich Kanada, Bronze ging an Österreich mit Einzel-Olympiasieger David Gleirscher.
»Es ist sensationell, was wir erreicht haben. Das ist viel mehr, als wir erwartet haben«, sagte Loch, der stolz mit den Fingern die Sechs anzeigte. Für die deutschen Rodler war der Teamerfolg die sechste Medaille der Wettbewerbe in Südkorea. »Wir haben uns akribisch vorbereitet. Vier Jahre ist eine lange Zeit. Wenn es zum Schluss aufgeht, muss man es rauslassen«, begründete der Cheftrainer in der ARD seine befreienden Schreie.
Vor dem Staffel-Olympiasieg hatte Ludwig Bronze im Männer-Einzel geholt, bei den Frauen hatte es Gold für Geisenberger und Silber für Dajana Eitberger gegeben. Im Doppelsitzer hatten Wendl und Arlt gesiegt, Dritte wurden Toni Eggert und Sascha Benecken. Damit wurde Deutschland – wie zuvor in Sotschi – die erfolgreichste Rodel-Nation. Damals hatten die deutschen Kufen-Asse sogar alle vier Goldmedaillen gewonnen. Nur der folgenschwere Patzer von Felix Loch auf dem Weg zu seinem Gold verhinderte diesmal das erneute goldene Vierer-Pack.
Durch ihre beiden Erfolge in Pyeongchang stiegen Natalie Geisenberger aus Miesbach und die Berchtesgadener Wendl und Arlt mit vier Goldmedaillen zu den erfolgreichsten Olympioniken in ihrer Sportart auf und lösten den dreimaligen Olympiasieger Georg Hackl ab.

Statistik

Rodeln, Team-Staffeln

15.2.2018 Olympic Sliding Centre

Platz	Nation	Zeit
1.	**Deutschland** (46,870/1+48,822/5+48,825/1) Natalie Geisenberger Johannes Ludwig Tobias Wendl/Tobias Arlt	**2:24,517 Min.**
2.	**Kanada** (47,099/4+48,820/4+48,953/2) Alex Gough Sam Edney Tristan Walker/Justin Snith	**2:24,872**
3.	**Österreich** (47,122/5+48,758/3+49,108/4) Madeleine Egle David Gleirscher Peter Penz/Georg Fischler	**2:24,988**
4.	USA (47,266/7+48,660/2+49,165/5)	2:25,091
5.	Italien (47,078/2+48,827/6+49,188/6)	2:25,093
6.	Lettland (47,369/8+48,891/7+49,055/3)	2:25,315
7.	Russland (47,523/9+48,615/1+49,211/7)	2:25,349
8.	Polen (47,711/10+49,134/8+49,568/9)	2:26,413
9.	Südkorea (47,211/6+49,854/13+49,478/8)	2:26,543
10.	Rumänien (47,097/3+49,609/12+50,138/12)	2:26,844

Reihenfolge: Gesamtzeit (Frauen/Platz+Männer/Platz+Doppelsitzer/Platz)

Große Freude beim deutschen Team um Cheftrainer Norbert Loch. »Es ist sensationell, was wir erreicht haben. Das ist viel mehr, als wir erwartet haben«, so der stolze Trainer.

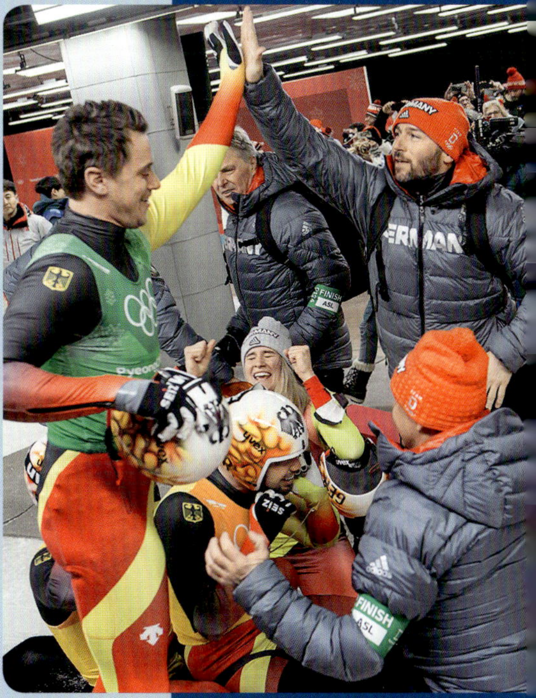

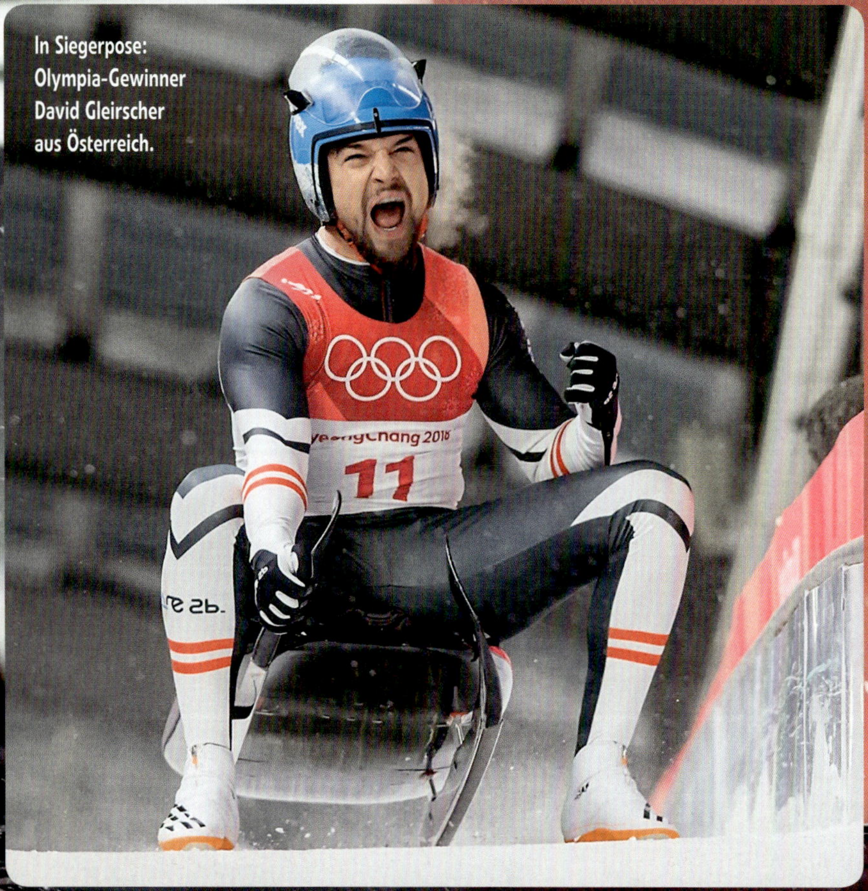

In Siegerpose: Olympia-Gewinner David Gleirscher aus Österreich.

Rodeln, Einsitzer, Männer

Verflixte »Kurve neun« kostet den Gold-Hattrick und beschert Österreich den Sieg

Er konnte es kaum glauben: David Gleirscher hatte sich als letzter Österreicher qualifiziert und verließ die Eisrinne als Olympiasieger. Dabei zeichnete sich schon kurz nach dem ersten Lauf, in dem er die schnellste Zeit lieferte, ab, dass er mit der starken Rodelkonkurrenz um Topfavorit Felix Loch mithalten konnte. Nach dem dritten Lauf lag erwartungsgemäß noch der deutsche Doppelolympiasieger in Führung. Gleirscher war auf Platz drei zurückgefallen, schaffte es jedoch für den vierten Lauf noch einmal alle Kräfte zu mobilisieren.
Entscheidend für seinen Sieg sollte sein sauberes Durchfahren von Kurve neun sein. Denn genau an dieser kniffligen Stelle patzten sowohl Loch als auch der zweitplatzierte US-Amerikaner Chris Mazdzer. »Ich habe nicht geglaubt, dass Felix so etwas passiert«, sagte Gleirscher zu Lochs Fahrfehler.
Nach der Zieldurchfahrt blieb Loch in sich zusammengesunken einige Sekunden lang sitzen und musste getröstet werden. Statt sich zum dritten Mal nacheinander als Einzel-Olympiasieger küren zu lassen, war der 1,91 Meter große Athlet nach Platz fünf im Olympic Sliding Centre nur noch ein Häufchen Elend. »Felix hätte bloß grad' nach unten fahren müssen«, meinte sein Vater und

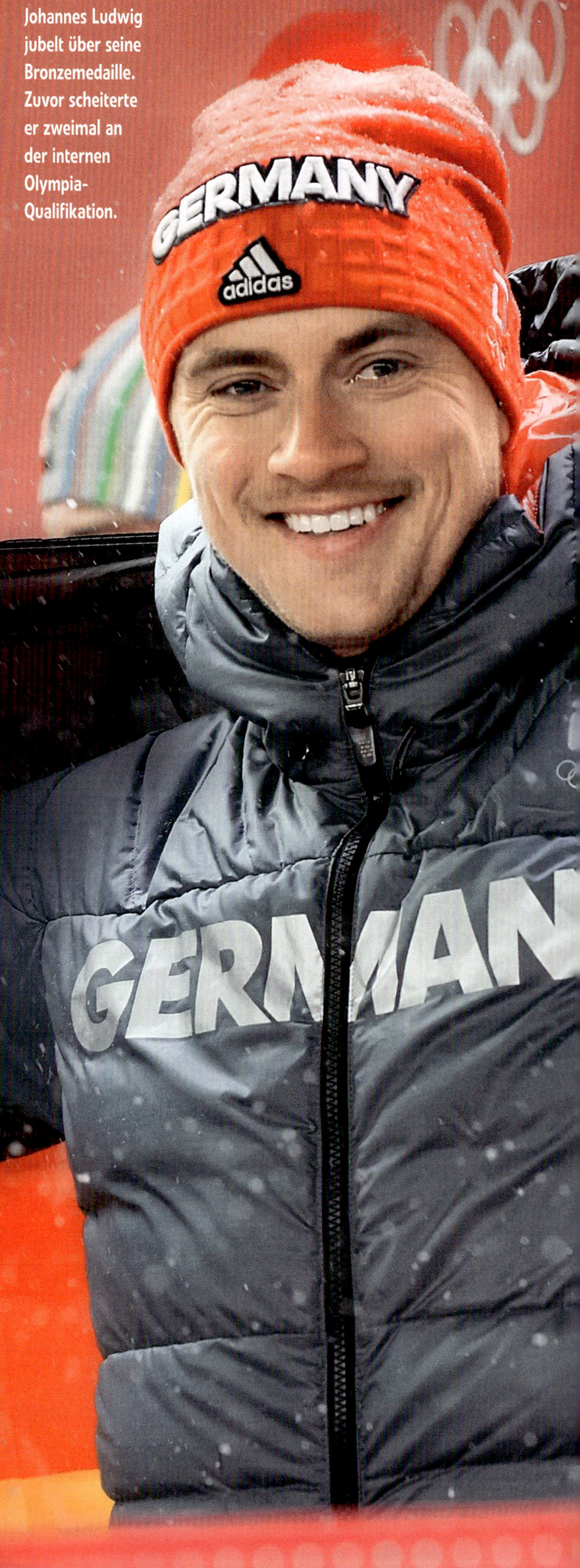

Johannes Ludwig jubelt über seine Bronzemedaille. Zuvor scheiterte er zweimal an der internen Olympia-Qualifikation.

»Beschissene Durchfahrt.«

Felix Loch nach seinem Fehler im letzten Lauf.

Cheftrainer Norbert Loch. »Da muss man ihm einfach nur zur Seite stehen, so etwas kann mal passieren. Er hat sein Gold einfach nur weggeschenkt.« Im Zielraum jubelte indes auch Olympia-Debütant Johannes Ludwig, der durch Lochs Fehler noch Bronze holte. »Ich weiß gar nicht, wie das funktioniert hat. Ich bin sprachlos, dass es gereicht hat. Es ist schade für ihn, aber Felix hat schon so viel erreicht im Leben«, sagte der Oberhofer. »Johannes hat sich das Bronze wirklich erfahren in einem spannenden Rennen«, meinte Cheftrainer Loch.

Als »beschissene Durchfahrt«, beschrieb Felix Loch Kurve neun nach seiner Niederlage. »Man hat den Fehler vor Augen. Man ärgert sich natürlich. Da fehlen einem ein wenig die Worte«, beschrieb er seine Gefühle nach dem schlimmen Missgeschick. »Da ist es eigentlich ganz schön, wenn der Vater einfach da ist.« Solche Fehler würden geschehen. »Es ist aber schade, wenn er ausgerechnet im vierten Lauf passiert, 100 Meter vor dem Ziel. Aber es geht weiter«, sagte Loch Junior.

Nach der bittersten Niederlage seiner Karriere zeigte der Doppelolympiasieger auch Größe. Bei minus 13 Grad bibberte er weit nach Mitternacht vor dem Deutschen Haus und nahm seinen mit Bronze gekrönten Teamkollegen Johannes Ludwig in Empfang. Da sie sich an der Bahn wegen einer Dopingkontrolle nicht mehr gesehen hatten, gratulierte Loch dem Thüringer herzlich: »Gehe jetzt hier rein, alle warten auf dich, dies wird dein Abend, genieße ihn.« Sein langjähriger Teamkollege war überrascht und angetan. »Tolle Geste von Felix, dass er mich reingeholt hat«, meinte Ludwig. Der Ausnahmerodler Loch peilt indes schon wieder neue sportliche Ziele an. »Mit 28 habe ich schon noch ein paar Jahre vor mir, da wird man mich in vier Jahren in Peking auf jeden Fall wieder sehen«, sagte der Berchtesgadener.

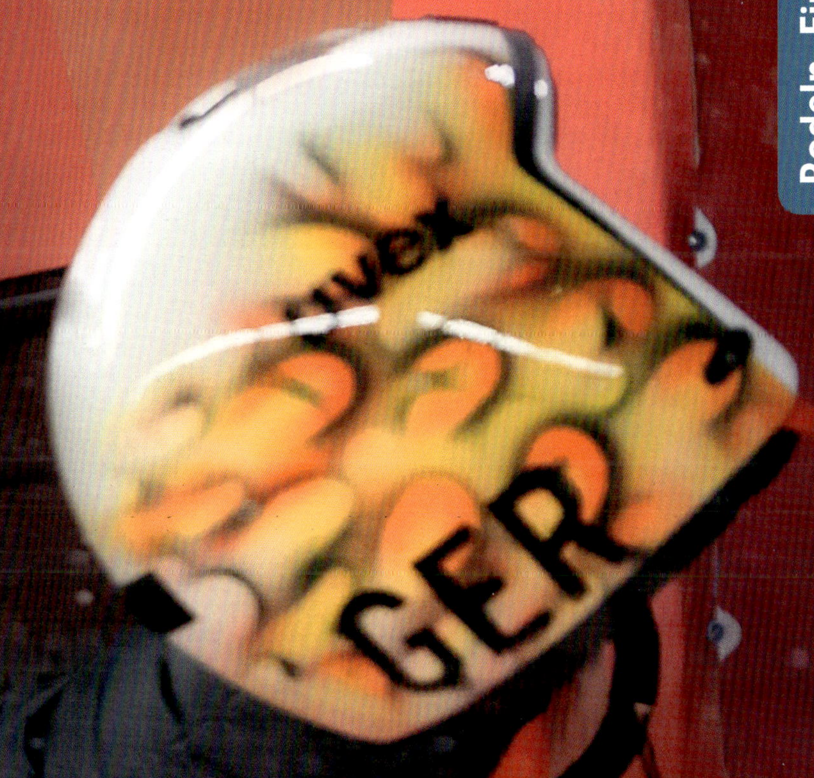

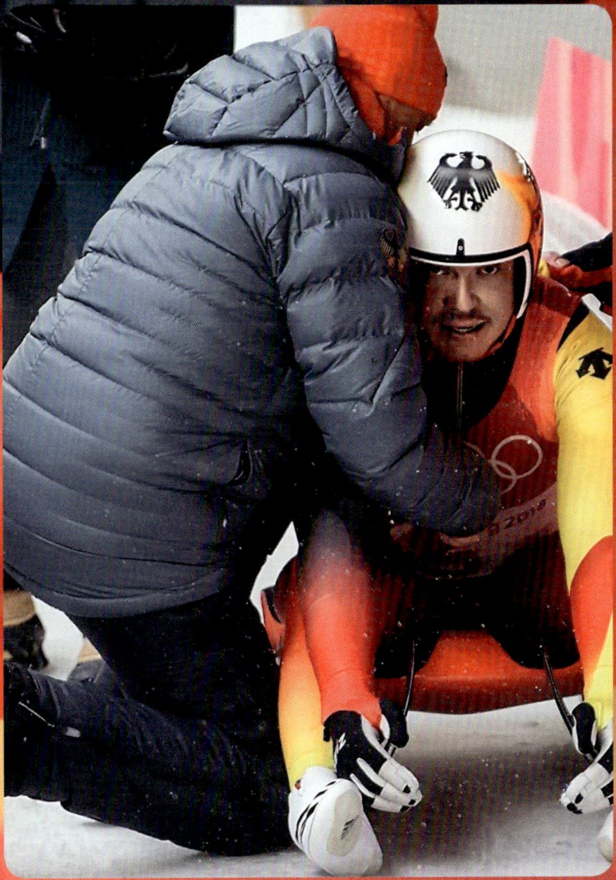

Felix Loch kann es nicht fassen: Nach seinem Fahrfehler landet er nur auf Platz fünf. Getröstet wird er noch in der Eisrinne von seinem Vater und Cheftrainer Norbert Loch.

Statistik

Rodeln, Einsitzer, Männer

11.2.2018, Alpensia-Sliding-Zentrum

Platz	Name	Land	Zeit
1.	**David Gleirscher** (47,652/1+47,835/7+47,584/4+47,631 Sek./4)	**AUT**	**3:10,702 Min.**
2.	**Christopher Mazdzer** (47,800/5+47,717/2+47,534/1+47,677/7)	**USA**	**3:10,728**
3.	**Johannes Ludwig** (47,764/3+47,940/14+47,625/6+47,603/3)	**GER**	**3:10,932**
4.	Dominik Fischnaller (47,930/10+47,967/16+47,562/3+47,475/1)	ITA	3:10,934
5.	Felix Loch (47,674/2+47,625/1+47,560/2+48,109/19)	GER	3:10,968
6.	Samuel Edney (47,862/9+47,755/4+47,759/10+47,645/6)	CAN	3:11,021
7.	Kevin Fischnaller (47,853/8+47,793/5+47,596/5+47,812/8)	ITA	3:11,054
8.	Roman Repilow (47,776/4+47,740/3+47,948/15+47,644/5)	OAR	3:11,108
9.	Wolfgang Kindl (47,955/11+47,858/9+47,799/12+47,521/2)	AUT	3:11,133
10.	Andi Langenhan (48,083/18+47,850/8+47,630/7+47,870/13)	GER	3:11,433
15.	Reinhard Egger (48,221/20+47,903/11+47,963/17+47,840/10)	AUT	3:11,927

Reihenfolge: Gesamtzeit (Laufzeiten/Platz)

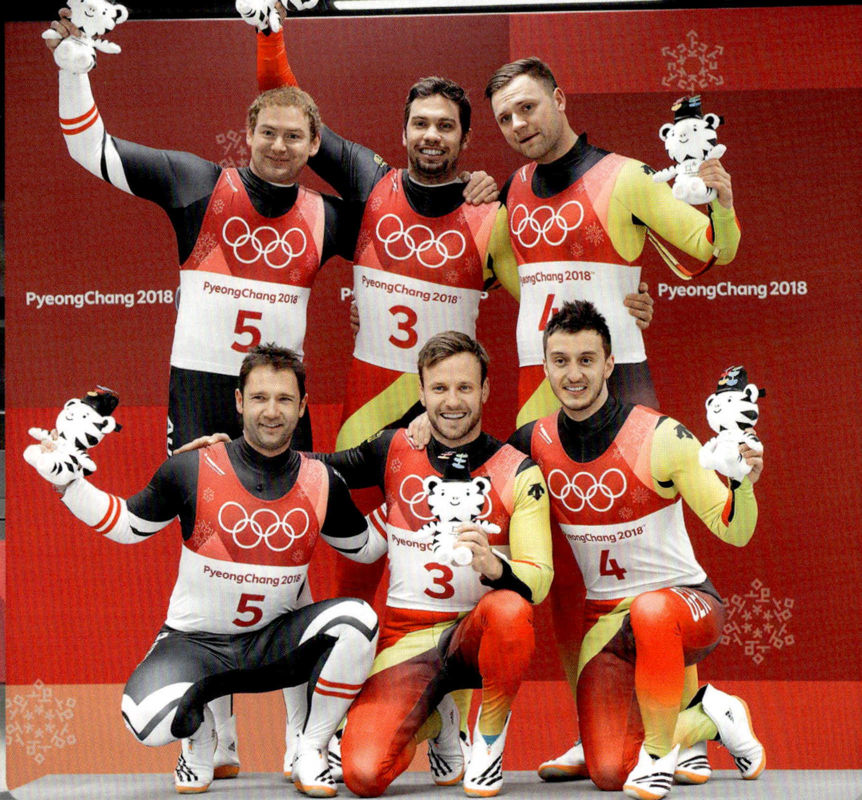

Statistik

Rodeln, Doppelsitzer, Männer

14.2.2018, Olympic Sliding Centre

1.	**Tobias Wendl/Tobias Arlt** (45,820/1+45,877 Sek./1)	**GER**	**1:31,697 Min.**
2.	**Peter Penz/Georg Fischler** (45,891/2+45,894/2)	**AUT**	**1:31,785**
3.	**Toni Eggert/Sascha Benecken** (45,931/3+46,056/3)	**GER**	**1:31,987**
4.	Thomas Steu/Lorenz Koller (46,172/5+46,112/5)	AUT	1:32,284
5.	Tristan Walker/Justin Snith (46,134/4+46,235/6)	CAN	1:32,369
6.	Andris Sics/Juris Sics (46,336/9+46,106/4)	LAT	1:32,442
7.	Ivan Nagler/Fabian Malleier (46,320/8+46,243/7)	ITA	1:32,563
8.	Justin Krewson/Andrew Sherk (46,310/7+46,342/10)	USA	1:32,652
9.	Jinyong Park/Jung Myung Cho (46,396/10+46,276/8)	KOR	1:32,672
10.	Matthew Mortensen/Jayson Terdiman (46,244/6+46,443/13)	USA	1:32,687

Reihenfolge: Gesamtzeit (Laufzeiten/Platz)

Strahlende Gewinner nach einem spannenden Rennen: Peter Penz und Georg Fischer AUT (l-r), Tobias Wendl und Tobias Arlt GER, Toni Eggert und Sascha Benecken GER.

Rodeln, Doppelsitzer, Männer

Eine schwierige Saison mit unverhofftem Happy End

Verunsicherung und Zweifel, ein Sturz im olympischen Training – nichts hat Tobias Wendl und Tobias Arlt auf ihrer Fahrt zum nächsten Olympia-Gold aufhalten können. Nach dem unerwarteten Coup bei den Winterspielen in Pyeongchang ging das Rodel-Doppel im Ziel des Olympic Sliding Centre in einer Jubeltraube unter. Ihre gesamte Trainingsgruppe »Sonnenschein« mit Dreifach-Olympiasiegerin Natalie Geisenberger, Felix Loch und Cheftrainer Norbert Loch stürzte sich auf sie. Mit zwei fast fehlerfreien Läufen wiederholten die beiden 30-Jährigen am Mittwoch bei den Olympischen Winterspielen in Pyeongchang ihren Sieg im Doppelsitzer von Sotschi 2014. Damit sind Wendl und Arlt das dritte Paar nach Hans Rinn/Norbert Hahn (1976/1980) und den Österreichern Andreas Linger/Wolfgang Linger (2006/2010), die zweimal nacheinander Olympiasieger im Doppelsitzer wurden.

Mit diesem Sieg brachten sie eine schwierige Saison zu einem unverhofften Happy End. Diese lief bis dahin nämlich etwas holprig, sodass Cheftrai-

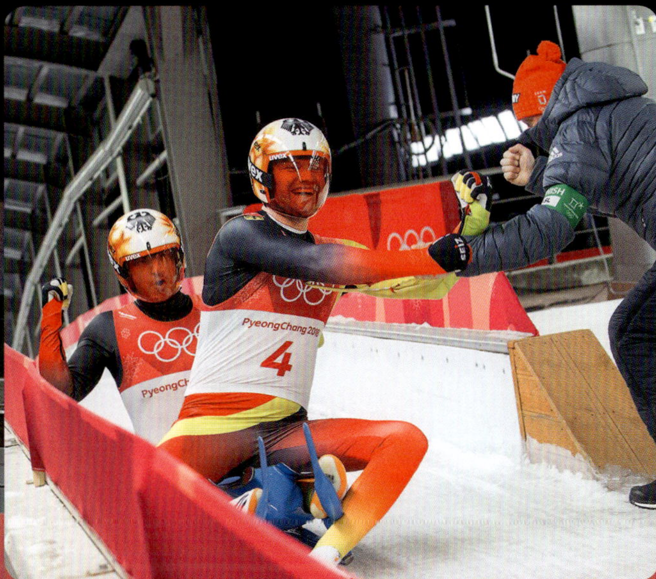

Cheftrainer Norbert Loch (rechts) gratuliert den Drittplatzierten Toni Eggert und Sascha Benecken.

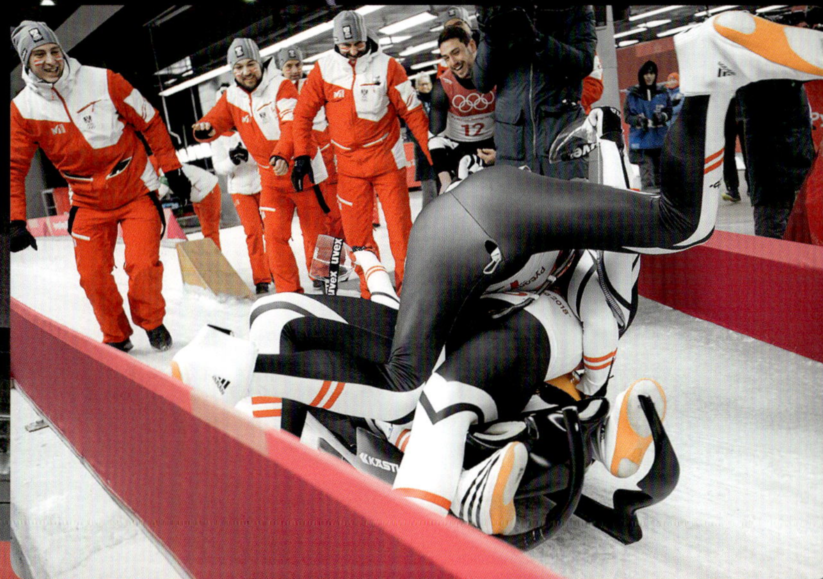

Nur ganz knapp verpassten die Österreicher Peter Penz und Georg Fischler die Goldmedaille – ihrer Freude tat dies allerdings keinen Abbruch.

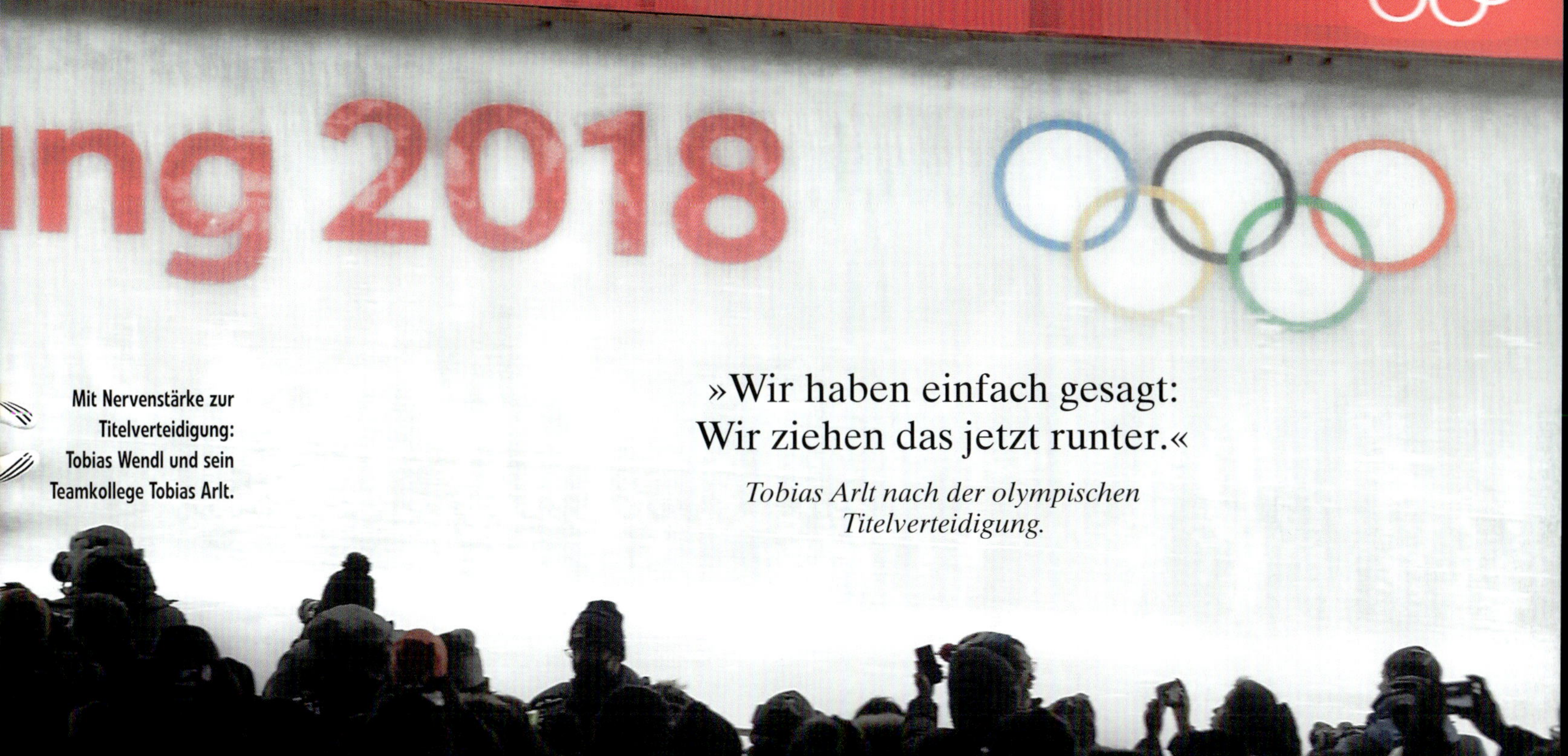

Mit Nervenstärke zur Titelverteidigung: Tobias Wendl und sein Teamkollege Tobias Arlt.

> »Wir haben einfach gesagt: Wir ziehen das jetzt runter.«
>
> *Tobias Arlt nach der olympischen Titelverteidigung.*

ner Norbert Loch sie erst einmal auf Kurs bringen musste: »Im Sport ist es normal, gerade wenn man mal unten ist, muss man daran arbeiten. Das haben sie in hervorragender Weise gemacht. Ich habe es hart angesprochen und bin sehr hart mit ihnen ins Gericht gegangen.«

Der Erfolg der beiden kam dann aber doch etwas überraschend, galten doch die Thüringer Eggert und Benecken nach den Ergebnissen in dieser und der vorherigen Saison als Favoriten. Bereits in den beiden Trainingsläufen einen Tag vor dem Rennen sind sie Bestzeiten gefahren – Wendl und Arlt hingegen sind beim zweiten Übungsdurchgang gestürzt.

Das Rennen selbst war nichts für schwache Nerven: Im ersten Lauf fuhr das deutsche Team um Wendl und Arlt zwar einen Bahnrekord, doch die Österreicher Peter Penz und Georg Fischler waren ihnen dicht auf den Fersen. Schließlich verpassten die Rodel-Doppelsitzer aus Tirol die Goldmedaille nur um wenige Tausendstel und holten sich Silber. Für die Weltmeister Eggert und Benecken reichte es für den dritten Platz. Bei der kurzen Ehrung hatten die drittplatzierten Thüringer Tränen in den Augen und auch Loch war begeistert vom Doppelsieg: »Dass beide Paare Medaillen holen, ist grandios.«

Nach dem Sieg in Pyeongchang meinte Arlt: »Wir waren wirklich entspannt, wir hatten die Goldmedaille von Sotschi im Rücken und wussten, was wir können. Wir haben einfach gesagt: Wir ziehen das jetzt runter.«

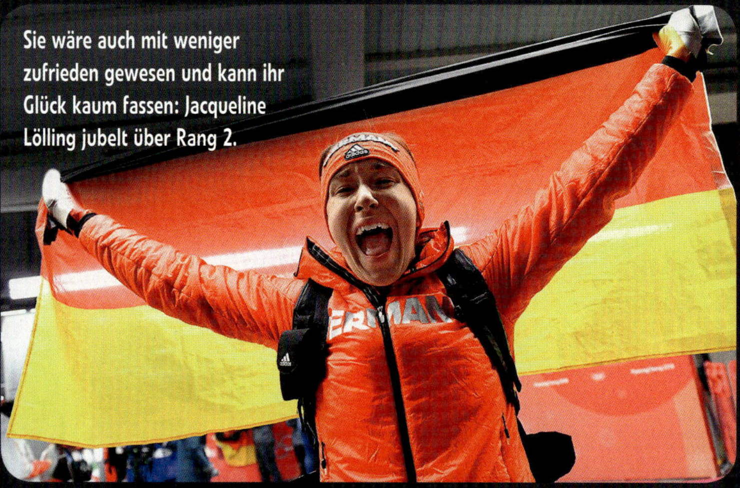

Sie wäre auch mit weniger zufrieden gewesen und kann ihr Glück kaum fassen: Jacqueline Lölling jubelt über Rang 2.

Skeleton, Frauen

Millisekunden entscheiden über Freude und Trauer

Einer der ersten Gänge nach ihrem Silber-Coup bei den Olympischen Winterspielen in Pyeongchang führte Skeleton-Pilotin Jacqueline Lölling zu den Rodel-Heldinnen Natalie Geisenberger und Dajana Eitberger. Die beiden Goldmedaillen-Gewinnerinnen hatten im Olympic Sliding Centre Lölling und ihre Teamkolleginnen angefeuert und mitgefiebert. Zumindest bei der 23-Jährigen nutzte es. »Ich bin überglücklich. Ich kann es noch nicht in Worte fassen«, sagte Lölling. »Ich war schon völlig zufrieden, als ich Bronze hatte.« Doch es wurde mehr.
Nach vier Läufen lag die Weltmeisterin aus Brachbach nur 0,45 Sekunden hinter der Britin Lizzy Yarnold, die ihren Olympiasieg von Sotschi 2014 wiederholte.

Dritte wurde Laura Deas, ebenfalls aus Großbritannien. Die vor dem Final-Durchgang führende Österreicherin Janine Flock fiel noch auf Platz vier zurück und wurde auch von Lölling getröstet.
Lölling ist die dritte deutsche Skeleton-Pilotin nach Kerstin Szymkowiak und Anja Huber (Silber und Bronze in Vancouver 2010), die Edelmetall gewinnt. Die Medaille sei sehr wichtig für ihren Sport in Deutschland, vor allem nach den enttäuschenden Spielen in Sotschi, meinte sie. »Das war heute verdient für die gesamte Mannschaft und ihre harte Arbeit. Das habe ich ja nicht allein geschafft.«
Ex-Weltmeisterin Tina Hermann aus Königssee und Anna Fernstädt verpassten es knapp, die olympische Erfolgsbilanz noch auszubauen. Hermann wurde Fünfte, die Berchtesgadenerin Anna Fernstädt Sechste. Zwischen dem dritten und sechsten Platz betrug der Abstand nur 14 Hundertstelsekunden. »Der zweite Lauf war eine völlige Katastrophe. Natürlich ist das ärgerlich, wenn man jetzt die engen Abstände sieht«, meinte die 25-jährige Hermann.
Lölling hatte in den ersten drei Läufen in der schwierigen Eisrinne immer wieder Fahrfehler gemacht. Dennoch war die Weltcup-Siegerin als Führende in die letzten beiden Durchgänge gestartet. Die Abstände zur zweitplatzierten Flock und Yarnold waren allerdings knapp.
Durch einen Fehler in der Kurve neun, in der auch Rodler Felix Loch durch einen Patzer seine sicher geglaubte Goldmedaille vergeben hatte, verlor sie Zeit im vorletzten Lauf und rutschte auf den dritten Platz zurück. Der Rückstand auf die dann führende Flock blieb mit einer Zehntelsekunde äußerst eng. Im letzten Durchgang gelang ihr dann endlich die erste souveräne Fahrt, die auf dem Silberrang endete.

»Das war heute verdient für die gesamte Mannschaft und ihre harte Arbeit. Das habe ich ja nicht allein geschafft.«

Jacqueline Lölling

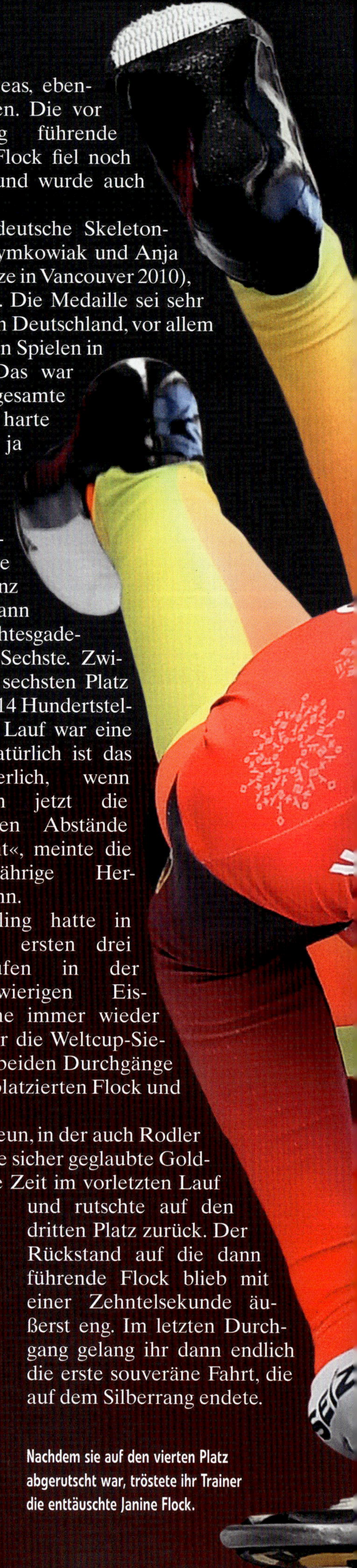

Statistik

Skeleton, Frauen

17.2.2018, Olympic Sliding Centre

Platz	Name (Laufzeiten/Platz)	Land	Zeit
1.	**Elizabeth Yarnold** (51,66/1+52,30/9+51,86/2+51,46/1)	**GBR**	**3:27,28 Min.**
2.	**Jacqueline Lölling** (51,74/2+52,12/4+52,04/7+51,83/3)	**GER**	**3:27,73**
3.	**Laura Deas** (52,00/6+52,03/2+51,96/5+51,91/5)	**GBR**	**3:27,90**
4.	Janine Flock (51,81/3+52,07/3+51,92/4+52,12/10)	AUT	3:27,92
5.	Tina Hermann (51,98/4+52,31/10+51,83/1+51,86/4)	GER	3:27,98
6.	Anna Fernstädt (51,99/5+52,17/5+51,88/3+52,00/6)	GER	3:28,04
7.	Lelde Priedulena (52,14/7+52,17/5+52,09/9+52,09/8)	LAT	3:28,49
8.	Kimberley Bos (52,33/8+52,26/7+51,99/6+52,01/7)	NED	3:28,59
9.	Elisabeth Vathje (52,45/12+52,01/1+52,37/14+51,82/2)	CAN	3:28,65
10.	Jane Channell (52,42/11+52,28/8+52,28/10+52,09/8)	CAN	3:29,07
11.	Marina Gilardoni (52,34/10+52,35/12+52,28/10+52,46/13)	SUI	3:29,43

Reihenfolge: Gesamtzeit (Laufzeiten/Platz)

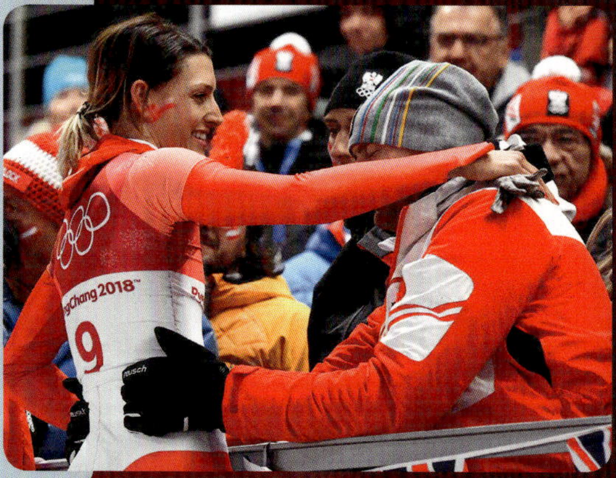

Nachdem sie auf den vierten Platz abgerutscht war, tröstete ihr Trainer die enttäuschte Janine Flock.

Britische Revolution

Die deutschen Skeletonpiloten sind bei den Olympischen Winterspielen in Pyeongchang klar an einer Medaille vorbeigefahren. Der WM-Zweite Axel Jungk aus Oberbärenburg, der Oberhofer Christopher Grotheer und Alexander Gassner aus Winterberg belegten die Plätze sieben, acht und neun. Olympiasieger wurde der Südkoreaner Yun Sung Bin. Der Gesamtweltcup-Gewinner verwies den Russen Nikita Tregubow auf den Silber-Platz, Bronze ging an den Briten Dom Parsons. Der fünfmalige Weltmeister Martins Dukurs aus Lettland, der vor dem Final-Durchgang auf Rang zwei lag, rutschte noch auf den vierten Platz ab. Er wurde erneut zur tragischen Figur.

»Ein sehr emotionales Rennen, ich fand den Ausgang sehr krass, für Martins tut es mir besonders leid«, sagte Jungk. Immerhin verpasste Dukurs im insgesamt vierten Anlauf Olympia-Gold, diesmal sogar die Medaille. Respekt hatte er auch für den Überraschungs-Dritten übrig: »Die Briten haben es sich verdient, weil sie hier eine kleine Revolution verursachen mit den Anzügen«, erklärte Jungk und bezog sich auf die neuen Rennanzüge der Briten, deren Material aus dem Bahnrennsport kommt.

Jungk, dessen Karriere vor einem Jahr nach sechswöchiger Rehabilitation wegen Rückenbeschwerden fast beendet war, will weitermachen. »Ich habe schon nach dem dritten Lauf gesagt, ich muss jetzt noch vier Jahre dranhängen.«

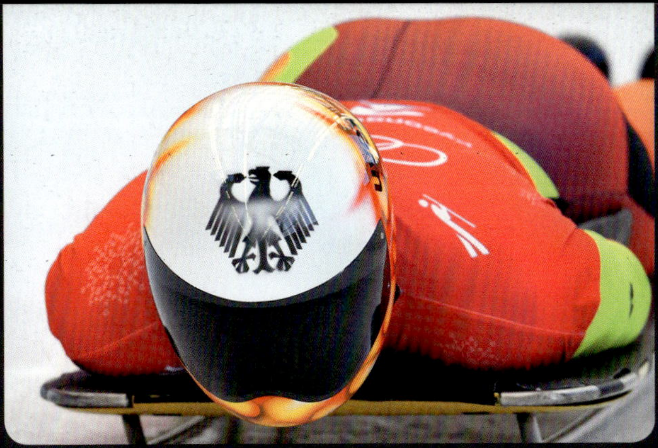

Bei der WM wurde er noch Zweiter, bei den Winterspielen hat es dagegen für Axel Jungk nur für den 7. Platz gereicht.

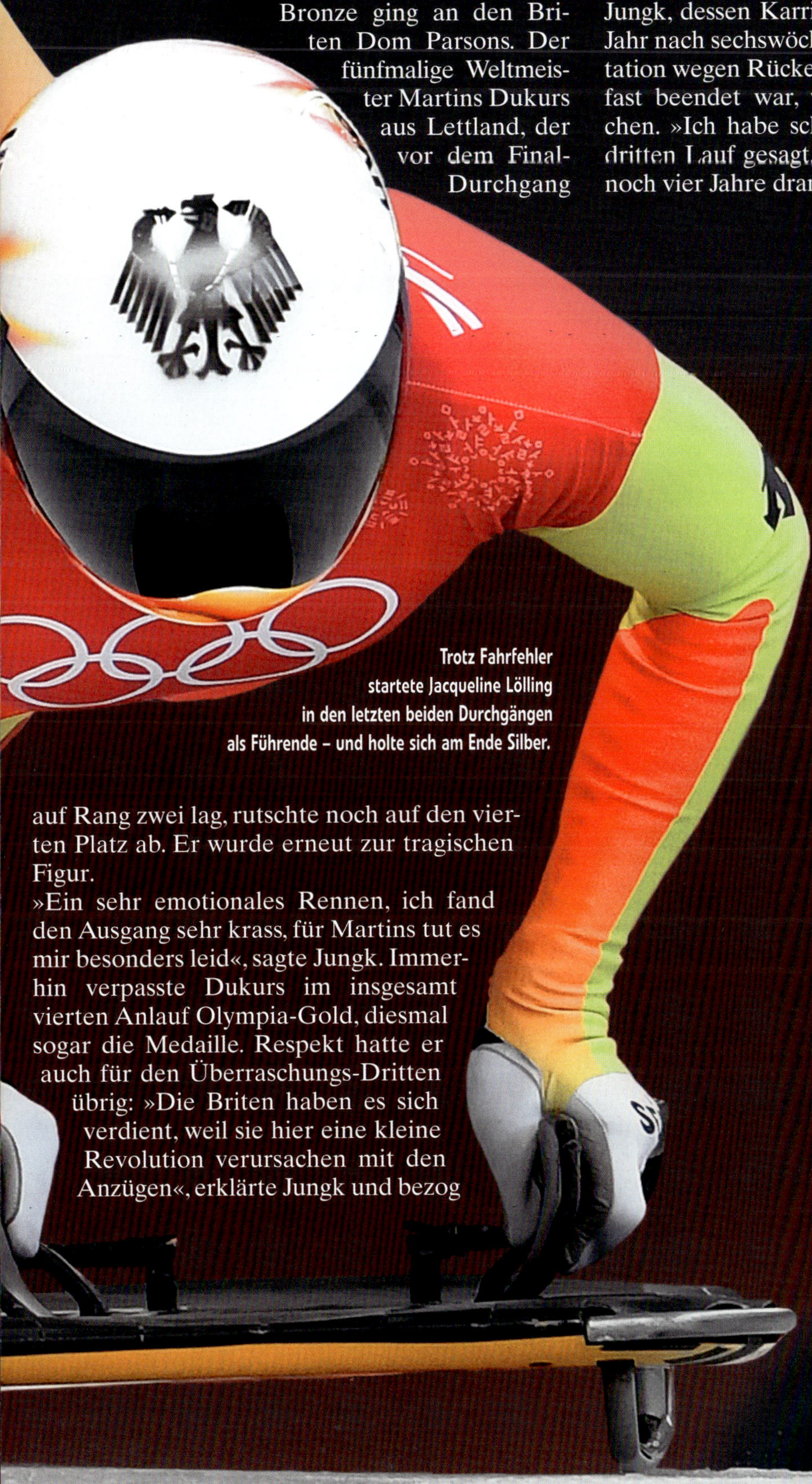

Trotz Fahrfehler startete Jacqueline Lölling in den letzten beiden Durchgängen als Führende – und holte sich am Ende Silber.

> »Ein sehr emotionales Rennen, ich fand den Ausgang sehr krass, für Martins tut es mir besonders leid.«
>
> *Axel Jungk zur Niederlage von Martins Dukurs.*

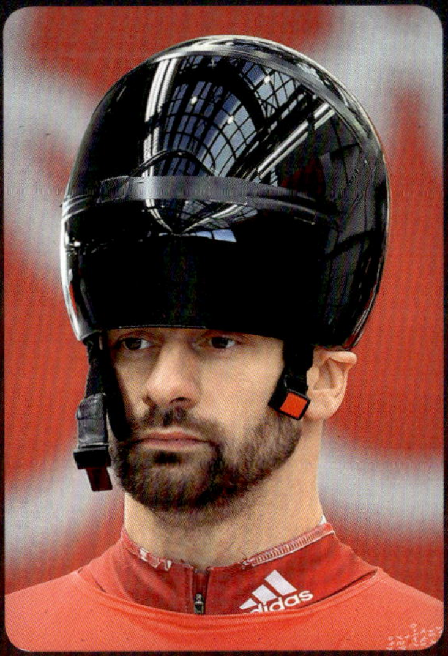

Fiel von Rang 2 auf 4 zurück: Der Weltmeister aus Lettland, Martins Dukurs.

Statistik

Skeleton, Männer

16.2.2018, Olympic Sliding Centre

Platz	Name	Land	Zeit
1.	**Yun Sung Bin** (50,28/1+50,07/1+50,18/1+50,02Sek./1)	**KOR**	**3:20,55 Min.**
2.	**Nikita Tregubow** (50,59/2+50,50/4+50,53/5+50,56/2)	**OAR**	**3:22,18**
3.	**Dominic Edward Parsons** (50,85/5+50,41/3+50,33/3+50,61/3)	**GBR**	**3:22,20**
4.	Martins Dukurs (50,85/5+50,38/2+50,32/2+50,76/5)	LAT	3:22,31
5.	Tomass Dukurs (50,88/7+50,58/5+50,65/6+50,63/4)	LAT	3:22,74
6.	Kim Ji Soo (50,80/4+50,86/6+50,51/4+50,81/6)	KOR	3:22,98
7.	Axel Jungk (50,77/3+51,01/9+50,83/8+50,99/10)	GER	3:23,60
8.	Christopher Grotheer (51,05/9+51,06/11+51,01/10+50,93/8)	GER	3:24,05
9.	Alexander Gassner (51,05/9+51,08/12+51,04/11+50,93/8)	GER	3:24,10
10.	Jeremy Rice (51,06/11+51,15/13+51,04/11+50,99/10)	GBR	3:24,24
18.	Matthias Guggenberger (51,38/16+51,29/17+51,81/25+51,25/13)	AUT	3:25,73

Reihenfolge: Gesamtzeit (Laufzeiten/Platz)

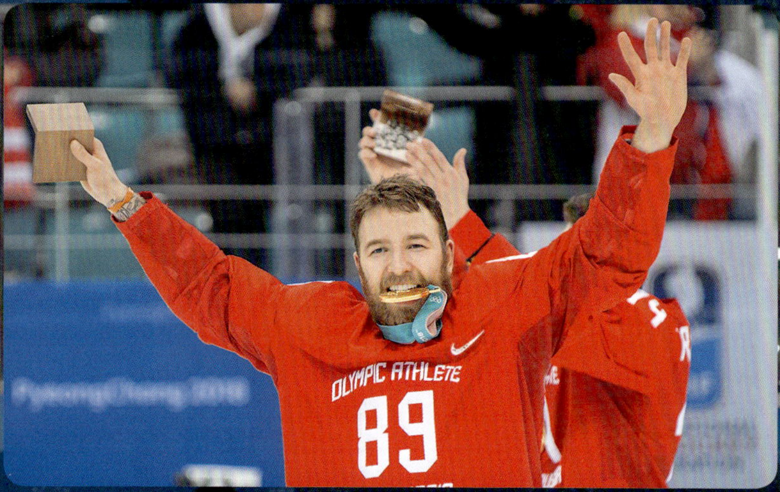

Alles erreicht: Nikita Nesterov zeigt stolz die gewonnene Goldmedaille zwischen seinen Zähnen.

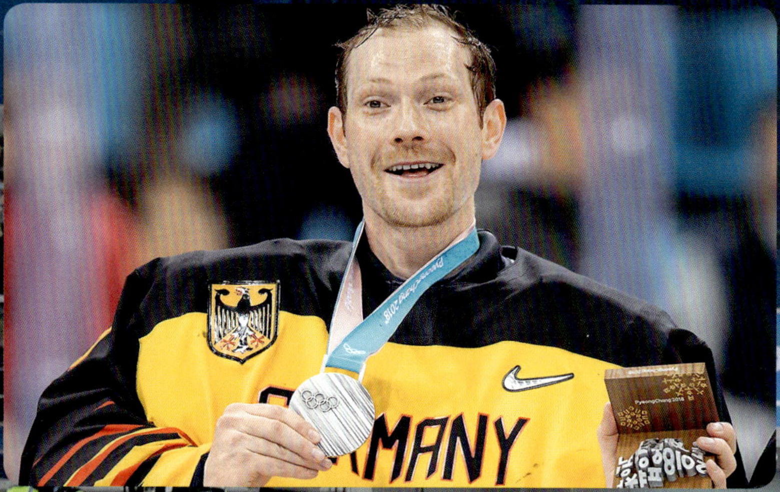

Erst war der Olympia-Keeper Danny aus den Birken über Silber enttäuscht, am Ende freute er sich dann aber doch über seine Medaille.

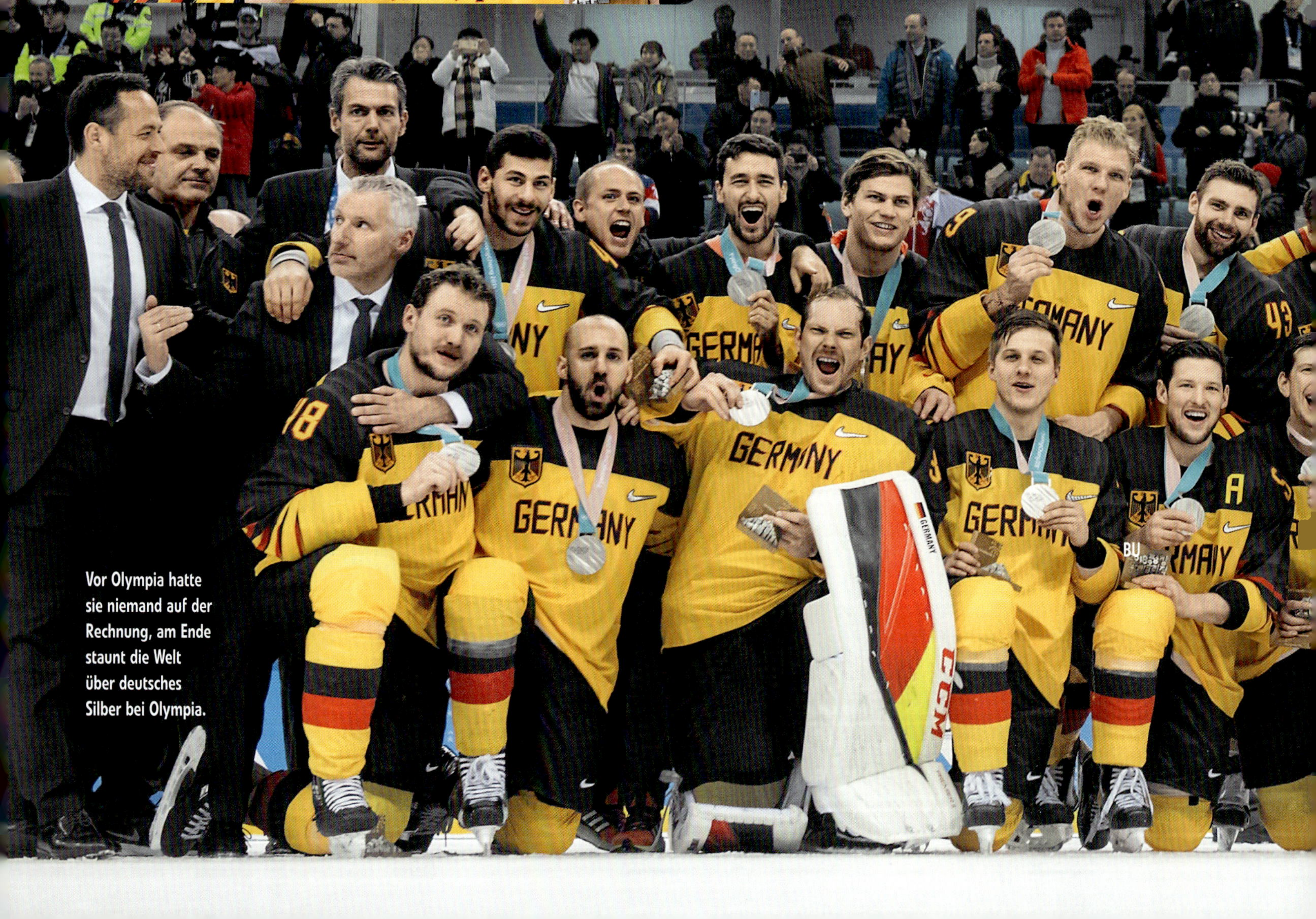

Vor Olympia hatte sie niemand auf der Rechnung, am Ende staunt die Welt über deutsches Silber bei Olympia.

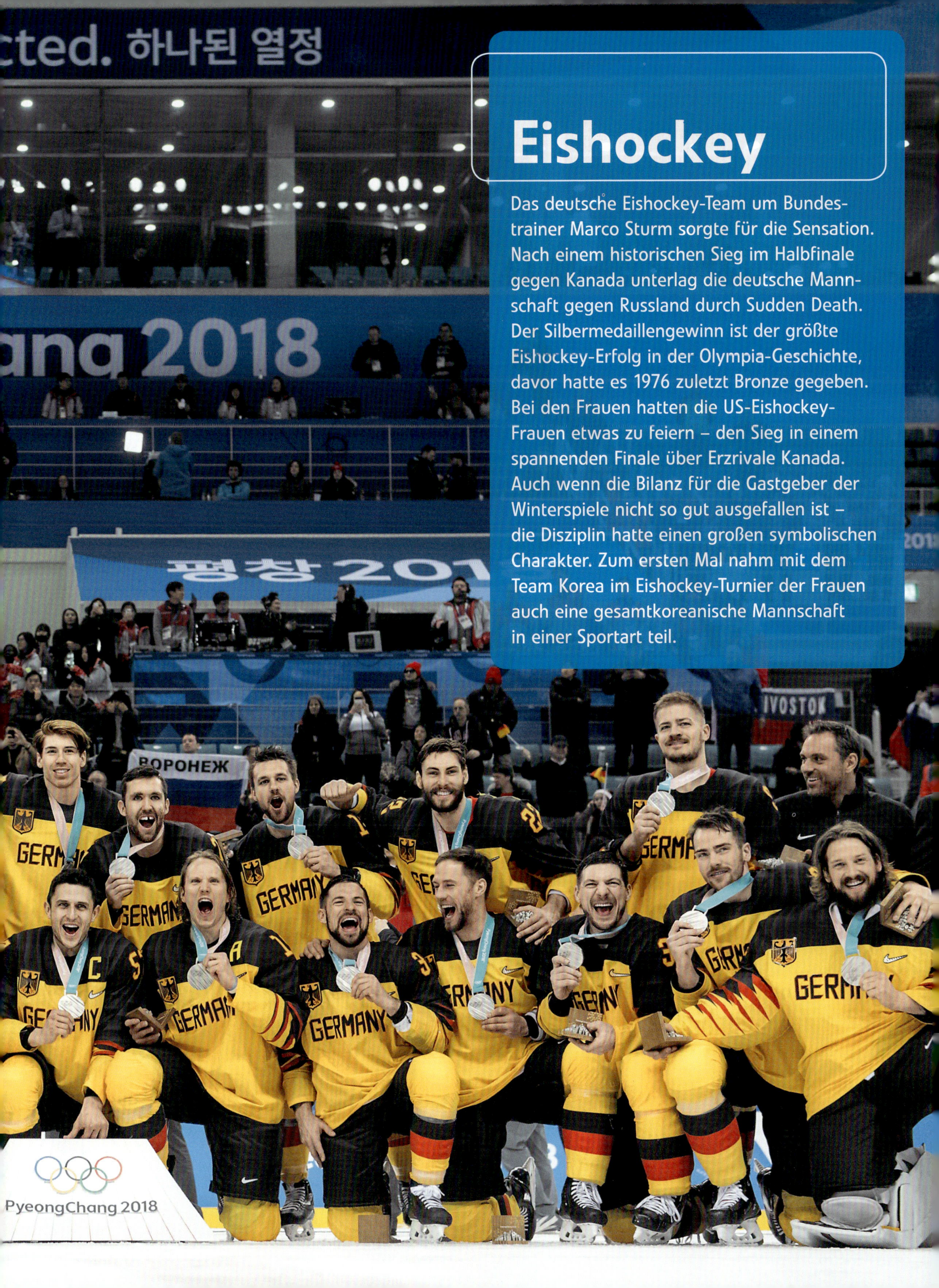

Eishockey

Das deutsche Eishockey-Team um Bundestrainer Marco Sturm sorgte für die Sensation. Nach einem historischen Sieg im Halbfinale gegen Kanada unterlag die deutsche Mannschaft gegen Russland durch Sudden Death. Der Silbermedaillengewinn ist der größte Eishockey-Erfolg in der Olympia-Geschichte, davor hatte es 1976 zuletzt Bronze gegeben. Bei den Frauen hatten die US-Eishockey-Frauen etwas zu feiern – den Sieg in einem spannenden Finale über Erzrivale Kanada. Auch wenn die Bilanz für die Gastgeber der Winterspiele nicht so gut ausgefallen ist – die Disziplin hatte einen großen symbolischen Charakter. Zum ersten Mal nahm mit dem Team Korea im Eishockey-Turnier der Frauen auch eine gesamtkoreanische Mannschaft in einer Sportart teil.

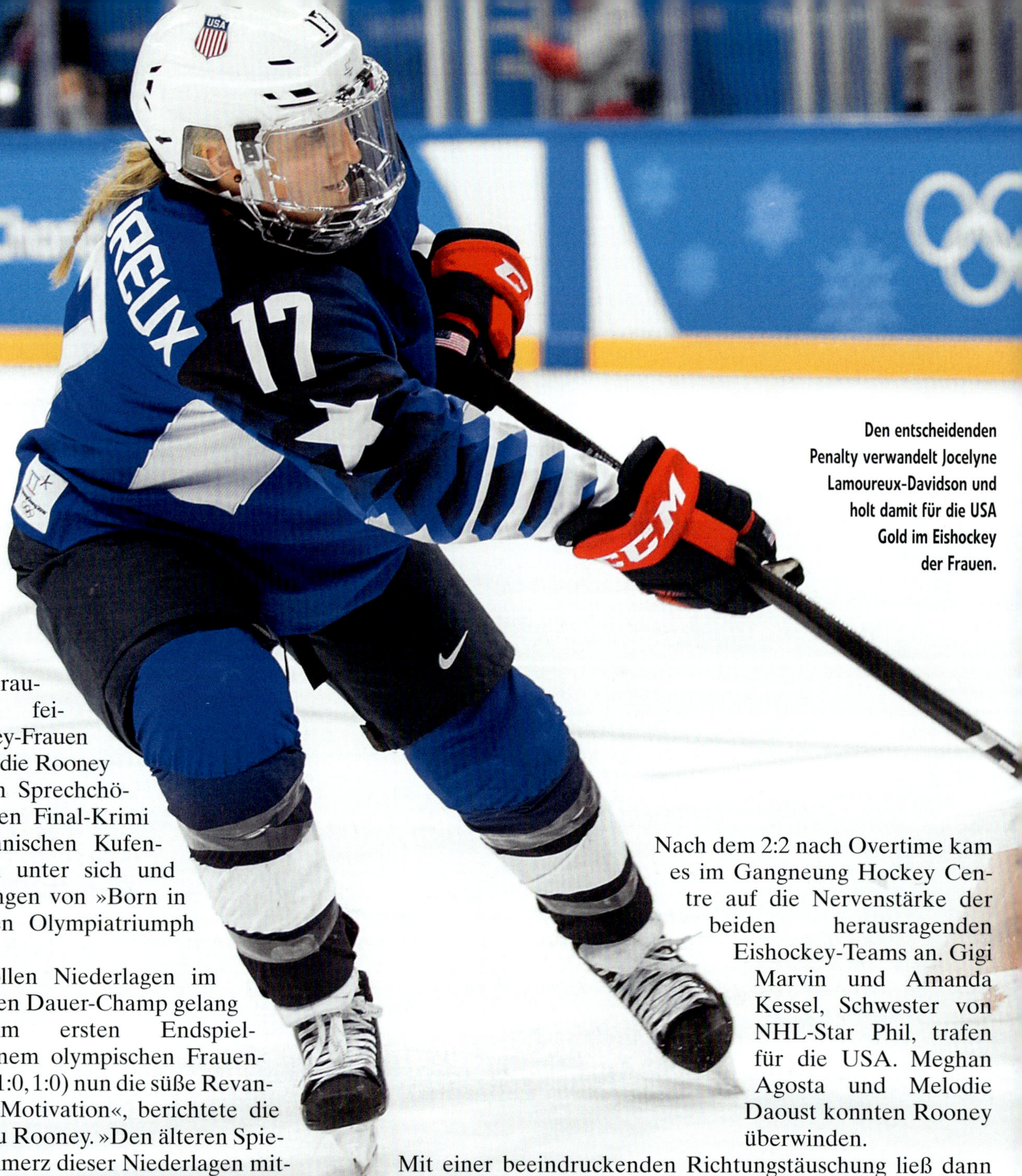

Eishockey, Frauen

Den entscheidenden Penalty verwandelt Jocelyne Lamoureux-Davidson und holt damit für die USA Gold im Eishockey der Frauen.

»Ooops, I did it again.«

Selbst auf dem Weg zur rauschenden Goldparty feierten die US-Eishockey-Frauen ihre Penalty-Heldin Maddie Rooney immer noch mit lauten Sprechchören. Nach einem wahren Final-Krimi begruben die amerikanischen Kufencracks ihre Torhüterin unter sich und bejubelten zu den Klängen von »Born in the USA« den zweiten Olympiatriumph über Erzrivale Kanada.

Nach zwei schmachvollen Niederlagen im Duell um Gold gegen den Dauer-Champ gelang in Pyeongchang im ersten Endspiel-Penaltyschießen bei einem olympischen Frauen-Turnier mit 3:2 (1:0, 0:2, 1:0, 1:0) nun die süße Revanche. »Das war unsere Motivation«, berichtete die erst 20 Jahre alte Torfrau Rooney. »Den älteren Spielerinnen, die all den Schmerz dieser Niederlagen mitgemacht haben, diese Goldmedaille zu ermöglichen.«

Bei den vergangenen vier Weltmeisterschaften triumphierten die USA über Kanada – doch seit dem amerikanischen Olympiasieg von Nagano 1998 waren die vorigen vier Goldmedaillen bei Winterspielen an das Team Kanada gegangen. Nachdem Rooney den letzten kanadischen Versuch im Showdown parierte, wurde sie von ihren Teamkolleginnen fast erdrückt. Schon in den 80 Minuten zuvor hatte die Wirtschaftsstudentin aus Minnesota 29 von 31 Schüssen gehalten. »Maggie ist so sicher, einfach unglaublich«, schwärmte Teamkollege Gigi Marvin über die Olympia-Debütantin. »Wir wussten, dass sie es in sich hat. Sie ist wie ein Fels.« Kurz nach dem Finale wurde ihr Beruf bei Wikipedia von Fans kurzzeitig auf »US-Verteidigungsministerin« geändert – darauf angesprochen, kicherte Rooney verlegen.

Auch Coach Robb Stauber herzte seine Matchwinnerin. »Es bedeutet alles für unser Land«, sagte der Trainer über den Triumph. »Ich kann gar nicht beschreiben, wie glücklich ich für unsere Spielerinnen bin. Wir lieben sie, es ist einfach irreal.«

Nach dem 2:2 nach Overtime kam es im Gangneung Hockey Centre auf die Nervenstärke der beiden herausragenden Eishockey-Teams an. Gigi Marvin und Amanda Kessel, Schwester von NHL-Star Phil, trafen für die USA. Meghan Agosta und Melodie Daoust konnten Rooney überwinden.

Mit einer beeindruckenden Richtungstäuschung ließ dann Jocelyne Lamoureux-Davidson die kanadische Keeperin Shannon Szabados aussteigen und schob den Puck lässig ein. »Das habe ich tausende Male mit Reifen geübt«, sagte die 28-Jährige und verriet, dass der Name des Tricks auf Anregung ihres Trainers an einen Song von Britney Spears angelehnt ist: »Ooops, I did it again.«

Zum wiederholten Male wollten auch die Kanadier ihre Ausnahmestellung unter Beweis stellen. Nach dem 2:1-Führungstreffer von US-Schreck Marie-Philip Poulin schien der fünfte Olympiasieg auch lange zum Greifen nah. Doch mit Tränen in den Augen und der Silbermedaille um den Hals schlich die Spielführerin nach der ersten kanadischen Niederlage nach 24 siegreichen Olympia-Spielen durch die Katakomben. »In diesem Moment ist es wirklich hart«, gestand Poulin, die in den vergangenen beiden Finals die USA mit jeweils zwei Treffern noch geschockt hatte.

Sie habe die »herzzerreißende« Niederlage von Sotschi 2014, als Poulin in der Verlängerung traf, im eigenen Wohnzimmer verfolgt, berichtete US-Keeperin Rooney: »Umso unglaublicher ist jetzt dieser Sieg.«

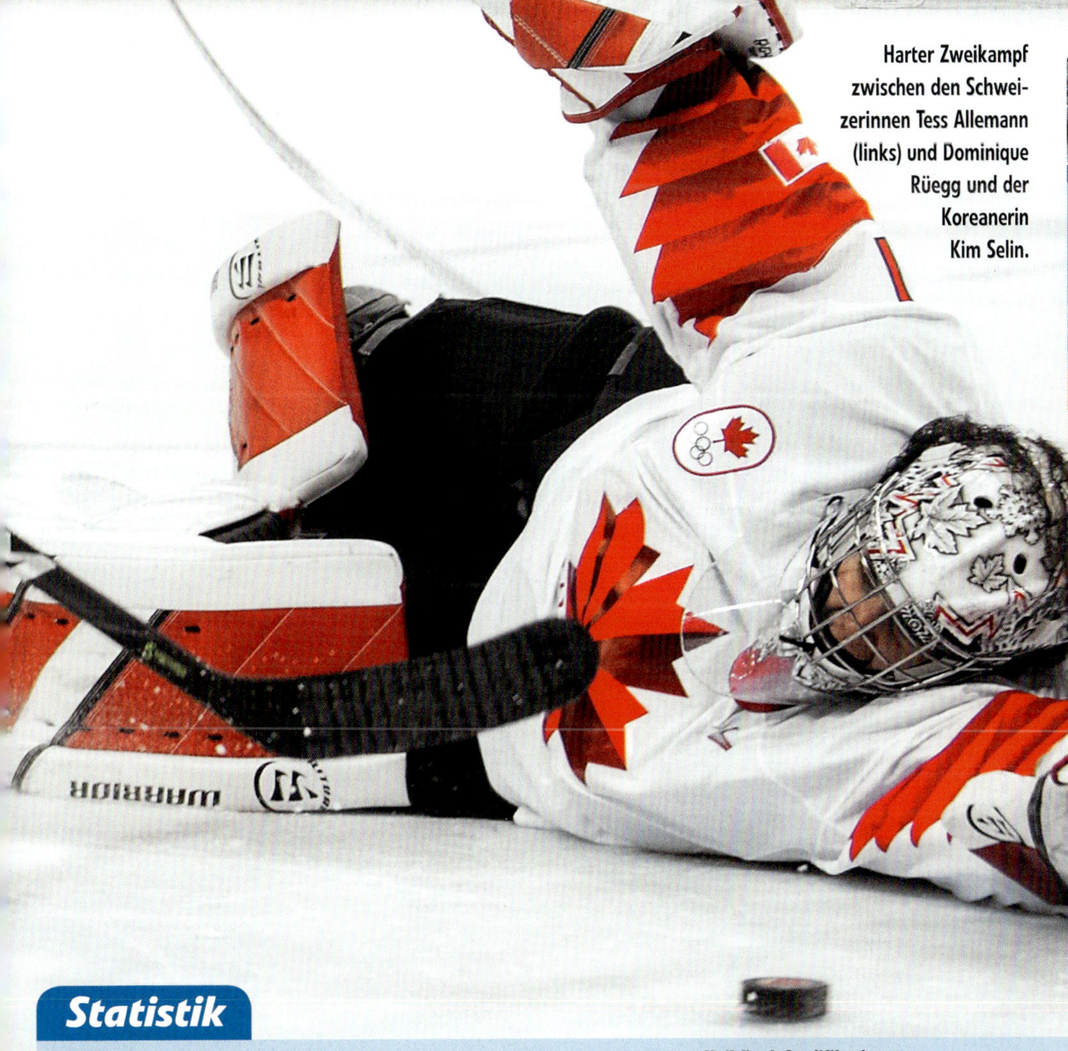

»Es bedeutet alles für unser Land.«

US-Coach Robb Stauber über den Sieg seiner Mannschaft.

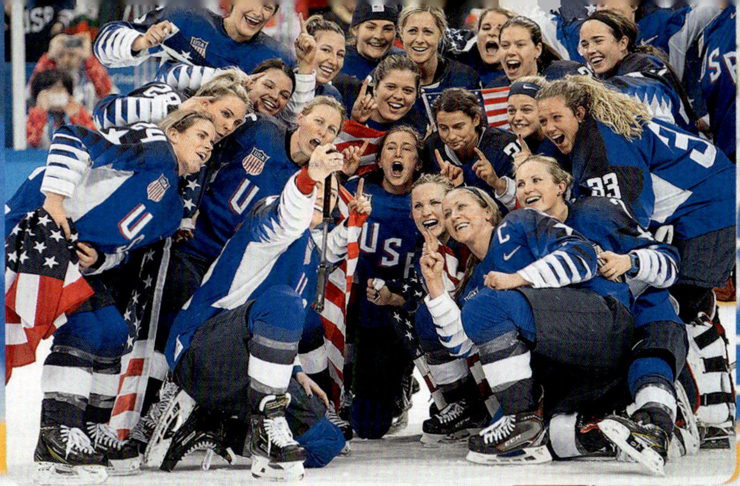

Zu den Klängen von »Born in the USA« feierten die amerikanischen Eishockeyspielerinnen ihren grandiosen Sieg.

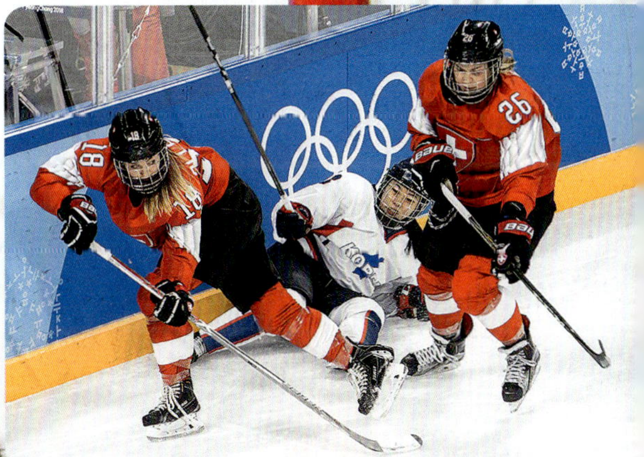

Harter Zweikampf zwischen den Schweizerinnen Tess Allemann (links) und Dominique Rüegg und der Koreanerin Kim Selin.

Statistik

Eishockey, Frauen

10.–22.2.2018, Kwandong Hockey Centre und Gangneung Hockey Centre

Finale:
CAN – USA 2:3 n.P. (0:1,2:0,0:1)
0:1 Knight (19:34), 1:1 Irwin (22:00), 2:1 Poulin (26:55), 2:2 Lamoureux-Morando (53:39), 2:3 Lamoureux-Davidson (entscheidender Penalty)

Spiel um Platz 3:
FIN – OAR 3:2 (1:0,2:1,0:1)
1:0 Nieminen (2:23), 2:0 Tapani (20:10), 2:1 Sosina (22:40), 3:1 Valimaki (32:18), 3:2 Beljakowa (46:03)

Spiel um Platz 5:
SUI – JPN 1:0 (1:0,0:0,0:0)
1:0 Raselli (3:19)

Spiel um Platz 7:
SWE – COR 6:1 (2:1,1:0,3:0)

Halbfinale:
USA – FIN 5:0 (2:0,2:0,1:0)
CAN – OAR 5:0 (1:0,1:0,3:0)

Halbfinal-Qualifikation:
OAR – SUI 6:2 (1:0,2:2,3:0)
FIN – SWE 7:2 (3:0,2:2,2:0)

Runde um Plätze 5–8:
SUI – COR 2:0 (1:0,1:0,0:0)
SWE – JPN 1:2 n.V. (0:0,1:1,0:1)

Vorrunde:
Gruppe A: FIN – USA 1:3, CAN – OAR 5:0, CAN – FIN 4:1, USA – OAR 5:0, USA – CAN 1:2, OAR – FIN 1:5

1. Kanada	3	3	0	11:2	9
2. USA	3	2	1	9:3	6
3. Finnland	3	1	2	7:8	3
4. OAR	3	0	3	1:15	0

Gruppe B: JPN – SWE 1:2, SUI – COR 8:0, SUI – JPN 3:1, SWE – COR 8:0, SWE – SUI 1:2, COR – JPN 1:4

1. Schweiz	3	3	0	13:2	9
2. Schweden	3	2	1	11:3	6
3. Japan	3	1	2	6:6	3
4. Korea	3	0	3	1:20	0

Reihenfolge Tabellen: Spiele, Siege, Niederlagen, Tore, Punkte (Wertung: Sieg 3 Punkte, Sieg n.V./n.P. 2, Niederlage n.V./n.P. 1)

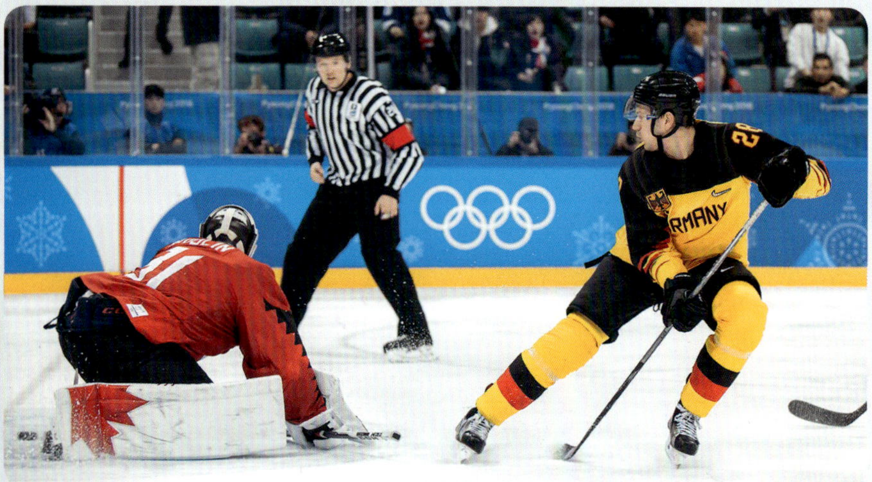

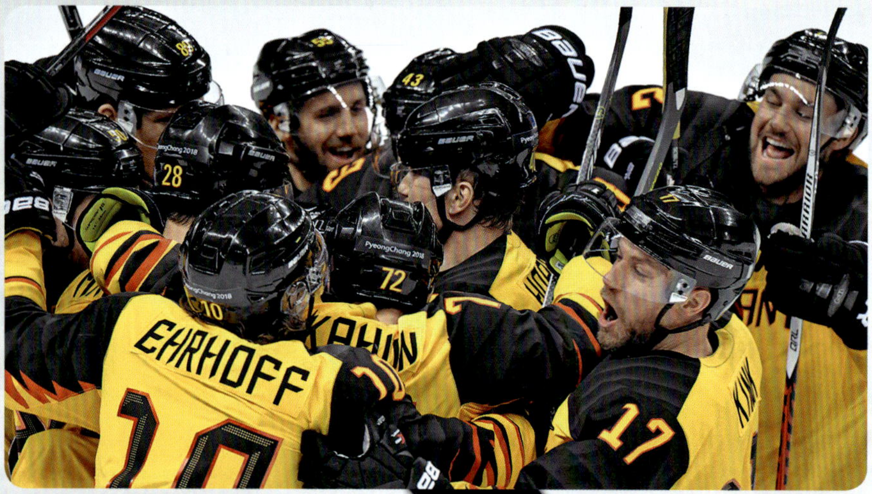

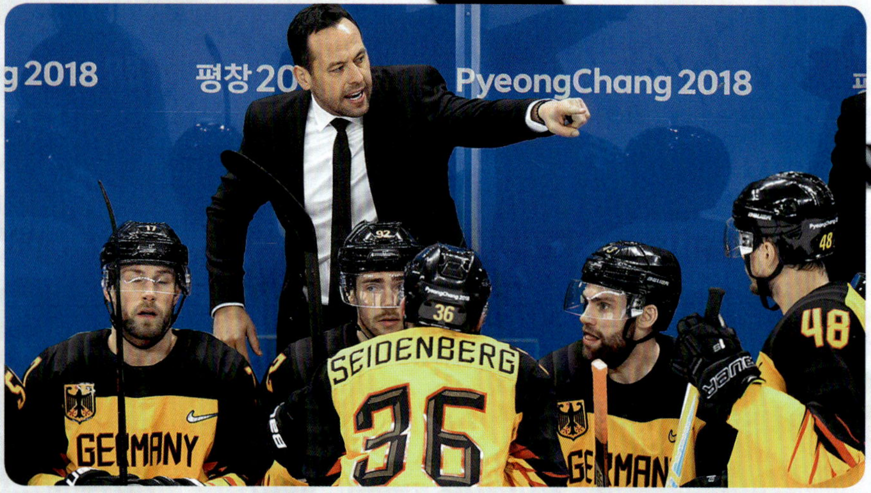

Frank Mauer bringt das deutsche Team im Kampf um den Einzug ins Finale gegen Kanada mit 3:0 in Führung (links oben).

Das deutsche Eishockey-Team liegt sich in den Armen und freut sich über einen gelungen Torschuss (links Mitte).

Immer die richtigen Worte: Marco Sturm gibt seinem Team während dem Spiel strategische Anweisungen (links unten).

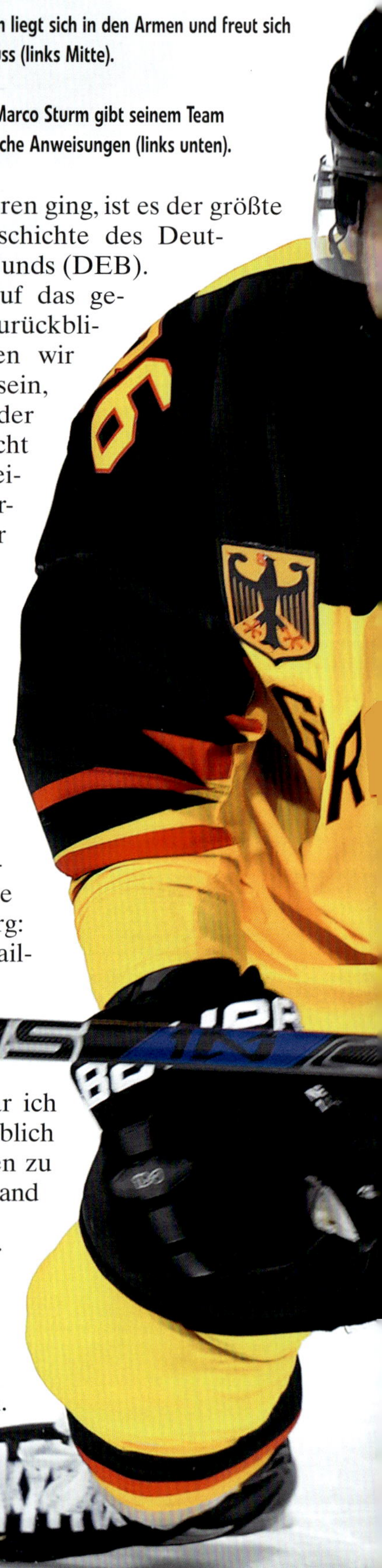

Eishockey, Männer

Denkwürdiges Olympia-Finale

Nach dem knapp verpassten Olympia-Wunder flossen bei Deutschlands geschlagenen Eishockey-Helden die Tränen. Erst mit den Silbermedaillen um den Hals kehrte das Lächeln ganz langsam in die Gesichter zurück. Nur 55,5 Sekunden fehlten in einem hoch dramatischen Endspiel in Pyeongchang zu Gold, doch in der Verlängerung mussten sich die aufopferungsvoll kämpfenden Außenseiter den Olympischen Athleten aus Russland (OAR) doch noch 3:4 geschlagen geben. Obwohl das nervenaufreibende Finale für die Auswahl von Bundestrainer Marco Sturm verloren ging, ist es der größte Erfolg in der Geschichte des Deutschen Eishockey-Bunds (DEB). »Wenn wir mal auf das gesamte Turnier zurückblicken, dann können wir unglaublich stolz sein, was wir hier mit der Mannschaft erreicht haben«, sagte Verteidiger Christian Ehrhoff, dem bei der Schlussfeier noch die Ehre als deutscher Fahnenträger zuteil wurde. »Wir waren so knapp davor, Gold zu gewinnen, deswegen war es natürlich im ersten Augenblick extrem schmerzhaft, das mitzuerleben«, meinte Yannic Seidenberg: »Aber als die Medaillen rauskamen, war ich einfach nur unglaublich stolz, dabei gewesen zu sein und sie in der Hand zu haben.«

Dank unglaublicher Leidenschaft stand das deutsche Team kurz davor, sich erstmals zum Olympiasieger zu krönen.

Jonas Müller traf in der Schlussphase zur zwischenzeitlichen 3:2-Führung, doch die Russen retteten sich mit dem Ausgleich kurz vor Schluss noch in die Overtime. Kirill Kaprisow traf dann bei Überzahl in der 10. Minute zum umjubelten Sieg

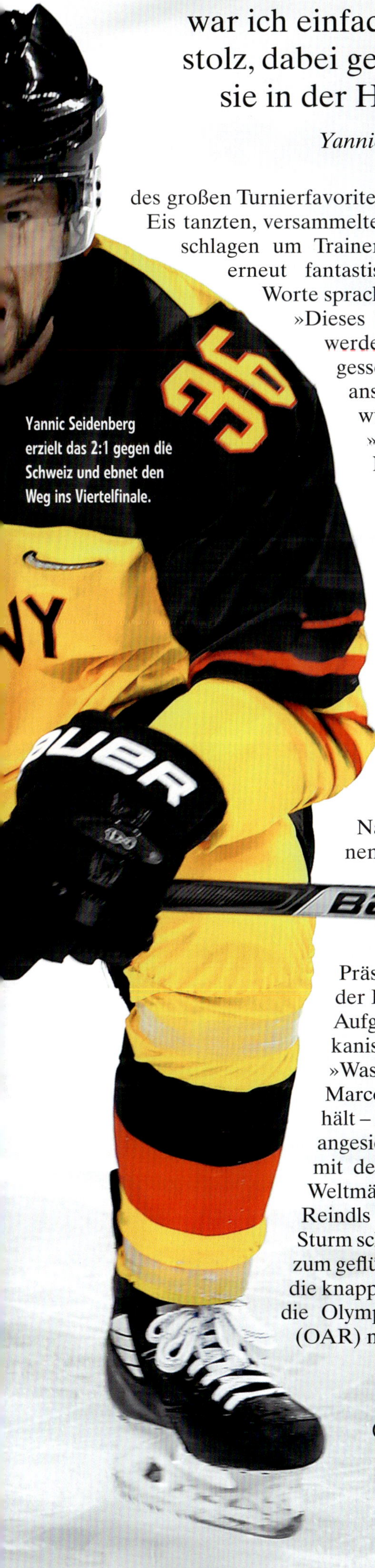

Yannic Seidenberg erzielt das 2:1 gegen die Schweiz und ebnet den Weg ins Viertelfinale.

»Als die Medaillen rauskamen, war ich einfach nur unglaublich stolz, dabei gewesen zu sein und sie in der Hand zu haben.«

Yannic Seidenberg

des großen Turnierfavoriten. Während sie freudig über das Eis tanzten, versammelten sich die Deutschen niedergeschlagen um Trainer Marco Sturm, der nach der erneut fantastischen Leistung aufmunternde Worte sprach.

»Dieses Turnier und diese Mannschaft werde ich mein Leben lang nicht vergessen«, sagte der 39-Jährige Sturm anschließend ganz ergriffen und würdigte »seine Jungs« mit einem »Riesenlob«. Gerade aber sein Name wird auf ewig mit dem Wunder von Südkorea genannt werden.

Die sensationelle Silbermedaille, der größte Erfolg des deutschen Eishockeys, wäre ohne Marco Sturm nicht möglich gewesen. Eine Größe des deutschen Sports war der Dingolfinger schon vorher, nun aber hat er mit 39 Jahren nach seiner Olympia-Premiere als Trainer seinen Platz in den Sportgeschichtsbüchern sicher.

Nach dem nie für möglich gehaltenen Erfolgsweg schwärmte DEB-Präsident Franz Reindl und meinte, der Bundestrainer habe sich für eine Aufgabe als Coach in der nordamerikanischen Profiliga NHL empfohlen. »Was die Mannschaft leistet, wie Marco Sturm die Fäden zusammenhält – das ist überragend«, lobte Reindl angesichts der historischen Leistung mit den Siegen gegen die Eishockey-Weltmächte Schweden und Kanada. Reindls Aussage, »das wird der Marco Sturm schon machen« wurde bei Olympia zum geflügelten Wort. Daran änderte auch die knapp verpasste Final-Sensation gegen die Olympischen Athleten aus Russland (OAR) nichts mehr.

Statistik

Eishockey, Männer

14.–25.2.2018, Gangneung Hockey Centre

Finale:
OAR – GER 4:3 n.V. (1:0,0:1,2:2)
1:0 Wojnow (19:59), 1:1 Schutz (29:32), 2:1 Gussew (53:21), 2:2 Kahun (53:31), 2:3 Müller (56:44), 3:3 Gussew (59:04), 4:3 Kaprisow (69:40)

Spiel um Platz 3:
CZE – CAN 4:6 (1:3,0:0,3:3)
0:1 Ebbett (08:57), 1:1 Ruzicka (09:13), 1:2 Kelly (09:28), 1:3 Roy (15:57), 1:4 Ebbett (45:50), 2:4 Kovar (46:36), 2:5 Kelly (49:37), 2:6 Wolski (55:24), 3:6 Cervenka (56:26), 4:6 Cervenka (57:55)

Halbfinale:
CZE – OAR 0:3 (0:0,0:2,0:1)
0:1 Gussew (27:47), 0:2 Gavrikov (28:14), 0:3 Kovalchuk (59:39)
CAN – GER 3:4 (0:1,1:3,2:0)
0:1 Macek (14:43), 0:2 Plachta (23:21), 0:3 Mauer (26:49), 1:3 Brule (28:17), 1:4 Hager (32:31), 2:4 Robinson (42:42), 3:4 Roy (29:42)

Viertelfinale:
CZE – USA 3:2 n.P. (1:1,1:1,0:0)
OAR – NOR 6:1 (3:0,2:1,1:0)
CAN – FIN 1:0 (0:0,0:0,1:0)
SWE – GER 3:4 n.V. (0:2,0:0,3:1)

Viertelfinale-Qualifikation:
USA – SVK 5:1 (0:0,3:1,2:0)
SLO – NOR 1:2 n.V. (1:0,0:0,0:1)
FIN – KOR 5:2 (1:0,2:2,2:0)
SUI – GER 1:2 n.V. (0:1,1:0,0:0)

Vorrunde:
Gruppe A: CZE – KOR 2:1, SUI – CAN 1:5, CAN – CZE 2:3 n.P., KOR – SUI 0:8, CZE – SUI 4:1, CAN – KOR 4:0

1. Tschechien	3	3	0	9:4	8
2. Kanada	3	2	1	11:4	7
3. Schweiz	3	1	2	10:9	3
4. Südkorea	3	0	3	1:14	0

Gruppe B: SVK – OAR 3:2, USA – SLO 2:3 n.V., USA – SVK 2:1, OAR – SLO 8:2, OAR – USA 4:0, SLO –SVK 3:2 n.P.

1. OAR	3	2	1	14:5	6
2. Slowenien	3	2	1	8:12	4
3. USA	3	1	2	4:8	4
4. Slowakei	3	1	2	6:7	4

Gruppe C: FIN – GER 5:2, NOR – SWE 0:4, FIN – NOR 5:1, SWE – GER 1:0, GER – NOR 2:1 n.P., SWE – FIN 3:1

1. Schweden	3	3	0	8:1	9
2. Finnland	3	2	1	11:6	6
3. Deutschland	3	1	2	4:7	2
4. Norwegen	3	0	3	2:11	1

Reihenfolge Tabellen: Spiele, Siege, Niederlagen, Tore, Punkte (Wertung: Sieg 3 Punkte, Sieg n.V./n.P. 2, Niederlage n.V./n.P. 1)

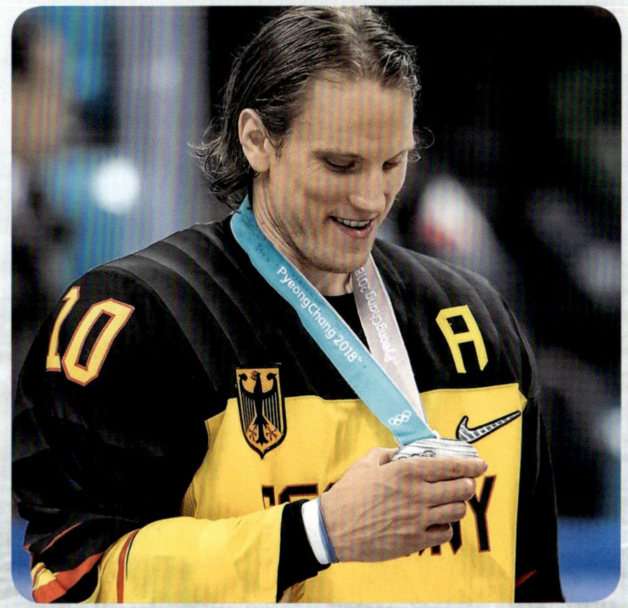

Trotz der knappen Finalniederlage freut sich Christian Ehrhoff sichtlich über die Silbermedaille.

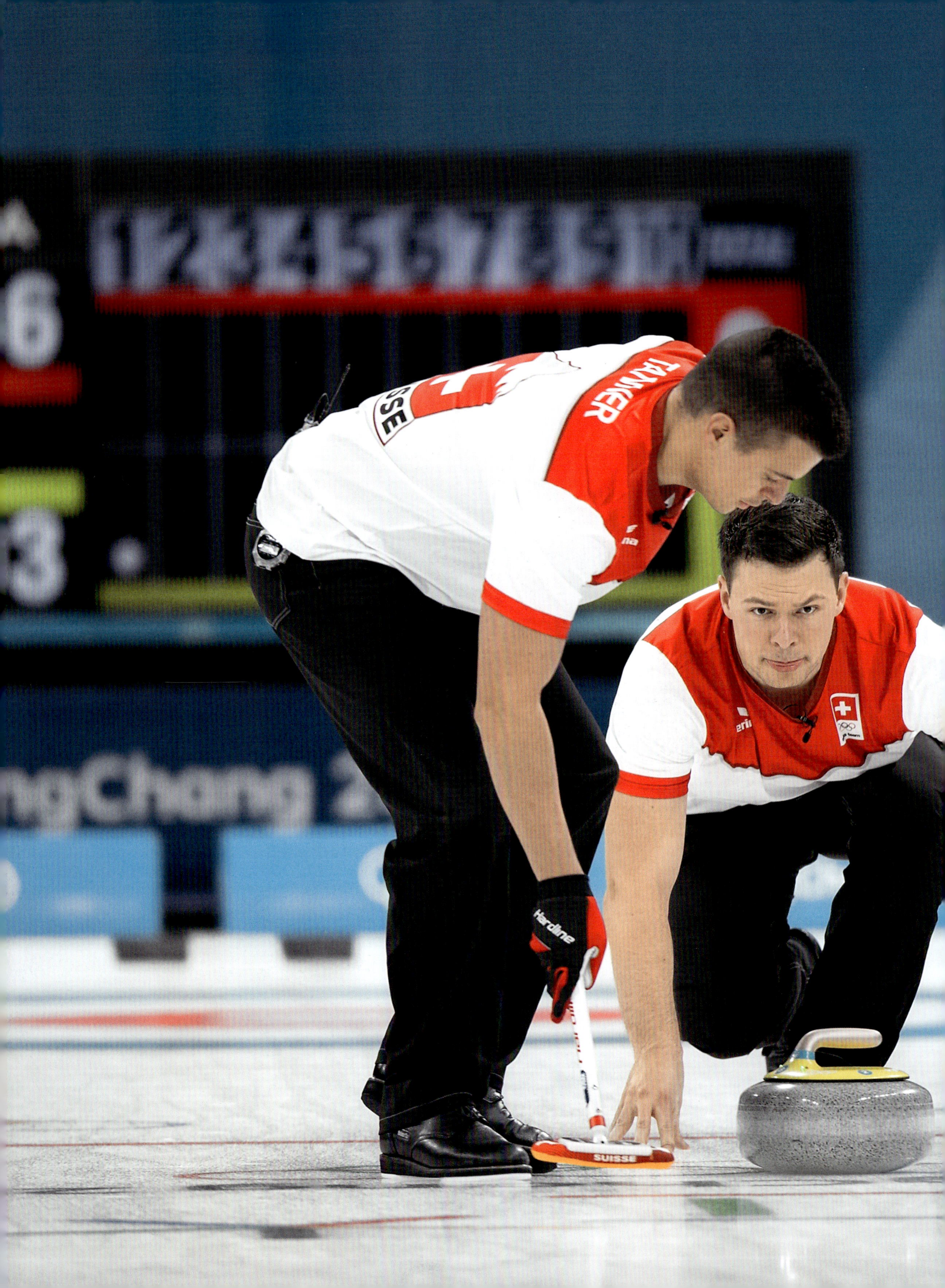

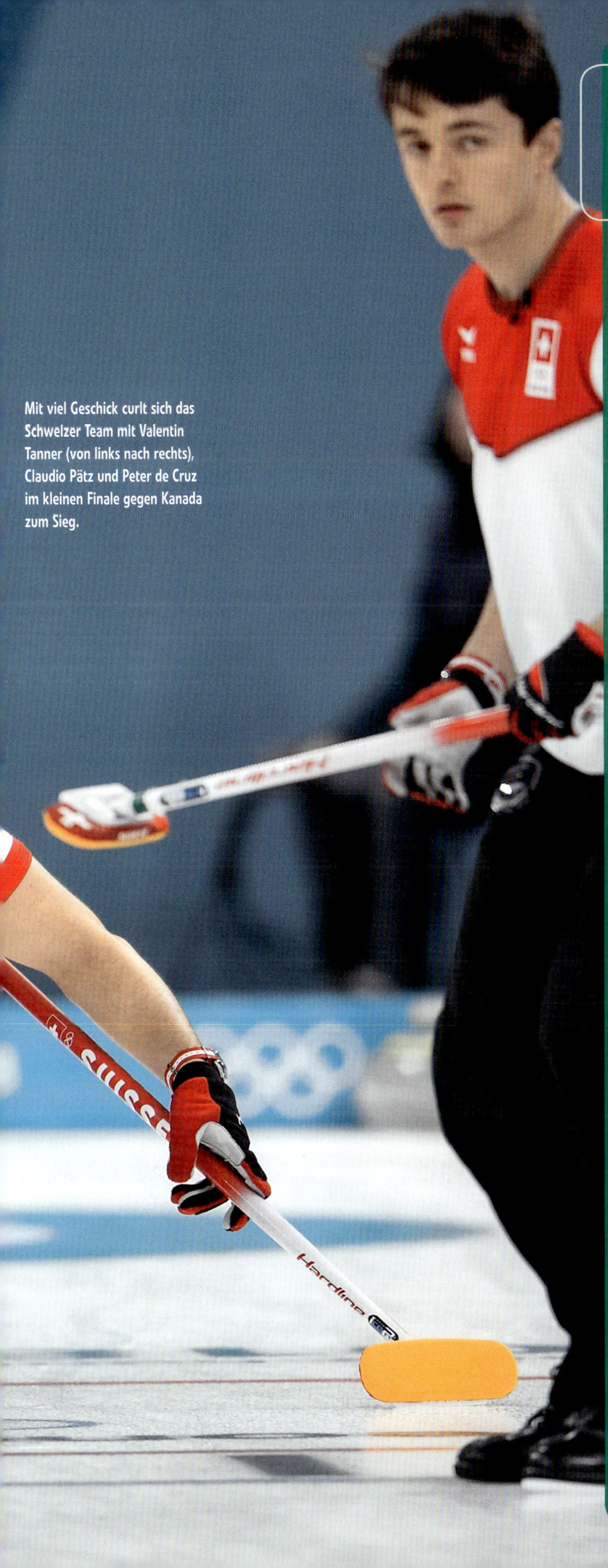

Mit viel Geschick curlt sich das Schweizer Team mit Valentin Tanner (von links nach rechts), Claudio Pätz und Peter de Cruz im kleinen Finale gegen Kanada zum Sieg.

Curling

Wahre Curling-Puristen können mit dem neuen Mixed-Wettbewerb wenig anfangen. Es sei nur eine abgespeckte, verwässerte Version des eigentlichen Sports, wurde im Vorfeld kritisiert. Trotzdem feierte das gemischte Doppel mit jeweils einem Mann und einer Frau in Pyeongchang eine durchaus gelungene Premiere. Das Zuschauerinteresse ließ jedoch teilweise zu wünschen übrig. Nur wenn das südkoreanische Doppel auf dem Eis stand, herrschte gute Stimmung. Die Schweizer holten sich in der neuen Disziplin die Silbermedaille ab, mussten sich aber dem Team aus Kanada geschlagen geben. Überschattet wurde das Debüt vom Dopingfall des Russen Alexander Kruschelnizki, der die verbotene Substanz Meldonium eingenommen hatte. Bronze ging deswegen nachträglich an Norwegen. Curling war im Gastgeberland vor nicht allzu langer Zeit noch weithin unbekannt. Umso größer die Überraschung, für die das südkoreanische Curling-Team um die »Garlic Girls« sorgte. Nur das Finale verloren sie gegen die Schwedinnen. Diese entzückten ihren auf der Tribüne anfeuernden König Carl Gustaf, der im Finale der Männer allerdings der US-Präsidententochter Ivanka Trump den Vortritt lassen musste. Die US-Boys erlebten eine emotionale Zeit in Pyeongchang, angeführt vom aussortierten Skip John Shuster, der jetzt mit seiner eigenen Mannschaft über den Olympiasieg jubeln durfte. Für die Männer aus der Schweiz reichte es für den dritten Platz. Aus Deutschland konnte sich weder bei den Männern, noch bei den Frauen ein Team qualifizieren.

Curling, Frauen

Mit doppeltem Spitznamen zur Olympia-Überraschung

Das schwedische Curling-Team der Frauen hat den Gastgebern der Winterspiele ein wenig die Party verdorben. Im nicht ganz ausverkauften Curling-Zentrum von Gangneung gaben die Koreanerinnen vor dem zehnten und letzten End auf, weil sie keine Chance mehr auf einen Sieg sahen und überließen die Goldmedaille den Skandinavierinnen. Zuvor hatte sich die Mannschaft aus Japan Bronze gesichert.

Die Aufmerksamkeit war den Südkoreanerinnen aber auch mit Silber sicher. »Team Kim« aus dem Gastgeberland, bei dem alle Spielerinnen denselben Nachnamen tragen, galt als die Überraschung des Turniers. In den ausländischen Medien wurden sie schon als die »olympischen Rockstars« gefeiert. Noch nie hatte ein südkoreanisches Team zuvor in dieser Disziplin ein Halbfinale bei Winterspielen erreicht.

Von den einheimischen Fans werden sie die »Garlic Girls« genannt. Die Teammitglieder haben nicht nur denselben Nachnamen, sie kommen auch alle aus der Uiseong-Region in der östlichen Provinz Nord-Gyeongsan, bekannt für ihre Knoblauch-Produktion.

Enttäuscht, aber nicht wirklich unglücklich, schien Skip Kim Eun Jung zu sein. »Das war die erste Medaille in der Curling-Geschichte Koreas. Wir haben unser Bestes gegeben«, sagte sie nach dem Match. »Wir sind den koreanischen Zuschauern sehr dankbar.«

Statistik

Curling, Frauen

14.–25.2.2018, Gangneung Curling Centre

Finale:
SWE – KOR 8:3 (End: 0:1/0:0/2:0/1:0/1:0/0:1/3:0/0:1/1:0)

Team Schweden: Anna Hasselborg (Skip), Sara McManus, Anges Knochenhauer, Sofia Mabergs, Jennie Waahlin
Team Südkorea: Kim Eun Jeong (Skip), Kim Kyeong Ae, Kim Yeong Mi, Kim Seon Yeong, Kim Sho Hee

Spiel um Platz 3:
GBR – JPN 3:5 (End: 1:0/0:1/1:0/0:1/1:0/0:0/0:0/0:1/0:1/0:1)

Halbfinale:
SWE – GBR 10:5
KOR – JPN 8:7

Vorrunde:
Ergebnisse der Schweiz:
SUI – CHN 2:7, USA – SUI 5:6, KOR – SUI 7:5, SUI – SWE 7:8, CAN – SUI 10:8, OAR – SUI 2:11, SUI – USA 8:7, SUI – DEN 6:4, SUI – JPN 8:4

1. Südkorea	9	8	1
2. Schweden	9	7	2
3. Großbritannien	9	6	3
4. Japan	9	5	4
5. China	9	4	5
6. Kanada	9	4	5
7. Schweiz	9	4	5
8. USA	9	4	5
9. OAR	9	2	7
10. Dänemark	9	1	8

Reihenfolge Tabelle: Spiele, Siege, Niederlagen

Curling, Mixed Doubles

Silber bei der Premiere – »Es fühlt sich furchtbar an«

Es hätte die Goldmedaille werden können, am Ende wurde es Silber. Bei der Premiere im Mixed-Curling unterlagen die Weltmeister Jenny Perret und Martin Rios aus der Schweiz dem kanadischen Duo Kaitlyn Lawes und John Morris. Damit gewann das einzige Paar der Halbfinal-Duos, das nicht aktuell oder ehemals auch privat liiert ist oder war.

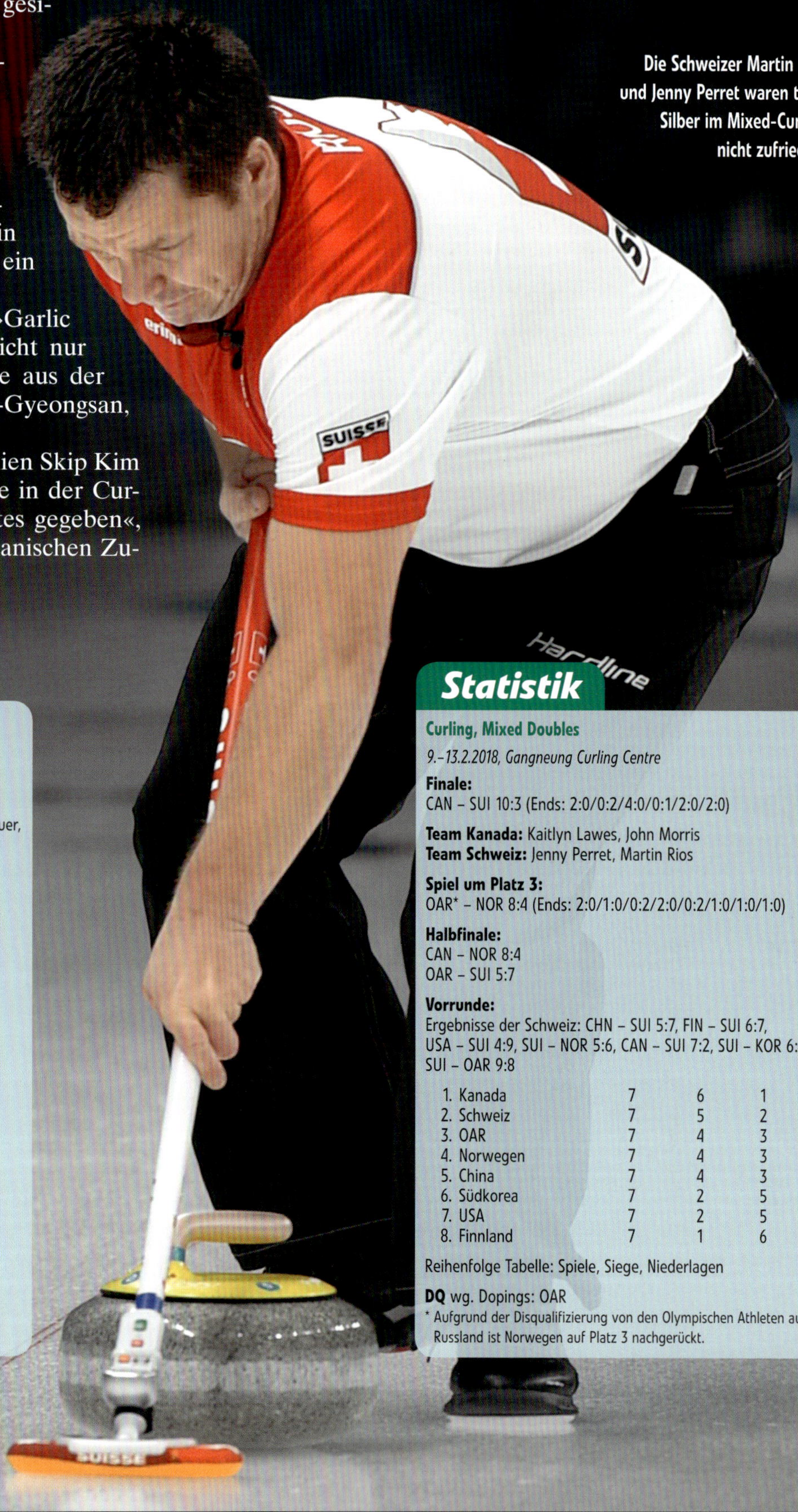

Die Schweizer Martin Rios und Jenny Perret waren trotz Silber im Mixed-Curling nicht zufrieden.

Statistik

Curling, Mixed Doubles

9.–13.2.2018, Gangneung Curling Centre

Finale:
CAN – SUI 10:3 (Ends: 2:0/0:2/4:0/0:1/2:0/2:0)

Team Kanada: Kaitlyn Lawes, John Morris
Team Schweiz: Jenny Perret, Martin Rios

Spiel um Platz 3:
OAR* – NOR 8:4 (Ends: 2:0/1:0/0:2/2:0/0:2/1:0/1:0/1:0)

Halbfinale:
CAN – NOR 8:4
OAR – SUI 5:7

Vorrunde:
Ergebnisse der Schweiz: CHN – SUI 5:7, FIN – SUI 6:7, USA – SUI 4:9, SUI – NOR 5:6, CAN – SUI 7:2, SUI – KOR 6:4, SUI – OAR 9:8

1. Kanada	7	6	1
2. Schweiz	7	5	2
3. OAR	7	4	3
4. Norwegen	7	4	3
5. China	7	4	3
6. Südkorea	7	2	5
7. USA	7	2	5
8. Finnland	7	1	6

Reihenfolge Tabelle: Spiele, Siege, Niederlagen

DQ wg. Dopings: OAR

* Aufgrund der Disqualifizierung von den Olympischen Athleten aus Russland ist Norwegen auf Platz 3 nachgerückt.

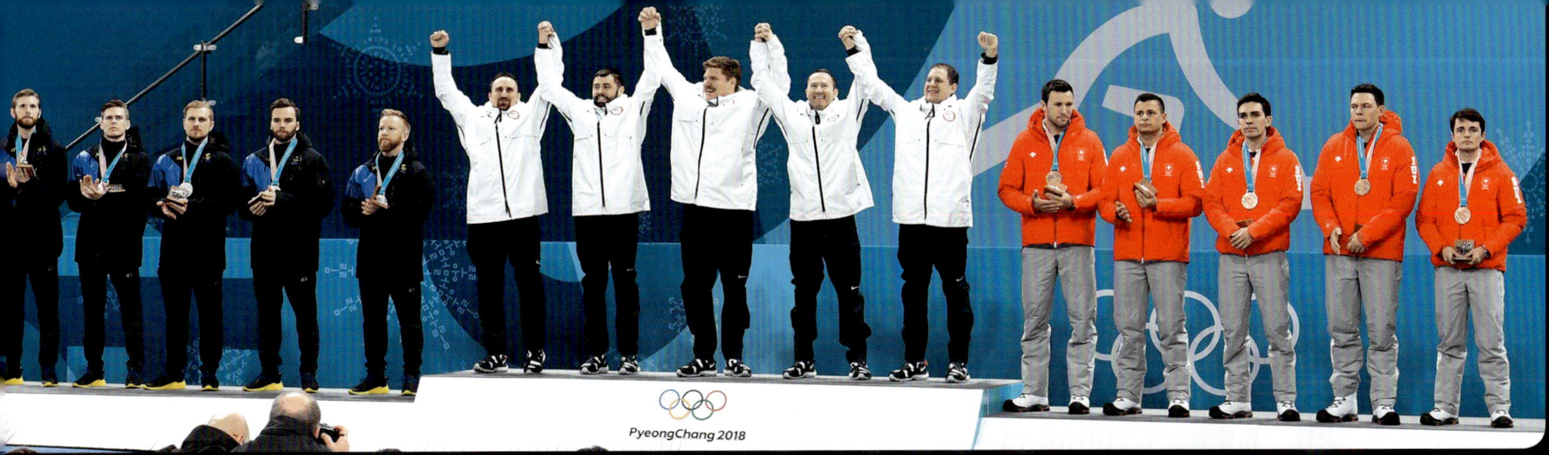

Ein großartiger Triumph für die Männer aus den USA: Sie gewannen zum ersten Mal olympisches Curling-Gold. Hinter ihnen landeten die Teams aus Schweden und der Schweiz.

Das ehemalige Paar aus der Schweiz gab sich demütig. »Es fühlt sich furchtbar an, aber es ist meine Schuld. Mit meiner Leistung bin ich überhaupt nicht zufrieden. Jenny konnte spielen, was sie wollte, sie konnte dann auch nichts mehr machen«, sagte Rios. Die Freude des russischen Ehepaars Anastassija Brysgalowa und Alexander Kruschelnizki über Bronze hielt nur kurz. Nachdem Kruschelnizki des Dopings überführt wurde, mussten beide ihre Medaille zurückgeben – zur Freude der norwegischen Curler Kristin Skaslien und Magnus Nedregotten, die trotz der sportlichen Niederlage im kleinen Finale nachträglich über den dritten Platz jubeln konnten.

Curling, Männer

Der amerikanische Traum lebt – in Südkorea

Die Geschichte des ersten Curling-Olympiasiegs für die USA ist einfach zu schön – und so amerikanisch: Der aussortierte Skip John Shuster gründet seine eigene Mannschaft, arbeitet auf eigene Kosten ohne Spitzenförderung und qualifiziert sich für Olympia. Dann, als es im Turnier in Pyeongchang ernst wird, steigern sich die US-Boys und holen mit ihrem ausgeprägten Teamgeist erstmals Gold. »Ich kann gar nicht sagen, wie wenig nervös ich war. Ich habe meinen Jungs vertraut«, erklärte ein begeisterter Shuster nach dem 10:7 im olympischen Finale gegen die Favoriten aus Schweden. Vor seinen vierten Spielen hatte er 15 Kilogramm abgespeckt und sich im Kraftraum geschunden – mit Erfolg. »Ja, wir wollten es vor allem auch für John, für den Olympia so eine große Bedeutung hat«, erklärte Mannschaftskollege Tyler George. »Dieses Team gibt nie auf.«

Nach fünf Siegen nacheinander waren die USA im Finale so selbstbewusst, dass Schwedens Skip Niklas Edin verzweifelte. Der zweimalige Welt- und sechsmalige Europameister leistete sich unter Druck Fehler. Als letzter Spieler wählte er manches Mal eine Risikovariante, die nicht passte. »Sie haben viel Spaß und Spirit. Sie spielen nicht immer gut, aber sie hatten nichts zu verlieren, wir alles«, sagte der Bronzegewinner von Sotschi, der sich enttäuscht mit Silber zufriedengeben musste.

Auch der Besuch des schwedischen Königs Carl Gustaf brachte seiner Mannschaft kein Glück, obwohl er mit US-Präsidententochter Ivanka Trump auf der Tribüne um die Wette anfeuerte. Am Ende ballte Trump die Faust und jubelte mit den US-Sportlern.

»Sie spielen nicht immer gut, aber sie hatten nichts zu verlieren, wir alles.«

Schwedens Skip Niklas Edin konnte sich mit dem zweiten Platz nicht anfreunden.

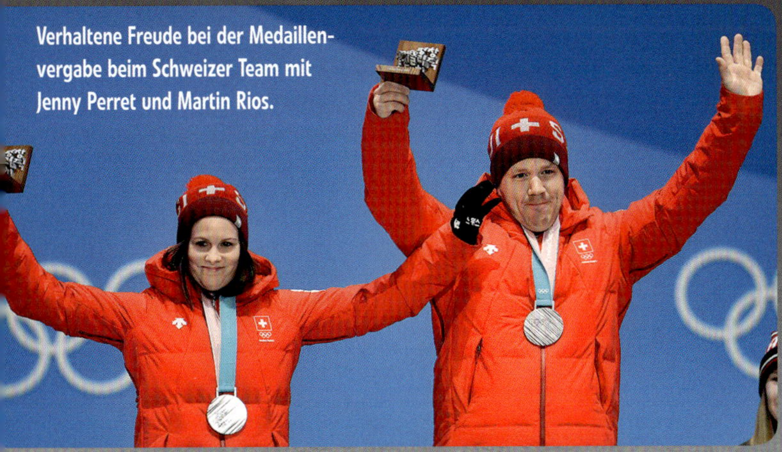

Verhaltene Freude bei der Medaillenvergabe beim Schweizer Team mit Jenny Perret und Martin Rios.

Statistik

Curling, Männer

14.–24.2.2018, Gangneung Curling Centre

Finale:
SWE – USA 7:10 (End: 0:0/2:0/0:2/0:1/2:0/0:2/1:0/0:5/2:0)

Team Schweden: Niklas Edin (Skip), Oskar Eriksson, Rasmus Wranaa, Christoffer Sundgren, Henrik Leek
Team Kanada: John Shuster (Skip), Tyler George, Matt Hamilton, John Landsteiner, Joe Polo

Spiel um Platz 3:
SUI – CAN 7:5 (End: 0:0/1:0/1:0/0:2/2:0/0:1/2:0/0:2/1:0)

Halbfinale:
CAN – USA 3:5
SWE – SUI 9:3

Entscheidungsspiel um 4. Halbfinal-Teilnehmer:
SUI – GBR 9:5

Vorrunde:
Ergebnisse der Schweiz:
SUI – GBR 5:6, SUI – ITA 4:7, DEN – SUI 7:9, JPN – SUI 5:6, SUI – NOR 7:5, SUI – CAN 8:6, SWE – SUI 3:10, KOR – SUI 8:7, SUI – USA 4:8

1.	Schweden	9	7	2
2.	Kanada	9	6	3
3.	USA	9	5	4
4.	Schweiz	9	5	4
5.	Großbritannien	9	5	4
6.	Norwegen	9	4	5
7.	Südkorea	9	4	5
8.	Japan	9	4	5
9.	Italien	9	3	6
10.	Dänemark	9	2	7

Reihenfolge Tabelle: Spiele, Siege, Niederlagen

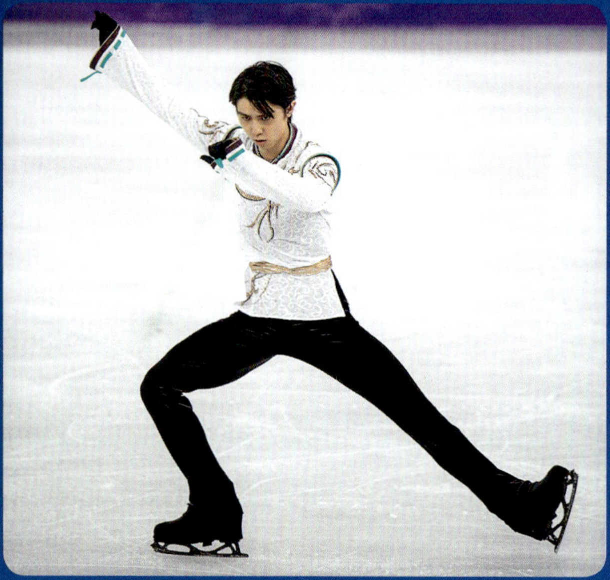

Obwohl er aufgrund einer Verletzung seit einigen Monaten keinen Wettbewerb mehr fahren konnte, ist es dem japanischen Eiskunstläufer Yuzuru Hanyu gelungen, in der Einzelkür der Männer Gold zu erlangen. Er hatte seine Kür bedingt durch seinen langen Ausfall etwas einschränken müssen – was seinem Riesenvorsprung gegenüber seinen Konkurrenten keinen Abbruch tat.

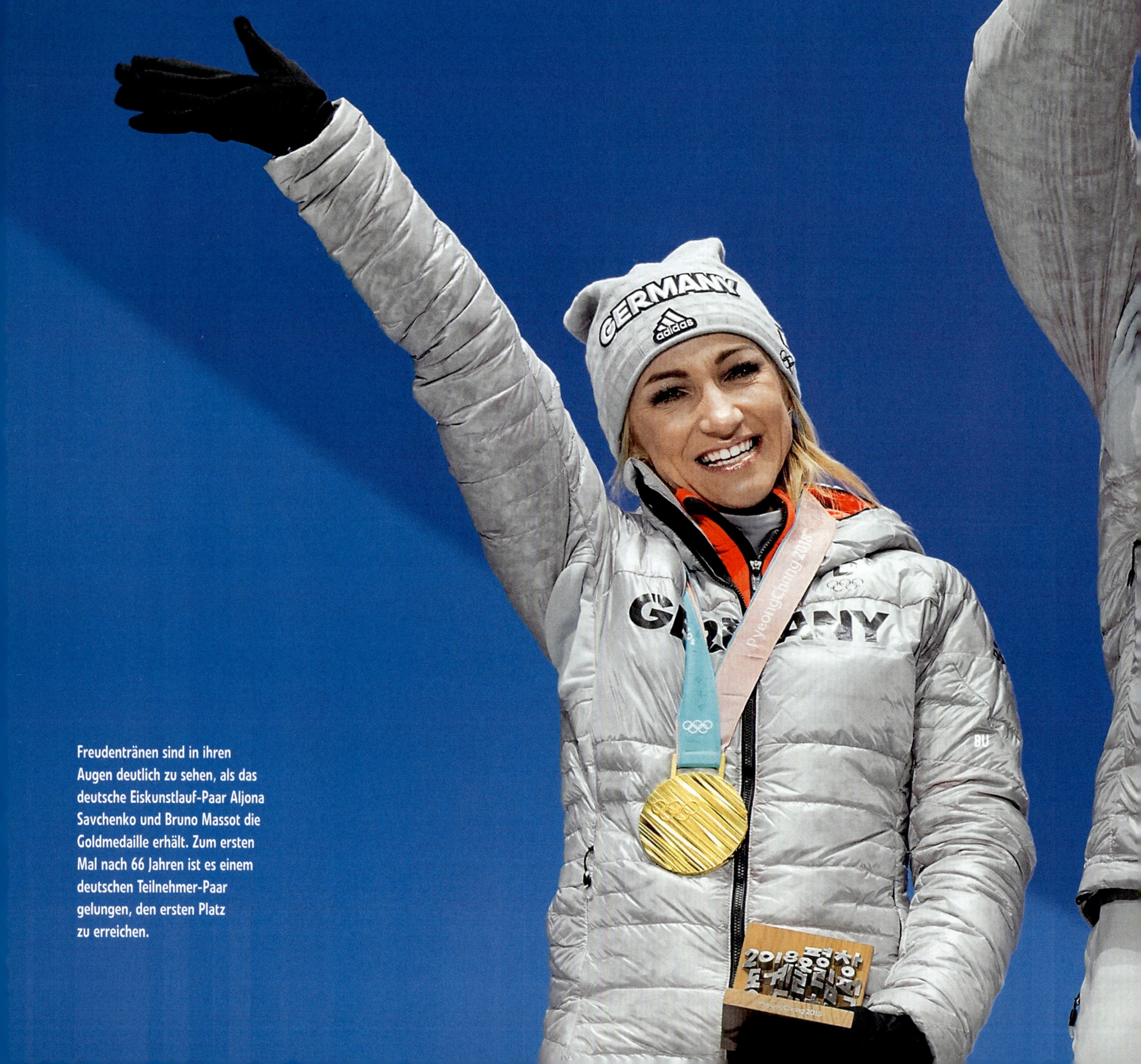

Freudentränen sind in ihren Augen deutlich zu sehen, als das deutsche Eiskunstlauf-Paar Aljona Savchenko und Bruno Massot die Goldmedaille erhält. Zum ersten Mal nach 66 Jahren ist es einem deutschen Teilnehmer-Paar gelungen, den ersten Platz zu erreichen.

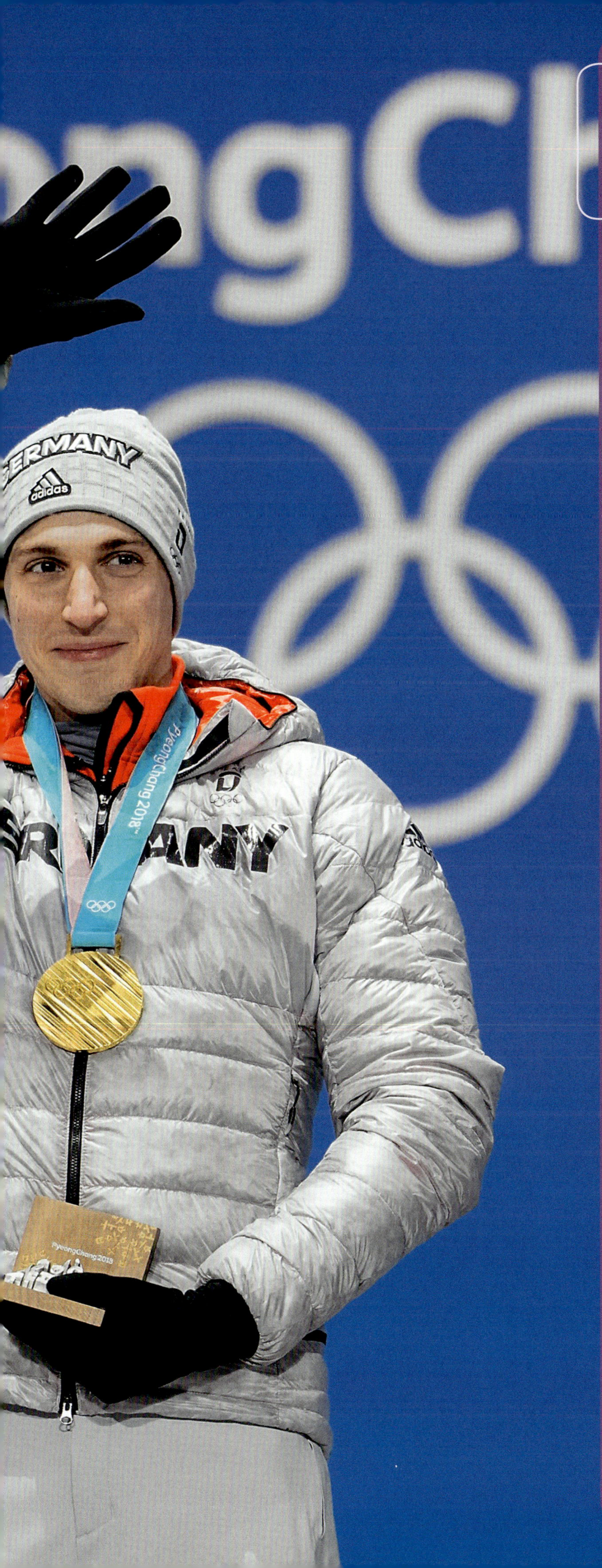

Eiskunstlauf

1952 gewann das Ehepaar Ria und Paul Falk die Goldmedaille für Deutschland im Paar-Lauf. 66 Jahre sollten vergehen, bis sich dieser Sieg wiederholen würde. Aljona Savchenko hat es bei ihren fünften Winterspielen zusammen mit ihrem Partner Bruno Massot und einer meisterhaft durchgeführten Kür geschafft. Vor teilweise zu Tränen gerührten Zuschauern und mit der Melodie von »La terre vue du ciel« im Hintergrund, brachte den beiden die Kür eine Bestmarke von 159,31 Punkten ein. Einen bedeutsamen Sieg feierte auch der japanische Eiskunstläufer Yuzuru Hanyu im Eiskunstlauf der Männer: Nachdem er bereits 2014 bei den Winterspielen mit seiner Kür gewann, wiederholte er seinen Sieg in Pyeongchang – ein doppelter Erfolg, der zuletzt dem Amerikaner Dick Button im Jahr 1948 und 1952 gelungen war. Bisher einzigartig ist der Sieg der russischen Eiskunstläuferin Alina Sagitowa, die mit ihren jungen 15 Jahren Gold im Eiskunstlauf der Frauen gewann und damit die jüngste Olympia-Gewinnerin der Geschichte geworden ist. Für die Kanadier hingegen war der Team-Wettbewerb etwas Besonderes, konnten sie hierbei doch ihre erste Goldmedaille dieser olympischen Winterspiele gewinnen. Doch eine wahre Sternstunde war einer anderen Teilnehmerin vorbehalten: Die 18 Jahre alte Russin und Weltmeisterin Jewgenija Medwedjewa stellte mit ihrem Kurzprogramm eine neue Bestmarke von 81,06 Punkten auf und konnte damit ihren eigenen Weltrekord aus dem Vorjahr brechen. Unterstützt wurde sie bei diesem großen Moment von zahlreichen russischen Fans, auf deren Caps und Shirts der Slogan »#Russia in my heart« zu lesen war.

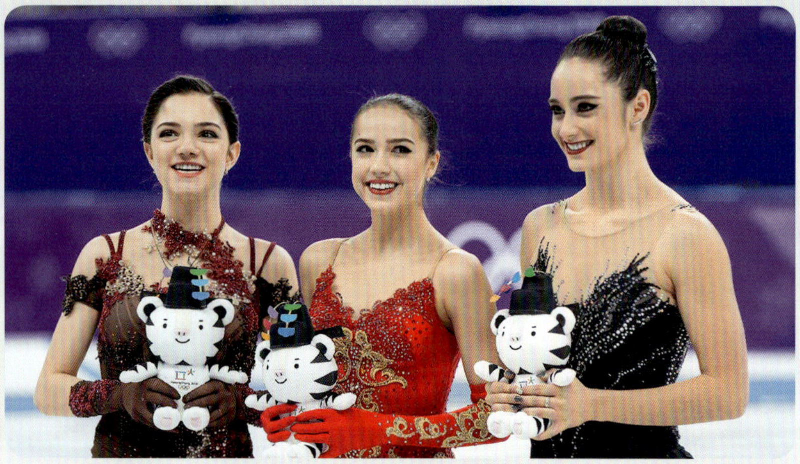

Die Eiskunstköniginnen von Pyeongchang (von links nach rechts): Die Russin Jewgenija Medwedjewa (2. Platz), die Russin Alina Sagitowa (1. Platz) und die Kanadierin Kaetlyn Osmond.

Eiskunstlauf, Frauen

Der Druck eines Landes auf den Schultern eines Kindes

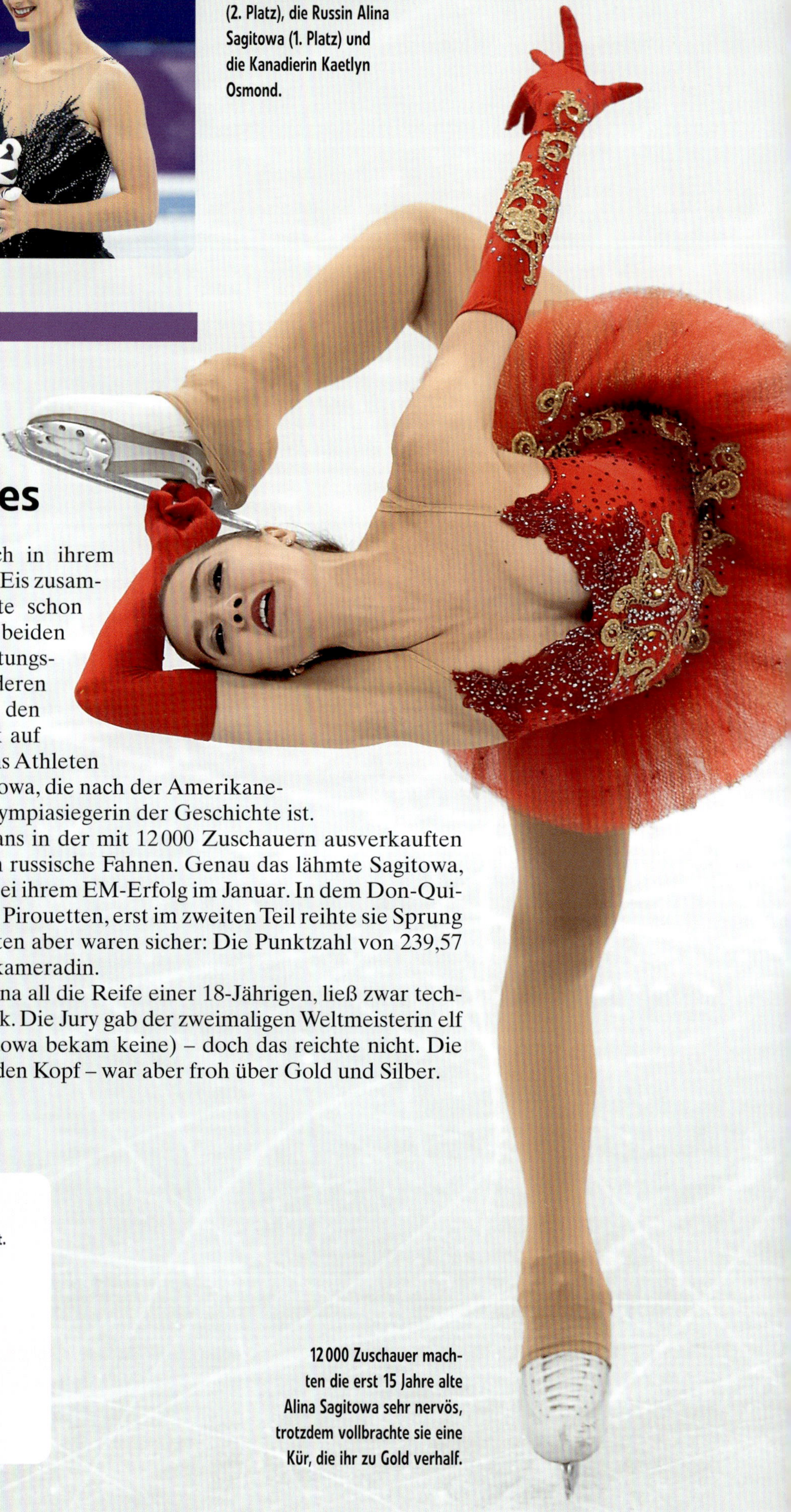

Die elegante Jewgenija Medwedjewa brach in ihrem weinroten Spitzenkleid schluchzend auf dem Eis zusammen, die 15-jährige Alina Sagitowa zitterte schon vor ihrer Gold-Kür. Auf den Schultern der beiden Moskauer Teenager lastete die hohe Erwartungshaltung der Wintersportnation Russland, deren Olympische Athleten den ersten Sieg bei den Spielen feiern konnten. »Da war viel Druck auf mir und Schenja. Alle Fans erwarteten von uns Athleten aus Russland, ganz oben zu sein«, sagte Sagitowa, die nach der Amerikanerin Tara Lipinski die jüngste Eiskunstlauf-Olympiasiegerin der Geschichte ist. »Alina, Alina«, riefen Hunderte russische Fans in der mit 12 000 Zuschauern ausverkauften Gangneung Arena, jubelten und schwenkten russische Fahnen. Genau das lähmte Sagitowa, die viel verhaltener und nervöser auftrat als bei ihrem EM-Erfolg im Januar. In dem Don-Quijote-Vortrag zeigte sie zwei Minuten lang nur Pirouetten, erst im zweiten Teil reihte sie Sprung an Sprung und sammelte Punkte. Die Experten aber waren sicher: Die Punktzahl von 239,57 ließ Platz für ihre drei Jahre ältere Trainingskameradin.
Medwedjewa (238,26) zeigte als Anna Karenina all die Reife einer 18-Jährigen, ließ zwar technisch einiges liegen, brillierte aber im Ausdruck. Die Jury gab der zweimaligen Weltmeisterin elf Mal die künstlerische Höchstnote 10,0 (Sagitowa bekam keine) – doch das reichte nicht. Die Mehrzahl der russischen Reporter schüttelte den Kopf – war aber froh über Gold und Silber.

12 000 Zuschauer machten die erst 15 Jahre alte Alina Sagitowa sehr nervös, trotzdem vollbrachte sie eine Kür, die ihr zu Gold verhalf.

Statistik

Eiskunstlauf, Frauen, Endstand nach der Kür

23.2.2018, Gangneung Ice Arena

1.	**Alina Sagitowa**	**OAR**	**239,57 (82,92/1+156,65/2) Pkt.**
2.	**Jewgenija Medwedjewa**	**OAR**	**238,26 (81,61/2+156,65/1)**
3.	**Kaetlyn Osmond**	**CAN**	**231,02 (78,87/3+152,15/3)**
4.	Satoko Miyahara	JPN	222,38 (75,94/4+146,44/4)
5.	Carolina Kostner	ITA	212,44 (73,15/6+139,29/5)
6.	Kaori Sakamoto	JPN	209,71 (73,18/5+136,53/6)
7.	Choi Da Bin	KOR	199,26 (67,77/8+131,49/8)
8.	Maria Sotskowa	OAR	198,10 (63,86/12+134,24/7)
9.	Bradie Tennel	USA	192,35 (64,01/11+128,34/9)
10.	Mirai Nagasu	USA	186,54 (66,93/9+119,61/12)
18.	Nicole Schott	GER	168,46 (59,20/14+109,26/17)
21.	Alexia Paganini	SUI	156,26 (55,26/19+101,00/22)

»Es ist egal, wie die Umstände sind. Die Menschen wissen, wer man ist. Und heute haben wir es bewiesen.«

Jewgenija Medwedjewa zum Fehlen der russischen Nationalhymne nach dem Sieg.

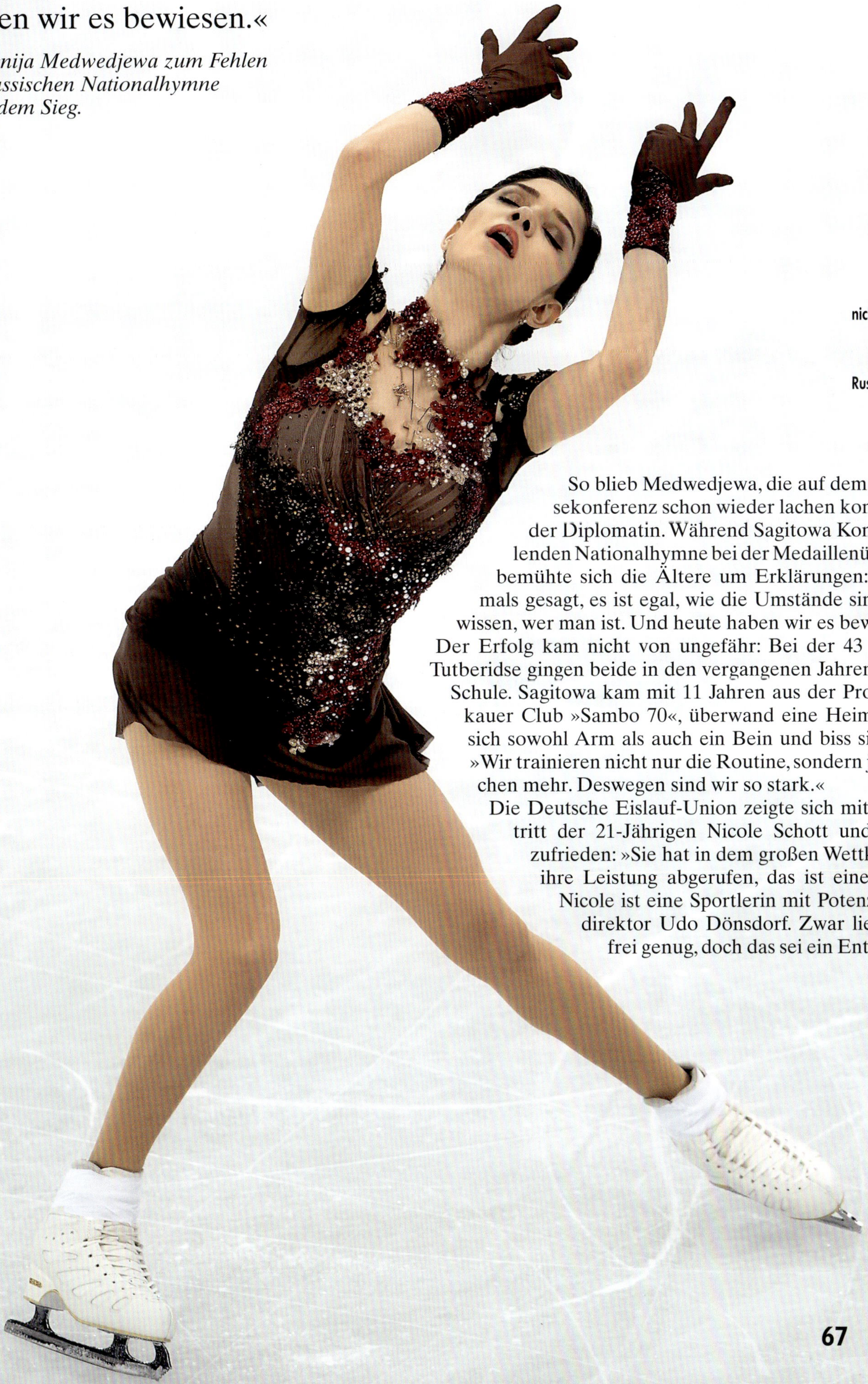

Zwar lief es technisch nicht einwandfrei, die Eleganz und den Ausdruck einer Anna Karenina konnte die Russin Jewgenija Medwedewa allerdings überzeugend präsentieren.

So blieb Medwedjewa, die auf dem Podium der Pressekonferenz schon wieder lachen konnte, nur die Rolle der Diplomatin. Während Sagitowa Kommentare zur fehlenden Nationalhymne bei der Medaillenübergabe ablehnte, bemühte sich die Ältere um Erklärungen: »Ich habe mehrmals gesagt, es ist egal, wie die Umstände sind. Die Menschen wissen, wer man ist. Und heute haben wir es bewiesen.«

Der Erfolg kam nicht von ungefähr: Bei der 43 Jahre alten Eteri Tutberidse gingen beide in den vergangenen Jahren durch eine harte Schule. Sagitowa kam mit 11 Jahren aus der Provinz in den Moskauer Club »Sambo 70«, überwand eine Heimweh-Krise, brach sich sowohl Arm als auch ein Bein und biss sich einfach durch: »Wir trainieren nicht nur die Routine, sondern jeden Tag ein bisschen mehr. Deswegen sind wir so stark.«

Die Deutsche Eislauf-Union zeigte sich mit dem Debüt-Auftritt der 21-Jährigen Nicole Schott und ihrem 18. Platz zufrieden: »Sie hat in dem großen Wettkampf als Neuling ihre Leistung abgerufen, das ist eine gute Grundlage. Nicole ist eine Sportlerin mit Potenzial«, sagte Sportdirektor Udo Dönsdorf. Zwar liefe sie noch nicht frei genug, doch das sei ein Entwicklungsprozess.

Eiskunstlauf, Männer

Die 1000. Goldmedaille geht an Japan

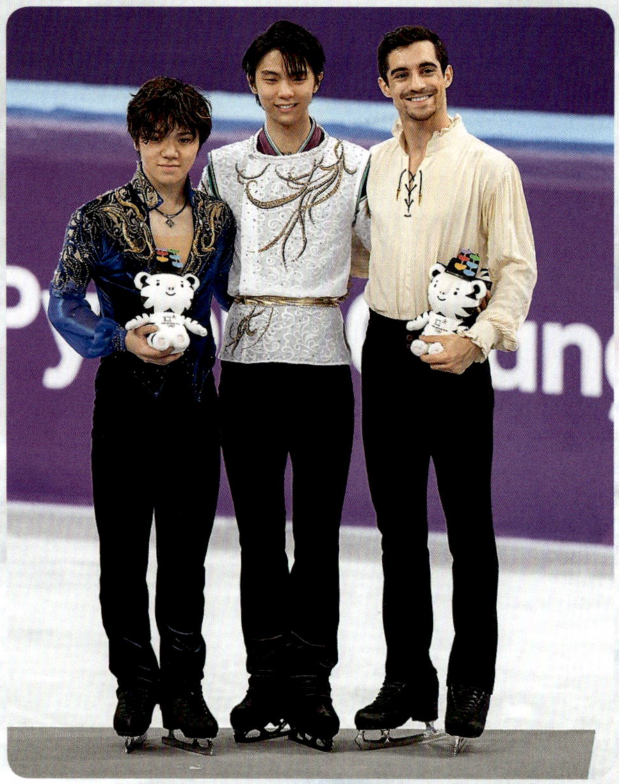
Zwei Medaillen im Eiskunstlauf der Männer gingen an Japan (von links nach rechts): Shoma Uno (Silber), Yuzuru Hanyu (Gold) und Javier Fernandez (Bronze).

Der japanische Eiskunstläufer Yuzuru Hanyu wiederholte seinen Olympiasieg von 2014 bei den Winterspielen in Pyeongchang. Zwei Erfolge nacheinander schaffte zuletzt der Amerikaner Dick Button 1948 und 1952. Der 23 Jahre alte Hanyu bezwang vor rund 12 000 Zuschauern in der Gangneung Eisarena mit 317,85 Punkten seinen Landsmann Shoma Uno (306,90) und den Spanier Javier Fernandez (305,24).

Ein bemerkenswerter Sieg, gerade mit Blick auf die Umstände, unter denen Hanyu seine Kür zu bestreiten hatte: Seit einer Fußverletzung im November war Hanyu keine Wettkämpfe gelaufen. Mit einem etwas abgespeckten Programm gewann er trotzdem mit einem Riesenvorsprung. Nicht nur die vier vierfachen Sprünge – davon je zwei Toeloops und Salchows – hoben ihn auf eine

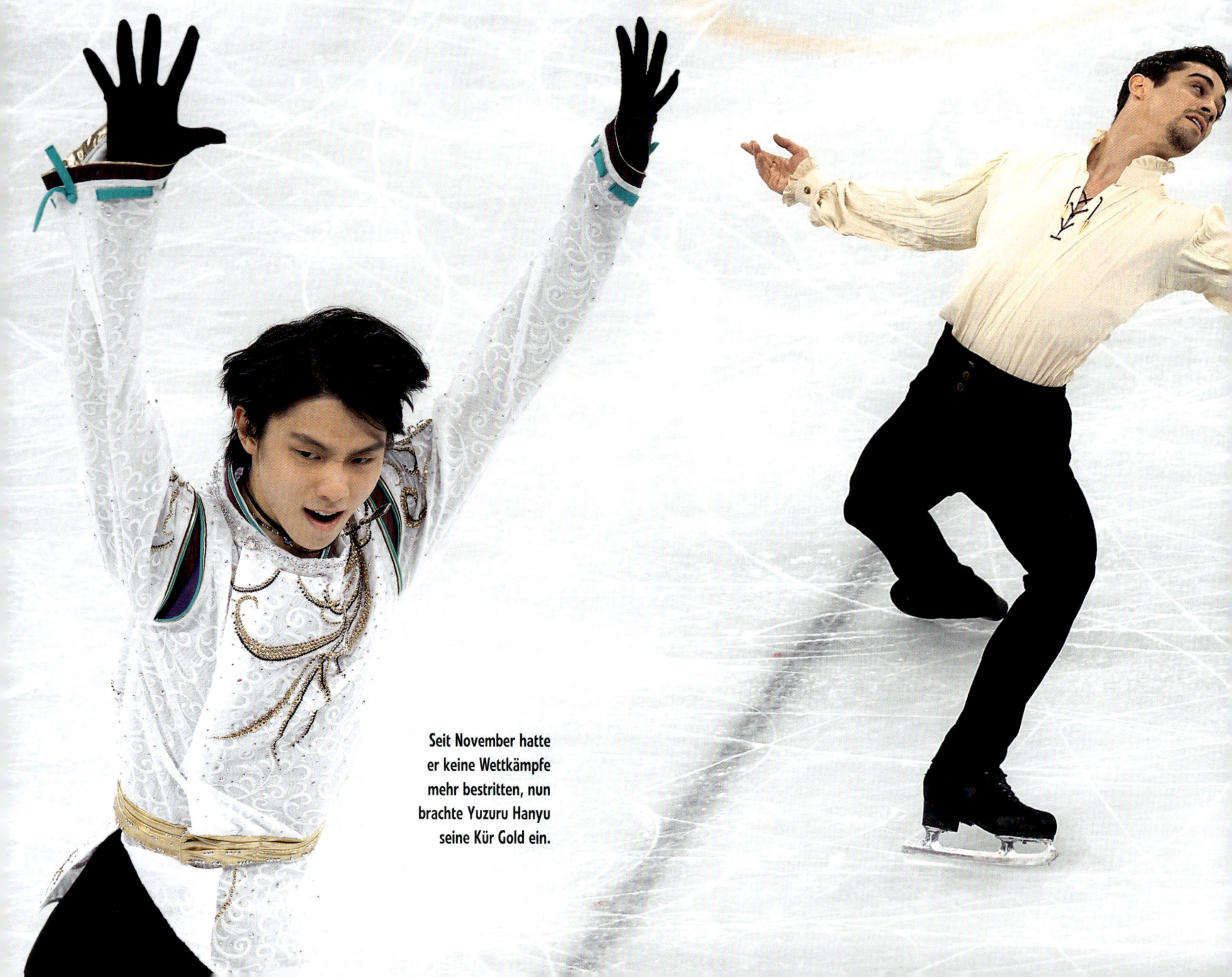
Seit November hatte er keine Wettkämpfe mehr bestritten, nun brachte Yuzuru Hanyu seine Kür Gold ein.

Statistik

Eiskunstlauf, Männer

17.2.2018, Gangneung Ice Arena

1.	**Yuzuru Hanyu**	**JPN**	**317,85 (111,68/1+206,17/2)**
2.	**Shoma Uno**	**JPN**	**306,90 (104,17/3+202,73/3)**
3.	**Javier Fernandez**	**ESP**	**305,24 (107,58/2+197,66/4)**
4.	Jin Boyang	CHN	297,77 (103,32/4+194,45/5)
5.	Nathan Chen	USA	297,35 (82,27/6+215,08/1)
6.	Vincent Zhou	USA	276,69 (84,53/12+192,16/6)
7.	Dmitri Alijew	OAR	267,51 (98,98/5+168,53/13)
8.	Michail Koljada	OAR	264,25 (86,69/8+177,56/7)
9.	Patrick Chan	CAN	263,43 (90,01/6+173,42/8)
10.	Adam Rippon	USA	259,36 (87,95/7+171,41/10)
22.	Paul Fentz	GER	214,55 (74,73/24+139,82/22)

Reihenfolge: Gesamtpunkte (Kurzprogramm/Platz+Kür/Platz)

andere Stufe, trotz kleiner Patzer zwischendurch. Einmalig war auch der künstlerische Ausdruck des schlanken Asiaten, den die japanischen Fans mit Hunderten von Teddybären beschenkten. Fernandez, der wie auch Hanyu in Toronto bei Starcoach Brian Orser trainiert, leistete sich wie in Sotschi einen Fehler beim vierfachen Salchow. Damals war der 26-Jährige leer ausgegangen, dieses Mal verpasste er Silber und wird vermutlich seine Karriere beenden.
Es war nach Angaben des IOC die 1000. Goldmedaille in der Geschichte der Winterspiele. Über seine Zukunft sagte Hanyu: »Im Moment denke ich nicht an die dritten Spiele, ich denke an meinen rechten Knöchel, der noch nicht heil ist.« Ein Karriere-Ende ist aber unwahrscheinlich.

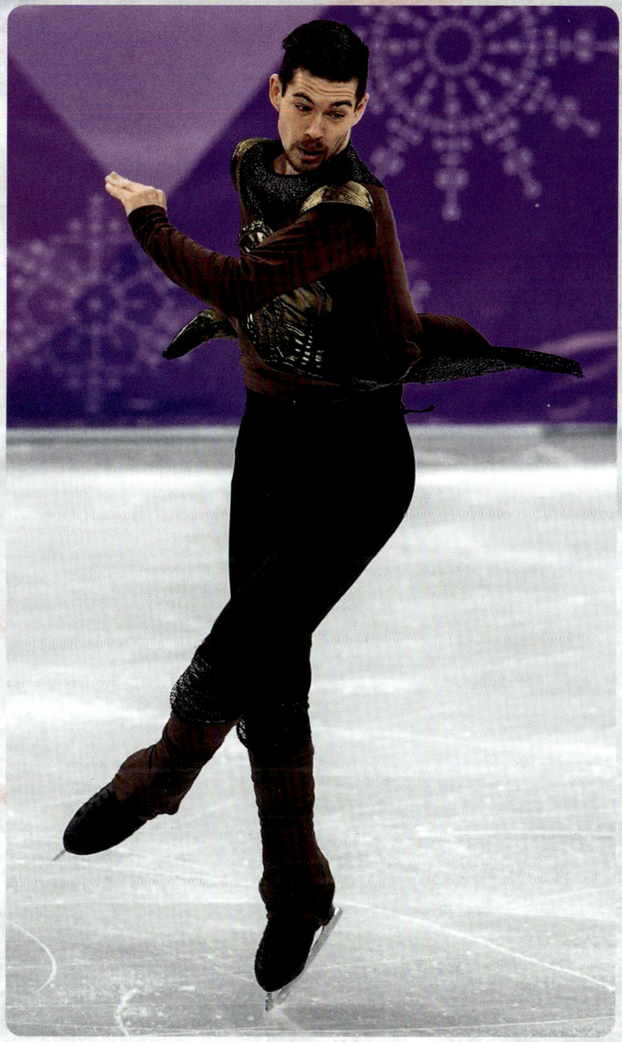

Paul Fentz erreichte bei seinem Olympia-Debüt zur Musik von »Game of Thrones« den 22. Platz.

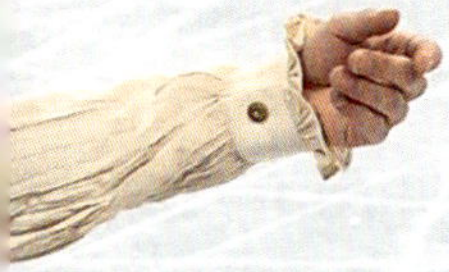

Bei der vermutlich letzten Kür seiner Karriere gewinnt Javier Fernandez einen Podiumsplatz.

Der 18 Jahre alte Nathan Chen, der für Amerika antritt, zeigte die beste Kür mit 215,08 Punkten und konnte auf diese Weise sein misslungenes Kurzprogramm wettmachen. Damit gelang er vom 17. auf den 5. Platz. Er wird in Erinnerung bleiben als der erste Läufer bei den Olympischen Spielen, der sechs Vierfach-Sprünge zeigte.
Der Berliner Eiskunstläufer Paul Fentz beendete den Wettbewerb auf dem 22. Rang. Damit verbesserte sich der 25-Jährige in der Kür zum Soundtrack der siebten Staffel von »Game of Thrones« um zwei Plätze. »Ich bin nicht zufrieden, ganz besonders mit dem letzten Axel nicht«, sagte der Olympia-Debütant. Ihm fehlte beim vierfachen Toeloop eine Umdrehung, zudem riss er einen Doppel-Axel auf. Mit 214,55 Punkten konnte er mit der Weltklasse nicht mithalten. »Wir müssen weiter arbeiten, dass ich stabiler werde, noch etwas mehr Selbstbewusstsein habe und einfach freier laufen kann«, sagte Fentz.

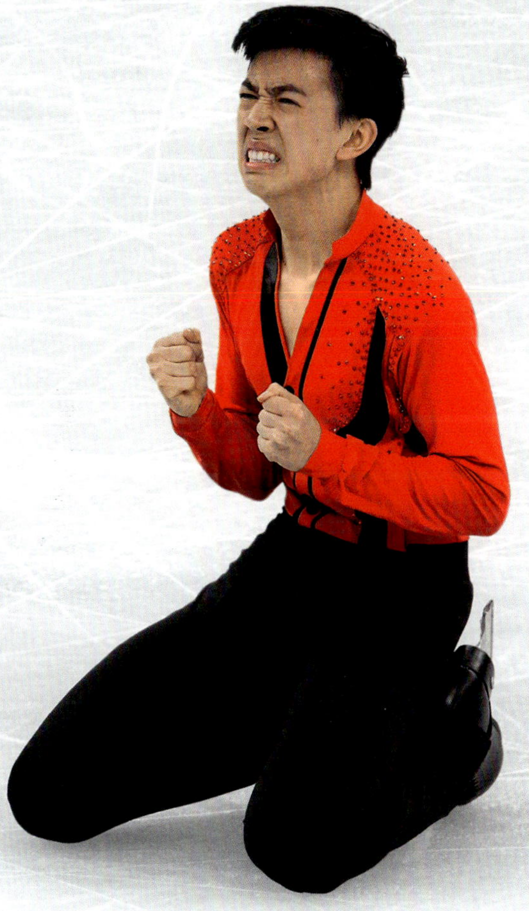

Zweitbester Amerikaner wurde Vincent Zhou mit dem 6. Platz.

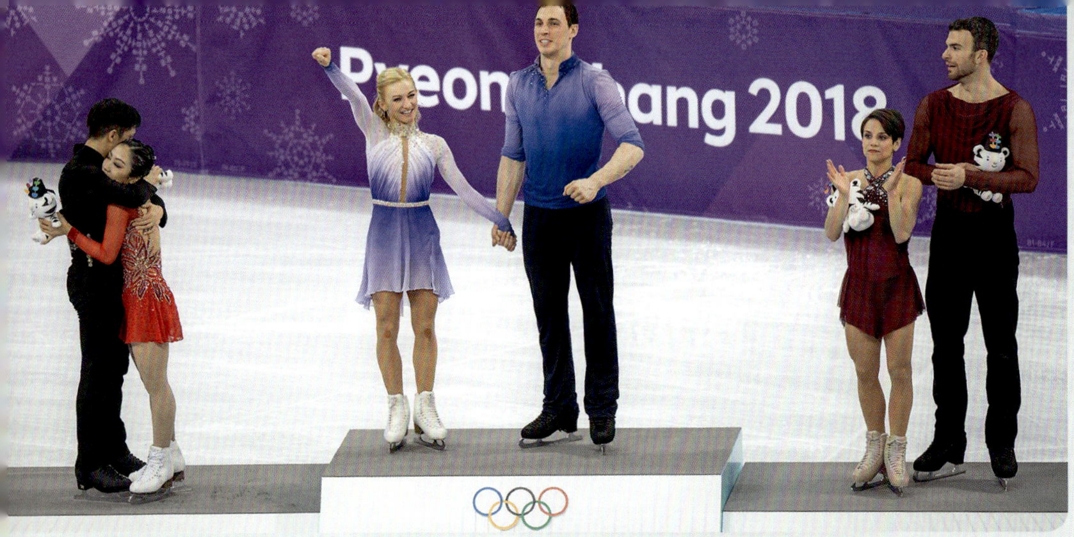

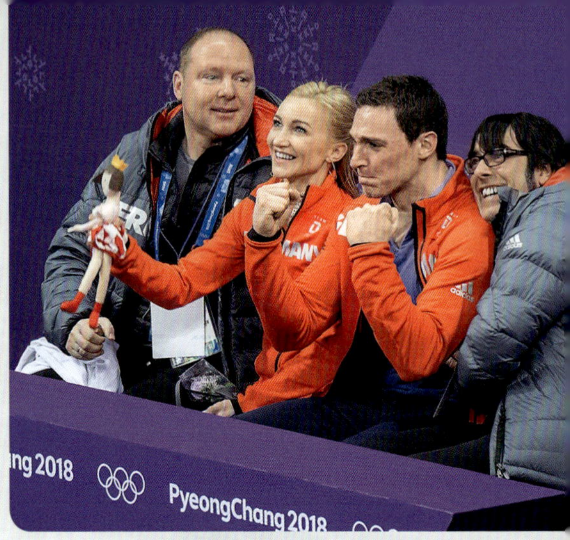

Linkes Bild: Die Zweitplatzierten Sui Wenjing und Han Cong (von links nach rechts), die Goldmedaillien-Sieger Aljona Savchenko und Bruno Massot sowie die Drittplatzierten Meagan Hamel und Eric Radford.

Rechtes Bild: Lange war nicht sicher, ob die Gesamtnote der beiden Eiskunstläufer reichen würde – dann endlich stand das Ergebnis fest und die Freude war groß.

Eiskunstlauf, Paare

Die Kür ihres Lebens

Von Weinkrämpfen geschüttelt musste Aljona Savchenko die Sieger-Interviews immer wieder unterbrechen. »Manche brauchen fünf Anläufe, manche nur einen. Ich gebe niemals auf«, stammelte die weltbeste Paarläuferin nach dem Triumph mit Bruno Massot bei ihren fünften Winterspielen. »Wir haben uns gesagt, wir kämpfen wie Tiger. Olympischer Champion – ich bin so glücklich. Es ist mein Moment«, erklärte die 34-Jährige die Energieleistung in der nahezu perfekten Kür, mit der sie drei Plätze aufholten. Es war das erste olympische Paarlauf-Gold für Deutschland seit 66 Jahren, zuletzt gewann 1952 das Ehepaar Ria und Paul Falk. Nicht einmal das einstige Traumpaar Marika Kilius und Hans-Jürgen Bäumler schaffte es auf den Olymp.

Wegen des Fehlers im Kurzprogramm von Massot beim Salchow starteten die WM-Zweiten als vermeintlich abgeschlagene Vierte zuerst in der Topgruppe. »Von Platz vier auf eins – das ist unglaublich und großartig. Wir haben den Weltrekord gesehen. Aber wir mussten ja noch warten, das war härter als zu laufen«, beschrieb der 29 Jahre alte Eiskunstläufer die ungewisse Zeit bis zum feststehenden Olympiasieg. Direkt nach dem brillanten, an einen Naturfilm angelehnten Vortrag »La terre vue du ciel« (Die Erde von oben gesehen) ließ sich die erleichterte Savchenko in der Gangneung Arena auf die Eisfläche fallen.

Das künstlerische Programm sei zukunftsprägend für die Disziplin, so Udo Dönsdorf, Sportdirektor der Deutschen Eislauf-Union. Vor allem die nervliche Leistung von Massot sei sensationell. Dönsdorf hob zudem hervor, dass das Allgäuer Projekt mit dem Berliner König geklappt habe: »Man muss auch deutschen Trainern das Vertrauen schenken,

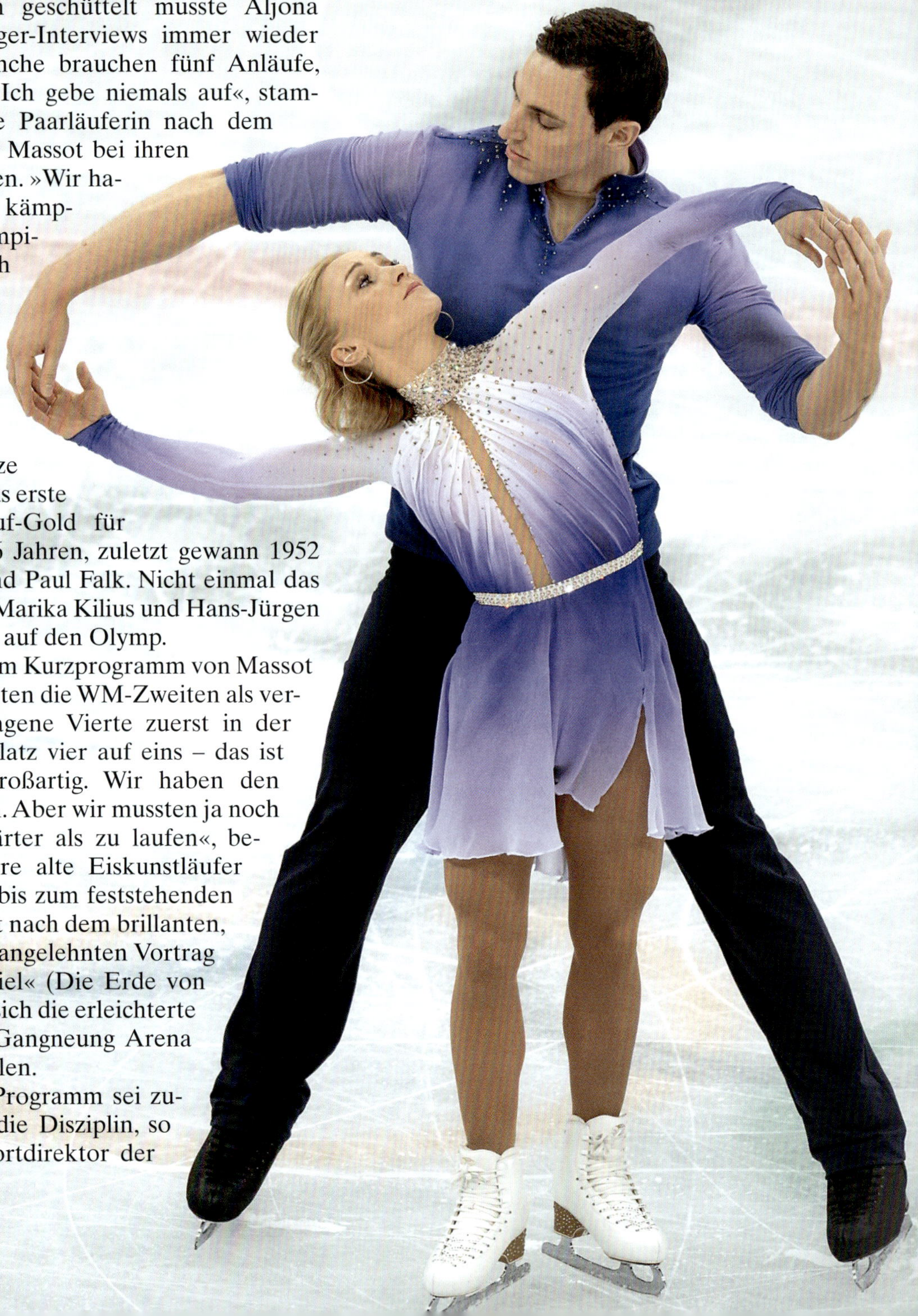

Nach 66 Jahren holen Aljona Savenchko und Bruno Massot das Olympische Paarlauf-Gold wieder nach Deutschland.

nicht nur ins Ausland gehen.« Auch habe sich das Wagnis gelohnt, an Eistanz-Olympiasieger Christopher Dean wegen der Choreographie heranzutreten. Die Idee kam von Savchenko, die sich in den vergangenen vier Jahren in Oberstdorf voll entfalten konnte. »Ihre Persönlichkeit hat sich geöffnet, sie darf Mensch sein. Sie ist so kreativ, die Ideen sprudeln bei ihr nur so«, berichtete König, »außerdem hat sie ein wahnsinniges Gerechtigkeitsempfinden«. Manchmal bremse er die fünfmalige Weltmeisterin auch aus. »Den extremen Ehrgeiz haben wir gewollt, aber man kann nicht immer 220 auf der Autobahn fahren.«

Fotografen und Journalisten hatten nach der Vorstellung mit der Kür-Bestmarke von 159,31 Punkten feuchte Augen. Sogar Zuschauer Thomas Bach war gerührt: »Das war eine Achterbahn der Gefühle. Wenn ich ehrlich bin, habe ich nicht mehr daran geglaubt.« 2010 und 2014 habe er Savchenko bereits in den Arm genommen und ihr geholfen, die Tränen nach Bronze mit Robin Szolkowy zu trocknen. Nun ist das elegante und quirlige Energiebündel am Höhepunkt der Laufbahn angelangt. »Sie ist ein wirklicher olympischer Champion«, stellte der IOC-Präsident fest.

Ob die Gesamtnote reichen würde, war lange nicht klar. Dann schwächelten die Weltmeister Sui Wenjing und Han Cong aus China (235,47) und 235,90 Punkte waren gerade eben genug. Meagan Duhamel und Eric Radford (230,15) aus Kanada bekamen Bronze.

Eingehüllt in die Deutschland-Fahne glitten die neuen Olympiasieger bei einer Extra-Runde übers Eis und machten Selfies. »Wir sind happy, das für Deutschland geholt zu haben. Hier wurden wir unterstützt«, betonte die gebürtige Ukrainerin, deren französischer Partner erst vor kurzem den deutschen Pass erhalten hatte.

»Ich bin so glücklich und habe geheult«, sagte Katarina Witt zum Sieg des deutschen Teams. »Sie haben alles richtig gemacht und endlich auch ein Quäntchen Glück gehabt.« Witt war 1988 in Calgary die bis dahin letzte deutsche Olympiasiegerin im Eiskunstlauf.

Statistik

Eiskunstlauf, Paare

15.2.2014, Gangneung Ice Arena

1.	**Aljona Savchenko/Bruno Massot**	**GER**	**235,90 (76,59/4+159,31/1)**
2.	**Wenjing Sui/Cong Han**	**CHN**	**235,47 (82,39/1+153,08/3)**
3.	**Meagan Duhamel/Eric Radford**	**CAN**	**230,15 (76,82/3+153,33/2)**
4.	Evgenia Tarassowa/Vladimir Morosow	OAR	224,93 (81,68/2+143,25/4)
5.	Vanessa James/Morgan Cipres	FRA	218,53 (75,34/6+143,19/5)
6.	Valentina Marchei/Ondrej Hotarek	ITA	216,59 (74,50/7+142,09/6)
7.	Natalia Sabijako/Alexander Enbert	OAR	212,88 (74,35/8+138,53/7)
8.	Xiaoyu Yu/Hao Zhang	CHN	204,10 (75,58/5+128,52/11)
9.	Julianne Seguin/Charlie Bilodeau	CAN	204,02 (67,52/12+136,50/8)
10.	Nicole Della Monica/Matteo Guarise	ITA	202,74 (74,00/9+128,74/10)
16.	Annika Hocke/Ruben Blommaert	GER	171,98 (63,04/16+108,94/16)

A: Miriam Ziegler/Severin Kiefer AUT
Reihenfolge: Gesamtpunkte (Kurzprogramm/Platz+Kür/Platz)

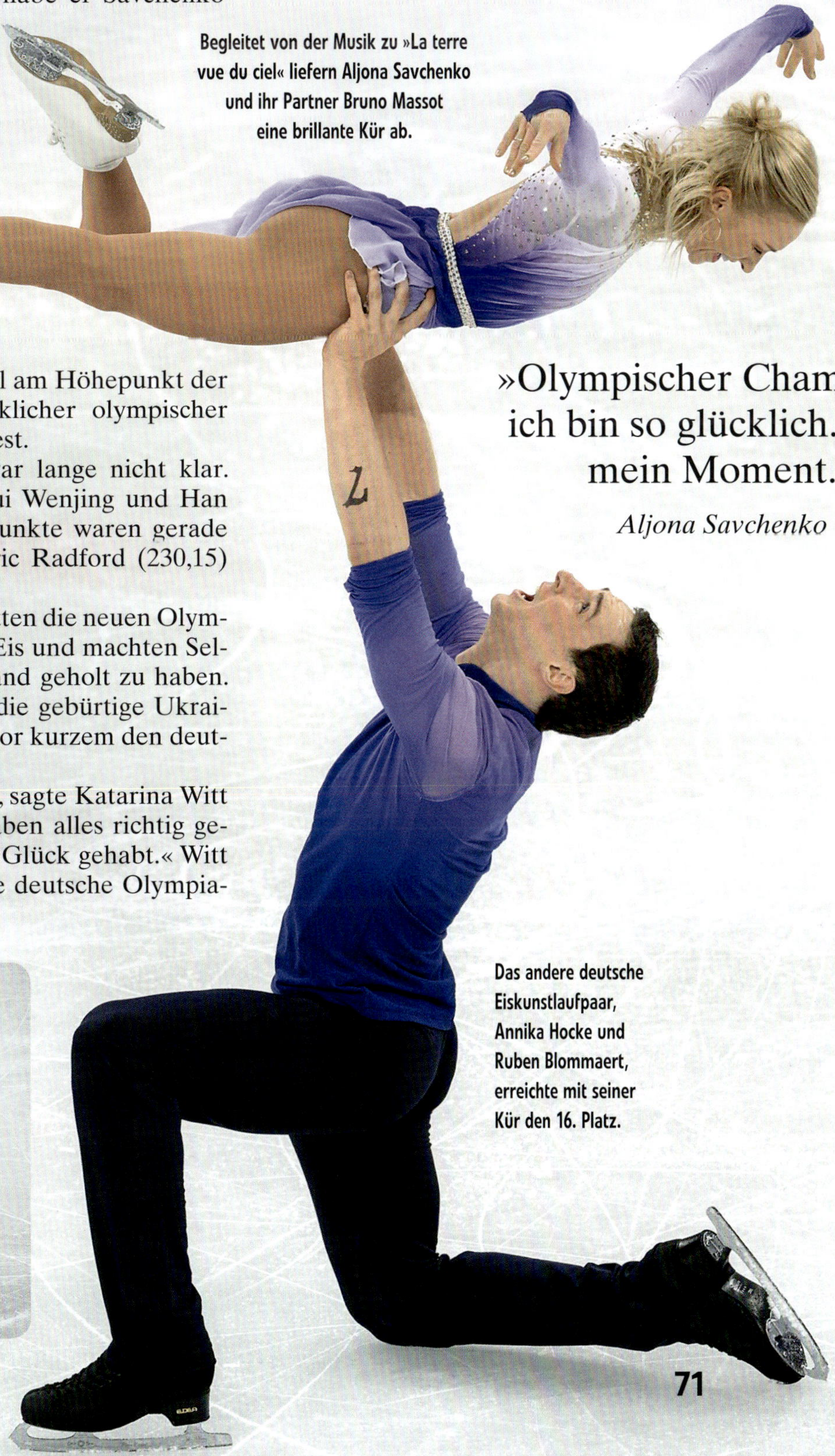

Begleitet von der Musik zu »La terre vue du ciel« liefern Aljona Savchenko und ihr Partner Bruno Massot eine brillante Kür ab.

»Olympischer Champion – ich bin so glücklich. Es ist mein Moment.«

Aljona Savchenko

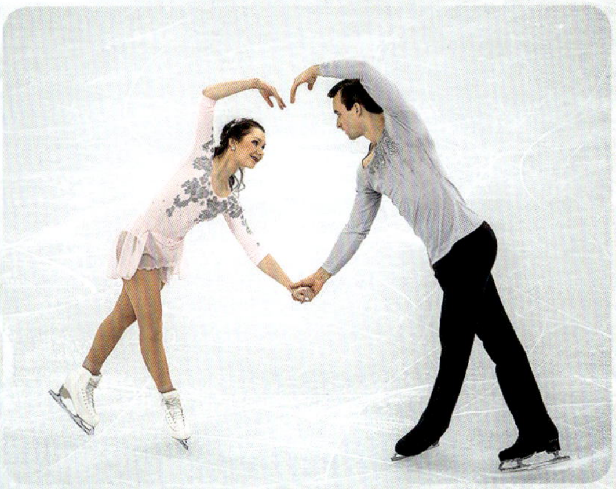

Das andere deutsche Eiskunstlaufpaar, Annika Hocke und Ruben Blommaert, erreichte mit seiner Kür den 16. Platz.

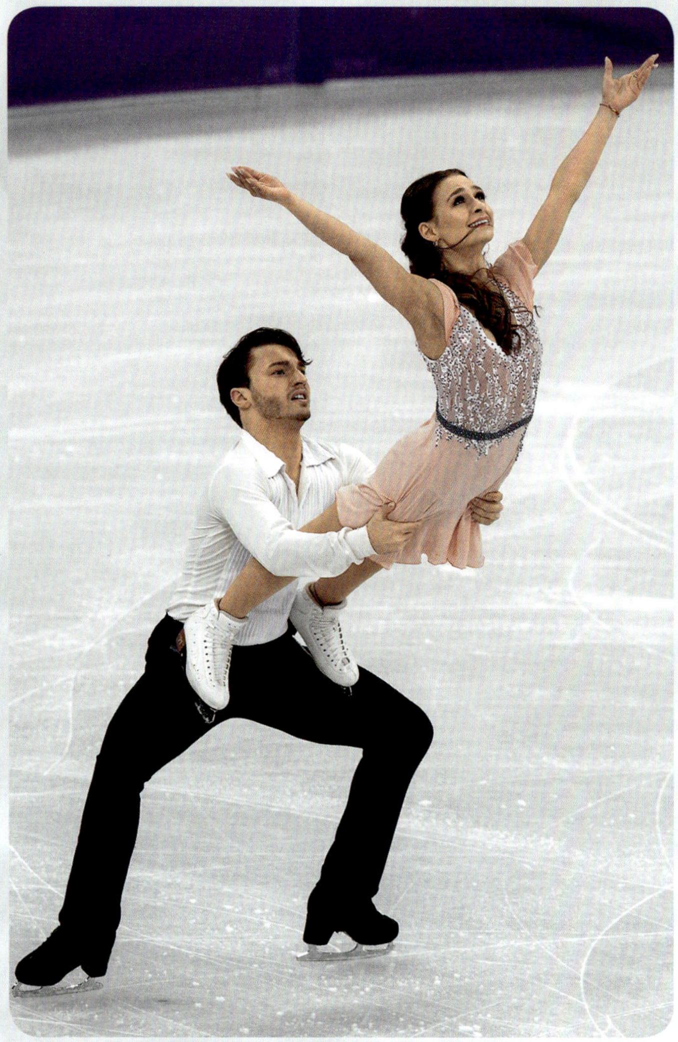

Das deutsche Eistanz-Duo Kavita Lorenz und Joti Polizoakis zeigen ihre kunstvolle Hebefigur.

Kanadier lassen koreanisches Eis schmelzen

Nach Gold im Teamwettbewerb haben die Kanadier Tessa Virtue und Scott Moir mit einer feurigen Kür auch den Eistanz-Wettbewerb bei den Winterspielen gewonnen. Die Olympiasieger von Vancouver 2010 sicherten sich damit als erste Eiskunstläufer fünf Medaillen bei Winterspielen. Nach einer Bestmarke im Kurztanz stellten sie auch in der Gesamtpunktzahl einen Weltrekord von 206,07 Punkten auf. »Wir sind so stolz und wollen die nächste Generation inspirieren. Zur Weltmeisterschaft im März fahren wir nicht, aber ob wir aufhören? Erstmal sacken lassen, wir dachten auch nicht, dass wir drei Olympische Spiele erleben«, sagte der 30 Jahre alte Moir.

Silber ging in der Gangneung Eisarena an die zweimaligen Weltmeister Gabriella Papadakis und Guillaume Cizeron (205,28) aus Frankreich vor den amerikanischen Geschwistern Maia und Alex Shibutani (192,59). Zu den Klängen der Mondscheinsonate liefen die Franzosen eine romantische Kür, ihre kanadischen Trainingskollegen blieben mit »Moulin Rouge« ihrem fetzigen Stil treu.

Papadakis und Cizeron wollten als zweite Franzosen nach

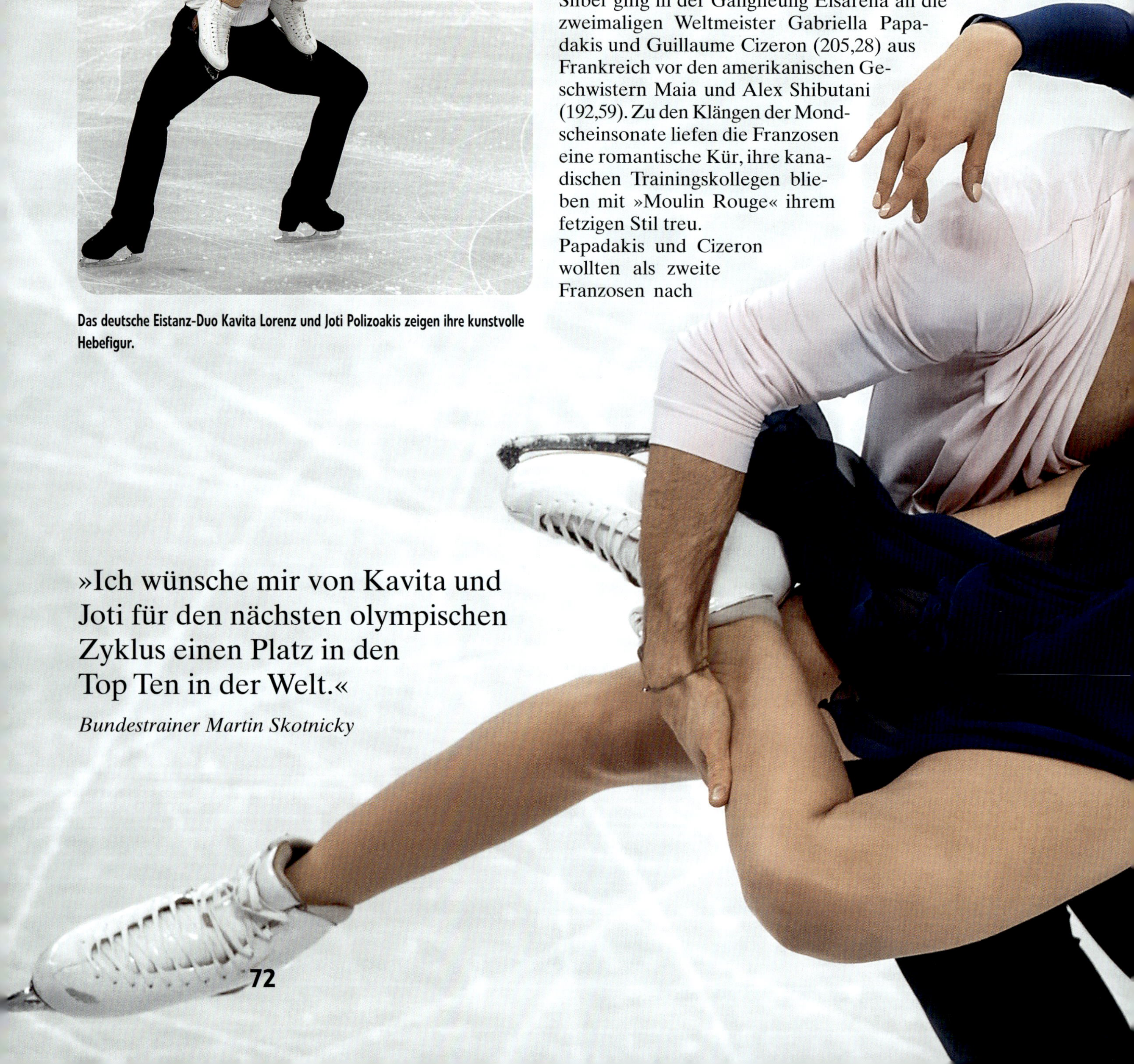

»Ich wünsche mir von Kavita und Joti für den nächsten olympischen Zyklus einen Platz in den Top Ten in der Welt.«

Bundestrainer Martin Skotnicky

Marina Anissina und Gwendal Peizera 2002 in Salt Lake City Eistanz-Gold holen, konnten aber ihren Rückstand trotz der besten Kür nicht aufholen. Das Kleid der 22-Jährigen war im Kurztanz gerissen, sie war danach verhalten gelaufen.

Die Oberstdorfer Kavita Lorenz und Joti Polizoakis beendeten ihr Debüt in Pyeongchang auf Rang 16 und waren glücklich über 150,49 Punkte. Im Gegensatz zum verhaltenen Kurztanz liefen sie befreiter auf der großen Bühne. »Das Gefühl wollen wir speichern und mit zur WM im März nach Mailand nehmen«, sagte ihr gleichaltriger Partner. Die gebürtige Berlinerin und der in Deutschland geborene Sohn einer tschechischen Mutter und eines griechischen Vaters liefen erst in der dritten Saison zusammen.

Bundestrainer Martin Skotnicky war zufrieden mit dem Vortrag zum »Stolz und Vorurteil«-Filmtitel: »Sie sind fehlerfrei mit Emotionen gelaufen. Eistanz ist nicht wie der normale Eiskunstlauf, wo man einen vierfachen Lutz springt und nach vorn kommt. Es braucht Zeit«, erklärte der Coach und verwies auf die Toppaare, die seit der Jugend zusammenlaufen. »Ich wünsche mir von Kavita und Joti für den nächsten olympischen Zyklus einen Platz in den Top Ten in der Welt.«

Was den Deutschen fehlt? »Erfahrung und etwas Power, aber sie sind auf einem guten Weg«, meinte Skotnicky, der die Zwei immer betreut, wenn sie von ihrem Trainingsort in Detroit ins Allgäu kommen.

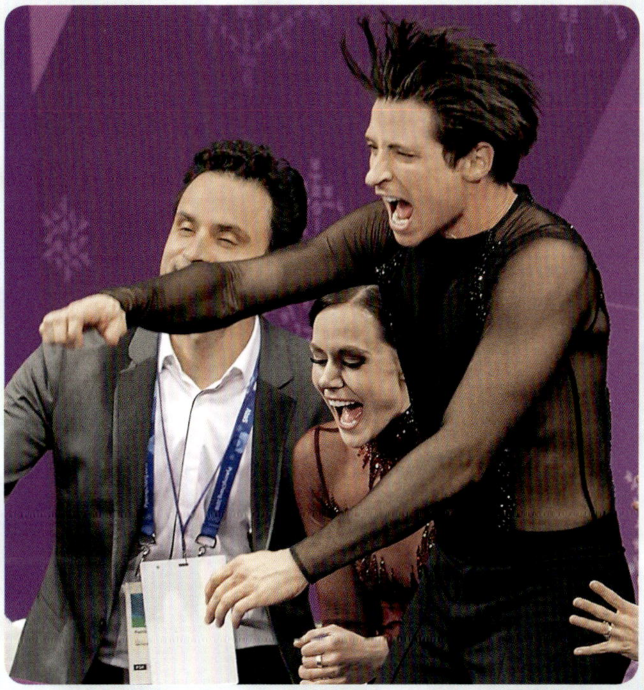

Tessa Virtue und Scott Moir (beide Kanada) feiern ihre fünfte Goldmedaille bei Olympischen Winterspielen.

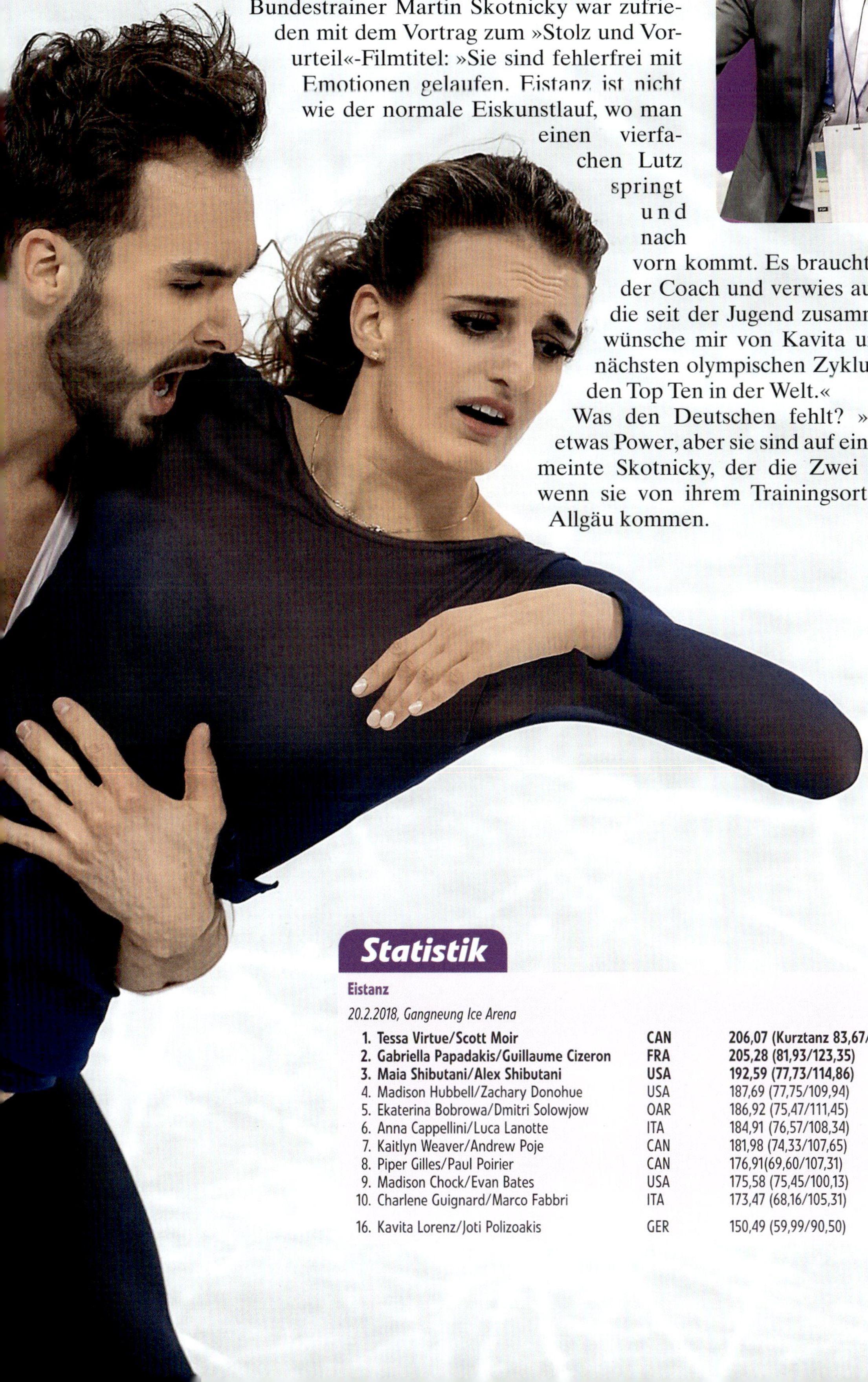

Die Franzosen Gabriella Papadakis und Guillaume Cizeron während ihrer emotionalen Eistanz-Kür, die ihnen den zweiten Platz bescherte.

Statistik

Eistanz

20.2.2018, Gangneung Ice Arena

Platz	Paar	Land	Punkte
1.	**Tessa Virtue/Scott Moir**	**CAN**	**206,07 (Kurztanz 83,67/Kür 122,40) Pkt.**
2.	**Gabriella Papadakis/Guillaume Cizeron**	**FRA**	**205,28 (81,93/123,35)**
3.	**Maia Shibutani/Alex Shibutani**	**USA**	**192,59 (77,73/114,86)**
4.	Madison Hubbell/Zachary Donohue	USA	187,69 (77,75/109,94)
5.	Ekaterina Bobrowa/Dmitri Solowjow	OAR	186,92 (75,47/111,45)
6.	Anna Cappellini/Luca Lanotte	ITA	184,91 (76,57/108,34)
7.	Kaitlyn Weaver/Andrew Poje	CAN	181,98 (74,33/107,65)
8.	Piper Gilles/Paul Poirier	CAN	176,91(69,60/107,31)
9.	Madison Chock/Evan Bates	USA	175,58 (75,45/100,13)
10.	Charlene Guignard/Marco Fabbri	ITA	173,47 (68,16/105,31)
16.	Kavita Lorenz/Joti Polizoakis	GER	150,49 (59,99/90,50)

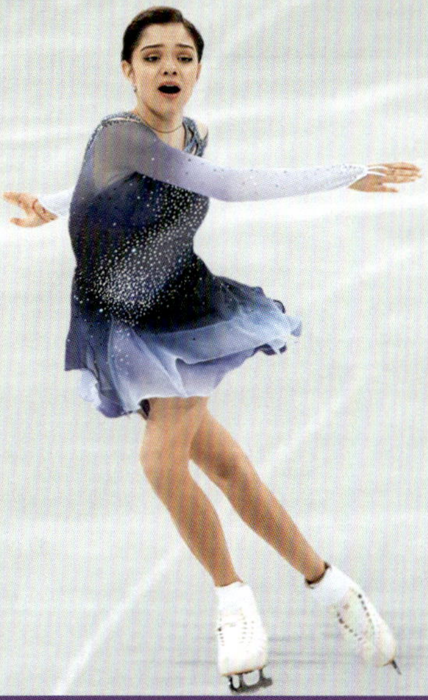

Die zweimalige Weltmeisterin Jewgenija Medwedjewa stellte in ihrem Kurzprogramm eine neue Bestmarke auf.

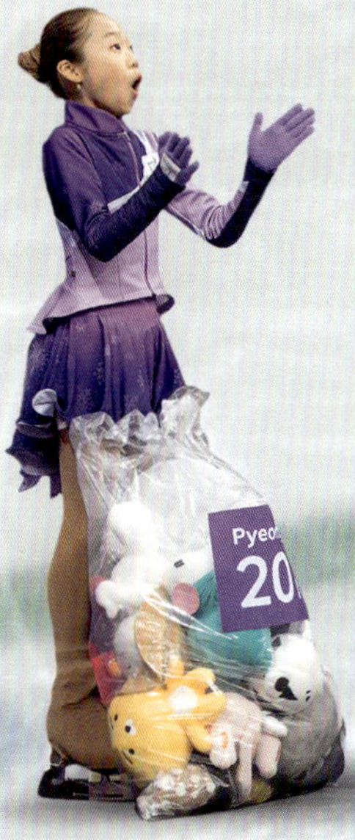

Ein Eislaufkind feuert fleißig an!

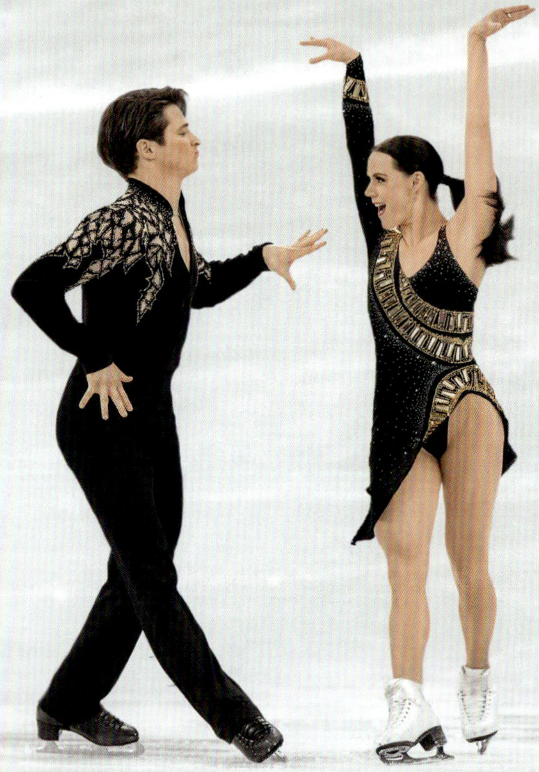

Die Kanadier Tess Virtue und Scott Moir bauten den Vorsprung für ihr Team weiter aus.

Eiskunstlauf, Team-Wettbewerb

Team-Event als Aufwärmprogramm und eine geglückte Revanche

Der Sieger stand schon vor der abschließenden Kür der Eistänzer fest: Kanada hat im olympischen Teamwettbewerb der Eiskunstläufer seine erste Goldmedaille in Pyeongchang gewonnen. Mit 73 Punkten verwiesen die Nordamerikaner die Olympischen Athleten aus Russland auf Platz zwei. Die USA holten in der Gangneung Eisarena mit 62 Zählern Bronze. Eine geglückte Revanche für Kanada. Bei der Einführung des Teamwettkampfes vor vier Jahren in Sotschi hatten sich die Russen rund um »Eiskunstlauf-Zar« Jewgeni Pluschenko vor Kanada Gold gesichert. »Das ist schon bemerkenswert, wie ernst die Kanadier den Wettkampf nehmen«, sagte die zweimalige Olympiasiegerin Katarina Witt in der ARD.

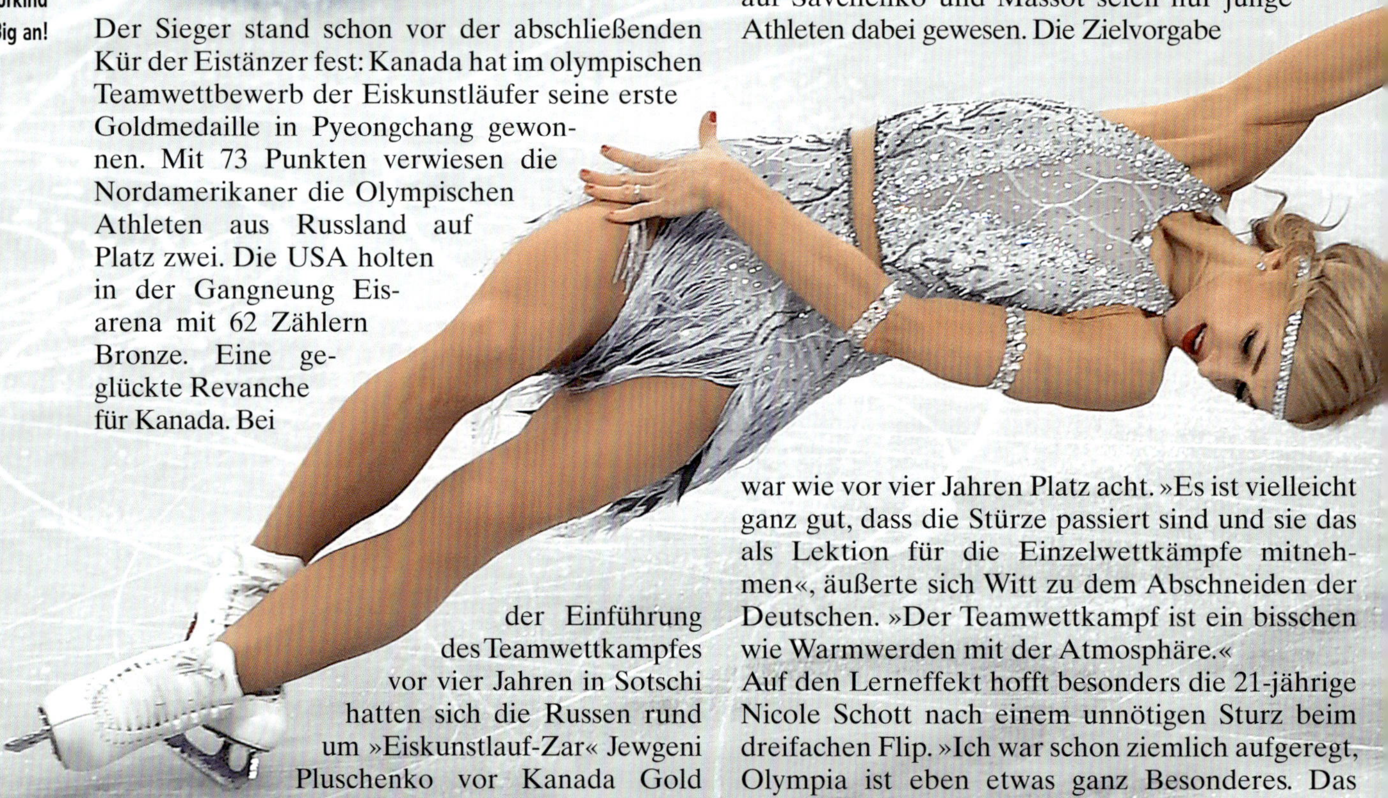

Das deutsche Team war in Südkorea als Siebter vor dem Finale ausgeschieden. Trotz einiger Patzer waren die Deutschen zufrieden mit ihrem Auftritt, nahmen ihn aber eher als Aufwärmprogramm. »Das ist ein sehr positives Ergebnis, auch wenn bei stabilen Leistungen mehr drin gewesen wäre«, sagte Udo Dönsdorf, Sportdirektor der Deutschen Eislauf-Union, in der Gangneung Eisarena. Bis auf Savchenko und Massot seien nur junge Athleten dabei gewesen. Die Zielvorgabe war wie vor vier Jahren Platz acht. »Es ist vielleicht ganz gut, dass die Stürze passiert sind und sie das als Lektion für die Einzelwettkämpfe mitnehmen«, äußerte sich Witt zu dem Abschneiden der Deutschen. »Der Teamwettkampf ist ein bisschen wie Warmwerden mit der Atmosphäre.«

Auf den Lerneffekt hofft besonders die 21-jährige Nicole Schott nach einem unnötigen Sturz beim dreifachen Flip. »Ich war schon ziemlich aufgeregt, Olympia ist eben etwas ganz Besonderes. Das ganze Drumherum und überall sieht man die Ringe«, sagte die Essenerin, die immerhin noch eine Kombination aus zwei dreifachen Toeloops und den Doppel-Axel sprang. »Nun ist der erste Druck weg.« Sie wurde mit nur 55,32 Punkten Achte. »Es sind ihre ersten Olympischen Spiele, da fehlt noch das Selbstbewusstsein«, meinte Dönsdorf. »Natürlich liegt der Fokus auf dem individuellen Ereignis«, fügte er an und kritisierte zugleich den Zeitpunkt des Wettkampfes: »Ein Termin am Ende der Spiele wäre besser, da gehört der attraktive Teamwettkampf hin.« Möglicherweise will man beim Kongress des Weltverbandes ISU im Sommer einen Vorstoß machen. Die Chancen scheinen aber gering, denn der Zeitplan bei Winterspielen ist extrem eng.

Eine Sternstunde erlebte die zweimalige Weltmeisterin Jewgenija Medwedjewa. Sie stellte im Kurzprogramm eine neue Bestmarke von 81,06 Punkten auf. Die 18-Jährige aus Moskau verbesserte damit ihren eigenen Weltrekord aus dem Vorjahr. »Die Verletzung hat mich stärker gemacht«, sagte Medwedjewa nach überstandenem Ermüdungsbruch im Fuß. Auch die Diskussionen um den Ausschluss der russischen Sportler hätten sie extra motiviert.

Die russischen Fans, die in einem ganzen Block einheitlich anfeuerten, sorgten für besondere Stimmung beim Auftritt ihrer Athleten. Auf ihren Shirts und Caps war der Slogan »#Russia in my heart« zu lesen, dazu wurden etliche russische Fahnen geschwenkt.

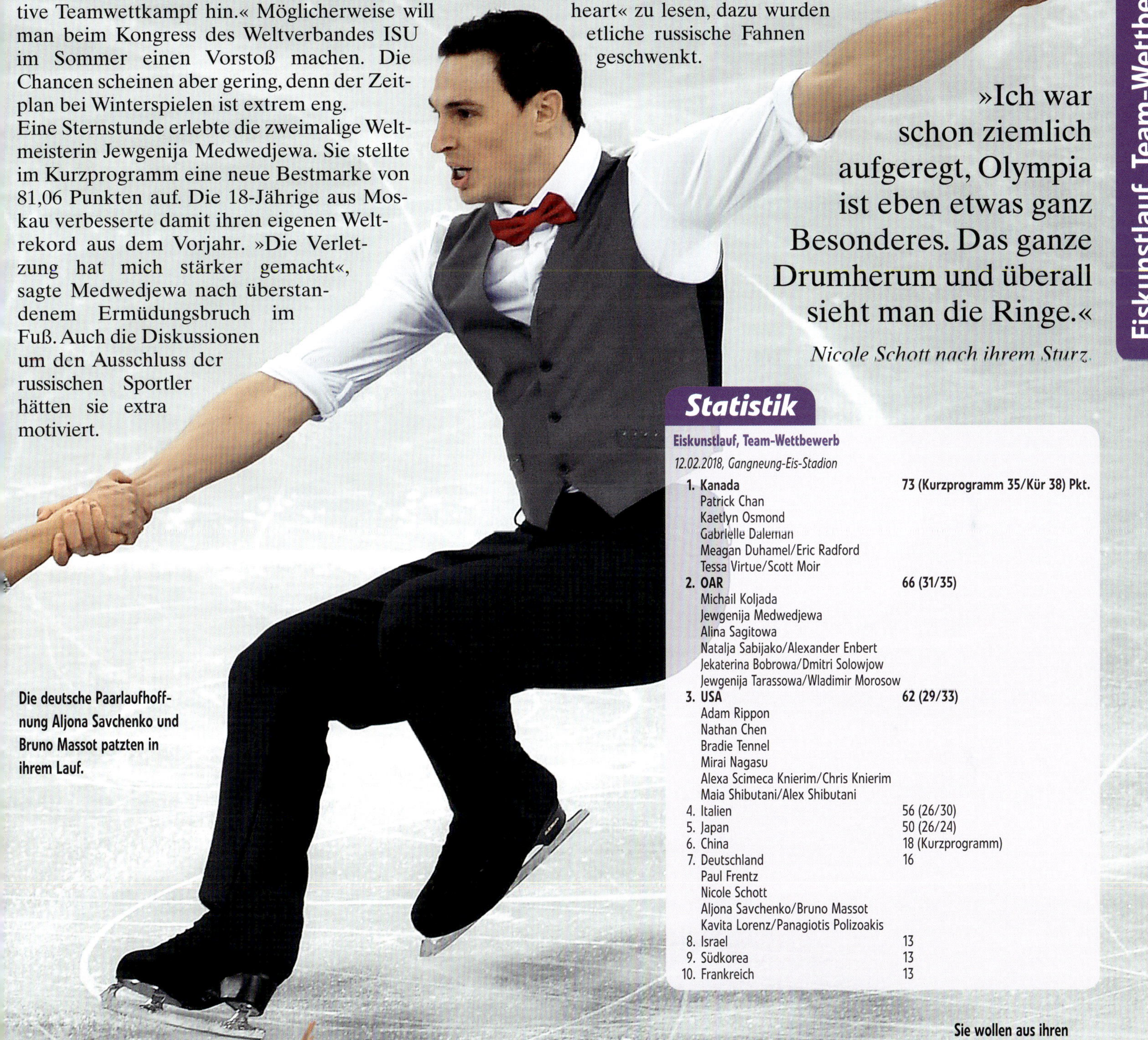

Die deutsche Paarlaufhoffnung Aljona Savchenko und Bruno Massot patzten in ihrem Lauf.

> »Ich war schon ziemlich aufgeregt, Olympia ist eben etwas ganz Besonderes. Das ganze Drumherum und überall sieht man die Ringe.«
>
> *Nicole Schott nach ihrem Sturz*

Statistik

Eiskunstlauf, Team-Wettbewerb

12.02.2018, Gangneung-Eis-Stadion

1.	**Kanada**	**73 (Kurzprogramm 35/Kür 38) Pkt.**
	Patrick Chan	
	Kaetlyn Osmond	
	Gabrielle Daleman	
	Meagan Duhamel/Eric Radford	
	Tessa Virtue/Scott Moir	
2.	**OAR**	**66 (31/35)**
	Michail Koljada	
	Jewgenija Medwedjewa	
	Alina Sagitowa	
	Natalja Sabijako/Alexander Enbert	
	Jekaterina Bobrowa/Dmitri Solowjow	
	Jewgenija Tarassowa/Wladimir Morosow	
3.	**USA**	**62 (29/33)**
	Adam Rippon	
	Nathan Chen	
	Bradie Tennel	
	Mirai Nagasu	
	Alexa Scimeca Knierim/Chris Knierim	
	Maia Shibutani/Alex Shibutani	
4.	Italien	56 (26/30)
5.	Japan	50 (26/24)
6.	China	18 (Kurzprogramm)
7.	Deutschland	16
	Paul Frentz	
	Nicole Schott	
	Aljona Savchenko/Bruno Massot	
	Kavita Lorenz/Panagiotis Polizoakis	
8.	Israel	13
9.	Südkorea	13
10.	Frankreich	13

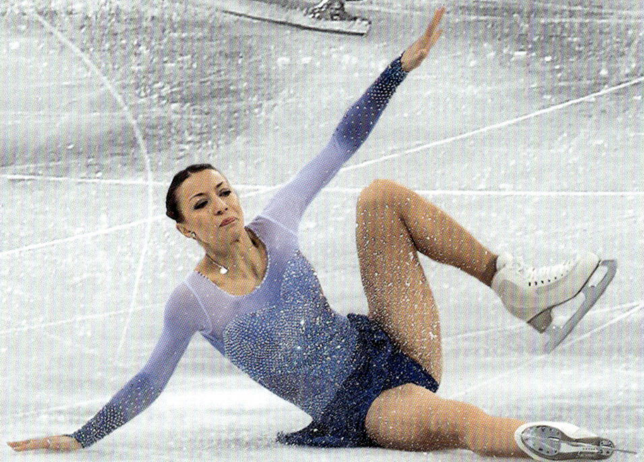

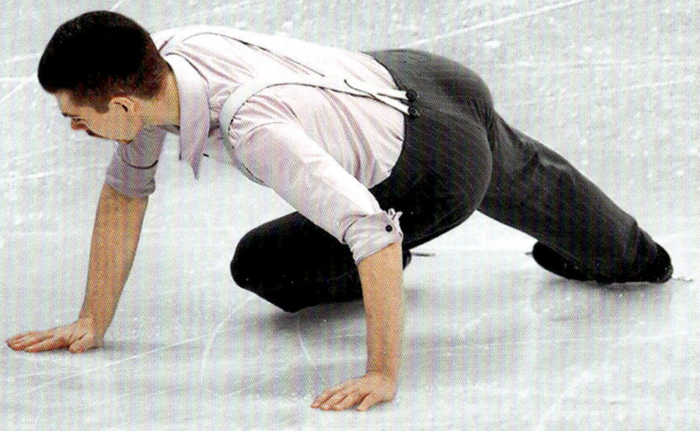

Sie wollen aus ihren Fehlern lernen: Nicole Schott (Bild links) und Paul Fentz (rechts) stürzten bei ihren Auftritten.

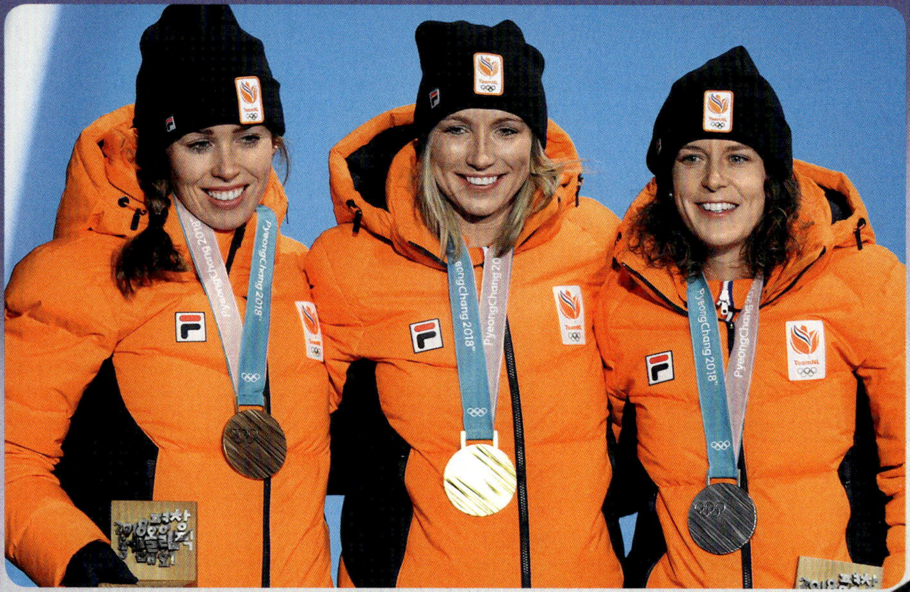

Tag ohne Gold wie Fritten ohne Soße: Die Niederlande waren in Pyeongchang im Eis-Rausch. Auf 3000 Metern konnte niemand Antoinette de Jong (von links nach rechts), Carlijn Achtereekte und Ireen Wüst stoppen.

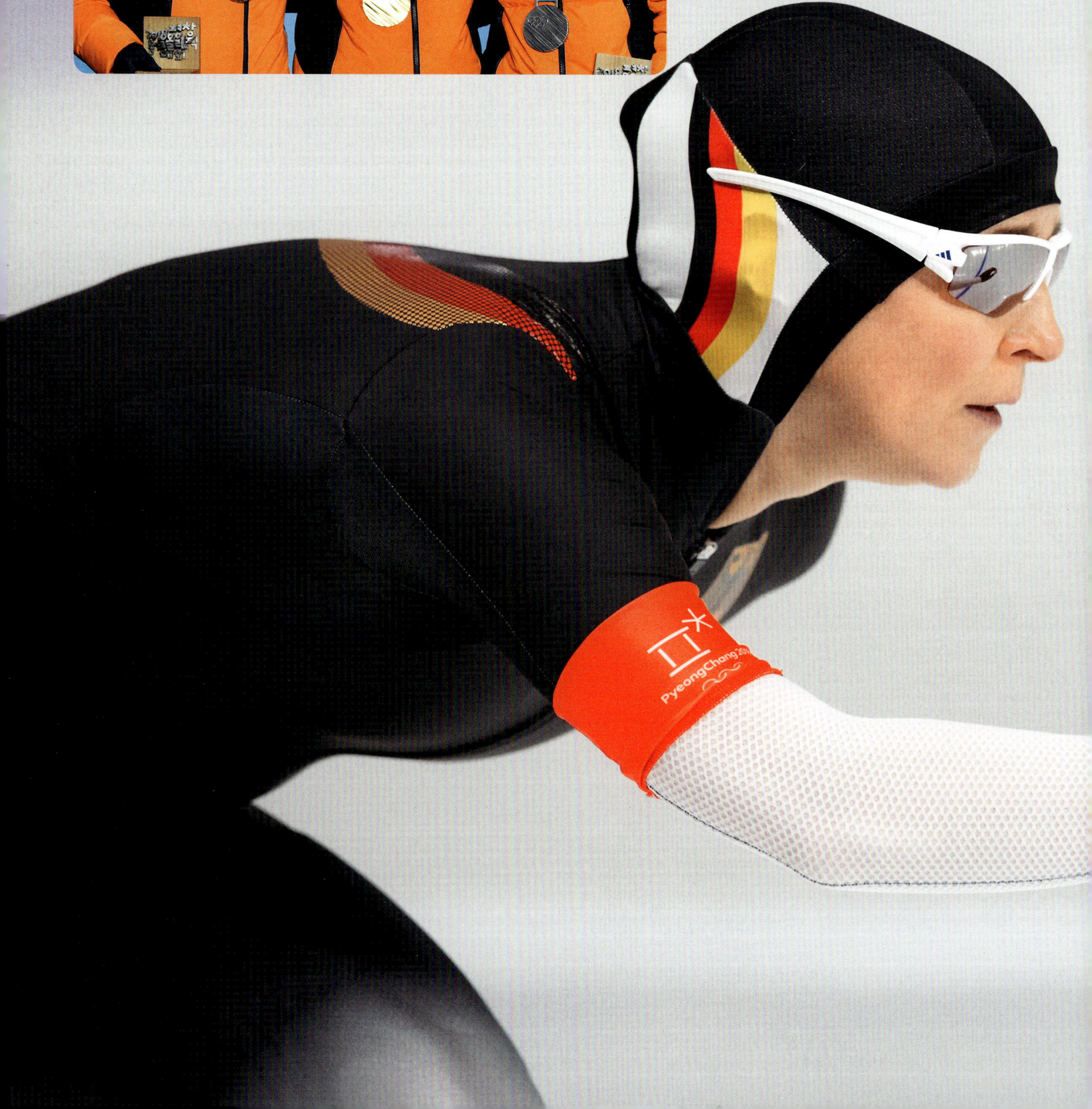

Eisschnelllauf

Die Niederländer waren dank der Erfolge der Eisschnellläufer fast zwei Wochen lang im Oranje-Fieber. Rund zwei Millionen Menschen verfolgten live im Fernsehen jeden Tag die Medaillenerfolge der Frauen und Männer auf fast allen Strecken. Gleichzeitig gab es für die deutschen Starter wie schon in Sotschi ein Debakel – doch wer glaubte, es konnte nicht schlimmer als 2014 kommen, sah sich getäuscht. Es war das schlechteste Olympia-Abschneiden deutscher Eisschnellläufer seit 54 Jahren. Aus der Erwartung, zwei bis drei Medaillen mitzunehmen, wurde ein siebter Platz von Patrick Beckert über 10 000 Meter als beste Einzel-Platzierung und drei achte Ränge in den Einzelrennen. Nicht nur auf ihrer Paradestrecke über 5000 Meter enttäuschte die 46-jährige Claudia Pechstein, über 3000 Meter reichte es nur für Rang 9 und beim Massenstart war es letztlich nur der 13. Platz. Im Teamrennen wurden die Eisschnellläuferinnen Sechster. Im südkoreanischen Paradesport Shorttrack gab es dreimal Gold für die Gastgeber, die gut besuchte Eisarena brachten die Zuschauer daher häufiger zum Brodeln. Die beiden deutschen Shorttrackerinnen Bianca Walter und Anna Seidel konnten keine Top-10-Platzierung erreichen.

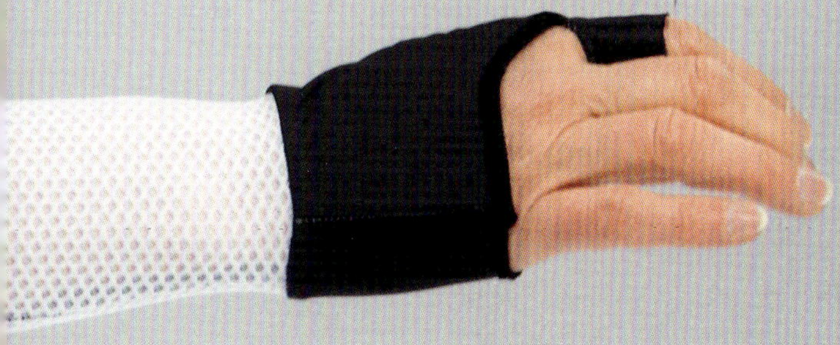

Claudia Pechstein wollte es sich und allen anderen mit ihren 46 Jahren beweisen, am Ende schnitt das im Eisschnelllauf medaillenlos gebliebene Deutschland so schlecht wie seit 54 Jahren nicht mehr ab.

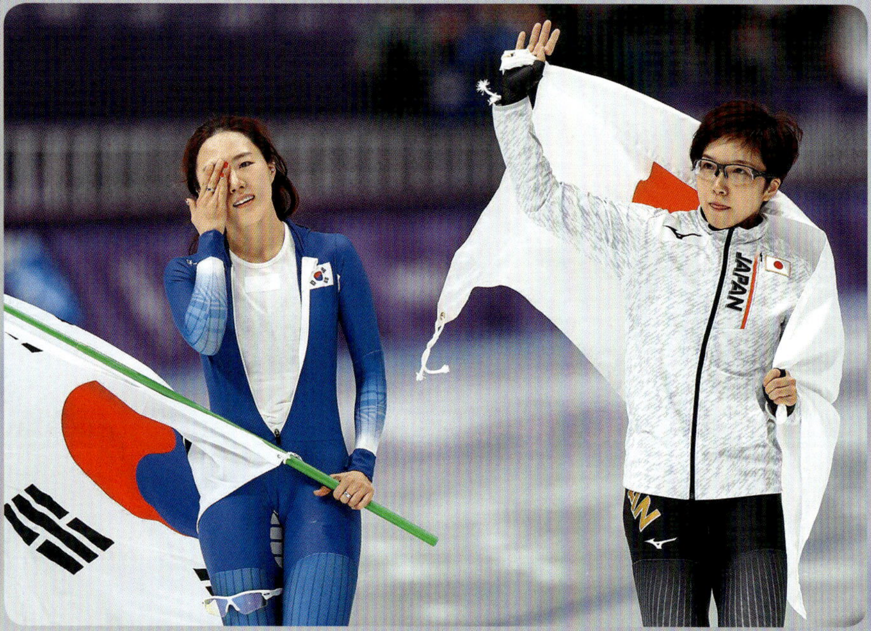

Von ihren Emotionen überwältigt feiern Nao Kodaira (Japan) und die Südkoreanerin Lee Sang Hwa die Gold- und Silbermedaille.

Eisschnelllauf, 500 m, Frauen

Japan holt sich Gold

Nao Kodaira hängte sich die japanische Fahne über den Rücken und nahm ihre schluchzende Gegnerin Lee Sang Hwa in die Arme. Die Top-Favoritin hat ihre Siegesserie auch im olympischen Eisschnelllauf-Finale über 500 Meter fortgesetzt. Damit holte sie bei den Winterspielen in Pyeongchang erstmals Gold für Japan auf dieser Distanz. Mit olympischem Rekord von 36,94 Sekunden setzte sich Kodaira nach 15 Weltcupsiegen hintereinander auch beim Saison-Höhepunkt durch. Sie verwies die zweimalige Olympiasiegerin aus dem Gastgeberland (37,33) deutlich auf den zweiten Platz. Lee, die von über 7000 Fans euphorisch gefeiert wurde, konnte es im ersten Moment kaum fassen, dass ihr der Hattrick nach Vancouver und Sotschi misslungen war. Karolina Erbanova aus Tschechien (37,34) freute sich über Bronze.

Die junge Mutter Judith Dannhauer kam in 38,53 Sekunden auf Platz 16. Damit reichte es für die 35-jährige Thüringerin im vierten Anlauf zwar zur besten Olympia-Platzierung auf dieser Strecke, mit dem Ausgang an der Spitze des Rennens hatte sie aber erwartungsgemäß nichts zu tun. »Ein versöhnlicher Abschluss meiner olympischen Karriere«, meinte sie. Ob es auch das Ende ihrer Laufbahn ist, wollte sie noch nicht verraten. »Da schlaf ich noch mal drüber.«

In Sotschi war die Erfurterin durch einen Fehlstart um eine Top-10-Platzierung gekommen. So stand ein 19. Rang von Turin 2006 als bisher beste Olympia-Platzierung auf dieser Strecke. Die Inzellerin Gabi Hirschbichler hatte mit Blick auf die noch bevorstehende Team-Verfolgung auf einen Start verzichtet. Die Europameisterin Vanessa Herzog aus Österreich schaffte es auf einen vierten Platz, wodurch ihrem Land eine Medaille nur knapp verwehrt blieb.

Ebenfalls medaillenlos blieben die Niederlande: Nachdem die Teilnehmerinnen aus Holland bis zu diesem Rennen jedes Mal eine Medaille gewinnen konnten, wurde die Sieges-Serie beim 500-m-Lauf unterbrochen. Die Jubelrufe der Oranje-Fans rissen trotzdem nicht ab und gingen besonders in Richtung der 32 Jahre alten Anice Das. In Mumbai geboren, kam sie im Alter von acht Monaten nach Holland und entdeckte damals über das Schul-Eislaufen die Liebe zum Kufensport. Damit war sie die erste in Indien geborene Eisschnellläuferin, die an den Winterspielen teilnimmt.

Statistik

Eisschnelllauf, 500 m, Frauen

18.2.2018, Gangneung Oval

1. Nao Kodaira	**JPN**	**36,94 Sek.**
2. Lee Sang Hwa	**KOR**	**37,33**
3. Karolina Erbanová	**CZE**	**37,34**
4. Vanessa Herzog	AUT	37,51
5. Brittany Bowe	USA	37,53
6. Jorien ter Mors	NED	37,53
7. Angelina Golikowa	OAR	37,62
8. Arisa Go	JPN	37,67
9. Yu Jing	CHN	37,81
10. Marsha Hudey	CAN	37,88
16. Judith Dannhauer	GER	38,53

Eisschnelllauf, 1000 m, Frauen

14.2.2018, Gangneung Oval

1. Jorien ter Mors	**NED**	**1:13,56 Min.**
2. Nao Kodaira	**JPN**	**1:13,82**
3. Miho Takagi	**JPN**	**1:13,98**
4. Brittany Bowe	USA	1:14,36
5. Vanessa Herzog	AUT	1:14,47
6. Marrit Leenstra	NED	1:14,85
7. Karolina Erbanová	CZE	1:14,95
8. Heather Bergsma	USA	1:15,15
9. Ireen Wüst	NED	1:15,32
10. Ida Njatun	NOR	1:15,43
15. Gabriele Hirschbichler	GER	1:16,03
26. Judith Dannhauer	GER	1:17,41
31. Michelle Uhrig	GER	1:20,81

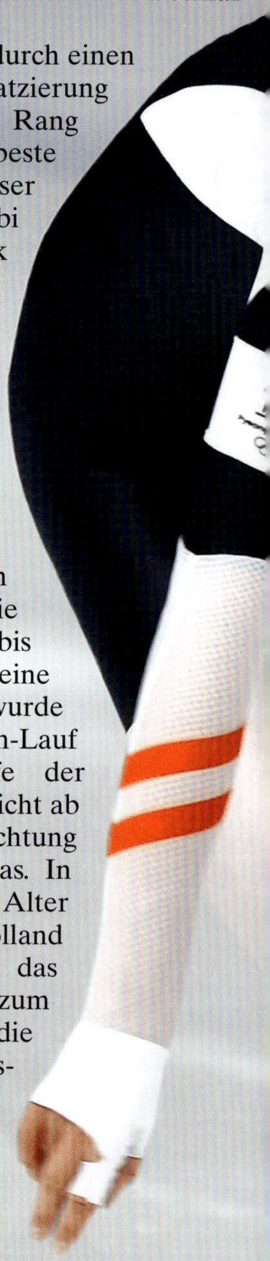

Volle Konzentration im Schlussspurt: Die Österreicherin Vanessa Herzog auf den letzten Metern vor dem Ziel.

Ter Mors fährt sich den Sieg ein, Herzog schlittert knapp am Podest vorbei

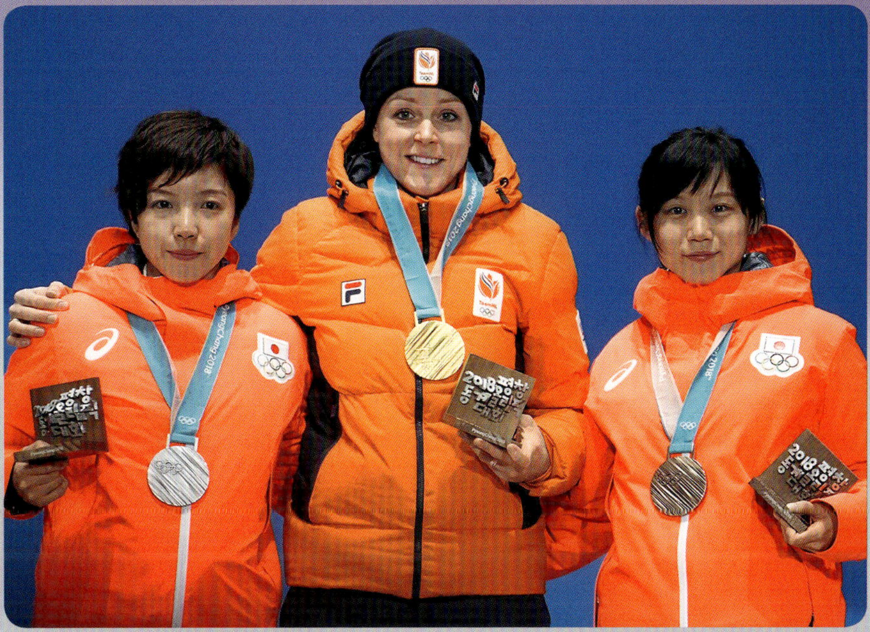

Eingerahmt von Nao Kodaira (Japan, Silber) und Miho Takagi (Japan, Bronze) nimmt die Niederländerin Jorien ter Mors ihre Goldmedaille entgegen.

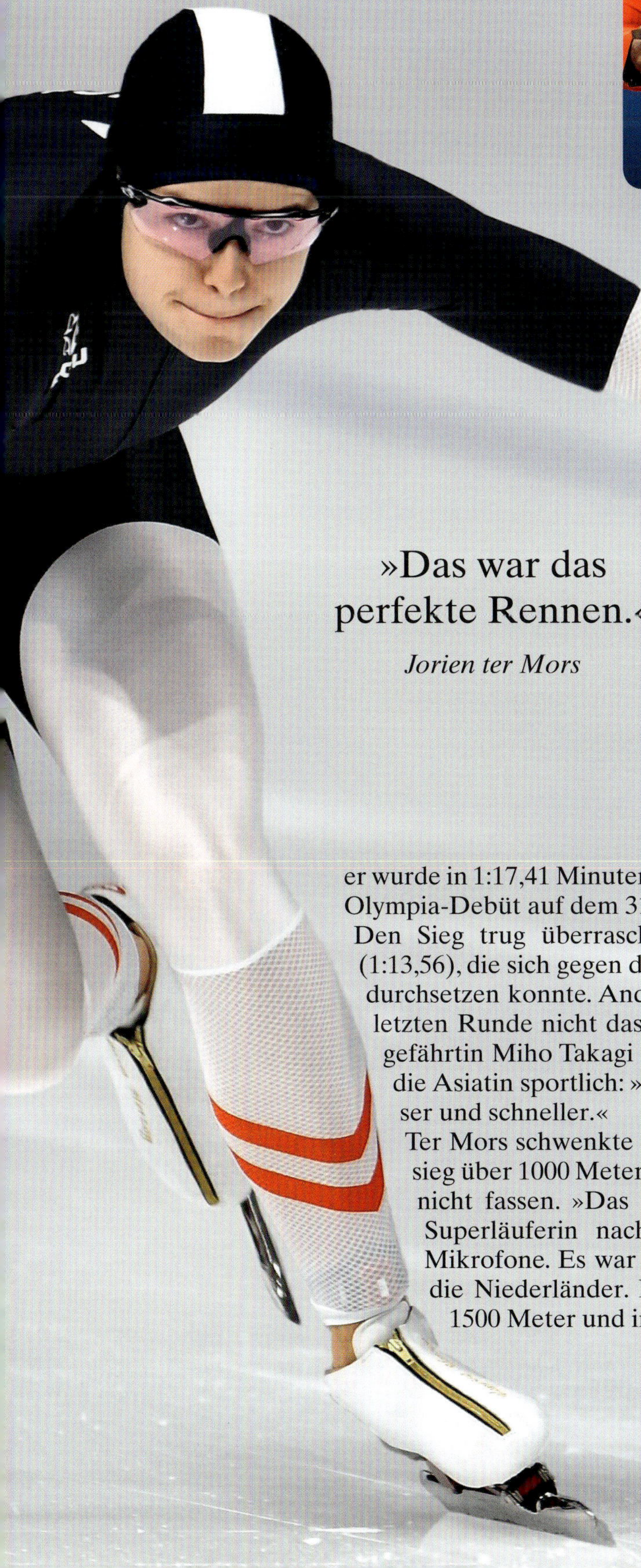

Auch in diesem Jahr gab es für die Österreicher keine Medaille im Eisschnelllauf der Frauen: Die Tirolerin Vanessa Herzog landete mit einer Zeit von 1:14,47 Minuten auf Rang 5 – und verpasste das Podest somit um Haaresbreite. Ein Ergebnis, von dem die deutschen Teilnehmerinnen nur träumen konnten: Gabriele Hirschbichler aus Inzell präsentierte sich zwar mit persönlicher Flachlandbestzeit in 1:16,03 Minuten ansprechend, kam im Feld der Topsprinterinnen dennoch nicht über Platz 15 hinaus. Die beiden anderen Deutschen lagen hingegen weit zurück. Die Erfurterin Judith Dannhauer wurde in 1:17,41 Minuten 25., Michelle Uhrig aus Berlin landete bei ihrem Olympia-Debüt auf dem 31. Rang (1:20,81).

> »Das war das perfekte Rennen.«
>
> *Jorien ter Mors*

Den Sieg trug überraschend die Holländerin Jorien ter Mors davon (1:13,56), die sich gegen die japanische Topfavoritin Nao Kodaira (1:13,82) durchsetzen konnte. Anders als ihre Konkurrentin hatte Kodaira auf der letzten Runde nicht das Stehvermögen und ging knapp vor ihrer Teamgefährtin Miho Takagi (1:13,98) ins Ziel. Den zweiten Platz akzeptierte die Asiatin sportlich: »Ich bin auch glücklich mit Silber. Jorien war besser und schneller.«

Ter Mors schwenkte auf der Ehrenrunde nach ihrem Überraschungssieg über 1000 Meter die niederländische Fahne und konnte ihr Glück nicht fassen. »Das war das perfekte Rennen«, rief die rothaarige Superläuferin nach ihrem nächsten Eisschnelllauf-Coup in die Mikrofone. Es war im fünften Olympia-Rennen der fünfte Sieg für die Niederländer. Für ter Mors war es nach den Triumphen über 1500 Meter und im Team 2014 in Sotschi das dritte Olympia-Gold.

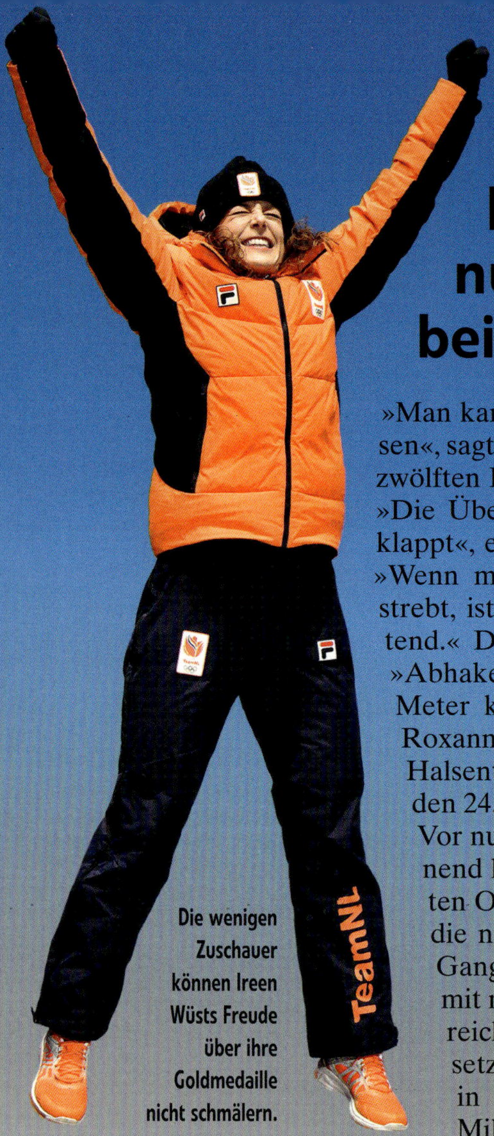

Die wenigen Zuschauer können Ireen Wüsts Freude über ihre Goldmedaille nicht schmälern.

Eisschnelllauf, 1500 m, Frauen

Deutsche sind nur Zuschauer bei Wüsts Show

»Man kann auch sagen: Ich habe es verschissen«, sagte Gabriele Hirschbichler über ihren zwölften Platz in 1:58,24 Minuten fast trotzig. »Die Überraschung nach vorn hat nicht geklappt«, erklärte die 34 Jahre alte Inzellerin. »Wenn man nach dem Lauf seines Lebens strebt, ist man schon eine Viertelstund' wütend.« Dann blickte sie auf den Mittwoch: »Abhaken, Mund abputzen und auf die 1000 Meter konzentrieren.« Ihre Teamgefährtin Roxanne Dufter kam nach überstandener Halsentzündung in 2:00,33 Minuten nur auf den 24. Platz.

Vor nur etwa 2000 Zuschauern in der gähnend leeren Halle hat Ireen Wüst im dritten Olympia-Rennen den dritten Sieg für die niederländischen Eisschnellläufer im Gangneung Oval perfekt gemacht. Die mit nunmehr fünf Olympiasiegen erfolgreichste Olympionikin der Oranjes setzte sich am Montag über 1500 Meter in 1:54,35 Minuten vor der Japanerin Miho Takagi und Teamgefährtin Marrit Leenstra durch.

Für die 31 Jahre alte Wüst war es im vierten Olympia-Rennen über 1500 Meter die vierte Medaille, schon in Vancouver hatte sie 2010 auf der Mittelstrecke gesiegt. Dabei hatte Wüst nach ihrer knappen Niederlage über 3000 Meter am Samstag etwas entmutigt gewirkt. »Ich musste das erstmal verarbeiten. Es hat etwas gedauert, bis ich mit Silber zufrieden war. Deshalb wollte ich über 1500 Meter unbedingt Gold holen«, gestand sie.

Hingegen musste die Japanerin Takagi im wichtigsten Saison-Rennen ihre erste Niederlage in diesem Winter hinnehmen. Nach vier unangefochtenen Weltcupsiegen fehlten der 23-Jährigen 0,20 Sekunden zum Gold.

Medaillen-Triple: Über 3000 Meter wird gleich das komplette Podest von den Niederländerinnen erobert. Carlijn Achtereekte überraschte mit Gold.

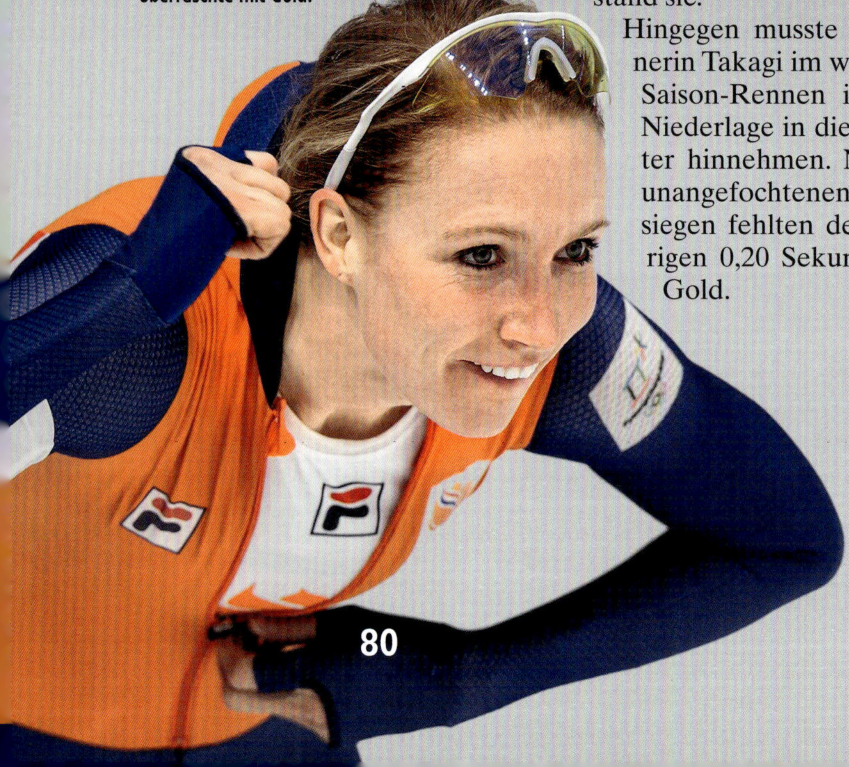

Eisschnelllauf 3000 m Frauen

Pechstein verfehlt ihr Ziel und schreibt trotzdem Olympia-Geschichte

Claudia Pechstein winkte ausgepumpt ins Publikum, genoss den Beifall der fahnenschwenkenden Fans, aber der Finger auf den Lippen als Zeichen an den Weltverband ISU blieb diesmal aus. Die fünfmalige Olympiasiegerin hat in ihrem olympischen Rekordrennen als Neunte die eigene Zielvorgabe mit Rang acht nicht ganz erfüllt. Aber nur 0,35 Sekunden fehlten ihr zu Platz sechs. Bei erfolgreichen Rennen will sie mit dem Finger auf dem Mund ein Zeichen an jene Funktionäre senden, die für die aus ihrer Sicht ungerechtfertigte Zwei-Jahres-Sperre vor neun Jahren verantwortlich waren.

»Ich bin vollauf zufrieden. Für mich war es ein erstklassiger Trainingslauf mit Blick auf die 5000 Meter«, sagte Pechstein. Sie hatte den Wettbewerb

Statistik

Eisschnelllauf, 1500 m, Frauen

12.2.2018, Gangneung Oval

1. Ireen Wüst	**NED**	**1:54,35 Min.**
2. Miho Takagi	**JPN**	**1:54,55**
3. Marrit Leenstra	**NED**	**1:55,26**
4. Lotte van Beek	NED	1:55,27
5. Brittany Bowe	USA	1:55,54
6. Nao Kodaira	JPN	1:56,11
7. Ida Njatun	NOR	1:56,46
8. Heather Bergsma	USA	1:56,74
9. Natalia Czerwonka	POL	1:57,85
10. Francesca Lollobrigida	ITA	1:57,94
12. Gabriele Hirschbichler	GER	1:58,24
24. Roxanne Dufter	GER	2:00,33

Eisschnelllauf, 3000 m, Frauen

10.2.2018, Gangneung Oval

1. Carlijn Achtereekte	**NED**	**3:59,21 Min.**
2. Ireen Wüst	**NED**	**3:59,29**
3. Antoinette de Jong	**NED**	**4:00,02**
4. Martina Sablikova	CZE	4:00,54
5. Miho Takagi	JPN	4:01,35
6. Ivanie Blondin	CAN	4:04,14
7. Isabelle Weidemann	CAN	4:04,26
8. Ayano Sato	JPN	4:04,35
9. Claudia Pechstein	GER	4:04,49
10. Natalja Woronina	OAR	4:05,85
23. Roxanne Dufter	GER	4:16,87

Eisschnelllauf, 5000 m, Frauen

16.2.2018, Gangneung Oval

1. Esmee Visser	**NED**	**6:50,23 Min.**
2. Martina Sablikova	**CZE**	**6:51,85**
3. Natalja Woronina	**OAR**	**6:53,98**
4. Annouk van der Weijden	NED	6:54,17
5. Ivanie Blondin	CAN	6:59,38
6. Isabelle Weidemann	CAN	6:59,88
7. Marina Sujewa	BLR	7:04,41
8. Claudia Pechstein	GER	7:05,43
9. Misaki Oshigiri	JPN	7:07,71
10. Jelena Peeters	BEL	7:10,26

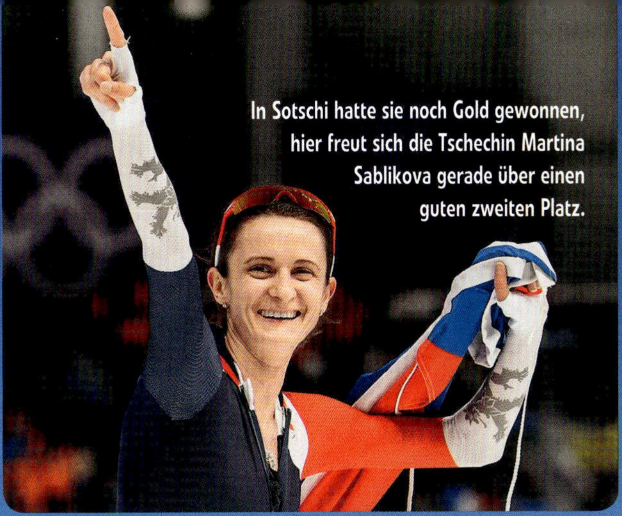

In Sotschi hatte sie noch Gold gewonnen, hier freut sich die Tschechin Martina Sablikova gerade über einen guten zweiten Platz.

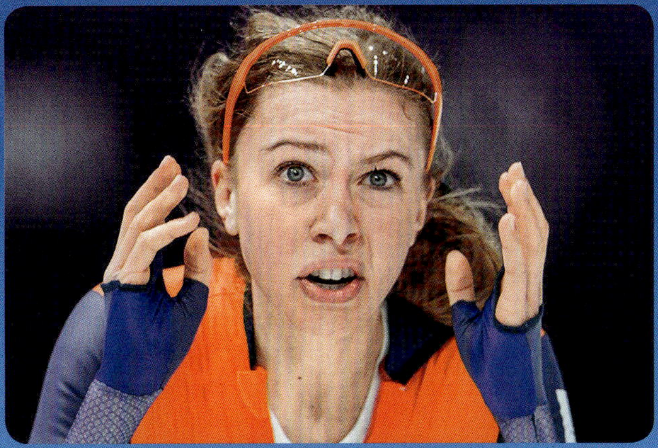

Sie kann es nicht fassen: Die 22 Jahre alte Esmee Visser holt eine weitere Goldmedaille für die Niederlande im Eisschnelllauf.

in erster Linie zum Aufwärmen für das Rennen über ihre 5000-Meter-Paradestrecke genutzt. Trotz Platz neun stellte sie schon mit ihrem Start drei olympische Bestmarken auf: Als erste Athletin nimmt sie zum siebten Mal an Olympischen Winterspielen teil. Noch nie lief eine Eisschnellläuferin 16 olympische Einzelrennen. Zudem ist sie mit 45 Jahren die älteste Wintersportlerin, die bislang an einem olympischen Wettbewerb teilgenommen hat.

Die Niederländerinnen machten aus dem Rennen indes eine Oranje-Show. Achtereekte musste früh starten und legte 3:59,21 Minuten vor. Die viermalige Olympiasiegerin Wüst lag in ihrem Lauf lange auf Bestzeitkurs, doch in den letzten Runden fehlte ihr die Kraft. Zum Schluss war sie acht Hundertstelsekunden langsamer. De Jong machte den totalen Oranje-Triumph perfekt.

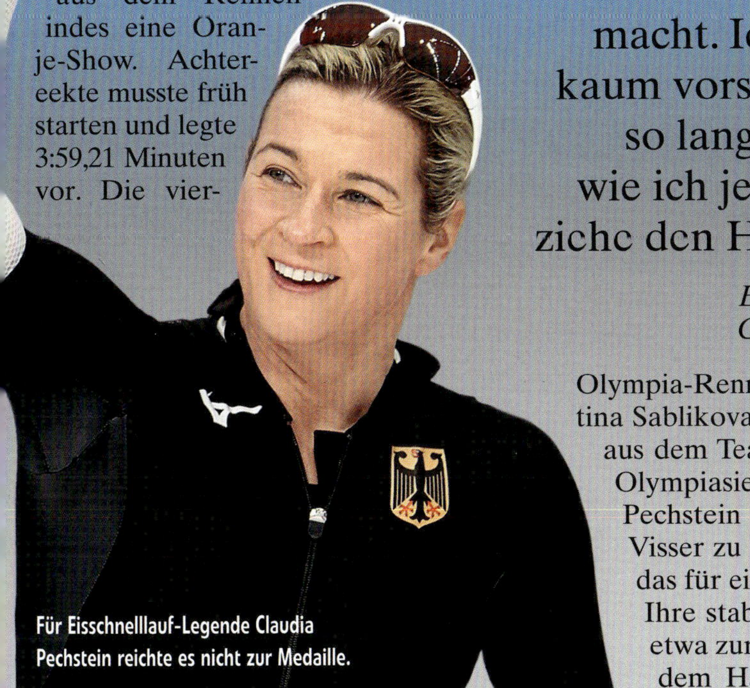

Für Eisschnelllauf-Legende Claudia Pechstein reichte es nicht zur Medaille.

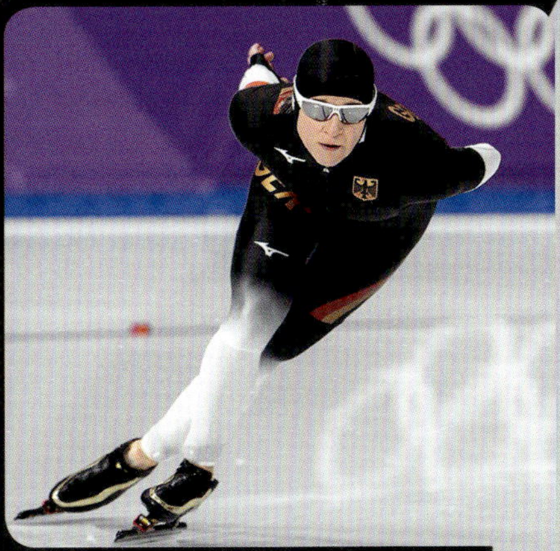

Eisschnelllauf 5000m Frauen

Der Jugend den Vortritt gelassen

»Es ist wirklich beeindruckend, was sie macht. Ich kann mir kaum vorstellen, noch so lange zu laufen, wie ich jetzt lebe. Ich ziehe den Hut vor ihr.«

Esmee Visser über Claudia Pechstein.

Claudia Pechstein stützte die Arme auf die Knie und winkte mit verzerrter Miene nur kurz ins Publikum. Deutschlands erfolgreichste Winter-Olympionikin hat die ersehnte zehnte Olympia-Medaille bei den Winterspielen in Pyeongchang um Längen verpasst. Der Berlinerin missglückte mit Platz acht über 5000 Meter das Vorhaben, als älteste Frau der Olympia-Geschichte eine Medaille in einer Einzel-Disziplin zu holen.

In 7:05,43 Minuten musste Pechstein im Gangneung Oval der Jugend den Vortritt lassen. Die gerade 22 Jahre alt gewordene Esmee Visser holte in 6:50,23 Minuten im siebten Olympia-Rennen das sechste Gold für die Niederlande. Sotschi-Siegerin Martina Sablikova aus Tschechien rettete in Südkorea Silber vor Natalia Woronina aus dem Team der Olympischen Athleten aus Russland. »Es ist unglaublich, Olympiasiegerin zu sein«, sagte Visser dem TV-Sender NOS.

Pechstein riskierte alles, um vor 5000 Zuschauern die vorgelegte Zeit von Visser zu knacken. »Ich habe einen Plan, und wenn ich den umsetze, reicht das für eine Medaille«, hatte sie angekündigt. Doch der Plan ging nicht auf. Ihre stabilen Rundenzeiten im Bereich von 32 Sekunden hielt sie nur bis etwa zur Hälfte des Rennens durch, dann kam der so genannte »Mann mit dem Hammer«, die Zeiten stiegen von Runde zu Runde. So war der Rückstand von fast zwölf Sekunden auf den Bronzerang mehr als bitter.

3000-Meter-Europameisterin Visser hatte vor dem Rennen großen Respekt vor der mehr als doppelt so alten Veteranin aus Deutschland geäußert. »Es ist wirklich beeindruckend, was sie macht. Ich kann mir kaum vorstellen, noch so lange zu laufen, wie ich jetzt lebe. Ich ziehe den Hut vor ihr.« Auf dem Eis ließ sie ihr dann aber keine Chance.

Mit dem Rennen in Pyeongchang schließt sich für Pechstein ein Kreis. Ihre erste internationale Medaille hat sie vor 30 Jahren mit Silber bei der Junioren-WM gewonnen. Und diese fand auch in Südkorea – in Seoul – statt. Neunte wurde dort die heutige DESG-Präsidentin Stefanie Teeuwen. Nur die Medaille, die war für Pechstein diesmal nicht in Reichweite.

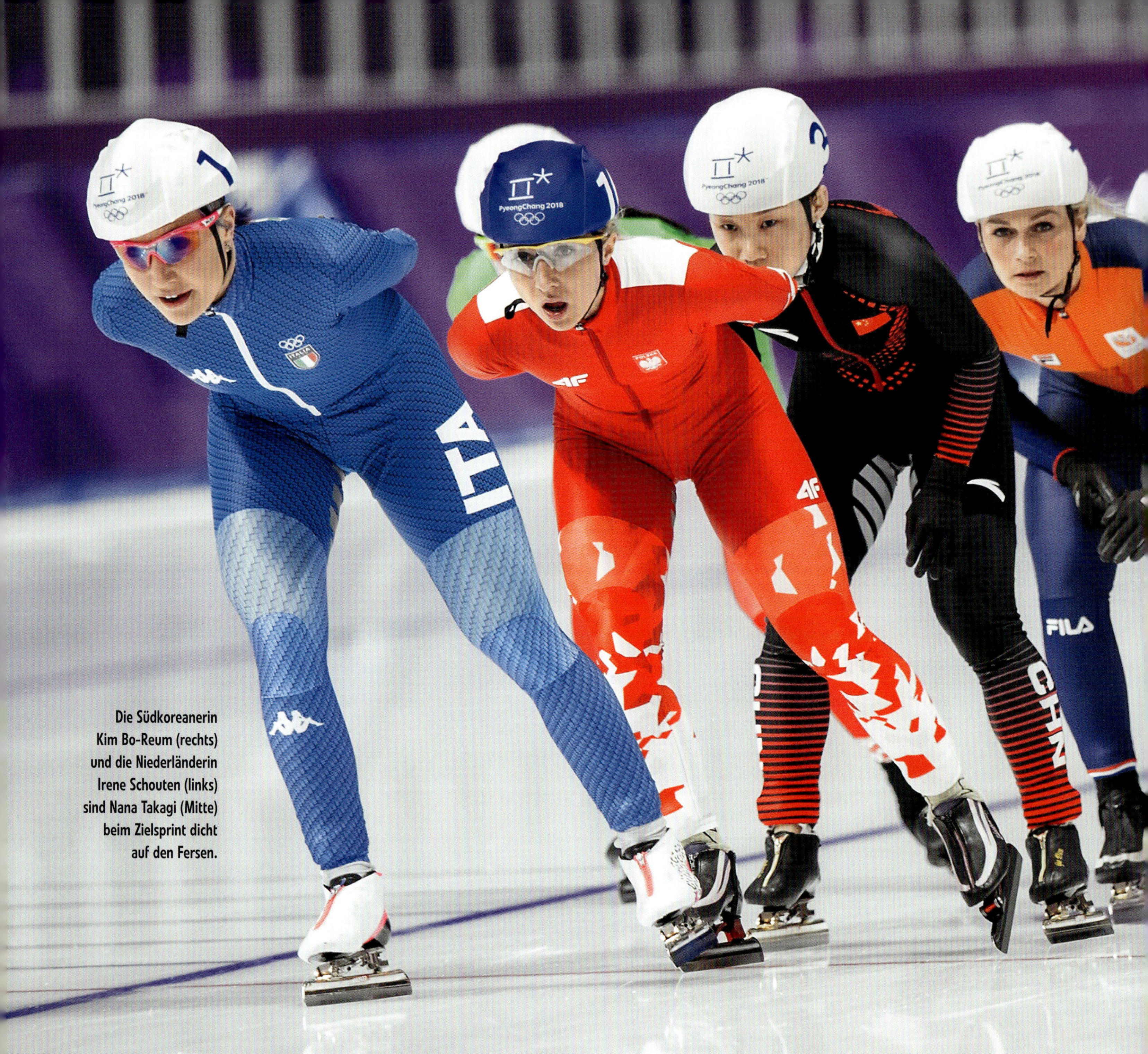

Die Südkoreanerin Kim Bo-Reum (rechts) und die Niederländerin Irene Schouten (links) sind Nana Takagi (Mitte) beim Zielsprint dicht auf den Fersen.

Eisschnelllauf, Teamverfolgung, Frauen

Wüst verpasst Krönung – Deutsche werden der Erwartung nicht gerecht

Nach dem Frauen-Finale gab es enttäuschte Gesichter im Oranje-Team. Weltrekordler Japan hatte den Niederländerinnen in 2:53,89 Minuten keine Chance gelassen. Superstar Ireen Wüst, die zuvor bereits die 1500 Meter gewinnen konnte, verpasste die große Chance, mit ihrem sechsten Olympiasieg zur erfolgreichsten Eisschnellläuferin der Olympia-Geschichte aufzusteigen. Mit nunmehr elf Medaillen liegt sie weiter hinter der Russin Lidija Skoblikowa, die 1960 und 1964 insgesamt sechsmal mit Gold erfolgreich war, und konnte nicht wie erhofft an die vierte Stelle der Rangliste der erfolgreichsten Sportler bei Winterspielen vorrücken.

Bei der Lehrvorführung der Japanerinnen konnten die Deutschen nur traurig zuschauen. Im Platzierungsrennen mussten sich Claudia Pechstein, Gabi Hirschbichler und Roxanne Dufter nach der Niederlage gegen China mit dem sechsten Platz begnügen.

Ihre Medaillenchance hatten die Deutschen bereits in der Qualifikation verpasst, als einer der vier Top-Ränge zum Erreichen des Halbfinals verfehlt wurde. Roxanne Dufter sprach daher auch »vom schwarzen Montag«. Noch 2006 und 2010 hatten die Deutschen den Olympiasieg davongetragen.

Sportdirektor Robert Bartko brachte seine Enttäuschung über das Abschneiden schon vor den abschießenden Rennen zum Ausdruck »Wir sind den Erwartungen nicht gerecht geworden«, sagte er.

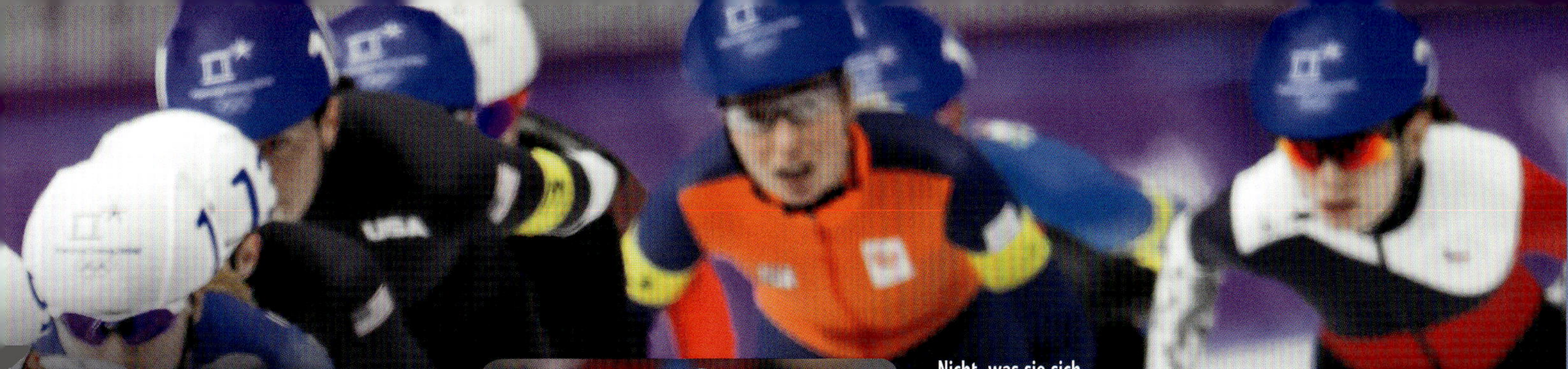

»Ich wollte ins Finale, das habe ich geschafft. Ich bin stolz, dass ich dieses Programm hier mit 46 Jahren bei meinen siebten Spielen absolviert habe.«

Claudia Pechstein

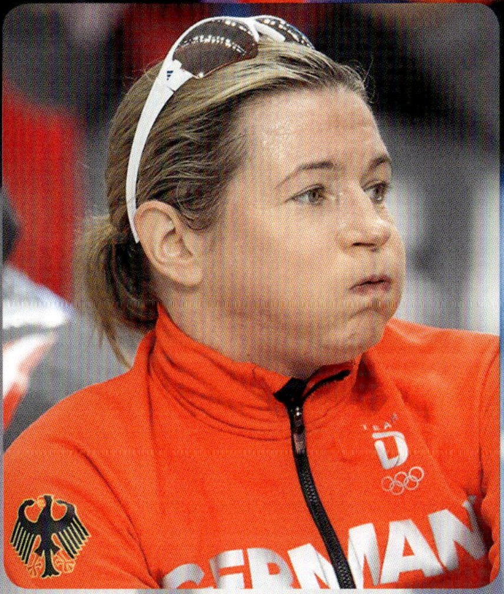

Nicht, was sie sich vorgestellt hatte: Claudia Pechstein landete am Ende auf dem 13. Platz.

Eisschnelllauf, Massenstart, Frauen

Zu starke Konkurrenz

Claudia Pechstein verließ das Eis im Gangneung Oval mit einem Lächeln. »Ich wollte ins Finale, das habe ich geschafft. Ich bin stolz, dass ich dieses Programm hier mit 46 Jahren bei meinen siebten Spielen absolviert habe«, meinte die fünfmalige Olympiasiegerin nach ihrem insgesamt 19. Rennen bei Winterspielen.

Mit einem 13. Platz bei der Olympia-Premiere des Massenstartrennens konnte die Berlinerin die miserable Bilanz der deutschen Eisschnellläufer in Pyeongchang nicht mehr aufpolieren. Der Abschwung geht nach dem ersten Olympia-Abschneiden ohne Medaille nach 50 Jahren in Sotschi 2014 ungebremst weiter.

Zwei Tage nach ihrem 46. Geburtstag reichte Pechsteins Leistung nicht aus. »Ich habe mir gesagt: Medaille oder nix und habe mich deshalb auch nicht an den Zwischenspurts beteiligt. Ich wollte das Rennen mitgestalten, aber das ist mir nicht so gut gelungen«, sagte sie und hustete wieder heftig in der Mixed-Zone, weil ihr die trockene Luft in der Halle zu schaffen machte.

Dabei hatte sie als passionierter Eishockey-Fan tags zuvor auf den Besuch des Halbfinals der deutschen Cracks gegen Kanada in der Nachbarhalle verzichtet, um sich nicht von ihrem letzten Rennen in Südkorea ablenken zu lassen.

Das erste Olympia-Gold im Massenstart ging an die Japanerin Nana Takagi, die sich im Spurt vor Ex-Weltmeisterin Kim Bo Reum aus Südkorea und Irene Schouten aus den Niederlanden durchsetzte.

Schon vor dem Massenstartrennen hatte Pechstein von einer »Lotterie« gesprochen, bei der man nicht wisse, wie sie ausgehen könnte. Als Elfte der WM im Vorjahr zählte sie nicht zu den Mitfavoriten, obwohl ihr in Calgary im Dezember zuvor ein überraschender Weltcup-Coup gelungen war. Im Halbfinale konnte sie in einem erfolgreichen Zwischenspurt fünf Punkte sammeln, ein vierter Platz reichte ihr zur Verwirklichung ihres Minimalziels.

Statistik

Eisschnelllauf, Massenstart, Frauen

24.2.2018, Gangneung Oval

1.	**Nana Takagi**	**JPN**	**60 Pkt.**
2.	**Kim Bo Reum**	**KOR**	**40**
3.	**Irene Schouten**	**NED**	**20**
4.	Saskia Alusalu	EST	15
5.	Li Dan	CHN	6
6.	Marina Sujewa	BLR	3
7.	Francesca Lollobrigida	ITA	1
8.	Nikola Zdrahalova	CZE	1
9.	Luiza Zlotkowska	POL	1
10.	Guo Dan	CHN	
13.	Claudia Pechstein	GER	
19.	Ramona Härdi	SUI	Halbfinale

Eisschnelllauf, Teamverfolgung, Frauen

21.2.2018, Gangneung Oval

1.	**Japan** Miho Takagi Ayano Sato Nana Takagi	**2:53,89 Min.**
2.	**Niederlande** Marrit Leenstra Ireen Wüst Antoinette de Jong	**2:55,48**
3.	**USA** Heather Bergsma Brittany Bowe Mia Manganello	**2:59,27 B-Finale**
4.	Kanada	2:59,72
5.	China	3:00,04 C-Finale
6.	Deutschland Roxanne Dufter Gabriele Hirschbichler Claudia Pechstein	3:04,67
7.	Polen	3:03,11 D-Finale
8.	Südkorea	3:07,30

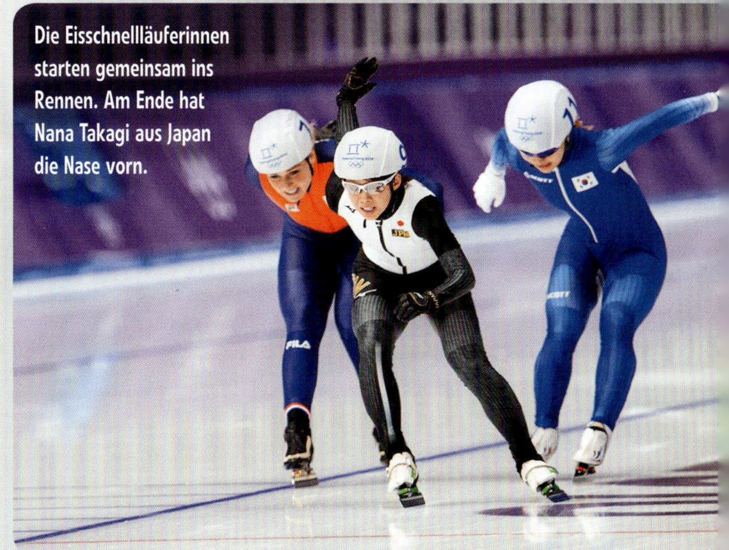

Die Eisschnellläuferinnen starten gemeinsam ins Rennen. Am Ende hat Nana Takagi aus Japan die Nase vorn.

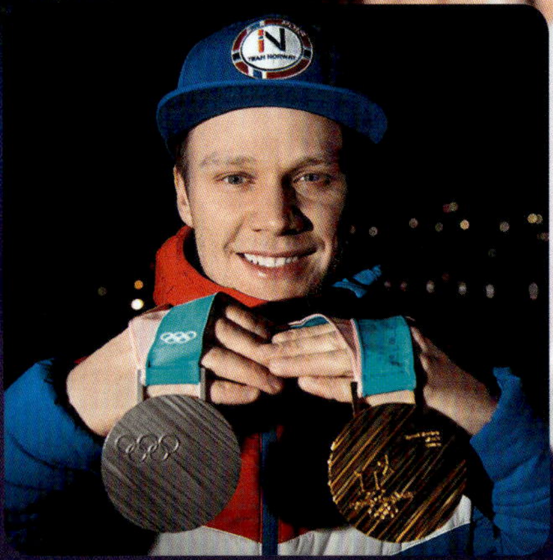

Der Norweger Harvard Lorentzen zeigte stolz seine zwei Medaillen.

Weltmeister Jan Smeekens aus den Niederlanden, der tags zuvor beim Abschlusstraining schwer gestürzt war, kam über Rang zehn nicht hinaus. Der Weltrekordler und fünfmalige Weltmeister Pawel Kulischnikow aus Russland hatte vom IOC wegen der Staatsdoping-Affäre in Sotschi keine Einladung erhalten. Joel Dufter aus Inzell musste bei seiner Olympia-Premiere vor über 7000 Zuschauern mit Rang 29 (35,50 Sekunden) zufrieden sein.

Eisschnelllauf, 500 m, Männer

»Scheiße«: Ihle verpasst sein Olympia-Ziel

Gleich beim Zieldurchlauf brüllte Nico Ihle lautstark »Scheiße« durch das Gangneung Oval. Der Eisschnellläufer aus Chemnitz blieb bei den Olympischen Winterspielen in Pyeongchang auf seiner Paradestrecke über 500 Meter ohne die erhoffte Olympia-Medaille und belegte nur den achten Platz.

»Erst habe ich mich gar nicht getraut, auf die Anzeigetafel zu schauen«, sagte Ihle. Doch schon wenige Minuten nach seinem Rennen konnte er wieder lächeln. »Ich bin nicht so unzufrieden. Es war kein schlechter Lauf. In so einem Feld muss man erstmal Achter werden«, sagte der 32-Jährige und fügte hinzu: »Ich denke, dass es den Leuten, die mir zusehen, schlechter geht als mir.«

Ihle egalisierte damit seine bisher beste Olympia-Platzierung, doch seine Ziele waren höher gesteckt. Beim Angang auf den ersten 100 Metern fehlten ihm die entscheidenden Hundertstel, um den Schwung für die Runde aufzunehmen. In 34,89 Sekunden war er am Ende 0,23 Sekunden langsamer als beim Gewinn von WM-Silber 2017 an gleicher Stelle.

»Die 500 Meter machen noch mehr Lust auf olympische Rennen«, meinte er. Von Niedergeschlagenheit war bei dem Sachsen keine Spur. Umjubelter Sieger über die kürzeste Strecke war der Norweger Havard Lorentzen. In 34,41 Sekunden sorgte der Weltcup-Führende für einen olympischen Rekord. Mit einer Hundertstelsekunde Abstand ging Silber an den Südkoreaner Cha Min-Kyu, gefolgt vom Chinesen Gao Tingyu auf dem Bronzerang (34,65).

> »Ich bin nicht so unzufrieden. Es war kein schlechter Lauf. In so einem Feld muss man erstmal Achter werden.«
>
> *Nico Ihle*

Statistik

Eisschnelllauf, 500 m, Männer

18.2.2018, Gangneung Oval

Platz	Name	Land	Zeit
1.	**Havard Lorentzen**	**NOR**	**34,41 Sek.**
2.	**Cha Min-Kyu**	**KOR**	**34,42**
3.	**Gao Tingyu**	**CHN**	**34,65**
4.	Mika Poutala	FIN	34,68
5.	Daichi Yamanaka	JPN	34,78
6.	Joji Kato	JPN	34,83
7.	Ronald Mulder	NED	34,83
8.	Nico Ihle	GER	34,89
9.	Kai Verbij	NED	34,90
10.	Jan Smeekens	NED	34,93
29.	Joel Dufter	GER	35,50

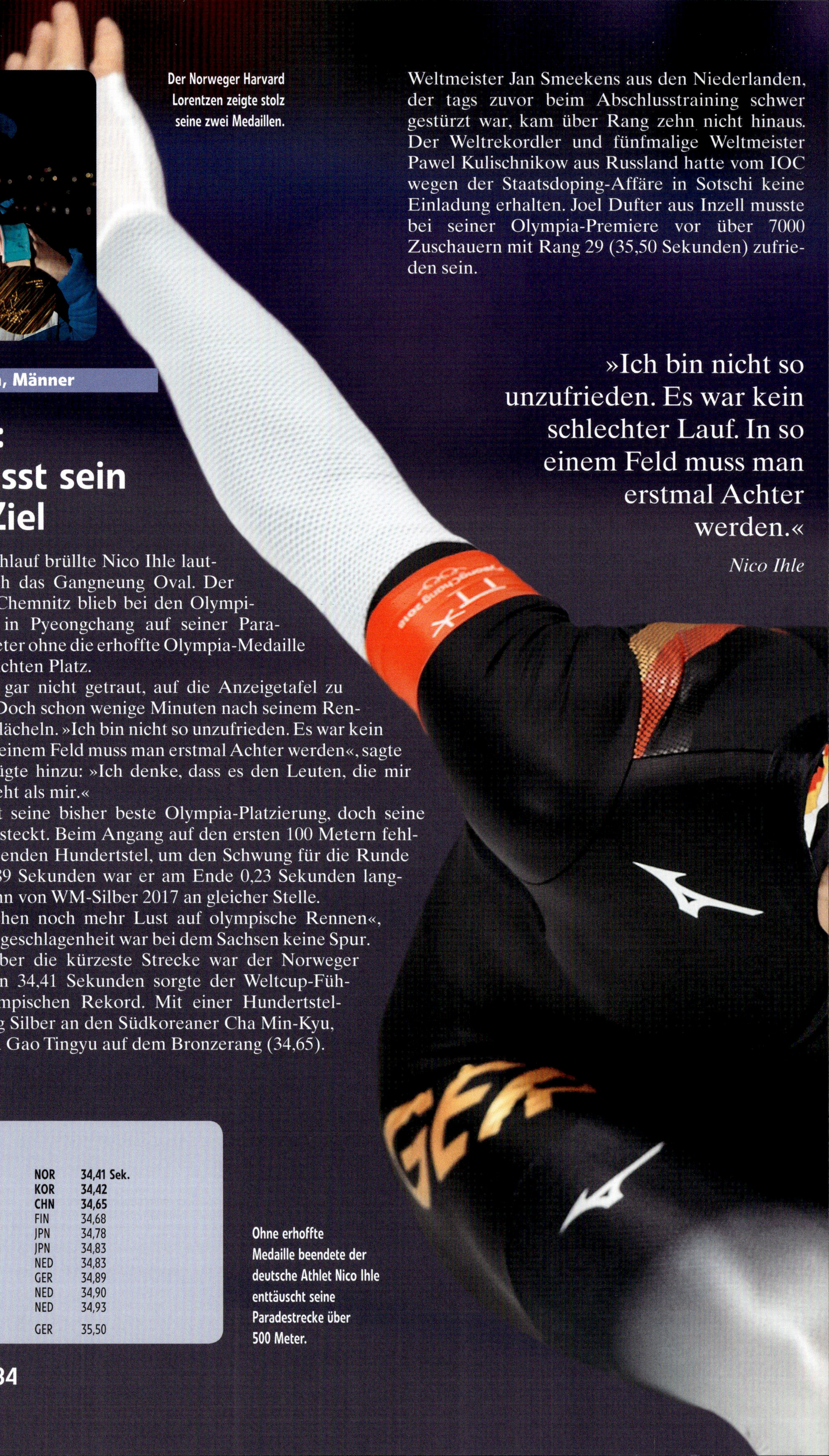

Ohne erhoffte Medaille beendete der deutsche Athlet Nico Ihle enttäuscht seine Paradestrecke über 500 Meter.

Eine unerwartete Kampfansage

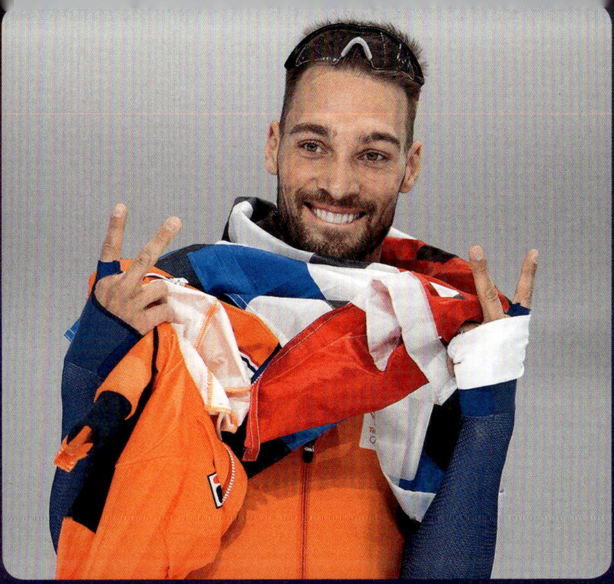

Der Niederländer Kjeld Nuis blieb seiner Favoritenrolle treu und gewann über 1000 Meter Gold.

Nico Ihle streckte die Zunge heraus und winkte gequält ins Publikum. Doch schon ein paar Minuten nach seinem enttäuschenden achten Platz in der Olympia-Konkurrenz der Eisschnellläufer über 1000 Meter überraschte der Chemnitzer mit einer Kampfansage: »So ein Ergebnis darf ich nicht auf mir sitzen lassen. Vielleicht muss ich doch in Peking 2022 noch einmal angreifen«, sagte der 32-Jährige. Zuvor hatte er erklärt, er könne sich die nächsten Winterspiele »höchstens als Trainer an der Bande« vorstellen.

Der Chemnitzer EM-Dritte schlitterte erneut weit an dem erhofften Podestplatz in Pyeongchang vorbei und verpasste das angestrebte erste Edelmetall für deutsche Herren seit 16 Jahren deutlich. Mehr als sieben Zehntelsekunden fehlten dem EM-Dritten auf den Bronzerang.

In 1:08,93 Minuten fehlte die ersehnte Steigerung. »Aber das Leben geht weiter. Ich lasse den Kopf nicht hängen. Es klingt blöd, dass man so was bei Olympia sagt: Jetzt will ich bei der Sprint-WM kommende Woche in China meine erste Medaille holen.« Zu seiner Gemütslage meinte er: »Ich muss das erstmal sacken lassen.«

Der Recke mit den kräftigen Oberschenkeln meinte: »Der Verband forderte von mir hier eine Medaille, aber davon habe ich mich nicht unter Druck setzen lassen.«

Der Sieg ging in 1:07,95 Minuten an den Topfavoriten Kjeld Nuis, der zuvor schon die 1500 Meter im Gangneung Oval für sich entschieden hatte. Nach Eric Heiden (USA/1980) und Gaetan Boucher (Kanada/1984) ist der 28 Jahre alte Nuis der dritte Eisschnellläufer, der die 1000 und die 1500 Meter bei denselben Spielen gewann.

Silber erkämpfte Havard Lorentzen, der über 500 Meter das erste Olympia-Gold für Norwegen auf dieser Distanz seit 1948 geholt hatte, in 1:07,99 Minuten vor dem Südkoreaner Kim Tae Yun (1:08,22). Der 22-jährige Joel Dufter aus Inzell kam in 1:09,46 Minuten auf den 14. Platz und verfehlte die angestrebten Top Zehn.

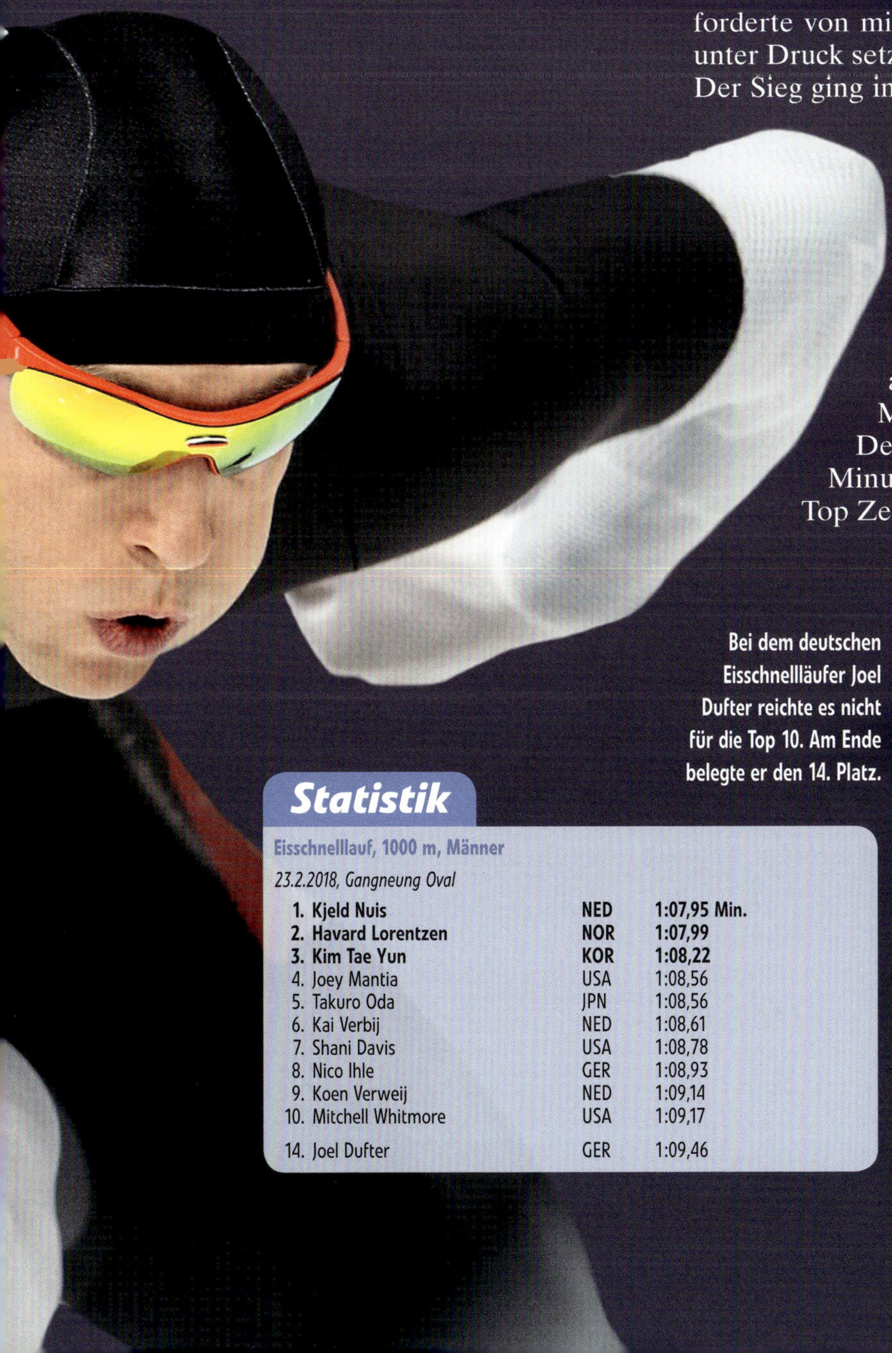

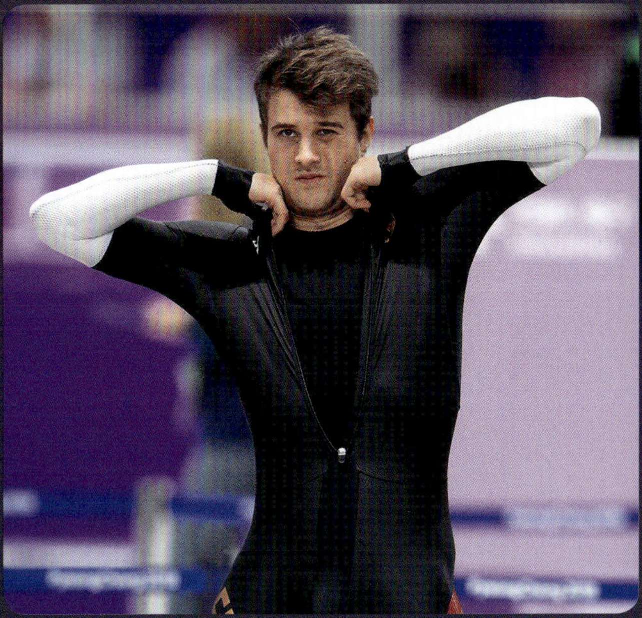

Bei dem deutschen Eisschnellläufer Joel Dufter reichte es nicht für die Top 10. Am Ende belegte er den 14. Platz.

Statistik

Eisschnelllauf, 1000 m, Männer

23.2.2018, Gangneung Oval

Platz	Name	Land	Zeit
1.	**Kjeld Nuis**	**NED**	**1:07,95 Min.**
2.	**Havard Lorentzen**	**NOR**	**1:07,99**
3.	**Kim Tae Yun**	**KOR**	**1:08,22**
4.	Joey Mantia	USA	1:08,56
5.	Takuro Oda	JPN	1:08,56
6.	Kai Verbij	NED	1:08,61
7.	Shani Davis	USA	1:08,78
8.	Nico Ihle	GER	1:08,93
9.	Koen Verweij	NED	1:09,14
10.	Mitchell Whitmore	USA	1:09,17
14.	Joel Dufter	GER	1:09,46

Eisschnelllauf, 1500 m, Männer

Oranje dominiert auf dem Eis

Kjeld Nuis riss die Faust in die Luft und hämmerte sich immer wieder gegen die Brust: Der Doppel-Weltmeister hat die Siegesserie der niederländischen Eisschnellläufer bei den Winterspielen in Gangneung mit seinem Sieg über 1500 Meter fortgesetzt.

Die weiteren Medaillen gingen an seinen Landsmann Patrick Roest und den Südkoreaner Kim Min Seok, der für Bronze von den kreischenden Fans stürmisch umjubelt wurde.

Deutsche Läufer waren nur Zaungäste. Patrick Beckert, der den einzigen Startplatz für die Deutschen erkämpft hatte, konzentrierte sich auf die Langstrecken, Joel Dufter aus Inzell auf seine Spezialdistanz über 1000 Meter.

Bei ihrem grandiosen Auftritt vor 5000 Zuschauern, darunter 400 Oranje-Fans, profitierten die Niederländer allerdings von der Abwesenheit des vom IOC nicht eingeladenen Weltrekordlers Denis Juskow aus Russland.

Der aus dem Dörfchen Zoeterwoude in Südholland stammende Kjeld Nuis beeindruckte die Konkurrenz mit seinem technisch perfekten, kraftvollen Lauf und ließ sich schon vor der Siegerehrung von seinen fahneschwenkenden Anhängern feiern.

»Das war echt rassig. Ich bin sehr gut gelaufen. Aber ich war sehr nervös«, bekannte der Sieger im TV-Interview des niederländischen Senders NOS. »Ich wollte zeigen, dass ich der Schnellste bin. Heute habe ich gezeigt, dass ich mit Druck umgehen kann«, sagte Nuis.

Schon zuvor hatte er den 22 Jahre alten Roest als härtesten Rivalen ausgemacht. Dieser war aber direkt nach seinem Rennen nicht mal ganz zufrieden. »Ich hatte mir etwas mehr erhofft«, sagte der Newcomer und verfolgte die Konkurrenten mit bangem Blick auf der Tribüne. Am Ende durfte auch er neben dem Sieger den Jubelreigen zelebrieren.

Eisschnelllauf, 5000 m, Männer

Kein schlechtes Rennen für Beckert, doch die Dynamik fehlte

Das war wohl nichts: Patrick Beckert hat eine lange Durststrecke nicht beenden können und die erste Olympia-Medaille deutscher Eisschnellläufer nach 16 Jahren bei seinem Rennen über 5000 m klar verfehlt.

Der Erfurter lief in 6:17,91 Minuten auf Platz zehn, nachdem er vor vier Jahren in Sotschi Achter war. »Es fehlte heute ein wenig die Frische, die Dynamik, das Tempo zu halten«, meinte Beckert. »Aber es wäre unfair zu sagen, das war ein schlechtes Rennen.«

Der Niederländer Sven Kramer wurde über 5000 m zum dritten Mal hintereinander Olympiasieger und sorgte damit für eine Premiere. Kramer ist der erste männliche Eisschnellläufer, der in der gleichen Disziplin dreimal hintereinander an Olympischen Winterspielen triumphiert hat. Der 31-Jährige lag nach 3400 m erstmals an der Spitze und baute die Führung bis ins Ziel auf 1,85 Sekunden aus. Der Eisschnelllauf-Star lief im vorletzten Paar im direkten Duell gegen Beckert in 6:09,76 Minuten souverän die Siegeszeit. Er brach damit seinen olympischen Rekord von Sotschi und

Statistik

Eisschnelllauf, 1500 m, Männer

13.2.2018, Gangneung-Oval

Platz	Name	Land	Zeit
1.	**Kjeld Nuis**	**NED**	**1:44,01 Min.**
2.	**Patrick Roest**	**NED**	**1:44,86**
3.	**Kim Min-Seok**	**KOR**	**1:44,93**
4.	Haralds Silovs	LAT	1:45,25
5.	Takuro Oda	JPN	1:45,44
6.	Bart Swings	BEL	1:45,49
7.	Sindre Henriksen	NOR	1:45,64
8.	Joey Mantia	USA	1:45,86
9.	Sverre Lunde Pedersen	NOR	1:46,12
10.	Shane Williamson	JPN	1:46,21
25.	Livio Wenger	SUI	1:47,76

Eisschnelllauf, 5000 m, Männer

11.2.2018, Gangneung-Oval

Platz	Name	Land	Zeit
1.	**Sven Kramer**	**NED**	**6:09,76 Min.**
2.	**Ted-Jan Bloemen**	**CAN**	**6:11,61**
3.	**Sverre Lunde Pedersen**	**NOR**	**6:11,61**
4.	Peter Michael	NZL	6:14,07
5.	Lee Seung Hoon	KOR	6:14,15
6.	Bart Swings	BEL	6:14,57
7.	Jan Blokhuijsen	NED	6:14,75
8.	Nicola Tumolero	ITA	6:15,48
9.	Seitaro Ichinohe	JPN	6:16,55
10.	Patrick Beckert	GER	6:17,91
12.	Moritz Geisreiter	GER	6:18,34
17.	Livio Wenger	SUI	6:24,16

Eisschnelllauf, 10 000 m, Männer

15.2.2018, Gangneung Oval

Platz	Name	Land	Zeit
1.	**Ted-Jan Bloemen**	**CAN**	**12:39,77 Min.**
2.	**Jorrit Bergsma**	**NED**	**12:41,98**
3.	**Nicola Tumolero**	**ITA**	**12:54,32**
4.	Seung-Hoon Lee	KOR	12:55,54
5.	Jordan Belchos	CAN	12:59,51
6.	Sven Kramer	NED	13:01,02
7.	Patrick Beckert	GER	13:01,94
8.	Bart Swings	BEL	13:03,53
9.	Moritz Geisreiter	GER	13:06,35
10.	Ryosuke Tsuchiya	JPN	13:10,31

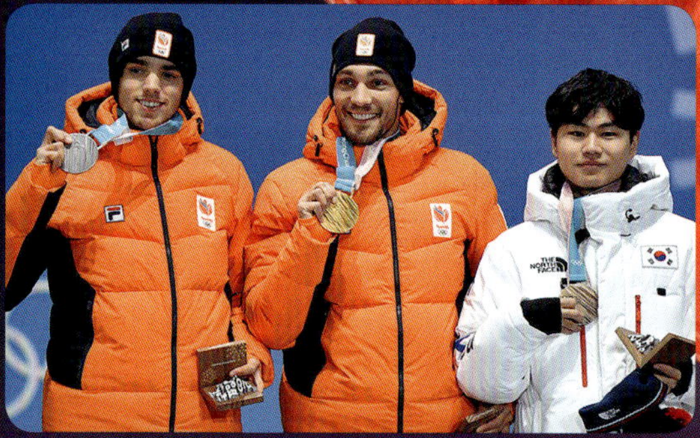

Das Podium des 1500-Meter-Laufs: Patrick Roest (Silber), Kjeld Nuis (Gold, beide Niederlande) und der Südkoreaner Kim Min-Seok (von links nach rechts).

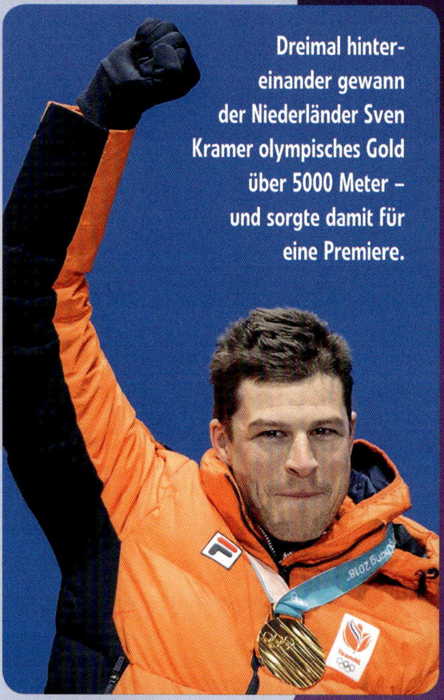

Dreimal hintereinander gewann der Niederländer Sven Kramer olympisches Gold über 5000 Meter – und sorgte damit für eine Premiere.

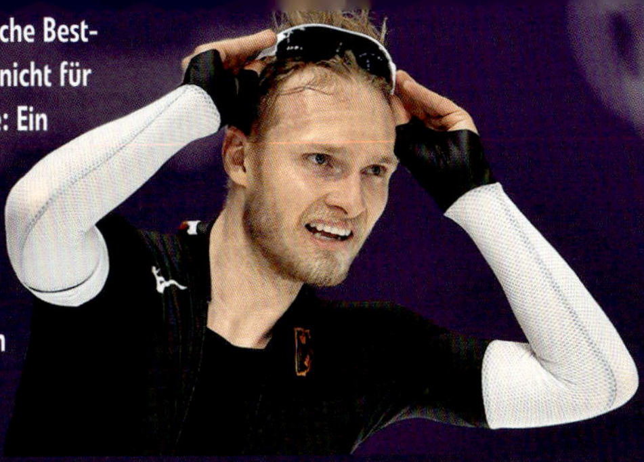
Die persönliche Bestzeit reichte nicht für die Medaille: Ein niedergeschlagener Patrick Beckert nach seinem Lauf.

sorgte für das zweite niederländische Gold im zweiten Rennen im Gangneung Oval.

Den Zweitplatzierten Kanadier Ted-Jan Bloemen und den norwegischen Bronzemedaillengewinner Sverre Lunde Pedersen trennten bloß zwei Tausendstelsekunden. Beide standen erstmals auf dem olympischen Podest.

Eisschnelllauf, 10 000 m, Männer

Olympia ist kein Wunschkonzert

Patrick Beckert saß bedröppelt mit gesenktem Kopf auf einer Bank. Sein Trainer Gabriel Girard stand nur zwei Meter entfernt und versuchte gar nicht erst, den Erfurter Eisschnellläufer aufzurichten. Der Traum von der ersten Olympia-Medaille hat sich für den 27 Jahre alten Langstreckler nicht erfüllt. In 13:01,94 Minuten lief er zwar seine zweitbeste Zeit auf einer Flachlandbahn, doch die reichte nur zum siebten Platz.

»Ich muss unumwunden eingestehen, dass ich viel mehr wollte.«
Patrick Beckert

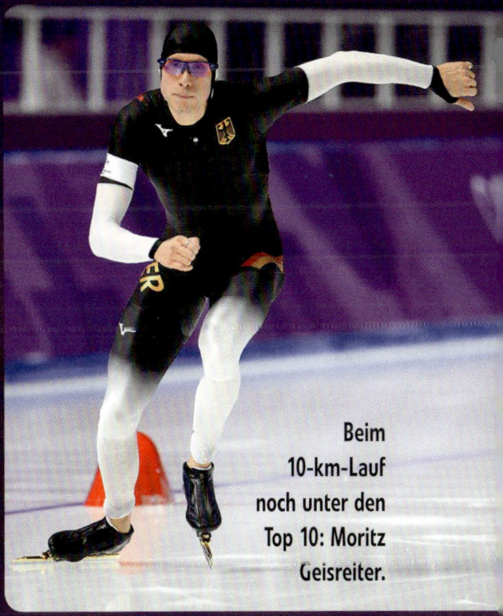
Beim 10-km-Lauf noch unter den Top 10: Moritz Geisreiter.

»Ich muss unumwunden eingestehen, dass ich viel mehr wollte. Aber Olympia ist kein Wunschkonzert«, sagte der Thüringer, der noch vor einem Jahr mit WM-Bronze in Südkorea geglänzt hatte und damals rund neun Sekunden schneller war. »Ich wollte auch diesmal schneller sein, aber die Rundenzeiten von 31 Sekunden waren wie festgemeißelt. Es ging einfach nicht.«

Die Deutschen verpassten damit die Chance, nach 34 Jahren die lange Durststrecke auf dieser Distanz bei Olympia zu beenden. In Sarajewo hatte der Berliner Rene Schöfisch 1984 Bronze gewonnen.

Einen Einbruch erlebte auch Sven Kramer aus Heerenveen, der die letzte Lücke in seiner Medaillensammlung nicht schließen konnte und nur Sechster wurde. »So etwas habe ich von Sven noch nicht gesehen«, sagte sein Landsmann Jan van Veen, der deutsche Cheftrainer.

Weltrekordler Ted-Jan Bloemen aus Kanada nutzte die Schwäche des viermaligen Olympiasiegers gnadenlos aus. Mit einem Sturmlauf zum olympischen Rekord in 12:39,77 Minuten stoppte der erst 2014 nach Kanada gewechselte gebürtige Holländer die Siegesserie seiner einstigen Landsleute nach fünf Siegen im Gangneung Oval. Sotschi-Olympiasieger Jorrit Bergsma rettete für Oranje wenigstens Silber (12:41,99) vor dem überraschend starken Italiener Nicola Tumolero (12:54,32).

Nach der sechsten Entscheidung ohne Erfolgserlebnis macht sich im deutschen Lager langsam Enttäuschung breit. »Es wird nach den Spielen über einiges zu reden sein«, sagte van Veen.

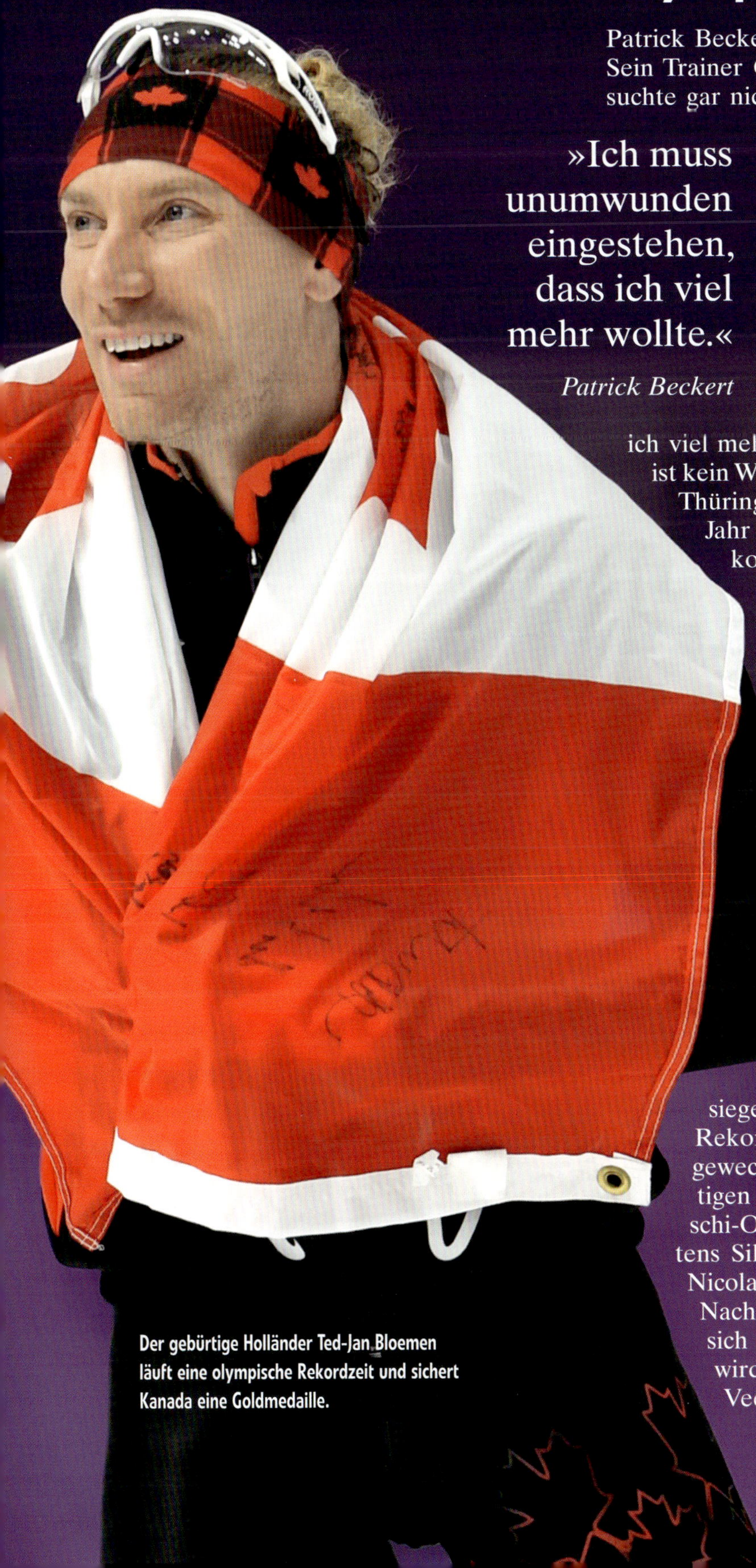
Der gebürtige Holländer Ted-Jan Bloemen läuft eine olympische Rekordzeit und sichert Kanada eine Goldmedaille.

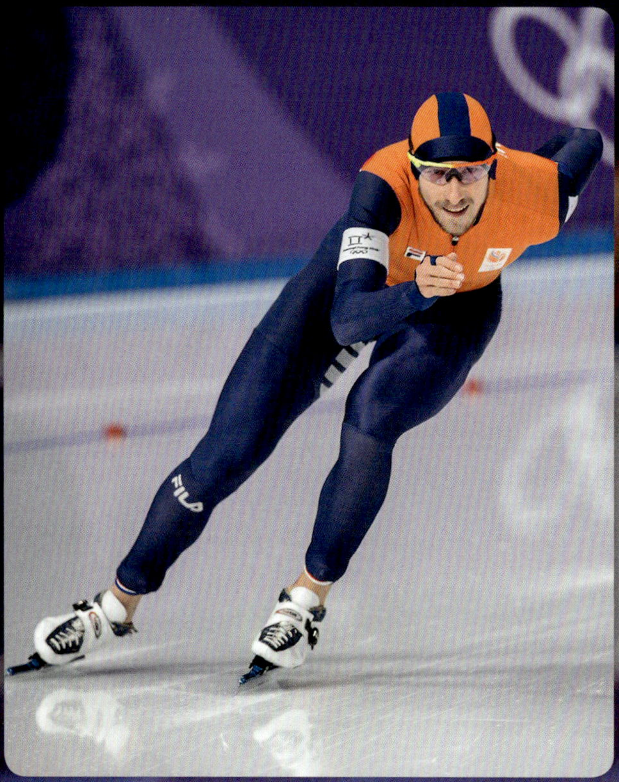

Pechvogel Jan Blokhuijsen aus den Niederlanden musste mit einem Materialfehler im Schlittschuh starten – für Rang 3 reichte es dennoch.

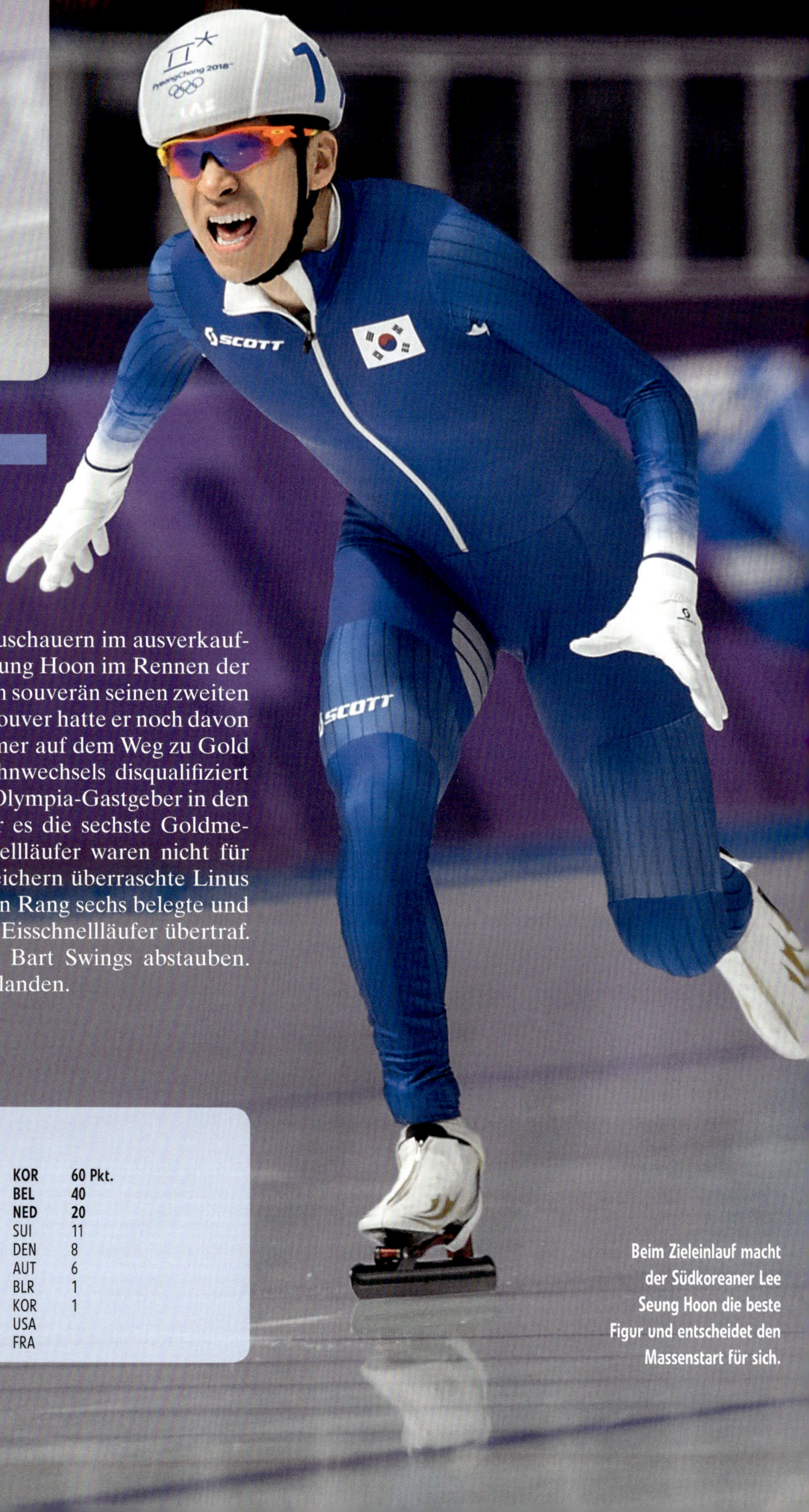

Beim Zieleinlauf macht der Südkoreaner Lee Seung Hoon die beste Figur und entscheidet den Massenstart für sich.

Eisschnelllauf, Massenstart, Männer

Heimsieg vor 7500 jubelnden Fans

Riesenstimmung herrschte unter den 7500 Zuschauern im ausverkauften Gangneung Oval, als ihr Liebling Kim Seung Hoon im Rennen der Herren alle Konkurrenten stehen ließ und sich souverän seinen zweiten Olympiasieg sicherte. Vor acht Jahren in Vancouver hatte er noch davon profitiert, dass Hollands Superstar Sven Kramer auf dem Weg zu Gold über 10000 Meter wegen eines falschen Bahnwechsels disqualifiziert worden war. Es war das einzige Gold für die Olympia-Gastgeber in den Eisschnelllauf-Wettbewerben. Insgesamt war es die sechste Goldmedaille für den Gastgeber. Deutsche Eisschnellläufer waren nicht für das Teamrennen qualifiziert. Bei den Österreichern überraschte Linus Heidegger, der bei der Disziplin-Premiere den Rang sechs belegte und damit die Erwartungen der österreichischen Eisschnellläufer übertraf. Die Silbermedaille konnte sich der Belgier Bart Swings abstauben. Bronze ging an Koen Verweij aus den Niederlanden.

Statistik

Eisschnelllauf, Massenstart, Männer

24.2.2018, Gangneung Oval

1.	**Lee Seung Hoon**	**KOR**	**60 Pkt.**
2.	**Bart Swings**	**BEL**	**40**
3.	**Koen Verweij**	**NED**	**20**
4.	Livio Wenger	SUI	11
5.	Viktor-Hald Thorup	DEN	8
6.	Linus Heidegger	AUT	6
7.	Witali Michailow	BLR	1
8.	Chung Jae Won	KOR	1
9.	Joey Mantia	USA	
10.	Alexis Contin	FRA	

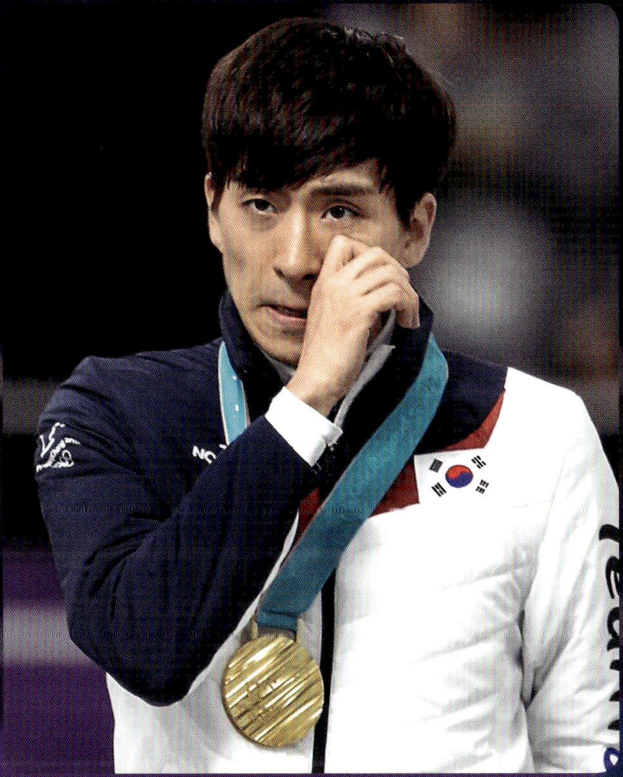

Olympiasieger im eigenen Land: Lee Seung Hoon holte die einzige Goldmedaille im Eisschnelllauf für die Südkoreaner und war sichtlich gerührt.

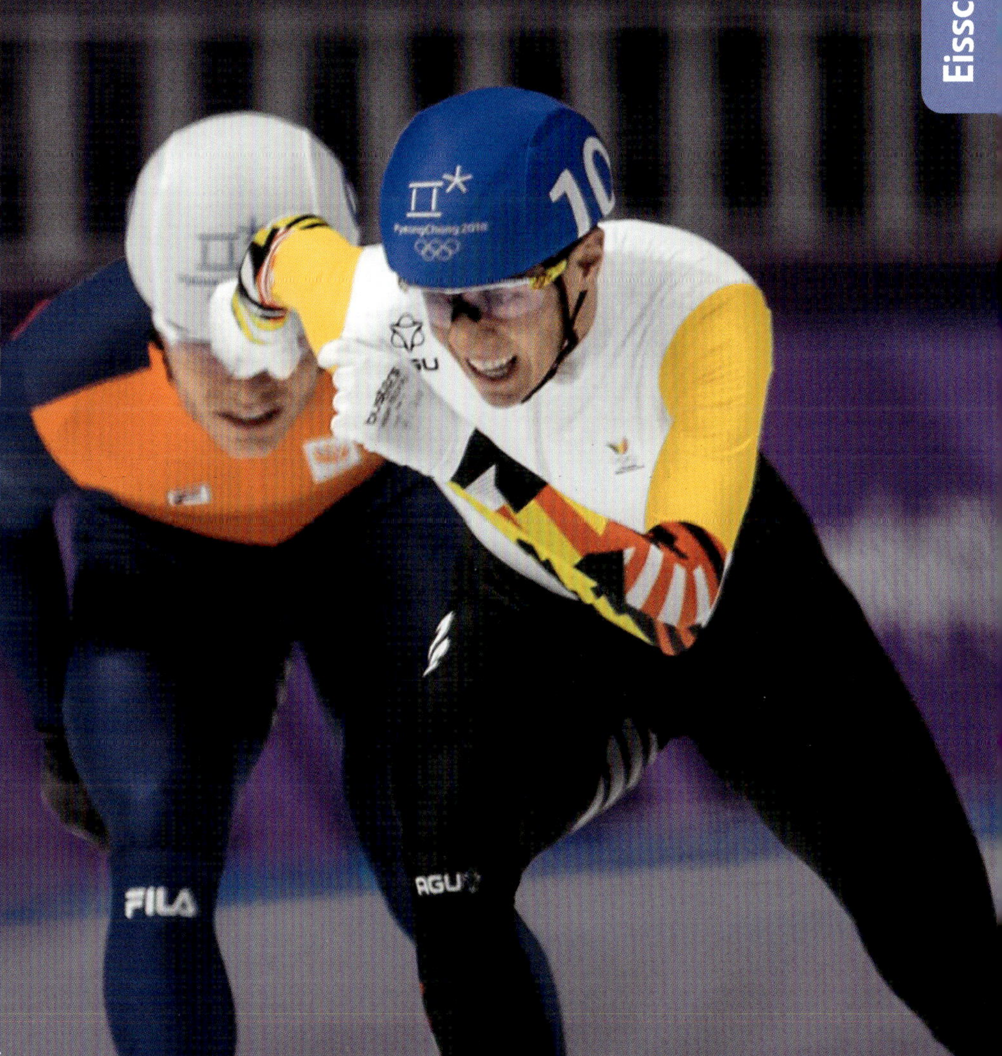

Eisschnelllauf, Teamverfolgung, Männer

Überraschendes Olympia-Gold

Das Überraschungsteam aus Norwegen sicherte sich seine erste Goldmedaille in der Teamverfolgung der Eisschnellläufer bei Olympischen Winterspielen. Trotz der Riesenstimmung, die im Gangneung Oval unter den 7500 Zuschauern herrschte, konnte das einheimische Herren-Trio die starken Norweger nicht bezwingen. Nachdem sie im Halbfinale schon die Niederlande ausgeschaltet hatten, feierten die Nordeuropäer in 3:37,32 Minuten ausgiebig das erste Olympia-Gold in dieser Konkurrenz.

Der Sieg in der Teamverfolgung im Eisschnelllauf reihte sich in weitere überraschende Siege der Norweger ein, die fern sind von den nordischen Disziplinen, mit denen die Skandinavier sonst glänzen. Nebst Langlauf, Biathlon und Skispringen, in denen die Norweger stets sehr erfolgreich waren, konnten sie in diesem Jahr auch in Disziplinen wie Ski Alpin und Ski Freestyle überzeugen – und nun auch im Eisschnelllauf. Das selbstgesteckte Ziel von 30 Podestplätzen wurde damit schon vor Ende der Winterspiele übertroffen.

Die favorisierten niederländischen Herren verpassten die Chance auf Wiederholung des Olympiasieges von Sotschi wegen eines Materialfehlers. Jan Blokhuijsen musste im Halbfinale mit einer gebrochenen Feder des Klappmechanismus im linken Schlittschuh starten. Im Kampf um Rang drei besiegten die Oranjes das Trio aus Neuseeland.

Statistik

Eisschnelllauf, Teamverfolgung, Männer

21.2.2018, Gangneung Oval

1.	**Norwegen**	**3:37,32 Min.**
	Havard Bökko	
	Simen Spieler Nilsen	
	Sverre Lunde Pedersen	
2.	**Südkorea**	**3:38,52**
	Lee Seung-Hoon	
	Chung Jae Won	
	Kim Min-Seok	
3.	**Niederlande**	**3:38,40 B-Finale**
	Patrick Roest	
	Sven Kramer	
	Jan Blokhuijsen	
4.	Neuseeland	3:43,54
5.	Japan	3:41,62 C-Finale
6.	Italien	DQ
7.	Kanada	3:42,16 D-Finale
8.	USA	3:50,77

(keine deutsche Beteiligung)

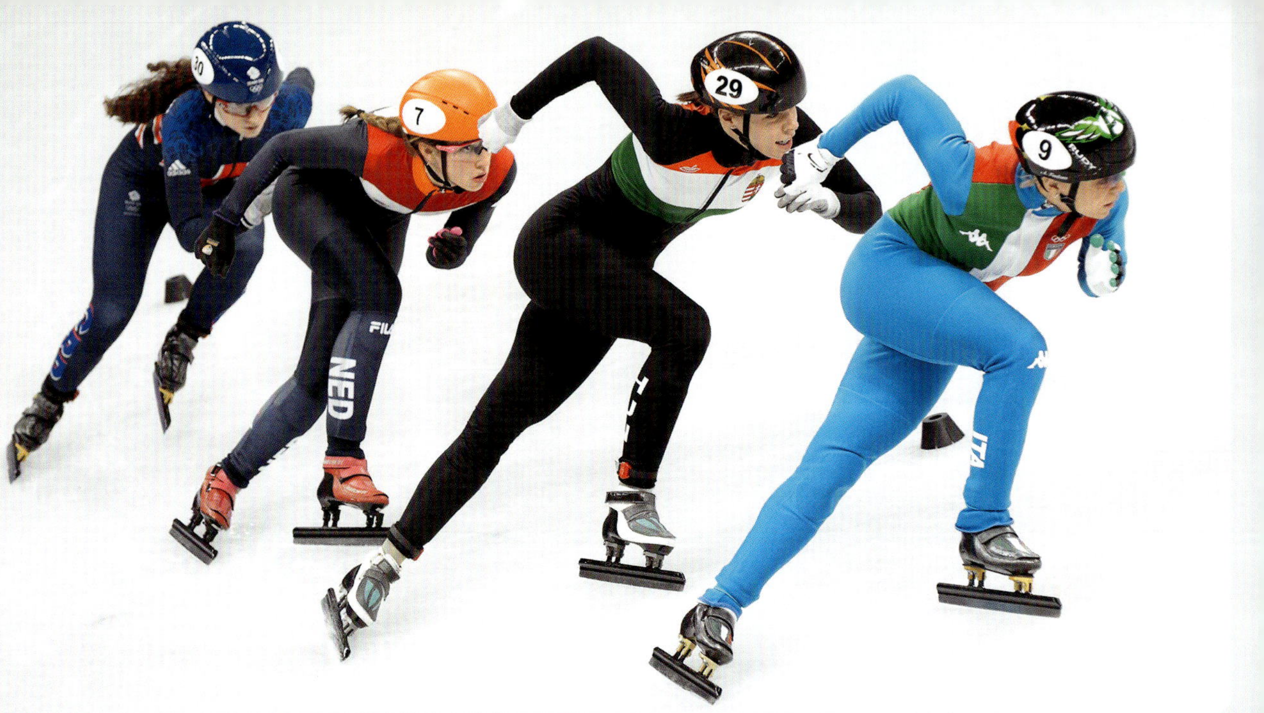

Nach einem hektischen Finale konnte Arianna Fontana (ganz rechts im Bild) für Italien die erste Goldmedaille der Spiele von Pyeongchang holen.

Shorttrack, Frauen

Shorttrack-Disziplin schreibt mehrfach Olympia-Geschichte

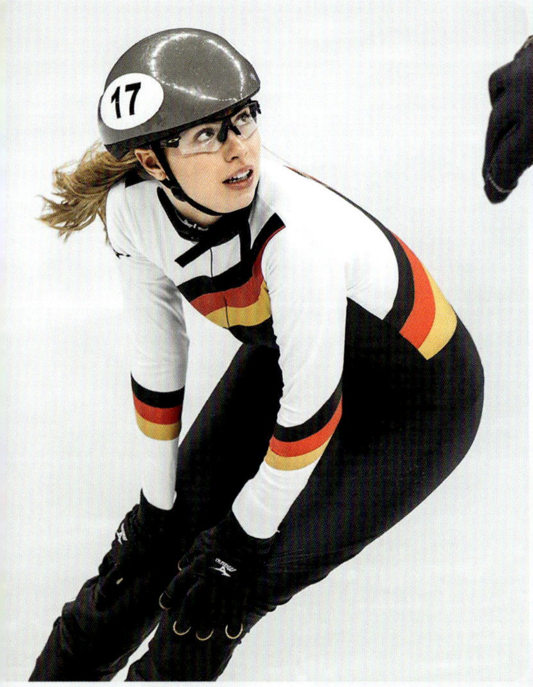

Für die deutsche Shorttrackerin Anna Seidel lief der Wettbewerb nicht besonders erfreulich.

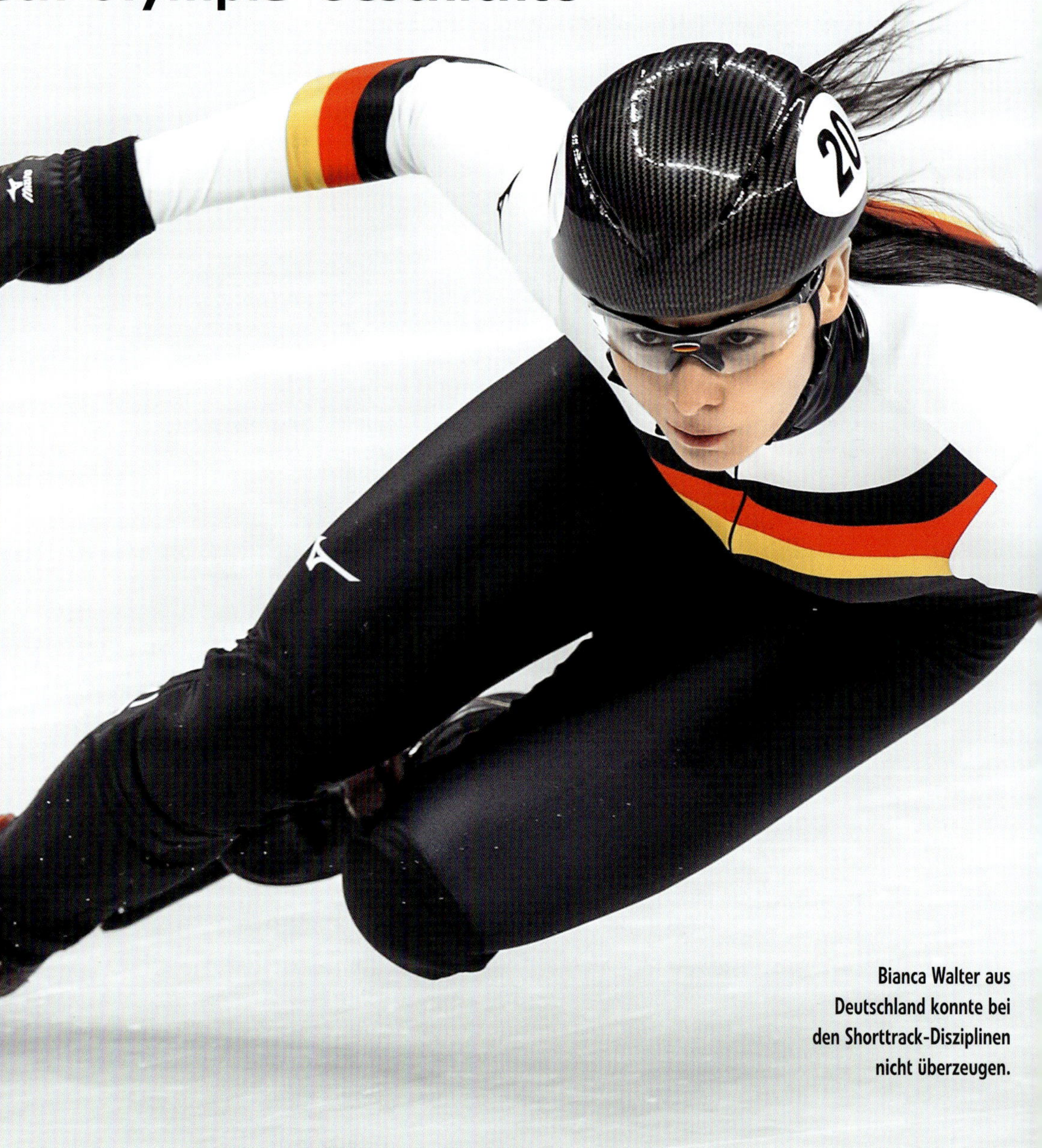

Bianca Walter aus Deutschland konnte bei den Shorttrack-Disziplinen nicht überzeugen.

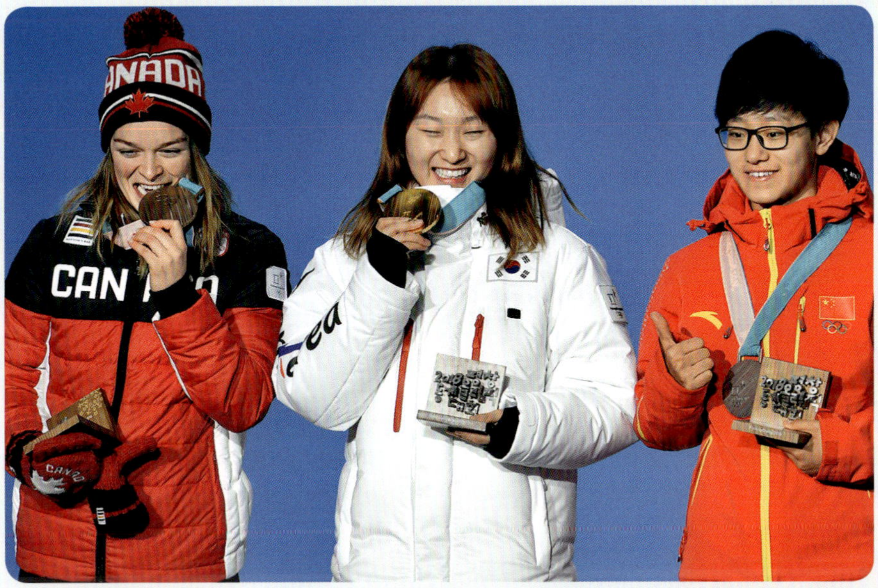

Freudestrahlende Gewinnerinnen des 1500-Meter-Shorttracks (von links nach rechts): Kim Boutin (3. Platz, Kanada), Choi Min Jeong (1. Platz, Südkorea) und Li Jinyu (2. Platz, China).

Im hektischen Finale des 500-Meter-Shorttrackrennens setzte sich die siebenmalige Mehrkampf-Europameisterin Arianna Fontana durch und holte die erste Goldmedaille für Italien bei den Spielen von Pyeongchang. Die 27-Jährige landete vor 11 000 Zuschauern in der Gangneung Eisarena mit 42,569 Sekunden vor ihrer Konkurrenz. Silber ging an Yara van Kerkhof aus den Niederlanden vor der Kanadierin Kim Boutin. Vierte wurde nach einem Sturz die Britin Elise Christie. Die Koreanerin Choi Min Jeong wurde wegen Behinderung zum Entsetzen des asiatischen Publikums disqualifiziert.
Die Dresdner Shorttrackerin Anna Seidel war bereits im Viertelfinale ausgeschieden. Die 19-Jährige hatte am Tag des Rennens als Viertplatzierte keine Chance auf die Vorschlussrunde. »Es war leider zu schnell vorbei, die 500 Meter liegen mir nicht. Ich bin froh, dass es vorbei ist«, sagte Seidel, die sich wegen einer Adduktorenzerrung beim Start behindert fühlte.
Suzanne Schulting begeisterte unterdessen die Niederländer. Sie setzte sich gegen die favorisierten Asiatinnen durch und gewann über 1000 Meter das erste Gold für ihr Land in der Olympia-Geschichte auf der kurzen Eisbahn. »Mir fehlen die Worte. Echt, das ist nicht normal. Ich glaube es selbst noch nicht«, sagte Schulting. In 1:29,778 Minuten hielt sie die Kanadierin Kim Boutin und die Italienerin Arianna Fontana in Schach, nachdem die Südkoreanerinnen Choi Min Jeong und Shim Suk Hee gestürzt waren.

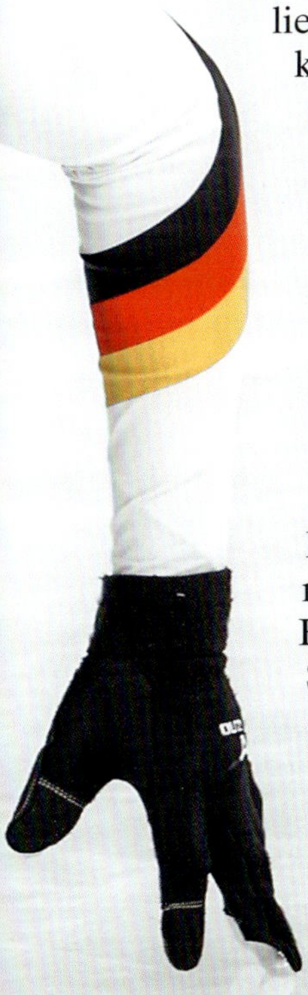

Beim 1500-Meter-Lauf holte Choi Min Jeong unter den Augen von Südkoreas Staatspräsident Moon Jae In schließlich das Shorttrack-Gold für die Gastgeber. Li Jinyu aus China gelang Silber, die Kanadierin Kim Boutin durfte sich auch in diesem Lauf über eine Medaille freuen.
Hingegen dürfte die deutsche Shorttrackerin Seidel mit ihrem Auftritt nicht zufrieden gewesen sein. Im Halbfinale scheiterte sie nach einem Sturz ohne äußere Einwirkung und schied aus. »Das ist schade. Ich habe mich echt gut gefühlt«, sagte sie nach Rang 16.
Beim 3000-Meter-Shorttrack sicherte sich die Staffel Südkoreas vor 12 000 begeisterten Fans ein weiteres Shorttrack-Gold für die Gastgeber. In der achten Olympia-Entscheidung seit 1992 war es der sechste Sieg für die Top-Favoritinnen aus Südkorea. Silber ging an Italien.
Kurios war die Vergabe von Bronze: Da die Finalisten aus China und Kanada disqualifiziert wurden, rutschte das Team der Niederlande nach Sieg im B-Finale in Weltrekordzeit von 4:03,471 Minuten auf den Bronzerang – und machte auch den Rekord für Jorien ter Mors perfekt: Sie wurde damit zur ersten Sportlerin, die bei denselben Olympischen Winterspielen eine Medaille in zwei Sportarten geholt hat.

Statistik

Shorttrack, 500 m, Frauen

13.2.2018, Gangneung Ice Arena

Platz	Name	Land	Zeit
1.	**Arianna Fontana**	**ITA**	**42,569 Sek.**
2.	**Yara van Kerkhof**	**NED**	**43,256**
3.	**Kim Boutin**	**CAN**	**43,881**
4.	Elise Christie	GBR	1:23,063
5.	Sofia Proswirnowa	OAR	ohne Zeit
6.	Choi Min Jeong	KOR	ohne Zeit
7.	Qu Chunyu	CHN	ohne Zeit
8.	Fan Kexin	CHN	ohne Zeit
9.	Martina Valcepina	ITA	43,023
10.	Andrea Keszler	HUN	43,053
15.	Anna Seidel	GER	44,325
18.	Bianca Walter	GER	43,541

Shorttrack, 1000 m, Frauen

22.2.2018, Gangneung Ice Arena

Platz	Name	Land	Zeit
1.	**Suzanne Schulting**	**NED**	**1:29,778 Min.**
2.	**Kim Boutin**	**CAN**	**1:29,956**
3.	**Arianna Fontana**	**ITA**	**1:30,656**
4.	Choi Min Jeong	KOR	1:42,434
5.	Kim A Lang	KOR	ohne Zeit B-Finale
6.	Shim Suk Hee	KOR	
7.	Valerie Maltais	CAN	Halbfinale
8.	Qu Chunyu	CHN	
9.	Li Jinyu	CHN	1:30,175 Viertelfinale
10.	Jekaterina Jefremenkowa	OAR	1:29,466
18.	Bianca Walter	GER	1:31,085
27.	Anna Seidel	GER	Vorlauf

Shorttrack, 1500 m, Frauen

17.2.2018, Olympic Sliding Centre

Platz	Name	Land	Zeit
1.	**Choi Min Jeong**	**KOR**	**2:24,948 Min.**
2.	**Li Jinyu**	**CHN**	**2:25,703**
3.	**Kim Boutin**	**CAN**	**2:25,834**
4.	Kim A Lang	KOR	2:25,941
5.	Jorien ter Mors	NED	2:25,955
6.	Petra Jaszapati	HUN	2:26,138
7.	Arianna Fontana	ITA	2:27,475
8.	Zhou Yang	CHN	2:35,241 B-Finale
9.	Han Yutong	CHN	2:36,548
10.	Suzanne Schulting	NED	2:37,163
16.	Anna Seidel	GER	3:00,658 Halbfinale
27.	Bianca Walter	GER	2:30,819

Shorttrack, 3000-m-Staffel, Frauen

20.2.2018, Gangneung Ice Arena

1.	**Südkorea** (Choi Min Jeong, Kim A Lang, Kim Ye Jin, Lee Yu Bin, Shim Suk Hee)	**4:07,361 Min.**
2.	**Italien** (Arianna Fontana, Cecilia Maffei, Lucia Peretti, Martina Valcepina)	**4:15,901**
3.	**Niederlande** (Suzanne Schulting, Jorien ter Mors, Yara van Kerkhof, Lara van Ruijven)	**4:03,471 Sieger des B-Finales***
4.	Ungarn	4:03,603
5.	OAR	4:08,838
6.	Japan	4:13,072
7.	China	Regelverstoß
8.	Kanada	Regelverstoß

* Aufgrund der Disqualifizierung von Kanada und China auf Platz 3 nachgerückt.
(keine deutsche Beteiligung)

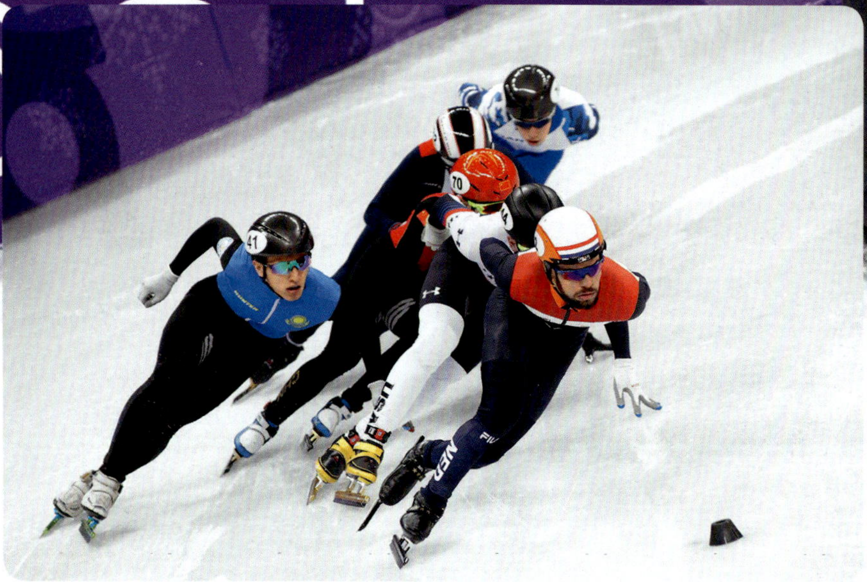

Der Niederländer Sjinkie Knegt (im Bild ganz rechts) konnte sich im 1500-Meter-Shorttrack Silber holen.

Shorttrack, Männer

Gemeinsam unter der koreanischen Vereinigungsflagge

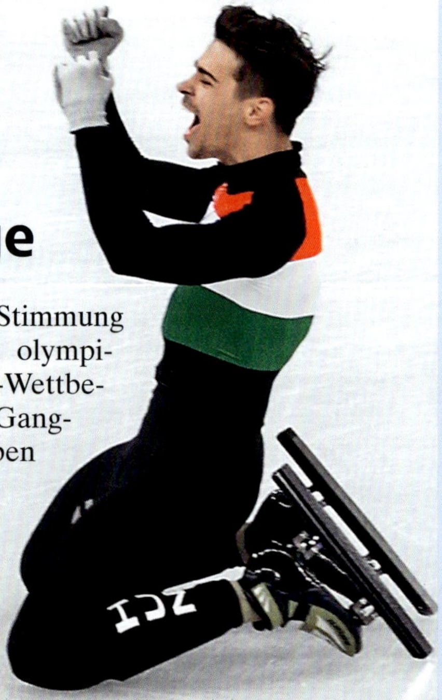

Für die meiste Stimmung zum Auftakt der olympischen Shorttrack-Wettbewerbe in der Gangneung Arena haben die Gäste aus dem Norden der koreanischen Halbinsel gesorgt. Ein Block von rund einhundert, alle gleichförmig in roten Jacken gekleideten Fans, feuerten dabei die koreanischen Kurzbahn-Eissprinter aus Nord und Süd gleichermaßen an. Mit rund 11 000 Besuchern war die 12 000 Zuschauer fassende Arena überraschend nicht ausverkauft.

Als der Nordkoreaner Choe Un Song im dritten Vorlauf über 1500 Meter abgeschlagen auf Platz sieben zurückgefallen war, ermutigten die nordkoreanischen Fans ihren Landsmann durch rhythmische Sprechchöre und schwenkten die Flagge ihres Landes. Der Vorlaufsieg ging an den Südkoreaner Hwang Daeheon.

Als im nächsten Rennen kein Nordkoreaner vertreten war, wechselte der von einem Einpeitscher kommandierte Block die Flagge und wedelte unter rhythmischen Gesängen mit der koreanischen Vereinigungsfahne, wie sie am Freitag bei der Eröffnung beim Einmarsch des Teams zu sehen war. Lautstark riefen die Nordkoreaner den Namen des Sportlers aus dem Süden.

Das erste Gold für das Gastgeberland Südkorea gewann schließlich der Shorttracker Lim Hyo Jun. Über die 1500 Meter setzte sich der 21 Jahre alte Weltmeister im Finallauf vor dem Niederländer Sjinkie Knegt und dem Russen Semjon Jelistratow durch. Es war die erste Medaille für die Sportler, die in Südkorea als »Olympische Athleten aus Russland« antraten. Der Kanadier Charles Hamelin verpasste es nach einer Strafe im Finale, als erster Shorttracker Gold bei drei verschiedenen Winterspielen zu gewinnen. Der dreimalige Olympiasieger soll einen Konkurrenten behindert haben.

Statistik

Shorttrack, 500 m, Männer

22.2.2018, Gangneung Ice Arena

1.	**Wu Dajing**	**CHN**	**39,584 Sek.**
2.	**Hwang Dae Heon**	**KOR**	**39,854**
3.	**Lim Hyo Jun**	**KOR**	**39,919**
4.	Samuel Girard	CAN	39,987
5.	Shaolin Sandor Liu	HUN	40,651 B-Finale
6.	Ren Ziwei	CHN	40,694
7.	Daan Breeuwsma	NED	40,835
8.	Ryosuke Sakazume	JPN	40,985
9.	Absal Aschgalijew	KAZ	40,835 Halbfinale
10.	Roberts Zvejnieks	LAT	40,904 Viertelfinale

(keine deutsche Beteiligung)

Shorttrack, 1000 m, Männer

17.2.2018, Gangneung Ice Arena

1.	**Samuel Girard**	**CAN**	**1:24,650 Min.**
2.	**John-Henry Krueger**	**USA**	**1:24,864**
3.	**Seo Yi Ra**	**KOR**	**1:31,619**
4.	Lim Hyo Jun	KOR	1:33,312
5.	Ryosuke Sakazume	JPN	1:27,522 B-Finale
6.	Semjon Jelistratow	OAR	1:27,621
7.	Yuri Confortola	ITA	1:27,712
8.	Shaolin Sandor Liu	HUN	ohne Zeit Vorlauf
9.	Charles Hamelin	CAN	ohne Zeit
10.	Itzhak De Laat	NED	1:24,423

(keine deutsche Beteiligung)

Shorttrack, 1500 m, Männer

10.2.2018, Gangneung Ice Arena

1.	**Lim Hyo Jun**	**KOR**	**2:10,485 Min.**
2.	**Sjinkie Knegt**	**NED**	**2:10,555**
3.	**Semjon Jelistratow**	**OAR**	**2:10,687**
4.	Samuel Girard	CAN	2:11,176
5.	Shaolin Sandor Liu	HUN	2:11,520
6.	Itzhak De Laat	NLD	2:12,362
7.	Thibaut Fauconnet	FRA	2:53,150
8.	Han Tianyu	CHN	ohne Zeit
9.	Seo Yi Ra	KOR	
10.	Pascal Dion	CAN	

(keine deutsche Beteiligung)

Shorttrack, 5000-m-Staffel, Männer

22.2.2018, Gangneung Ice Arena

1.	**Ungarn** (Csaba Burjan, Viktor Knoch, Sandor Liu Shaolin, Shaoang Liu)	**6:31,971 Min.**
2.	**China** (Wu Dajing, Han Tianyu, Xu Hongzhi, Ren Ziwei, Chen Dequan)	**6:32,035**
3.	**Kanada** (Samuel Girard, Charles Hamelin, Charle Cournoyer, Pascal Dion)	**6:32,282**
4.	Südkorea	6:42,118
5.	USA	6:52,708
6.	Kasachstan	6:52,791
7.	Japan	7:02,554
8.	Niederlande	ohne Zeit

PyeongChang 2018

Der Kanadier Samuel Girard profitierte von den Stürzen von drei seiner vier Rivalen im Finale und konnte sich Gold im 1000-Meter-Lauf sichern. Als Verantwortlichen für die Stürze machte die Jury den Ungarn Shaolin Sandor Liu aus, der disqualifiziert wurde. Olympia-Silber sicherte sich der Amerikaner John-Henry Krueger vor dem Südkoreaner Seo Yi Ra, der sich als Erster nach dem Sturz aufgerappelt hatte.
Beim 500-Meter-Shorttrack sorgte der Chinese Wu Dajing für große Erleichterung in seiner Heimat. Kurz vor Ende der Spiele holte er für die Gastgeber der nächsten Winterspiele 2022 in Peking das erste Olympia-Gold in Pyeongchang. Der Weltranglisten-Führende gewann die 500 Meter vor den Südkoreanern Hwang Dae Heon und Lim Hyo Jun und holte damit erstmals den Olympiasieg für sein Land auf dieser Strecke. In 39,584 Sekunden lief der Chinese im Finale einen Weltrekord, nachdem er zuvor schon im Viertelfinale die Bestmarke auf 39,800 Sekunden gedrückt hatte.
Eine Shorttrack-Sensation bei der 5000-Meter-Staffel bescherte schließlich Ungarn das erste Gold in der Geschichte Olympischer Winterspiele und hatte Entsetzen bei den 12 000 Zuschauern in der Gangneung Arena ausgelöst. Nach einem Sturz vom Top-Favorit Südkorea kamen die Magyaren zum kaum für möglich gehaltenen Premierensieg in der Staffel der Herren. In der letzten Entscheidung der Eisflitzer bei den Winterspielen in Pyeongchang setzten sie sich in 6:31,99 Minuten souverän vor den Quartetten aus China und Kanada durch. Südkorea musste sich mit Rang vier begnügen.

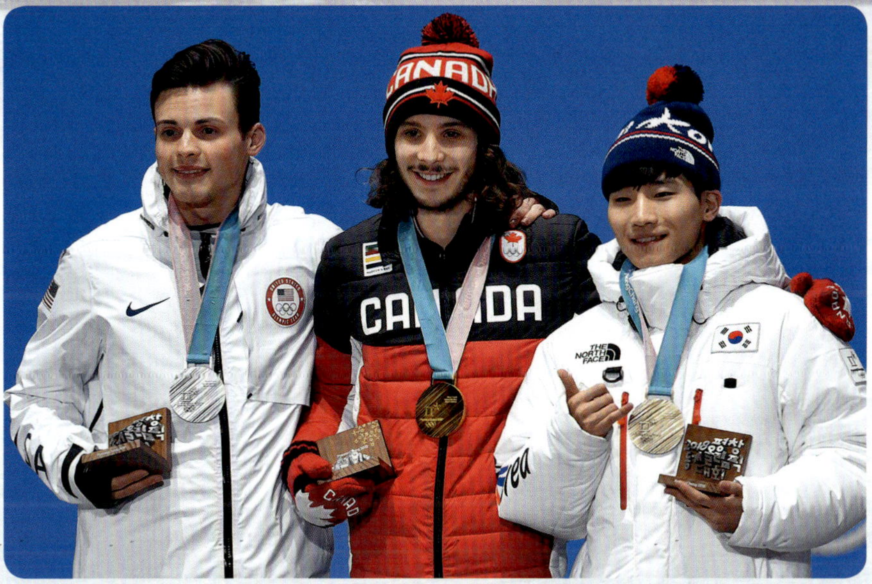

Nach vielen Stürzen standen die Sieger im 1000-Meter-Shorttrack schließlich fest: John-Henry Krueger (2. Platz, USA), Samuel Girard (1. Platz, Kanada) und Seo Yi Ra (3. Platz, Südkorea).

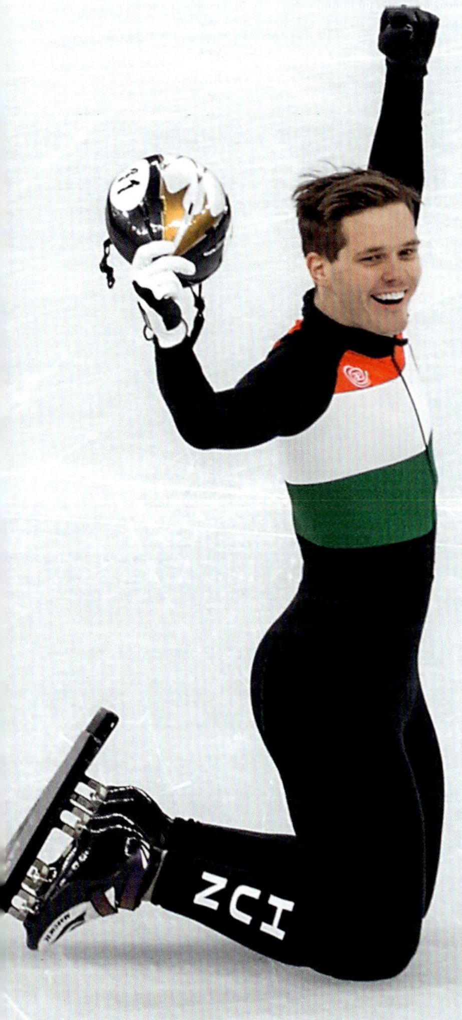

Sensation für Ungarn: Das Team um Viktor Knoch (im Bild rechts) und Csaba Burjan holte in der 5000-Meter-Staffel die erste Goldmedaille für das Land in der Geschichte der olympischen Spiele.

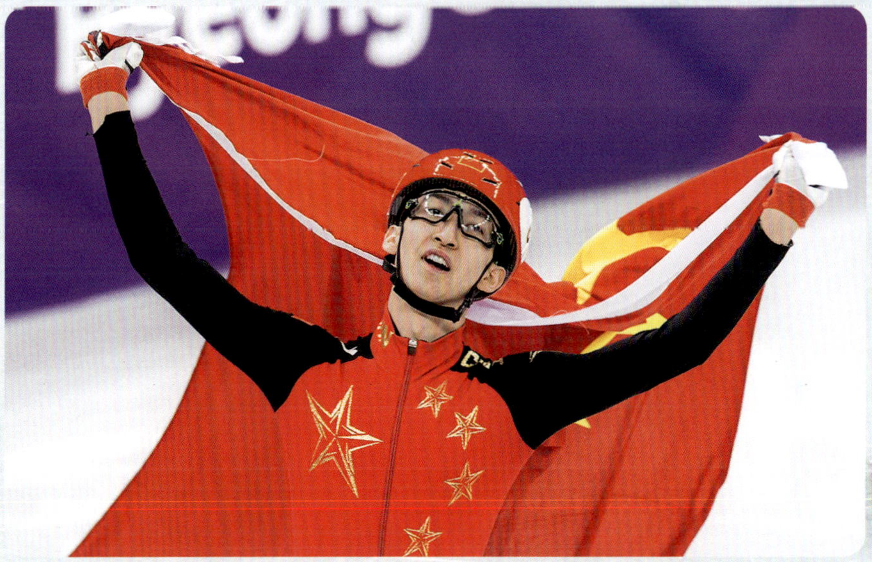

Machte sein Heimatland stolz: Wu Dajing holte im 500-Meter-Shorttrack Gold für China.

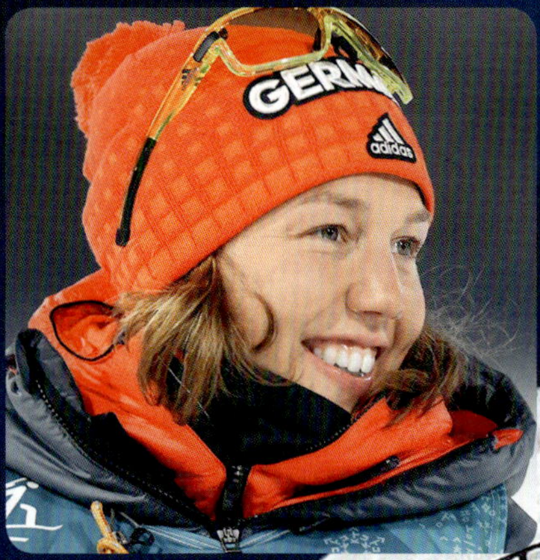

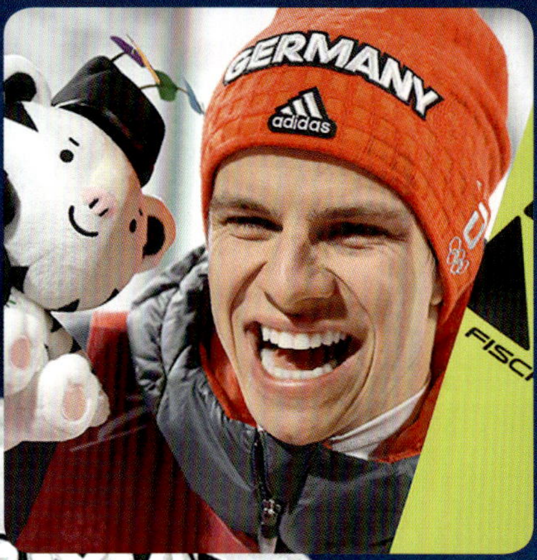

Strahlende Gesichter bei Biathletin Laura Dahlmeier und Skispringer Andreas Wellinger: Beide räumten mehrere Medaillen in Pyeongchang ab.

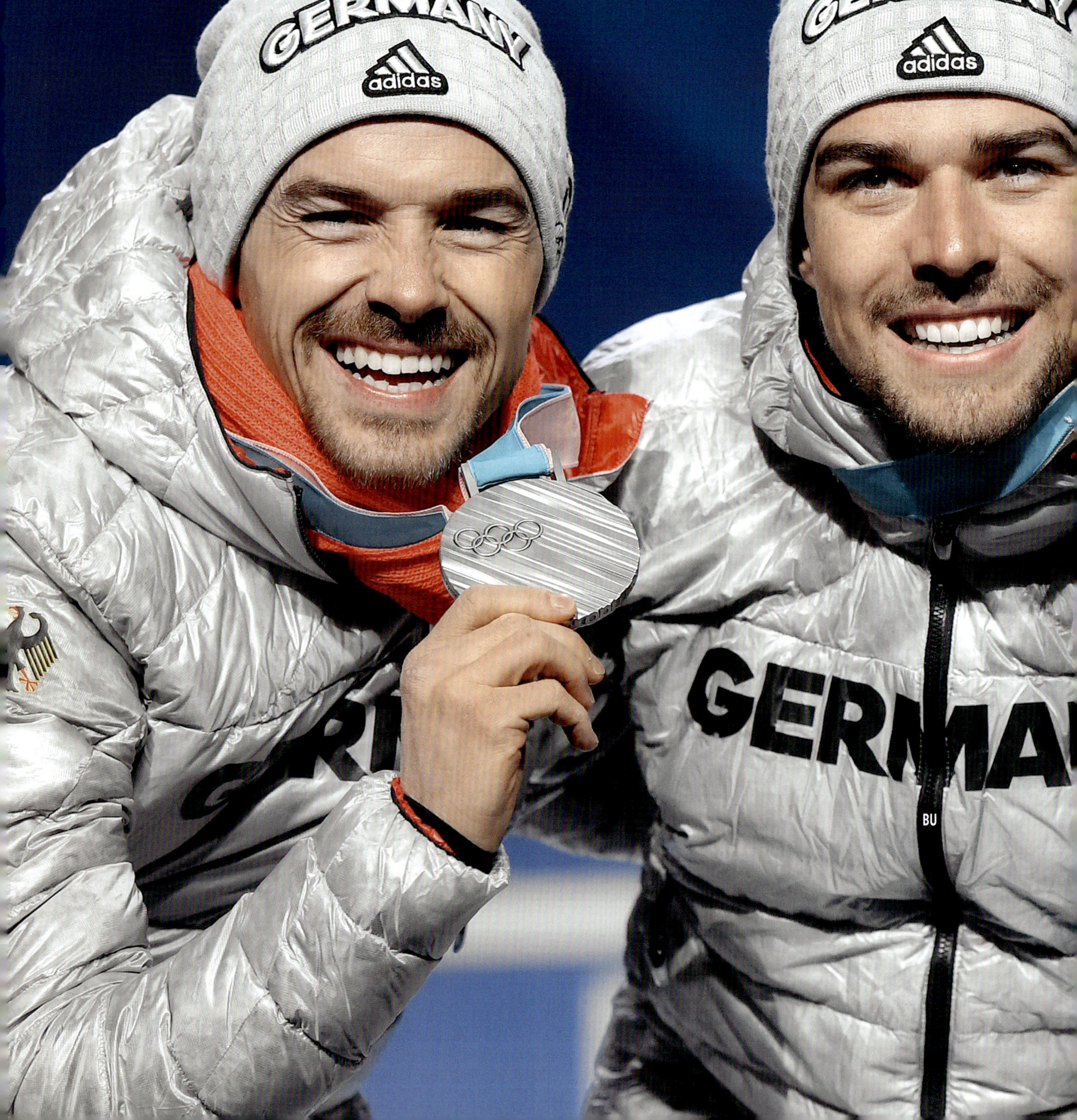

Fabian Rießle, Johannes Rydzek und Eric Frenzel (von links nach rechts) freuen sich um die Wette: Im Einzel (Großschanze) landete das Trio auf dem Treppchen.

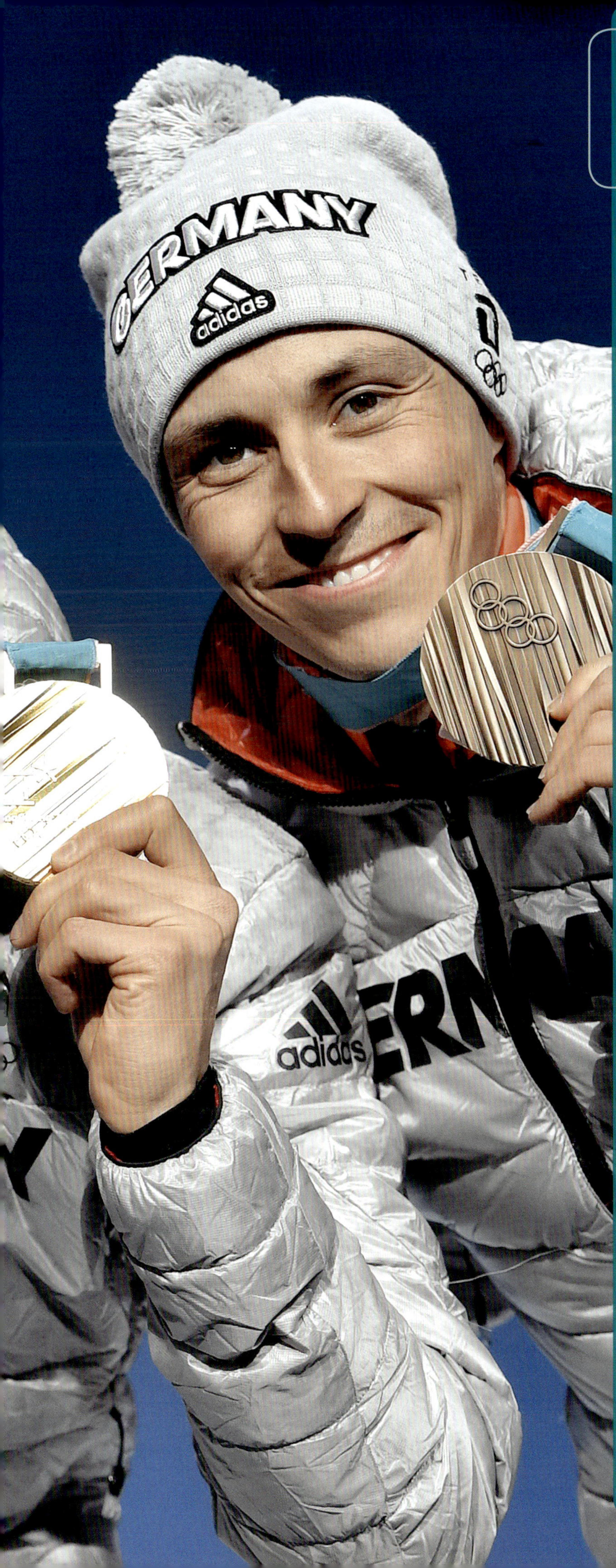

Nordische Wettbewerbe

Medaillenrausch in den Nordischen Wettbewerben: Das deutsche Team holt ein Edelmetall nach dem anderen – nur die Norweger machen es noch besser. Fahnenträger Eric Frenzel und seine Team-Kameraden in der Nordischen Kombination holten sich in allen drei Disziplinen die Goldmedaille, im Einzel-Wettbewerb gab es sogar einen historischen Erfolg: Alle drei Medaillen gingen nach Deutschland. Ähnlich gut machten sich die Athleten im Biathlon, allen voran Top-Favoritin Laura Dahlmeier. Mit zwei Goldmedaillen war die Weltmeisterin kaum einzuholen. Auch ihre männlichen Kollegen brachten Edelmetall mit nach Hause, Arnd Peiffer setzte sich im Sprint durch. Im Langlauf hatten die Sportler aus Schweden und Norwegen die Nase vorn, allen voran die mittlerweile 37 Jahre alte Marit Björgen und der mit 21 Jahren jüngste Langlauf-Champion und Teenieschwarm Johannes Kläbo. Dario Cologna aus der Schweiz sicherte sich zum dritten Mal Gold über 15 Kilometer im Skiathlon. Seine Tränen nicht zurückhalten konnte Andreas Wellinger, der mit seinen 22 Jahren die Skisprung-Konkurrenz hinter sich ließ und erstmals seit 1994 Gold für Deutschland von der Normalschanze holte. In den anderen Skisprung-Disziplinen mussten sich die Deutschen nur Polen und Norwegen geschlagen geben.

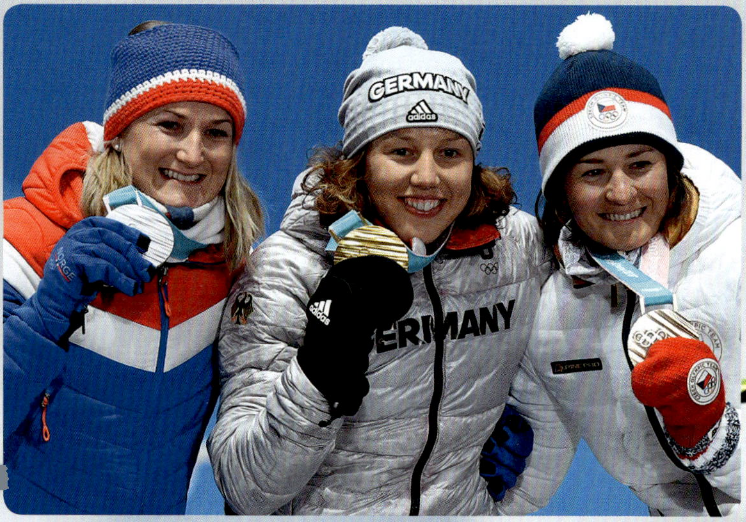

Siegerfoto: Marte Olsbu aus Norwegen, Laura Dahlmeier aus Deutschland und die Tschechin Veronika Vitková strahlen mit ihren Medaillen um die Wette.

Biathlon, Frauen

Laura Dahlmeier erfüllt ihren Kindheitstraum und schreibt nebenbei Geschichte

Nach ihrem phänomenalen Goldlauf im Sprint sprang Laura Dahlmeier euphorisch auf das Siegerpodest, schrie immer wieder lauthals ihre pure Freude heraus. Mit einer eindrucksvollen Vorstellung hat die deutsche Biathletin die erste Goldmedaille für Deutschland in Pyeongchang gewonnen. »Das war der Sieg meines Lebens«, beschrieb die Olympiasiegerin ihren Triumph. Die 24-Jährige aus Garmisch-Partenkirchen setzte sich im Sprint über 7,5 Kilometer souverän durch und sicherte sich ohne Schießfehler den ersten Olympiasieg ihrer Karriere.

Doch damit nicht genug: Zwei Tage nach ihrem Premieren-Gold im Sprint durfte Dahlmeier ihren überlegenen zweiten Olympiasieg in der Verfolgung feiern. Diesmal jubelte sie bereits auf der Zielgeraden mit der Deutschland-Fahne in der Hand. Mit diesem zweiten Sieg vor der Slowakin Anastasiya Kuzmina und Anais Bescond aus Frankreich schrieb die 24-Jährige trotz eines Schießfehlers ein weiteres Stück Biathlon-Geschichte. Denn die Biathlon-Königin ist die erste Skijägerin überhaupt, die bei Olympia sowohl Sprint als auch Verfolgung gewinnen konnte. Solch ein Kunststück hatte bislang nur Rekord-Olympiasieger Ole Einar Björndalen aus Norwegen geschafft. Zudem ist sie nach Rekord-Weltmeisterin Magdalena Neuner erst die zweite deutsche Biathletin, die zweimal Einzel-Gold bei denselben Winterspielen holte.

> »Was Laura hier an Biathlon in Perfektion zeigt, habe ich in der Art und Weise noch nicht gesehen. Sie ist professionell bis in die Haarspitzen.«
>
> *Bundestrainer Gerald Hönig nach dem zweiten Sieg von Laura Dahlmeier.*

Das Highlight des Winters begann für die Gesamtweltcupsiegerin Dahlmeier perfekt. Am Schießstand agierte sie clever und reagierte bei eisigen Temperaturen von sieben Grad unter Null überlegt auf die ständig wechselnden Windverhältnisse.

Die deutsche Überfliegerin war bereits im Vorfeld des Sprint-Starts als große Gold-Favoritin gehandelt worden, trotz ihrer durchwachsenen Saison. Von zwei Erkältungen geschwächt, konnte die Bayerin in den vergangenen Monaten keine konstant guten Leistungen abrufen und musste krankheitsbedingt sogar Rennen auslassen. Zwar feierte sie schon zwei Saisonsiege, lieferte mit Rang 48 im Einzel von Ruhpolding im Januar aber auch das bislang schwächste Resultat ihrer Karriere ab. In ihren insgesamt vierten und fünften Olympia-Einzelrennen zeigte sie jedoch ihre mit Abstand stärkste Leistung und strahlte nach dem souveränen Sieg überglücklich und erleichtert in die Kameras. »Es ist einfach unglaublich. Das ist wirklich ein Kindheitstraum, der für mich in Erfüllung geht. Ich habe so lange von diesem Tag geträumt«, äußerte sie sich sichtlich gerührt.

Statistik

Biathlon, 7,5 km Sprint, Frauen

10.2.2018, Alpensia-Biathlon-Zentrum

1. Laura Dahlmeier	**GER**	**21:06,2 Min./0 Schießfehler**
2. Marte Olsbu	**NOR**	**+ 0:24,2/1**
3. Veronika Vitková	**CZE**	**+ 0:25,8/1**
4. Marie Dorin Habert	FRA	+ 0:33,1/1
5. Vanessa Hinz	GER	+ 0:40,3/1
6. Lisa Vittozzi	ITA	+ 0:40,5/1
7. Hanna Öberg	SWE	+ 0:40,8/1
8. Irene Cadurisch	SUI	+ 0:45,5/1
9. Darja Domratschewa	BLR	+ 0:46,2/2
10. Justine Braisaz	FRA	+ 0:47,9/2
12. Franziska Hildebrand	GER	+ 0:53,7/1
21. Denise Herrmann	GER	+ 1:19,6/2
26. Lena Häcki	SUI	+ 1:33,5/3
29. Katharina Innerhofer	AUT	+ 1:45,3/1
31. Elisa Gasparin	SUI	+ 1:46,2/2
41. Selina Gasparin	SUI	+ 2:12,2/4
48. Dunja Zdouc	AUT	+ 2:14,8/0
62. Lisa Theresa Hauser	AUT	+ 2:52,7/4

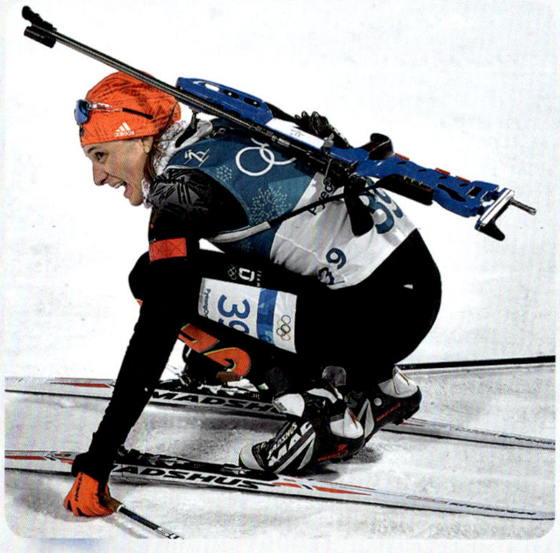

Vanessa Hinz ist nach ihrem fünften Platz im Sprint erschöpft, aber zufrieden.

Auch in der Verfolgung dominierte Dahlmeier das Rennen bei erneut eisigen Temperaturen von zehn Grad unter Null zunächst von der Spitze weg. Mit 24 Sekunden Vorsprung auf die Norwegerin Marte Olsbu, die im Sprint überraschend Silber gewonnen hatte, und der drittplatzierten Tschechin Veronika Vitková, war sie auf die Strecke gegangen, doch im zweiten Schießen leistete sich Deutschlands Sportlerin des Jahres den ersten Fehler. Das Polster auf die nahende Slowakin Anastasiya Kuzmina schmolz anschließend auf nur noch neun Sekunden, ehe die zweimalige Sprint-Olympiasiegerin vor dem dritten Schießen vorbeizog. Doch Dahlmeier zeigte bei starkem Wind erneut ihre Nervenstärke und entschied das Rennen im dritten Schießen. Während die Bayerin fehlerfrei blieb, musste Kuzmina zweimal in die Strafrunde. Im letzten Stehendschießen blieb sie ebenfalls ohne Fehler und konnte die Silbermedaille in einem knappen Finish gegen Anais Bescond aus Frankreich verteidigen.

»Das war der Sieg meines Lebens.«

Laura Dahlmeier nach ihrem Sieg im Sprint.

»Es war ein richtig, richtig hartes Rennen, unfassbar! Meine Finger sind gerade aufgetaut, das waren Schmerzen, schlimmer als in jedem Rennen zuvor. Es war jetzt abartig«, sagte die immer noch frierende Dahlmeier hinter der Ziellinie. Bundestrainer Gerald Hönig hatte nach dem perfekten Rennen seiner Ausnahmekönnerin Tränen in den Augen und sagte: »Was Laura hier an Biathlon in Perfektion zeigt, habe ich in der Art und Weise noch nicht gesehen. Sie ist professionell bis in die Haarspitzen, ich habe selten besseres Biathlon gesehen.«

Einen kleinen Anteil am zweiten Gold-Coup hatten vielleicht auch die Eltern der Siegerin. Susi und Andreas Dahlmeier waren nach dem Sprint-Erfolg ihrer Tochter in das Flugzeug nach Südkorea gestiegen und pünktlich angekommen. »Es ist immer schön, wenn man bekannte Gesichter an der Strecke hat und familiäres Umfeld da ist«, freute sich Dahlmeier nach dem Sprint.

Ihre Team-Kollegen, die ebenfalls gute Ergebnisse bei den zwei Rennen lieferten, freuten sich mit ihr. Denise Herrmann konnte sich nach einem enttäuschenden Platz 21 im Sprint noch auf Rang sechs in der Verfolgung vorkämpfen. Franziska Hildebrand verbesserte sich von Platz 12 im Sprint auf Rang zehn und Vanessa Hinz, die im Sprint noch auf Platz 5 gelaufen war, landete auf Rang 14.

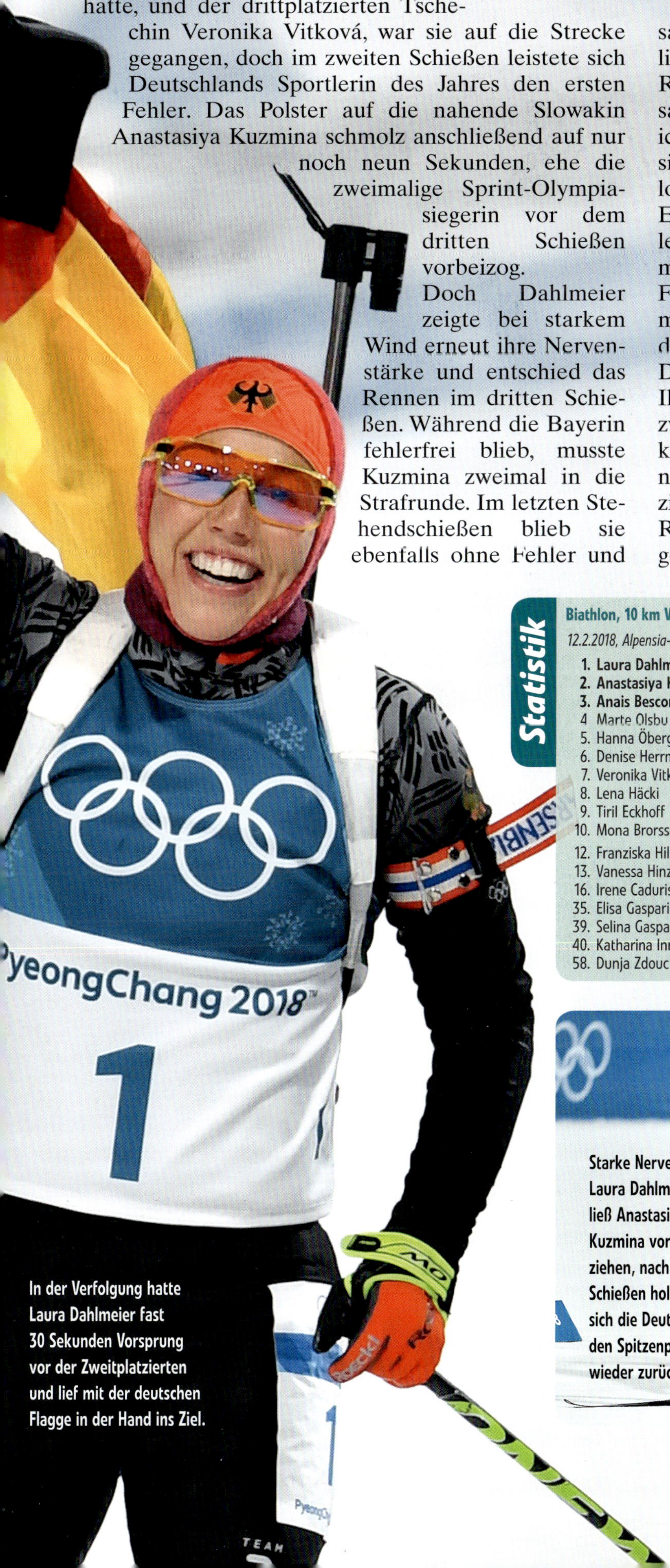

In der Verfolgung hatte Laura Dahlmeier fast 30 Sekunden Vorsprung vor der Zweitplatzierten und lief mit der deutschen Flagge in der Hand ins Ziel.

Statistik

Biathlon, 10 km Verfolgung, Frauen

12.2.2018, Alpensia-Biathlon-Zentrum

Platz	Name	Land	Zeit/Fehler
1.	**Laura Dahlmeier**	**GER**	**30:35,3 Min./1 Schießfehler**
2.	**Anastasiya Kuzmina**	**SVK**	**+ 0:29,4/4**
3.	**Anais Bescond**	**FRA**	**+ 0:29,6/1**
4	Marte Olsbu	NOR	+ 1:07,3/4
5.	Hanna Öberg	SWE	+ 1:08,9/3
6.	Denise Herrmann	GER	+ 1:19,4/2
7.	Veronika Vitková	CZE	+ 1:37,3/3
8.	Lena Häcki	SUI	+ 1:41,5/3
9.	Tiril Eckhoff	NOR	+ 1:47,8/5
10.	Mona Brorsson	SWE	+ 1:54,5/1
12.	Franziska Hildebrand	GER	+ 2:01,2/3
13.	Vanessa Hinz	GER	+ 2:06,1/4
16.	Irene Cadurisch	SUI	+ 2:17,5/4
35.	Elisa Gasparin	SUI	+ 3:35,9/5
39.	Selina Gasparin	SUI	+ 4:04,9/5
40.	Katharina Innerhofer	AUT	+ 4:05,9/5
58.	Dunja Zdouc	AUT	+ 8:03,8/8

Denise Herrmann landete nach zwei Schießfehlern auf einem starken sechsten Platz.

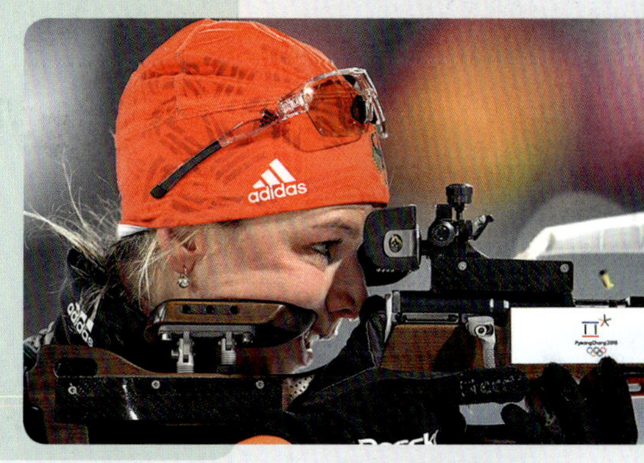

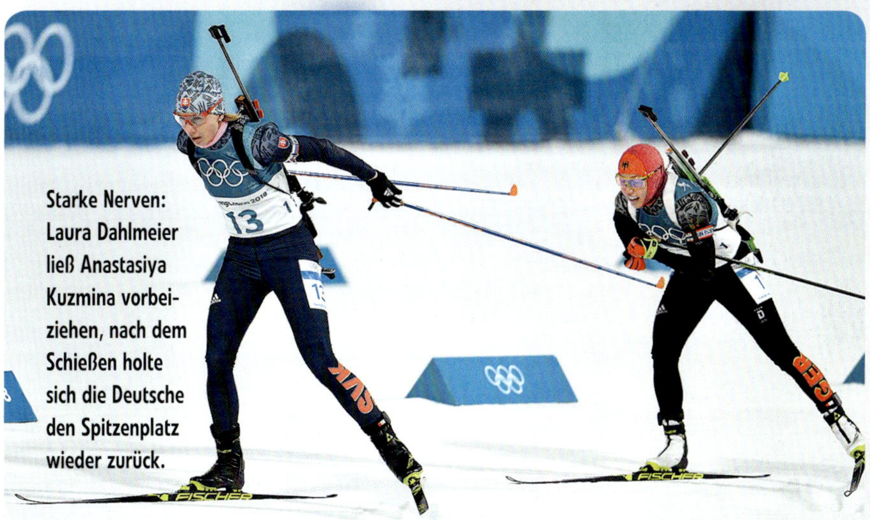

Starke Nerven: Laura Dahlmeier ließ Anastasiya Kuzmina vorbeiziehen, nach dem Schießen holte sich die Deutsche den Spitzenplatz wieder zurück.

Biathlon, 15 km, Frauen

Dahlmeier behält die Nerven und sichert sich Bronze

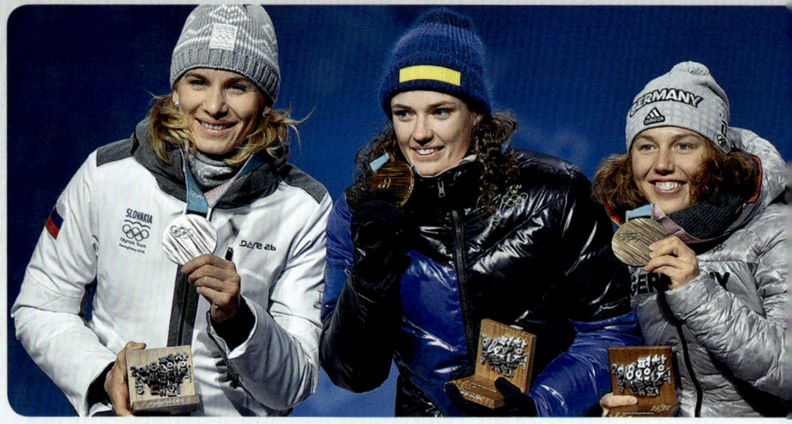

Das Podium des 15-km-Biathlons der Frauen (von links nach rechts): Anastasyia Kuzmina (Silber), Hanna Öberg (Gold) und Laura Dahlmeier (Bronze).

Drei Rennen, drei Medaillen: Im 15-km-Biathlon der Frauen holte die siebenmalige Weltmeisterin und Biathlon-Königin Laura Dahlmeier Bronze. Nach ihrem Doppelsieg in Sprint und Verfolgung musste sich die 24-Jährige nach einem Schießfehler der fehlerfreien schwedischen Überraschungs-Olympiasiegerin Hanna Öberg und Anastasiya Kuzmina (2 Fehler) aus der Slowakei geschlagen geben.

Auch Franziska Preuß zeigte in Südkorea eine starke Leistung und belegte ohne Strafminute den vierten Platz. Der 23 Jahre alten ehemaligen Staffel-Weltmeisterin fehlten lediglich 18,5 Sekunden zu Rang drei. Auch Franziska Hildebrand (1 Schießfehler) schaffte es als Neunte noch in die Top Ten, Maren Hammerschmidt (3) belegte Platz 17.

»Ich bin wirklich überglücklich, dass es zur Medaille gereicht hat. Das ist der Wahnsinn«, sagte Dahlmeier: »Ich wusste, dass alles über den Schießstand geht. Dann hatte ich gleich den ersten Fehler beim Liegendschießen, das hat es nicht einfacher gemacht. Aber ich habe versucht, voll zu kämpfen und auf der Strecke alles zu geben.« Bundestrainer Gerald Hönig lobte: »Es zeichnet sie aus, in den entscheidenden Momenten Fehler zu vermeiden. Sie macht das einfach toll.«

Nach ihrem Sieg in der Verfolgung hatte die von der Kälte ausgelaugte Dahlmeier noch einen Fernseh-Auftritt abgesagt. Doch davon und auch von windbedingten Verschiebung des Wettbewerbs ließ sich die Ausnahmekönnerin nicht abbringen. Vor den Augen ihrer Eltern Susi und Andreas Dahlmeier startete sie stark in der Loipe, verfehlte jedoch gleich beim ersten Schießen eine Scheibe, anschließend agierte die junge Bayerin nervenstark und vermied am Schießstand weitere Strafminuten.

Als einzige der Favoritinnen hatte Dahlmeier zuvor die letzte Startgruppe gewählt und ging erst mit Nummer 80 ins Rennen. Sie und die Techniker hatten auf schneller werdende Bedingungen auf der Strecke spekuliert. Zudem wusste sie so, was die Konkurrenz abgeliefert hatte und konnte reagieren. Dauerrivalinnen wie Domratschewa (4 Fehler) waren da längst im Ziel.

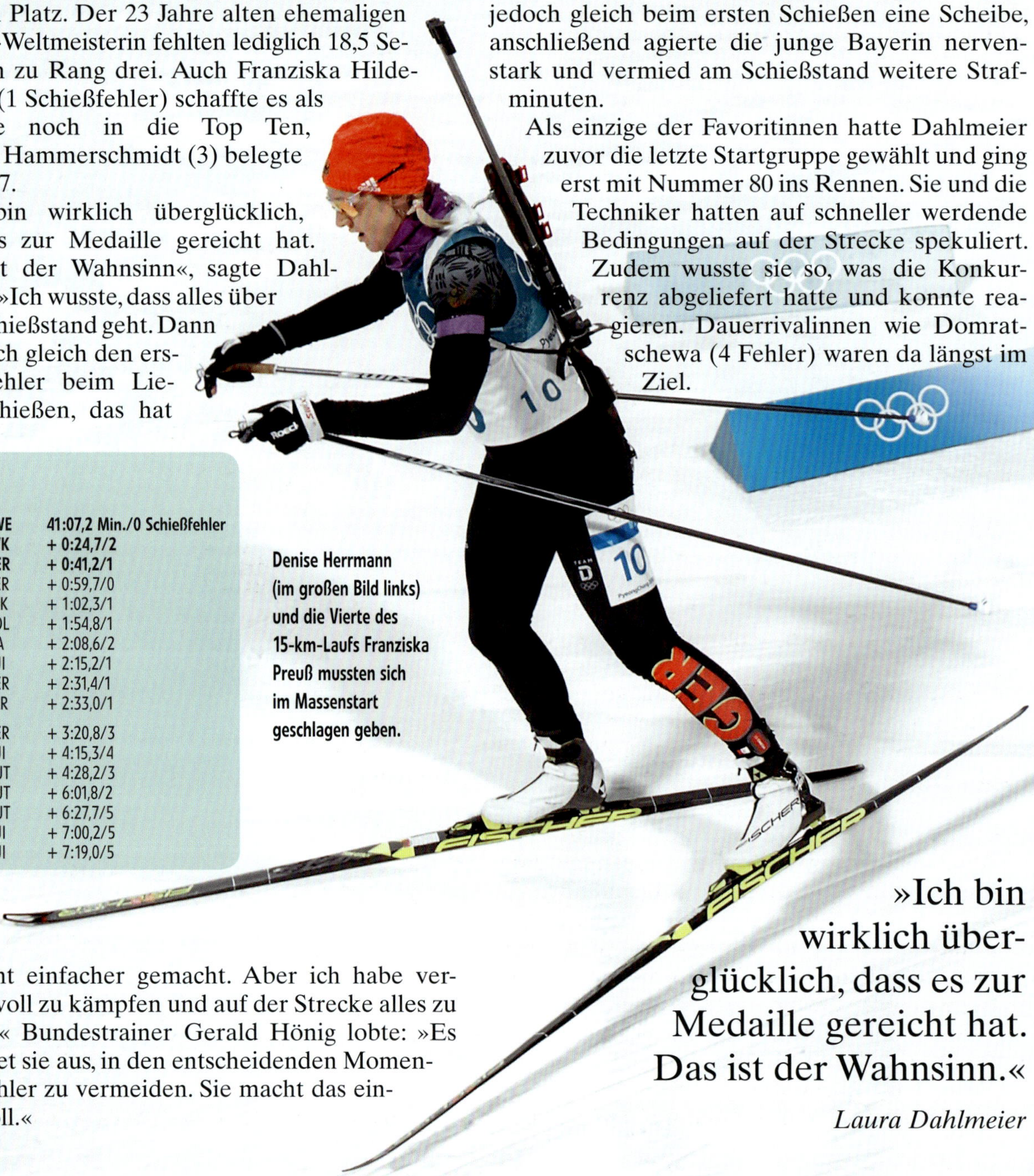

Denise Herrmann (im großen Bild links) und die Vierte des 15-km-Laufs Franziska Preuß mussten sich im Massenstart geschlagen geben.

Statistik

Biathlon, 15 km, Frauen

15.2.2018, Alpensia Biathlon Centre

1. Hanna Öberg	**SWE**	**41:07,2 Min./0 Schießfehler**
2. Anastasiya Kuzmina	**SVK**	**+ 0:24,7/2**
3. Laura Dahlmeier	**GER**	**+ 0:41,2/1**
4. Franziska Preuß	GER	+ 0:59,7/0
5. Paulina Fialkova	SVK	+ 1:02,3/1
6. Monika Hojnisz	POL	+ 1:54,8/1
7. Dorothea Wierer	ITA	+ 2:08,6/2
8. Elisa Gasparin	SUI	+ 2:15,2/1
9. Franziska Hildebrand	GER	+ 2:31,4/1
10. Nadeschda Skardino	BLR	+ 2:33,0/1
17. Maren Hammerschmidt	GER	+ 3:20,8/3
34. Lena Häcki	SUI	+ 4:15,3/4
41. Lisa Theresa Hauser	AUT	+ 4:28,2/3
58. Dunja Zdouc	AUT	+ 6:01,8/2
60. Katharina Innerhofer	AUT	+ 6:27,7/5
65. Selina Gasparin	SUI	+ 7:00,2/5
68. Aita Gasparin	SUI	+ 7:19,0/5

»Ich bin wirklich überglücklich, dass es zur Medaille gereicht hat. Das ist der Wahnsinn.«

Laura Dahlmeier

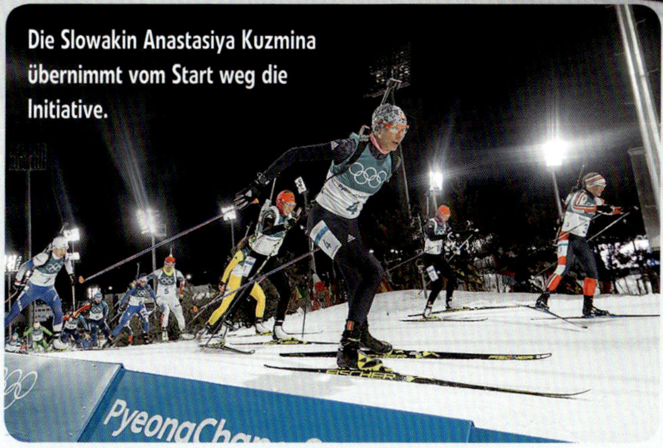

Die Slowakin Anastasiya Kuzmina übernimmt vom Start weg die Initiative.

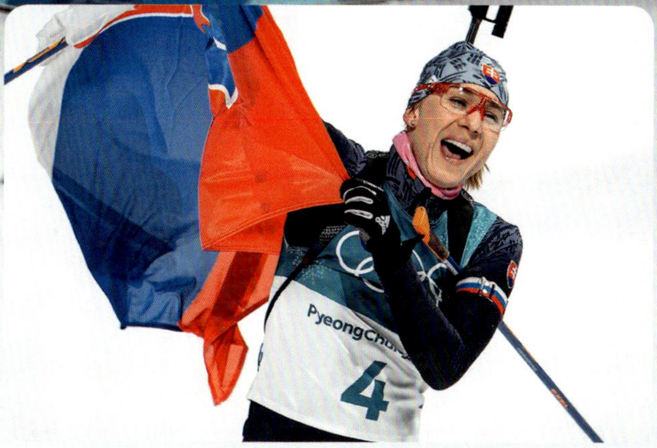

Voller Stolz schwenkt die Gewinnern Anastasiya Kuzmina die slowakische Flagge.

Biathlon, 12,5 km Massenstart, Frauen

Die Weltmeisterin zeigt sich ausgepowert

Auch bei Laura Dahlmeier ist irgendwann einmal der Akku leer. Nach ihrem olympischen Medaillen-Triple zuvor mit zweimal Gold und einmal Bronze ging Deutschlands Biathlon-Königin im vierten Einzelrennen von Pyeongchang leer aus. Im Massenstart schoss die 24-Jährige zwei Fehler und kam ohne Chance gegen Olympiasiegerin Anastasiya Kuzmina nur als 16. ins Ziel.

»Ich habe mir schon vorgenommen, vorne mitzukämpfen. Aber ich habe mich läuferisch nicht ganz so gut gefühlt«, sagte Deutschlands Sportlerin des Jahres. Aber sie nahm es gelassen. »Es war keine schlechte Platzierung, aber bei Olympia zählen nur Medaillen. Drei habe ich schon, heute ist es leider nichts geworden.«

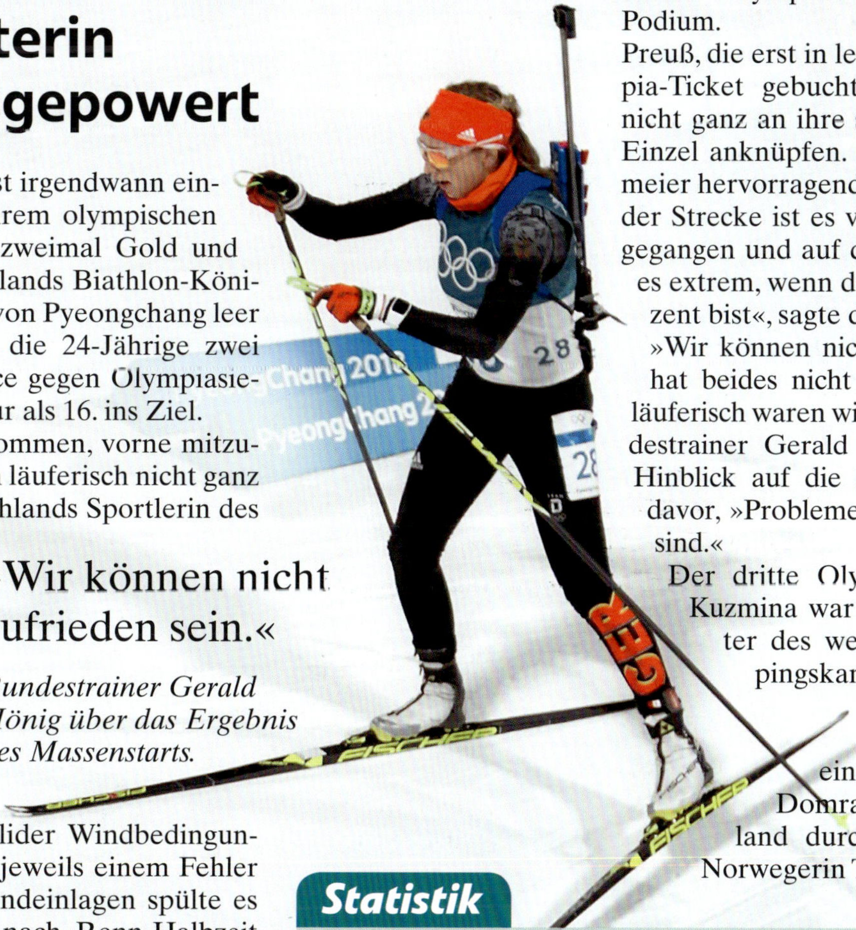

»Wir können nicht zufrieden sein.«

Bundestrainer Gerald Hönig über das Ergebnis des Massenstarts.

Die Massenstart-Weltmeisterin erwischte trotz solider Windbedingungen keinen guten Tag. Nach jeweils einem Fehler bei den ersten beiden Liegendeinlagen spülte es die Partenkirchnerin schon nach Renn-Halbzeit mit über einer Minute Rückstand auf Platz 21 zurück. »Nach dem zweiten Fehler war mir schon bewusst, dass es für die ganz vorderen Ränge nicht reichen wird«, sagte Dahlmeier.

Auch wenn die siebenmalige Weltmeisterin danach alle zehn Schuss ins Schwarze setzte, reichte es nicht für den Sprung nach vorne. Denn auch in der Loipe hatte die zierliche Bayerin, für ihre Kampfkraft bekannt, diesmal nicht viel entgegenzusetzen und lieferte nur die 17. Laufzeit ab. »Wenn man ehrlich ist, waren wir auch materialmäßig heute nicht ganz vorne dabei«, sagte sie.

Denise Herrmann als Elfte direkt gefolgt von Franziska Preuß und Vanessa Hinz als 25. konnten ebenfalls nicht in den Kampf um das Podium eingreifen. Damit standen die diesmal enttäuschenden deutschen Skijägerinnen erstmals in einem Olympia-Rennen nicht auf dem Podium.

Preuß, die erst in letzter Sekunde das Olympia-Ticket gebucht hatte, konnte diesmal nicht ganz an ihre starke Leistung aus dem Einzel anknüpfen. Da war sie hinter Dahlmeier hervorragende Vierte geworden. »Auf der Strecke ist es vom ersten Meter an zäh gegangen und auf dieser Strecke merkst du es extrem, wenn du nicht ganz bei 100 Prozent bist«, sagte die 23-Jährige.

»Wir können nicht zufrieden sein. Heute hat beides nicht gepasst, aber vor allem läuferisch waren wir nicht dabei«, sagte Bundestrainer Gerald Hönig, mahnte aber in Hinblick auf die kommenden Disziplinen davor, »Probleme aufzumachen, wo keine sind.«

Der dritte Olympiasieg der Slowakin Kuzmina war überlegen. Die Schwester des wegen des russischen Dopingskandals bei Olympia nicht eingeladenen Anton Schipulin setzte sich mit einem Fehler vor Darja Domratschewa aus Weißrussland durch. Bronze ging an die Norwegerin Tiril Eckhoff.

Statistik

Biathlon, 12,5 km Massenstart, Frauen

17.2.2018, Alpensia Biathlon Centre

1. Anastasiya Kuzmina	**SVK**	**35:23,0 Min./1 Schießfehler**
2. Darja Domratschewa	**BLR**	**+ 0:18,87/1**
3. Tiril Eckhoff	**NOR**	**+ 0:27,7/2**
4. Lisa Vittozzi	ITA	+ 0:45,6/2
5. Hanna Öberg	SWE	+ 0:46,5/1
6. Dorothea Wierer	ITA	+ 0:47,3/1
7. Nadeschda Skardino	BLR	+ 0:47,9/0
8. Marte Olsbu	NOR	+ 0:51,6/1
9. Marie Dorin Habert	FRA	+ 0:57,9/2
10. Kaisa Mäkäräinen	FIN	+ 1:00,9/2
11. Denise Herrmann	GER	+ 1:04,2/2
12. Franziska Preuß	GER	+ 1:15,9/1
16. Laura Dahlmeier	GER	+ 1:47,1/2
23. Lena Häcki	SUI	+ 2:59,3/4
25. Vanessa Hinz	GER	+ 3:29,4/4
27. Elisa Gasparin	SUI	+ 3:58,0/5
28. Irene Cadurisch	SUI	+ 4:21,7/4

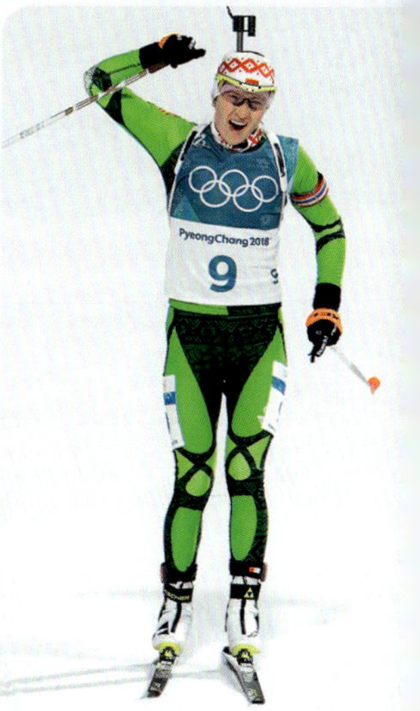

Darja Domratschewa jubelte, als sie das Ziel als Zweite durchquerte.

Biathlon, 4 x 6 km-Staffel, Frauen

Weißrussland siegt überraschend im Schieß-Chaos

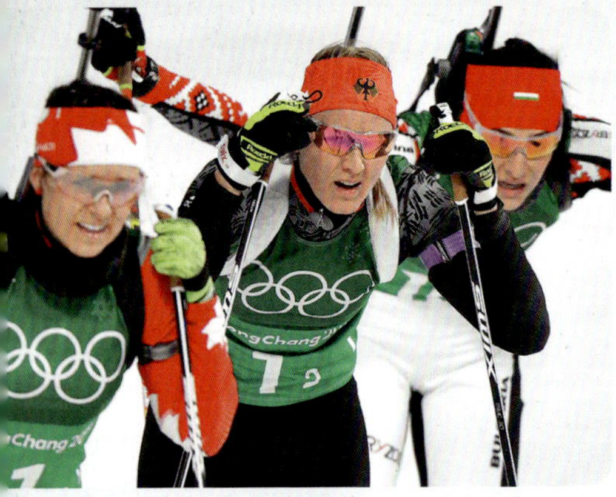

Die deutschen Biathletinnen (im Bild zu sehen: Denise Herrmann) mussten sich durch schwierige Windbedingungen und Strafrunden kämpfen.

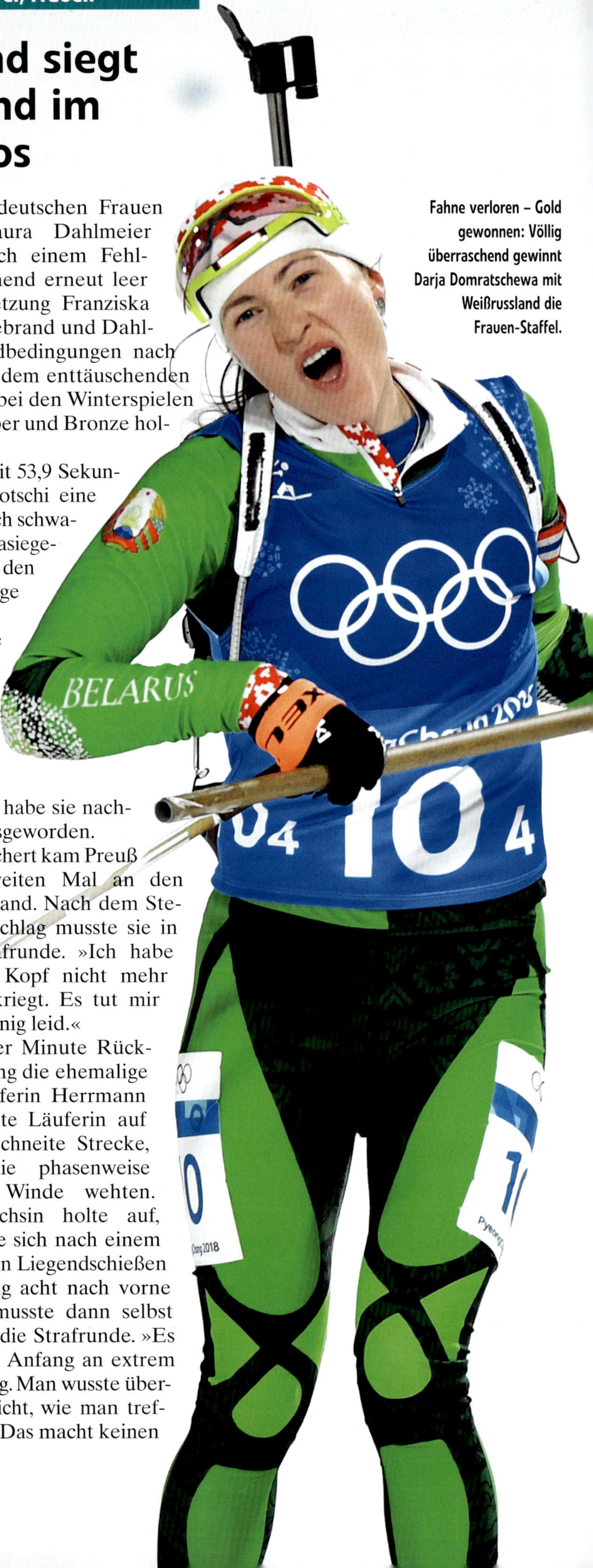

Fahne verloren – Gold gewonnen: Völlig überraschend gewinnt Darja Domratschewa mit Weißrussland die Frauen-Staffel.

Die hoch favorisierten deutschen Frauen um Schlussläuferin Laura Dahlmeier waren bei Olympia nach einem Fehlschuss-Festival überraschend erneut leer ausgegangen. Das Quartett in der Besetzung Franziska Preuß, Denise Herrmann, Franziska Hildebrand und Dahlmeier musste sich bei schwierigen Windbedingungen nach drei Strafrunden und elf Nachladern mit dem enttäuschenden achten Platz begnügen. Der Olympiasieg bei den Winterspielen in Pyeongchang ging an Weißrussland, Silber und Bronze holten Schweden und Frankreich.

Deutschland, das nach 4 x 6 Kilometern mit 53,9 Sekunden Rückstand ins Ziel kam, verpasste wie schon 2014 in Sotschi eine Medaille. Vor vier Jahren hatte es in Russland nach einem ähnlich schwachen Rennen nur zum elften Platz gereicht. Für Doppel-Olympiasiegerin Dahlmeier und Co. ist das Ergebnis besonders bitter, da sie in den vergangenen acht Staffelrennen saisonübergreifend sieben Siege gefeiert hatten. Dazu zählt auch der Triumph bei der WM 2017.

Eine Medaille war schon zu Beginn des Rennens in weite Ferne gerückt: Gleich beim ersten Schießen nahm das Drama seinen Lauf, Preuß hatte Probleme. Sogar eine Disqualifikation stand zwischenzeitlich zur Debatte, weil die 23-Jährige mit einer Patrone im Lauf losgelaufen sein und damit gegen die Sicherheitsbestimmungen verstoßen haben sollte. »Das hat mich richtig aus dem Konzept gebracht«, sagte sie. Sie habe gedacht, dass ihr vierter Schuss danebengegangen sei, deshalb habe sie nachgeladen. Die Patrone war sie »direkt auf der Matte« wieder losgeworden.

Verunsichert kam Preuß zum zweiten Mal an den Schießstand. Nach dem Stehendanschlag musste sie in die Strafrunde. »Ich habe meinen Kopf nicht mehr klar gekriegt. Es tut mir wahnsinnig leid.«

Mit einer Minute Rückstand ging die ehemalige Langläuferin Herrmann als zweite Läuferin auf die verschneite Strecke, über die phasenweise heftige Winde wehten. Die Sächsin holte auf, arbeitete sich nach einem perfekten Liegendschießen auf Rang acht nach vorne – und musste dann selbst auch in die Strafrunde. »Es war von Anfang an extrem schwierig. Man wusste überhaupt nicht, wie man treffen soll. Das macht keinen

Statistik

Biathlon, 4 x 6 km-Staffel, Frauen

22.2.2018, Alpensia Biathlon Centre

1. Weißrussland	**1:12:03,4 Std./0 Strafrd.+9 Schießfehler**
Nadeschda Skardino	17:35,2/0+2
Iryna Krjuko	18:08,2/0+1
Dsinara Alimbekawa	18:52,4/0+3
Darja Domratschewa	17:27,6/0+3
2. Schweden	**+ 0:10,7 Min./0+12**
Linn Persson	17:35,1/0+4
Mona Brorsson	19:16,8/0+6
Anna Magnusson	18:25,9/0+2
Hanna Öberg	16:56,3/0+0
3. Frankreich	**+ 0:17,6/0+14**
Anais Chevalier	17:20,8/0+3
Marie Dorin Habert	18:25,6/0+2
Justine Braisaz	18:40,6/0+6
Anais Bescond	17:54,0/0+3
4. Norwegen	+ 0:29,7/3+12
5. Slowakei	+ 0:38,4/1+9
6. Schweiz	+ 0:43,5/0+16
Elisa Gasparin	17:32,8/0+1
Lena Häcki	18:15,5/0+5
Selina Gasparin	18:56,7/0+5
Irene Cadurisch	18:01,9/0+5
7. Polen	+ 0:43,6/1+14
8. Deutschland	+ 0:53,9/3+11
Franziska Preuß	17:49,6/1+3
Denise Herrmann	19:07,4/1+3
Franziska Hildebrand	18:33,9/1+4
Laura Dahlmeier	17:26,4/0+1
9. Italien	+ 1:04,1/4+13
10. Kanada	+ 1:33,4/1+11

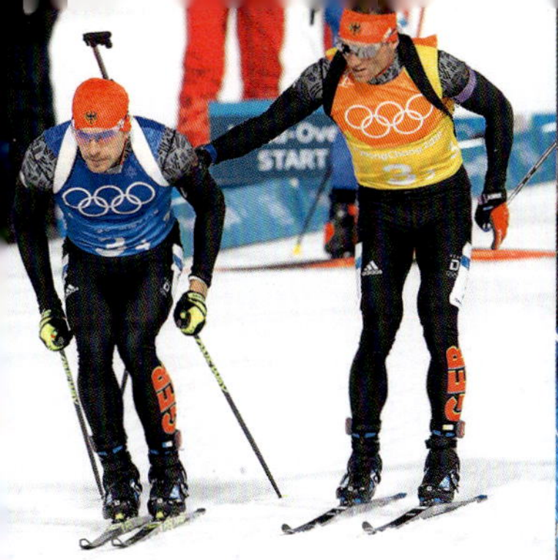

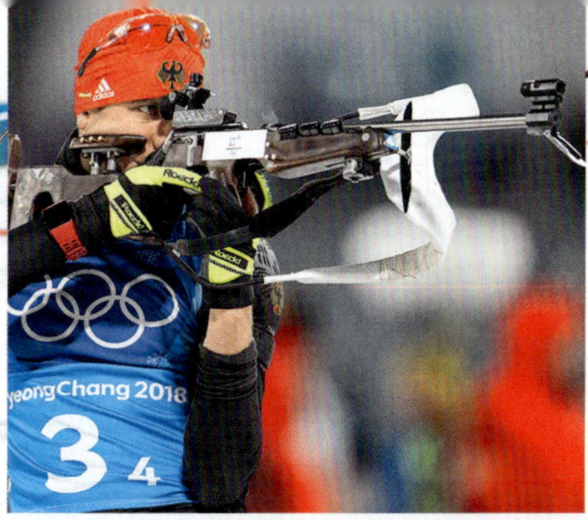

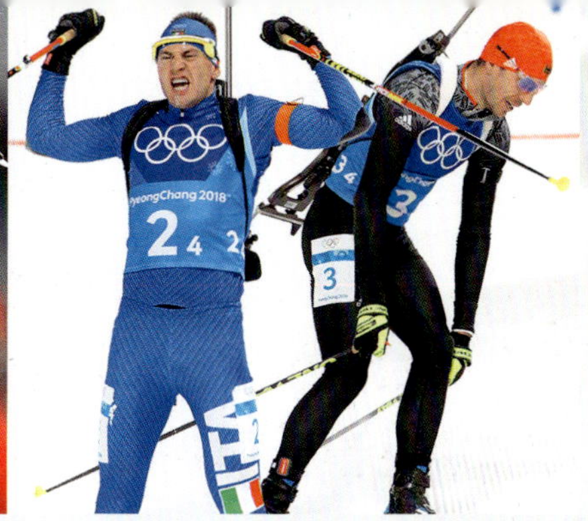

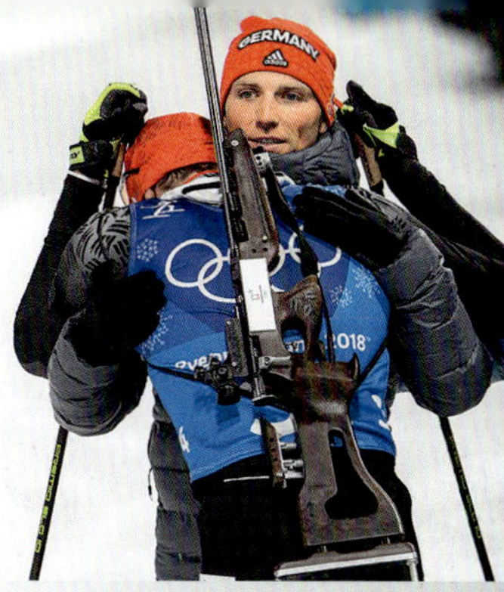

Spaß am Schießstand«, sagte Herrmann. »Aber ich will es nicht auf die Bedingungen schieben.«
Auf Rang zwölf übergab Herrmann mit 1:34,8 Minuten Rückstand auf Hildebrand. Auch die 30-Jährige musste bereits nach dem ersten Schießen in die Strafrunde und lag jenseits der Top 10. Schlussläuferin Dahlmeier, die Deutschland in der Vergangenheit schon zu zwei WM-Titeln geführt hatte, machte es dann besser. Mehr als leichte Schadensbegrenzung konnte die Ausnahmeläuferin jedoch nicht mehr betreiben.

Biathlon, Mixed-Staffel, 2 x 6 plus 2 x 7,5 km

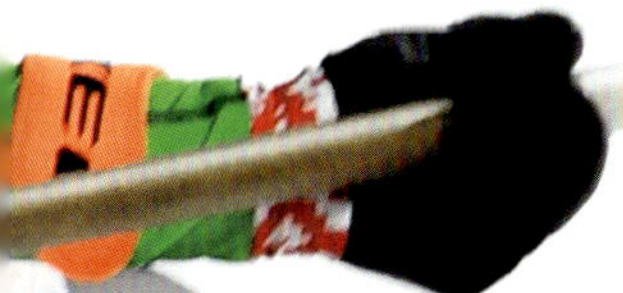

Biathlon-Drama in der Mixed-Staffel

Erst gab Arnd Peiffer das schon sicher geglaubte Olympia-Gold mit seinen Schießfehlern aus der Hand, dann konnte ein Protest der deutschen Mixed-Staffel nicht mal Bronze retten. Am Ende eines dramatischen Biathlon-Krimis stand das hoch gehandelte Weltmeister-Quartett mit Vanessa Hinz, Laura Dahlmeier, Erik Lesser und Peiffer völlig überraschend mit leeren Händen als Vierter da. »Ich bin wahnsinnig enttäuscht und es tut mir wahnsinnig leid für meine drei Mitstreiter«, sagte Sprint-Olympiasieger Peiffer und nahm die Schuld auf sich: »Ich habe es vergeigt, sowohl auf der Strecke als auch am Schießstand.«
Eine lange Führung reichte nicht, und Schlussläufer Peiffer landete nach seinen insgesamt sechs Fehlern und einer Strafrunde noch hinter Olympiasieger Frankreich, Norwegen und Italien. Weil Italiens Schlussmann Dominik Windisch Peiffer auf der Zielgeraden den Weg abschnitt, legte die Führung der deutschen Mannschaft offiziell Protest ein. Dieser wurde nach einer knappen halben Stunde aber abgewiesen.
»Wir haben den Protest begründet eingereicht, so wie die Situation aus unserer Sicht war. Aber das müssen wir akzeptieren«, sagte Frauen-Bundestrainer Gerald Hönig, der Peiffer in Schutz nahm: »Zu einer Staffel gehören immer wieder vier. Die ersten drei haben eine Superleistung gebracht. Am Ende zählt die Zeit von vier Leuten und das hat nicht gereicht für eine Medaille.«
Startläuferin Hinz (»Ich bin sehr zufrieden«) machte ihre Sache hervorragend und benötigte keinen Nachlader, ehe sie an Position zwei auf Dahlmeier übergab. Dahlmeier traf neun ihrer zehn Schüsse und übernahm nach dem zweiten Schießen die Führung. 2017 gehörte sie genau wie Hinz zum Quartett, das bei der WM in Hochfilzen Gold gewann. Bei den Männern waren Peiffer und Simon Schempp dabei.

Mit Vorsprung schickte Erik Lesser Schlussläufer Arnd Peiffer ins Rennen, Gold schien sicher. Einige Schießfehler später reichte es nicht einmal mehr für Bronze und er musste getröstet werden.

Bevor Peiffer in die Loipe ging, konnte sich Dahlmeier absetzen und Lesser mit 29,9 Sekunden vor Italien auf die Strecke schicken. Zwei Schnellfeuereinlagen und nur ein Nachlader sorgten dafür, dass er mit mehr als einer halben Minute auf Peiffer übergab.
Doch der Harzer verfehlte erst im Liegendschießen zwei Scheiben und musste dann nach vier weiteren Fehlern sogar in die Strafrunde. Die Führung war dahin, der Franzose Martin Fourcade und der Norweger Emil Hegle Svendsen zogen locker vorbei. Auf der Schlussrunde musste sich Peiffer auch noch dem Italiener Dominik Windisch geschlagen geben.

Statistik

Biathlon, Mixed-Staffel, 2 x 6 plus 2 x 7,5 km

20.2.2018, Alpensia Biathlon Centre

1. Frankreich	**1:08:34,3 Std./0 Strafrd.+4 Schießfehler**
Marie Dorin Habert	15:51,1/0+0
Anais Bescond	16:46,4/0+4
Simon Desthieux	17:58,4/0+0
Martin Fourcade	17:58,4/0+0
2. Norwegen	**+ 0:20,9 Min./1+11**
Marte Olsbu	16:16,9/0+3
Tiril Eckhoff	16:55,1/1+5
Johannes Thingnes Bö	17:24,4/0+1
Emil Hegle Svendsen	18:18,8/0+2
3. Italien	**+ 0:26,9/0+7**
Lisa Vittozzi	15:44,1/0+0
Dorothea Wierer	16:34,4/0+3
Lukas Hofer	18:17,4/0+1
Dominik Windisch	18:25,3/0+3
4. Deutschland	+ 0:27,2/1+7
Vanessa Hinz	15:46,3/0+0
Laura Dahlmeier	16:02,3/0+1
Erik Lesser	18:14,7/0+1
Arnd Peiffer	18:58,2/1+5
5. Weißrussland	+ 0:55,5/0+3
6. Finnland	+ 1:03,9/0+3
7. Ukraine	+ 1:12,1/0+5
8. Tschechien	+ 1:39,3/0+8
9. OAR	+ 2:14,8/0+10
10. Österreich	+ 2:22,0/0+14
Lisa Theresa Hauser	16:53,8/0+4
Katharina Innerhofer	17:09,9/0+5
Simon Eder	18:11,5/0+1
Julian Eberhard	18:41,1/0+4
13. Schweiz	+ 2:57,1/1+13
Elisa Gasparin	16:48,1/0+4
Lena Häcki	17:21,8/1+5
Benjamin Weger	18:02,7/0+1
Serafin Wiestner	19:18,8/0+3

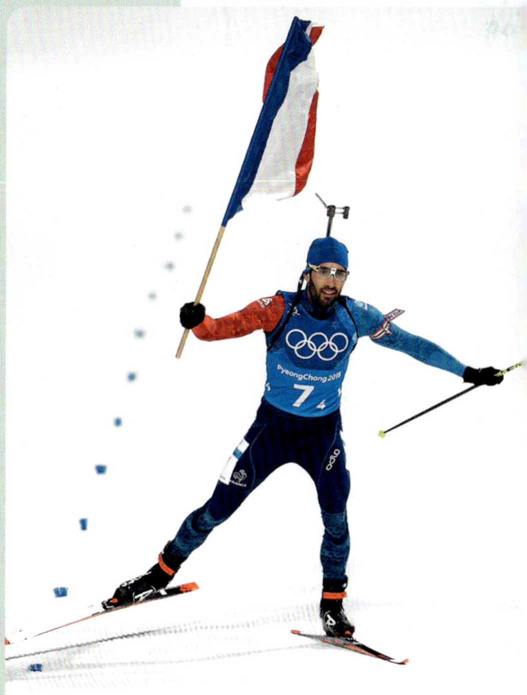

Lockerer Sieg für Frankreich mit 20 Sekunden Vorsprung. Im Bild zu sehen: Martin Fourcade beim Zieleinlauf.

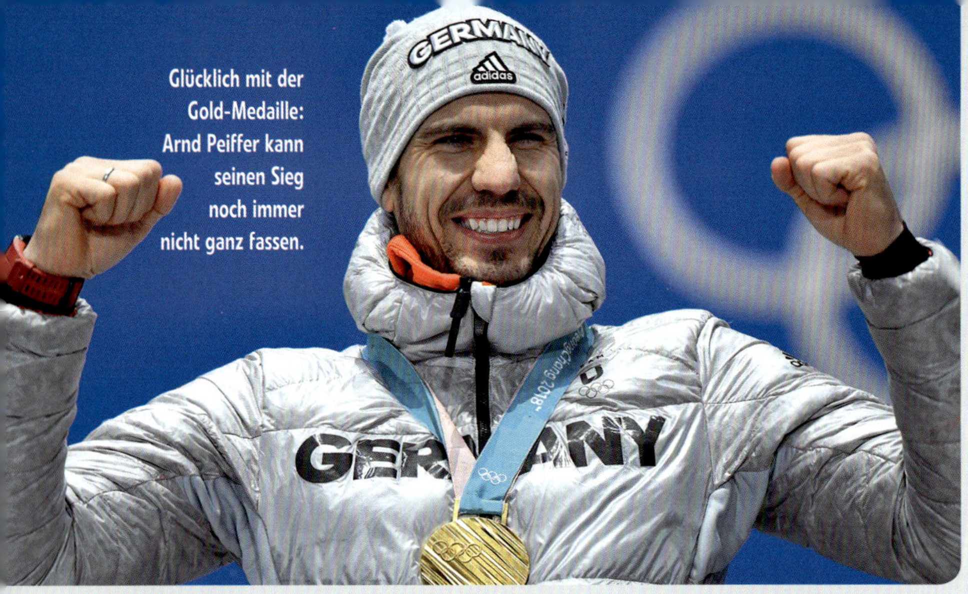

Glücklich mit der Gold-Medaille: Arnd Peiffer kann seinen Sieg noch immer nicht ganz fassen.

Statistik

Biathlon, 10 km Sprint, Männer

11.2.2018, Alpensia-Biathlon-Zentrum

1. Arnd Peiffer	**GER**	**23:38,8 Min./0 Schießfehler**
2. Michal Krcmar	**CZE**	**+ 0:04,4/0**
3. Dominik Windisch	**ITA**	**+ 0:07,7/1**
4. Julian Eberhard	AUT	+ 0:08,4/1
5. Erlend Bjöntegaard	NOR	+ 0:17,4/2
6. Benedikt Doll	GER	+ 0:17,6/1
7. Simon Schempp	GER	+ 0:21,4/1
8. Martin Fourcade	FRA	+ 0:22,1/3
9. Serafin Wiestner	SUI	+ 0:23,5/1
10. Lukas Hofer	ITA	+ 0:31,0/2
11. Erik Lesser	GER	+ 0:31,9/1
15. Benjamin Weger	SUI	+ 0:36,7/1
25. Dominik Landertinger	AUT	+ 0:57,4/1
28. Simon Eder	AUT	+ 1:03,7/2
63. Jeremy Finello	SUI	+ 2:15,9/3
64. Mario Dolder	SUI	+ 2:16,0/5
77. Tobias Eberhard	AUT	+ 2:45,5/5

Biathlon, 10 km Sprint, Männer

Wenn Zwei sich streiten, freut sich Arnd Peiffer

Der Sieger im Biathlon-Sprint der Männer hieß nicht Martin Fourcade und auch nicht Johannes Thingnes Bö – der Sieger hieß Arnd Peiffer. Damit hatte niemand gerechnet, am wenigsten der Olympiasieger selbst: »Es ist der Wahnsinn! Ich habe es immer noch nicht realisiert«, sagte Peiffer nach seinem Sieg: »Ich habe es nicht erwartet, das ist sehr überraschend.«

> »Es ist der Wahnsinn! Ich habe es immer noch nicht realisiert.«
>
> *Olympia-Sieger Arnd Peiffer über seinen Überraschungs-Sieg*

Auf den Schultern der deutschen Betreuer ließ sich Arnd Peiffer für seinen Sensationscoup feiern und jubelte ausgelassen in die Kameras. Der Niedersachse setzte sich völlig überraschend mit null Fehlern vor dem Tschechen Michal Krcmar und Dominik Windisch aus Italien durch. Peiffer krönte sich mit diesem größten Erfolg seiner Karriere zum siebten deutschen Einzel-Olympiasieger bei den Skijägern. Zuletzt hatte Sven Fischer 2006 in Turin im Sprint triumphiert.

Insgesamt hatten die deutschen Biathleten in diesem Winter zuvor noch keinen Sieg gefeiert. Der erste kam nun zum perfekten Zeitpunkt und Peiffer bescherte den Biathleten im zweiten Rennen das zweite Gold. »Wir haben gesagt, wir heben's uns für den Höhepunkt auf«, sagte Männer-Bundestrainer Mark Kirchner in der ARD. »Aber dass es dann so ausgeht – einmalig. Wir freuen uns einfach und sind happy, dass der Arnd Gold gewonnen hat und wir so eine tolle Mannschaftsleistung abgeliefert haben.«

Die Deutschen hätten sogar ein noch besseres Mannschaftsergebnis erreichen können, doch sowohl Erik Lesser als auch Benedikt Doll verfehlten ihren jeweils letzten Schuss. Mit jeweils einem Fehler belegte Doll einen starken Platz sechs, Simon Schempp wurde Siebter und Lesser belegte Rang elf.

Peiffer profitierte davon, dass die beiden Top-Favoriten Johannes Thingnes Bö aus Norwegen und Martin Fourcade aus Frankreich patzten und im Kampf um die Medaillen keine Chance hatten. »Das ist eine sehr große Enttäuschung, weil ich heute bereit war. Ich weiß nicht, was passiert ist, aber ohne Zweifel bin ich mit dem Wind schlecht zurechtgekommen«, äußerte sich Fourcade nach seinem Rennen. Der Franzose hatte zuvor in allen Saisonrennen auf dem Podest gestanden, Bö acht Siege gefeiert. Während sich Fourcade noch auf Rang acht rettete, belegte Bö nur Platz 31. »Sie geben den Ton an und sind definitiv die Besten«, sagte Schempp noch vor dem Rennen über Fourcade und Thingnes Bö. Doch als hätte er es geahnt, fügte er an: »Wenn man einen perfekten Tag erwischt und beide Fehler machen, ist es möglich, sie zu schlagen.«

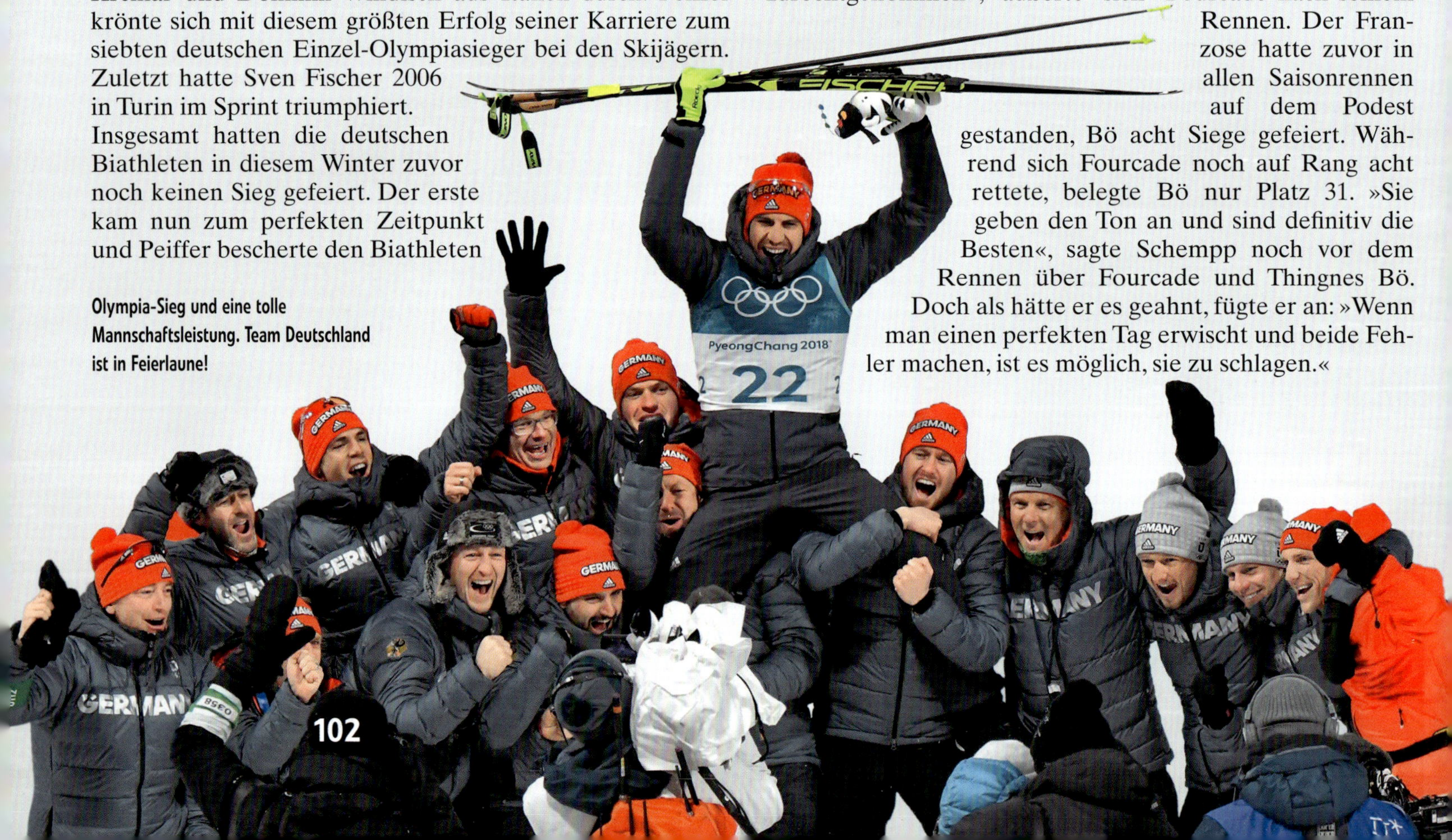

Olympia-Sieg und eine tolle Mannschaftsleistung. Team Deutschland ist in Feierlaune!

Nur knapp an den Medaillen vorbeigelaufen ist der Österreicher Julian Eberhard. Der Salzburger landete über die 10 Kilometer mit einer Strafrunde an der vierten Stelle. Auf Bronze fehlten dem Sieger der Olympia-Generalprobe im Vorjahr, der unterwegs einen Stockbruch erlitten hatte, lediglich 0,7 Sekunden.

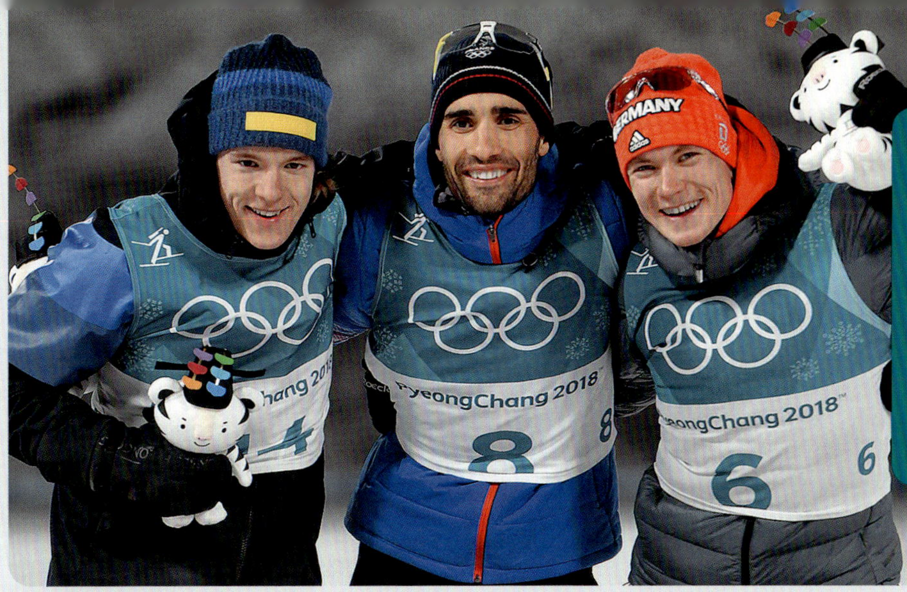

Freude pur bei Goldmedaillengewinner Martin Fourcade aus Frankreich, umrahmt von dem Schweden Sebastian Samuelsson (links, Silber) und dem Bronze-Gewinner Benedikt Doll (rechts) aus Deutschland.

Biathlon, 12,5 km Verfolgung, Männer

»Dolles« Ding im Eisschrank von Pyeongchang

Nach seinem Kraftakt zu Olympia-Bronze zeigte Benedikt Doll im Ziel die Fäuste und strahlte überglücklich in die Kameras. Zwar verlor der 27-Jährige im Zielsprint der Verfolgung in Pyeongchang noch das mögliche Silber, aber das war dem Schwaben bei seinen ersten Winterspielen am Ende egal – Hauptsache eine Medaille. »Mich ärgert es nicht, dass ich die Silbermedaille verloren habe. Ein Kindheitstraum ist in Erfüllung gegangen. Da bin ich sehr stolz drauf. Diese Medaille ist aktuell wertvoller für mich als der WM-Titel«, sagte der Schwarzwälder, der sich im Zielsprint nach 12,5 Kilometern dem Sensationszweiten Sebastian Samuelsson aus Schweden nur um 3,1 Sekunden geschlagen geben musste.

Ein Jahr nach seinem WM-Titel im Sprint, seinem bisher einzigen Sieg überhaupt, feierte Doll den zweiten großen Erfolg seiner Karriere. Nur 24 Stunden nach Sprint-Gold von Arnd Peiffer, der diesmal Achter wurde, bescherte er dem deutschen Männer-Team die zweite Medaille. »Es ist zwar für mich schade, aber ich bin ganz versöhnlich mit dem Tag heute, da ja wieder einer von uns eine Medaille abgeräumt hat«, sagte Peiffer entspannt. Beim dritten Olympiasieg des Franzosen Martin Fourcade zeigte Doll nun endlich auch in einem Rennen mit vier Schießeinlagen, dass er seine Nerven im Zaum hat und vor allem stehend auch alle zehn Scheiben abräumen kann. Das gelingt dem laufstarken Hobbykoch nur sehr selten. »Liegend habe ich mich nicht so toll gefühlt, aber stehend war ich unheimlich sicher. Da habe ich mir gesagt: Jetzt probiere ich es. Es ist richtig schön, dass ich es auch in einem Jagdrennen geschafft habe«, sagte Doll, der nur im zweiten Liegendanschlag einmal in die Strafrunde musste.

Vor allem die klirrende Kälte von minus zehn Grad machte nicht nur Doll zu schaffen. »Gesund ist es nicht so für die Lunge. Ich hatte schon gestern zu kämpfen. Ich hoffe, ich werde nicht krank. Es ist einfach schon sehr hart für den Körper«, meinte Doll.

Simon Schempp und Erik Lesser komplettierten auf den Plätzen fünf und elf das hervorragende Mannschaftsergebnis. Martin Fourcade wiederholte seinen Olympiasieg von Sotschi vor vier Jahren. Der sechsmalige Gesamtweltcupsieger Fourcade übernahm nach dem dritten Schießen erstmals die Führung. Nach einem perfekten Abschlussschießen war dem Franzosen der Sieg nicht mehr zu nehmen. Ihm war die Erleichterung über den Titel auf dem Siegerpodest deutlich anzusehen.

»Diese Medaille ist aktuell wertvoller für mich als der WM-Titel.«

Benedikt Doll über seine erlaufene Bronzemedaille

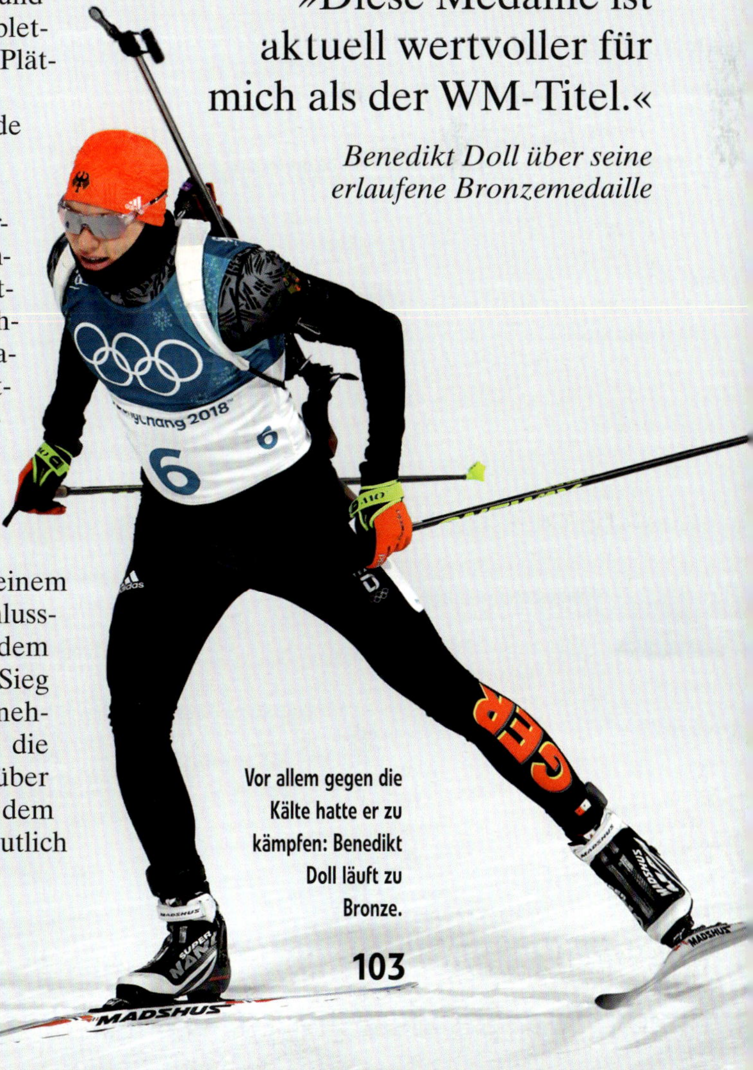

Vor allem gegen die Kälte hatte er zu kämpfen: Benedikt Doll läuft zu Bronze.

Statistik

Biathlon, 12,5 km Verfolgung, Männer

12.2.2018, Alpensia-Biathlon-Zentrum

1.	**Martin Fourcade**	**FRA**	**32:51,7/1 Schießfehler**
2.	**Sebastian Samuelsson**	**SWE**	**+ 0:12,0/1**
3.	**Benedikt Doll**	**GER**	**+ 0:15,1/1**
4.	Tarjei Bö	NOR	+ 1:02,6/3
5.	Simon Schempp	GER	+ 1:02,7/3
6.	Benjamin Weger	SUI	+ 1:03,1/2
7.	Simon Desthieux	FRA	+ 1:03,7/3
8.	Arnd Peiffer	GER	+ 1:14,1/3
9.	Erlend Bjöntegaard	NOR	+ 1:26,3/4
10.	Lukas Hofer	ITA	+ 1:32,7/3
11.	Erik Lesser	GER	+ 1:35,9/2
14.	Simon Eder	AUT	+ 1:41,4/2
15.	Julian Eberhard	AUT	+ 1:45,2/6
26.	Dominik Landertinger	AUT	+ 3:30,5/5
28.	Serafin Wiestner	SUI	+ 3:45,3/6

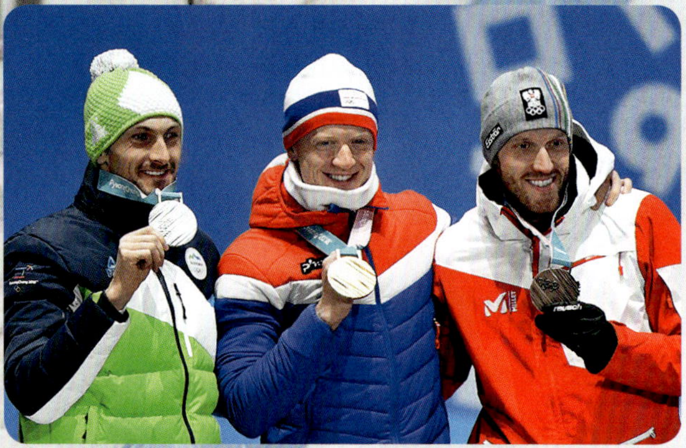

Die Gewinner des 20-km-Rennens präsentieren ihre Medaillen (von links nach rechts): Jakov Fak (Slowenien), Johannes Thingnes Bö (Norwegen) und Dominik Landertinger (Österreich).

Biathlon, Einzel 20 km, Männer

Der Mann mit dem goldenen Gewehr

Bundestrainer Mark Kirchner blieb am Schießstand gelassen. Die in Pyeongchang bislang so erfolgreichen deutschen Biathleten verpassten im sechsten Olympia-Rennen zwar erstmals eine Medaille, doch für Frust sorgte das nach dem Einzel über 20 Kilometer nicht. »Es war zu erwarten, dass man gut Schießen muss bei den doch sehr guten Bedingungen«, sagte Kirchner und stellte fest: »Es geht halt auch mal so, dass es dann nicht ganz funktioniert.«

Insgesamt 14 Schießfehler der vier deutschen Skijäger waren am Donnerstag einfach zu viel für die Podestplätze. Erik Lesser, der vor vier Jahren Olympia-Silber in diesem Wettbewerb geholt hatte, machte es noch am besten und wurde nach einem Schießfehler immerhin Neunter. »Das Ergebnis passt«, sagte Lesser, war aber nicht ganz zufrieden mit sich selbst: »Läuferisch war ich leider wieder nicht da, wo ich hin möchte.« Sprint-Olympiasieger Arnd Peiffer leistete sich insgesamt vier Schießfehler und kam auf Rang 21. »Das war total ärgerlich. Da war sehr viel mehr drin«, sagte er. Massenstart-Weltmeister Schempp kassierte ebenfalls vier Strafminuten und war als 36. noch weiter abgeschlagen. »Das Rennen war nach den ersten beiden Schuss eigentlich schon gelaufen«, sagte der Schwabe.

Der im Weltcup so überragende Norweger Johannes Thingnes Bö siegte trotz seiner zwei Strafminuten. Silber ging an den Slowenen Jakov Fak, Bronze an den Österreicher Dominik Landertinger.

Lange saß Bö, der Mann mit dem goldenen Gewehr, in der Leader-Box und musste zittern. Erst als der Slowene Fak mit der Startnummer 57 mit einem Rückstand von 5,5 Sekunden im Ziel war, sprang der 24-Jährige erleichtert von seinem Sitz und jubelte. Geschlagen war der Franzose Martin Fourcade, der nach seinem Gold in der Verfolgung diesmal nur Fünfter wurde.

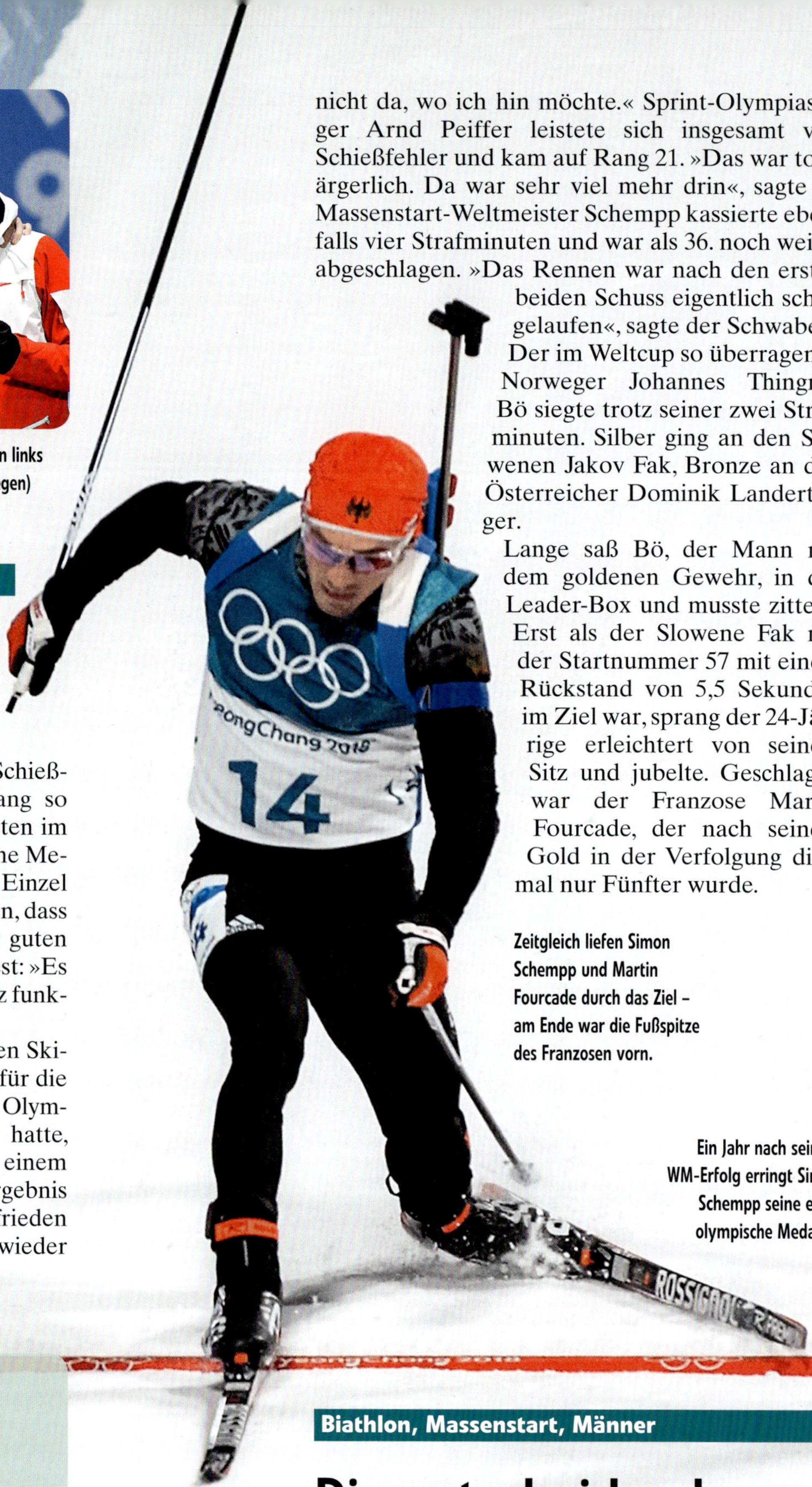

Zeitgleich liefen Simon Schempp und Martin Fourcade durch das Ziel – am Ende war die Fußspitze des Franzosen vorn.

Ein Jahr nach seinem WM-Erfolg erringt Simon Schempp seine erste olympische Medaille.

Statistik

Biathlon, 20 km, Männer

15.2.2018, Alpensia Biathlon Centre

1. Johannes Thingnes Bö	**NOR**	**48:03,8 Min./2 Schießfehler**
2. Jakov Fak	**SLO**	**+ 0:05,5/0**
3. Dominik Landertinger	**AUT**	**+ 0:14,2/0**
4. Sebastian Samuelsson	SWE	+ 0:29,1/1
5. Martin Fourcade	FRA	+ 0:42,4/2
6. Benjamin Weger	SUI	+ 0:48,6/1
7. Michal Krcmar	CZE	+ 1:15,5/1
8. Fredrik Lindström	SWE	+ 1:22,1/1
9. Erik Lesser	GER	+ 1:27,3/1
10. Emil Hegle Svendsen	NOR	+ 1:36,7/2
11. Simon Eder	AUT	+ 1:52,0/2
17. Julian Eberhard	AUT	+ 2:11,8/3
21. Arnd Peiffer	GER	+ 2:25,8/3
36. Simon Schempp	GER	+ 3:51.0/4
47. Jeremy Finello	SUI	+ 4:33,7/3
49. Mario Dolder	SUI	+ 4:42,7/3
57. Tobias Eberhard	AUT	+ 5:29,8/4
58. Johannes Kühn	GER	+ 5:32,8/6

Biathlon, Massenstart, Männer

Die entscheidende Fußspitze

Vor der bisher größten Zuschauerkulisse der Spiele lieferten die deutschen Biathleten ein Rennen der Extraklasse. Zum Showdown kam es beim finalen Schießen zwischen Erik Lesser, Martin Fourcade und Simon Schempp. Lesser fiel mit zwei Fehlern zurück, Schempp und Fourcade gingen nach einer Extrarunde dennoch zeitgleich als Füh-

rende auf die Schlussrunde. Und lieferten sich ein spektakuläres Duell.
Schempp machte sich ganz lang, doch am Ende fehlte eine Fußspitze zum Olympiasieg. In einem hochdramatischen Zielspurt musste sich der 29-Jährige dem Franzosen Fourcade im Fotofinish geschlagen geben und holte mit Silber trotzdem die umjubelte erste olympische Einzelmedaille seiner Karriere. Fast auf den Tag genau ein Jahr nach seinem WM-Triumph in Hochfilzen war es für Schempp somit der zweite große Einzelerfolg seiner Laufbahn.
»Wäre es noch fünf Meter weitergegangen, dann hätte es vielleicht gereicht. Aber nichtsdestotrotz bin ich superhappy«, sagte Schempp, der trotz der denkbar knappen Niederlage im Zielraum mit einem befreienden Jubelschrei auf das Podium sprang. Für Fourcade war es das zweite Gold in Südkorea und sein vierter Olympiasieg insgesamt.
Fast hätte es sogar das erste olympische Doppel-Podium seit 1994 für die deutschen Skijäger gegeben. Doch Lesser und der Verfolgungsdritte Benedikt Doll zogen im Schlusssprint gegen den Norweger Emil Hegle Svendsen knapp den Kürzeren. Lesser fehlten am Ende nur 0,4 Sekunden auf den Bronzerang. »Ärgerlich, dass hintenraus die zwei Fehler passiert sind, sonst wäre ich mit Bronze rausgegangen. So gehe ich mit der Holzmedaille, wie schon letztes Jahr bei der WM, nach Hause«, sagte der Thüringer Lesser. Doll wurde Fünfter. »Erik und ich hätten ein bisschen mehr draus machen können. Aber so ist es halt«, meinte Doll. Sprint-Olympiasieger Arnd Peiffer kam als 13. ins Ziel.

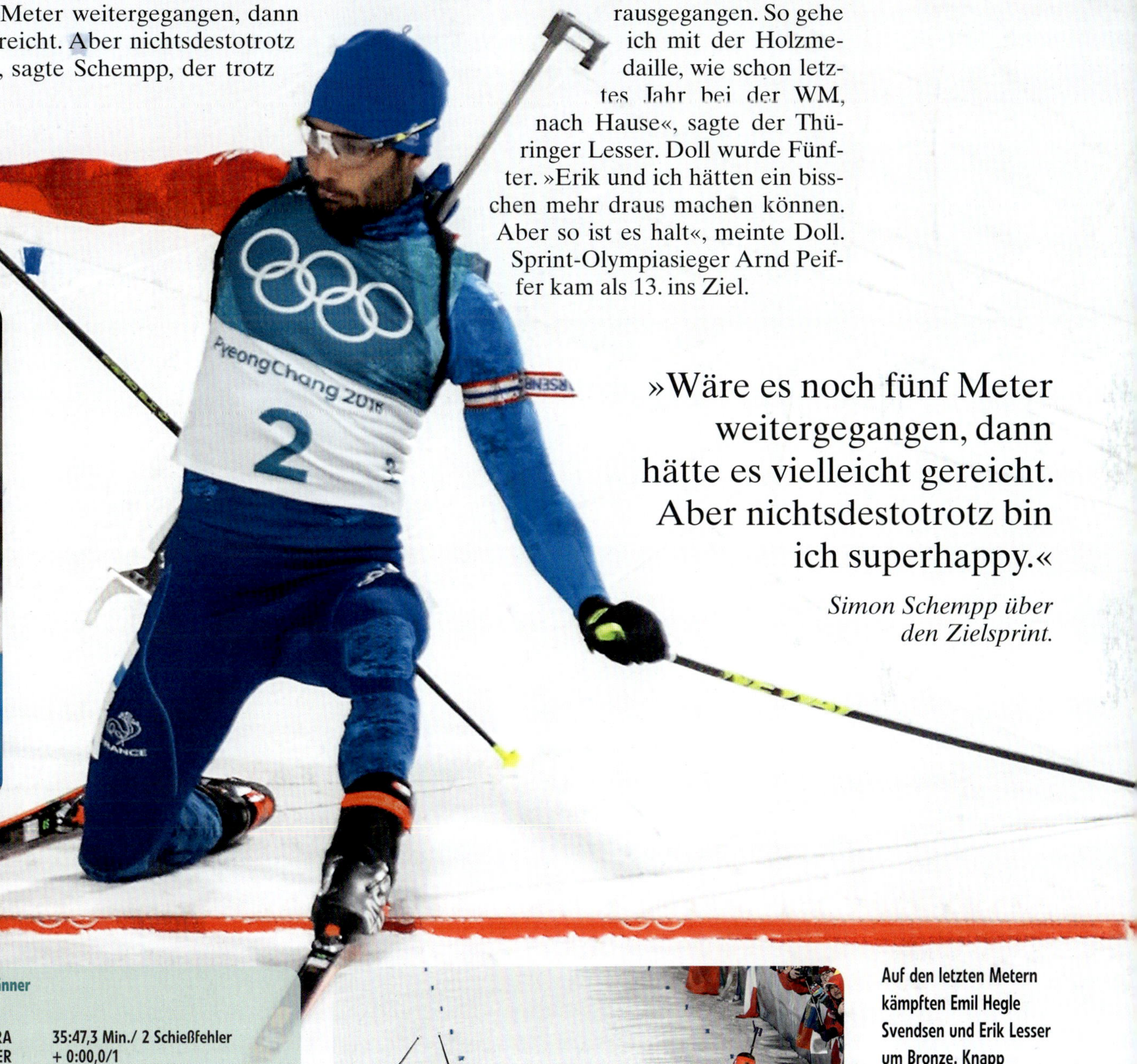

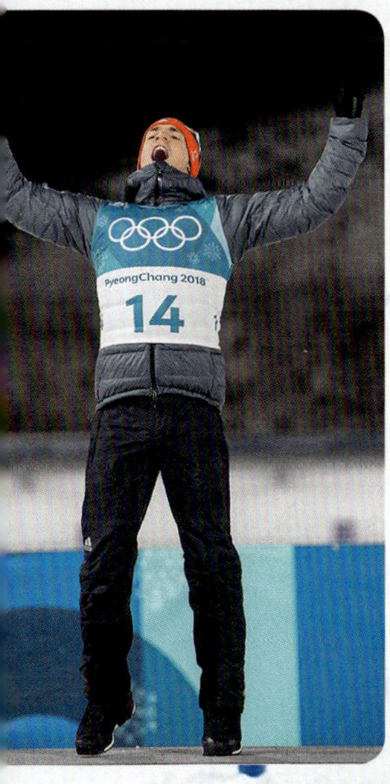

»Wäre es noch fünf Meter weitergegangen, dann hätte es vielleicht gereicht. Aber nichtsdestotrotz bin ich superhappy.«

Simon Schempp über den Zielsprint.

Statistik

Biathlon, 15 km Massenstart, Männer

18.2.2018, Alpensia Biathlon Centre

1. Martin Fourcade	**FRA**	**35:47,3 Min./ 2 Schießfehler**
2. Simon Schempp	**GER**	**+ 0:00,0/1**
3. Emil Hegle Svendsen	**NOR**	**+ 0:11,2/2**
4. Erik Lesser	GER	+ 0:11,6/2
5. Benedikt Doll	GER	+ 0:18,8/1
6. Julian Eberhard	AUT	+ 0:30,7/3
7. Erlend Bjöntegaard	NOR	+ 0:32,1/2
8. Tarjei Bö	NOR	+ 0:34,6/3
9. Jesper Nelin	SWE	+ 0:34,6/2
10. Jakov Fak	SLO	+ 0:36,1/1
12. Dominik Landertinger	AUT	+ 1:00,0/1
13. Arnd Peiffer	GER	+ 1:00,2/4
14. Simon Eder	AUT	+ 1:13,7/3
24. Serafin Wiestner	SUI	+ 2:13,6/3
27. Benjamin Weger	SUI	+ 2:23,2/5

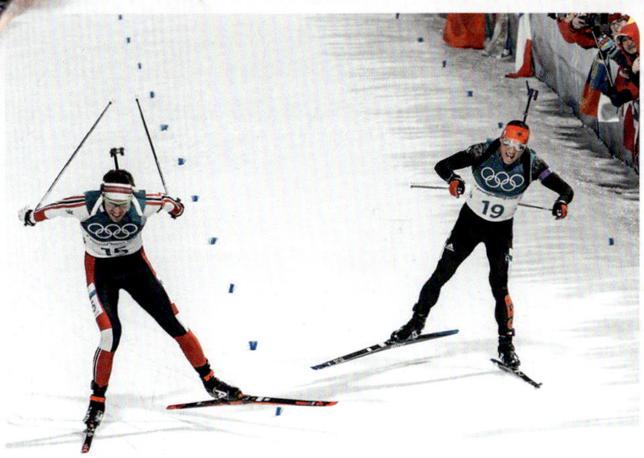

Auf den letzten Metern kämpften Emil Hegle Svendsen und Erik Lesser um Bronze. Knapp entschied der Norweger das Duell für sich.

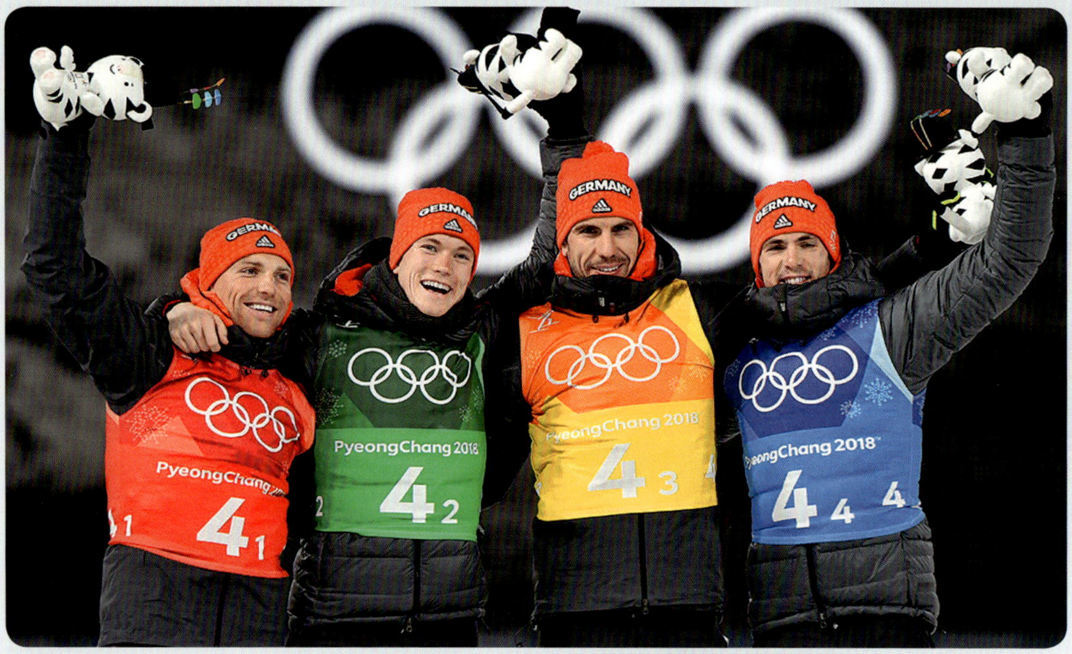

> »Schlussendlich können wir sagen: Hauptsache eine Medaille. Damit sind wir super zufrieden.«
>
> *Simon Schempp*

Erik Lesser (von links nach rechts), Benedikt Doll, Arnd Peiffer und Simon Schempp vom deutschen Team freuten sich trotz Goldchancen über ihre Bronzemedaille.

Biathlon, 4 x 7,5-km-Staffel, Männer

Von Gold zu Silber und schließlich bei Bronze gelandet

Der Traum von Olympia-Gold erfüllte sich zwar nicht, trotzdem hüpften die deutschen Biathleten nach dem dramatischen Staffelrennen freudig auf das Podest. Mit Bronze feierte das Quartett in der Besetzung Erik Lesser, Benedikt Doll, Arnd Peiffer und Simon Schempp zumindest einen versöhnlichen Abschluss bei den Winterspielen. »Es hat nicht zu 100 Prozent hingehauen. Schlussendlich können wir sagen: Hauptsache eine Medaille. Damit sind wir super zufrieden«, sagte Schlussläufer Schempp. Sensationssieger Schweden und Norwegen waren im letzten Olympia-Rennen in Südkorea nicht zu schlagen.

Zwischenzeitlich auf Goldkurs, dann raus aus den Medaillen, später Silber im Blick – und am Ende die Bronze-Medaille abgesichert. Schempp & Co. erlebten ein nervenaufreibendes Auf und Ab. Beim letzten Schießen hatte der Uhinger Schempp noch die Chance auf Rang zwei. Nach einer Strafrunde war er jedoch chancenlos und kam ganze 2:07,1 Minuten hinter Schweden ins Ziel.

Der deutsche Trainer Wolfgang Pichler feierte mit Schweden hingegen den größten Erfolg seiner Karriere. »Eine Männer-Staffel bei Olympia zu gewinnen, das ist was Großes«, sagte der 63 Jahre alte Ruhpoldinger und wurde von Schwedens König Carl Gustaf umarmt: »Der ist überaus zufrieden«, sagte Pichler.

Bundestrainer Mark Kirchner genoss die vierte Olympia-Medaille seines Männer-Teams gewohnt still. Aber drei Strafrunden und zehn Nachlader waren einfach zu viel, um den avisierten ersten Staffelsieg seit zwölf Jahren einzufahren. Kirchner war nach dem Fehlschuss-Festival bei erneut schwierigen Windbedingungen, in dem einzig die Schweden ohne Extrarunde blieben, »heilfroh, dass es für eine Medaille gereicht hat«.

Lesser sagte zum nervenaufreibenden Rennen: »Es war ein Wechselbad der Gefühle. Ich bin glücklich, dass ich endlich die Medaille habe.« Damit beenden die Biathleten die Wettbewerbe als erfolgreichste Nation mit insgesamt sieben Medaillen. Es gab dreimal Gold, einmal Silber und dreimal Bronze.

»Wir wollen Gold«, hatte Lesser vor dem finalen Rennen ganz offensiv als Ziel ausgegeben. Und vier Jahre nach Silber in Sotschi, als Schempp im Schlussspurt gegen den Russen Anton Schipulin knapp verlor, startete Deutschland stark. Ohne die wegen des Dopingskandals erstmals bei einer Olympia-Staffel fehlenden Russen brachte Lesser sein Team mit 18,4 Sekunden in Front.

Doch als Ersten erwischte es Doll. Zwischenzeitlich hatte der Schwarzwälder den Vorsprung auf gut 40 Sekunden ausgebaut. Aber beim Stehendschießen musste Doll gleich zweimal in die Strafrunde. Aus dem komfortablen Polster wurde ein Rückstand von 37,2 Sekunden. »Ich war vom Kopf her nicht ganz da«, sagte Doll.

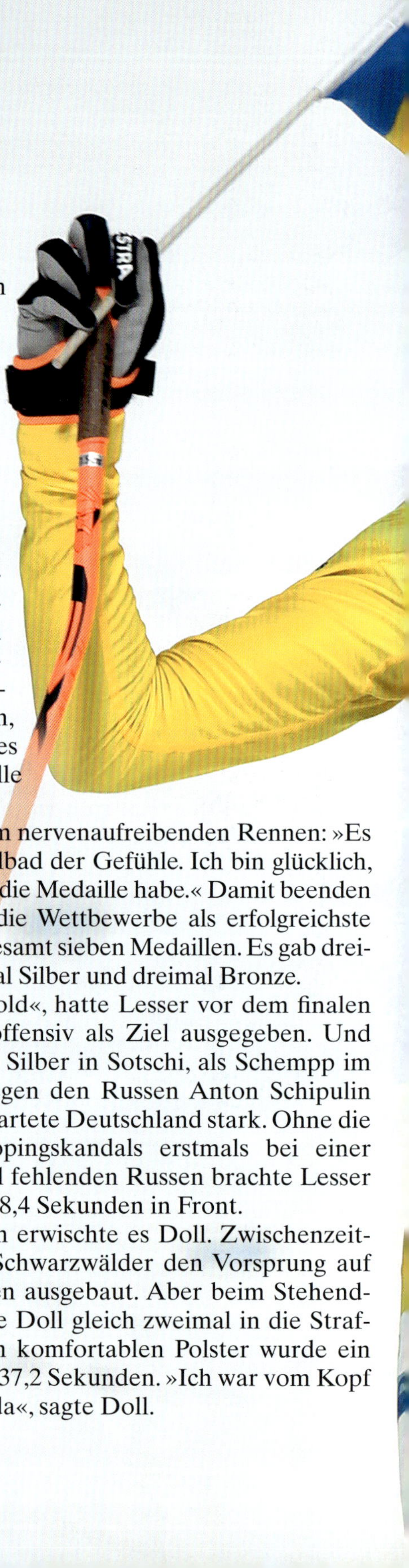

Peiffer zeigte diesmal seine Klasse. Mit zwei fehlerfreien Einlagen brachte er sein Team als Dritter mit nur noch 13,7 Sekunden Rückstand auf Norwegen und Schweden wieder auf Medaillenkurs. »Wir können froh sein, auf dem Podest stehen zu dürfen und freuen uns sehr über Bronze«, sagte der 30-Jährige.

Auch der routinierte Schlussläufer Schempp hatte kein Glück. Er hatte leicht angeschlagen auf die Mixed-Staffel verzichtet und war auch immer noch nicht wieder topfit. Zwischenzeitlich auf neun Sekunden rangekommen, patzte der Uhinger gleich bei seinem ersten Schießen. Der 29-Jährige verlor fast eine Minute auf die Konkurrenten – Gold war damit für die Weltmeister von 2015 unerreichbar.

Statistik

Biathlon, 4 x 7,5-km-Staffel, Männer

23.2.2018, Alpensia Biathlon Centre

1. Schweden	**1:15:16,5 Std./0 Strafrd.+7 Schießfehler**
Peppe Femling	18:50,9/0+1
Jesper Nelin	18:59,9/0+4
Sebastian Samuelsson	18:31,5/0+1
Fredrik Lindström	18:54,2/0+1
2. Norwegen	**+ 0:55,5 Min./1+12**
Lars Helge Birkeland	18:48,1/0+2
Tarjei Bö	19:17,5/0+6
Johannes Thingnes Bö	18:16,3/0+1
Emil Hegle Svendsen	19:50,1/1+3
3. Deutschland	**+ 2:07,1/3+10**
Erik Lesser	18:23,6/0+1
Benedikt Doll	19:48,2/2+3
Arnd Peiffer	18:23,8/0+0
Simon Schempp	20:48,0/1+6
4. Österreich	+ 2:52,5/2+11
Tobias Eberhard	19:03,6/0+3
Simon Eder	18:47,4/0+1
Julian Eberhard	19:53,9/2+4
Dominik Landertinger	20:24,1/0+3
5. Frankreich	+ 3:26,6/3+12
6. USA	+ 3:50,2/2+14
7. Tschechien	+ 4:07,1/2+13
8. Weißrussland	+ 4:49,5/3+12
9. Ukraine	+ 5:00,8/2+9
10. Slowenien	+ 5:00,8/1+10
15. Schweiz	+ 7:49,6/5+19
Serafin Wiestner	21:30,0/2+6
Benjamin Weger	19:17,2/0+5
Jeremy Finello	20:22,6/0+5
Mario Dolder	21:56,3/3+3

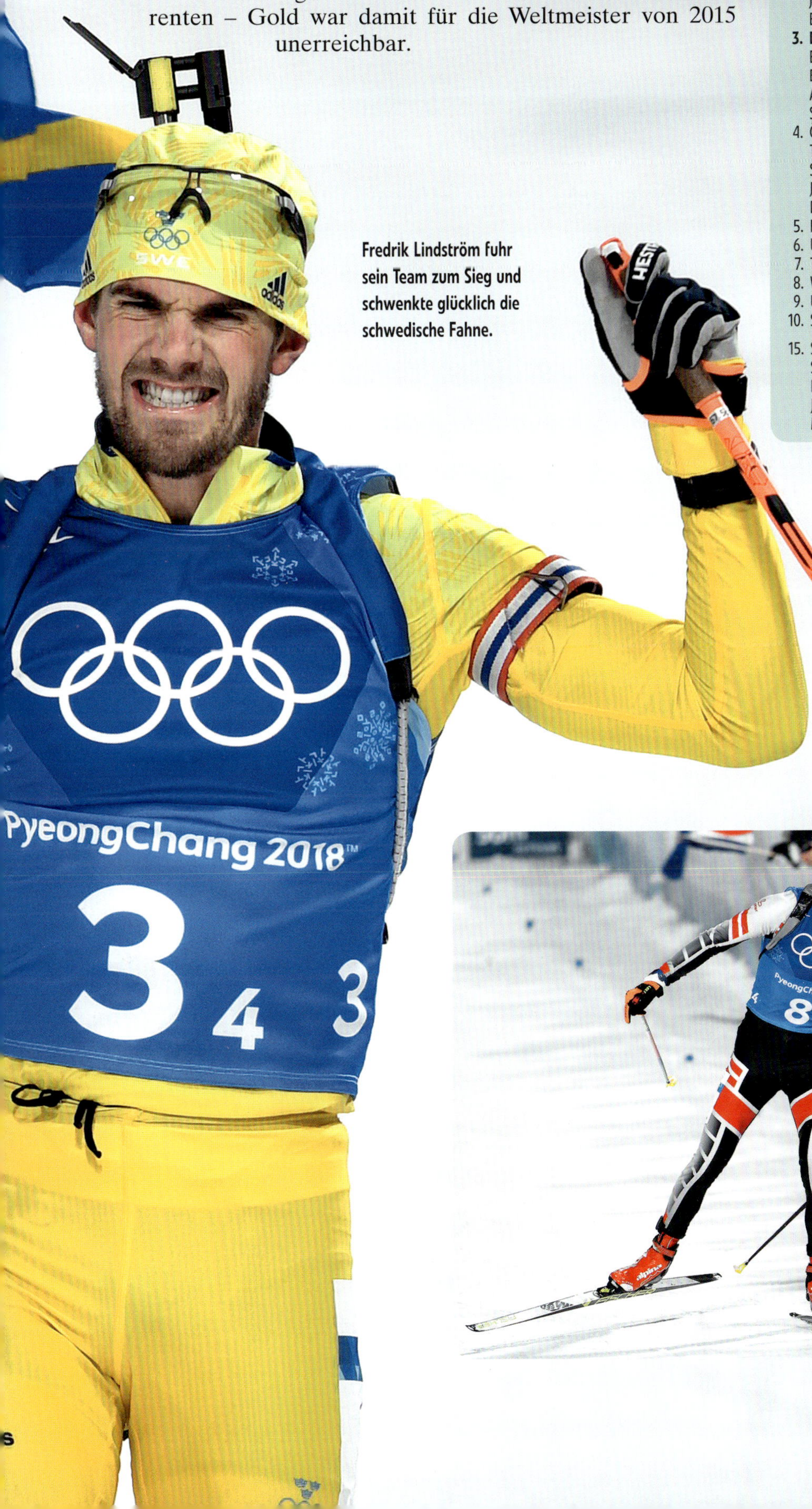

Fredrik Lindström fuhr sein Team zum Sieg und schwenkte glücklich die schwedische Fahne.

Beim Zieleinlauf bedankte sich der Österreicher Dominik Landertinger bei seinen Fans. Am Ende reichte es nur für Platz 4.

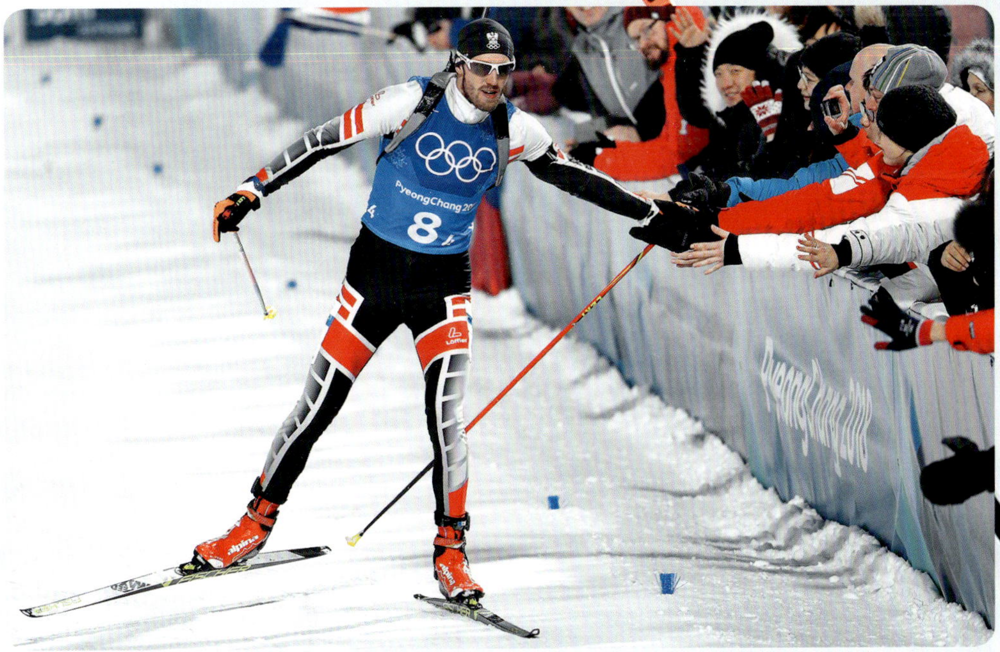

Langlauf, Sprint (Freistil), Frauen

Traurige Gesichter bei den deutschen Langläuferinnen

Bis zuletzt durfte Sandra Ringwald hoffen, als Lucky Loser doch noch ins Halbfinale einziehen zu können. Das verhinderte dann aber die Schwedin Anna Dyvik, die 0,6 Sekunden schneller war. »Ein kleiner Wackler in der Abfahrt hat dazu geführt, dass ich etwas den Anschluss verloren hatte. Ich war trotzdem der Meinung, dass ich noch eine Runde laufen kann und bin deshalb jetzt arg enttäuscht«, sagte die Schwarzwälderin zu ihrem Sprint-Tag.

Auch Katharina Hennig und Elisabeth Schicho schafften nur die Qualifikation, bevor sie im Sprint-Viertelfinale ausschieden. Überraschend ausgeschieden ist auch Hanna Kolb. Sie scheiterte als 36. deutlich. »Es gab schon Tage mit besserer Form, das wusste ich. Aber dass es so schlimm kommt, das konnte ich nicht ahnen. Ich bin sehr enttäuscht«, sagte Kolb.

Die Schwedin Stina Nilsson hat bei diesen Winterspielen ihre erste olympische Goldmedaille gewonnen. Die 24-Jährige düpierte im Finale über 1,2 Kilometer die Konkurrenz und gewann vor der norwegischen Sprint-Weltmeisterin Maiken Caspersen Falla und Julia Belorukowa, die als olympische Athletin aus Russland Bronze gewann. Bei Schneefall und eisigen Temperaturen hatte Nilsson im Alpensia Nordic Park schon im Viertelfinale und im Halbfinale ihre Stärke demonstriert.

Zu den Winterspielen war die sympathische Schwedin bereits mit vier WM-Silbermedaillen angereist. Obwohl sie es bevorzugt, abseits des medialen Rummels in den schwedischen Wäldern zu trainieren, galt sie in ihrem Heimatland schon vor Olympia als kleiner Star.

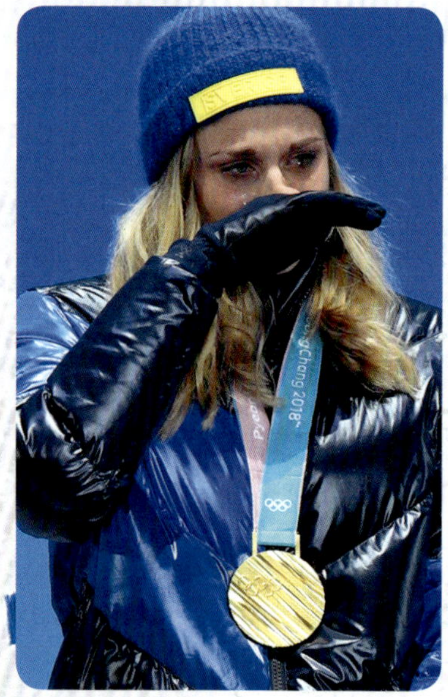

Schon vor Olympia galt sie für ihr Heimatland als kleiner Star: Die von ihrem Sieg zu Tränen gerührte Schwedin Stina Nilsson.

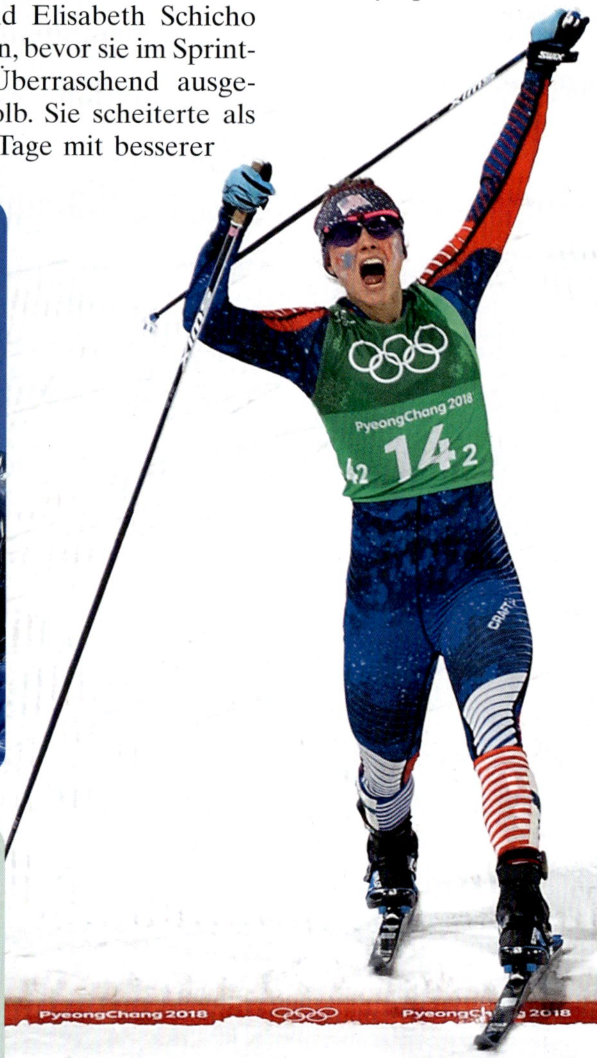

Die Amerikanerin Jessica Diggins (links) platzt vor Freude, als sie die Ziellinie überquert und ihrem Team Gold sichert – nur einen Augenblick später kommt auch die Schwedin Stina Nilsson ins Ziel und gewinnt Silber.

Statistik

Langlauf, 1,25 km Sprint (klassisch), Frauen

13.2.2018, Alpensia Cross-Country Skiing Centre

1.	**Stina Nilsson**	**SWE**	**3:03,84 Min.**
2.	**Maiken Caspersen Falla**	**NOR**	**+ 3,03 Sek.**
3.	**Julia Belorukowa**	**OAR**	**+ 3,37**
4.	Natalia Neprjajewa	OAR	+ 9,14
5.	Hanna Falk	SWR	+ 11,16
6.	Jessica Diggins	USA	+ 11,23
7.	Anamarija Lampic	SLO	Halbfinale
8.	Sophie Caldwell	USA	
9.	Krista Parmakoski	FIN	
10.	Laurien van der Graaff	SUI	
15.	Sandra Ringwald	GER	Viertelfinale
20.	Nadine Fähndrich	SUI	
27.	Katharina Hennig	GER	
28.	Elisabeth Schicho	GER	
36.	Hanna Kolb	GER	Qualifikation

Langlauf, Teamsprint (Freistil), Frauen

Eine Norwegerin auf Medaillenjagd – große Enttäuschung im deutschen Team

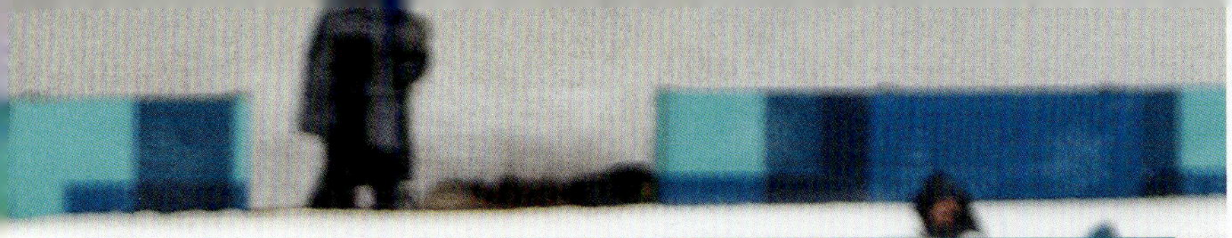

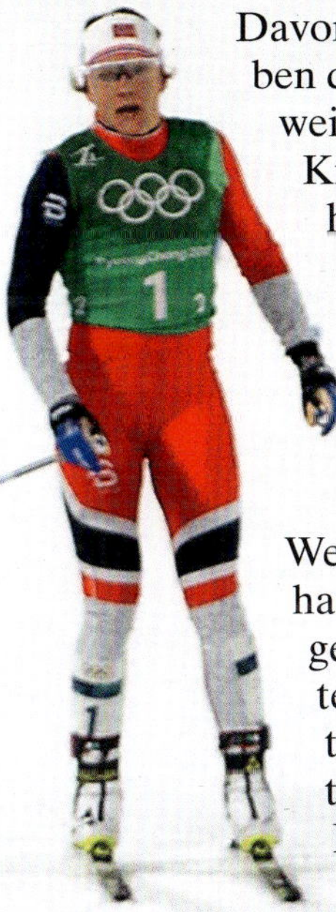

Davonstürmende Amerikanerinnen haben der Norwegerin Marit Björgen einen weiteren olympischen Sieg verbaut. Kikkan Randall und Jessica Diggins holten sich nicht nur die Goldmedaille im Teamsprint, sondern auch den ersten Langlauf-Olympiasieg für die USA überhaupt.

Als alle mit einem Zweikampf Norwegen gegen Schweden rechneten, schlugen die Teamsprint-Weltmeisterinnen von 2013 zu. Diggins hatte das Stehvermögen, um den langgezogenen Spurt bis ins Ziel zu halten. Björgen nahm im Ziel ihre enttäuschte Kollegin Falla als Dritte tröstend in den Arm.

Die leisen deutschen Medaillenträume zerplatzten bereits im Halbfinale der Damen. Nicole Fessel, die an der Seite von Sandra Ringwald ihren Pyeongchang-Einstand nach scheinbar auskurierter Kehlkopfentzündung feierte, fand überhaupt keine Bindung zum Rennen. Zwar schafften die DSV-Läuferinnen gerade noch so die Final-Qualifikation, doch dort blieb nur der zehnte und letzte Platz übrig.

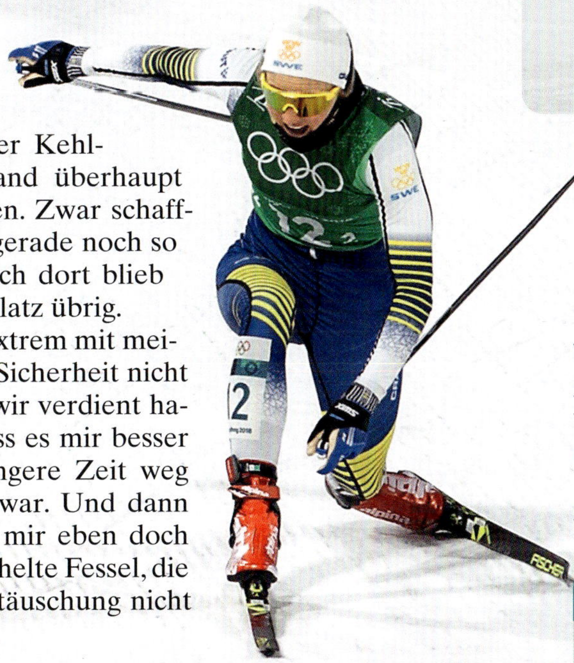

»Ich kämpfe seit Wochen extrem mit meiner Gesundheit. Es ist mit Sicherheit nicht die Leistung gewesen, die wir verdient haben. Ich habe geglaubt, dass es mir besser geht, weil ich ja schon längere Zeit weg und wirklich guter Dinge war. Und dann habe ich gemerkt, dass es mir eben doch noch nicht so gut geht«, röchelte Fessel, die ihre Tränen vor lauter Enttäuschung nicht mehr zurückhalten konnte.

Auch ihre Partnerin Ringwald zeigte sich traurig: »Wir sind Zehnter geworden und können es daher kaum in Worte fassen, wie enttäuscht wir sind. Damit müssen wir jetzt leben, es ist eben so«, sagte die Schwarzwälderin.

Die Schweizerinnen Nadine Fähndrich und Laurien van der Graaff erreichten im Abschlussklassement den vierten Platz. Für Edelmetall fehlten ihnen am Schluss knapp 18 Sekunden.

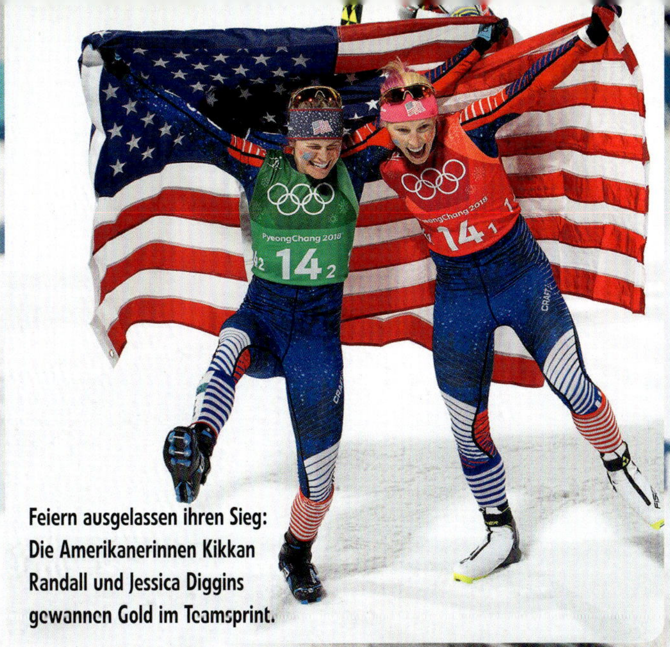

Feiern ausgelassen ihren Sieg: Die Amerikanerinnen Kikkan Randall und Jessica Diggins gewannen Gold im Teamsprint.

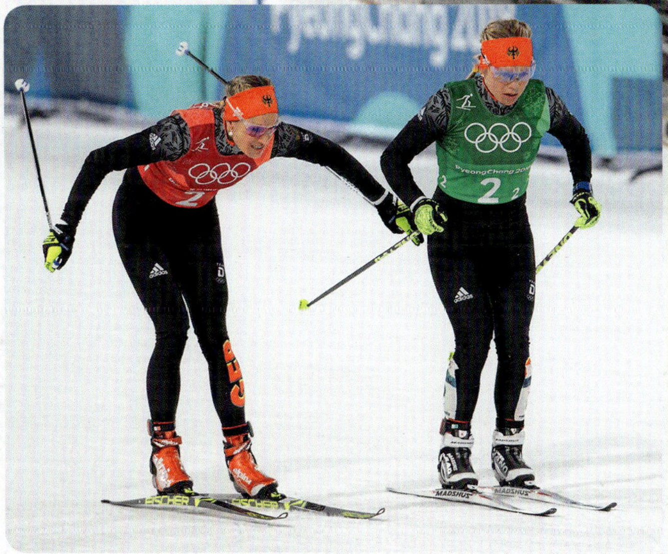

Die Medaillenträume der deutschen Langläuferinnen Nicole Fessel und Sandra Ringwald sind mit dem 10. und letzten Rang geplatzt.

»Wir sind Zehnter geworden und können es daher kaum in Worte fassen, wie enttäuscht wir sind.«

Sandra Ringwald

Statistik

Langlauf, 6 x 1,25 km Teamsprint (Freistil), Frauen

21.2.2018, Alpensia Cross-Country Skiing Centre

1.	**Kikkan Randall/Jessica Diggins**	**USA**	**15:56,47 Min.**
2.	**Charlotte Kalla/Stina Nilsson**	**SWE**	**+ 0:00,19 Sek.**
3.	**Marit Björgen/Maiken Caspersen Falla**	**NOR**	**+ 0:02,97**
4.	Nadine Fähndrich/Laurien van der Graaff	SUI	+ 0:21,32
5.	Mari Laukkanen/Krista Parmakoski	FIN	+ 0:22,71
6.	Alenka Cebasek/Anamarija Lampic	SLO	+ 0:31,77
7.	Justyna Kowalczyk/Sylwia Jaskowiec	POL	+ 0:36,01
8.	Aurore Jean/Coraline Thomas Hugue	FRA	+ 0:36,02
9.	Natalia Neprjajewa/Yulia Belorukowa	OAR	+ 0:45,29
10.	Nicole Fessel/Sandra Ringwald	GER	+ 1:10,10
15.	Lisa Unterweger/Teresa Stadlober	AUT	Halbfinale

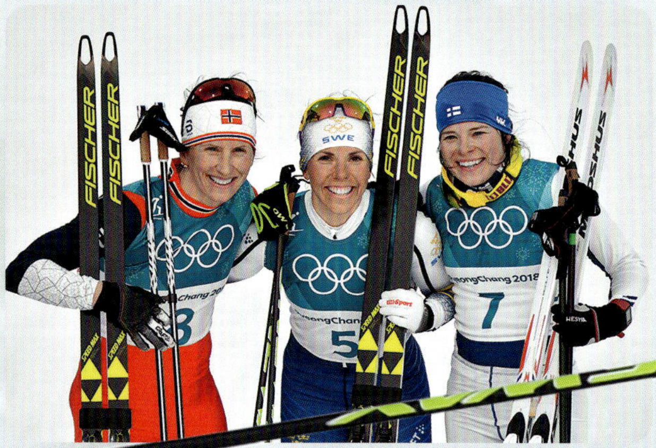

Die Gewinnerinnen des zweifachen 7,5-Kilometerlaufs: (l-r) Marit Björgen NOR (2. Platz), Charlotte Kalla SWE (1. Platz) und Krista Parmakoski FIN (3. Platz).

Stefanie Böhler erreichte bei beiden Langläufen den 25. Platz.

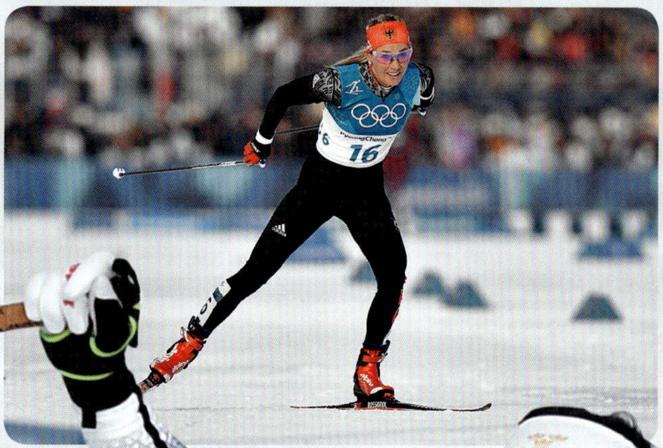

Langlauf Skiathlon, 2 x 7,5 km, Frauen

Charlotte Kalla macht ihren dritten Olympiasieg perfekt

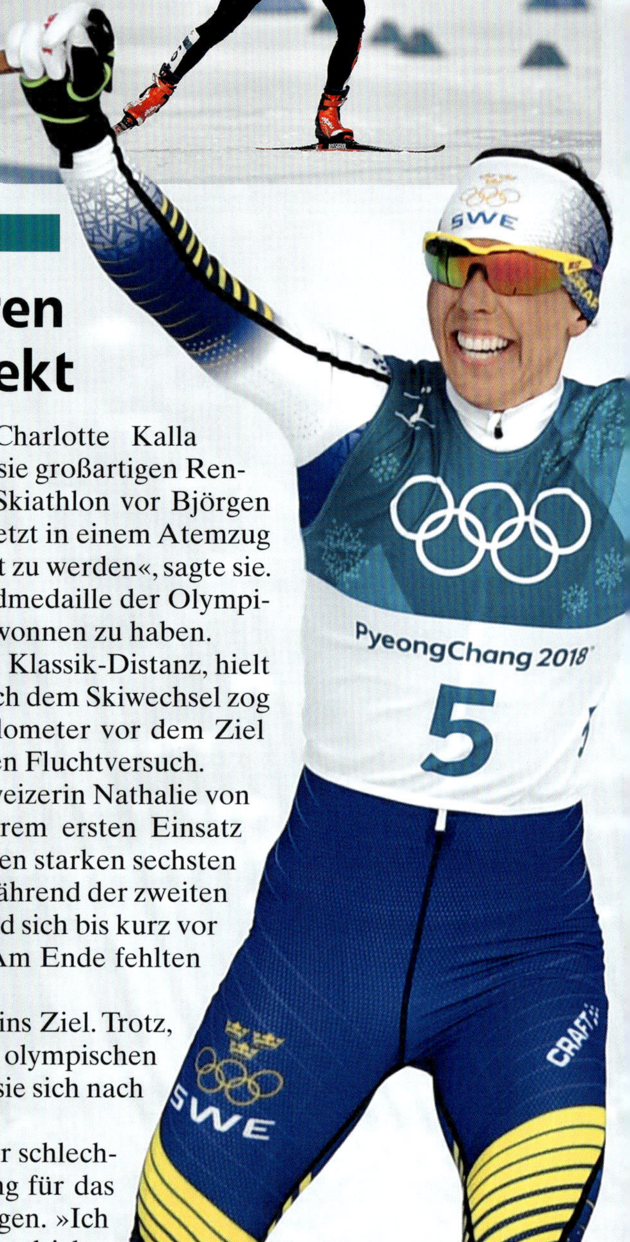

Das war knapp: Die schwedische Langläuferin Charlotte Kalla schnappte der Norwegerin Marit Björgen in einem für sie großartigen Rennen die Goldmedaille weg. Die 30-Jährige siegte im Skiathlon vor Björgen und der Finnin Krista Parmakosk. »Es ist wunderbar, jetzt in einem Atemzug mit den Legenden des schwedischen Langlaufs genannt zu werden«, sagte sie.

> »Es ist wunderbar, jetzt in einem Atemzug mit den Legenden des schwedischen Langlaufs genannt zu werden.«
>
> *Charlotte Kalla*

Sie hatte damit die Ehre, die erste Goldmedaille der Olympischen Winterspiele in Pyeongchang gewonnen zu haben. Während der ersten 7,5 Kilometer, der Klassik-Distanz, hielt sich die Schwedin noch zurück. Erst nach dem Skiwechsel zog sie das Tempo an und startete drei Kilometer vor dem Ziel einen überraschenden und erfolgreichen Fluchtversuch.

Für eine Überraschung sorgte die Schweizerin Nathalie von Siebenthal. Sie erkämpfte sich bei ihrem ersten Einsatz überhaupt an Olympischen Spielen einen starken sechsten Platz. Von Siebenthal führte das Feld während der zweiten 7,5 km im Skating-Stil gar an und befand sich bis kurz vor Schluss im Kampf um die Medaillen. Am Ende fehlten ihr zum Podest 7,5 Sekunden.

Kurz nach ihr lief die Österreicherin Teresa Stadlober ins Ziel. Trotz, dass die Langläuferin den angepeilten Top-6-Platz im olympischen Skiathlon mit diesem siebten Platz verpasst hat, zeigte sie sich nach dem Rennen zufrieden.

Für die deutschen Damen starteten die Spiele mit einer schlechten Nachricht. Nicole Fessel, die größte DSV-Hoffnung für das Rennen, musste nach dem Einlaufen ihren Start absagen. »Ich bekam nicht richtig Luft. So macht das keinen Sinn und ich habe mich dazu entschieden, nicht zu laufen«, sagte die Oberstdorferin im Hinblick auf die weiteren wichtigen Einsätze im Alpensia-Park. Ihre Teamkolleginnen mühten sich sehr, um den Ausfall zu kompensieren. Nach 3,5 Kilometern führte Olympia-Debütantin Victoria Carl das komplette Feld nach der ersten Runde

Statistik

Skiathlon, 2 x 7,5 km, Frauen

10.2.2018, Alpensia-Skilanglauf-Zentrum

1. Charlotte Kalla	**SWE**	**40:44,9 Min.**
2. Marit Björgen	**NOR**	**+ 0:07,8**
3. Krista Parmakoski	**FIN**	**+ 0:10,1**
4. Ebba Andersson	SWE	+ 0:10,9
5. Jessica Diggins	USA	+ 0:14,7
6. Nathalie von Siebenthal	CHE	+ 0:17,6
7. Teresa Stadlober	AUT	+ 0:26,6
8. Natalia Neprjajewa	OAR	+ 0:33,0
9. Heidi Weng	NOR	+ 0:40,7
10. Stina Nilsson	SWE	+ 0:48,9
20. Victoria Carl	GER	+ 2:09,5
22. Katharina Hennig	GER	+ 2:15,3
25. Stefanie Böhler	GER	+ 2:17,7
27. Nadine Fähndrich	SUI	+ 3:05,5

DNS: Nicole Fessel GER

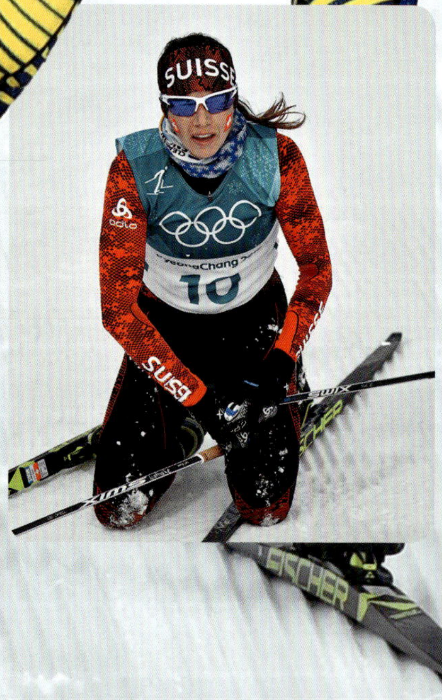

Einen überraschend guten sechsten Platz erreichte Nathalie von Siebenthal.

sogar an. »Ich war völlig baff, als ich auf einmal vorn war. Da habe ich das Tempo rausgenommen, um nicht zu überpacen, doch es wollte keine andere führen«, erzählte Carl. Am Ende wurde sie mit dem 20. Platz beste Deutsche.

Andreas Schlütter, der Sportliche Leiter der deutschen Langläufer, bezeichnete die Leistungen des deutschen Teams als »steigerungsfähig«. Mit dem Olympia-Debüt von Carl und Hennig war er hingegen zufrieden.

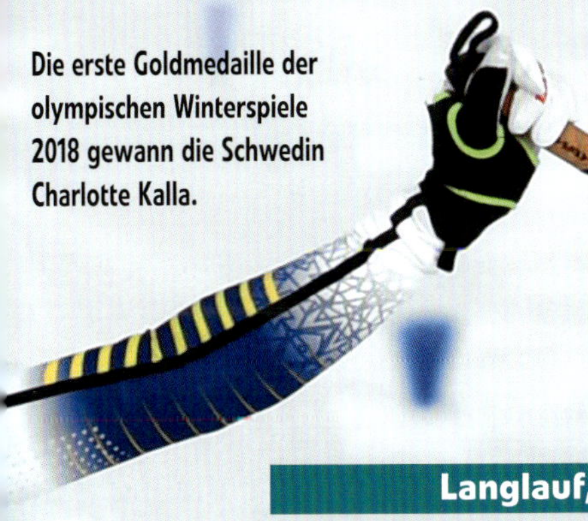

Die erste Goldmedaille der olympischen Winterspiele 2018 gewann die Schwedin Charlotte Kalla.

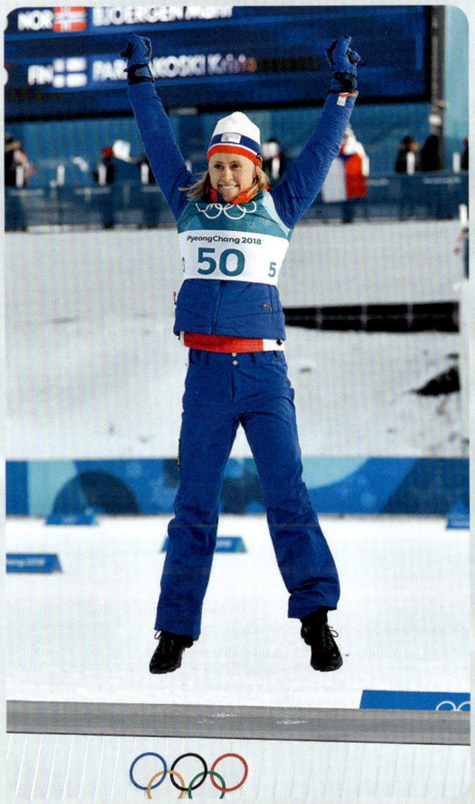

Die Norwegerin Ragnhild Haga feiert ihre Gold-Medaille.

Langlauf, 10 km, Frauen

Überraschung in Gold und doppeltes Bronze-Glück

Bei der Wachablösung im norwegischen Frauen-Langlauf waren die deutschen Damen erwartungsgemäß nur Statisten. Die norwegische Langläuferin Ragnhild Haga hatte überraschend Gold über die 10 Kilometer in der freien Technik gewonnen, nachdem sie zuvor keine Olympia-Medaille verbuchen konnte.

Sie distanzierte ihre favorisierte Teamkollegin Marit Björgen, die gemeinsam mit der Finnin Krista Parmakoski Dritte wurde, um 31,9 Sekunden. Diese zwölfte metallene Ehrung ihrer Sportlerkarriere verdankte Björgen einer Regelung von 1980, nach der bei Gleichstand nach Zehntelsekunden zwei Medaillen vergeben werden. Zweite wurde Skiathlon-Olympiasiegerin Charlotte Kalla aus Schweden.

Der Goldmedaillen-Gewinnerin wurde anschließend noch eine große Ehre zuteil: Kronprinz Haakon Magnus von Norwegen gehörte zu ihren ersten Gratulanten. Auch Marit Björgen konnte sich über Glückwünsche des Adelsmanns zu ihrer Bronzemedaille freuen.

Von den deutschen Damen waren ohne die zu dem Zeitpunkt noch immer erkrankte Nicole Fessel keine Wunderdinge erwartet worden, etwas bessere Platzierungen als die Ränge 19, 25 und 26 allerdings schon. »Das ist natürlich nicht das, was wir uns vorgenommen hatten. Die Top-15 sollten es sein, auch die Top-10 hatten wir im Visier«, meinte der Sportliche Leiter Andreas Schlütter. Lob hatte er lediglich für die 21 Jahre junge Victoria Carl übrig, die 19. wurde. »Sie hat es geschafft, bei Olympia die besten Distanzergebnisse dieser Saison zu erreichen. Das ist eine starke Leistung«, sagte Schlütter. Carl selbst war begeistert, wenngleich sie schon auf die Top-15 gehofft hatte. »Es war ein tolles Rennen«, schwärmte die Thüringerin.

> »Das ist natürlich nicht das, was wir uns vorgenommen hatten. Die Top-15 sollten es sein, auch die Top-10 hatten wir im Visier.«
>
> *Andreas Schlütter, Sportlicher Leiter, zum enttäuschenden Ergebnis.*

Die Schweizerin Nathalie von Siebenthal war mit ihrer Leistung ganz und gar nicht zufrieden: Nachdem sie als Zweite der Topläuferinnen im Wettkampf mit Einzelstart ins Ziel gekommen war, hatte sie sich mehr erhofft. Letztlich hatte es dann aber doch wieder nur für den sechsten Platz gereicht.

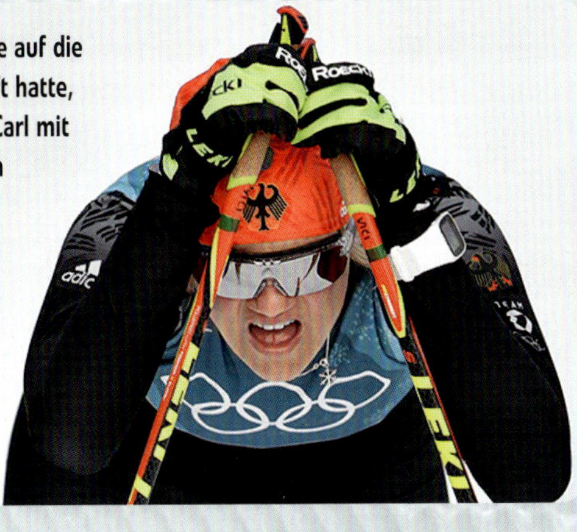

Auch wenn sie auf die Top-15 gehofft hatte, war Victoria Carl mit sich und ihren Leistungen insgesamt zufrieden.

Statistik

Langlauf, 10 km (klassisch), Frauen

15.2.2018, Alpensia Cross-Country Skiing Centre

Platz	Name	Land	Zeit
1.	**Ragnhild Haga**	**NOR**	**25:00,5 Min.**
2.	**Charlotte Kalla**	**SWE**	**+ 0:20,3**
3.	**Marit Björgen**	**NOR**	**+ 0:31,9**
3.	**Krista Parmakoski**	**FIN**	**+ 0:31,9**
5.	Jessica Diggins	USA	+ 0:35,2
6.	Nathalie von Siebenthal	SUI	+ 0:49,8
7.	Ingvild Flugstad Östberg	NOR	+ 1:05,5
8.	Anastassija Sedowa	OAR	+ 1:07,3
9.	Teresa Stadlober	AUT	+ 1:15,6
10.	Anna Netschajewskaja	OAR	+ 1:24,3
19.	Victoria Carl	GER	+ 2:04,1
25.	Stefanie Böhler	GER	+ 2:21,3
26.	Sandra Ringwald	GER	+ 2:24,2
49.	Lydia Hiernickel	SUI	+ 3:32,9
61.	Anna Roswitha Seebacher	AUT	+ 4:10,7
67.	Lisa Unterweger	AUT	+ 4:34,7

Langlauf, 30 km, Frauen

Norwegische »Wonderwoman« krönt sich zur Olympiakönigin

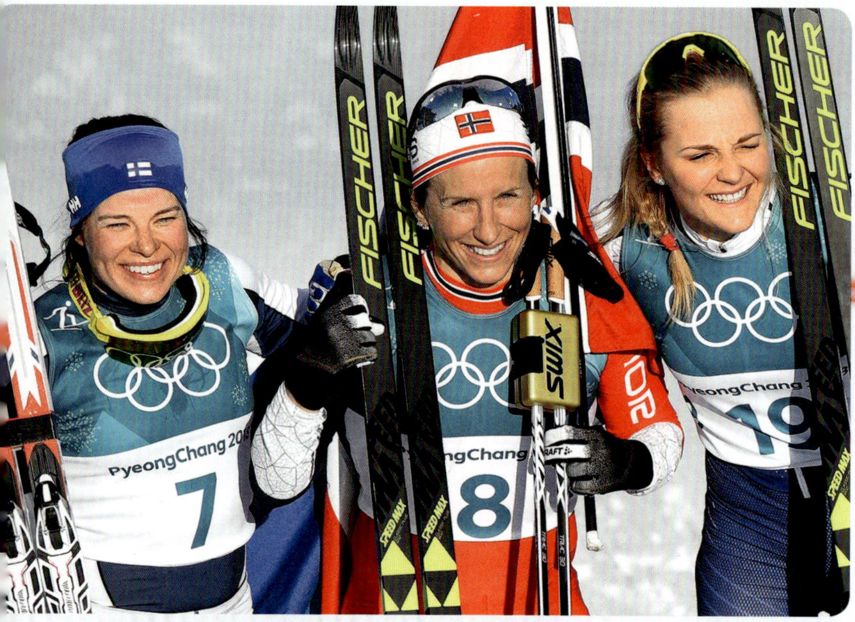

Skandinavisches Medaillen-Trio: Krista Parmakoski (Finnland, von links nach rechts), Marit Björgen (Norwegen) und Stina Nilsson (Schweden).

Marit Björgen lässt sich feiern. Die Norwegerin ist die erfolgreichste Athletin bei olympischen Winterspielen.

Die eiserne Lady zeigte Emotionen: Nachdem Marit Björgen mit dem achten Gold den Winterspiele-Olymp erklommen hatte, brachen erstmals Tränen aus der sonst so kühlen Norwegerin heraus. Die Langlauf-Ikone verdrängte mit ihrer 15. olympischen Medaille ihre norwegischen Landsleute Ole Einar Björndalen und Björn Dählie von der Spitze der Liste der erfolgreichsten Teilnehmer an Olympischen Winterspielen. Der 30-Kilometer-Lauf in der klassischen Technik war zugleich Björgens letzter olympischer Wettkampfauftritt.

»Es war das perfekte Ende meiner olympischen Karriere«, sagte Björgen ergriffen. »Es ist alles aufgegangen, was ich mir erträumt habe. Es waren die perfekten Bedingungen, so wie daheim am Holmenkollen«, erzählte sie über ein Rennen, das noch einmal einer Demonstration glich. 1:49,5 Minuten Vorsprung auf die zweitplatzierte Finnin Krista Parmakoski, weitere zehn Sekunden auf die Schwedin Stina Nilsson, die Dritte wurde – Björgen lief in einer anderen Welt. Nach acht Kilometern schüttelte sie die letzten Konkurrentinnen ab und gestaltete dann den eigenen Triumphlauf.

Ins Ziel kam sie mit einer norwegischen Fahne, die sie gar nicht wieder abgeben wollte. Selbst als sie von ihren Teamkolleginnen auf den Schultern durch den Zielbereich getragen wurde, hielt Björgen die Flagge ganz fest. Dabei gingen ihre Gedanken immer wieder nach Hause, wo der zweijährige Sohn Marius auf seine Mutter wartet. »Morgen sehe ich ihn endlich wieder«, sagte Björgen voller Vorfreude.

Die deutschen Damen lieferten das ab, was man von ihnen erwarten durfte. Steffi Böhler, die wie Björgen ihren letzten olympischen Wettkampf absolvierte, verfehlte als 16. den angestrebten Platz unter den Top-15 nur knapp. »Nachdem in den Teamwettbewerben nicht das aufgegangen ist, was wir uns vorgenommen hatten, sind wir alle zusammen in ein emotionales Loch gefallen. Wir haben uns als Mannschaft da wieder herausgezogen, das war vielleicht die größte olympische Leistung. So etwas vergisst man nie«, zog die Schwarzwälderin ihr persönliches Olympia-Fazit.

Katharina Hennig als 19. schaffte ihr Nahziel. Die 21-Jährige war dankbar, dass sie bei ihrem Olympia-Debüt vier Einsätze bekam. »Jetzt kann ich die Zukunft angehen. Dieses Erlebnis möchte ich noch mehrfach genießen«, sagte die Sächsin.

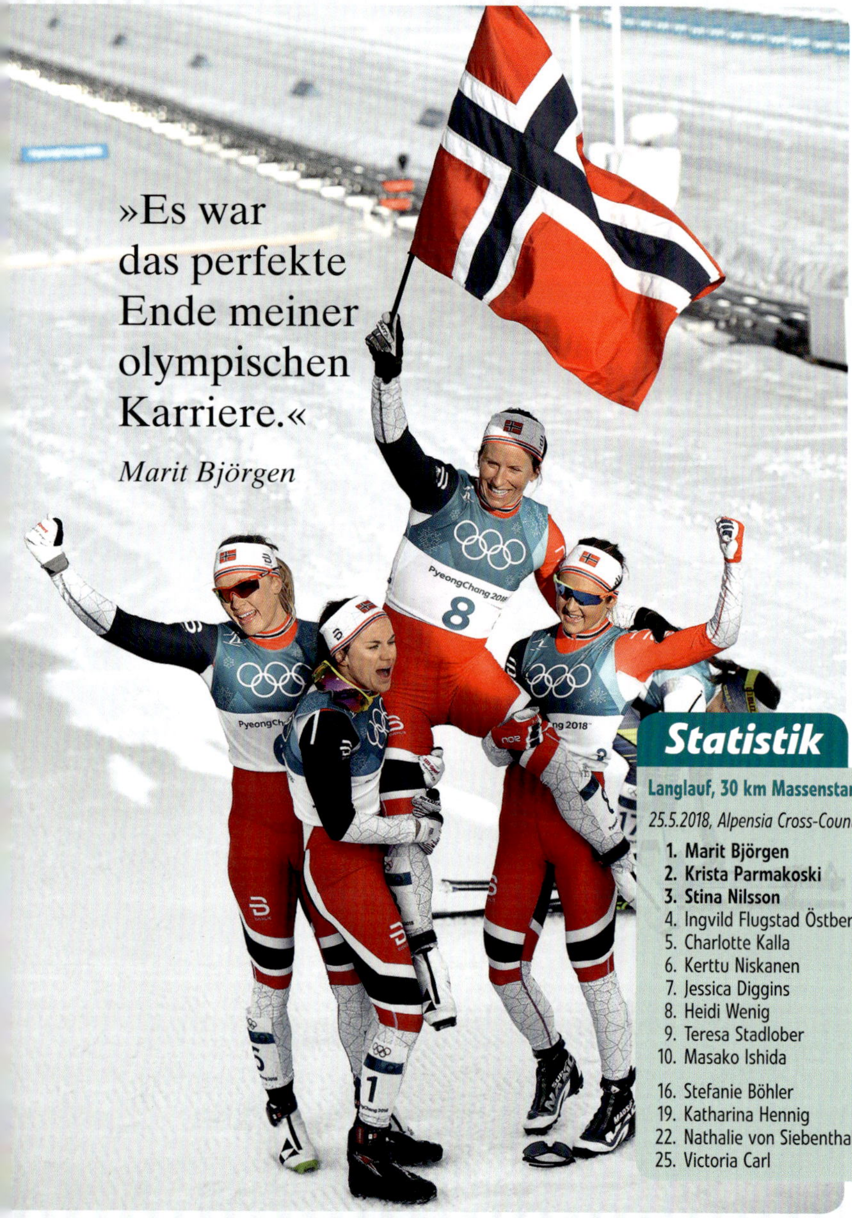

»Es war das perfekte Ende meiner olympischen Karriere.«

Marit Björgen

Statistik

Langlauf, 30 km Massenstart (klassisch), Frauen

25.5.2018, Alpensia Cross-Country Skiing Centre

Platz	Name	Land	Zeit
1.	**Marit Björgen**	**NOR**	**1:22:17,6 Std.**
2.	**Krista Parmakoski**	**FIN**	**+ 1:49,5 Min.**
3.	**Stina Nilsson**	**SWE**	**+ 1:58,9**
4.	Ingvild Flugstad Östberg	NOR	+ 2:00,4
5.	Charlotte Kalla	SWE	+ 2:57,2
6.	Kerttu Niskanen	FIN	+ 3:01,6
7.	Jessica Diggins	USA	+ 3:37,2
8.	Heidi Wenig	NOR	+ 4:07,9
9.	Teresa Stadlober	AUT	+ 4:14,1
10.	Masako Ishida	JPN	+ 4:20,8
16.	Stefanie Böhler	GER	+ 6:24,6
19.	Katharina Hennig	GER	+ 7:31,3
22.	Nathalie von Siebenthal	SUI	+ 9:10,3
25.	Victoria Carl	GER	+ 10:24,8

Deutsches Team betrachtet historischen Olympiasieg fern des Podiums

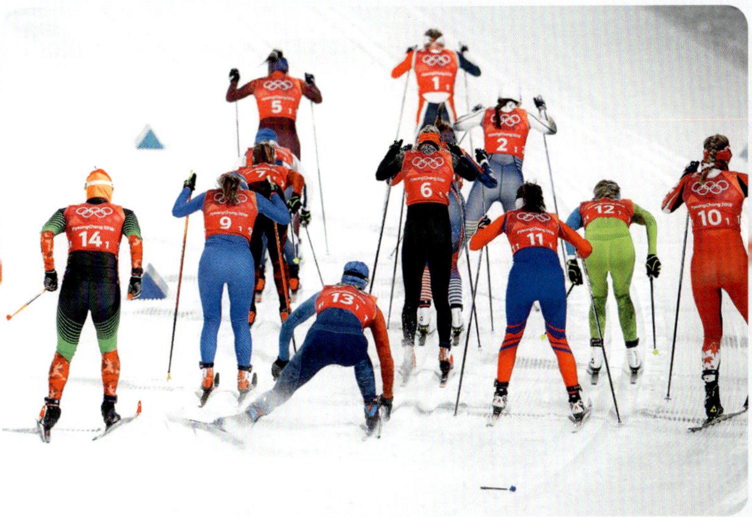

Die Frauen in der Staffel legten von Anfang an ein Höllentempo vor – für das deutsche Team war mehr als Rang sechs nicht drin.

Beim historischen Olympiasieg von Langlauf-Königin Marit Björgen konnten die deutschen Ski-Damen nur zuschauen. Mit diesem Rennen durfte sich die 37 Jahre alte Björgen schon über einen ganzen Satz von Edelmetallen freuen: Auf Silber im Skiathlon und Bronze über 10 Kilometer in der freien Technik hatte Gold mit Ingvild Flugstad Östberg, Astrid Uhrenholdt Jacobsen und der starken Ragnhild Haga gefolgt. Silber ging an die Schwedinnen um Skiathlon-Siegerin Charlotte Kalla. Bronze sicherten sich die olympischen Athletinnen aus Russland.

Für das DSV-Quartett um die routinierte Startläuferin Stefanie Böhler endete erwartungsgemäß die Medaillenserie bei den Olympischen Winterspielen. Nach Gold in Salt Lake City, Silber in Turin und Vancouver sowie Bronze in Sotschi gab es für Böhler, Katharina Hennig, Victoria Carl und Sandra Ringwald diesmal Rang sechs.

»Der Verlauf der Staffel war nicht ganz einfach. Mehr als dieser sechste Platz war einfach nicht drin. Wir müssen damit leben und daran arbeiten, dass wir wieder weiter nach vorne kommen«, sagte der Sportliche Leiter der Langläufer, Andreas Schlütter. Nach Böhler war das DSV-Quartett fast eine Minute zurück und musste die Medaille vorzeitig abhaken.

»Ich habe alles probiert, aber es sollte nicht sein. Es war nur Kampf. Das ist schade. Es tut mir leid«, sagte die erfahrene Böhler, die sich auch bei ihren Teamkolleginnen entschuldigte. Die 21 Jahre junge Hennig erklärte: »Es war sehr schwer, weil von Anfang an die Post abging. Wir suchen noch die richtige Startläuferin.« Vor allem Hennig und Schlussläuferin Ringwald zeigten einen couragierten Lauf, konnten aber den enteilten Topnationen Norwegen, Schweden und den Olympischen Athletinnen aus Russland nicht mehr folgen. »Ich bin echt froh, dass wir das kleine Ziel noch erreicht haben«, sagte Sprint-Spezialistin Ringwald, die das DSV-Team von Rang acht auf sechs führte.

Statistik

Langlauf, 4 x 5-km-Staffel, Frauen

17.2.2018, Alpensia Cross-Country Skiing Centre

1. Norwegen	**51:24,3 Min.**
Ingvild Flugstad Östberg	13:28,9/3
Astrid Uhrenholdt Jacobsen	14:15,9/4
Ragnhild Haga	11:46,7/3
Marit Björgen	11:52,8/1
2. Schweden	**51:26,3**
Anna Haag	13:50,3/5
Charlotte Kalla	13:26,4/2
Ebba Andersson	12:11,4/1
Stina Nilsson	11:58,2/2
3. OAR	**52:07,6**
Natalia Neprjajewa	13:24,5/1
Julia Belorukowa	13:50,5/1
Anastassija Sedowa	12:13,4/2
Anna Netschajewskaja	12:39,2/3
4. Finnland	52:26,9
5. USA	52:44,8
6. Deutschland	53:13,7
Stefanie Böhler	13:44,4/8
Katharina Hennig	13:40,7/6
Victoria Carl	12:45,2/6
Sandra Ringwald	12:16,6/6
7. Schweiz	53:15,8
Laurien van der Graaff	13:59,9/6
Nadine Fähndrich	13:46,8/5
Nathalie von Siebenthal	12:22,4/4
Lydia Hiernickel	13:06,7/7
8. Slowenien	53:55,7
9. Italien	54:22,0
10. Polen	54:30,9

Reihenfolge: Gesamtzeit
Einzelzeit/Platz (2 x klassisch/2 x Freistil)

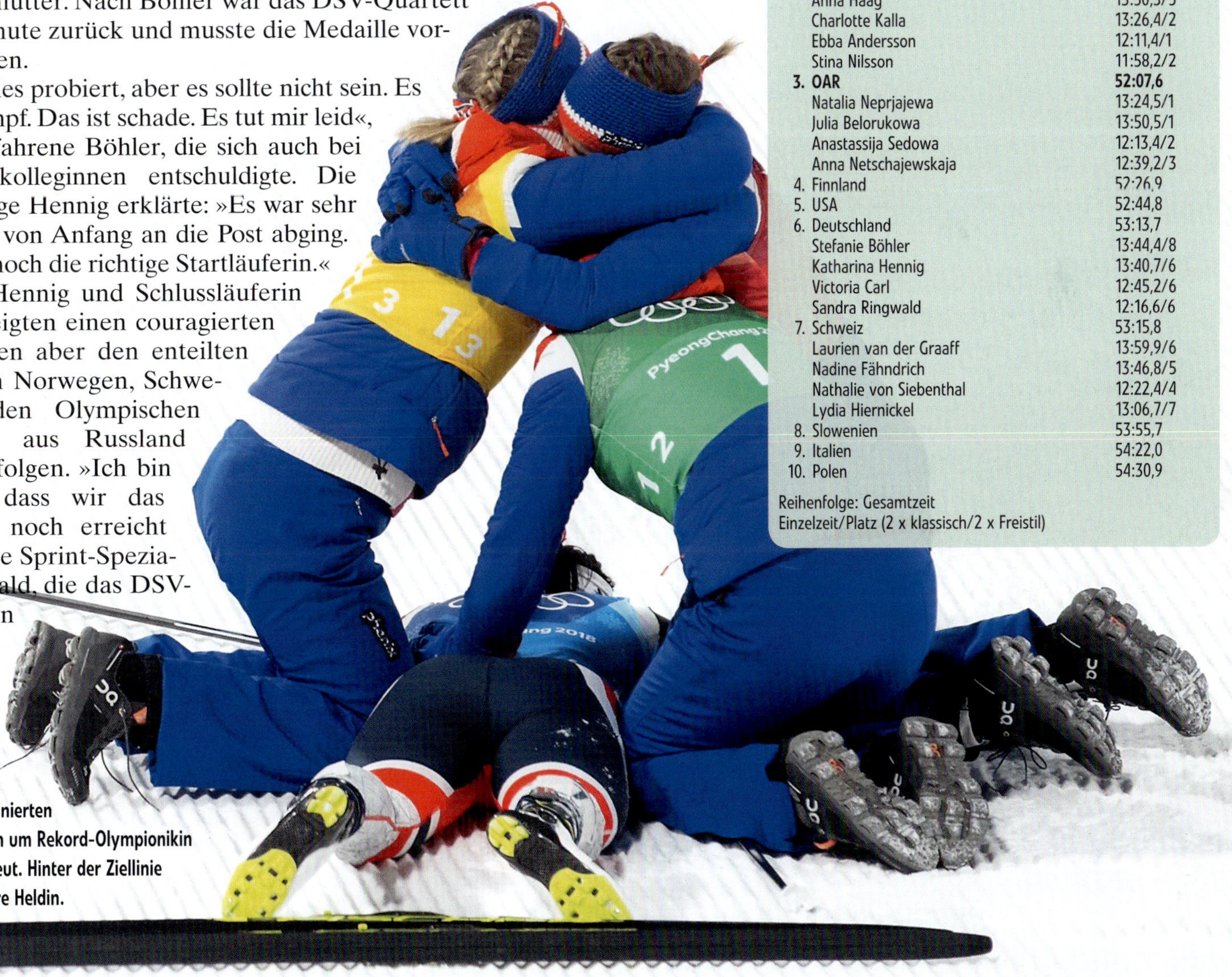

In der Staffel dominierten die Norwegerinnen um Rekord-Olympionikin Marit Björgen erneut. Hinter der Ziellinie feiert das Team ihre Heldin.

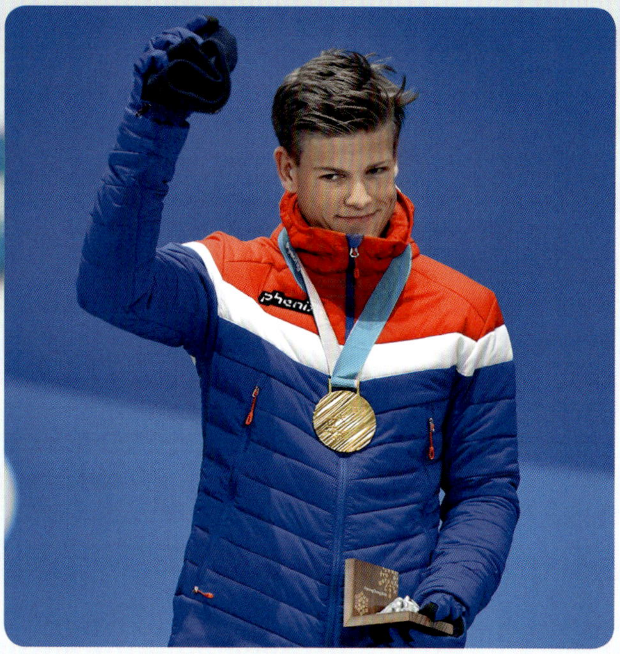

Jung, gut aussehend und erfolgreich: Mit 21 Jahren ist Johannes Kläbo aus Norwegen der jüngste Langlauf-Champion der Geschichte.

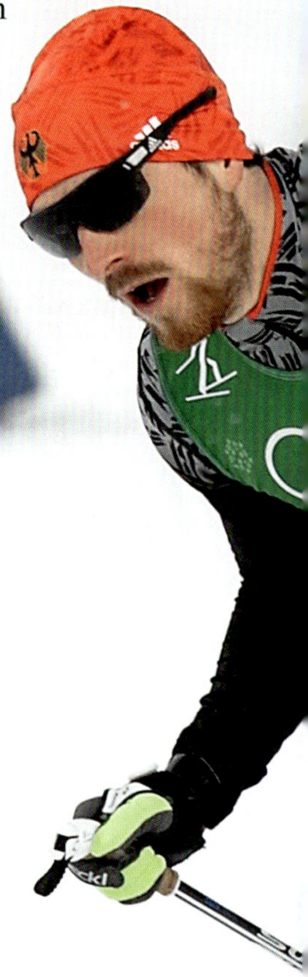

Nur 0,02 Sekunden trennten den deutschen Langläufer Thomas Bing vom Halbfinale.

Langlauf, Sprint (Freistil), Männer

Pech im Glück

Dem starken Prolog folgte die Ernüchterung im Viertelfinale: Mit der Entscheidung in den olympischen Sprints hatten die deutschen Langläufer nichts mehr zu tun. Die Top-Athleten scheiterten allerdings unglücklich, Thomas Bing verpasste die Teilnahme am Halbfinale lediglich um 0,02 Sekunden. »Wenn man schon kein Glück hat ...«, bemühte der Sportliche Leiter Andreas Schlütter eine alte Weisheit, ohne sie zu Ende zu sprechen. Mit dem 15. Platz war er nicht unzufrieden, obwohl mehr möglich gewesen wäre.

Dennoch lobte Schlütter Sebastian Eisenlauer und Bing: »Sie haben das beste Herren-Ergebnis im Sprint in dieser Saison bei Olympia geschafft.«

Bing selbst nahm sein Ausscheiden im Viertelfinale mit Galgenhumor. »Ich hatte unterwegs so viel Glück, da musste ich am Ende das Pech mit einer halben Schuhgröße zu kleinen Füßen haben«, sagte der Thüringer. Gegen den Franzosen Baptiste Gros musste das Zielfoto entscheiden, nachdem sich im Rennverlauf drei Konkurrenten durch einen Sturz selbst um jegliche Chancen gebracht hatten. Mit zwei Hundertstelsekunden Rückstand lag Bing hinter seinem Kontrahenten.

»Wenn man schon kein Glück hat ...«

Andreas Schlütter über das knappe Ausscheiden von Thomas Bing.

Eisenlauer suchte gar nicht erst nach Erklärungen für sein Scheitern im Viertelfinale. »Ich hatte mir vorgenommen, es genau so locker wie im Prolog zu machen. Aber das konnte ich mir nicht mal drei Minuten merken und habe dann alles falsch gemacht«, sagte er.

Der norwegische Jungstar Johannes Kläbo feierte indes seinen ersten Olympiasieg. Kläbo kürte sich dabei mit 21 Jahren zum jüngsten Langlauf-Champion in der Geschichte der Spiele. Er bleibt im Klassik-Sprint in dieser Saison ungeschlagen. Silber ging an den Italiener Federico Pellegrino, der Russe Alexander Bolschunow sicherte sich Bronze.

Statistik

Langlauf, 1,4 km Sprint (klassisch), Männer

13.2.2018, Alpensia Cross-Country Skiing Centre

1.	**Johannes Hoesflot Kläbo**	**NOR**	**3:05,75 Min.**
2.	**Federico Pellegrino**	**ITA**	**+1,34**
3.	**Alexander Bolschunow**	**OAR**	**+1,36**
4.	Paal Golberg	NOR	+3,81
5.	Oskar Svensson	SWE	+7,73
6.	Ristomatti Hakola	FIN	+20,72
7.	Len Valjas	CAN	Halbfinale
8.	Emil Iversen	NOR	
9.	Teodor Peterson	SWE	
10.	Martti Jylhä	FIN	
15.	Thomas Bing	GER	Viertelfinale
19.	Jovian Hediger	SUI	
28.	Sebastian Eisenlauer	GER	
39.	Ueli Schnider	SUI	Qualifikation
50.	Erwan Käser	SUI	

Langlauf, Teamsprint (Freistil), Männer

Kläbo vollzieht seinen olympischen Hattrick

Jung, gut aussehend, erfolgreich – Norwegen hat in Johannes Kläbo seinen nächsten Superstar. Und das auch noch in der nationalen Sportart Nummer eins, dem Skilanglauf. Denn genau in dieser Disziplin gewann Kläbo seine dritte Goldmedaille. Im Teamsprint der Langläufer setzte sich der Jungstar gemeinsam mit seinem Teamkollegen Martin Johnsrud Sundby sicher mit einem Vorsprung von 1,7 Sekunden durch und ist damit nach dem französischen Biathleten Martin Fourcade der zweite Dreifachsieger der Winterspiele. Silber ging an Denis Spizow und Alexander Bolschunow aus Russland, Bronze an das französische Duo Maurice Manificat/Richard Jouve.

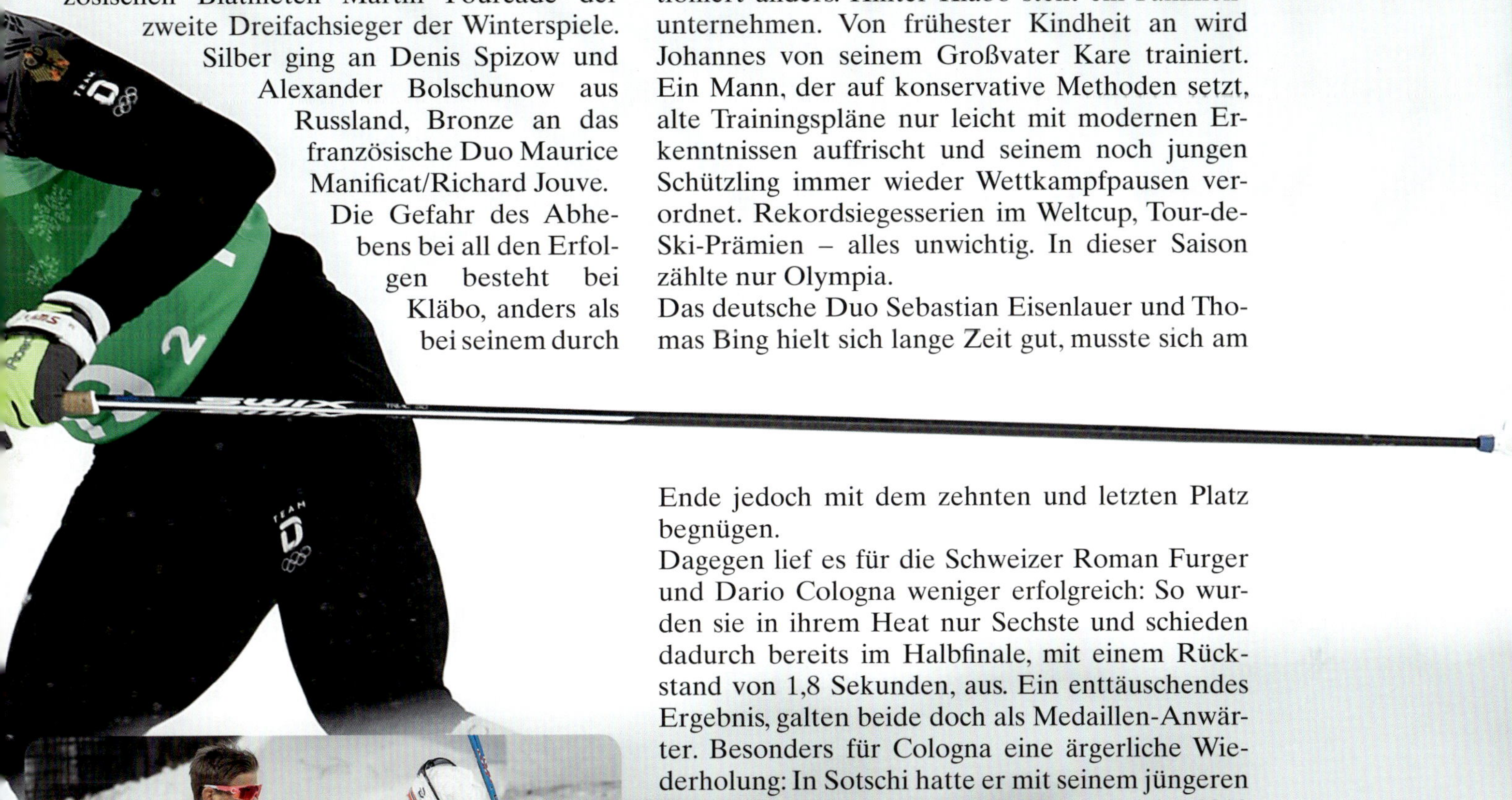

Die Gefahr des Abhebens bei all den Erfolgen besteht bei Kläbo, anders als bei seinem durch viele Extravaganzen geprägten Vorgänger Petter Northug, kaum. Denn das »System Kläbo« funktioniert anders. Hinter Kläbo steht ein Familienunternehmen. Von frühester Kindheit an wird Johannes von seinem Großvater Kare trainiert. Ein Mann, der auf konservative Methoden setzt, alte Trainingspläne nur leicht mit modernen Erkenntnissen auffrischt und seinem noch jungen Schützling immer wieder Wettkampfpausen verordnet. Rekordsiegesserien im Weltcup, Tour-de-Ski-Prämien – alles unwichtig. In dieser Saison zählte nur Olympia.

Das deutsche Duo Sebastian Eisenlauer und Thomas Bing hielt sich lange Zeit gut, musste sich am Ende jedoch mit dem zehnten und letzten Platz begnügen.

Dagegen lief es für die Schweizer Roman Furger und Dario Cologna weniger erfolgreich: So wurden sie in ihrem Heat nur Sechste und schieden dadurch bereits im Halbfinale, mit einem Rückstand von 1,8 Sekunden, aus. Ein enttäuschendes Ergebnis, galten beide doch als Medaillen-Anwärter. Besonders für Cologna eine ärgerliche Wiederholung: In Sotschi hatte er mit seinem jüngeren Bruder Gianluca noch den 5. Platz erreicht. 2010 verpasste er mit seinem Teamkollegen Eligius Tamborino ebenfalls das Finale.

Statistik

Langlauf, Teamsprint (klassisch), Männer

21.2.2018, Alpensia Cross-Country Skiing Centre

1.	**Martin Johnsrud Sundby/Johannes Hoesflot Kläbo**	**NOR**	**15:56,26 Min.**
2.	**Denis Spizow/Alexander Bolschunow**	**OAR**	**+ 1,71 Sek.**
3.	**Maurice Manificat/Richard Jouve**	**FRA**	**+ 2,02**
4.	Marcus Hellner/Calle Halfvarsson	SWE	+ 3,07
5.	Dietmar Nöckler/Frederico Pellegrino	ITA	+ 18,55
6.	Erik Bjornsen/Simeon Hamilton	USA	+ 20,72
7.	Martin Jaks/Ales Razym	CZE	+ 28,57
8.	Len Valjas/Axel Harvey	CAN	+ 35,60
9.	Martti Jylhä/Ristomatti Hakola	FIN	+ 36,04
10.	Sebastian Eisenlauer/Thomas Bing	GER	+ 45,94
11.	Roman Furger/Dario Cologna	SUI	Halbfinale
16.	Bernhard Tritscher/Dominik Baldauf	AUT	Halbfinale

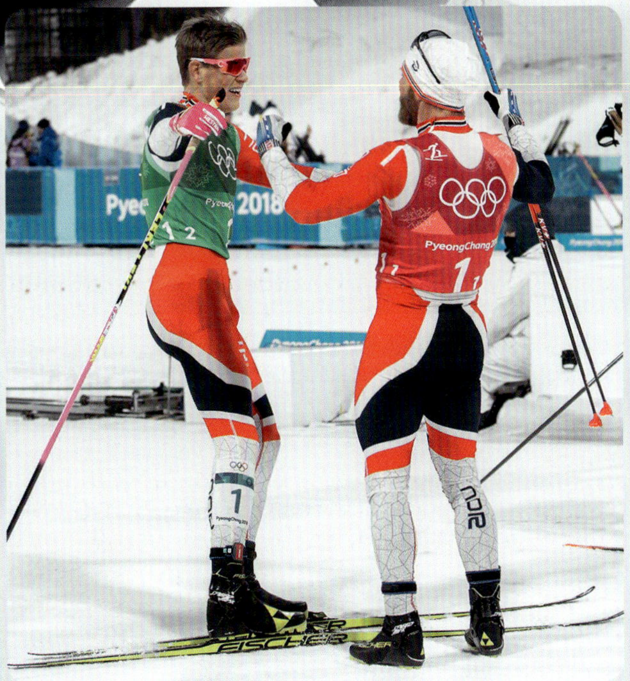

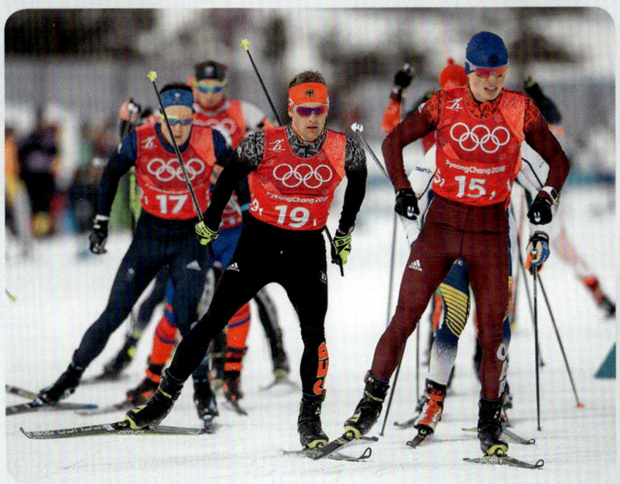

Der zweite Dreifachsieger und Ski-Superstar Johannes Kläbo aus Norwegen feiert mit seinem Teamkollegen Martin Sundby die gemeinsame Goldmedaille.

Das deutsche Team (Sebastian Eisenlauer und Thomas Bing) lief lange gut, am Ende reichte es aber doch nur für den zehnten Platz.

Trotz Stockbruch nach 50 Metern gelingt Simen Hegstad noch der Sieg (Bild links).

Auch wenn er in beiden Rennen nicht zu den Top 10 gehörte, blickte Lucas Bögl positiv in die Zukunft.

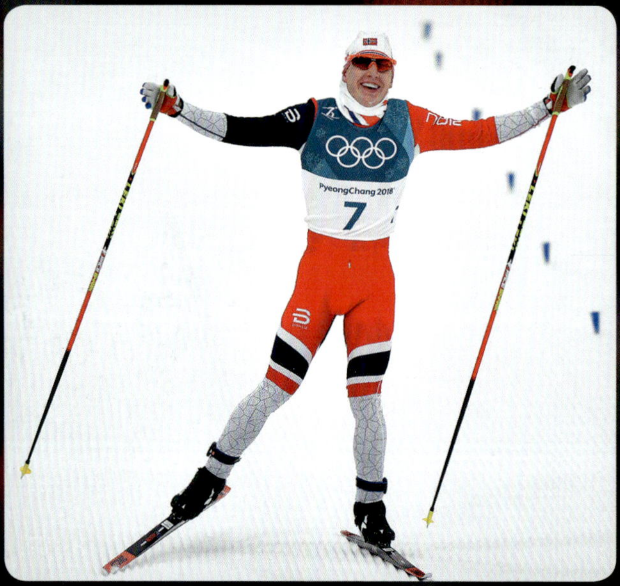

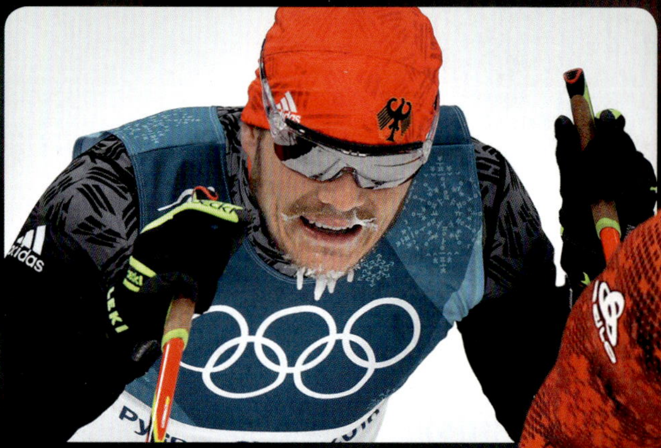

Skiathlon, 2 x 15 km, Männer

Die Favoriten enttäuschen und Norwegen feiert

Große Enttäuschung bei Dario Cologna: Der Schweizer gehörte beim Olympia-Skiathlon der Männer über 2 x 15 km in Pyeongchang zu den Geschlagenen. Er galt als einer der Topfavoriten und musste bei seinem ersten Einsatz in Südkorea mit dem 6. Platz vorlieb nehmen. Der Tour-de-Ski-Sieger machte zunächst einen starken Eindruck und hatte das Renngeschehen unter Kontrolle. 1,5 km vor dem Ziel musste er jedoch überraschend abreißen lassen. Zu Bronze fehlten dem dreimaligen Olympia-Champion schließlich 16 Sekunden.

Enttäuschend war ebenso die Leistung des Mitfavoriten Johannes Hösflot Klaebo. Der 21-jährige Norweger, seines Zeichens neunfacher Saisonsieger im Weltcup, erreichte knapp 20 Sekunden hinter Cologna als Zehnter das Ziel. Dabei konnte Norwegen einen Dreifach-Triumph im Skiathlon der Langläufer feiern. Olympiasieger wurde der 24-jährige Norweger Simen Hegstad Krüger. Der Nordländer zeigte eine starke Schlussrunde und lancierte vier Kilometer vor dem Ziel die siegbringende Tempoverschärfung. Der Triumph erstaunt insofern, als dass Krüger bereits nach 50 m einen Stockbruch zu verzeichnen hatte. Auch die weiteren Podestplätze gingen dank Martin Johnsrud Sundby und Hans Christer Holund an Norwegen.

»Man kann sich pro Jahr eben nur um 15 Sekunden verbessern, wenn man sauber arbeitet. Irgendwann werden wir dafür belohnt.«

Lucas Bögl blickt positiv in die Zukunft.

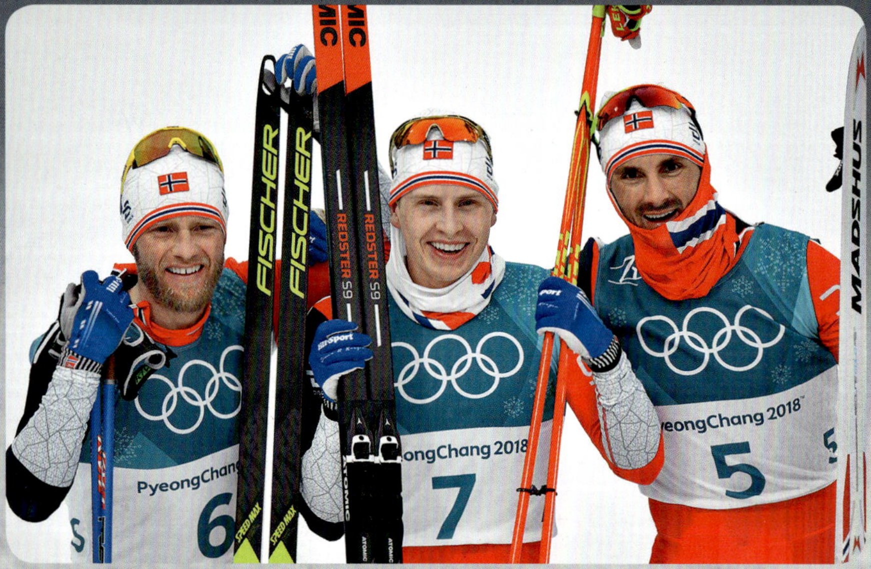

Das Gewinnerfoto (von links nach rechts) zieren die drei Norweger Martin Johnsrud Sundby (Silber), Simon Hegstad Krüger (Gold) und Hans Christer Holund (Bronze).

Statistik

Skiathlon, 2 x 15 km, Männer

11.2.2018, Alpensia-Skilanglauf-Zentrum

Platz	Name	Land	Zeit
1.	**Simen Hegstad Krüger**	**NOR**	**1:16:20,0 Std.**
2.	**Martin Johnsrud Sundby**	**NOR**	**+ 0:08,0 Min.**
3.	**Hans Christer Holund**	**NOR**	**+ 0:09,9**
4.	Denis Spizow	OAR	+ 0:12,7
5.	Maurice Manificat	FRA	+ 0:14,2
6.	Dario Cologna	CHE	+ 0:25,1
7.	Andrew Musgrave	GBR	+ 0:25,7
8.	Alex Harvey	CAN	+ 0:33,4
9.	Martin Jaks	CZE	+ 0:33,8
10.	Johannes Hoesflot Klaebo	NOR	+ 0:43,4
11.	Thomas Bing	GER	+ 0:43,7
16.	Lucas Bögl	GER	+ 0:59,9
22.	Jonas Dobler	GER	+ 1:36,6
27.	Max Hauke	AUT	+ 2:24,6
31.	Candide Pralong	SUI	+ 2:55,6
35.	Andreas Katz	GER	+ 3:29,2
39.	Jonas Baumann	SUI	+ 3:53,4
40.	Toni Livers	SUI	+ 3:53,4

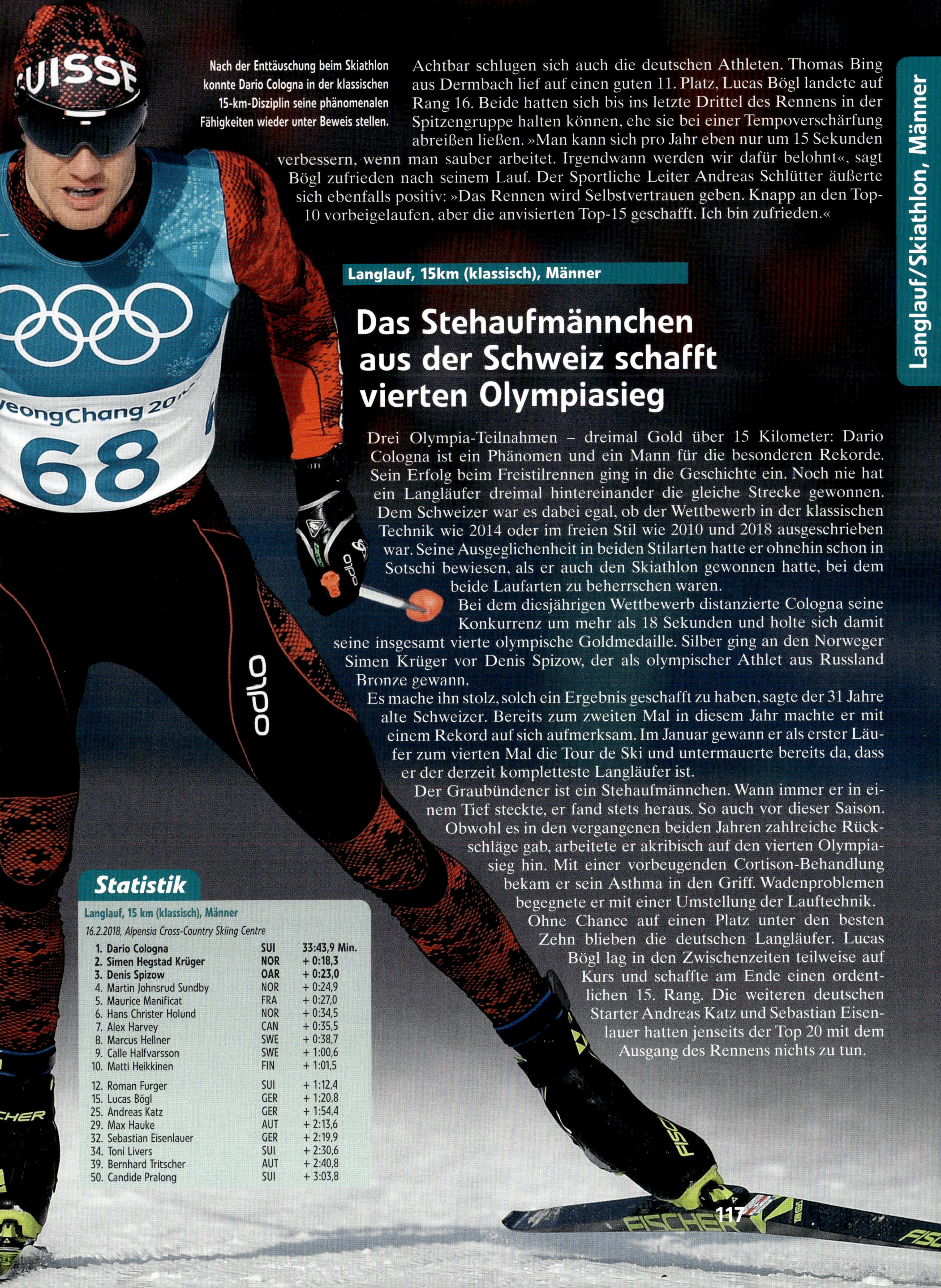

Nach der Enttäuschung beim Skiathlon konnte Dario Cologna in der klassischen 15-km-Disziplin seine phänomenalen Fähigkeiten wieder unter Beweis stellen.

Achtbar schlugen sich auch die deutschen Athleten. Thomas Bing aus Dermbach lief auf einen guten 11. Platz, Lucas Bögl landete auf Rang 16. Beide hatten sich bis ins letzte Drittel des Rennens in der Spitzengruppe halten können, ehe sie bei einer Temposverschärfung abreißen ließen. »Man kann sich pro Jahr eben nur um 15 Sekunden verbessern, wenn man sauber arbeitet. Irgendwann werden wir dafür belohnt«, sagt Bögl zufrieden nach seinem Lauf. Der Sportliche Leiter Andreas Schlütter äußerte sich ebenfalls positiv: »Das Rennen wird Selbstvertrauen geben. Knapp an den Top-10 vorbeigelaufen, aber die anvisierten Top-15 geschafft. Ich bin zufrieden.«

Langlauf, 15km (klassisch), Männer

Das Stehaufmännchen aus der Schweiz schafft vierten Olympiasieg

Drei Olympia-Teilnahmen – dreimal Gold über 15 Kilometer: Dario Cologna ist ein Phänomen und ein Mann für die besonderen Rekorde. Sein Erfolg beim Freistilrennen ging in die Geschichte ein. Noch nie hat ein Langläufer dreimal hintereinander die gleiche Strecke gewonnen. Dem Schweizer war es dabei egal, ob der Wettbewerb in der klassischen Technik wie 2014 oder im freien Stil wie 2010 und 2018 ausgeschrieben war. Seine Ausgeglichenheit in beiden Stilarten hatte er ohnehin schon in Sotschi bewiesen, als er auch den Skiathlon gewonnen hatte, bei dem beide Laufarten zu beherrschen waren.

Bei dem diesjährigen Wettbewerb distanzierte Cologna seine Konkurrenz um mehr als 18 Sekunden und holte sich damit seine insgesamt vierte olympische Goldmedaille. Silber ging an den Norweger Simen Krüger vor Denis Spizow, der als olympischer Athlet aus Russland Bronze gewann.

Es mache ihn stolz, solch ein Ergebnis geschafft zu haben, sagte der 31 Jahre alte Schweizer. Bereits zum zweiten Mal in diesem Jahr machte er mit einem Rekord auf sich aufmerksam. Im Januar gewann er als erster Läufer zum vierten Mal die Tour de Ski und untermauerte bereits da, dass er der derzeit kompletteste Langläufer ist.

Der Graubündener ist ein Stehaufmännchen. Wann immer er in einem Tief steckte, er fand stets heraus. So auch vor dieser Saison. Obwohl es in den vergangenen beiden Jahren zahlreiche Rückschläge gab, arbeitete er akribisch auf den vierten Olympiasieg hin. Mit einer vorbeugenden Cortison-Behandlung bekam er sein Asthma in den Griff. Wadenproblemen begegnete er mit einer Umstellung der Lauftechnik.

Ohne Chance auf einen Platz unter den besten Zehn blieben die deutschen Langläufer. Lucas Bögl lag in den Zwischenzeiten teilweise auf Kurs und schaffte am Ende einen ordentlichen 15. Rang. Die weiteren deutschen Starter Andreas Katz und Sebastian Eisenlauer hatten jenseits der Top 20 mit dem Ausgang des Rennens nichts zu tun.

Statistik

Langlauf, 15 km (klassisch), Männer

16.2.2018, Alpensia Cross-Country Skiing Centre

1. Dario Cologna	**SUI**	**33:43,9 Min.**
2. Simen Hegstad Krüger	**NOR**	**+ 0:18,3**
3. Denis Spizow	**OAR**	**+ 0:23,0**
4. Martin Johnsrud Sundby	NOR	+ 0:24,9
5. Maurice Manificat	FRA	+ 0:27,0
6. Hans Christer Holund	NOR	+ 0:34,5
7. Alex Harvey	CAN	+ 0:35,5
8. Marcus Hellner	SWE	+ 0:38,7
9. Calle Halfvarsson	SWE	+ 1:00,6
10. Matti Heikkinen	FIN	+ 1:01,5
12. Roman Furger	SUI	+ 1:12,4
15. Lucas Bögl	GER	+ 1:20,8
25. Andreas Katz	GER	+ 1:54,4
29. Max Hauke	AUT	+ 2:13,6
32. Sebastian Eisenlauer	GER	+ 2:19,9
34. Toni Livers	SUI	+ 2:30,6
39. Bernhard Tritscher	AUT	+ 2:40,8
50. Candide Pralong	SUI	+ 3:03,8

Langlauf, 50 km, Männer

Niskanen stürmt zu Gold

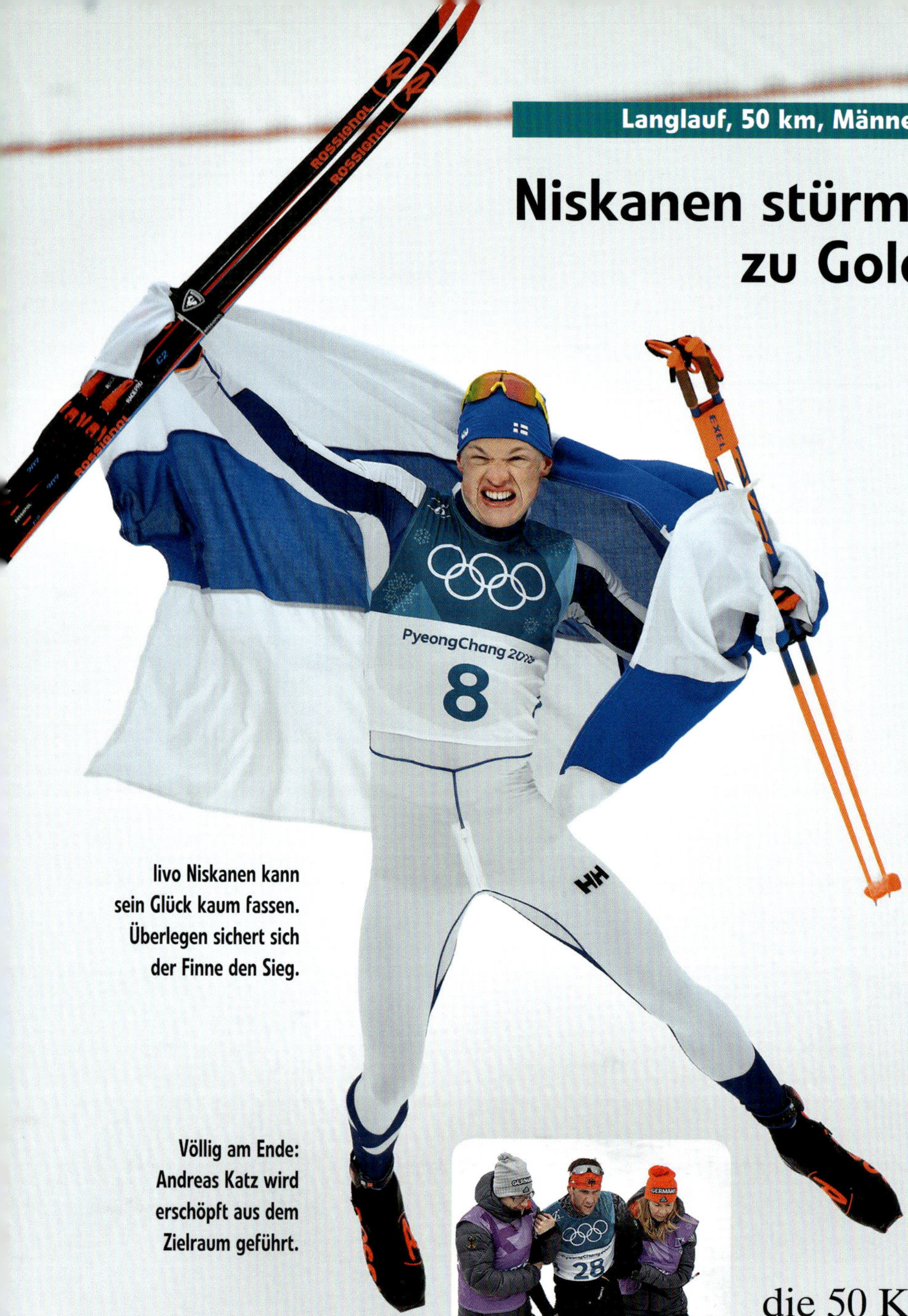

Iivo Niskanen kann sein Glück kaum fassen. Überlegen sichert sich der Finne den Sieg.

Total entkräftet brach Andreas Katz im Ziel zusammen. Beinahe bis zur Bewusstlosigkeit quälte sich der Schwarzwälder in der durch den Nebel gespenstischen Atmosphäre von Pyeongchang über die olympischen 50 Kilometer zu einem respektablen 14. Platz. Beim Sieg des Finnen Iivo Niskanen in der Königsdisziplin der Langläufer musste Katz nach seinem Finish mit gut fünf Minuten Rückstand von zwei Betreuern aus dem Zielraum gebracht und erst einmal wieder stabilisiert werden.

»Das ist die pure Realität, wenn man die 50 Kilometer läuft. Es ist ein schweinehartes Rennen. Hintenraus ist es der pure Kampf, wenn man Krämpfe hat«, stammelte der abgekämpfte Katz, nachdem er sein bestes Saisonergebnis egalisierte. Auf seinem Weg war der 30-Jährige zwischenzeitlich gestürzt, musste nach einem Stockbruch eine 20-Meter-Lücke schließen und konnte daher mit dem Resultat leben. Und nicht nur er. »Ich habe selten so einen 50er erlebt. Andi hat ein sehr gutes Rennen gemacht, von Anfang an hat er das Rennen offensiv gestaltet«, lobte Andreas Schlütter, Sportlicher Leiter der Langläufer.

Schlechter lief es beim Rest des DSV-Teams: Thomas Bing belegte Rang 30, Lucas Bögl verlor als 46. über 15 Minuten auf die Besten und Jonas Dobler kam erst gar nicht ins Ziel. »Es sah so aus, als ob er extreme Krämpfe hatte. Er hat dann gesagt, er beendet das Rennen«, erklärte Schlütter. Von den Medaillenrängen war sein Team die gesamten Spiele in Südkorea weit entfernt. »Im Großen und Ganzen können wir mit dem Ergebnis nicht zufrieden sein«, sagte der ehemalige Langläufer zur Bilanz seiner Mannschaft.

Gold-Gewinner Niskanen, der 2014 Olympiasieger im Teamsprint wurde und vor einem Jahr bei der Heim-WM in Lahti

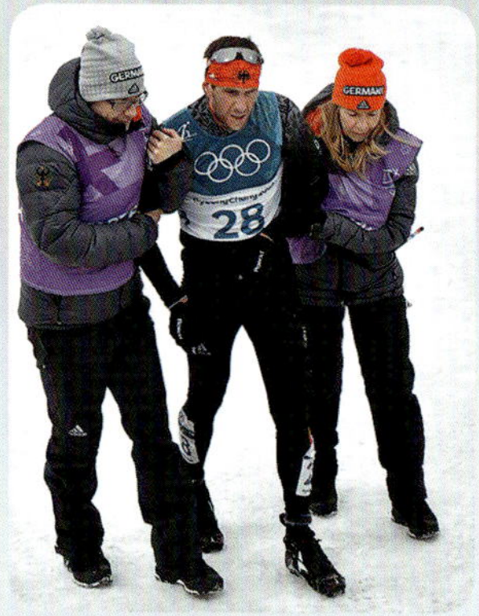

Völlig am Ende: Andreas Katz wird erschöpft aus dem Zielraum geführt.

»Das ist die pure Realität, wenn man die 50 Kilometer läuft. Es ist ein schweinehartes Rennen.«

Andreas Katz

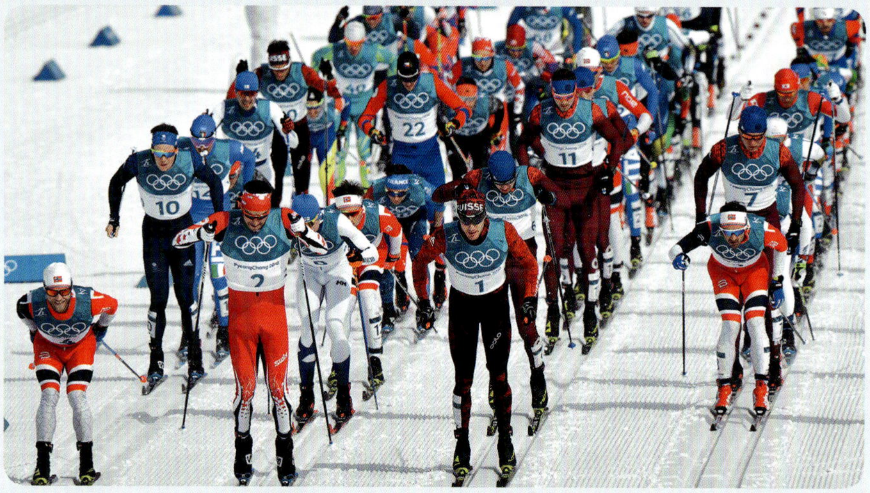

Die Atlethen starten gemeinsam in den anstrengenden 50-Kilometer-Lauf.

Statistik

Langlauf, 50 km Massenstart, Männer

24.2.2018, Alpensia Cross-Country Skiing Centre

1. Iivo Niskanen	**FIN**	**2:08:22,1 Std.**
2. Alexander Bolschunow	**OAR**	**+ 0:18,7 Min.**
3. Andrej Larkow	**OAR**	**+ 2:37,5**
4. Alex Harvey	CAN	+ 2:43,6
5. Martin Johnsrud Sundby	NOR	+ 2:43,7
6. Hans Christer Holund	NOR	+ 2:50,1
7. Daniel Rickardsson	SWE	+ 3:50,4
8. Martin Jaks	CZE	+ 4:10,5
9. Dario Cologna	SUI	+ 4:21,1
10. Emil Iversen	NOR	+ 4:36,9
14. Andreas Katz	GER	+ 5:10,2
30. Thomas Bing	GER	+ 10:19,0
31. Candide Pralong	SUI	+ 10:19,4
36. Max Hauke	AUT	+ 12:17,8
42. Bernhard Tritscher	AUT	+ 14:25,6
45. Ueli Schnider	SUI	+ 14:55,2
46. Lucas Bögl	GER	+ 15:20,7

A: Jonas Dobler GER

Weltmeister über die 15 Kilometer wurde, ließ seinen Rivalen Alexander Bolschunow weniger als zwei Kilometer vor dem Ziel stehen. Der Läufer aus dem Team »Olympische Athleten aus Russland« erlangte Silber. Bronze ging an Bolschunows Teamkollegen Andrej Larkow. Die favorisierten Norweger blieben wie in Sotschi ohne 50-Kilometer-Medaille.

Langlauf, Staffel, Männer

Norwegen lässt Konkurrenz stehen

Auf dem Weg zu Gold hat Superläufer Johannes Kläbo die Konkurrenz erst genarrt und anschließend locker stehen gelassen. Norwegens 21 Jahre alter Staffel-Schlussläufer spielte mit seinen Gegnern, indem er sie zunächst herankommen ließ, um am Ende gnadenlos davonzuziehen. Mit der Fahne in der Hand lief Kläbo kaum erschöpft über die Ziellinie und bescherte der Langlaufnation in Pyeongchang eine weitere Goldmedaille in der Loipe. »Er weiß, dass er der stärkste Schlussläufer ist. Genau das spielt er aus«, sagte Lucas Bögl, der mit der deutschen Langlauf-Staffel Rang sechs belegte und damit die heimlich erhoffte Podestplatzierung deutlich verpasste.

Hinter Norwegen um Kläbo landeten auf den 4 x 10 Kilometern die olympischen Athleten aus Russland und Bronze-Gewinner Frankreich. Der Rückstand des DSV-Quartetts betrug am Ende über zwei Minuten. »Wir haben auf der Startrunde definitiv zu viel verloren. Was die Staffel hintenraus gemacht hat, war ein guter Job. Letztendlich habe ich gesagt, dass bis Platz sechs alles in Ordnung ist«, sagte der Sportliche Leiter Andreas Schlütter.

Nach Startläufer Andreas Katz, der über eine Minute auf seiner Runde verlor, lieferten Thomas Bing, Bögl und Schlussläufer Jonas Dobler ordentliche Zeiten. Nur der abgehängte Katz war nach seiner Leistung nicht zu trösten. »Wenn man ein schlechtes Rennen macht, ist es immer bitter, aber in der Staffel ist es doppelt bitter. In der letzten Runde habe ich heute richtig kassiert«, sagte der 30-Jährige.

Ähnlich wie die Frauen, die ebenfalls Sechster wurden, verloren die DSV-Männer den Kontakt zur Spitze und zu den Medaillen schon in der Startphase des Rennens. Als Trost erwies sich, dass die Deutschen später lange Zeit mit Titelverteidiger Schweden mitlaufen konnten und am Ende nur 2,6 Sekunden hinter dem skandinavischen Quartett um Schlussläufer Calle Halfvarsson landeten.

»Er weiß, dass er der stärkste Schlussläufer ist. Genau das spielt er aus.«

Lucas Bögl über den norwegischen Langläufer Johannes Kläbo.

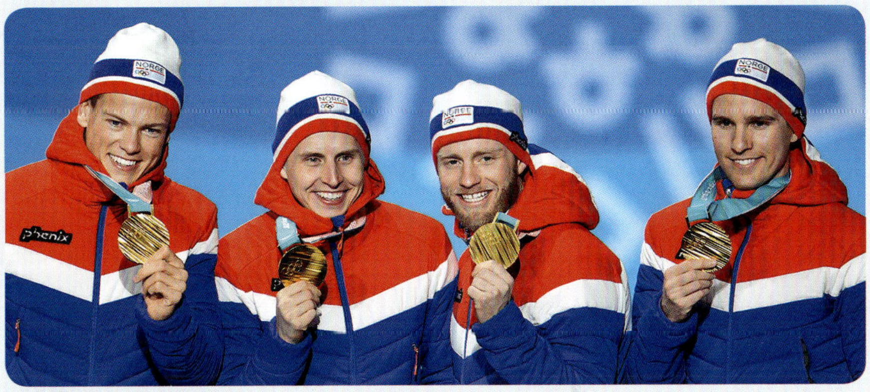

Die Olympiasieger aus Norwegen: Johannes Hoesflot Kläbo, Simen Hegstad Krüger, Martin Johnsrud Sundby und Didrik Tönseth (von links nach rechts) strahlen bei der Siegerehrung um die Wette.

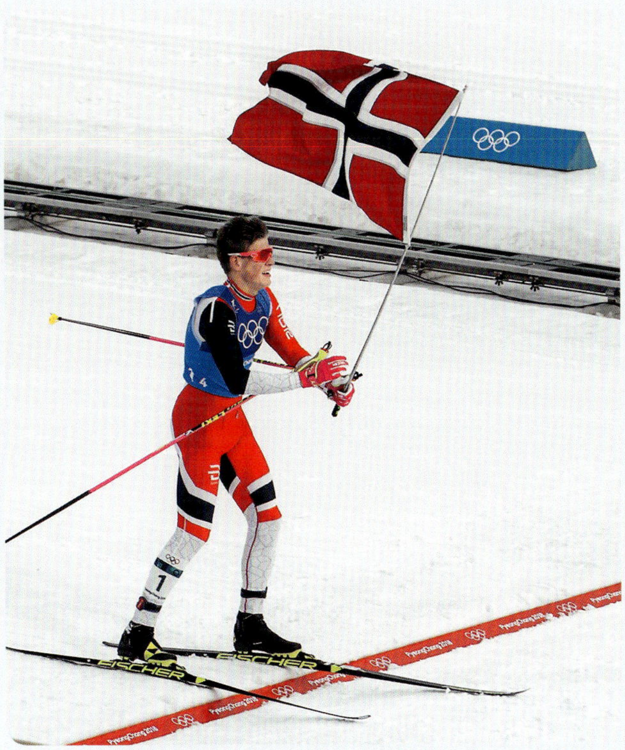

Mit der norwegischen Flagge läuft Johannes Kläbo ins Ziel und sichert seinem Team den Sieg.

Statistik

Langlauf, 4 x 10-km-Staffel, Männer

18.2.2018, Alpensia Cross-Country Skiing Centre

1. Norwegen	**1:33:04,9 Std.**
Didrik Tönseth	24:59,1/5
Martin Johnsrud Sundby	24:51,8/4
Simen Hegstad Krüger	21:19,7/1
Johannes Hoesflot Kläbo	21:54,3/1
2. OAR	**1:33:14,3**
Andrej Larkow	24:42,1/2
Alexander Bolschunow	24:36,7/2
Alexej Tscherwotkin	22:08,0/8
Denis Spizow	21:47,5/1
3. Frankreich	**1:33:41,8**
Jean Marc Gaillard	24:51,7/4
Maurice Manificat	24:55,1/5
Clement Parisse	21:24,2/2
Adrien Backscheider	22:30,8/5
4. Finnland	1:34:45,4
5. Schweden	1:35:10,5
6. Deutschland	1:35:13,1
Andreas Katz	25:55,5/8
Thomas Bing	25:17,2/8
Lucas Bögl	21:56,6/5
Jonas Dobler	22:03,8/4
7. Italien	1:35:40,1
8. Kasachstan	1:36:36,3
9. Kanada	1:36:45,9
10. Tschechien	1:37:23,0

Reihenfolge: Gesamtzeit
Einzelzeit/Platz (2 x klassisch/2 x Freistil)

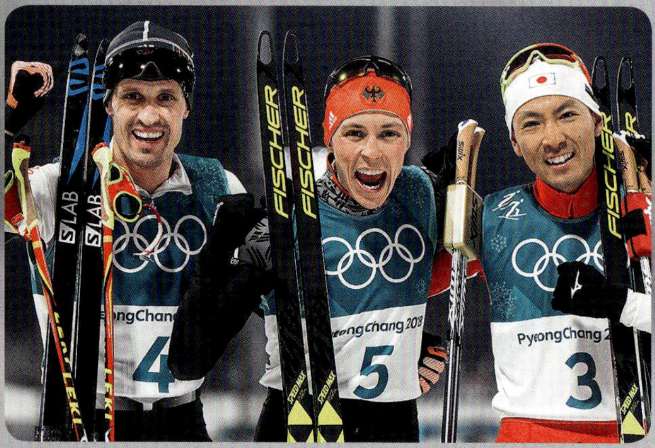

Vollkommen euphorisch vom unverhofften Sieg: Eric Frenzel (Mitte), links von ihm der österreichische Bronze-Gewinner Lukas Klapfer, rechts der zweitplatzierte Japaner Akito Watabe.

Großes Comeback nach einer verkorksten Saison: Eric Frenzel feiert überschwänglich seine Titelverteidigung.

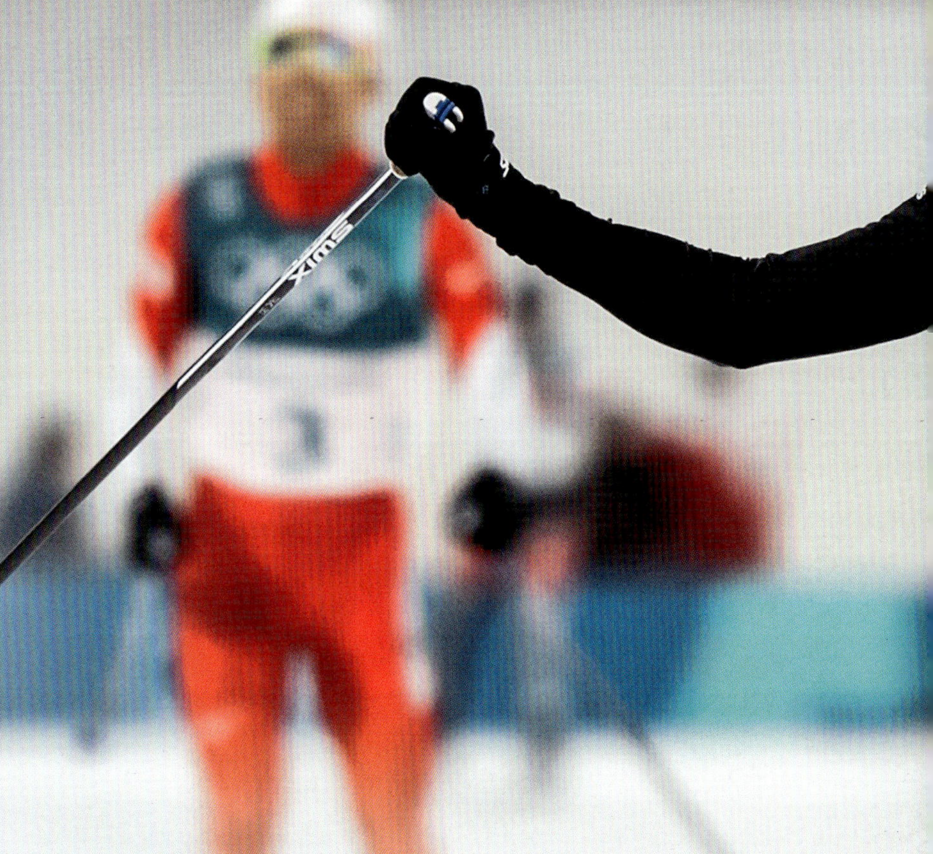

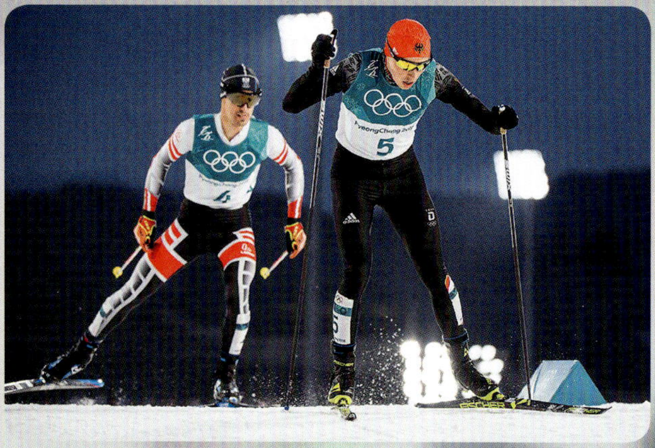

Attacke auf dem letzten Kilometer: Eric Frenzel (rechts) zieht am Drittplatzierten Lukas Klapfer vorbei zum Sieg.

Nordische Kombination, Einzel, Normalschanze

Wiederholungstäter Eric Frenzel: Sein harter Schluss-Spurt wird belohnt

Wieder war es Eric Frenzel, der die Arme in die Höhe riss! Im Überschwang setzte er noch einen Telemark auf die Ziellinie und schrie seine ganze Freude heraus. Der 29-Jährige hat nach einer verkorksten Saison bei den Winterspielen große Comeback-Qualitäten bewiesen und ist beim Wind-Chaos von Pyeongchang wie vor vier Jahren zur olympischen Goldmedaille in der Nordischen Kombination gestürmt. Frenzel feierte seinen Sieg wie schon in Sotschi: Mit einem beherzten Sprung auf das Podest.

»Er ist kein normaler Mensch.«

Bundestrainer Hermann Weinbuch über Olympiasieger Eric Frenzel

Dass er seine insgesamt vierte Olympia-Medaille gewonnen hatte, konnte Deutschlands Fahnenträger da noch nicht ganz glauben: »Das ist für mich unbeschreiblich. Auf den letzten Metern konnte ich es ein bisschen genießen. Ich kann es aber auch nicht so richtig fassen, dass es so aufgegangen ist. Das war in den letzten Wochen nicht so einfach für mich«, sagte Frenzel. Auch der Kombinierer-Bundestrainer Hermann Weinbuch konnte sich den Erfolg seines Schützlings nur folgendermaßen erklären: »Er ist kein normaler Mensch.« Vierfach-Weltmeister und Team-Kollege Johannes Rydzek, der selbst Fünfter wurde, lobte Frenzel: »Hut ab, dass er den Sieg von Sotschi nach dieser Saison wiederholt. Er ist ein ganz Großer. Wie er da attackiert hat, das ist sensationell.« Die Entscheidung fiel auf dem letzten Kilometer, als Frenzel im Alpensia Nordic Park aus einer vierköpfigen Spitzengruppe attackierte und unwiderstehlich zu Gold fuhr. Am Ende siegte er vor dem Japaner Akito Watabe und dem Österreicher Lukas Klapfer.

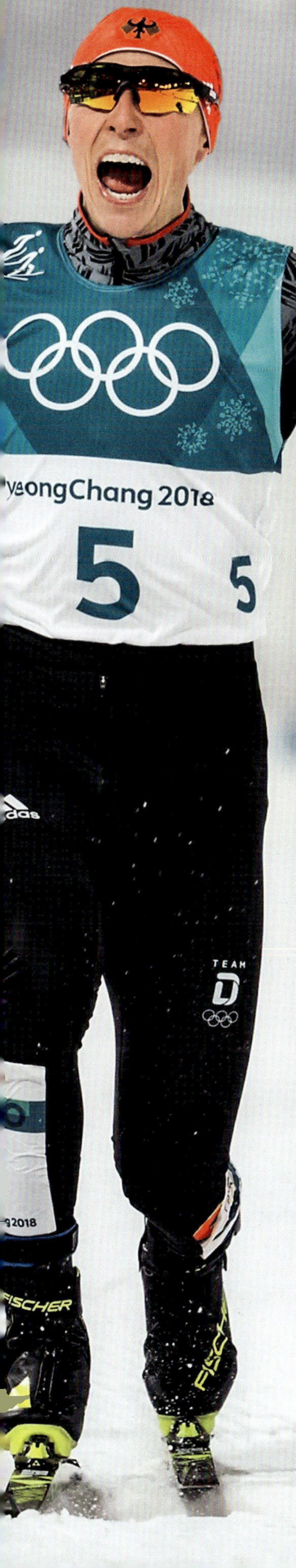

Nach einer Saison mit vielen Misserfolgen und Zweifeln hatte an eine Medaille des 29-Jährigen aus Oberwiesenthal kaum einer geglaubt. Nur einen Einzel-Weltcup hatte Frenzel in dieser Saison gewonnen. Viel zu wenig für den Erfolgsgaranten, der jeweils fünfmal Weltmeister und Gesamtweltcupsieger wurde. Doch in Pyeongchang war er wieder ganz der Alte. Schon beim Springen brachte er sich mit Platz fünf in eine hervorragende Ausgangsposition. Ausgerechnet beim Springen, seinem großen Problembereich in dieser Saison. Fieberhaft hatte er in den letzten Wochen nach den Ursachen gesucht. Er fand sie in verklebten Muskelgruppen, die ihn in der Anfahrtshocke behinderten, und im Materialbereich. In Pyeongchang reichte es zu einem guten Satz auf 106,5 Meter, womit er nur 36 Sekunden

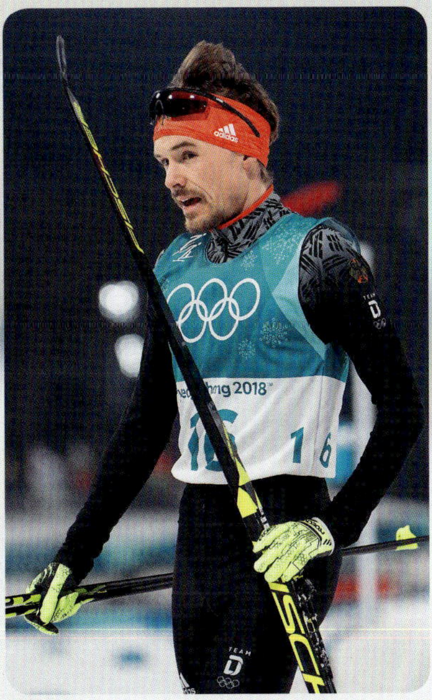

Der Wind war nicht auf seiner Seite: Ein enttäuschter Fabian Rießle erreichte den 7. Platz.

Rückstand auf den besten Springer Franz-Josef Rehrl aus Österreich besaß. Andere Medaillenanwärter hatten weniger Glück mit dem Wind. Vierfach-Weltmeister Johannes Rydzek etwa, der nach Platz elf im Springen vor einer kaum zu bewältigenden Aufgabe stand. Oder Teamkollege Fabian Rießle und der Norweger Jan Schmid, die bei wechselnden Winden überhaupt keine Chance hatten, in die Spitze zu springen. »Gefährlich war es nicht, aber es war halt Lotterie. Letztendlich hat der Wind entschieden, wer die Möglichkeit hat, eine Medaille zu gewinnen oder nicht«, sagte Trainer Weinbuch. Immerhin kam Frenzel durch und bescherte Weinbuch die 45. Medaille bei WM und Olympia.

An ein Karriereende denkt er nicht: »So lange alles so läuft, wie es momentan läuft, habe ich keinen Grund zu sagen: Ich muss in nächster Zeit kürzer treten oder gar aufhören.« Sein Tief im Olympia-Winter hat er nun offenbar hinter sich gelassen. »Zweifel hat man sicher immer mal, die hatte ich in dieser Saison auch. Aber ich wusste, dass mein Ziel die Olympischen Spiele sind. Und das hat mich auch immer wieder stark gemacht, weiter dran zu glauben und weiter an mir zu arbeiten«, sagte Frenzel.

Statistik

Nordische Kombination, Einzel, Normalschanze

14.2.2018, Alpensia-Cross-Country-Zentrum

1. Eric Frenzel	**GER**	**24:51,4 Min. (121,7 Pkt./5+24:15,4 Min./6)**
2. Akito Watabe	**JPN**	**+ 0:04,8 (123,7/3+24:28,2/9)**
3. Lukas Klapfer	**AUT**	**+ 0:18,1 (122,6/4+24:37,5/11)**
4. Jarl Magnus Riiber	NOR	+ 0:22,5 (126,9/2+24:58,9/23)
5. Johannes Rydzek	GER	+ 0:27,9 (109,1/11+23:53,3/3)
6. Eero Hirvonen	FIN	+ 0:51,6 (118,0/6+24:53,0/19)
7. Fabian Rießle	GER	+ 1:05,3 (99,9/16+23:53,7/4)
8. Ilkka Herola	FIN	+ 1:05,5 (99,7/17+23:52,9/2)
9. Vinzenz Geiger	GER	+ 1:05,5 (105,4/13+24:15,9/7)
10. Espen Andersen	NOR	+ 1:13,7 (117,2/7+25:11,1/28)
13. Franz-Josef Rehrl	AUT	+ 1:38,1 (130,6/1+26:29,5/44)
20. Bernhard Gruber	AUT	+ 2:30,7 (88,2/33+24:32,1/10)
27. Tim Hug	SUI	+ 2:47,0 (90,9/26+24:59,4/25)
29. Wilhelm Denifl	AUT	+ 2:50,4 (92,3/25+25:08,8/27)

Reihenfolge: Gesamtzeit (Sprungleistung/Platz+Laufleistung/Platz)

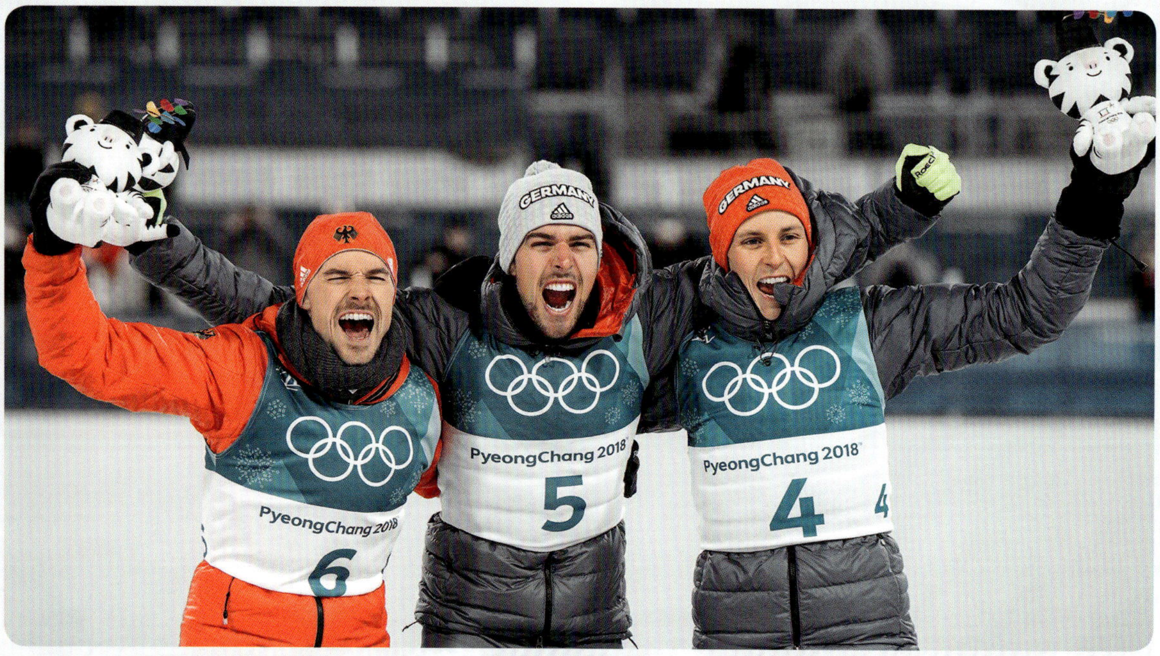

Fabian Rießle, Johannes Rydzek und Eric Frenzel (von links nach rechts) freuen sich über ihre spektakuläre Aufholjagd.

Nordische Kombination, Einzel, Großschanze

Deutsche Kombinierer mit historischem Triumph

Johannes Rydzek schüttelte ungläubig den Kopf, brüllte seine ganze Freude heraus und schloss seine Kollegen Fabian Rießle und Eric Frenzel in die Arme. Nach dem historischen Dreifach-Triumph konnte das deutsche Trio von den Siegerfotos gar nicht genug bekommen. Angeführt von Vierfach-Weltmeister Rydzek düpierten die drei Ausnahmeathleten die Konkurrenz und sorgten sechs Tage nach dem Coup von Eric Frenzel von der Normalschanze für den zweiten Erfolg der deutschen Kombinierer bei den Olympischen Winterspielen.

In einem packenden Finish siegte Rydzek nach dem Springen und dem 10-Kilometer-Langlauf vor Rießle und Frenzel. »Auf den letzten Metern habe ich gar nichts gedacht, ich habe einfach alles reingelegt, was ich hatte – Herz und Power«, sagte Rydzek und fügte hinzu: »Als ich meinen Namen ganz oben gelesen habe, unglaublich. Es war ein unglaublicher Tag für uns, auch für unsere Sportart. Ich glaube, wir sind alle noch ziemlich geflasht.«

Bundestrainer Hermann Weinbuch war einfach nur »stolz.« Die Mannschaft sei wieder zusammengewachsen und dadurch sei so etwas Großes zustande gekommen, sagte er in der ARD: »Dass es so geklappt hat, ist schon unwahrscheinlich. Da muss alles passen.« Drei Deutsche auf dem Podium hatte es in der Olympia-Geschichte nur einmal gegeben. 1976 gewann Ulrich Wehling im DDR-Trikot vor dem Westdeutschen Urban Hettich und dem zweiten DDR-Athleten Konrad Winkler.

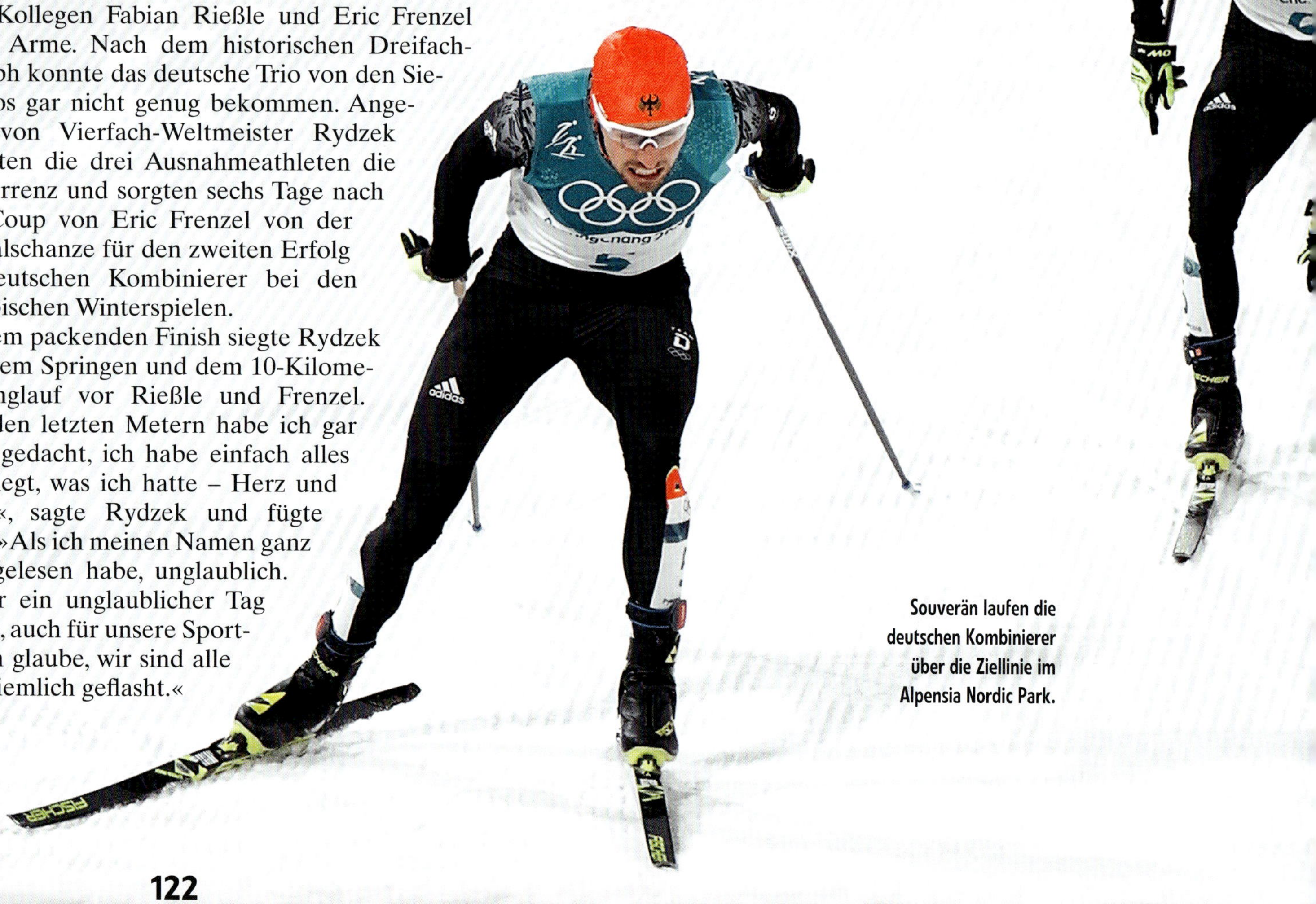

Souverän laufen die deutschen Kombinierer über die Ziellinie im Alpensia Nordic Park.

Im Mittelpunkt stand diesmal Rydzek, der sich eindrucksvoll zurückmeldete, nachdem er sich von der Normalschanze noch mit Platz fünf begnügen musste. So hatte Deutschlands Sportler des Jahres im ewigen Duell mit Teamkollege Frenzel diesmal die Nase vorn. Insgesamt war es der achte deutsche Einzel-Olympiasieg bei den Kombinierern, allerdings der erste von der Großschanze.

Die Entscheidung in einem hochspannenden Wettkampf im Alpensia Nordic Park fiel erst kurz vor dem Ziel, als das deutsche Trio attackierte. Nur der Norweger Jarl Magnus Riiber konnte noch folgen, im Sprint war er aber chancenlos.

Vinzenz Geiger komplettierte als Siebter das hervorragende Mannschaftsergebnis, was für den Teamwettbewerb hoffen ließ. »Wenn wir unsere Leistung bringen, sind wir auf jeden Fall ganz vorne dabei«, sagte Geiger.

Durch ein exzellentes Springen hatten sich die deutschen Athleten in eine hervorragende Ausgangsposition gebracht. Ausgerechnet das Springen, das in diesem Weltcup-Winter so

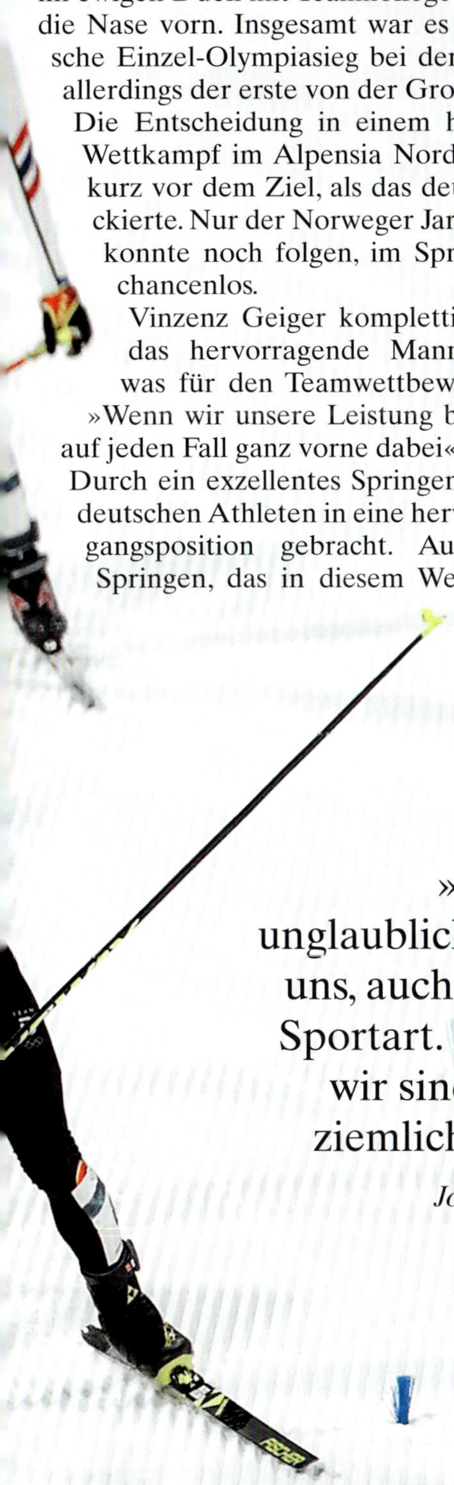

»Es war ein unglaublicher Tag für uns, auch für unsere Sportart. Ich glaube, wir sind alle noch ziemlich geflasht.«

Johannes Rydzek

viele Probleme bereitet hatte. Nicht aber in Südkorea: Auf den Plätzen vier, fünf und sechs gingen Frenzel, Rydzek und Rießle auf die Jagd auf den Gesamtweltcup-Führenden Akito Watabe, der nach dem Springen mit 138,9 Punkten vorn gelegen hatte. Der Japaner war in der Loipe aber auf sich allein gestellt, während das deutsche Trio gemeinsame Sache machen konnte.

»Ein Deutscher soll zum Schluss ganz oben stehen«, hatte Rießle als Marschroute ausgegeben. Und so

Statistik

Nordische Kombination, Einzel (Großschanze/10 km)

20.2.2018, Alpensia Cross-Country Centre

1.	**Johannes Rydzek**	**GER**	**23:21,5 Min. (131,2 Pkt./5+ 23:21,5 Min./4)**
2.	**Fabian Rießle**	**GER**	**+ 0:0,4 (130,3/6+23:18,9/3)**
3.	**Eric Frenzel**	**GER**	**+ 0:0,8 (132,9/4+23:29,3/7)**
4.	Jarl Magnus Riiber	NOR	+ 0:2,8 (138,6/2+23:54,3/17)
5.	Akito Watabe	JPN	+ 0:12,5 (138,9/1+24:05,0/20)
6.	Eero Hirvonen	FIN	+ 0:22,1 (127,9/7+23:30,6/9)
7.	Vinzenz Geiger	GER	+ 0:50,1 (124,0/9+23:42,6/13)
8.	Wilhelm Denifl	AUT	+ 1:02,1 (135,0/3+24:38,6/34)
9.	Lukas Klapfer	AUT	+ 1:22,8 (123,0/10+24:11,3/23)
10.	Joergen Graabak	NOR	+ 1:24,8 (110,9/19+23:25,3/6)
13.	Mario Seidl	AUT	+ 1:28,5 (116,5/14+23:51,0/16)
21.	Bernhard Gruber	AUT	+ 2:35,8 (98,5/30+23:46,3/14)
24.	Tim Hug	SUI	+ 2:48,0 (104,6/27+24:23,5/30)

Reihenfolge: Gesamtzeit (Sprungleistung/Platz+Laufleistung/Platz)

holten die drei Athleten bereits schnell den Österreicher Wilhelm Denifl ein. Gut vier Kilometer vor dem Ziel hatten sie schließlich auch Anschluss zum Führungsduo Watabe und Riiber gefunden.

Und im Finish drehte Rydzek auf. Dass er auf der Normalschanze das Nachsehen gegenüber Frenzel hatte und nur Fünfter geworden war, stachelte den ehrgeizigen Bayer zusätzlich an. Denn Rydzek und Frenzel sind nicht nur Teamkollegen, sondern auch seit Jahren schon große Rivalen. Winter für Winter haben sie sich zu neuen Höchstleistungen gepusht. Hier der fünfmalige Weltcupsieger Frenzel, dort der Vierfach-Weltmeister Rydzek. Nur bei Olympia hatte Frenzel bislang stets die Nase vorn gehabt – beim denkwürdigen Dreifach-Erfolg von Pyeongchang hatte Rydzek aber das bessere Ende für sich.

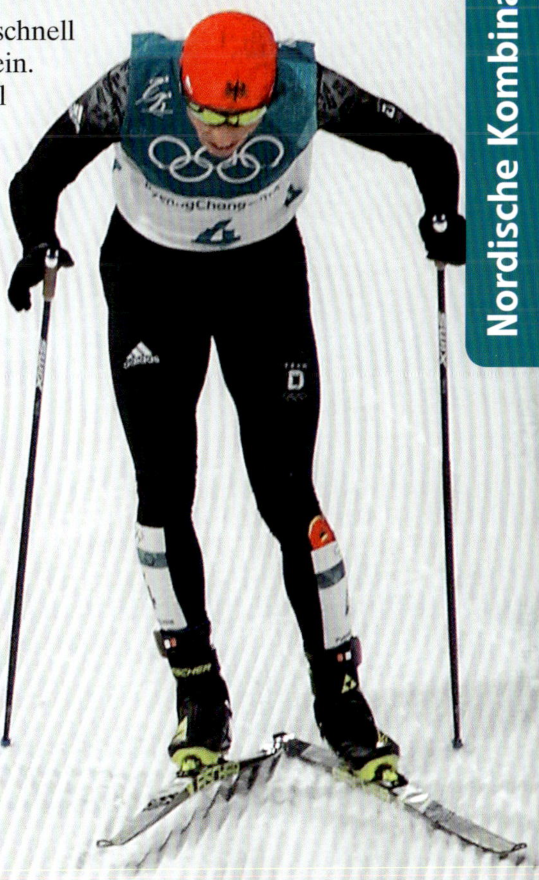

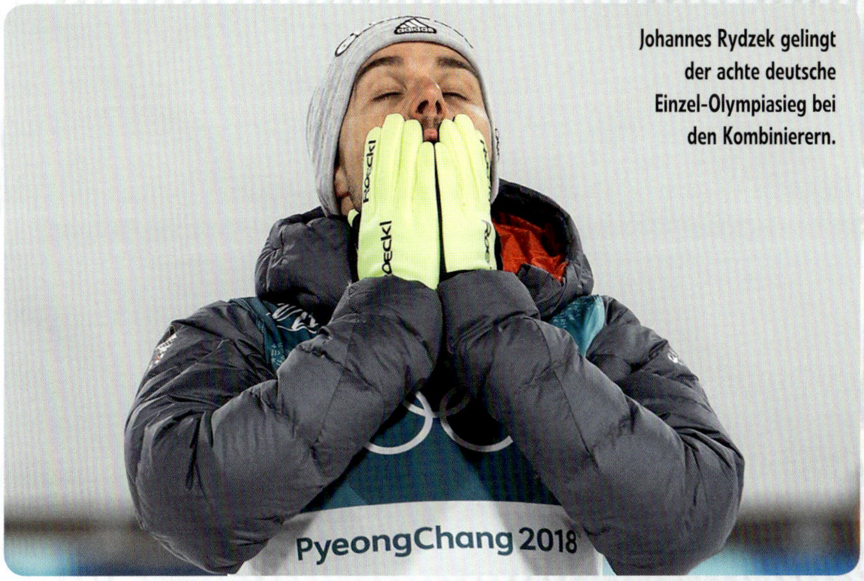

Johannes Rydzek gelingt der achte deutsche Einzel-Olympiasieg bei den Kombinierern.

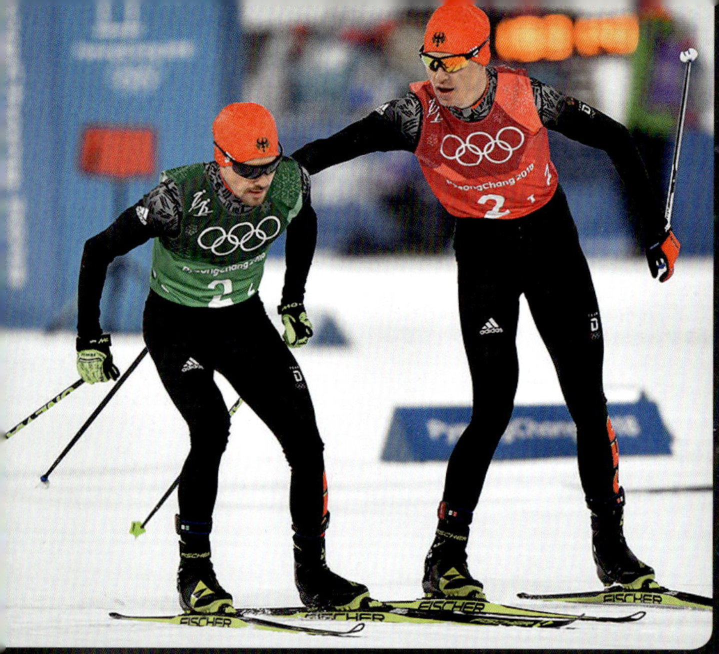

Wechsel von Vinzenz Geiger zu Fabian Rießle. Nach dessen Lauf war das Rennen für die Deutschen bereits entschieden.

Nordische Kombination, Team

»Das war eine Demonstration« – Deutsches Quartett feiert wie Usain Bolt

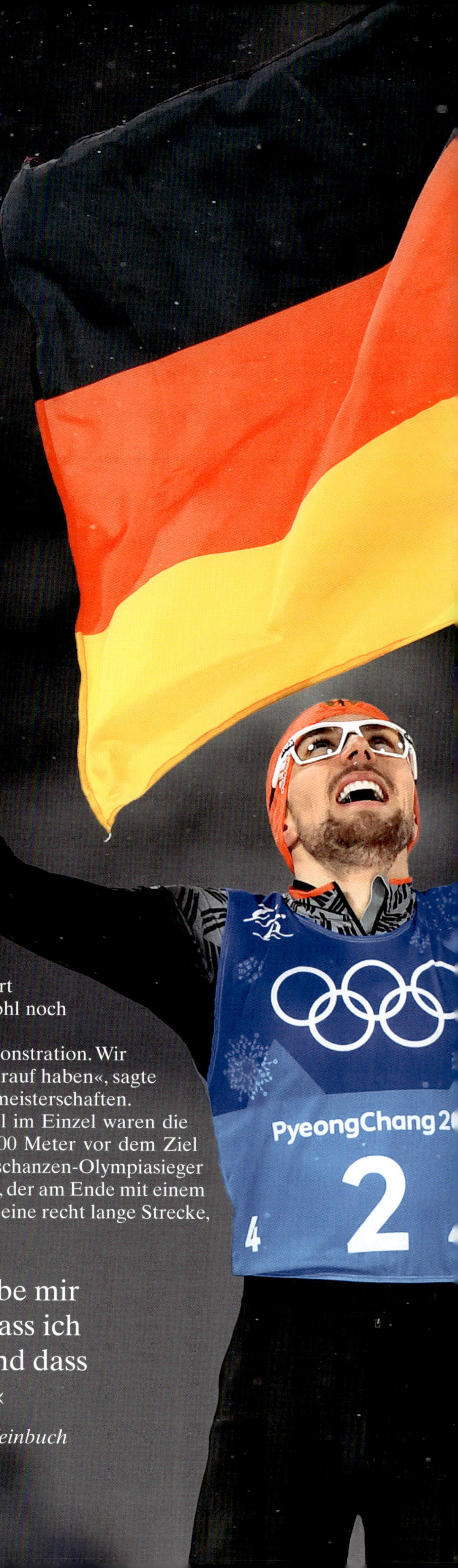

Die Jubelpose von Usain Bolt auf dem Podest gelang den deutschen Kombinierern fast so gut wie der Triumphlauf zum Gold-Hattrick. Nach einer weiteren Machtdemonstration war beim Sieger-Quartett um Eric Frenzel und Johannes Rydzek im Alpensia Cross Country Skiing Centre kein Halten mehr. »Wir sind für unsere Arbeit belohnt worden. Dass das hier so aufgeht, ist wie ein Traum«, sagte Rydzek, nachdem er mit Frenzel, Fabian Rießle und Vinzenz Geiger souverän den Sieg im Teamwettbewerb bei den Olympischen Winterspielen in Pyeongchang geholt hatte.

Das Quartett hatte nach den zwei Einzel-Siegen durch Frenzel und Rydzek den goldenen Schlusspunkt unter die Wettkämpfe der Kombinierer gesetzt. »Es waren grandiose Olympische Spiele für mich. Als Sportler träumt man von so etwas und ich hätte es auch sofort unterschrieben«, bilanzierte Frenzel und kündigte sogleich an, dass er wohl noch bis 2022 weitermacht.

Bundestrainer Hermann Weinbuch war mächtig stolz. »Das war eine Demonstration. Wir wollten zeigen und beweisen, dass wir wer sind und dass wir richtig viel drauf haben«, sagte er nach seiner 49. Medaille als Bundestrainer bei Winterspielen und Weltmeisterschaften. Wenige Tage nach dem Dreifach-Erfolg von Rydzek, Rießle und Frenzel im Einzel waren die DSV-Kombinierer auch im Teamwettbewerb nicht zu schlagen. Schon 200 Meter vor dem Ziel bekam Großschanzen-Sieger Rydzek die Fahne mit auf den Weg, Normalschanzen-Olympiasieger Frenzel hatte schon als dritter Läufer den quasi sicheren Triumph bejubelt, der am Ende mit einem Vorsprung von 52 Sekunden auf Norwegen deutlich ausfiel. »Es war doch eine recht lange Strecke, die Fahne zu tragen«, scherzte der Oberstdorfer Rydzek.

Dritter wurden die Österreicher, die trotz Führung nach dem Springen schon nach wenigen Kilometern geschlagen waren. Schon nach dem zweiten Läufer Rießle war der Wettbewerb entschieden.

Frenzel, der durch das dritte Olympia-Gold seiner Karriere zu den Rekordsiegern Samppa Lajunen (Finnland), Felix Gottwald (Österreich) und seinem Oberwie-

»Ich denke, ich habe mir selber bewiesen, dass ich ziemlich gut bin und dass ich Ahnung habe.«

Bundestrainer Hermann Weinbuch

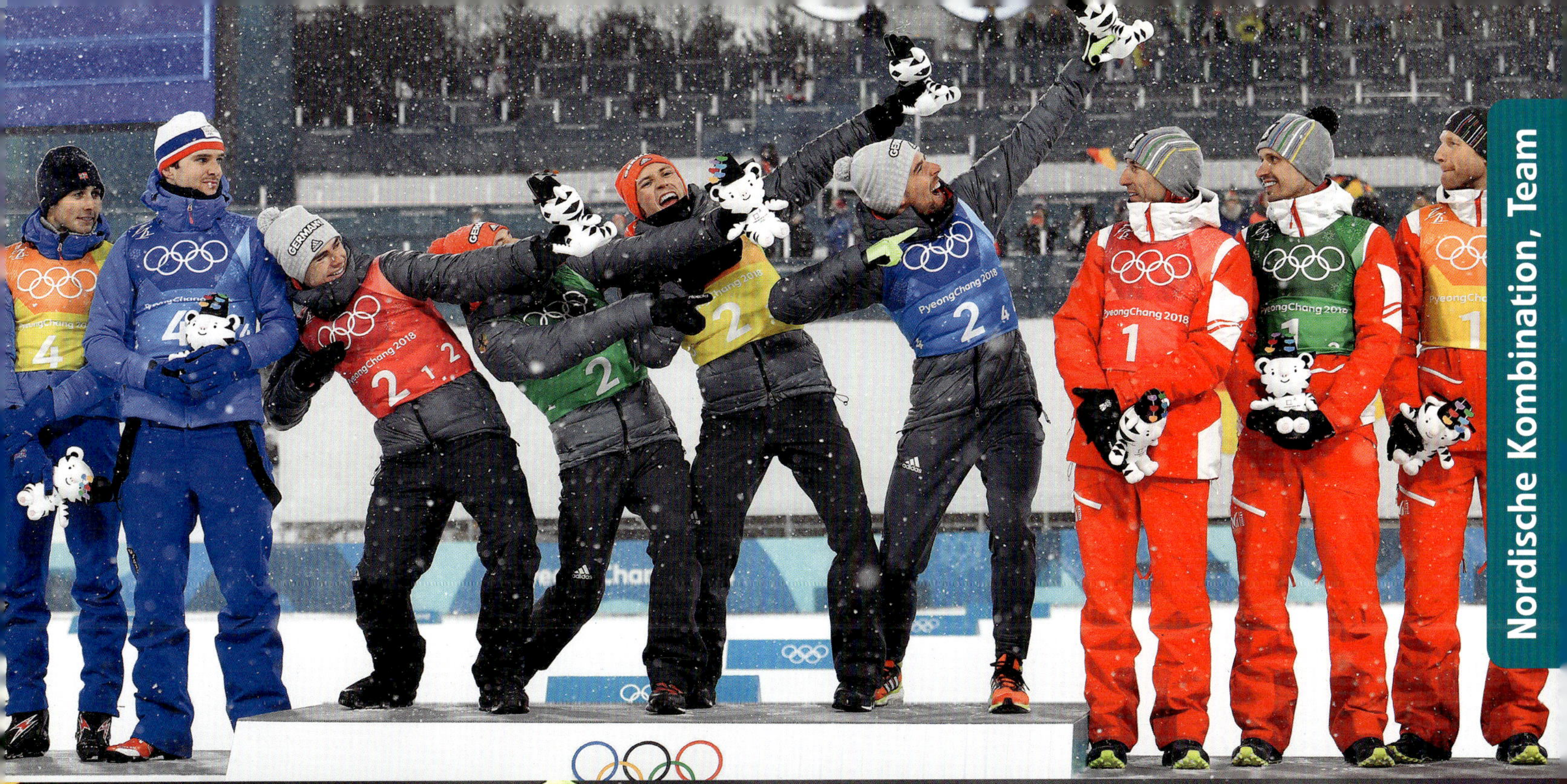

Wie Usain Bolt feiert das deutsche Team seine Goldmedaille in der nordischen Kombination.

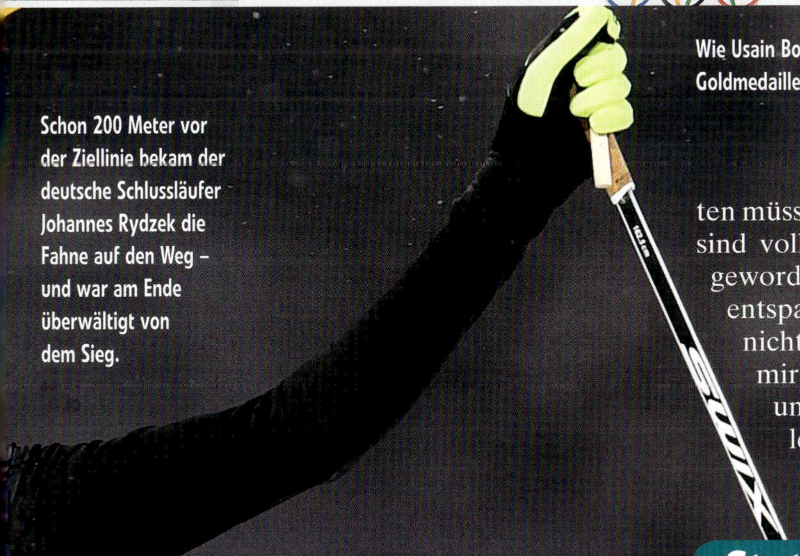

Schon 200 Meter vor der Ziellinie bekam der deutsche Schlussläufer Johannes Rydzek die Fahne auf den Weg – und war am Ende überwältigt von dem Sieg.

senthaler Vereinskollegen Ulrich Wehling (DDR) aufschloss, übergab mit einer Minute Vorsprung an Rydzek. »Ich hoffe, dass ich weiter sportlich am Ball bleiben kann. Ich würde gerne jeden Wettbewerb bei Olympia einmal gewinnen. Jetzt fehlt mir nur noch die Großschanze«, kündigte Frenzel an. »Von dem her werde ich wohl noch einmal vier Jahre weitermachen müssen«, sagte der 29-Jährige mit Blick auf die Spiele 2022 in Peking.

Gerade für Frenzel war Pyeongchang das Ende eines Tiefs und der Aufbruch zu neuen sportlichen Zielen. Schließlich hatte der fünfmalige Gesamtweltcupsieger im Vorfeld so geschwächelt, wie man es in all den Jahren nicht von ihm kannte. Wie seine deutschen Kollegen bekam er es rechtzeitig zum Saisonhöhepunkt wieder hin – und ließ die internationale Konkurrenz ratlos zurück.

In Südkorea räumten die »nordischen Dominierer« alles ab, was es zu gewinnen gab. »Es ist doch etwas holprig gewesen dieses Jahr, wir haben aber immer an uns geglaubt. Wir haben sehr hart arbeiten müssen. Die Jungs haben uns voll vertraut und sind voll mitmarschiert. Wir sind immer stärker geworden«, meinte Weinbuch und lehnte sich entspannt zurück: »Jetzt brauche ich mir gar nichts mehr zu beweisen. Ich denke, ich habe mir selber bewiesen, dass ich ziemlich gut bin und dass ich Ahnung habe«, sagte der strahlende 57-Jährige.

Statistik

Nordische Kombination, Team

22.2.2018, Alpensia Cross-Country Skiing Centre

1. Deutschland	**46:09,8 Min. (464,7 Pkt./2+46:03,8 Min./1)**
Vinzenz Geiger	102,6+11:33,8/2
Fabian Rießle	109,2+11:24,1/1
Eric Frenzel	123,6+11:05,4/1
Johannes Rydzek	129,3+12:00,5/4
2. Norwegen	**+ 0:52,7 (449,2/4+46:35,5/2)**
Jan Schmid	111,9+11:24,9/1
Espen Andersen	105,0+11:55,5/6
Jarl Magnus Riiber	117,9+11:28,2/4
Joergen Graabak	114,4+11:46,9/1
3. Österreich	**+ 1:07,8 (469,5/1+47:17,6/5)**
Wilhelm Denifl	124,4+11:52,2/10
Lukas Klapfer	114,6+11:53,8/5
Bernhard Gruber	117,9+11:23,6/2
Mario Seidl	112,6+12:08,0/8
4. Japan	+ 2:08,8 (455,3/3+47:59,6/7)
5. Frankreich	+ 2:27,2 (417,9/5+47:28,0/6)
6. Finnland	+ 2:30,7 (381,3/7+46:42,5/3)
7. Tschechien	+ 3:57,3 (382,2/6+48:11,1/8)
8. Italien	+ 5:04,3 (291,8/10+47:17,1/4)
9. Polen	+ 5:15,0 (337,2/8+48:28,8/10)
10. USA	+ 5:16,7 (324,8/9+48:13,5/9)

Reihenfolge Team: Gesamtzeit/Rückstand (Sprungleistung/Platz + Laufleistung/Platz)
Einzelleistung: Sprungleistung + Laufleistung/Platz

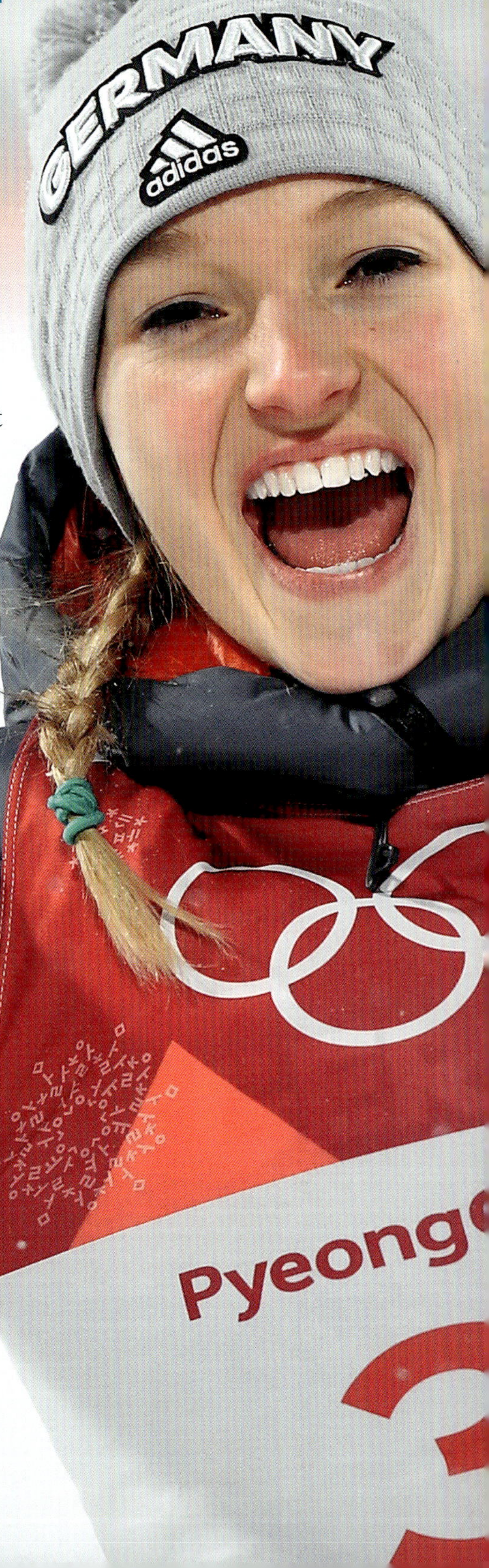

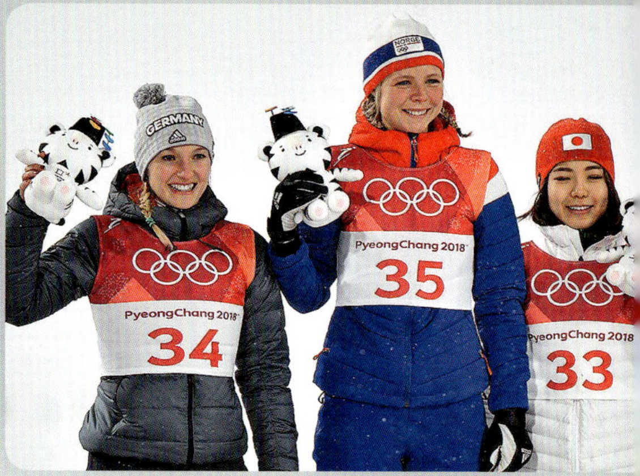

Die Medaille sicher und das Maskottchen »Soohorang« in der Hand: Silbermedaillengewinnerin Katharina Althaus, Siegerin Maren Lundby aus Norwegen und Sara Takanashi (von links nach rechts), die für Japan Bronze gewann.

Skispringen, Normalschanze, Frauen

Gegen wechselnde Winde und starke Konkurrenz zur Silbermedaille

Nach ihrem Silber-Coup im Eisschrank von Pyeongchang wollte Katharina Althaus einfach nur »richtig gscheit bayrisch« feiern. Völlig verfroren und komplett überwältigt saß die 21-Jährige mit ihren schwarz-rot-gold lackierten Fingernägeln auf dem Podest und freute sich über den größten Erfolg ihrer noch jungen Karriere, bei dem sie sich nur der überragenden Norwegerin Maren Lundby geschlagen geben musste. »Es ist einfach Wahnsinn. Ich kann es noch gar nicht glauben. Ich freue mich einfach so«, sagte Althaus zwei Tage

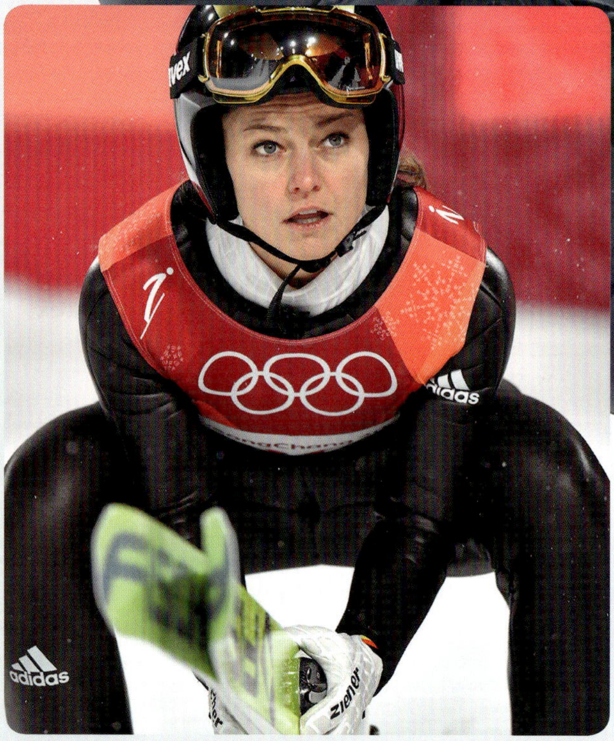

Enttäuschung und Jubel liegen so nah beieinander: Carina Vogt (links) wurde vom Wetter ausgebremst, Katharina Althaus feiert ihre Silbermedaille.

nach dem Olympiasieg von Andreas Wellinger, der sie bei bitterer Kälte an der Schanze nach ihrem Silbergewinn herzte.
Die DSV-Adler inklusive Trainer Werner Schuster waren vor Ort und zitterten mit Althaus, die ihre herausragende Form unterstrich und starke Nerven zeigte. »Wir sind alle megastolz. Es war schon ein enormer Druck. Es stand viel auf dem Spiel. Wir sind megahappy mit der Silbermedaille«, sagte Trainer Andreas Bauer nach dem nächsten Erfolg für die deutschen Skispringerinnen bei ihrem einzigen Olympia-Wettbewerb.
Die Oberstdorferin Althaus lag am Ende 12 Punkte hinter Lundby, Bronze ging an die Japanerin Sara Takanashi.
Noch vor dem Wettbewerb, der so spät wie kein anderer bei diesen Winterspielen angesetzt war, hatte Wellinger seiner Kollegin Glück gewünscht. Und es half: Mit einem Satz auf 106 Meter setzte Althaus die Norwegerin gehörig unter Druck, doch die Weltcup-Gesamtführende behielt als letzte Springerin die Nerven, packte noch einmal vier Meter drauf und sicherte sich mit dem weitesten Sprung Gold. Es war das logische Duell, nachdem Lundby und Althaus schon den gesamten Weltcup-Winter dominiert hatten.
Die Verhältnisse waren selten so schwierig wie diesmal. Wie schon bei den Männern wurde das Springen zur Geduldsprobe. Immer wieder mussten die Athletinnen wegen der wechselnden Winde warten und von verschiedenen Absprungluken aus starten. Später kam auch noch dichter Schneefall hinzu. Die Springerinnen wurden während der Warterei mit Decken warm gehalten, im Auslauf zitterten weniger als 500 Zuschauer mit den Sportlerinnen mit. Gegen Ende des Wettbewerbs verließen immer mehr Anhänger das Stadion, ohne das Ergebnis abzuwarten.

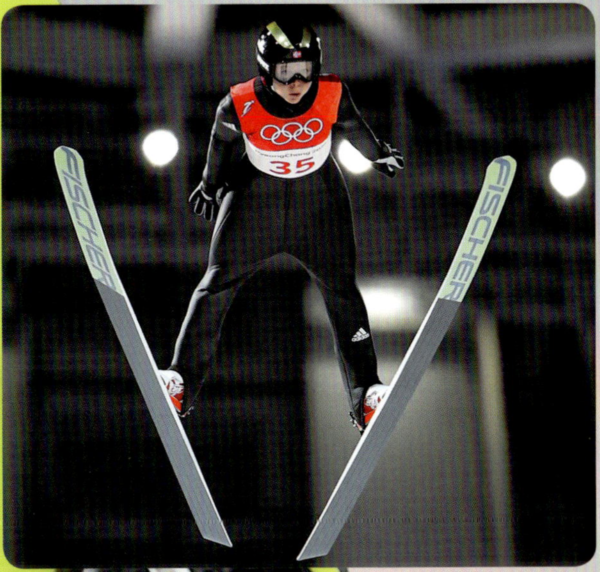

Die Norwegerin Maren Lundby beweist bei schwierigen Verhältnissen starke Nerven und springt zu Gold.

»Es ist einfach Wahnsinn. Ich kann es noch gar nicht glauben. Ich freue mich einfach so.«

Katharina Althaus

Statistik

Skispringen, Normalschanze, Frauen

12.2.2018, Alpensia-Skisprung-Zentrum

1. Maren Lundby	**NOR**	**264,6 Pkt. (105,5/1+110,0 m/1)**
2. Katharina Althaus	**GER**	**252,6 (106,5/2+106,0/2)**
3. Sara Takanashi	**JPN**	**243,8 (103,5/3+103,5/3)**
4. Irina Awwakumowa	OAR	230,7 (99,0/4+102,0/5)
5. Carina Vogt	GER	227,9 (97,0/6+101,5/4)
6. Daniela Iraschko-Stolz	AUT	225,9 (101,5/5+99,0/7)
7. Nika Kriznar	SLO	223,2 (101,0/7+104,0/6)
8. Ramona Straub	GER	210,5 (98,5/10+98,5/8)
9. Yuki Ito	JPN	203,9 (94,0/9+93,0/10)
10. Juliane Seyfarth	GER	194,3 (102,5/8+90,0/17)
11. Chiara Hölzl	AUT	193,2 (88,0/14+95,5/9)
13. Jacqueline Seifriedsberger	AUT	183,5 (93,0/13+92,0/14)

Besonders schwer trafen die Wetterkapriolen Carina Vogt, die im ersten Durchgang die längste Zwangspause einlegen musste und mit die schlechtesten Verhältnisse antraf. So reichte es diesmal nicht für den nächsten Coup der Ausnahmespringerin, die sich wie kaum eine andere auf die großen Wettbewerbe vorbereiten kann. Einen Olympiasieg und vier WM-Titel hat Vogt seit 2014 eingesammelt – in Pyeongchang riss die Serie. Dennoch habe es sich die Olympiasiegerin Vogt nicht nehmen lassen, Althaus noch im Auslauf herzlich zu gratulieren. »Sie hat mir gesagt, dass sie megastolz auf mich ist. Sie hat sich riesig für mich mitgefreut«, sagte Althaus über Vogt. Neben Althaus und Vogt komplettierten Ramona Straub und Juliane Seyfarth auf den Plätzen acht und zehn das gute deutsche Mannschaftsergebnis.

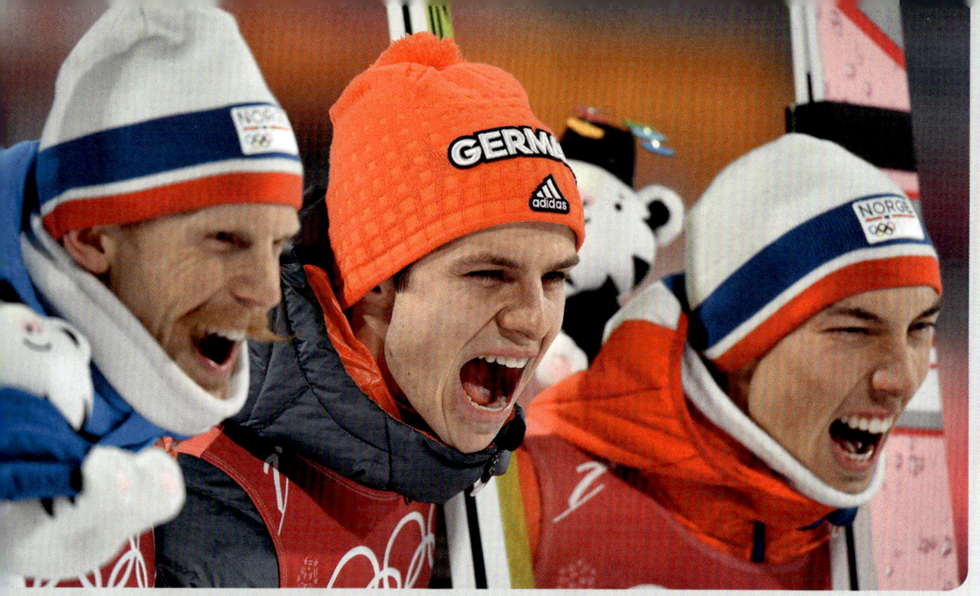

Freude bei den Siegern! Bronze für Robert Johansson, Gold für Andreas Wellinger und Silber für Johann André Forfang (von links nach rechts).

Skispringen, Normalschanze, Männer

Skisprung-Krimi: »Riesenfreudentag« für Andi Wellinger

Andreas Wellinger vergoss bereits vor dem alles entscheidenden letzten Sprung von Kontrahent Stefan Hula Tränen. Hinsehen konnte der 22-Jährige nicht mehr, stattdessen kniete er in der Box des Führenden. Als bei den Olympischen Winterspielen von Pyeongchang dann der größte Triumph seiner Laufbahn feststand

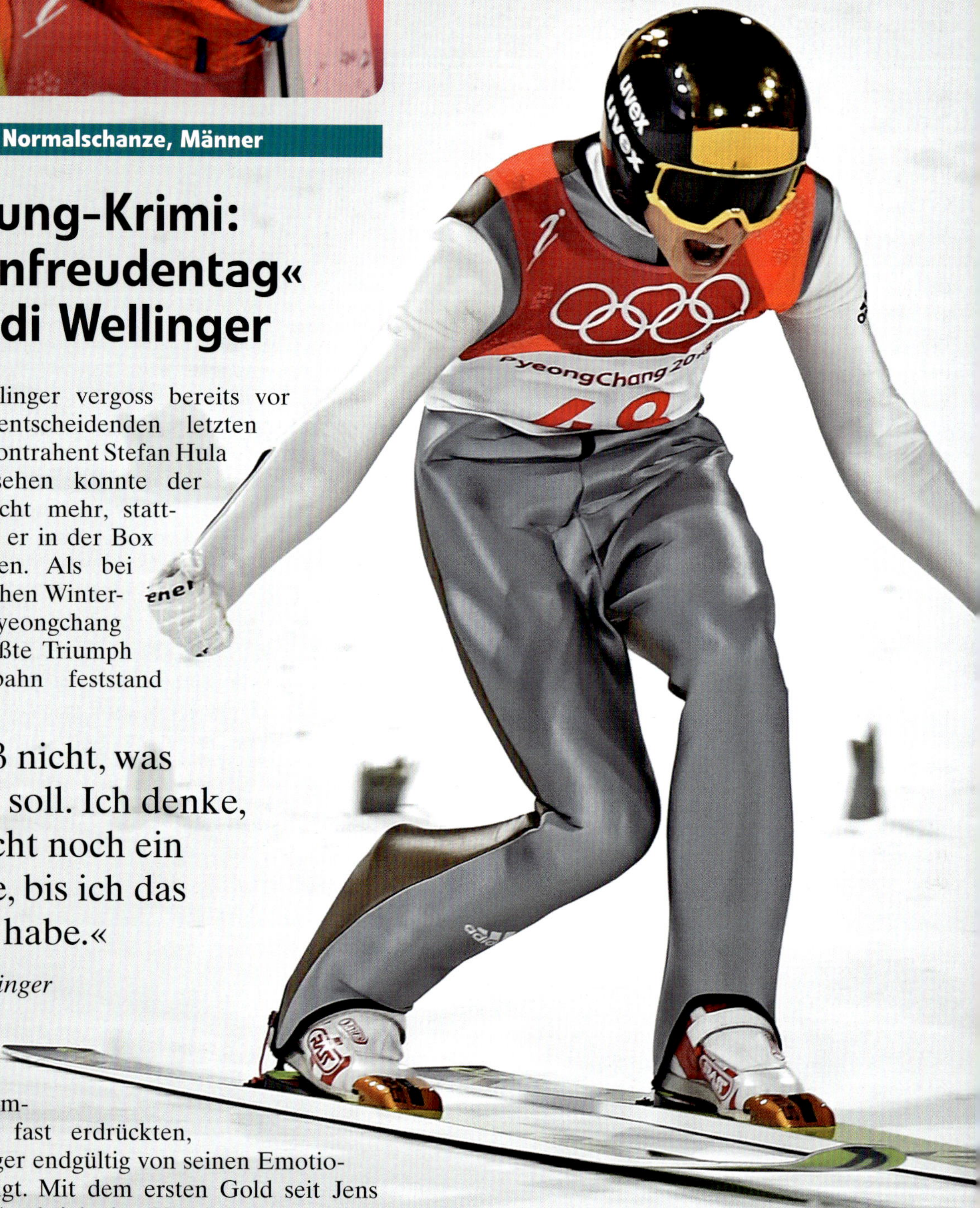

»Ich weiß nicht, was ich sagen soll. Ich denke, das braucht noch ein paar Tage, bis ich das realisiert habe.«

Andreas Wellinger

und seine Teamkollegen ihn fast erdrückten, wurde Wellinger endgültig von seinen Emotionen überwältigt. Mit dem ersten Gold seit Jens Weißflog 1994 schrieb der 22-Jährige kurz nach Mitternacht in einem denkwürdigen Springen vor den Augen eines begeisterten Bundespräsidenten Frank-Walter Steinmeier Geschichte.

»Es ist unglaublich. Ich weiß nicht, was ich sagen soll. Ich denke, das braucht noch ein paar Tage, bis ich das realisiert habe. Am Ende war es unglaublich«, stammelte Wellinger in der Pressekonferenz. Eisige Temperaturen von bis zu 12 Grad unter Null, ein immer stärker werdender Aufwind und damit verbundene Unterbrechungen machten den Wettbewerb von der Normalschanze zu einer Nervenprobe. Noch nie war ein olympischer Skisprung-Wettkampf in nur einem Durchgang beendet worden. Und so sollte es auch bleiben. Die Folge: Nach Durchgang eins wurde weitergesprungen, so dass der Olympiasieger erst um 0.16 Uhr feststand. Dass dieser Wellinger heißt, hätte keiner vermutet. Als Fünfter war der Ruhpoldinger nach dem ersten Durchgang zwar in Medaillennähe, doch zum Spitzenreiter Hula aus Polen fehlten bereits knapp sieben Punkte oder umgerechnet 3,5 Meter – normalerweise zu viel für eine Normalschanze.

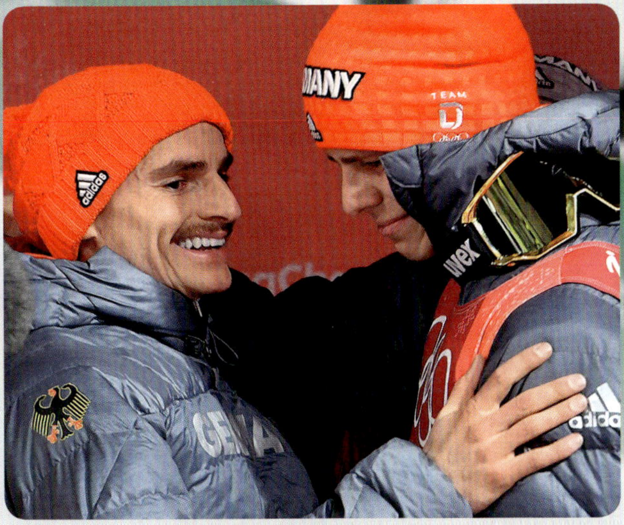

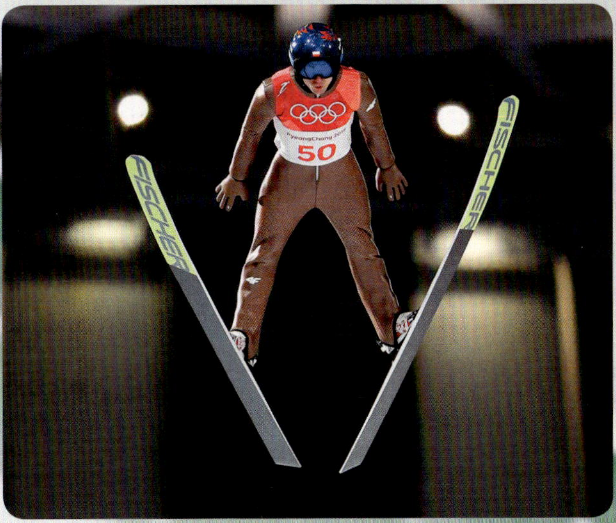

Teamkollege Richard Freitag gratuliert dem völlig fassungslosen Andreas Wellinger zum Olympia-Sieg (Bild links).

Mitfavorit und Vierschanzentournee-Sieger Kamil Stoch aus Polen spingt knapp am Podest vorbei.

Doch an einem außergewöhnlichen Tag, an dem der Schweizer Simon Ammann sechsmal auf den Balken klettern musste, ehe er endlich springen durfte, an dem FIS-Renndirektor Walter Hofer die Athleten persönlich in Decken wickelte und sie warm rieb, glückte das Unmögliche. Wellinger flog genau wie der Drittplatzierte Norweger Robert Johansson auf die Schanzenrekord-Weite von 113,5 Meter und sah dann, wie Richard Freitag, der spätere Zweite Johann André Forfang aus Norwegen und die Polen Kamil Stoch und Hula hinter ihm blieben. Bei der Blumen-Zeremonie schrie Wellinger dann mehrfach seine Freude heraus.

»Ich wusste die letzten Tage, dass ich auf einem sehr hohen Level springe. Ich wusste, dass ich nah dran bin, wenn ich meine Sprünge zeige. An so einem Tag wie heute muss man ein gutes Gefühl kriegen«, sagte der Sieger. »Vor allem mein zweiter Sprung war sehr, sehr gut. Das war Schanzenrekord, aber das ist heute nicht wichtig.«

»Ich habe nur Angst gehabt, dass die abbrechen, die verrückten Hunde«, sagte Bundestrainer Werner Schuster, der schon vorher eine Ahnung hatte, dass es ein großer Abend werden könnte. »Wir können Geschichte schreiben«, hatte der Österreicher im Vorfeld erklärt, nachdem Wellinger die Qualifikation am Donnerstag gewonnen und sich auch im Training extrem stabil gezeigt hatte. »Das Happy End war auf unserer Seite und ich denke, es war verdient. Ich hatte die ganze Zeit das Gefühl, dass er weiß, was er tut. Der erste Sprung war nicht optimal, der zweite war grandios. Er ist auch ganz runtergesprungen, was man heute gebraucht hat«, sagte Schuster beherrscht.

Noch vor einem Jahr hatte Wellinger bei den Weltmeisterschaften trotz bärenstarker Leistungen jeweils dem Österreicher Stefan Kraft knapp den Vortritt lassen müssen.

Nun war der Vierschanzentournee-Zweite und Team-Olympiasieger von 2014 selbst an der Reihe.

Auch die weiteren DSV-Flieger wussten zu überzeugen. Markus Eisenbichler, Richard Freitag und Karl Geiger reihten sich auf den Plätzen acht bis zehn ein. »Das ist ein Riesenfreudentag für Skisprung-Deutschland«, sagte Schuster.

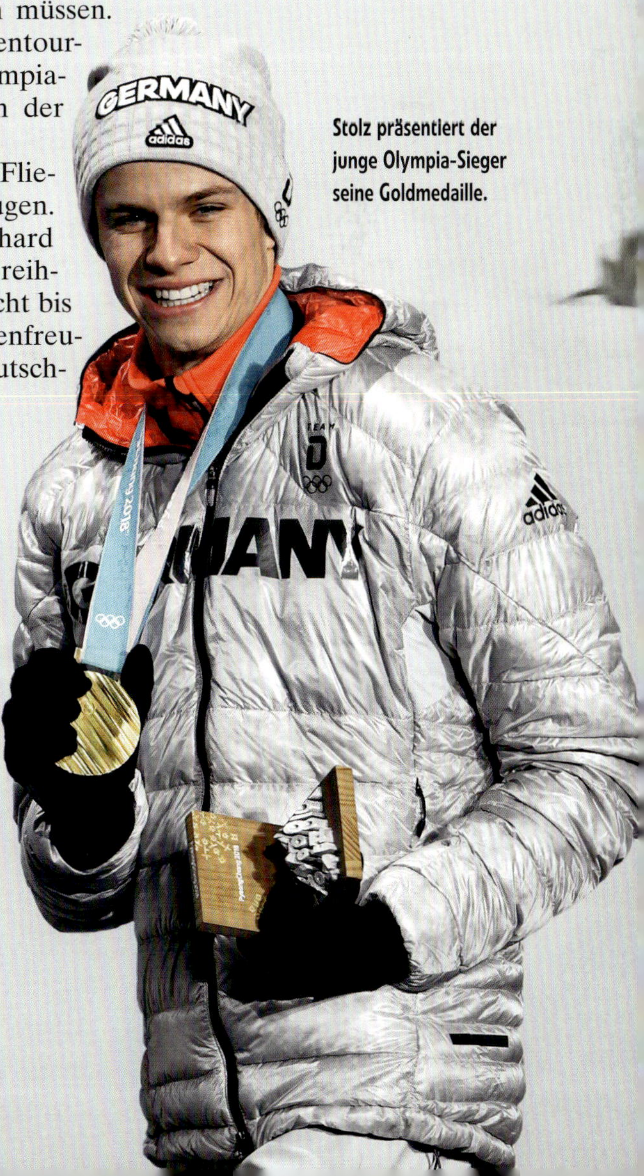

Stolz präsentiert der junge Olympia-Sieger seine Goldmedaille.

Schanzenrekord! Andreas Wellinger ahnt bereits, wie gut sein zweiter Sprung war (großes Bild).

Statistik

Skispringen, Normalschanze, Männer

10.2.2018, Alpensia-Skisprung-Zentrum

1. Andreas Wellinger	**GER**	**259,3 Pkt.**	**(104,5/5+113,5 m/1)**
2. Johann André Forfang	**NOR**	**250,9**	**(106,0/2+109,5/4)**
3. Robert Johansson	**NOR**	**249,7**	**(100,5/10+113,5/2)**
4. Kamil Stoch	POL	249,3	(106,5/2+105,5/6)
5. Stefan Hula	POL	248,8	(111,0/1+105,5/11)
6. Daniel-André Tande	NOR	242,3	(103,5/13+111,5/5)
7. Ryoyu Kobayashi	JPN	240,8	(108,0/9+108,0/7)
8. Markus Eisenbichler	GER	240,2	(106,0/7+106,5/9)
9. Richard Freitag	GER	240,0	(106,0/4+102,5/13)
10. Karl Geiger	GER	236,7	(103,5/8+105,0/12)
11. Simon Ammann	SUI	236,6	(105,0/11+104,5/10)
13. Stefan Kraft	AUT	233,6	(103,5/6+103,0/16)
17. Michael Hayböck	AUT	219,7	(99,5/21+103,0/17)
22. Gregor Schlierenzauer	AUT	212,2	(102,5/22+99,5/22)
23. Manuel Fettner	AUT	211,7	(96,5/29+105,5/14)
29. Gregor Deschwanden	SUI	185,3	(99,5/28+91,5/29)

Reihenfolge: Gesamtpunkte (Sprungweite/Platz)

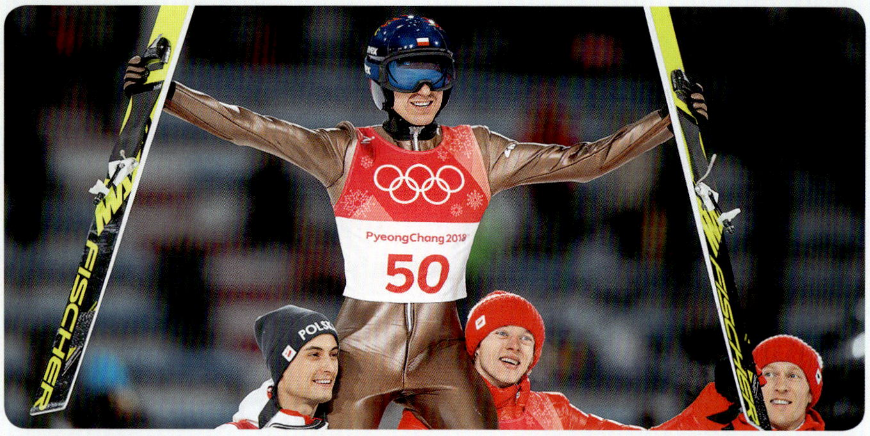

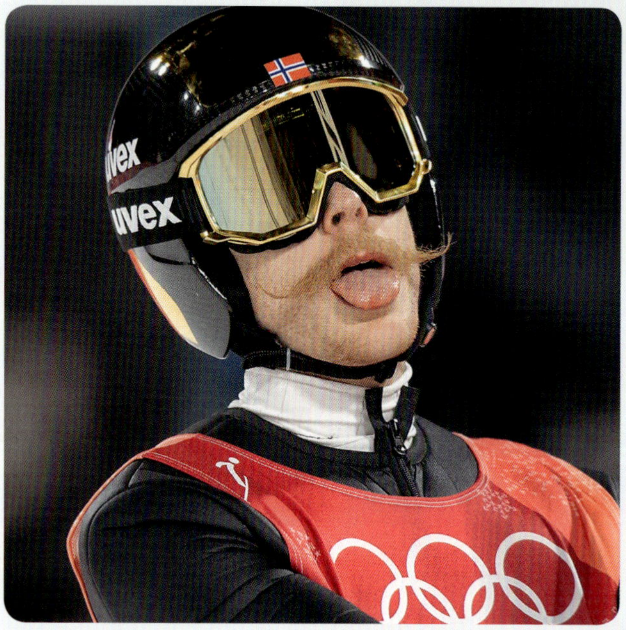

Ein weiterer Erfolg in einer traumhaften Saison: der dritte Olympia-Sieg für Kamil Stoch.

Verschmitzt streckt der schnurrbärtige Norweger Robert Johansson den Fotografen die Zunge heraus (rechtes Bild).

Skispringen, Großschanze, Männer

Weit übersprungene Ambitionen

Freudestrahlend winkte der deutsche Skispringer Andreas Wellinger ins Publikum von Pyeongchang, dann sprang er ein weiteres Mal kraftvoll auf dem Siegerpodest in die Höhe. Genau eine Woche nach seiner Goldmedaille von der Normalschanze hat der 22 Jahre alte Bayer von der Großschanze Silber gewonnen und sich in einer packenden Entscheidung nur dem überragenden Kamil Stoch geschlagen geben müssen. Nach Flügen auf 135,5 und 142 Meter freute sich Wellinger über seinen nächsten olympischen Coup. Mehrere Male streckte er seine Faust in die Luft und freute sich mit seinen Teamkollegen, die ihn als erste im Auslauf begrüßten und herzten.

»Die Spiele bis jetzt sind unbeschreiblich. Dass ich wieder zur Siegerehrung darf, ist der absolute Wahnsinn«, sagte Wellinger. »Es waren zwei Top-Sprünge. Es ist ein Riesenerfolg für den jungen Burschen und für das ganze Skisprung-Deutschland«, lobte Bundestrainer Werner Schuster.

»Gold und Silber im Einzel. Es ist cool, ihm zuzuschauen. Der zweite Sprung war genial. Er hat es spannend gemacht«, sagte Teamkollege Richard Freitag, der mit Rang neun erneut an den vorderen Rängen vorbeisprang. Bronze holte sich der Norweger Robert Johansson, der schon auf der Normalschanze den dritten Platz belegt hatte. Für Stoch war es nach Doppel-Gold von Sotschi bereits der dritte Olympiasieg und wenige Wochen nach dem historischen Vierfachsieg bei der Tournee der nächste große Höhepunkt einer traumhaften Saison.

Auch Wellinger kann nach seinem nächsten Edelmetall auf eine stattliche Olympia-Ausbeute verweisen. Es war trotz seines jungen Alters schon die dritte Medaille seiner Karriere. »Wenn jeder die Leistung bringt, müssen sich die Anderen lang machen, um uns zu schlagen«, sagte Wellinger mit

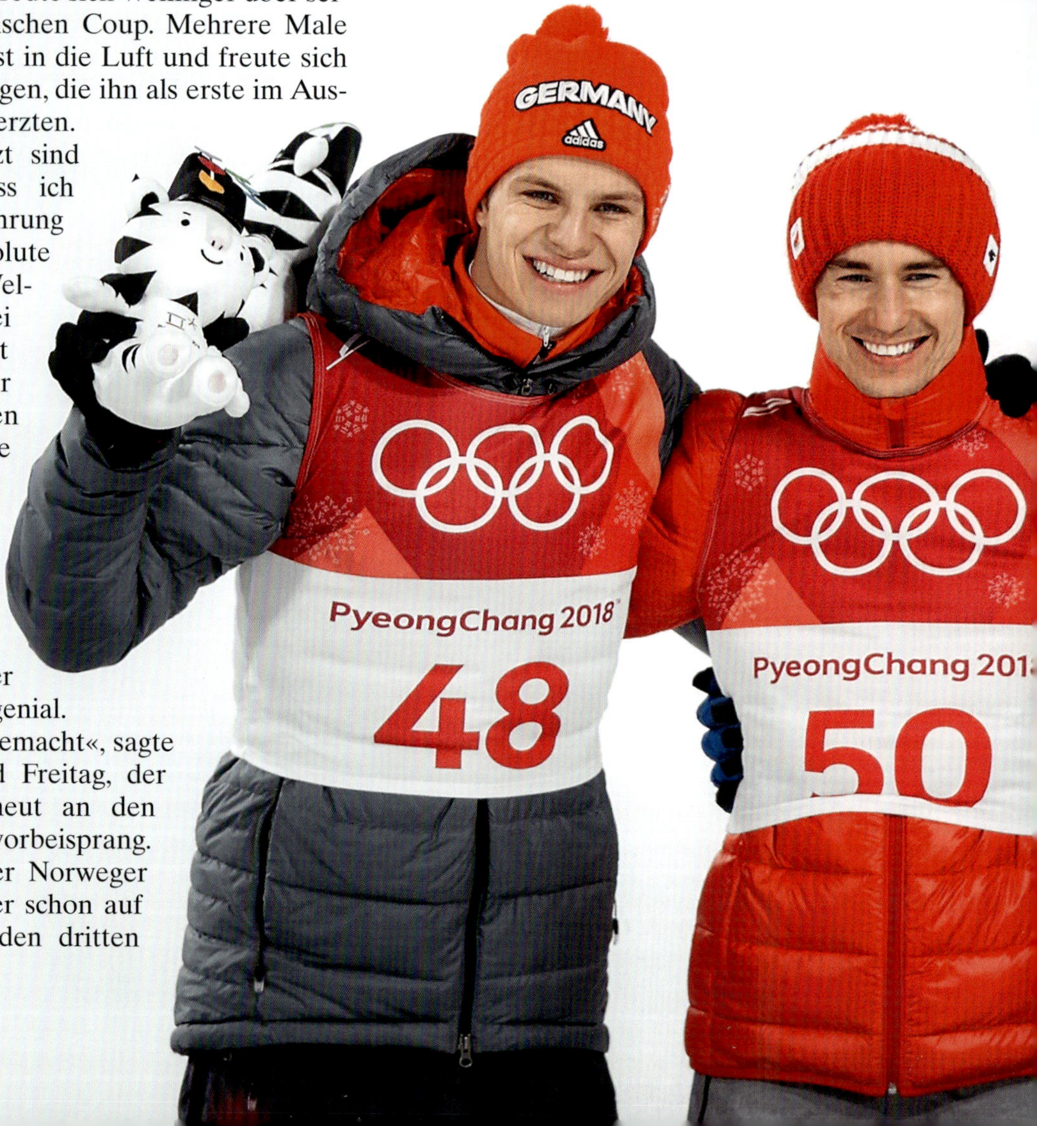

Stolze Medaillengewinner (von links nach rechts): Andreas Wellinger, Kamil Stoch, Robert Johansson.

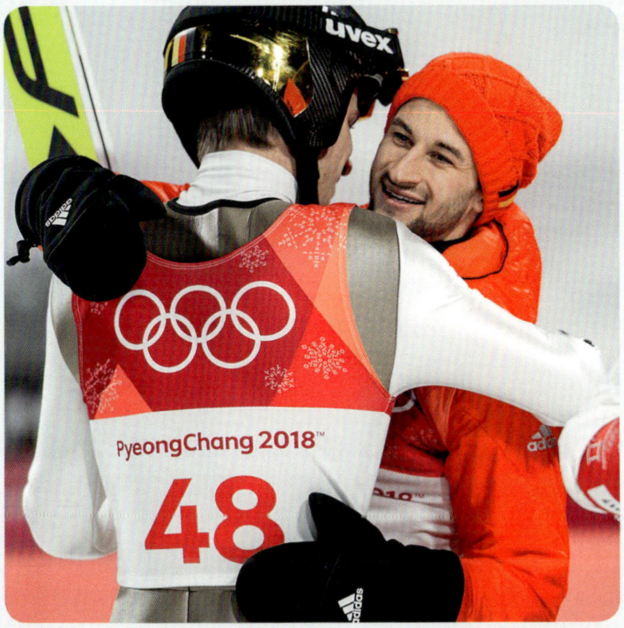

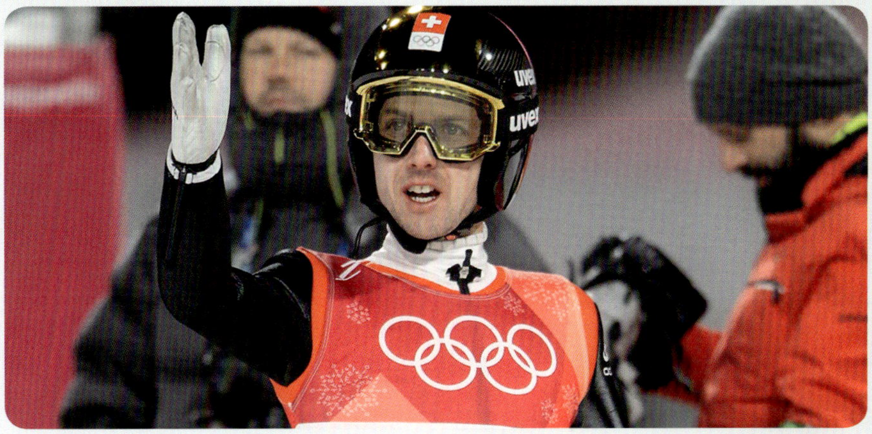

Simon Ammann hadert mit den Verhältnissen und verfehlte eine Top-10-Platzierung.

Kann sich über die dritte Olympia-Medaille seiner Karriere freuen: Andreas Wellinger wird von Markus Eisenbichler beglückwünscht (linkes Bild).

Blick auf den bevorstehenden Teamwettbewerb. Denn Karl Geiger als Sechster und Markus Eisenbichler auf Rang 14 machten Hoffnung auf mehr. »Wenn man schon einen Olympiasieg hat, muss man sich nicht fürchten«, hatte Coach Werner Schuster geraten. Und entsprechend trat Wellinger auch auf. Schon im ersten Durchgang landete er einen Satz auf 135,5 Meter und belegte damit den dritten Platz hinter Stoch und dem Österreicher Michael Hayböck, dem bei guten Windverhältnissen der weiteste Satz auf 140 Meter gelang.

»Oa Weißbier geht scho'.«

Andreas Wellinger auf die Frage nach seinen Plänen nach dem Sieg.

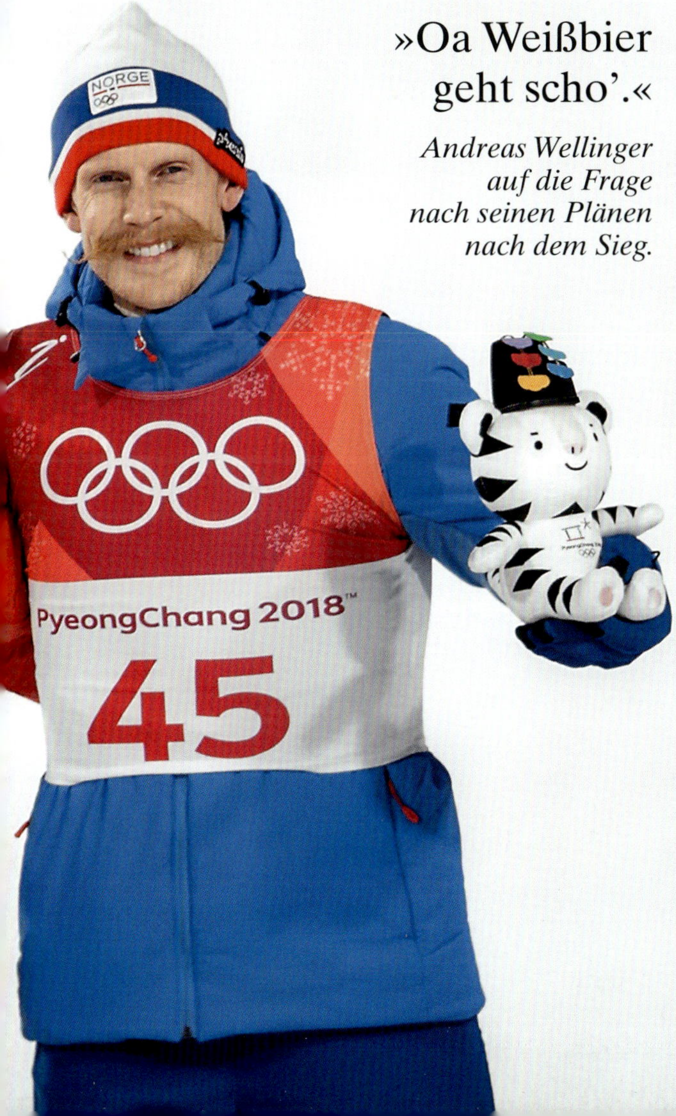

Andere Sieganwärter hatten indes schon im ersten Durchgang ihre Chancen auf eine Medaille fast verspielt, wie etwa Freitag als Elfter oder Daniel Andre Tande auf Platz 15. Da nützte dem Norweger im zweiten Durchgang auch ein 138,5-Meter-Sprung nichts mehr – am Ende war er Vierter.

In umgekehrter Reihenfolge musste Wellinger von den Top drei als Erster vorlegen und er lieferte eindrucksvoll ab. Mit 142 Metern setzte er die Konkurrenz unter Druck. Hayböck fiel danach auf Platz sechs zurück, doch Stoch hielt dagegen. 136,5 Meter bei schlechteren Windverhältnissen reichten zu Gold.

Die deutschen Skispringer hatten damit die Ambitionen in dieser Saison schon weit übertroffen. Eine Medaille im Einzel und eine im Team waren für Pyeongchang angepeilt, nun hatte Wellinger dem ersten Einzel-Olympiasieg seit Jens Weißflog 1994 ein weiteres Mal Edelmetall folgen lassen. Auch bei der Skiflug-WM, als Freitag Bronze holte und bei der Vierschanzentournee, die Wellinger als Zweiter beendete, sprangen die Akteure von Coach Schuster ganz vorne mit. Auf die Frage nach seinen Plänen nach Silber antwortet er gelassen: »Oa Weißbier geht scho'.«

Statistik

Skispringen, Großschanze, Männer

17.2.2018, Alpensia Ski Jumping Centre

1.	**Kamil Stoch**	**POL**	**285,7 (143,8/1+141,9 m/3)**
2.	**Andreas Wellinger**	**GER**	**282,3 (138,8/3+143,5/2)**
3.	**Robert Johansson**	**NOR**	**275,3 (138,3/4+137,0/6)**
4.	Daniel-André Tande	NOR	273,1 (128,9/15+144,2/1)
5.	Johann André Forfang	NOR	271,6 (132,1/9+139,5/4)
6.	Michael Hayböck	AUT	267,7 (140,4/2+127,3/9)
7.	Karl Geiger	GER	267,6 (129,5/14+138,1/5)
8.	Andreas Stjernen	NOR	267,3 (134,7/6+132,6/7)
9.	Richard Freitag	GER	260,0 (131,5/11+128,5/8)
10.	Ryoyu Kobayashi	POL	258,0 (134,0/7+124,0/15)
10.	Peter Prevc	SLO	258,0 (132,4/8+125,6/11)
13.	Simon Ammann	SUI	256,6 (131,6/10+125,0/13)
14.	Markus Eisenbichler	GER	255,4 (128,7/16+126,7/10)
18.	Stefan Kraft	AUT	247,4 (130,6/13+ 116,8/21)
31.	Clemens Aigner	AUT	110,0 (121,0)
32.	Manuel Fettner	AUT	109,8 (124,0)
36.	Gregor Deschwanden	SUI	105,8 (123,0)

Reihenfolge: Gesamtpunkte (Sprungweite/Platz)

Deutschlands Skispringer versilbern sich

Feuchtfröhlich und völlig losgelöst starteten die DSV-Adler um Überflieger Andreas Wellinger in ihre lange Partynacht von Pyeongchang. Die Feierkraft seiner Athleten bekam als erstes Bundestrainer Werner Schuster zu spüren. Das olympische Silberteam um Wellinger spritzte den Erfolgscoach solange mit Sekt nass, bis dieser sich im Deutschen Haus auf den Boden schmiss und vor seinen Athleten kapitulierte. »Dass es für uns noch so ausgegangen ist, ist natürlich der Hammer. Das werden wir schön feiern«, kündigte Wellinger an, nachdem er mit Karl Geiger, Stephan Leyhe und Richard Freitag Platz zwei hinter den überlegenen Norwegern erobert hatte.

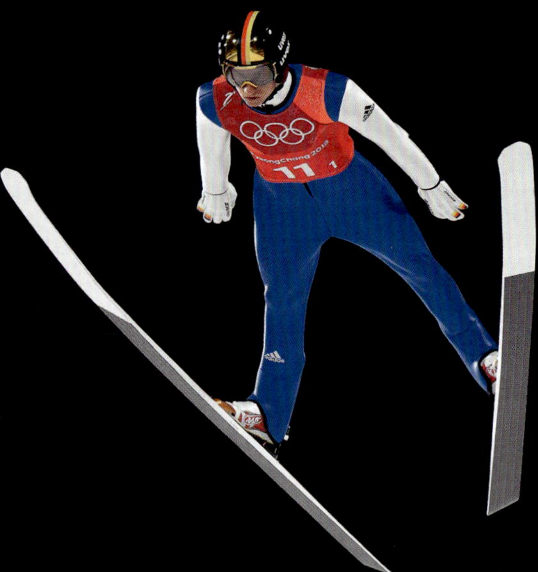

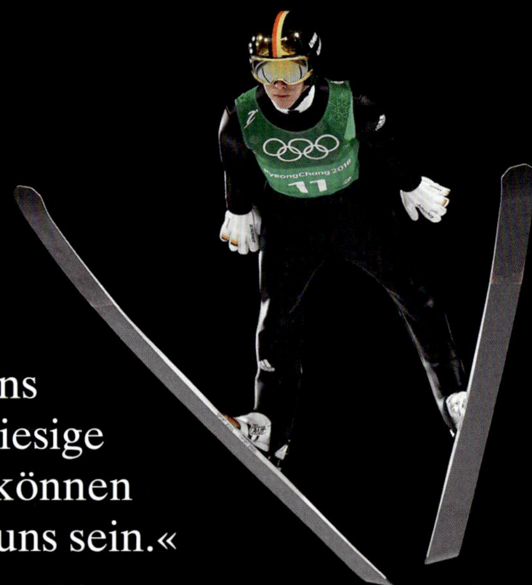

Gemeinsam flogen die DSV-Adler zu einer Silbermedaille.

»Für uns waren es riesige Spiele. Wir können echt stolz auf uns sein.«

Bundestrainer Werner Schuster

Mit ihrem Silber-Coup von Pyeongchang krönten die Skispringer ihre starke Olympia-Bilanz. Nach Gold und Silber im Einzel war dabei wieder einmal der Bayer Wellinger Garant für das nächste Edelmetall. Mit Sprüngen auf 140 und 134,5 Meter sicherte er Rang zwei im Krimi-Duell mit Polen. Zu später Stunde führte selbst Ersatzmann Markus Eisenbichler, der keine Medaille gewann, den Schuhplattler auf. »Die Menge johlte und feierte Deutschlands beste Fluggesellschaft.«

Das Ziel nach Silber war schnell klar: Das Deutsche Haus! »Für uns waren es riesige Spiele. Wir können echt stolz auf uns sein«, erklärte Schuster, der nach der Sektdusche zunächst mal einen neuen Klamottensatz anlegen durfte.

»Die Team-Medaille ist völlig okay, wenn die Silber ist. Es spiegelt einfach ein unglaublich starkes Team wider. Da können wir froh sein«, erklärte Freitag, für den sich auch ein Kreis schloss. 2014 holten die Adler Gold und er war als fünfter Mann in Sotschi nur Zuschauer.

Die Erleichterung war dem Quartett anzumerken. Für den Allgäuer Geiger, den Hessen Leyhe sowie den Sachsen Freitag war es jeweils die erste olympische Medaille. Bei der Siegerehrung im Auslauf packten sie sich an den Händen und sprangen kraftvoll auf das Podest, das Strahlen bekamen alle vier gar nicht mehr aus ihren Gesichtern. »Wir waren ein echt cooles Team. Mich freut es für die Jungs«, sagte Wellinger.

Am Ende rettete das deutsche Team einen Vorsprung von 3,3 Punkten auf Polen zum Gewinn der

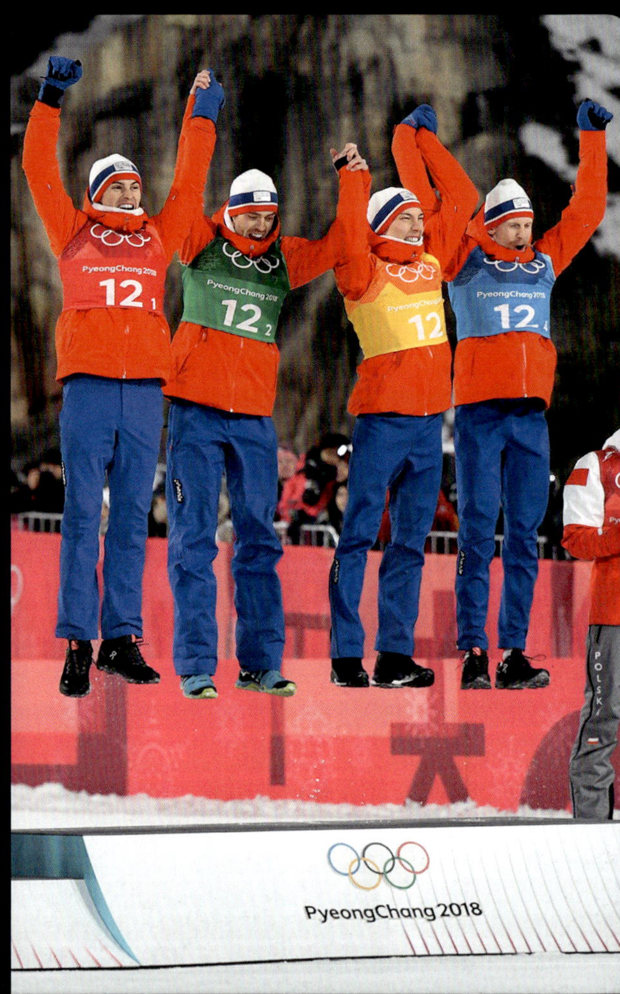

An diesem Tag nicht zu schlagen: Die norwegischen Skispringer.

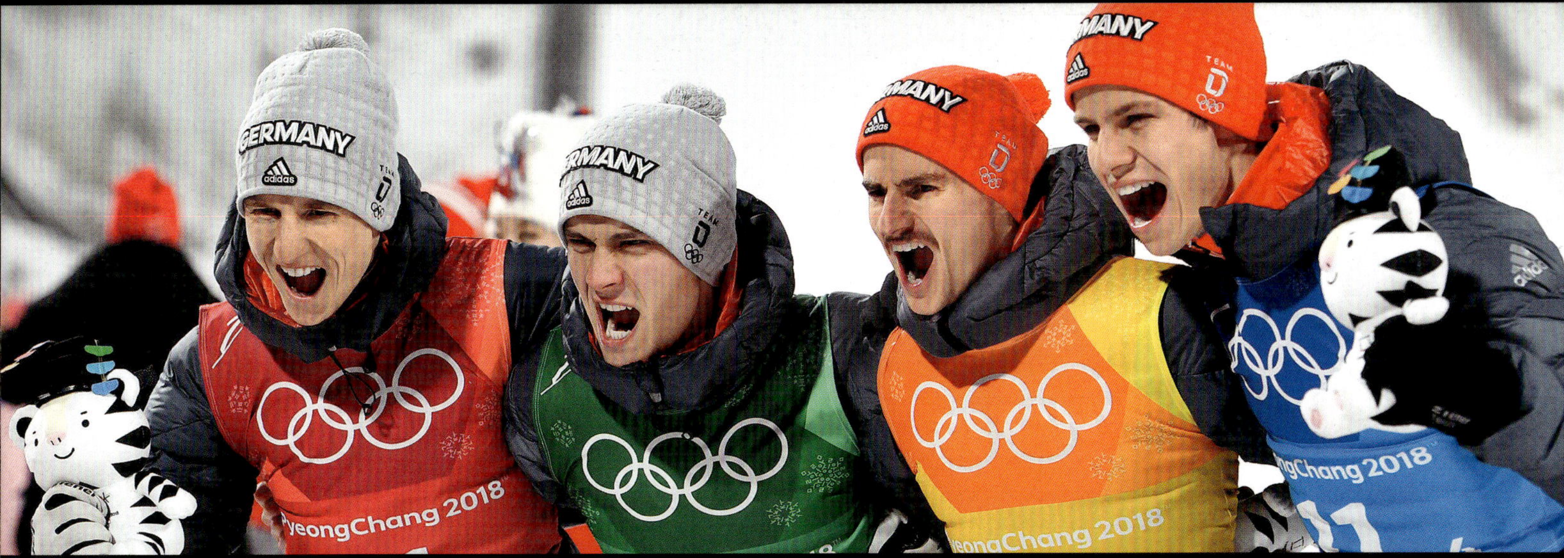

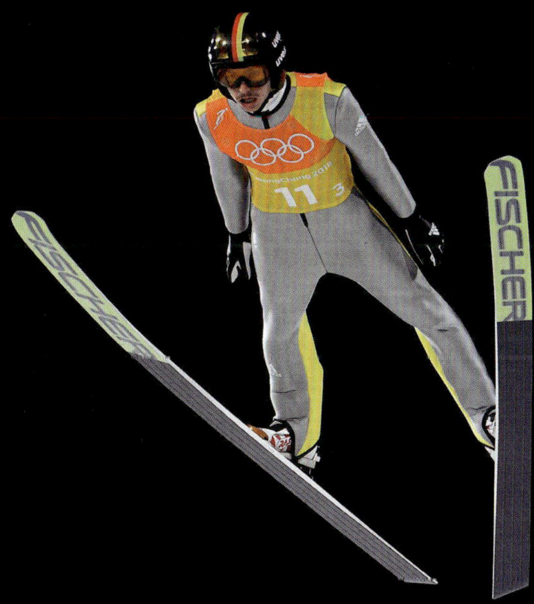

Auch bei der Siegerehrung präsentieren sich (oben, von links nach rechts) Karl Geiger, Stephan Leyhe, Richard Freitag und Andreas Wellinger als eine Mannschaft.

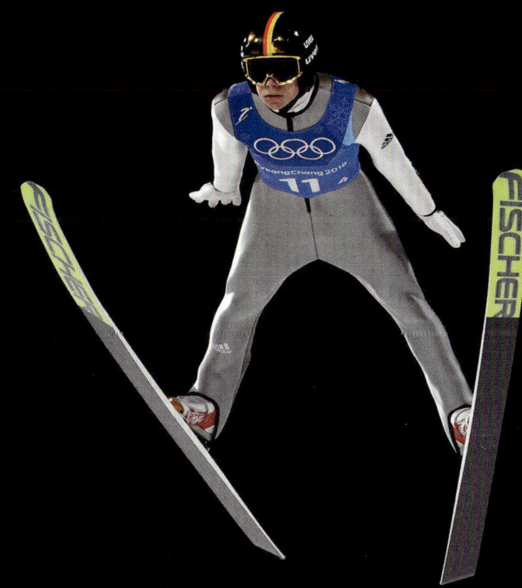

Silbermedaille. Die überragenden Norweger um Skiflug-Weltmeister Daniel Andre Tande und Schlussmann Robert Johansson waren indes kaum zu schlagen. So fehlten dem deutschen Team 22,8 Punkte auf die Skandinavier und das vierte Mannschaftsgold nach 1994, 2002 und 2014.

Die Ausbeute kann sich aber sehen lassen, insbesondere Wellinger ist in Pyeongchang ins Rampenlicht gesprungen. Durch den neuerlichen Podestplatz ist der 22 Jahre alte Neu-Münchner der erste deutsche Springer mit drei Medaillen bei den gleichen Winterspielen.

Die Entscheidung um den zweiten Platz fiel erst kurz vor Schluss. Mit einem Vorsprung von 0,6 Punkten war Polen in den letzten Sprung gegangen. Wellinger legte einen Satz von 134,5 Metern hin, Großschanzen-Olympiasieger Kamil Stoch folgte mit der gleichen Weite, hatte aber bessere Windverhältnisse und bekam daher weniger Punkte.

Erstmals in der Ära von Coach Schuster gab es für die DSV-Adler beim gleichen Großereignis mindestens eine Medaille im Einzel und eine im Team. »Es ist verdient und ich freue mich riesig. Wir haben absolut unsere Ziele nicht nur erreicht, sondern sogar übertroffen«, erklärte der Trainer.

Statistik

Skispringen, Team, Männer

19.2.2018, Alpensia Ski Jumping Centre

1. **Norwegen** **1098,5 (545,9/1+552,6/1) Pkt.**
   Daniel-André Tande (136,0/1+140,5/1), Andreas Stjernen (133,0/1+135,5/1), Johann André Forfang (132,5/3+132,0/3), Robert Johansson (137,5/3+136,0/3)
2. **Deutschland** **1075,7 (543,9/2+531,8/2)**
   Karl Geiger (136,0/2+134,0/2), Stephan Leyhe (128,0/3+129,0/3), Richard Freitag (134,5/2+134,5/1), Andreas Wellinger (140,0/1+134,5/2)
3. **Polen** **1072,4 (540,9/3+531,5/3)**
   Maciej Kot (129,5/4+133,0/3), Stefan Hula (130,0/2+134,0/2), Dawid Kubacki (138,5/1+135,5/2), Kamil Stoch (139,0/2+134,5/4)
4. Österreich 978,4 (493,7/4+484,7/4)
   Stefan Kraft (133,5/3+126,5/5), Manuel Fettner (122,5/6+125,5/4), Gregor Schlierenzauer (127,5/5+122,5/5), Michael Hayböck (133,5/5+136,5/1)
5. Slowenien 967,8 (492,4/5+475,4/5)
   Jernej Damjan (126,5/5+129,5/4), Anze Semenic (125,0/5+123,5/5), Tilen Bartol (129,5/4+122,0/6), Peter Prevc (134,5/4+133,5/5)
6. Japan 940,5 (475,5/6+465,0/6)
   Taku Takeuchi (124,0/6+123,0/6), Daiki Ito (126,0/4+123,0/6), Noriaki Kasai (124,0/6+125,0/4), Ryoyu Kobayashi (132,5/6+130,0/6)
7. OAR 809,8 (409,6/7+400,2/7)
   Alexej Romaschow (117,5/8+114,0/8), Denis Kornilow (122,0/7+121,5/7), Nasarow Michail (115,0/9+115,5/7), Jewgeni Klimow (123,0/9+122,0/7)
8. Finnland 790,4 (397,5/8+392,9/8)
   Janne Ahonen (122,5/7+120,5/7), Andreas Alamommo (117,0/8+115,5/8), Jarkko Määttä (118,0/7+113,5/8), Antti Aalto (115,0/12+118,5/8)
9. USA 377,2 (377,2/9)
   Casey Larson (111,5/10), William Rhoads (107,5/10), Michael Glasder (113,0/10), Kevin Bickner (131,0/7)
10. Tschechien 370,1 (370,1/10)
   Viktor Polasek (116,0/9), Vojtech Stursa (107,0/11), Cestmir Kozisek (111,5/11), Roman Koudelka (124,0/8)

Reihenfolge: Gesamtpunkte (1. Durchgang/Platz/2. Durchgang/Platz) (Springer/Sprungweiten)

»Annyeong Pyeongchang – Ni Hao, Peking!«

Schrill, bunt, laut: Das 17-tägige Olympia-Spektakel ging mit einer fetzigen Abschlussfeier zu Ende – und stand ganz im Zeichen des Friedens. Nach der Medaillenvergabe zeigten Tänzer unter dem Titel »Achse einer neuen Zeit« eine moderne Choreographie, die mit Medienkunst vermischt war. Die Aufführung sollte den freien Willen des Menschen und die Geburt einer neuen Zeit symbolisieren.

Etwas, was sich auch IOC-Chef Thomas Bach für die Region wünscht – die Winterspiele sollen als Hinterlassenschaft der unruhigen Region entspanntere Zeiten geben. »Athleten aus Süd- und Nordkorea, ihr habt mit eurem gemeinsamen Einmarsch euren Glauben an eine friedliche Zukunft geteilt. Ihr habt gezeigt, dass der Sport die Leute in einer fragilen Welt zusammenbringen kann. Ihr habt gezeigt, wie der Sport Brücken bauen kann«, rief der Präsident des Internationalen Olympischen Komitees in seiner Abschlussrede aus.

Es war einer der emotionalsten Momente der gut zweistündigen Schlussfeier. Nordkoreas Eiskunstläuferin Ryom Tae Ok, Südkoreas Skeleton-Sieger Yun Sungbin, Tonga-Mann Pita Taufatofua und weitere Sportler hatte Bach auf der großen Bühne um sich geschart und ein Symbol des Friedens senden wollen. Anschließend erlosch das olympische Feuer. Nur Russlands Fahne fehlte nach zwei Dopingfällen weiter, die Sanktionen wurden auch für die Schlussfeier ausgedehnt. Bach sprach nach einer für Südkorea typischen bunten Lichterschau und Popklängen zwar nicht von den besten Winterspielen der Geschichte, über Komplimente durften sich Staatspräsident Moon Jae In und OK-Chef Lee Hee Beom trotzdem freuen. Es seien »Spiele der neuen Horizonte« gewesen, eine Hommage an die Vergangenheit und ein Akt des Glaubens an die Zukunft.

OK-Chef Beom hielt zufrieden fest: »Der gemeinsame Auftritt der koreanischen Mannschaft hat aufgezeigt, dass wir ein Volk sind. Der Samen des Friedens, der in Pyeongchang gesät wurde, wird zu einem prächtigen Baum heranwachsen.« Als Meister der Organisation hatte sich sein Land präsentiert, fast schon erwartungsgemäß wie bei den Olympischen Spielen 1988 in Seoul und 14 Jahre später bei der Fußball-WM. Gegen große Kälte und den zum Teil heftigen Wind zu Beginn der Winterspiele hatten die Gastgeber aber kein Mittel. Olympische Hochstimmung vermochten die Gastgeber bei aller Freundlichkeit zu selten herbeizaubern. Und zum Schluss schlug das Thema Doping auch noch einmal voll durch.

Die russische Fahne war außen vor, die deutsche Fahne schwenkte Christian Ehrhoff, wenngleich dem Eishockey-Star der dramatische K. o. beim olympischen Finale gegen

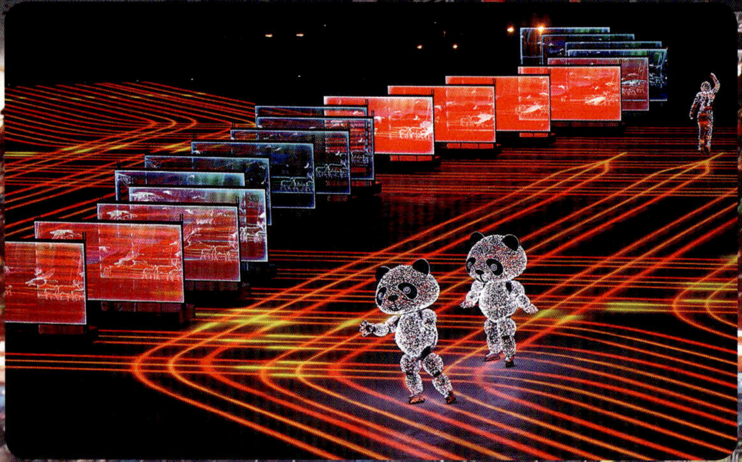

Impressionen der Schlussfeier im Olympiastadion: Die Schluss-Show war ein bunter Strauß aus Musik, Tanz und Lichterschau.

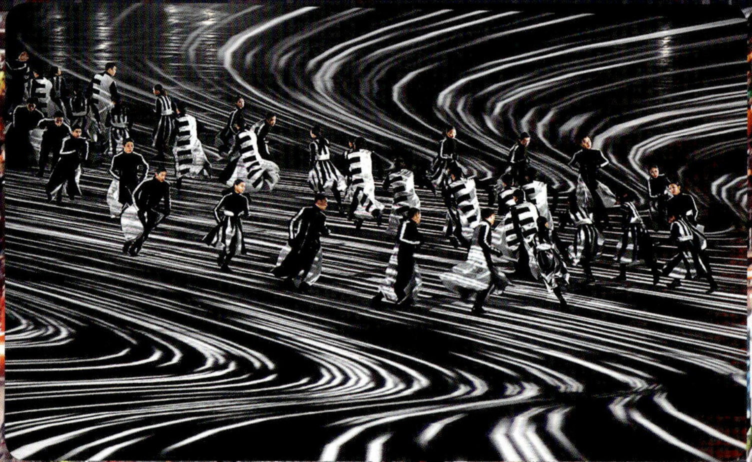

Aufwendige Choreographien verzaubern das Publikum auf den Rängen in Pyeongchang.

die Russen noch in den Gliedern steckte. Auch wenn die bittere Niederlage den Sprung auf Platz eins des Medaillenspiegels verhinderte, verlässt das deutsche Team Südkorea mit vielen lachenden Gesichtern. 14 Mal Gold waren es, so viel wie noch nie seit der Wiedervereinigung. Und mit insgesamt 31 Medaillen wurde die Sotschi-Ausbeute (19) deutlich übertroffen.

Einen emotionalen Höhepunkt erlebte auch Norwegens Ski-Königin Marit Björgen, die aus den Händen von IOC-Boss Thomas Bach die Goldmedaille für den Triumph über 30 Kilometer erhielt. Achtmal Gold, viermal Silber, zweimal Bronze – kein Wintersportler ist erfolgreicher als Björgen, die mit ihrem Sieg auch Norwegen zu Platz eins in der Nationenwertung verhalf.

Eingestimmt wurden die Zuschauer vor dem Einzug der Mannschaften mit einer Mischung aus Klängen eines traditionellen Saiteninstruments und E-Gitarrenmusik. Stark umjubelt und untermalt von koreanischer Musik zogen die koreanischen Sportler ein – die Nordkoreaner vorneweg.

»Annyeong Pyeongchang – Ni Hao, Peking!«, hieß es zum Schluss. Mit einer achtminütigen Einlage, umrahmt von Showelementen des chinesischen Filmemachers Zhang Yimou, präsentierte sich Chinas Hauptstadt. Peking wird 2022 Gastgeber sein und damit erstmals nach den Sommerspielen auch Winterspiele austragen.

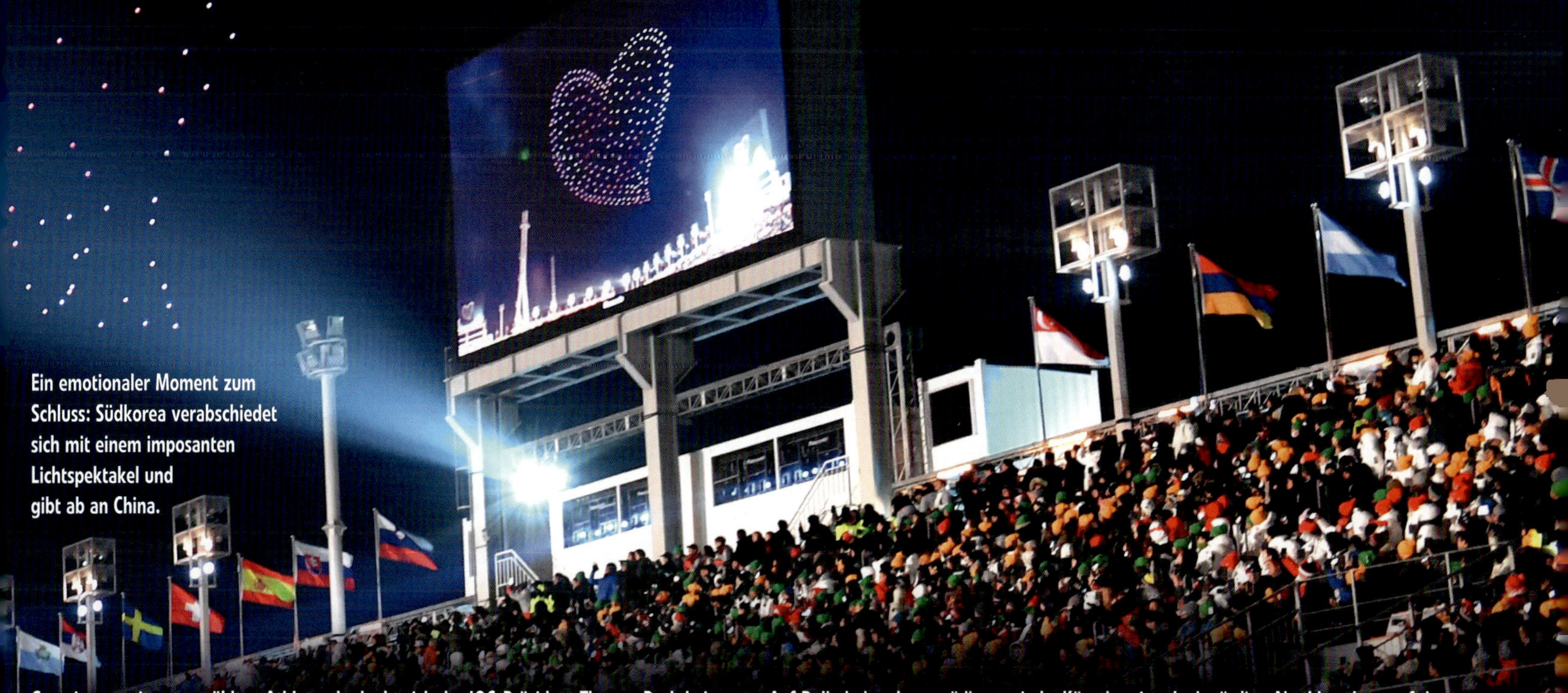

Ein emotionaler Moment zum Schluss: Südkorea verabschiedet sich mit einem imposanten Lichtspektakel und gibt ab an China.

Gemeinsam mit ausgewählten Athleten bedankt sich der IOC-Präsident Thomas Bach bei den Menschen aus Süd- und Nordkorea.

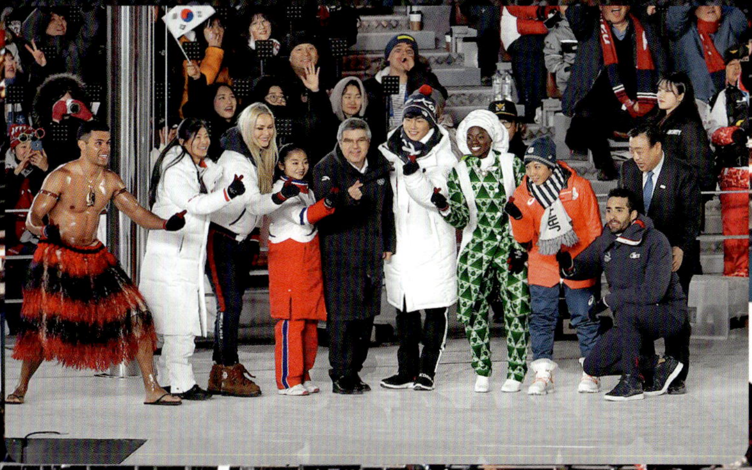

Auf Rollschuhen legen südkoreanische Künstler eine denkwürdige Abschlussshow auf das Parkett.

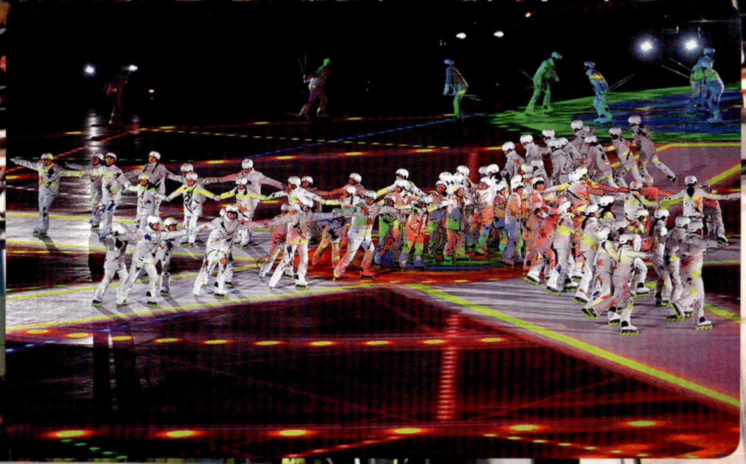

Statistik

ALLE MEDAILLEN SEIT 1924

- Berücksichtigt sind auch die olympischen Wettbewerbe im Eiskunstlauf und Eishockey, die im Rahmen der (Sommer-)Spiele von London 1908 und Antwerpen 1920 stattfanden.
- Generell entspricht die Reihenfolge Gold–Silber–Bronze. Jede Abweichung ist vermerkt.
- Die gesamtdeutschen Mannschaften 1956–1964 wurden unter GER geführt.

WINTERSPIELE 1924–2014

AUSTRAGUNGSORTE

I	1924	Chamonix	FRA
II	1928	St. Moritz	SUI
III	1932	Lake Placid	USA
IV	1936	Garmisch-Partenkirchen	GER
V	1948	St. Moritz	SUI
VI	1952	Oslo	NOR
VII	1956	Cortina d'Ampezzo	ITA
VIII	1960	Squaw Valley	USA
IX	1964	Innsbruck	AUT
X	1968	Grenoble	FRA
XI	1972	Sapporo	JPN
XII	1976	Innsbruck	AUT
XIII	1980	Lake Placid	USA
XIV	1984	Sarajevo	YUG
XV	1988	Calgary	CAN
XVI	1992	Albertville	FRA
XVII	1994	Lillehammer	NOR
XVIII	1998	Nagano	JPN
XIX	2002	Salt Lake City	USA
XX	2006	Turin	ITA
XXI	2010	Vancouver	CAN
XXII	2014	Sotschi	RUS
XXIII	2018	Pyeongchang	KOR

ALPINE WETTBEWERBE

Abfahrtslauf, Frauen

1948	Hedy Schlunegger	SUI	2:28,30
	Trude Beiser	AUT	2:29,10
	Resi Hammerer	AUT	2:30,20
1952	Trude Jochum-Beiser	AUT	1:47,10
	Mirl Buchner	GER	1:48,00
	Giuliana Minuzzo	ITA	1:49,00
1956	Madeleine Berthod	SUI	1:40,70
	Frieda Dänzer	SUI	1:45,40
	Lucile Wheeler	CAN	1:45,90
1960	Heidi Biebl	GER	1:37,60
	Penny Pitou	USA	1:38,60
	Traudl Hecher	AUT	1:38,90
1964	Christl Haas	AUT	1:55,39
	Edith Zimmermann	AUT	1:56,42
	Traudl Hecher	AUT	1:56,66
1968	Olga Pall	AUT	1:40,87
	Isabelle Mir	FRA	1:41,33
	Christl Haas	AUT	1:41,41
1972	Marie-Theres Nadig	SUI	1:36,68
	Annemarie Pröll	AUT	1:37,00
	Susan Corrock	USA	1:37,68
1976	Rosi Mittermaier	FRG	1:46,16
	Brigitte Totschnig	AUT	1:46,68
	Cynthia Nelson	USA	1:47,50
1980	Annemarie Moser-Pröll	AUT	1:37,52
	Hanni Wenzel	LIE	1:38,22
	Marie-Theres Nadig	SUI	1:38,36
1984	Michela Figini	SUI	1:13,36
	Maria Walliser	SUI	1:13,41
	Olga Charvatova	TCH	1:13,53
1988	Marina Kiehl	FRG	1:25,86
	Brigitte Oertli	SUI	1:26,61
	Karen Percy	CAN	1:26,62
1992	Kerrin Lee-Gartner	CAN	1:52,55
	Hilary Lindh	USA	1:52,61
	Veronika Wallinger	AUT	1:52,64
1994	Katja Seizinger	GER	1:35,93
	Picabo Street	USA	1:36,59
	Isolde Kostner	ITA	1:36,85
1998	Katja Seizinger	GER	1:28,89
	Pernilla Wiberg	SWE	1:29,18
	Florence Masnada	FRA	1:29,37
2002	Carole Montillet	FRA	1:39,56
	Isolde Kostner	ITA	1:40,01
	Renate Götschl	AUT	1:40,39
2006	Michaela Dorfmeister	AUT	1:56,49
	Martina Schild	SUI	1:56,86
	Anja Pärson	SWE	1:57,13
2010	Lindsey Vonn	USA	1:44,19
	Julia Mancuso	USA	1:44,75
	Elisabeth Görgl	AUT	1:45,65
2014	1. Tina Maze	SLO	1:41,57
	1. Dominique Gisin	SUI	1:41,57
	Lara Gut	SUI	1:41,67
2018	Sofia Goggia	ITA	1:39,22
	Ragnhild Mowinckel	NOR	1:39,31
	Lindsey Vonn	USA	1:39,69

Super-G, Frauen

1988	Sigrid Wolf	AUT	1:19,03
	Michela Figini	SUI	1:20,03
	Karen Percy	CAN	1:20,29
1992	Deborah Compagnoni	ITA	1:21,22
	Carole Merle	FRA	1:22,63
	Katja Seizinger	GER	1:23,19
1994	Diann Roffe	USA	1:22,15
	Swetlana Gladischewa	RUS	1:22,44
	Isolde Kostner	ITA	1:22,45
1998	Picabo Street	USA	1:18,02
	Michaela Dorfmeister	AUT	1:18,03
	Alexandra Meissnitzer	AUT	1:18,09
2002	Daniela Ceccarelli	ITA	1:13,59
	Janica Kostelic	CRO	1:13,64
	Karen Putzer	ITA	1:13,86
2006	Michaela Dorfmeister	AUT	1:32,47
	Janica Kostelic	CRO	1:32,74
	Alexandra Meissnitzer	AUT	1:33,06
2010	Andrea Fischbacher	AUT	1:20,14
	Tina Maze	SLO	1:20,63
	Lindsey Vonn	USA	1:20,88
2014	Anna Fenninger	AUT	1:25,52
	Maria Höfl-Riesch	GER	1:26,07
	Nicole Hosp	AUT	1:26,18
2018	Ester Ledecka	CZE	1:21,11
	Anna Veith	AUT	1:21,12
	Tina Weirather	LIE	1:21,22

Riesenslalom, Frauen

1952	Andrea Mead Lawrence	USA	2:06,80
	Dagmar Rom	AUT	2:09,00
	Mirl Buchner	GER	2:10,00
1956	Ossi Reichert	GER	1:56,50
	Josefine Frandl	AUT	1:57,80
	Dorothea Hochleitner	AUT	1:58,20
1960	Yvonne Rüegg	SUI	1:39,90
	Penny Pitou	USA	1:40,00
	G. Chenal-Minuzzo	ITA	1:40,20
1964	Marielle Goitschel	FRA	1:52,24
	2. Christine Goitschel	FRA	1:53,11
	2. Jean M. Saubert	USA	1:53,11
1968	Nancy Greene	CAN	1:51,97
	Annie Famose	FRA	1:54,61
	Fernande Bochatay	SUI	1:54,74
1972	Marie-Theres Nadig	SUI	1:29,90
	Annemarie Pröll	AUT	1:30,75
	Wiltrud Drexel	AUT	1:32,35
1976	Kathy Kreiner	CAN	1:29,13
	Rosi Mittermaier	FRG	1:29,25
	Danielle Debernard	FRA	1:29,95
1980	Hanni Wenzel	LIE	2:41,66
	Irene Epple	FRG	2:42,12
	Perrine Pelen	FRA	2:42,41
1984	Debbie Armstrong	USA	2:20,98
	Christin Cooper	USA	2:21,38
	Perrine Pelen	FRA	2:21,40
1988	Vreni Schneider	SUI	2:06,49
	Chr. Kinshofer-Güthlein	FRG	2:07,42
	Maria Walliser	SUI	2:07,72
1992	Pernilla Wiberg	SWE	2:12,74
	2. Anita Wachter	AUT	2:13,71
	2. Diann Roffe	USA	2:13,71
1994	Deborah Compagnoni	ITA	2:30,97
	Martina Ertl	GER	2:32,19
	Vreni Schneider	SUI	2:32,97
1998	Deborah Compagnoni	ITA	2:50,59
	Alexandra Meissnitzer	AUT	2:52,39
	Katja Seizinger	GER	2:52,61
2002	Janica Kostelic	CRO	2:30,01
	Anja Pärson	SWE	2:31,33
	Sonja Nef	SUI	2:31,67
2006	Julia Mancuso	USA	2:09,19
	Tanja Poutiainen	FIN	2:09,86
	Anna Ottosson	SWE	2:10,33
2010	Viktoria Rebensburg	GER	2:27,11
	Tina Maze	SLO	2:27,15
	Elisabeth Görgl	AUT	2:27,25
2014	Tina Maze	SLO	2:36,87
	Anna Fenninger	AUT	2:36,94
	Viktoria Rebensburg	GER	2:37,14
2018	Mikaela Shiffrin	USA	2:20,02
	Ragnhild Mowinckel	NOR	2:20,41
	Federica Brignone	ITA	2:20,48

Slalom, Frauen

1948	Gretchen Frazer	USA	117,20
	Antoinette Meyer	SUI	117,70
	Erika Mahringer	AUT	118,00
1952	Andrea Lawrence Mead	USA	130,60
	Ossi Reichert	GER	131,40
	Mirl Buchner	GER	133,30
1956	Renée Colliard	SUI	112,30
	Regina Schöpf	AUT	115,40
	Jewgenia Sidorowa	URS	116,70
1960	Anne Heggtveit	CAN	109,60
	Betsy Snite	USA	112,90
	Barbara Henneberger	GER	116,60
1964	Christine Goitschel	FRA	89,86
	Marielle Goitschel	FRA	90,77
	Jean Marlene Saubert	USA	91,36
1968	Marielle Goitschel	FRA	85,86
	Nancy Greene	CAN	86,15
	Annie Famose	FRA	87,89
1972	Barbara Cochran	USA	91,24
	Danielle Debernard	FRA	91,26
	Florence Steurer	FRA	92,69
1976	Rosi Mittermaier	FRG	1:30,54
	Claudia Giordani	ITA	1:30,87
	Hanni Wenzel	LIE	1:32,20
1980	Hanni Wenzel	LIE	1:25,09
	Christa Kinshofer	FRG	1:26,50
	Erika Hess	SUI	1:27,89
1984	Paoletta Magoni	ITA	1:36,47
	Perrine Pelen	FRA	1:37,38
	Ursula Konzett	LIE	1:37,50
1988	Vreni Schneider	SUI	1:36,69
	Mateja Svet	YUG	1:38,37
	Chr. Kinshofer-Güthlein	FRG	1:38,40
1992	Petra Kronberger	AUT	1:32,68
	Annelise Coberger	NZL	1:33,10
	Blanca Fernandez Ochoa	ESP	1:33,35
1994	Vreni Schneider	SUI	1:56,01
	Elfi Eder	AUT	1:56,35
	Katja Koren	SLO	1:56,61
1998	Hilde Gerg	GER	1:32,40
	Deborah Compagnoni	ITA	1:32,46
	Zali Steggall	AUS	1:32,67
2002	Janica Kostelic	CRO	1:46,10
	Laure Pequegnot	FRA	1:46,17
	Anja Pärson	SWE	1:47,09
2006	Anja Pärson	SWE	1:29,04
	Nicole Hosp	AUT	1:29.33
	Marlies Schild	AUT	1:29.79
2010	Maria Riesch	GER	1:42,89
	Marlies Schild	AUT	1:43,32
	Sarka Zahrobska	CZE	1:43,90
2014	Mikaela Shiffrin	USA	1:44,54
	Marlies Schild	AUT	1:45,07
	Kathrin Zettel	AUT	1:45,35
2018	Frida Hansdotter	SWE	1:38,63
	Wendy Holdener	SUI	1:38,68
	Katharina Gallhuber	AUT	1:38,95

Alpine Kombination, Frauen

1936	Christl Cranz	GER	97,06
	Käthe Grasegger	GER	95,26
	Laila Schou Nilsen	NOR	93,48
1948	Trude Beiser	AUT	6,58
	Gretchen Frazer	USA	6,95
	Erika Mahringer	AUT	7,04
1988	Anita Wachter	AUT	29,25
	Brigitte Oertli	SUI	29,48
	Maria Walliser	SUI	51,28
1992	Petra Kronberger	AUT	2,55
	Anita Wachter	AUT	19,39
	Florence Masnada	FRA	21,38
1994	Pernilla Wiberg	SWE	3:05,16
	Vreni Schneider	SUI	3:05,29
	Alenka Dovzan	SLO	3:06,64
1998	Katja Seizinger	GER	2:40,74
	Martina Ertl	GER	2:40,92
	Hilde Gerg	GER	2:41,50
2002	Janica Kostelic	CRO	2:43,28
	Renate Götschl	AUT	2:44,77
	Martina Ertl	GER	2:45,16
2006	Janica Kostelic	CRO	2:51,08
	Marlies Schild	AUT	2:51,58
	Anja Pärson	SWE	2:51,63

Super-Kombination, Frauen

2010	Maria Riesch	GER	2:09,14
	Julia Mancuso	USA	2:10,08
	Anja Pärson	SWE	2:10,19
2014	Maria Höfl-Riesch	GER	2:34,62
	Nicole Hosp	AUT	2:35,02
	Julia Mancuso	USA	2:35,15
2018	Michelle Gisin	SUI	2:20,90
	Mikaela Shiffrin	USA	2:21,87
	Wendy Holdener	SUI	2:22,34

Team, Mixed

2018	Schweiz	3:1
	Österreich	
	Norwegen	

Abfahrtslauf, Männer

1948	Henri Oreiller	FRA	2:55,00
	Franz Gabl	AUT	2:59,10
	3. Karl Molitor	SUI	3:00,30
	3. Rolf Olinger	SUI	3:00,30
1952	Zeno Colo	ITA	2:30,80
	Othmar Schneider	AUT	2:32,00
	Christian Pravda	AUT	2:32,40
1956	Toni Sailer	AUT	2:52,20
	Raymond Fellay	SUI	2:55,70
	Anderl Molterer	AUT	2:56,20
1960	Jean Vuarnet	FRA	2:06,00
	Hans-Peter Lanig	GER	2:06,50
	Guy Périllat	FRA	2:06,90
1964	Egon Zimmermann	AUT	2:18,16
	Leo Lacroix	FRA	2:18,90
	Wolfgang Bartels	GER	2:19,48
1968	Jean-Claude Killy	FRA	1:59,85
	Guy Périllat	FRA	1:59,93
	Jean-Daniel Dätwyler	SUI	2:00,32
1972	Bernhard Russi	SUI	1:51,43
	Roland Collombin	SUI	1:52,07
	Heinrich Messner	AUT	1:52,40
1976	Franz Klammer	AUT	1:45,73
	Bernhard Russi	SUI	1:46,06
	Herbert Plank	ITA	1:46,59
1980	Leonhard Stock	AUT	1:45,50
	Peter Wirnsberger	AUT	1:46,12
	Steve Podborski	CAN	1:46,62
1984	Bill Johnson	USA	1:45,59
	Peter Müller	SUI	1:45,86
	Anton Steiner	AUT	1:45,95
1988	Pirmin Zurbriggen	SUI	1:59,63
	Peter Müller	SUI	2:00,14
	Franck Piccard	FRA	2:01,24
1992	Patrick Ortlieb	AUT	1:50,37
	Franck Piccard	FRA	1:50,42
	Günther Mader	AUT	1:50,47
1994	Tommy Moe	USA	1:45,75
	Kjetil Andre Aamodt	NOR	1:45,79
	Edward Podivinsky	CAN	1:45,87
1998	Jean-Luc Crétier	FRA	1:50,11
	Lasse Kjus	NOR	1:50,51
	Hannes Trinkl	AUT	1:50,63
2002	Fritz Strobl	AUT	1:39,13
	Lasse Kjus	NOR	1:39,35
	Stephan Eberharter	AUT	1:39,41
2006	Antoine Dénériaz	FRA	1:48,80
	Michael Walchhofer	AUT	1:49,52
	Bruno Kernen	SUI	1:49,82
2010	Didier Défago	SUI	1:54,31
	Aksel Lund Svindal	NOR	1:54,38
	Bode Miller	USA	1:54,40
2014	Matthias Mayer	AUT	2:06,23
	Christof Innerhofer	ITA	2:06,29
	Kjetil Jansrud	NOR	2:06,33
2018	Aksel Lund Svindal	NOR	1:40,25
	Kjetil Jansrud	NOR	1:40,37
	Beat Feuz	SUI	1:40,43

Super-G, Männer

1988	Franck Piccard	FRA	1:39,66
	Helmut Mayer	AUT	1:40,96
	Lars-Börje Eriksson	SWE	1:41,08
1992	Kjetil Andre Aamodt	NOR	1:13,04
	Marc Girardelli	LUX	1:13,77
	Jan Einar Thorsen	NOR	1:13,83
1994	Markus Wasmeier	GER	1:32,53
	Tommy Moe	USA	1:32,61
	Kjetil Andre Aamodt	NOR	1:32,93
1998	Hermann Maier	AUT	1:34,82
	2. Didier Cuche	SUI	1:35,43
	2. Hans Knaus	AUT	1:35,43

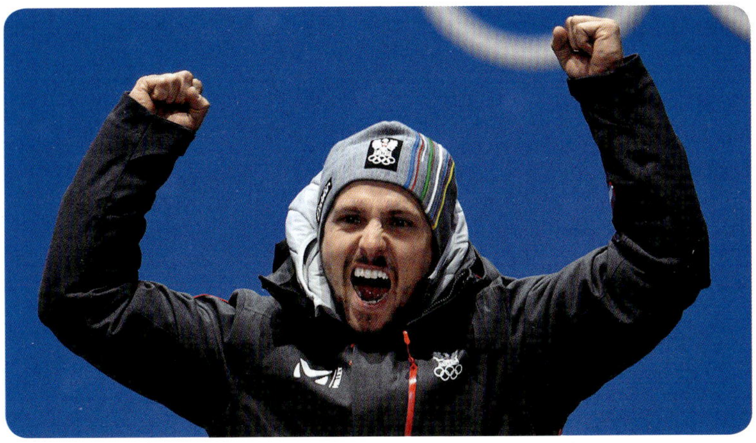

Der sechsfache Weltmeister aus Österreich, Marcel Hirscher, ging nach den olympischen Winterspielen mit zwei Goldmedaillen nach Hause.

2002	Kjetil Andre Aamodt	NOR	1:21,58
	Stephan Eberharter	AUT	1:21,68
	Andreas Schifferer	AUT	1:21,83
2006	Kjetil Andre Aamodt	NOR	1:30,65
	Hermann Maier	AUT	1:30,78
	Ambrosi Hoffmann	SUI	1:30,98
2010	Aksel Lund Svindal	NOR	1:30,34
	Bode Miller	USA	1:30,62
	Andrew Weibrecht	USA	1:30,65
2014	Kjetil Jansrud	NOR	1:18,14
	Andrew Weibrecht	USA	1:18,44
	3. Bode Miller	USA	1:18,67
	3. Jan Hudec	CAN	1:18,67
2018	Matthias Mayer	AUT	1:24,44
	Beat Feuz	SUI	1:24,57
	Kjetil Jansrud	NOR	1:24,62

Riesenslalom, Männer

1952	Stein Eriksen	NOR	2:25,00
	Christian Pravda	AUT	2:26,90
	Anton Spiß	AUT	2:28,80
1956	Toni Sailer	AUT	3:00,10
	Anderl Molterer	AUT	3:06,30
	Walter Schuster	AUT	3:07,20
1960	Roger Staub	SUI	1:48,30
	Pepi Stiegler	AUT	1:48,70
	Ernst Hinterseer	AUT	1:49,10
1964	Francois Bonlieu	FRA	1:46,71
	Karl Schranz	AUT	1:47,09
	Pepi Stiegler	AUT	1:48,05
1968	Jean-Claude Killy	FRA	3:29,28
	Willy Favre	SUI	3:31,50
	Heinrich Messner	AUT	3:31,83
1972	Gustav Thöni	ITA	3:09,62
	Edmund Bruggmann	SUI	3:10,75
	Werner Mattle	SUI	3:10,99
1976	Heini Hemmi	SUI	3:26,97
	Ernst Good	SUI	3:27,17
	Ingemar Stenmark	SWE	3:27,41
1980	Ingemar Stenmark	SWE	2:40,74
	Andreas Wenzel	LIE	2:41,49
	Hans Enn	AUT	2:42,51
1984	Max Julen	SUI	2:41,18
	Jure Franko	YUG	2:41,41
	Andreas Wenzel	LIE	2:41,75
1988	Alberto Tomba	ITA	2:06,37
	Hubert Strolz	AUT	2:07,41
	Pirmin Zurbriggen	SUI	2:08,39
1992	Alberto Tomba	ITA	2:06,98
	Marc Girardelli	LUX	2:07,30
	Kjetil Andre Aamodt	NOR	2:07,82
1994	Markus Wasmeier	GER	2:52,46
	Urs Kälin	SUI	2:52,48
	Christian Mayer	AUT	2:52,58
1998	Hermann Maier	AUT	2:38,51
	Stefan Eberharter	AUT	2:39,36
	Michael von Grünigen	SUI	2:39,69
2002	Stephan Eberharter	AUT	2:23,28
	Bode Miller	USA	2:24,16
	Lasse Kjus	NOR	2:24,32
2006	Benjamin Raich	AUT	2:35,00
	Joel Chenal	FRA	2:35,07
	Hermann Maier	AUT	2:35,16
2010	Carlo Janka	SUI	2:37,83
	Kjetil Jansrud	NOR	2:38,22
	Aksel Lund Svindal	NOR	2:38,44
2014	Ted Ligety	USA	2:45,29
	Steve Missillier	FRA	2:45,77
	Alexis Pinturault	FRA	2:45,93
2018	Marcel Hirscher	AUT	2:18,04
	Henrik Kristoffersen	NOR	2:19,31
	Alexis Pinturault	FRA	2:19,35

Slalom, Männer

1948	Edy Reinalter	SUI	130,30
	James Couttet	FRA	130,80
	Henri Oreiller	FRA	132,80
1952	Othmar Schneider	AUT	120,00
	Stein Eriksen	NOR	121,20
	Guttorm Berge	NOR	121,70
1956	Toni Sailer	AUT	194,70
	Chiharu Igaya	JPN	198,70
	Stig Sollander	SWE	200,20
1960	Ernst Hinterseer	AUT	128,90
	Matthias Leitner	AUT	130,30
	Charles Bozon	FRA	130,40
1964	Pepi Stiegler	AUT	131,13
	William Kidd	USA	131,27
	James Heuga	USA	131,52
1968	Jean Claude Killy	FRA	99,73
	Herbert Huber	AUT	99,82
	Alfred Matt	AUT	100,09
1972	Francisco F. Ochoa	ESP	109,27
	Gustav Thöni	ITA	110,28
	Roland Thöni	ITA	110,30
1976	Piero Gros	ITA	2:03,29
	Gustav Thöni	ITA	2:03,73
	Willi Frommelt	LIE	2:04,28
1980	Ingemar Stenmark	SWE	1:44,26
	Phil Mahre	USA	1:44,76
	Jacques Lüthy	SUI	1:45,06
1984	Phil Mahre	USA	1:39,41
	Steve Mahre	USA	1:39,62
	Didier Bouvet	FRA	1:40,20
1988	Alberto Tomba	ITA	1:39,47
	Frank Wörndl	FRG	1:39,53
	Paul Frommelt	LIE	1:39,84
1992	Finn-Christian Jagge	NOR	1:44,39
	Alberto Tomba	ITA	1:44,67
	Michael Tritscher	AUT	1:44,85
1994	Thomas Stangassinger	AUT	2:02,02
	Alberto Tomba	ITA	2:02,17
	Jure Kosir	SLO	2:02,53
1998	Hans-Petter Buraas	NOR	1:49,31
	Ole-Christian Furuseth	NOR	1:50,64
	Thomas Sykora	AUT	1:50,68
2002	Jean-Pierre Vidal	FRA	1:41,06
	Sebastien Amiez	FRA	1:41,82
	Benjamin Raich	AUT	1:42,41
2006	Benjamin Raich	AUT	1:43,14
	Reinfried Herbst	AUT	1:43,97
	Rainer Schönfelder	AUT	1:44,15
2010	Giuliano Razzoli	ITA	1:39,32
	Ivica Kostelic	CRO	1:39,48
	Andre Myhrer	SWE	1:39,76
2014	Mario Matt	AUT	1:41,84
	Marcel Hirscher	AUT	1:42,12
	Henrik Kristoffersen	NOR	1:42,67
2018	Andre Myhrer	SWE	1:38,99
	Ramon Zenhäusern	SUI	1:39,33
	Michael Matt	AUT	1:39,66

Alpine Kombination, Männer

1936	Franz Pfnür	GER	99,25
	Guzzi Lantschner	GER	96,26
	Emile Allais	FRA	94,69
1948	Henri Oreiller	FRA	3,27
	Karl Molitor	SUI	6,44
	James Couttet	FRA	6,95
1988	Hubert Strolz	AUT	36,55
	Bernhard Gstrein	AUT	43,45
	Paul Accola	SUI	48,24
1992	Josef Pollig	ITA	14,58
	Gianfranco Martin	ITA	14,90
	Steve Locher	SUI	18,16
1994	Lasse Kjus	NOR	3:17,53
	Kjetil Andre Aamodt	NOR	3:18,55
	Harald Strand Nilsen	NOR	3:19,14
1998	Mario Reiter	AUT	3:08,06
	Lasse Kjus	NOR	3:08,65
	Christian Mayer	AUT	3:10,11
2002	Kjetil Andre Aamodt	NOR	3:17,56
	Bode Miller	USA	3:17,84
	Benjamin Raich	AUT	3:18,26
2006	Ted Ligety	USA	3:09,35
	Ivica Kostelic	CRO	3:09,88
	Rainer Schönfelder	AUT	3:10,67

Super-Kombination, Männer

2010	Bode Miller	USA	2:44,92
	Ivica Kostelic	CRO	2:45,25
	Silvan Zurbriggen	SUI	2:45,32
2014	Sandro Viletta	SUI	2:45,20
	Ivica Kostelic	CRO	2:45,54
	Christof Innerhofer	ITA	2:45,67
2018	Marcel Hirscher	AUT	2:06,52
	Alexis Pinturault	FRA	2:06,75
	Victor Muffat-Jeandet	FRA	2:07,54

FREESTYLE

Sprung, Frauen

1994	Lina Tscherjasowa	UZB	166,84
	Marie Lindgren	SWE	165,88
	Hilde Synnöve Lid	NOR	164,13
1998	Nikki Stone	USA	193,00
	Nannan Xu	CHN	186,97
	Colette Brand	SUI	171,83
2002	Alisa Camplin	AUS	193,47
	Veronica Brenner	CAN	190,02
	Deidra Dionne	CAN	189,26
2006	Evelyne Leu	SUI	202,55
	Nina Li	CHN	197,39
	Alisa Camplin	AUS	191,39
2010	Lydia Lassila	AUS	214,74
	Nina Li	CHN	207,23
	Xinxin Guo	CHN	205,22
2014	Alla Zuper	BLR	98,01
	Xu Mengtao	CHN	83,50
	Lydia Lassila	AUS	72,12
2018	Hanna Huskowa	BLR	96,14
	Zhang Xin	CHN	95,52
	Kong Fanyu	CHN	70,14

Buckelpiste, Frauen

1992	Donna Weinbrecht	USA	23,69
	Elisabeta Kojewnikowa	EUN	23,50
	Stine Lise Hattestad	NOR	23,04
1994	Stine Lise Hattestad	NOR	25,97
	Elizabeth McIntyre	USA	25,89
	Elisabeta Kojewnikowa	RUS	25,81
1998	Tae Satoya	JPN	25,06
	Tatjana Mittermayer	GER	24,62
	Kari Traa	NOR	24,09
2002	Kari Traa	NOR	25,94
	Shannon Bahrke	USA	25,06
	Tae Satoya	JPN	24,85
2006	Jennifer Heil	CAN	26,50
	Kari Traa	NOR	25,65
	Sandra Laoura	FRA	25,37
2010	Hannah Kearney	USA	26,63
	Jennifer Heil	CAN	25,69
	Shannon Bahrke	USA	25,43
2014	Justine Dufour-Lapointe	CAN	22,44
	Chloé Dufour-Lapointe	CAN	21,66
	Hannah Kearney	USA	21,49
2018	Perrine Laffont	FRA	78,65
	Justine Dufour-Lapointe	CAN	78,56
	Julia Galyschewa	KAZ	77,40

Slopestyle, Frauen

2014	Dara Howell	CAN	94,20
	Devin Logan	USA	85,40
	Kim Lamarre	CAN	85,00
2018	Sarah Höfflin	SUI	91,20
	Mathilde Gremaud	SUI	88,00
	Isabel Atkin	GBR	84,60

Cross, Frauen

2010	Ashleigh McIvor	CAN
	Hedda Berntsen	NOR
	Marion Josserand	FRA
2014	Marielle Thompson	CAN
	Kelsey Serwa	CAN
	Anna Holmlund	SWE
2018	Kelsey Serwa	CAN
	Brittany Phelan	CAN
	Fanny Smith	SUI

Halfpipe, Frauen

2014	Maddie Bowman	USA	89,00
	Marie Martinod	FRA	85,40
	Ayana Onozuka	JPN	83,20
2018	Cassie Sharpe	CAN	95,80
	Marie Martinod	FRA	92,60
	Brita Sigourney	USA	91,60

Sprung, Männer

1994	Andreas Schönbächler	SUI	234,67
	Philippe Laroche	CAN	228,63
	Lloyd Langlois	CAN	222,44
1998	Eric Bergoust	USA	255,64
	Sébastien Foucras	FRA	248,79
	Dimitri Daschinski	BLR	240,79
2002	Ales Valenta	CZE	257,02
	Joe Pack	USA	251,64
	Alexej Grischin	BLR	251,19
2006	Xiaopeng Han	CHN	250,77
	Dimitri Daschinski	BLR	248,68
	Wladimir Lebedew	RUS	246,76
2010	Alexej Grischin	BLR	248,41
	Jeret Peterson	USA	247,21
	Zhongqing Liu	CHN	242,53
2014	Anton Kuschnir	BLR	134,50
	David Morris	AUS	110,41
	Jia Zongyang	CHN	95,06
2018	Alexander Abramenko	UKR	128,51
	Jia Zongyang	CHN	128,05
	Ilia Burow	OAR	122,17

Buckelpiste, Männer

1992	Edgar Gospiron	FRA	25,81
	Olivier Allamand	FRA	24,87
	Nelson Carmichael	USA	24,82
1994	Jean-Luc Brassard	CAN	27,24
	Sergej Schupletsow	RUS	26,90
	Edgar Grospiron	FRA	26,64
1998	Jonny Moseley	USA	26,93
	Janne Lahtela	FIN	26,00
	Sami Mustonen	FIN	25,76
2002	Janne Lahtela	FIN	27,97
	Travis Mayer	USA	27,59
	Richard Gay	FRA	26,91
2006	Dale Begg-Smith	AUS	26,77
	Mikko Ronkainen	FIN	26,62
	Toby Dawson	USA	26,30
2010	Alexandre Bilodeau	CAN	26,75
	Dale Begg-Smith	AUS	26,58
	Bryon Wilson	USA	26,08
2014	Alex Bilodeau	CAN	26,31
	Mikael Kingsbury	CAN	24,71
	Alexander Smyschljajew	RUS	24,34
2018	Mikael Kingsbury	CAN	86,63
	Matt Graham	AUS	82,57
	Daichi Hara	JPN	82,19

Slopestyle, Männer

2014	Joss Christensen	USA	95,80
	Gus Kenworthy	USA	93,60
	Nicholas Goepper	USA	92,40
2018	Oystein Braaten	NOR	95,00
	Nick Goepper	USA	93,60
	Alex Beaulieu-Marchand	CAN	92,40

Cross, Männer

2010	Michael Schmid	SUI
	Andreas Matt	AUT
	Audun Groenvold	NOR
2014	Jean Frédéric Chapuis	FRA
	Arnaud Bovolenta	FRA
	Jonathan Midol	FRA
2018	Brady Leman	CAN
	Marc Bischofberger	SUI
	Sergej Ridsik	OAR

Halfpipe, Männer

2014	David Wise	USA	92,00
	Mike Riddle	CAN	90,60
	Kevin Rolland	FRA	88,60
2018	David Wise	USA	97,20
	Alex Ferreira	USA	96,40
	Nico Porteous	NZL	94,80

SNOWBOARD

Slopestyle, Frauen

2014	Jamie Anderson	USA	95,25
	Enni Rukajärvi	FIN	92,50
	Jenny Jones	GBR	87,25
2018	Jamie Anderson	USA	83,00
	Laurie Blouin	CAN	76,33
	Enni Rukajärvi	FIN	75,38

Die Goldmedaillengewinner

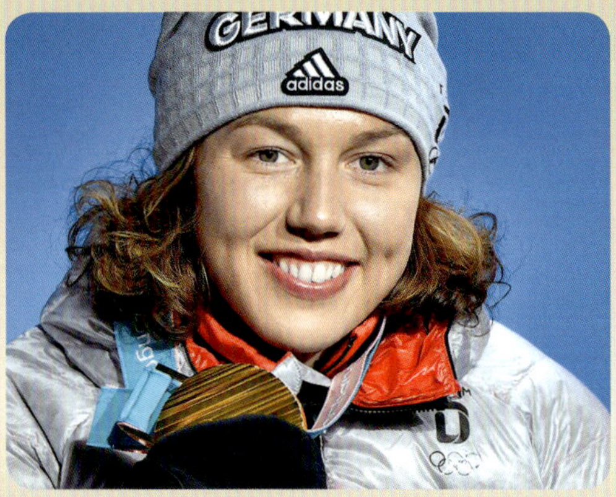

Laura Dahlmeier (GER), Biathlon, Sprint und Verfolgung

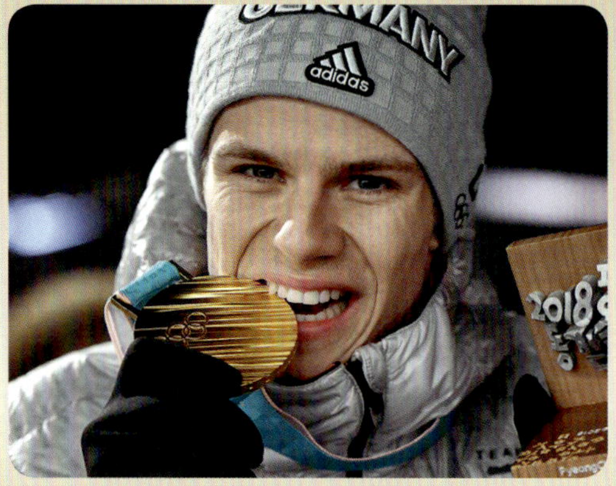

Andreas Wellinger (GER), Skispringen, Normalschanze

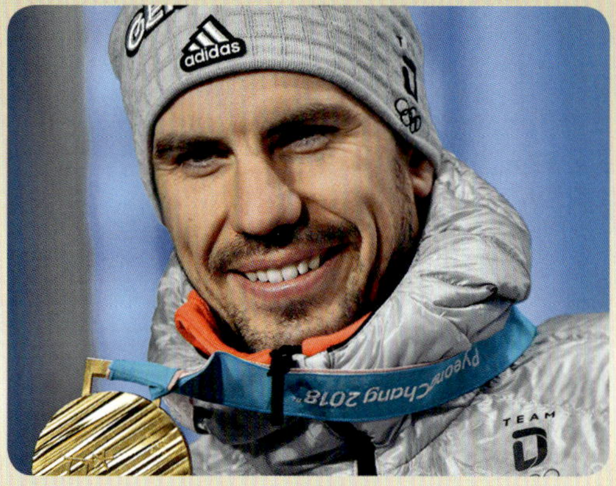

Arnd Peiffer (GER), Biathlon, Sprint

David Gleirscher (AUT), Rodeln, Einsitzer

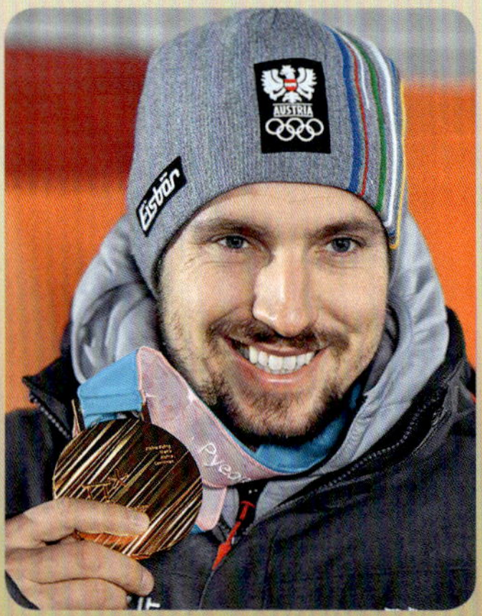

Marcel Hirscher (AUT), Ski Alpin, Super-Kombination und Riesenslalom

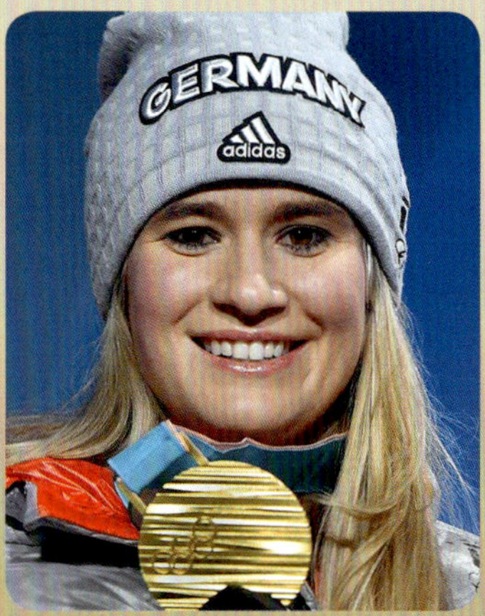

Natalie Geisenberger (GER), Rodeln, Einsitzer

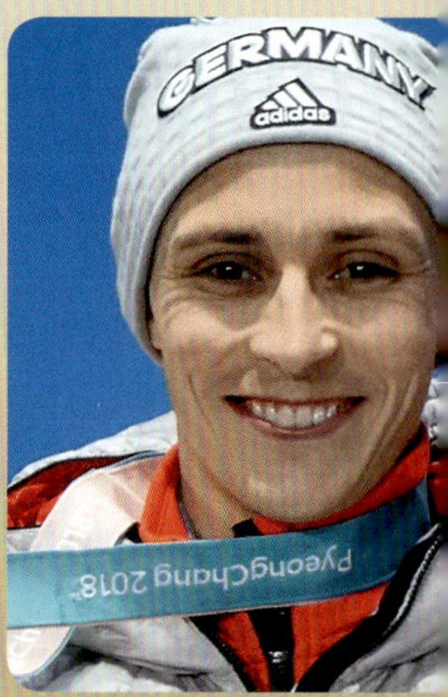

Eric Frenzel (GER), Nordische Kombination, Normalschanze

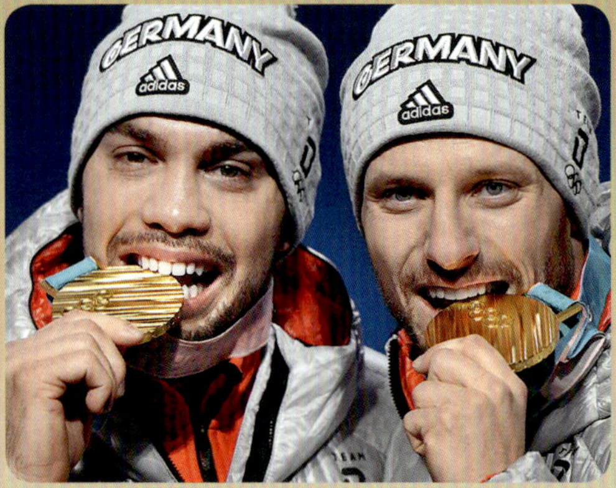

Tobias Wendl/Tobias Arlt (GER), Rodeln, Doppelsitzer

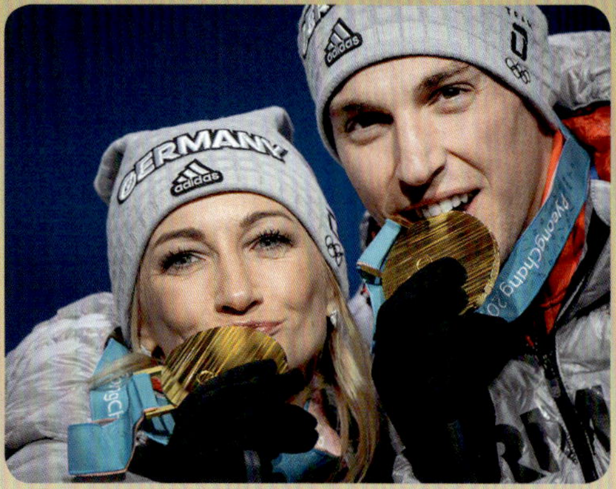

Aljona Savchenko/Bruno Massot (GER), Eiskunstlauf, Paarlauf

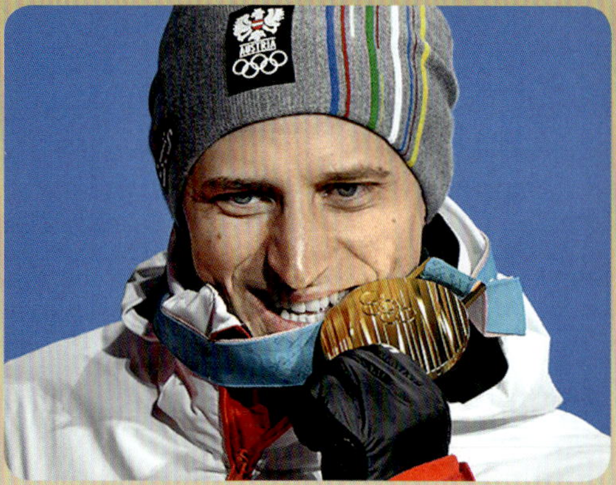

Matthias Mayer (AUT), Ski Alpin, Super-G

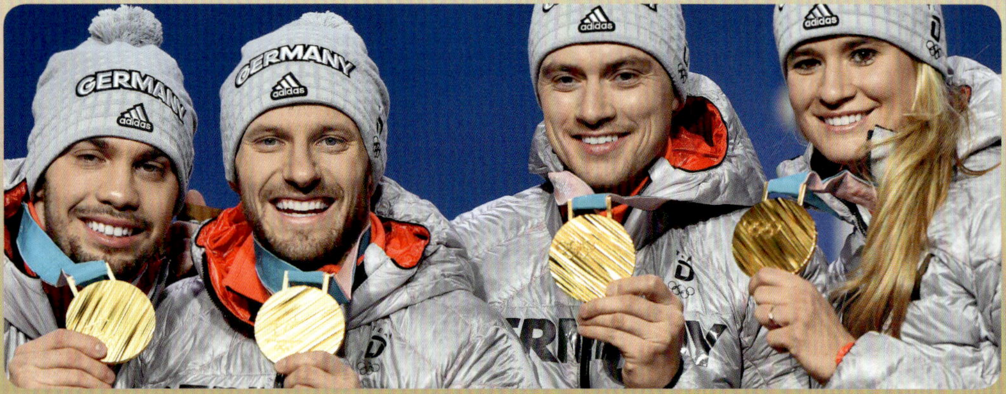

Deutschland, Rodeln, Team-Wettbewerb

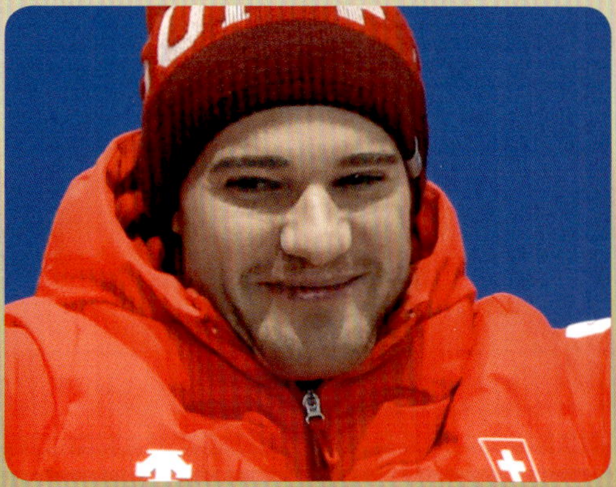

Dario Cologna (SUI), Ski-Langlauf, 15 km

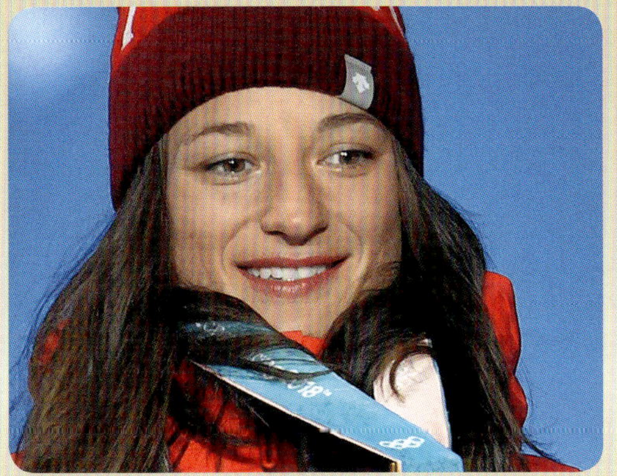

Sarah Höfflin (SUI), Ski Freestyle, Slopestyle

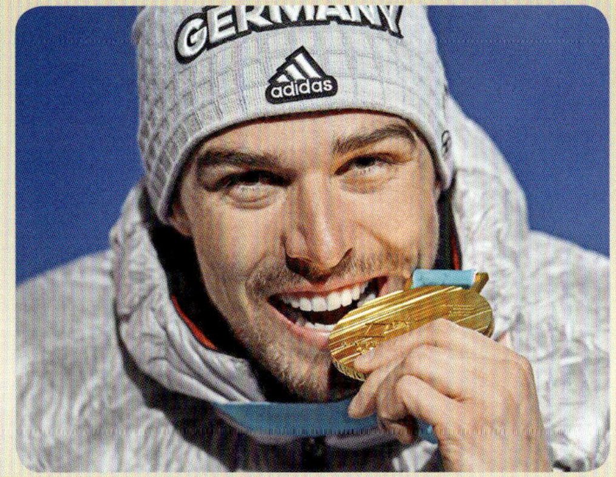

Johannes Rydzek (GER), Nordische Kombination, Großschanze

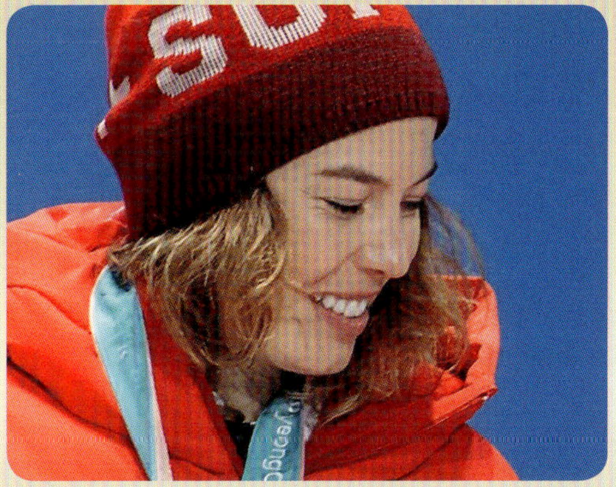

Michelle Gisin (SUI), Ski Alpin, Super-Kombination

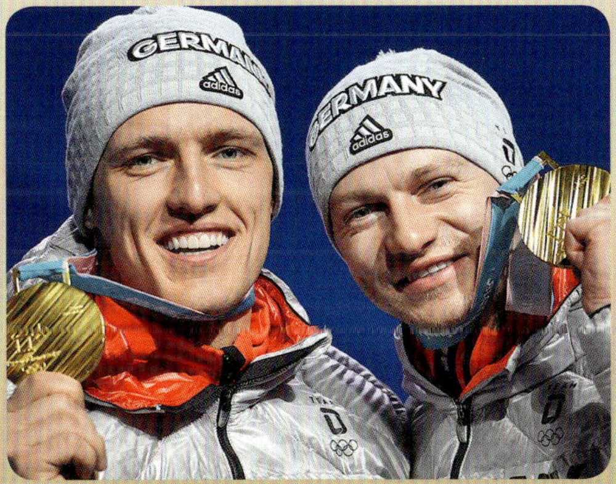

Deutschland, Bob, Zweierbob

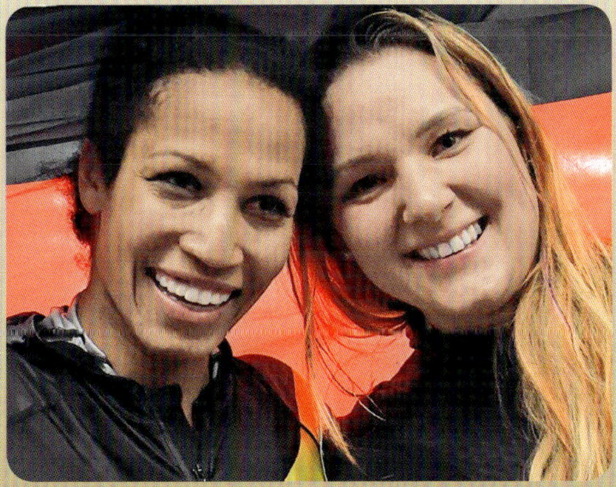

Deutschland, Bob, Zweierbob

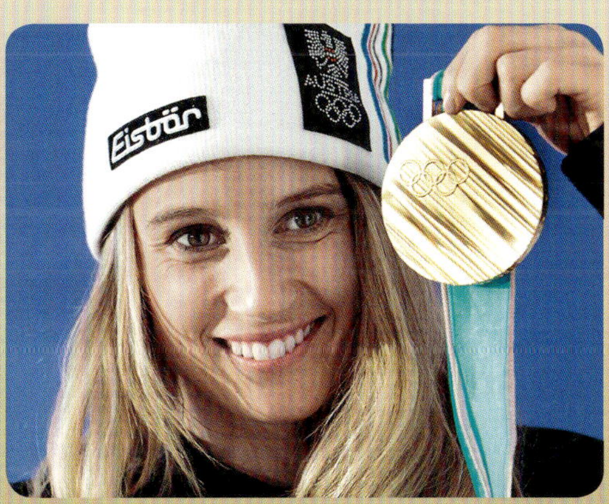

Anna Gasser (AUT), Snowboard, Big Air

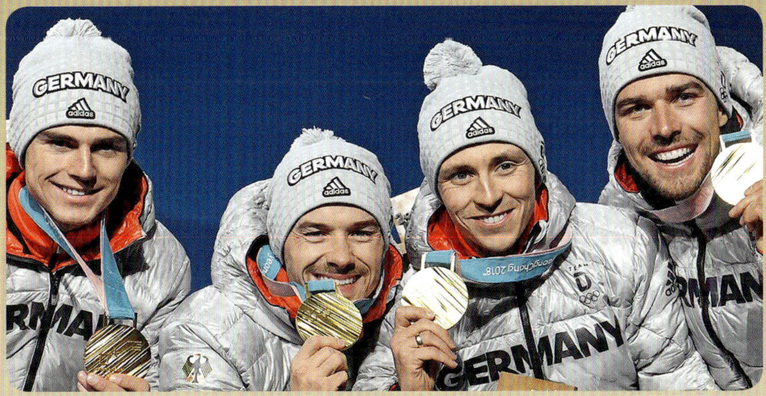

Deutschland, Nordische Kombination, Teamstaffel

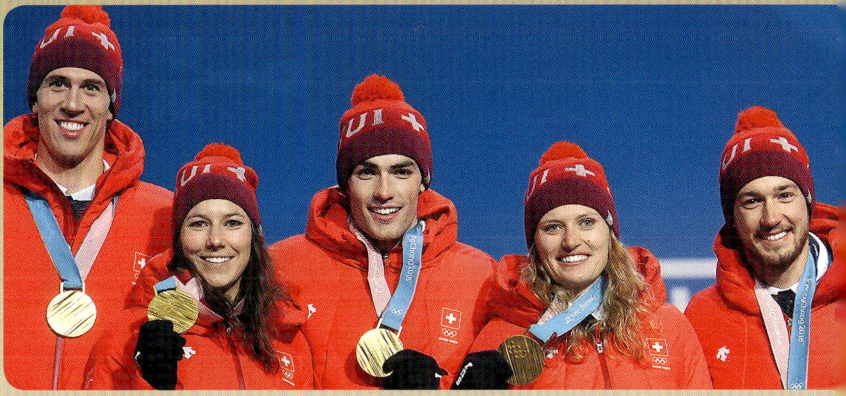

Schweiz, Ski Alpin, Mixed Team

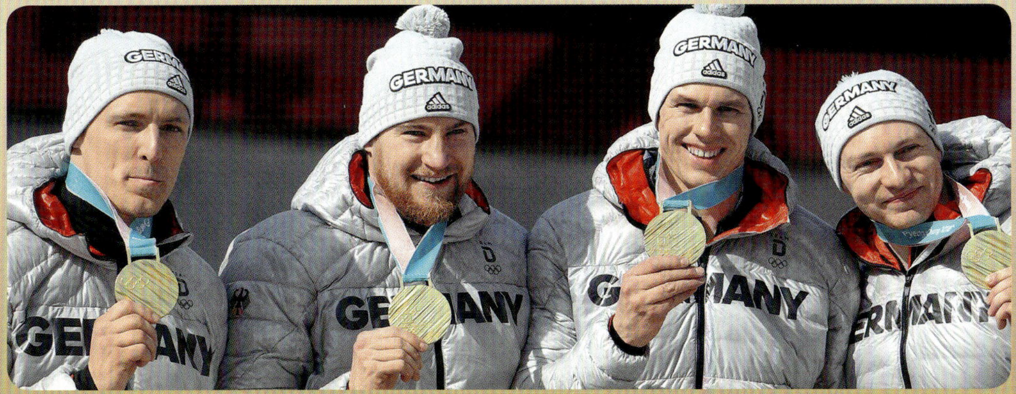

Deutschland, Bob, Viererbob

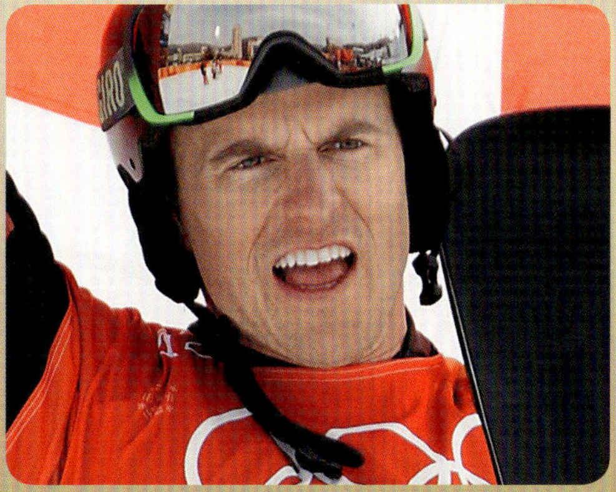

Nevin Galmarini (SUI), Snowboard, Parallel-Riesenslalom

Halfpipe, Frauen

Jahr	Name	Land	Ergebnis
1998	Nicola Thost	GER	74,6
	Stine Kjeldaas	NOR	74,2
	Shannon Dunn	USA	72,8
2002	Kelly Clark	USA	47,9
	Doriane Vidal	FRA	43,0
	Fabienne Reuteler	SUI	39,7
2006	Hannah Teter	USA	46,4
	Gretchen Bleiler	USA	43,4
	Kjersti Buaas	NOR	42,0
2010	Torah Bright	AUS	45,0
	Hannah Teter	USA	42,4
	Kelly Clark	USA	42,2
2014	Kaitlyn Farrington	USA	91,75
	Torah Bright	AUS	91,50
	Kelly Clark	USA	90,75
2018	Chloe Kim	USA	98,25
	Liu Jiayu	CHN	89,75
	Arielle Gold	USA	85,75

Cross, Frauen

2006	Tanja Frieden	SUI
	Lindsay Jacobellis	USA
	Dominique Maltais	CAN
2010	Maelle Ricker	CAN
	Deborah Anthonioz	FRA
	Olivia Nobs	SUI
2014	Eva Samkova	CZE
	Dominique Maltais	CAN
	Chloé Trespeuch	FRA
2018	Michela Moioli	ITA
	Julia Pereira De Sousa Mabileau	FRA
	Eva Samkova	CZE

Parallel-Slalom, Frauen

Jahr	Name	Land	Ergebnis
1998	Karine Ruby	FRA	2:17,34
	Heidi Renoth	GER	2:19,17
	Brigitte Köck	AUT	2:19,42
2014	Julia Dujmovits	AUT	
	Anke Karstens	GER	
	Amelie Kober	GER	

Parallel-Riesenslalom, Frauen

2002	Isabelle Blanc	FRA
	Karine Ruby	FRA
	Lidia Trettel	ITA
2006	Daniela Meuli	SUI
	Amelie Kober	GER
	Rosey Fletcher	USA
2010	Nicolien Sauerbreij	NED
	Jekaterina Iljuchina	RUS
	Marion Kreiner	AUT
2014	Patrizia Kummer	SUI
	Tomoka Takeuchi	JPN
	Aljona Sawarsina	RUS
2018	Ester Ledecka	CZE
	Selina Jörg	GER
	Ramona Theresia Hofmeister	GER

Big Air, Frauen

Jahr	Name	Land	Ergebnis
2018	Anna Gasser	AUT	185,00
	Jamie Anderson	USA	177,25
	Zoi Sadowski Synnott	NZL	157,50

Slopestyle, Männer

Jahr	Name	Land	Ergebnis
2014	Sage Kotsenburg	USA	93,50
	Staale Sandbech	NOR	91,75
	Mark McMorris	CAN	88,75
2018	Redmond Gerard	USA	87,16
	Maxence Parrot	CAN	86,00
	Mark McMorris	CAN	85,20

Halfpipe, Männer

Jahr	Name	Land	Ergebnis
1998	Gian Simmen	SUI	85,2
	Daniel Franck	NOR	82,4
	Ross Powers	USA	82,1
2002	Ross Powers	USA	46,1
	Danny Kass	USA	42,5
	Jarret Thomas	USA	42,1
2006	Shaun White	USA	46,8
	Daniel Kass	USA	44,0
	Markku Koski	FIN	41,5
2010	Shaun White	USA	48,4
	Peetu Piiroinen	FIN	45,0
	Scott Lago	USA	42,8
2014	Iouri Podladtchikov	SUI	94,75
	Ayumu Hirano	JPN	93,50
	Taku Hiraoka	JPN	92,25
2018	Shaun White	USA	97,75
	Ayumu Hirano	JPN	95,25
	Scotty James	AUS	92,00

Cross, Männer

2006	Seth Wescott	USA
	Radoslav Zidek	SVK
	Paul-Henri Delerue	FRA
2010	Seth Wescott	USA
	Mike Robertson	CAN
	Tony Ramoin	FRA
2014	Pierre Vaultier	FRA
	Nikolai Oljunin	RUS
	Alex Deibold	USA
2018	Pierre Vaultier	FRA
	Jarryd Hughes	AUS
	Regino Hernandez	ESP

Parallel-Slalom, Männer

Jahr	Name	Land	Ergebnis
1998	Ross Rebagliati	CAN	2:03,96
	Thomas Prugger	ITA	2:03,98
	Ueli Kestenholz	SUI	2:04,08
2014	Vic Wild	RUS	
	Zan Kosir	SLO	
	Benjamin Karl	AUT	

Parallel-Riesenslalom, Männer

2002	Philipp Schoch	SUI
	Richard Richardsson	SWE
	Chris Klug	USA
2006	Philipp Schoch	SUI
	Simon Schoch	SUI
	Siegfried Grabner	AUT
2010	Jasey Jay Anderson	CAN
	Benjamin Karl	AUT
	Mathieu Bozzetto	FRA
2014	Vic Wild	RUS
	Nevin Galmarini	SUI
	Zan Kosir	SLO
2018	Nevin Galmarini	SUI
	Lee Sang Ho	KOR
	Zan Kosir	SLO

Big Air, Männer

Jahr	Name	Land	Ergebnis
2018	Sebastien Toutant	CAN	174,25
	Kyle Mack	USA	168,75
	Billy Morgan	GBR	168,00

BOB/RODELN/SKELETON

Zweierbob, Frauen

Jahr	Name	Land	Ergebnis
2002	Bakken/Flowers	USA	1:37,76
	Prokoff/Holzner	GER	1:38,06
	Erdmann/Herschmann	GER	1:38,29
2006	Kiriasis/Schneiderheinze	GER	3:49,98
	Rohbock/Fleming	USA	3:50,69
	Weissensteiner/Isacco	ITA	3:51,01
2010	Humphries/Moyse	CAN	3:32,28
	Upperton/Brown	CAN	3:33,13
	Pac/Meyers	USA	3:33,40
2014	Humphries/Moyse	CAN	3:50,61
	Meyers/Williams	USA	3:50,71
	Greubel/Evans	USA	3:51,61
2018	Jamanka/Buckwitz	GER	3:22,45
	Meyers Taylor/Gibbs	USA	3:22,52
	Humphries/George	CAN	3:22,89

Zweierbob, Männer

Jahr	Name	Land	Ergebnis
1932	H. Stevens/C. Stevens	USA	8:14,74
	Capadrutt/Geier	SUI	8:16,28
	Heaton/Minton	USA	8:29,15
1936	Brown/Washbond	USA	5:29,29
	Feierabend/Beerli	SUI	5:30,64
	Colgate/Lawrence	USA	5:33,96
1948	Endrich/Waller	SUI	5:29,20
	Feierabend/Eberhard	SUI	5:30,40
	Fortune/Carron	USA	5:35,30
1952	Ostler/Nieberl	GER	5:24,54
	Benham/Martin	USA	5:26,89
	Feierabend/Waser	SUI	5:27,71
1956	Dalla Costa/Conti	ITA	5:30,14
	Monti/Alverà	ITA	5:31,45
	Angst/Warburton	SUI	5:37,46
1964	Nash/Dixon	GBR	4:21,90
	Zardini/Bonagura	ITA	4:22,02
	Monti/Siorpaes	ITA	4:22,63
1968	Monti/de Paolis	ITA	4:41,54
	2. Floth/Bader	FRG	4:41,54
	Panturu/Neagoe	ROM	4:44,46
1972	Zimmerer/Utzschneider	FRG	4:57,07
	Floth/Bader	FRG	4:58,84
	Wicki/Hubacher	SUI	4:59,33
1976	Nehmer/Germeshausen	GDR	3:44,44
	Zimmerer/Schumann	FRG	3:44,99
	Schärer/Benz	SUI	3:45,70
1980	Schärer/Benz	SUI	4:09,36
	Germeshausen/Gerhardt	GDR	4:10,93
	Nehmer/Musiol	GDR	4:11,08
1984	Hoppe/Schauerhammer	GDR	3:25,56
	Lehmann/Musiol	GDR	3:26,04
	Ekmanis/Alexandrow	URS	3:26,16
1988	Kipurs/Kozlow	URS	3:53,48
	Hoppe/Musiol	GDR	3:54,19
	Lehmann/Hoyer	GDR	3:54,64
1992	Weder/D. Acklin	SUI	4:03,26
	Lochner/Zimmermann	GER	4:03,55
	Langen/Eger	GER	4:03,63
1994	Weder/D. Acklin	SUI	3:30,81
	Götschi/G. Acklin	SUI	3:30,86
	G. Huber/Ticci	ITA	3:31,01
1998	1. G. Huber/Tartaglia	ITA	3:37,24
	1. Lueders/MacEachern	CAN	3:37,24
	Langen/Zimmermann	GER	3:37,89
2002	Langen/Zimmermann	GER	3:10,11
	Reich/Anderhub	SUI	3:10,20
	Annen/Hefti	SUI	3:10,62
2006	Lange/Kuske	GER	3:43,38
	Lueders/Brown	CAN	3:43,59
	Annen/Hefti	SUI	3:43,73
2010	Lange/Kuske	GER	3:26,65
	Florschütz/Adjei	GER	3:26,87
	Subkow/Wojewoda	RUS	3:27,51
2014	N. N./N. N.		
	Hefti/Baumann	SUI	3:46,05
	Holcomb/Langton	USA	3:46,27
2018	1. Kripps/Kopacz	CAN	3:16,86
	1. Friedrich/Margis	GER	3:16,86
	Melbardis/Strenga	LAT	3:16,91

Viererbob (nur Piloten)

Jahr	Name	Land	Ergebnis
1924	Edouard Scherrer	SUI	5:45,54
	Ralph E. Broome	GBR	5:48,83
	Charles Mulder	BEL	6:02,29
1928	William Fiske	USA	3:20,50
	Jennison Heaton	USA	3:21,00
	Hanns Kilian	GER	3:21,90
1932	William Fiske	USA	7:53,68
	Henry Homburger	USA	7:55,70
	Hanns Kilian	GER	8:00,04
1936	Pierre Musy	SUI	5:19,85
	Reto Capadrutt	SUI	5:22,73
	Frederick McEvoy	GBR	5:23,41
1948	Francis Tyler	USA	5:20,10
	Max Houben	BEL	5:21,30
	James Bickford	USA	5:21,50
1952	Anderl Ostler	GER	5:07,84
	Stanley Benham	USA	5:10,48
	Fritz Feierabend	SUI	5:11,70
1956	Franz Kapus	SUI	5:10,44
	Eugenio Monti	ITA	5:12,10
	Arthur Tyler	USA	5:12,39
1964	Victor Emery	CAN	4:14,46
	Erwin Thaler	AUT	4:15,48
	Eugenio Monti	ITA	4:15,60
1968	Eugenio Monti	ITA	2:17,39
	Erwin Thaler	AUT	2:17,48
	Jean Wicki	SUI	2:18,04
1972	Jean Wicki	SUI	4:43,07
	Nevio de Zordo	ITA	4:43,83
	Wolfgang Zimmerer	FRG	4:43,92
1976	Meinhard Nehmer	GDR	3:40,43
	Erich Schärer	SUI	3:40,89
	Wolfgang Zimmerer	FRG	3:41,37
1980	Meinhard Nehmer	GDR	3:59,92
	Erich Schärer	SUI	4:00,87
	Horst Schönau	GDR	4:00,97
1984	Wolfgang Hoppe	GDR	3:20,22
	Bernhard Lehmann	GDR	3:20,78
	Silvio Giobellina	SUI	3:21,39
1988	Ekkehard Fasser	SUI	3:47,51
	Wolfgang Hoppe	GDR	3:47,58
	Janis Kipurs	URS	3:48,26
1992	Ingo Appelt	AUT	3:53,90
	Wolfgang Hoppe	GER	3:53,92
	Gustav Weder	SUI	3:54,13
1994	Harald Czudaj	GER	3:27,78
	Gustav Weder	SUI	3:27,84
	Wolfgang Hoppe	GER	3:28,01
1998	Christoph Langen	GER	2:39,41
	Marcel Rohner	SUI	2:40,01
	3. Sean Olsson	GBR	2:40,06
	3. Bruno Mingeon	FRA	2:40,06
2002	André Lange	GER	3:07,51
	Todd Hays	USA	3:07,81
	Brian Shimer	USA	3:07,86
2006	André Lange	GER	3:40,42
	Alexander Subkow	RUS	3:40,55
	Martin Annen	SUI	3:40,83
2010	Steven Holcomb	USA	3:24,46
	André Lange	GER	3:24,84
	Lyndon Rush	CAN	3:24,85
2014	N. N.		
	Oskars Melbardis	LAT	3:40,69
	Steven Holcomb	USA	3:40,99
2018	Francesco Friedrich	GER	3:15,85
	2. Nico Walther	GER	3:16,38
	2. Won Yunjong	KOR	3:16,38

Rodeln, Einsitzer, Frauen

Jahr	Name	Land	Ergebnis
1964	Ortrun Enderlein	GER	3:24,670
	Ilse Geisler	GER	3:27,420
	Helene Thurner	AUT	3:29,060
1968	Erica Lechner	ITA	2:28,660
	Christa Schmuck	FRG	2:29,370
	Angelika Dünhaupt	FRG	2:29,560
1972	Anna-Maria Müller	GDR	2:59,180
	Ute Rührold	GDR	2:59,490
	Margit Schumann	GDR	2:59,540
1976	Margit Schumann	GDR	2:50,621
	Ute Rührold	GDR	2:50,846
	Elisabeth Demleitner	FRG	2:51,056
1980	Vera Sosulja	URS	2:36,537
	Melitta Sollmann	GDR	2:37,657
	Ingrida Amantowa	URS	2:37,817
1984	Steffi Martin	GDR	2:46,570
	Bettina Schmidt	GDR	2:46,873
	Ute Weiß	GDR	2:47,248
1988	Steffi Walter-Martin	GDR	3:03,973
	Ute Oberhoffner-Weiß	GDR	3:04,105
	Cerstin Schmidt	GDR	3:04,181
1992	Doris Neuner	AUT	3:06,696
	Angelika Neuner	AUT	3:06,769
	Susi Erdmann	GER	3:07,115
1994	Gerda Weissensteiner	ITA	3:15,517
	Susi Erdmann	GER	3:16,276
	Andrea Tagwerker	AUT	3:16,652
1998	Silke Kraushaar	GER	3:23,779
	Barbara Niedernhuber	GER	3:23,781
	Angelika Neuner	AUT	3:24,253
2002	Sylke Otto	GER	2:52,464
	Barbara Niedernhuber	GER	2:52,785
	Silke Kraushaar	GER	2:52,865
2006	Sylke Otto	GER	3:07,979
	Silke Kraushaar	GER	3:08,115
	Tatjana Hüfner	GER	3:08,460
2010	Tatjana Hüfner	GER	2:46,524
	Nina Reithmayer	AUT	2:47,014
	Natalie Geisenberger	GER	2:47,101
2014	Natalie Geisenberger	GER	3:19,768
	Tatjana Hüfner	GER	3:20,907
	Erin Hamlin	USA	3:21,145
2018	Natalie Geisenberger	GER	3:05,232
	Dajana Eitberger	GER	3:05,599
	Alex Gough	CAN	3:05,644

Rodeln, Team-Staffel

2014	Deutschland	2:45,649
	Russland	2:46,679
	Lettland	2:47,295
2018	Deutschland	2:24,517
	Kanada	2:24,872
	Österreich	2:24,988

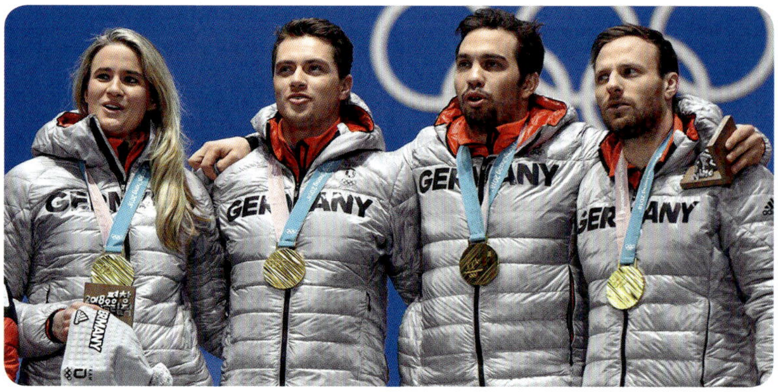

Bei der Teamstaffel im Rodeln gelang Natalie Geisenberger, Johannes Ludwig, Tobias Wendl und Tobias Arlt ein goldener Abschluss für Deutschland.

Rodeln, Einsitzer, Männer

1964	Thomas Köhler	GER	3:26,770
	Klaus Bonsack	GER	3:27,040
	Hans Plenk	GER	3:30,150
1968	Manfred Schmid	AUT	2:52,480
	Thomas Köhler	GDR	2:52,660
	Klaus Bonsack	GDR	2:53,330
1972	Wolfgang Scheidel	GDR	3:27,580
	Harald Ehrig	GDR	3:28,390
	Wolfram Fiedler	GDR	3:28,730
1976	Dettlef Günther	GDR	3:27,688
	Josef Fendt	FRG	3:28,196
	Hans Rinn	GDR	3:28,574
1980	Bernhard Glass	GDR	2:54,796
	Paul Hildgartner	ITA	2:55,372
	Anton Winkler	FRG	2:56,545
1984	Paul Hildgartner	ITA	3:04,258
	Sergej Danilin	URS	3:04,962
	Waleri Dudin	URS	3:05,012
1988	Jens Müller	GDR	3:05,548
	Georg Hackl	FRG	3:05,916
	Juri Schartschenko	URS	3:06,274
1992	Georg Hackl	GER	3:02,363
	Markus Prock	AUT	3:02,669
	Markus Schmid	AUT	3:02,942
1994	Georg Hackl	GER	3:21,571
	Markus Prock	AUT	3:21,584
	Armin Zöggeler	ITA	3:21,833
1998	Georg Hackl	GER	3:18,436
	Armin Zöggeler	ITA	3:18,939
	Jens Müller	GER	3:19,093
2002	Armin Zöggeler	ITA	2:57,941
	Georg Hackl	GER	2:58,270
	Markus Prock	AUT	2:58,283
2006	Armin Zöggeler	ITA	3:26,088
	Albert Demtschenko	RUS	3:26,198
	Martins Rubenis	LAT	3:26,445
2010	Felix Loch	GER	3:13,085
	David Möller	GER	3:13,764
	Armin Zöggeler	ITA	3:14,375
2014	Felix Loch	GER	3:27,526
	Albert Demtschenko	RUS	3:28,002
	Armin Zöggeler	ITA	3:28,797
2018	David Gleirscher	AUT	3:10,702
	Christopher Mazdzer	USA	3:10,728
	Johannes Ludwig	GER	3:10,932

Rodeln, Doppelsitzer, Männer

1964	Feistmantl/Stengl	AUT	1:41,620
	Senn/Thaler	AUT	1:41,910
	Außendorfer/Mair	ITA	1:42,870
1968	Bonsack/Köhler	GDR	1:35,050
	Schmid/Walch	AUT	1:36,340
	Winkler/Nachmann	FRG	1:37,290
1972	Hörnlein/Bredow	GDR	1:28,350
	1. Hildgartner/Plaikner	ITA	1:28,350
	Bonsack/Fiedler	GDR	1:29,160
1976	Rinn/Hahn	GDR	1:25,604
	Brandner/Schwarm	FRG	1:25,889
	Schmid/Schachner	AUT	1:25,919
1980	Rinn/Hahn	GDR	1:19,331
	Gschnitzer/Brunner	ITA	1:19,606
	Fluckinger/Schrott	AUT	1:19,795
1984	Stangassinger/Wembacher	FRG	1:23,620
	Beloussow/Beljakow	URS	1:23,660
	Hoffmann/Pietzsch	GDR	1:23,887
1988	Hoffmann/Pietzsch	GDR	1:31,940
	Krauße/Behrendt	GDR	1:32,039
	Schwab/Staudinger	FRG	1:32,274
1992	Krauße/Behrendt	GER	1:32,053
	Mankel/Rudolph	GER	1:32,239
	Raffl/N. Huber	ITA	1:32,298
1994	Brugger/W. Huber	ITA	1:36,720
	Raffl/N. Huber	ITA	1:36,769
	Krauße/Behrendt	GER	1:36,945
1998	Krauße/Behrendt	GER	1:41,105
	Thorpe/Sheer	USA	1:41,127
	Grimmette/Martin	USA	1:41,217
2002	Leitner/Resch	GER	1:26,082
	Grimmette/Martin	USA	1:26,216
	Thorpe/Ives	USA	1:26,220
2006	A. Linger/W. Linger	AUT	1:34,497
	Florschütz/Wustlich	GER	1:34,807
	Plankensteiner/Haselrieder	ITA	1:34,930
2010	A. Linger/W. Linger	AUT	1:22,705
	A. Sics/J. Sics	LAT	1:22,969
	Leitner/Resch	GER	1:23,040
2014	Wendl/Arlt	GER	1:38,933
	A. Linger/W. Linger	AUT	1:39,455
	A. Sics/J. Sics	LAT	1:39,790
2018	Wendl/Arlt	GER	1:31,697
	Penz/Fischler	AUT	1:31,785
	Eggert/Benecken	GER	1:31,987

Skeleton, Frauen

2002	Tristan Gale	USA	1:45,11
	Lea Ann Parsley	USA	1:45,21
	Alex Coomber	GBR	1:45,37
2006	Maya Pedersen-Bieri	SUI	1:59,83
	Shelley Rudman	GBR	2:01,06
	Melissa Hollingsworth-Richards	CAN	2:01,41
2010	Amy Williams	GBR	3:35,64
	Kerstin Szymkowiak	GER	3:36,20
	Anja Huber	GER	3:36,36
2014	Elizabeth Yarnold	GBR	3:52,89
	Noelle Pikus-Pace	USA	3:53,86
	Jelena Nikitina	RUS	3:54,30
2018	Elizabeth Yarnold	GBR	3:27,28
	Jacqueline Lölling	GER	3:27,73
	Laura Deas	GBR	3:27,90

Skeleton, Männer

1928	Jennison Heaton	USA	3:01,8
	John Heaton	USA	3:02,8
	David Carnegie	GBR	3:05,1
1948	Nino Bibbia	ITA	5:23,2
	John Heaton	USA	5:24,6
	John Crammond	GBR	5:25,1
2002	Jim Shea	USA	1:41,96
	Martin Rettl	AUT	1:42,01
	Gregor Stähli	SUI	1:42,15
2006	Duff Gibson	CAN	1:55,88
	Jeff Pain	CAN	1:56,14
	Gregor Stähli	SUI	1:56,80
2010	Jon Montgomery	CAN	3:29,73
	Martins Dukurs	LAT	3:29,80
	Alexander Tretjakow	RUS	3:30,75
2014	Alexander Tretjakow	RUS	3:44,29
	Martins Dukurs	LAT	3:45,10
	Matthew Antoine	USA	3:47,26
2018	Yun Sung Bin	KOR	3:20,55
	Nikita Tregubow	OAR	3:22,18
	Dominic Edward Parsons	GBR	3:22,20

EISHOCKEY

Eishockey, Frauen

Jahr	Team	Ergebnis
1998	USA	3:1
	Kanada	
	Finnland	
2002	Kanada	3:2
	USA	
	Schweden	
2006	Kanada	4:1
	Schweden	
	USA	
2010	Kanada	2:0
	USA	
	Finnland	
2014	Kanada	3:2 n. V.
	USA	
	Schweiz	
2018	USA	3:2 n. P.
	Kanada	
	Finnland	

Eishockey, Männer

Jahr	Team	Ergebnis
1920	Kanada	2:0
	USA	
	Tschechoslowakei	
1924	Kanada	47: 3/ 6 P.
	USA	32: 6/ 4 P.
	Großbritannien	6:33/ 2 P.
1928	Kanada	38: 0/ 6 P.
	Schweden	7:12/ 4 P.
	Schweiz	4:17/ 2 P.
1932	Kanada	32: 4/11 P.
	USA	27: 5/ 9 P.
	Deutschland	7:26/ 4 P.
1936	Großbritannien	7: 1/ 5 P.
	Kanada	9: 2/ 4 P.
	USA	2: 1/ 3 P.
1948	Kanada	69: 5/15 P.
	Tschechoslowakei	80:18/15 P.
	Schweiz	67:21/12 P.
1952	Kanada	71:14/15 P.
	USA	43:21/13 P.
	Schweden	48:19/12 P.
1956	UdSSR	25: 5/10 P.
	USA	26:12/ 8 P.
	Kanada	23:11/ 6 P.
1960	USA	29:11/10 P.
	Kanada	31:12/ 8 P.
	UdSSR	24:19/ 5 P.
1964	UdSSR	54:10/14 P.
	Schweden	47:16/10 P.
	Tschechoslowakei	38:19/10 P.
1968	UdSSR	48:10/12 P.
	Tschechoslowakei	33:17/11 P.
	Kanada	28:15/10 P.
1972	UdSSR	33:13/ 9 P.
	USA	18:15/ 6 P.
	Tschechoslowakei	26:13/ 6 P.
1976	UdSSR	40:11/10 P.
	Tschechoslowakei	17:10/ 6 P.
	BR Deutschland	21:24/ 4 P.
1980	USA	10: 7/5:1 P.
	UdSSR	16: 7/4:2 P.
	Schweden	7:14/2:4 P.
1984	UdSSR	16: 1/6:0 P.
	Tschechoslowakei	6: 2/4:2 P.
	Schweden	3:12/2:4 P.
1988	UdSSR	25: 7/8:2 P.
	Finnland	18:10/7:3 P.
	Schweden	15:16/6:4 P.
1992	EUN	3:1
	Kanada	
	Tschechoslowakei	
1994	Schweden	(3:2 PS) 2:2
	Kanada	
	Finnland	
1998	Tschechien	1.0
	Russland	
	Finnland	
2002	Kanada	5:2
	USA	
	Russland	
2006	Schweden	3:2
	Finnland	
	Tschechien	
2010	Kanada	n.V. 3:2
	USA	
	Finnland	
2014	Kanada	3:0
	Schweden	
	Finnland	
2018	OAR	n. V. 4:3
	Deutschland	
	Kanada	

CURLING

Curling, Frauen

Jahr	Team	Ergebnis
1998	Kanada	7:5
	Dänemark	
	Schweden	
2002	Großbritannien	4:3
	Schweiz	
	Kanada	
2006	Schweden	7:6
	Schweiz	
	Kanada	
2010	Schweden	7:6
	Kanada	
	China	
2014	Kanada	6:3
	Schweden	
	Großbritannien	
2018	Schweden	8:3
	Südkorea	
	Japan	

Curling, Mixed Doubles

Jahr	Team	Ergebnis
2018	Kanada	10:3
	Schweiz	
	OAR	

Curling, Männer

Jahr	Team	Ergebnis
1924	Großbritannien	
	Schweden	
	Frankreich	
1998	Schweiz	9:3
	Kanada	
	Norwegen	
2002	Norwegen	6:5
	Kanada	
	Schweiz	
2006	Kanada	10:4
	Finnland	
	USA	
2010	Kanada	6:3
	Norwegen	
	Schweiz	
2014	Kanada	9:3
	Großbritannien	
	Schweden	
2018	USA	10:7
	Schweden	
	Schweiz	

EISKUNSTLAUF

Eiskunstlauf, Frauen

Jahr	Name	Nation	Punkte
1908	Magde Syers-Cave	GBR	5
	Elsa Rendschmidt	GER	11
	D. Greenhough-Smith	GBR	15
1920	Magda Julin-Mauroy	SWE	12
	Svea Noren	SWE	12,5
	Theresa Weld	USA	15,5
1924	Herma Planck-Szabo	AUT	7
	Beatrix Loughran	USA	14
	Ethel Muckelt	GBR	26
1928	Sonja Henie	NOR	8
	Fritzi Burger	AUT	25
	Beatrix Loughran	USA	28
1932	Sonja Henie	NOR	7
	Fritzi Burger	AUT	18
	Maribel Vinson	USA	23
1936	Sonja Henie	NOR	7,5
	Cecilia Colledge	GBR	13,5
	Vivi-Anne Hulten	SWE	28
1948	Barbara Ann Scott	CAN	11
	Eva Pawlik	AUT	24
	Jeanette Altwegg	GBR	28
1952	Jeanette Altwegg	GBR	14
	Tenley Albright	USA	22
	Jacqueline du Bief	FRA	24
1956	Tenley Albright	USA	12
	Carol Heiss	USA	21
	Ingrid Wendl	AUT	39
1960	Carol Heiss	USA	9
	Sjoukje Dijkstra	NED	20
	Barbara Ann Roles	USA	26
1964	Sjoukje Dijkstra	NED	9
	Regine Heitzer	AUT	22
	Petra Burka	CAN	25
1968	Peggy Fleming	USA	9
	Gaby Seyfert	GDR	18
	Hana Maskova	TCH	31
1972	Beatrix Schuba	AUT	9
	Karen Magnussen	CAN	23
	Janet Lynn	USA	27
1976	Dorothy Hamill	USA	9
	Dianne de Leeuw	NED	20
	Christine Errath	GDR	28
1980	Anett Pötzsch	GDR	11
	Linda Fratianne	USA	16
	Dagmar Lurz	FRG	28
1984	Katarina Witt	GDR	3,2
	Rosalynn Sumners	USA	4,6
	Kira Iwanowa	URS	9,2
1988	Katarina Witt	GDR	4,2
	Elizabeth Manley	CAN	4,6
	Debbie Thomas	USA	6,0
1992	Kristi Yamaguchi	USA	1,5
	Midori Ito	JPN	4,0
	Nancy Kerrigan	USA	4,0
1994	Oksana Bajul	UKR	2,0
	Nancy Kerrigan	USA	2,5
	Lu Chen	CHN	5,0
1998	Tara Lipinski	USA	2,0
	Michelle Kwan	USA	2,5
	Lu Chen	CHN	5,0
2002	Sarah Hughes	USA	3,0
	Irina Slutskaja	RUS	3,0
	Michelle Kwan	USA	3,5
2006	Shizuka Arakawa	JPN	191,34
	Sasha Cohen	USA	183,36
	Irina Slutskaja	RUS	181,44
2010	Kim Yu-Na	KOR	228,56
	Mao Asada	JPN	205,50
	Joannie Rochette	CAN	202,64
2014	Adelina Sotnikowa	RUS	224,59
	Kim Yu-Na	KOR	219,11
	Carolina Kostner	ITA	216,73
2018	Alina Sagitowa	OAR	239,57
	Jewgenija Medwedewa	OAR	238,26
	Kaetlyn Osmond	CAN	231,02

Spezialfiguren, Männer

Jahr	Name	Nation	Punkte
1908	Nikolai Panin	RUS	5
	Arthur Cumming	GBR	10
	George Hall-Say	GBR	15

Eiskunstlauf, Männer

Jahr	Name	Nation	Punkte
1908	Ulrich Salchow	SWE	7
	Richard Johansson	SWE	10
	Per Thoren	SWE	14
1920	Gillis Grafström	SWE	7
	Andreas Krogh	NOR	18
	Martin Stixrud	NOR	24,5
1924	Gillis Grafström	SWE	10
	Willy Böckl	AUT	13
	Georges Gautschi	SUI	23

1928	Gillis Grafström	SWE	12
	Willy Böckl	AUT	13
	Robert van Zeebroeck	BEL	27
1932	Karl Schäfer	AUT	9
	Gillis Grafström	SWE	13
	Montgomery Wilson	CAN	24
1936	Karl Schäfer	AUT	7
	Ernst Baier	GER	24
	Felix Kaspar	AUT	24
1948	Dick Button	USA	10
	Hans Gerschwiler	SUI	23
	Edi Rada	AUT	33
1952	Dick Button	USA	9
	Helmut Seibt	AUT	23
	James Grogan	USA	24
1956	Hayes Alan Jenkins	USA	13
	Ronald Robertson	USA	16
	David Jenkins	USA	27
1960	David Jenkins	USA	10
	Karol Divin	TCH	22
	Donald Jackson	CAN	31
1964	Manfred Schnelldorfer	GER	13
	Alain Calmat	FRA	22
	Scott Allen	USA	26
1968	Wolfgang Schwarz	AUT	13
	Timothy Wood	USA	17
	Patrick Péra	FRA	31
1972	Ondrej Nepela	TCH	9
	Sergej Tschetweruchin	URS	20
	Patrick Péra	FRA	28
1976	John Curry	GBR	11
	Wladimir Kowaljow	URS	28
	Toller Cranston	CAN	30
1980	Robin Cousins	GBR	13
	Jan Hoffmann	GDR	15
	Charles Tickner	USA	28
1984	Scott Hamilton	USA	3,4
	Brian Orser	CAN	5,6
	Jozef Sabovcik	TCH	7,4
1988	Brian Boitano	USA	3,0
	Brian Orser	CAN	4,2
	Wiktor Petrenko	URS	7,8
1992	Wiktor Petrenko	EUN	1,5
	Paul Wylie	USA	3,5
	Petr Barna	TCH	4,0
1994	Alexej Urmanow	RUS	1,5
	Elvis Stojko	CAN	3,0
	Philippe Candeloro	FRA	6,5
1998	Ilja Kulik	RUS	1,5
	Elvis Stojko	CAN	4,0
	Philippe Candeloro	FRA	4,5
2002	Alexej Jagudin	RUS	1,5
	Jewgeni Pluschenko	RUS	4,0
	Timothy Goebel	USA	4,5
2006	Jewgeni Pluschenko	RUS	258,33
	Stéphane Lambiel	SUI	231,21
	Jeffrey Buttle	CAN	227,59
2010	Evan Lysacek	USA	257,67
	Jewgeni Pluschenko	RUS	256,36
	Daisuke Takahashi	JPN	247,23
2014	Yuzuru Hanyu	JPN	280,09
	Patrick Chan	CAN	275,62
	Denis Ten	KAZ	255,10
2018	Yuzuru Hanyu	JPN	317,85
	Shoma Uno	JPN	306,90
	Javier Fernandez	ESP	305,24

Eiskunstlauf, Paare

1908	Hübler/Burger	GER	5
	Johnson/Johnson	GBR	10
	Syers/Syers	GBR	15
1920	Jakobsson/Jakobsson	FIN	7
	Bryn/Bryn	NOR	15,5
	Johnson/Williams	GBR	25
1924	Engelmann/Berger	AUT	9
	Jakobsson/Jakobsson	FIN	18,5
	Joly/Brunet	FRA	22
1928	Joly/Brunet	FRA	14
	Scholz/Kaiser	AUT	17
	Brunner/Wrede	AUT	29
1932	Brunet/Brunet	FRA	12
	Loughran/Badger	USA	16
	Rotter/Szollas	HUN	20
1936	Herber/Baier	GER	11
	Pausin/Pausin	AUT	19,5
	Rotter/Szollas	HUN	32,5
1948	Lannoy/Baugniet	BEL	17,5
	Kekessy/Kiraly	HUN	26
	Morrow/Distelmeyer	CAN	31
1952	Falk/Falk-Baran	GER	11,5
	Kennedy/Kennedy	USA	17,5
	Nagy/Nagy	HUN	31
1956	Schwarz/Oppelt	AUT	14
	Dafoe/Bowden	CAN	16
	Nagy/Nagy	HUN	32
1960	Wagner/Paul	CAN	7
	Kilius/Bäumler	GER	19
	Ludington/Ludington	USA	27,5
1964	Belousowa/Protopopow	URS	13
	Kilius/Bäumler	GER	15
	Wilkes/Revell	CAN	35,5
1968	Belousowa/Protopopow	URS	10
	Shuk/Gorelik	URS	17
	Glockshuber/Danne	FRG	30
1972	Rodnina/Ulanow	URS	12
	Smirnowa/Suraikin	URS	15
	Groß/Kagelmann	GDR	29
1976	Rodnina/Saizew	URS	9
	Kermer/Oesterreich	GDR	21
	Groß/Kagelmann	GDR	34
1980	Rodnina/Saizew	URS	9
	Tscherkassowa/Schachrai	URS	19
	Mager/Bewersdorff	GDR	33
1984	Walowa/Wassiljew	URS	1,4
	Carruthers/Carruthers	USA	2,8
	Selesnewa/Makarow	URS	3,8
1988	Gordejewa/Grinkow	URS	1,4
	Walowa/Wassiljew	URS	2,8
	Watson/Oppegard	USA	4,2
1992	Mischkutjonok/Dimitrijew	EUN	1,5
	Beschke/Petrow	EUN	3,0
	Brasseur/Eisler	CAN	4,5
1994	Gordejewa/Grinkow	RUS	1,5
	Mischkutjonok/Dimitrijew	RUS	3,0
	Brasseur/Eisler	CAN	4,5
1998	Kasakowa/Dimitrijew	RUS	1,5
	Bereschnaja/Sicharulidse	RUS	3,5
	Wötzel/Steuer	GER	4,0
2002	1. Bereschnaja/Sicharulidse	RUS	*
	1. Sale/Pelletier	CAN	
	Shen/Zhao	CHN	4,5
	* ohne Punktzahl nach IOC-Entscheidung		
2006	Totmianina/Marinin	RUS	204,48
	Zhang/Zhang	CHN	189,73
	Shen/Zhao	CHN	186,91
2010	Xue Shen/Hongbo Zhao	CHN	216,57
	Qing Pang/Jian Tong	CHN	213,31
	Savchenko/Szolkowy	GER	210,60
2014	Wolossoschar/Trankow	RUS	236,86
	Stolbowa/Klimow	RUS	218,68
	Savchenko/Szolkowy	GER	215,78
2018	Savchenko/Massot	GER	235,90
	Wenjing/Cong	CHN	235,47
	Duhamel/Radford	CAN	230,15

Eistanz

1976	Pachomowa/Gorschkow	URS	9
	Moissejewa/Minenkow	URS	20
	O'Connor/Millns	USA	27
1980	Linitschuk/Karponossow	URS	13
	Regöczy/Sallay	HUN	14
	Moissejewa/Minenkow	URS	27
1984	Torvill/Dean	GBR	2,0
	Bestemjanowa/Bukin	URS	4,0
	Klimowa/Ponomarenko	URS	7,0
1988	Bestemijanowa/Bukin	URS	2,0
	Klimowa/Ponomarenko	URS	4,0
	Wilson/McCall	CAN	6,0
1992	Klimowa/Ponomarenko	EUN	2,0
	Duchesnay/Duchesnay	FRA	4,4
	Usowa/Schulin	EUN	5,6
1994	Gritschuk/Platow	RUS	3,4
	Usowa/Schulin	RUS	3,8
	Torvill/Dean	GBR	4,8
1998	Gritschuk/Platow	RUS	2,0
	Krylowa/Owsjannikow	RUS	4,0
	Anissina/Peizerat	FRA	7,0
2002	Anissina/Peizerat	FRA	2,0
	Lobatschewa/Awerbuch	RUS	4,0
	Fusar-Poli/Margaglio	ITA	6,0
2006	Nawka/Kostomarow	RUS	200,64
	Belbin/Agosto	USA	196,06
	Gruschina/Gontscharow	UKR	195,85
2010	Virtue/Moir	CAN	221,57
	Davis/White	USA	215,74
	Domnina/Schabalin	RUS	207,64
2014	Davis/White	USA	195,52
	Virtue/Moir	CAN	190,99
	Ilinych/Kazalapow	RUS	183,48
2018	Virtue/Moir	CAN	206,07
	Papadakis/Cizeron	FRA	205,28
	Shibutani/Shibutani	USA	192,59

Teamwettbewerb

2014	Russland	75
	Kanada	65
	USA	60
2018	Kanada	73
	OAR	66
	USA	62

EISSCHNELLLAUF

Gleiche Zeiten = gleicher Medaillenrang

500 m, Frauen

1960	Helga Haase	GER	45,90
	Natalja Dontschenko	URS	46,00
	Jeanne Ashworth	USA	46,10
1964	Lidija Skoblikowa	URS	45,00
	Irina Jegorowa	URS	45,40
	Tatjana Sidorowa	URS	45,50
1968	Ljudmila Titowa	URS	46,10
	Mary Meyers	USA	46,30
	Dianne Holum	USA	46,30
	Jennifer Fish	USA	46,30
1972	Anne Henning	USA	43,33
	Wera Krasnowa	URS	44,01
	Ljudmila Titowa	URS	44,45
1976	Sheila Young	USA	42,76
	Cathy Priestner	CAN	43,12
	Tatjana Awerina	URS	43,17
1980	Karin Enke	GDR	41,78
	Leah Mueller-Poulos	USA	42,26
	Natalja Petrussewa	URS	42,42
1984	Christa Rothenburger	GDR	41,02
	Karin Enke	GDR	41,28
	Natalja Schive	URS	41,50
1988	Bonnie Blair	USA	39,10
	Christa Rothenburger	GDR	39,12
	Karin Kania-Enke	GDR	39,24
1992	Bonnie Blair	USA	40,33
	Qiaobo Ye	CHN	40,51
	C. Luding-Rothenburger	GER	40,57
1994	Bonnie Blair	USA	39,25
	Susan Auch	CAN	39,61
	Franziska Schenk	GER	39,70
1998	Catriona LeMay-Doan	CAN	1:16,60
	Susan Auch	CAN	1:16,93
	Tomomi Okazaki	JPN	1:17,10
2002	Catriona LeMay-Doan	CAN	1:14,75
	Monique Garbrecht-Enfeldt	GER	1:14,94
	Sabine Völker	GER	1:15,19
2006	Swetlana Schurowa	RUS	1:16,57
	Manli Wang	CHN	1:16,78
	Hui Ren	CHN	1:16,87
2010	Sang-Hwa Lee	KOR	76,09
	Jenny Wolf	GER	76,14
	Beixing Wang	CHN	76,63
2014	Lee Sang-Hwa	KOR	74,70
	Olga Fatkulina	RUS	75,06
	Margot Boer	NED	75,48
2018	Nao Kodaira	JPN	36,94
	Lee Sang Hwa	KOR	37,33
	Karolína Erbanová	CZE	37,34

1000 m, Frauen

1960	Klara Gussewa	URS	1:34,10
	Helga Haase	GER	1:34,30
	Tamara Rylowa	URS	1:34,80
1964	Lidija Skoblikowa	URS	1:33,20
	Irina Jegorowa	URS	1:34,30
	Kaija Mustonen	FIN	1:34,80
1968	Carolina Geijssen	NED	1:32,60
	Ljudmila Titowa	URS	1:32,90
	Dianne Holum	USA	1:33,40
1972	Monika Pflug	FRG	1:31,40
	Atje Keulen-Deelstra	NED	1:31,61
	Anne Henning	USA	1:31,62
1976	Tatjana Awerina	URS	1:28,43
	Leah Poulos	USA	1:28,57
	Sheila Young	USA	1:29,14
1980	Natalja Petrussewa	URS	1:24,10
	Leah Mueller-Poulos	USA	1:25,41
	Sylvia Albrecht	GDR	1:26,46
1984	Karin Enke	GDR	1:21,61
	Andrea Schöne	GDR	1:22,83
	Natalja Petrussewa	URS	1:23,21
1988	Christa Rothenburger	GDR	1:17,65
	Karin Kania-Enke	GDR	1:17,70
	Bonnie Blair	USA	1:18,31
1992	Bonnie Blair	USA	1:21,90
	Qiaobo Ye	CHN	1:21,92
	Monique Garbrecht	GER	1:22,10
1994	Bonnie Blair	USA	1:18,74
	Anke Baier	GER	1:20,12
	Qiaobo Ye	CHN	1:20,22
1998	Marianne Timmer	NED	1:16,51
	Christine Witty	USA	1:16,79
	Catriona LeMay-Doan	CAN	1:17,37
2002	Chris Witty	USA	1:13,83
	Sabine Völker	GER	1:13,96
	Jennifer Rodriguez	USA	1:14,24
2006	Marianne Timmer	NED	1:16,05
	Cindy Klassen	CAN	1:16,09
	Anni Friesinger	GER	1:16,11
2010	Christine Nesbitt	CAN	1:16,56
	Annette Gerritsen	NED	1:16,58
	Laurine van Riessen	NED	1:16,72
2014	Zhang Hong	CHN	1:14,02
	Ireen Wüst	NED	1:14,69
	Margot Boer	NED	1:14,90
2018	Jorien ter Mors	NED	1:13,56
	Nao Kodaira	JPN	1:13,82
	Miho Takagi	JPN	1:13,98

1500 m, Frauen

1960	Lidija Skoblikowa	URS	2:25,20
	Elvira Seroczynska	POL	2:25,70
	Helena Pilejczyk	POL	2:27,10
1964	Lidija Skoblikowa	URS	2:22,60
	Kaija Mustonen	FIN	2:25,50
	Berta Kolokolzewa	URS	2:27,10
1968	Kaija Mustonen	FIN	2:22,40
	Caroline Geijssen	NED	2:22,70
	Stien Kaiser	NED	2:24,50
1972	Dianne Holum	USA	2:20,85
	Stien Baas-Kaiser	NED	2:21,05
	Atje Keulen-Deelstra	NED	2:22,05
1976	Galina Stepanskaja	URS	2:16,58
	Sheila Young	USA	2:17,06
	Tatjana Awerina	URS	2:17,96
1980	Annie Borckink	NED	2:10,95
	Ria Visser	NED	2:12,35
	Sabine Becker	GDR	2:12,38
1984	Karin Enke	GDR	2:03,42
	Andrea Schöne	GDR	2:05,29
	Natalja Petrussewa	URS	2:05,78
1988	Yvonne van Gennip	NED	2:00,68
	Karin Kania-Enke	GDR	2:00,82
	Andrea Ehrig-Schöne	GDR	2:01,49
1992	Jacqueline Börner	GER	2:05,87
	Gunda Niemann	GER	2:05,92
	Seiko Hashimoto	JPN	2:06,88
1994	Emese Hunyady	AUT	2:02,19
	Swetlana Fedotkina	RUS	2:02,69
	Gunda Niemann	GER	2:03,41
1998	Marianne Timmer	NED	1:57,58
	G. Niemann-Stirnemann	GER	1:58,66
	Christine Witty	USA	1:58,97
2002	Anni Friesinger	GER	1:54,02
	Sabine Völker	GER	1:54,97
	Jennifer Rodriguez	USA	1:55,32
2006	Cindy Klassen	CAN	1:55,27
	Kristina Groves	CAN	1:56,74
	Ireen Wüst	NED	1:56,90
2010	Ireen Wüst	NED	1:56,89
	Kristina Groves	CAN	1:57,14
	Martina Sablikova	CZE	1:57,96
2014	Jorien ter Mors	NED	1:53,51
	Ireen Wüst	NED	1:54,09
	Lotte van Beek	NED	1:54,54
2018	Ireen Wüst	NED	1:54,35
	Miho Takagi	JPN	1:54,55
	Marrit Leenstra	NED	1:55,26

3000 m, Frauen

1960	Lidija Skoblikowa	URS	5:14,30
	Walentina Stenina	URS	5:16,90
	Eevi Huttunen	FIN	5:21,00
1964	Lidija Skoblikowa	URS	5:14,90
	Walentina Stenina	URS	5:18,50
	Pil-Hwa Han	PRK	5:18,50
1968	Johanna Schut	NED	4:56,20
	Kaija Mustonen	FIN	5:01,00
	Stien Kaiser	NED	5:01,30
1972	Stien Baas-Kaiser	NED	4:52,14
	Dianne Holum	USA	4:58,67
	Atje Keulen-Deelstra	NED	4:59,91
1976	Tatjana Awerina	URS	4:45,19
	Andrea Mitscherlich	GDR	4:45,23
	Lisbeth Korsmo	NOR	4:45,24
1980	Bjœrg Eva Jensen	NOR	4:32,13
	Sabine Becker	GDR	4:32,79
	Beth Heiden	USA	4:33,77
1984	A. Schöne-Mitscherlich	GDR	4:24,79
	Karin Enke	GDR	4:26,33
	Gabi Schönbrunn	GDR	4:33,13
1988	Yvonne van Gennip	NED	4:11,94
	Andrea Ehrig-Schöne	GDR	4:12,09
	Gabi Zange-Schönbrunn	GDR	4:16,92
1992	Gunda Niemann	GER	4:19,90
	Heike Warnicke	GER	4:22,88
	Emese Hunyady	AUT	4:24,64
1994	Swetlana Baschanowa	RUS	4:17,43
	Emese Hunyady	AUT	4:18,14
	Claudia Pechstein	GER	4:18,34
1998	G. Niemann-Stirnemann	GER	4:07,29
	Claudia Pechstein	GER	4:08,47
	Anni Friesinger	GER	4:09,44
2002	Claudia Pechstein	GER	3:57,70
	Renate Groenewold	NED	3:58,94
	Cindy Klassen	CAN	3:58,97

2006	Ireen Wüst	NED	4:02,43
	Renate Groenewold	NED	4:03,48
	Cindy Klassen	CAN	4:04,37
2010	Martina Sablikova	CZE	4:02,53
	Stephanie Beckert	GER	4:04,62
	Kristina Groves	CAN	4:04,84
2014	Ireen Wüst	NED	4:00,34
	Martina Sablikova	CZE	4:01,95
	Olga Graf	RUS	4:03,47
2018	Carlijn Achtereekte	NED	3:59,21
	Ireen Wüst	NED	3:59,29
	Antoinette de Jong	NED	4:00,02

5000 m, Frauen

1988	Yvonne van Gennip	NED	7:14,13
	Andrea Ehrig-Schöne	GDR	7:17,12
	Gabi Zange-Schönbrunn	GDR	7:21,61
1992	Gunda Niemann	GER	7:19,57
	Heike Warnicke	GER	7:37,59
	Claudia Pechstein	GER	7:39,80
1994	Claudia Pechstein	GER	7:14,37
	Gunda Niemann	GER	7:14,88
	Hiromi Yamamoto	JPN	7:19,68
1998	Claudia Pechstein	GER	6:59,61
	G. Niemann-Stirnemann	GER	6:59,65
	Ludmilla Prokaschewa	KAZ	7:11,14
2002	Claudia Pechstein	GER	6:46,91
	Gretha Smit	NED	6:49,22
	Clara Hughes	CAN	6:53,53
2006	Clara Hughes	CAN	6:59,07
	Claudia Pechstein	GER	7:00,08
	Cindy Klassen	CAN	7:00,57
2010	Martina Sablikova	CZE	6:50,91
	Stephanie Beckert	GER	6:51,39
	Clara Hughes	CAN	6:55,73
2014	Martina Sablikova	CZE	6:51,54
	Ireen Wüst	NED	6:54,28
	Carien Kleibeuker	NED	6:55,66
2018	Esmee Visser	NED	6:50,23
	Martina Sablikova	CZE	6:51,85
	Natalja Woronina	OAR	6:53,98

Massenstart, Frauen

2018	Nana Takagi	JPN	60
	Kim Bo Reum	KOR	40
	Irene Schouten	NED	20

Teamverfolgung, Frauen

2006	Deutschland	3:01,25
	Kanada	3:02,91
	Russland	
2010	Deutschland	3:02,82
	Japan	3:02,84
	Polen	3:03,73
2014	Niederlande	2:58,05
	Polen	3:05,55
	Russland	2:59,73
2018	Japan	2:53,89
	Niederlande	2:55,48
	USA	2:59,27

Mehrkampf, Männer

1924	Clas Thunberg	FIN	5,5 P.
	Roald Larsen	NOR	9,5 P.
	Julius Skutnabb	FIN	11,0 P.

500 m, Männer

1924	Charles Jewtraw	USA	44,00
	Oskar Olsen	NOR	44,20
	Roald Larsen	NOR	44,80
	Clas Thunberg	FIN	44,80
1928	Clas Thunberg	FIN	43,40
	Bernt Evensen	NOR	43,40
	John O'Neil Farrell	USA	43,60
	Roald Larsen	NOR	43,60
	Jaakko Friman	FIN	43,60
1932	Jack A. Shea	USA	43,40
	Bernt Evensen	NOR	5 m
	Alexander Hurd	CAN	8 m
1936	Ivar Ballangrud	NOR	43,40
	Georg Krog	NOR	43,50
	Leo Freisinger	USA	44,00
1948	Finn Helgesen	NOR	43,10
	Kenneth Bartholomew	USA	43,20
	Thomas Byberg	NOR	43,20
	Robert Fitzgerald	USA	43,20
1952	Kenneth Henry	USA	43,20
	Donald McDermott	USA	43,90
	Arne Johansen	NOR	44,00
	Gordon Audley	CAN	44,00
1956	Jewgeni Grischin	URS	40,20
	Rafael Gratsch	URS	40,80
	Alv Gjestvang	NOR	41,00
1960	Jewgeni Grischin	URS	40,20
	William Disney	USA	40,30
	Rafael Gratsch	URS	40,40
1964	Richard McDermott	USA	40,10
	Jewgeni Grischin	URS	40,60
	Wladimir Orlow	URS	40,60
	Alv Gjestvang	NOR	40,60
1968	Erhard Keller	FRG	40,30
	Magne Thomassen	NOR	40,50
	Richard McDermott	USA	40,50
1972	Erhard Keller	FRG	39,44
	Hasse Börjes	SWE	39,69
	Waleri Muratow	URS	39,80
1976	Jewgeni Kulikow	URS	39,17
	Waleri Muratow	URS	39,25
	Daniel Immerfall	USA	39,54
1980	Eric Heiden	USA	38,03
	Jewgeni Kulikow	URS	38,37
	Lieuwe de Boer	NED	38,48
1984	Sergej Fokitschew	URS	38,19
	Yoshihiro Kitazawa	JPN	38,30
	Gaetan Boucher	CAN	38,39
1988	Uwe-Jens Mey	GDR	36,45
	Jan Ykema	NED	36,76
	Akira Kuroiwa	JPN	36,77
1992	Uwe-Jens Mey	GER	37,14
	Toshiyuki Kuroiwa	JPN	37,18
	Junichi Inoue	JPN	37,26
1994	Alexander Golubew	RUS	36,33
	Sergei Klewschenia	RUS	36,39
	Manabu Horii	JPN	36,53
1998	Hiroyasu Shimizu	JPN	1:11,35
	Jeremy Wotherspoon	CAN	1:11,84
	Kevin Overland	CAN	1:11,86
2002	Casey FitzRandolph	USA	1:09,23
	Hiroyasu Shimizu	JPN	1:09,26
	Kip Carpenter	USA	1:09,47
2006	Joey Cheek	USA	1:09,76
	Dimitri Dorofejew	RUS	1:10,41
	Kang Seok Lee	KOR	1:10,43
2010	Tae-Bum Mo	KOR	69,82
	Keiichiro Nagashima	JPN	69,98
	Joji Kato	JPN	70,01
2014	Michel Mulder	NED	69,312
	Jan Smeekens	NED	69,324
	Ronald Mulder	NED	69,46
2018	Havard Lorentzen	NOR	34,41
	Cha Min-Kyu	KOR	34,42
	Gao Tingyu	CHN	34,65

1000 m, Männer

1976	Peter Mueller	USA	1:19,32
	Jörn Didriksen	NOR	1:20,45
	Waleri Muratow	URS	1:20,57
1980	Eric Heiden	USA	1:15,18
	Gaetan Boucher	CAN	1:16,68
	Frode Rönning	NOR	1:16,91
	Wladimir Lobanow	URS	1:16,91
1984	Gaetan Boucher	CAN	1:15,80
	Sergej Schlebnikow	URS	1:16,63
	Kai Arne Engelstaad	NOR	1:16,75
1988	Nikolai Guljajew	URS	1:13,03
	Uwe-Jens Mey	GDR	1:13,11
	Igor Schelesowski	URS	1:13,19
1992	Olaf Zinke	GER	1:14,85
	Yoon-Man Kim	KOR	1:14,86
	Yukinori Miyabe	JPN	1:14,92
1994	Dan Jansen	USA	1:12,13
	Igor Schelesowski	BLR	1:12,72
	Sergei Klewschenia	RUS	1:12,85
1998	Ids Postma	NED	1:10,64
	Jan Bos	NED	1:10,71
	Hiroyasu Shimizu	JPN	1:11,00
2002	Gerard van Velde	NED	1:07,18
	Jan Bos	NED	1:07,53
	Joey Cheek	USA	1:07,61
2006	Shani Davis	USA	1:08,89
	Joey Cheek	USA	1:09,16
	Erben Wennemars	NED	1:09,32
2010	Shani Davis	USA	1:08,94
	Tae-Bum Mo	KOR	1:09,12
	Chad Hedrick	USA	1:09,32
2014	Stefan Groothuis	NED	1:08,39
	Denny Morrison	CAN	1:08,43
	Michel Mulder	NED	1:08,74
2018	Kjeld Nuis	NED	1:07,95
	Havard Lorentzen	NOR	1:07,99
	Kim Tae Yun	KOR	1:08,22

1500 m, Männer

1924	Clas Thunberg	FIN	2:20,80
	Roald Larsen	NOR	2:22,00
	Sigurd Moen	NOR	2:25,60
1928	Clas Thunberg	FIN	2:21,10
	Bernt Evensen	NOR	2:21,90
	Ivar Ballangrud	NOR	2:22,60
1932	Jack A. Shea	USA	2:57,50
	Alexander Hurd	CAN	5 m
	William Logan	CAN	6 m
1936	Charles Mathisen	NOR	2:19,20
	Ivar Ballangrud	NOR	2:20,20
	Birger Wasenius	FIN	2:20,90
1948	Sverre Farstad	NOR	2:17,60
	Ake Seyffarth	SWE	2:18,10
	Odd Lundberg	NOR	2:18,90
1952	Hjalmar Andersen	NOR	2:20,40
	Willem van der Voort	NED	2:20,60
	Roald Aas	NOR	2:21,60
1956	Jewgeni Grischin	URS	2:08,60
	Juri Michailow	URS	2:08,60
	Toivo Salonen	FIN	2:09,40
1960	Roald Aas	NOR	2:10,40
	Jewgeni Grischin	URS	2:10,40
	Boris Stenin	URS	2:11,50
1964	Ants Antson	URS	2:10,30
	Kees Verkerk	NED	2:10,60
	Villy Haugen	NOR	2:11,20
1968	Kees Verkerk	NED	2:03,40
	Ard Schenk	NED	2:05,00
	Ivar Eriksen	NOR	2:05,00
1972	Ard Schenk	NED	2:02,96
	Roar Grönvold	NOR	2:04,26
	Göran Classon	SWE	2:05,89
1976	Jan Egil Storholt	NOR	1:59,38
	Juri Kondakow	URS	1:59,97
	Hans van Helden	NED	2:00,87
1980	Eric Heiden	USA	1:55,44
	Arne Kai Stenshjemmet	NOR	1:56,81
	Terje Andersen	NOR	1:56,92
1984	Gaetan Boucher	CAN	1:58,36
	Sergej Schlebnikow	URS	1:58,83
	Oleg Bogjew	URS	1:58,89
1988	Andre Hoffmann	GDR	1:52,06
	Erik Flaim	USA	1:52,12
	Michael Hadschieff	AUT	1:52,31
1992	Johann Olav Koss	NOR	1:54,81
	Adne Söndral	NOR	1:54,85
	Leo Visser	NED	1:54,90
1994	Johann Olav Koss	NOR	1:51,29
	Rintje Ritsma	NED	1:51,99
	Falko Zandstra	NED	1:52,38
1998	Adne Söndral	NOR	1:47,87
	Ids Postma	NED	1:48,13
	Rintje Ritsma	NED	1:48,52
2002	Derek Parra	USA	1:43,95
	Jochem Uytdehaage	NED	1:44,57
	Adne Söndral	NOR	1:45,26
2006	Enrico Fabris	ITA	1:45,97
	Shani Davis	USA	1:46,13
	Chad Hedrick	USA	1:46,22
2010	Mark Tuitert	NED	1:45,57
	Shani Davis	USA	1:46,10
	Havard Bokko	NOR	1:46,13
2014	Zbigniew Brodka	POL	1:45,006
	Koen Verweij	NED	1:45,009
	Denny Morrison	CAN	1:45,22
2018	Kjeld Nuis	NED	1:44,01
	Patrick Roest	NED	1:44,86
	Kim Min-Seok	KOR	1:44,93

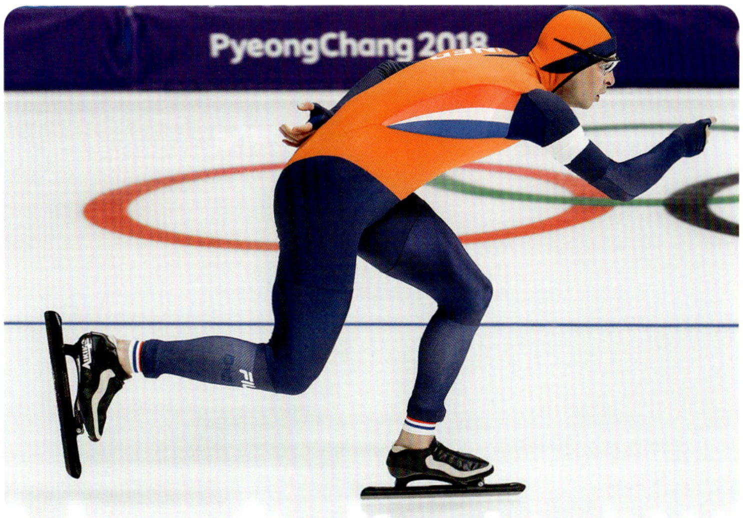

Mit seinem Sieg im 5000-Meter-Eisschnelllaufen erlangte der Niederländer Sven Kramer einen Rekord: Er wurde der erste männliche Skiläufer, der dreimal hintereinander bei der gleichen Disziplin gewann.

5000 m, Männer

1924	Clas Thunberg	FIN	8:39,00
	Julius Skutnabb	FIN	8:48,40
	Roald Larsen	NOR	8:50,20
1928	Ivar Ballangrud	NOR	8:50,50
	Julius Skutnabb	FIN	8:59,10
	Bernt Evensen	NOR	9:01,10
1932	Irving Jaffee	USA	8:40,80
	Edward Murphy	USA	2 m
	William Logan	CAN	4 m
1936	Ivar Ballangrud	NOR	8:19,60
	Birger Wasenius	FIN	8:23,30
	Antero Ojala	FIN	8:30,10
1948	Reidar Liaklev	NOR	8:29,40
	Odd Lundberg	NOR	8:32,70
	Göthe Hedlund	SWE	8:34,80
1952	Hjalmar Andersen	NOR	8:10,80
	Cornelis Broekman	NED	8:21,60
	Sverre Haugli	NOR	8:22,40
1956	Boris Schilkow	URS	7:48,70
	Sigvard Ericsson	SWE	7:56,70
	Oleg Gontscharenko	URS	7:57,50
1960	Wiktor Kossitschkin	URS	7:51,30
	Knut Johannesen	NOR	8:00,80
	Jan Pesman	NED	8:05,10
1964	Knut Johannesen	NOR	7:38,40
	Ivar Per Moe	NOR	7:38,60
	Fred Anton Maier	NOR	7:42,00
1968	Fred Anton Maier	NOR	7:22,40
	Kees Verkerk	NED	7:23,20
	Petrus Nottet	NED	7:25,50
1972	Ard Schenk	NED	7:23,61
	Roar Grönvold	NOR	7:28,16
	Sten Stensen	NOR	7:33,39
1976	Sten Stensen	NOR	7:24,48
	Piet Kleine	NED	7:26,47
	Hans van Helden	NED	7:26,54
1980	Eric Heiden	USA	7:02,29
	Arne Kai Stenshjemmet	NOR	7:03,28
	Tom Erik Oxholm	NOR	7:05,59
1984	Tomas Gustafson	SWE	7:12,28
	Igor Malkow	URS	7:12,30
	René Schöfisch	GDR	7:17,49
1988	Tomas Gustafsson	SWE	6:44,63
	Leo Visser	NED	6:44,98
	Gerard Kemkers	NED	6:45,92
1992	Geir Karlstad	NOR	6:59,97
	Falko Zandstra	NED	7:02,28
	Leo Visser	NED	7:04,96
1994	Johann Olav Koss	NOR	6:34,96
	Kjell Storelid	NOR	6:42,68
	Rintje Ritsma	NED	6:43,94
1998	Gianni Romme	NED	6:22,20
	Rintje Ritsma	NED	6:28,24
	Bart Veldkamp	BEL	6:28,31
2002	Jochem Uytdehaage	NED	6:14,66
	Derek Parra	USA	6:17,98
	Jens Boden	GER	6:21,73
2006	Chad Hedrick	USA	6:14,68
	Jens Kramer	NED	6:16,40
	Enrico Fabris	ITA	6:18,25
2010	Sven Kramer	NED	6:14,60
	Seung-Hoon Lee	KOR	6:16,95
	Iwan Skobrew	RUS	6:18,05
2014	Sven Kramer	NED	6:10,76
	Jan Blokhuijsen	NED	6:15,71
	Jorrit Bergsma	NED	6:16,66
2018	Sven Kramer	NED	6:09,76
	Ted-Jan Bloemen	CAN	6:11,61
	Sverre Lunde Pedersen	NOR	6:11,61

Die Silbermedaillengewinner

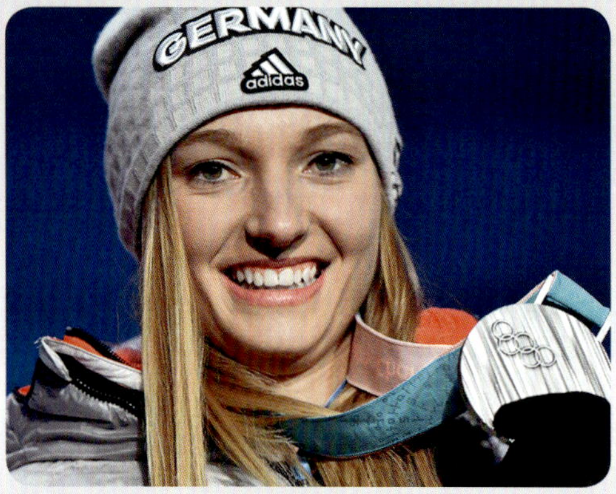

Katharina Althaus (GER), Skispringen

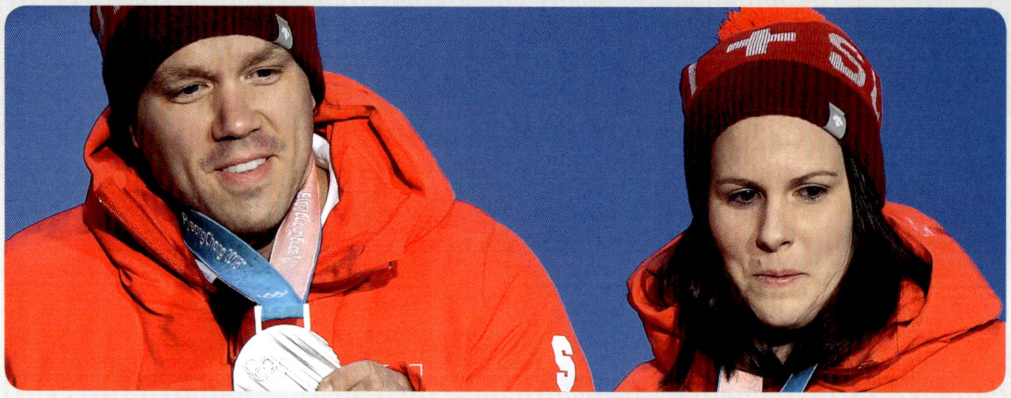

Jenny Perret/Martin Rios (SUI), Curling, Mixed Doubles

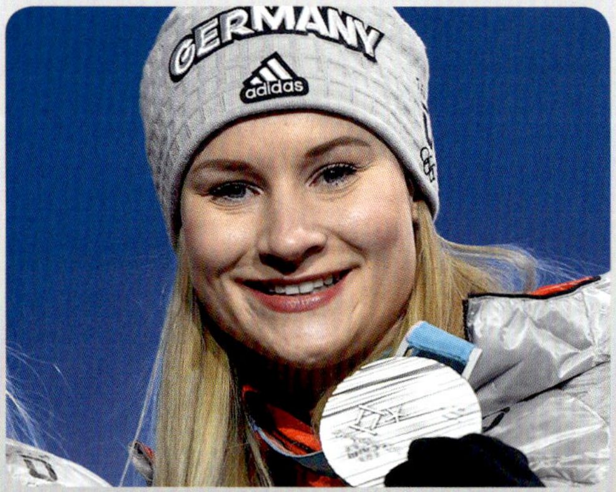

Dajana Eitberger (GER), Rodeln, Einsitzer

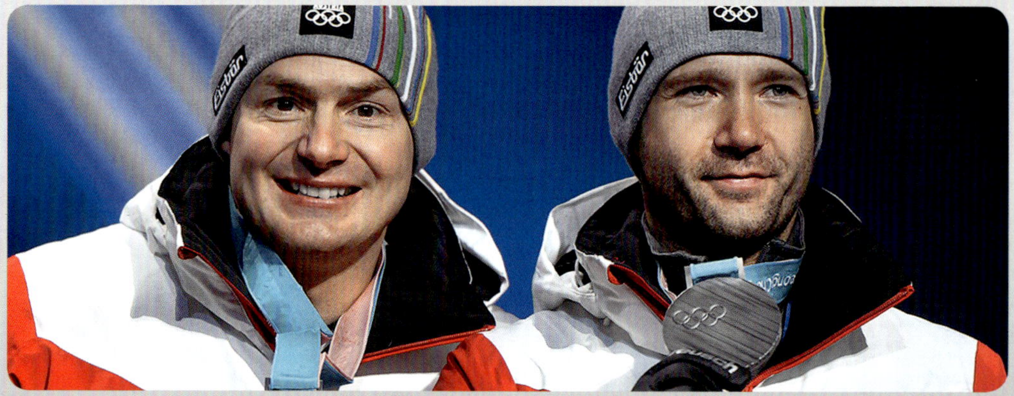

Peter Penz/Georg Fischler (AUT), Rodeln, Doppelsitzer

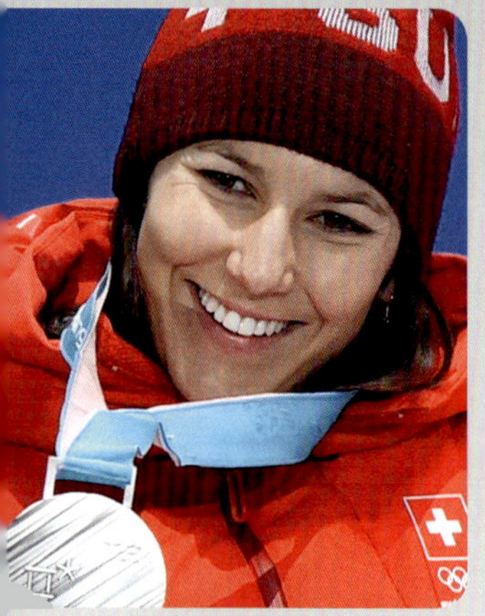

Wendy Holdener (SUI), Ski Alpin, Slalom

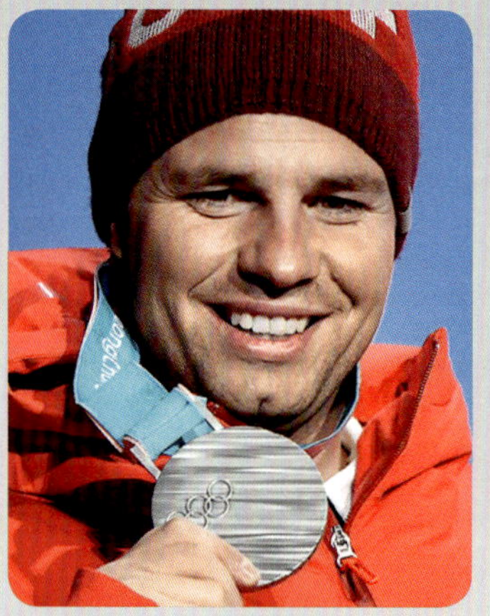

Beat Feuz (SUI), Ski Alpin, Super-G

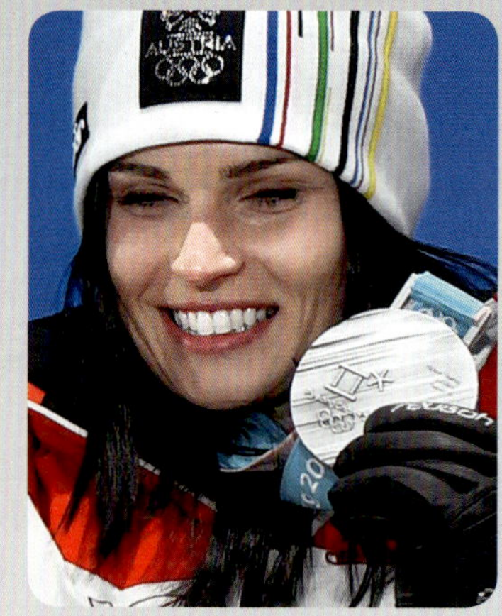

Anna Veith (AUT), Ski Alpin, Super-G

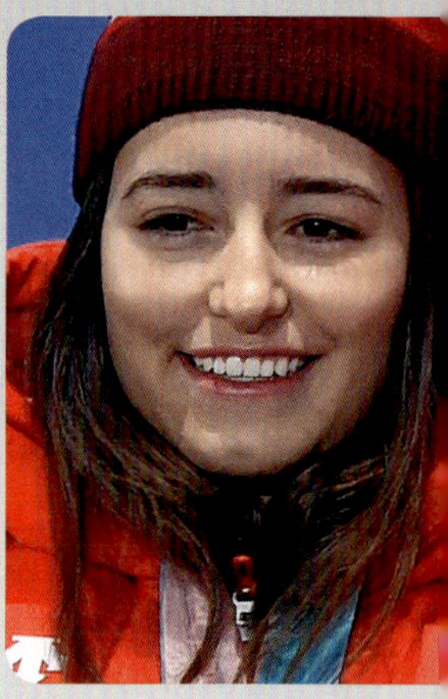

Mathilde Gremaud (SUI), Ski Freestyle, Slopestyle

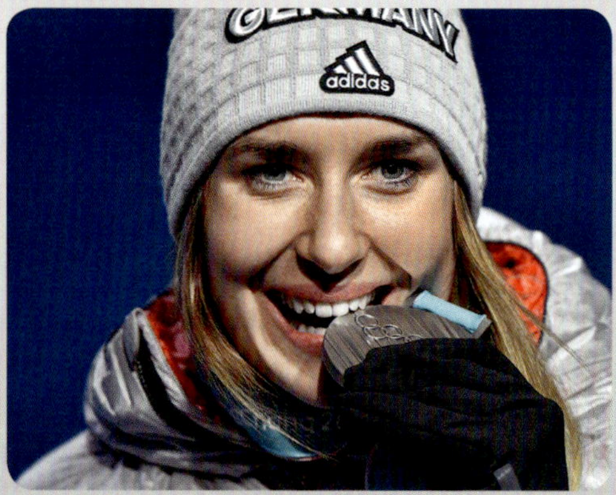

Jacqueline Lölling (GER), Skeleton

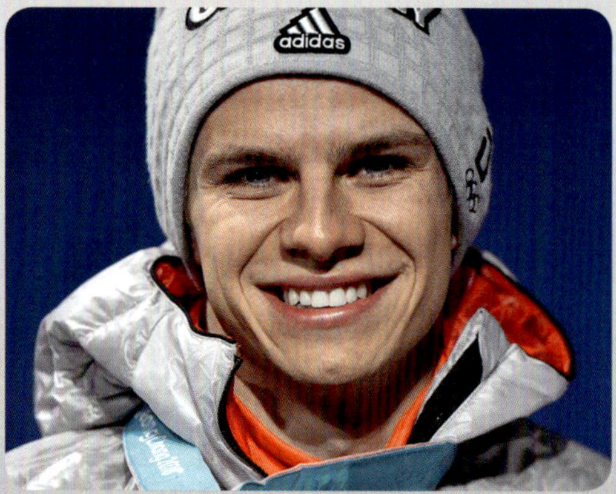

Andreas Wellinger (GER), Skispringen, Großschanze

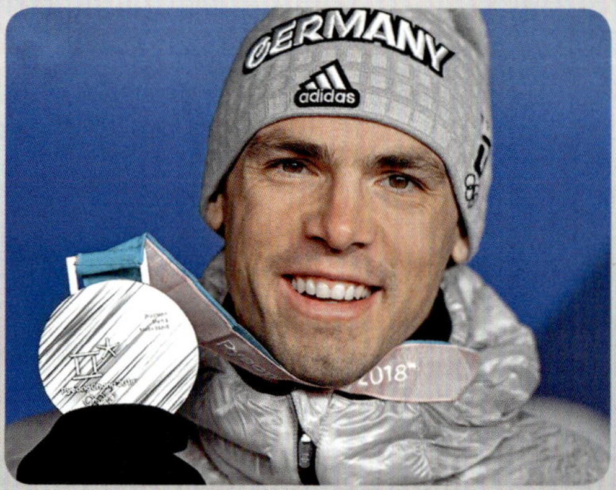

Simon Schempp (GER), Biathlon, Massenstart

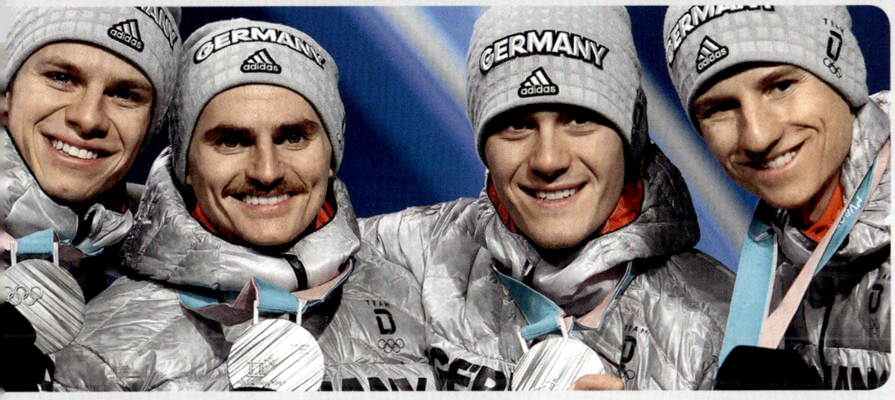

Deutschland, Skispringen, Mannschaftsspringen

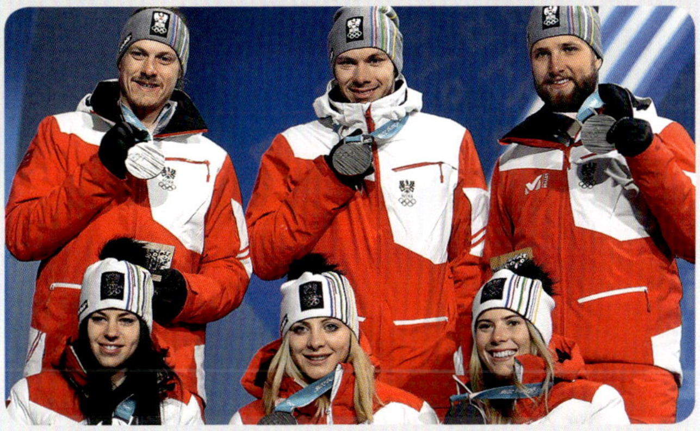

Österreich, Ski Alpin, Mixed Team

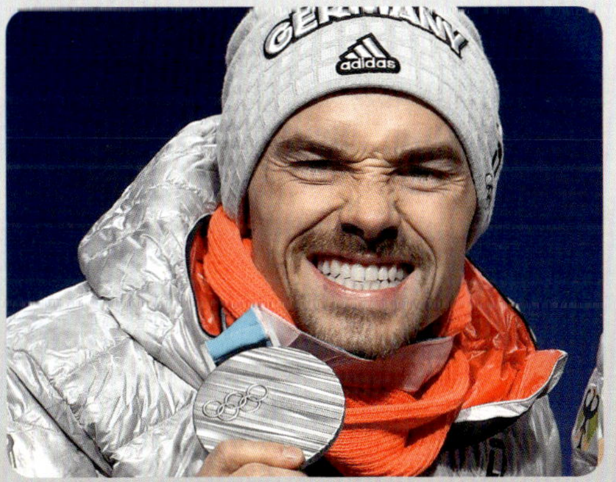

Fabian Rießle (GER), Nordische Kombination, Großschanze

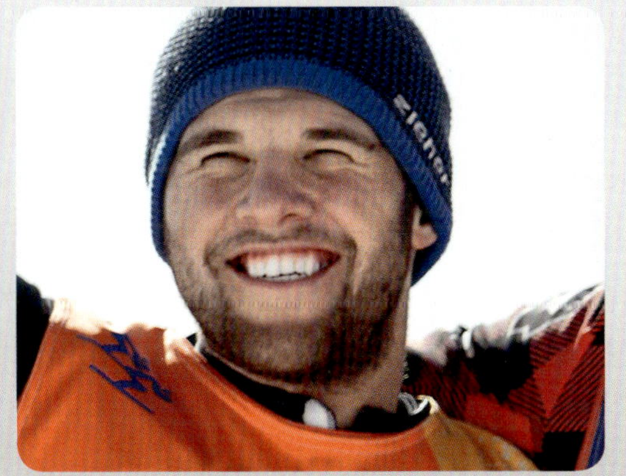

Marc Bischofberger (SUI), Ski Freestyle, Skicross

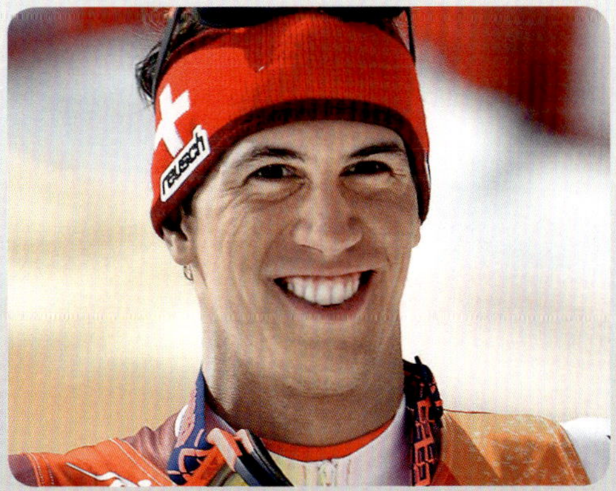

Ramon Zenhäusern (SUI), Ski Alpin, Slalom

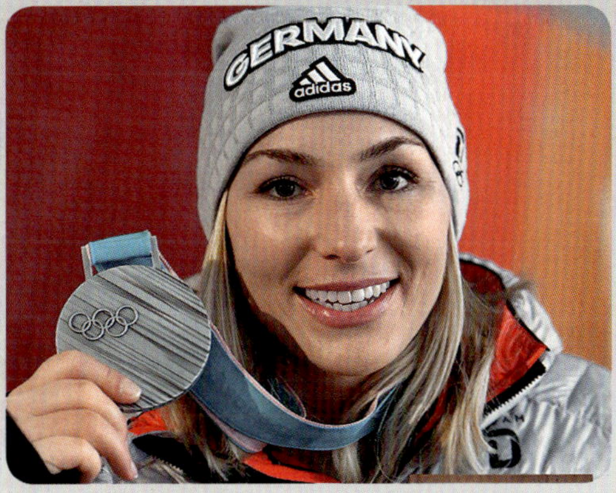

Selina Jörg (GER), Snowboard, Parallel-Riesenslalom

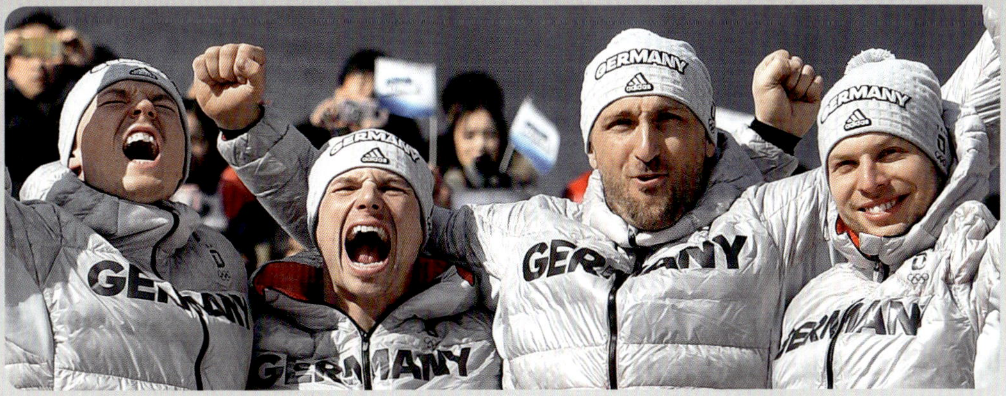

Deutschland, Bob, Viererbob

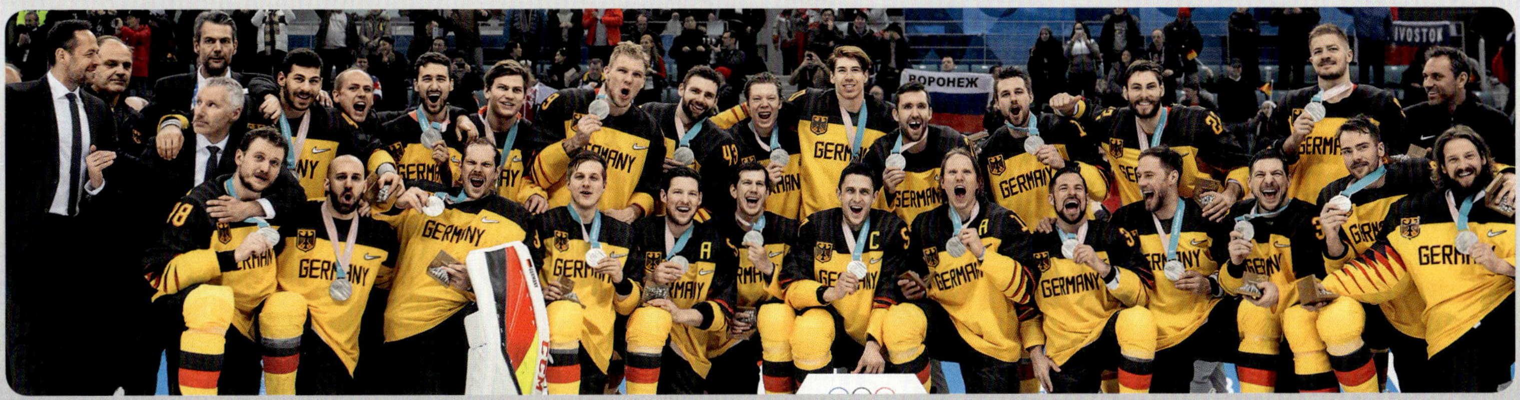

Deutschland, Eishockey

10 000 m, Männer

1924	Julius Skutnabb	FIN	18:04,80
	Clas Thunberg	FIN	18:07,80
	Roald Larsen	NOR	18:12,20
1928	abgebrochen (schlechtes Eis)		
1932	Irving Jaffee	USA	19:13,60
	Ivar Ballangrud	NOR	5 m
	Frank Stack	CAN	6 m
1936	Ivar Ballangrud	NOR	17:24,30
	Birger Wasenius	FIN	17:28,20
	Max Stiepl	AUT	17:30,00
1948	Ake Seyffarth	SWE	17:26,30
	Lauri Parkkinen	FIN	17:36,00
	Pentti Lammio	FIN	17:42,70
1952	Hjalmar Andersen	NOR	16:45,80
	Cornelis Broekman	NED	17:10,60
	Carl-Erik Asplund	SWE	17:16,60
1956	Sigvard Ericsson	SWE	16:35,90
	Knut Johannesen	NOR	16:36,90
	Oleg Gontscharenko	URS	16:42,30
1960	Knut Johannesen	NOR	15:46,60
	Wiktor Kossitschkin	URS	15:49,20
	Kjell Bäckman	SWE	16:14,20
1964	Jonny Nilsson	SWE	15:50,10
	Fred Anton Maier	NOR	16:06,00
	Knut Johannesen	NOR	16:06,30
1968	Johnny Höglin	SWE	15:23,60
	Fred Anton Maier	NOR	15:23,90
	Örjan Sandler	SWE	15:31,80
1972	Ard Schenk	NED	15:01,36
	Kees Verkerk	NED	15:04,70
	Sten Stensen	NOR	15:07,08
1976	Piet Kleine	NED	14:50,59
	Sten Stensen	NOR	14:53,30
	Hans van Helden	NED	15:02,02
1980	Eric Heiden	USA	14:28,13
	Piet Kleine	NED	14:36,03
	Tom Erik Oxholm	NOR	14:36,60
1984	Igor Malkow	URS	14:39,90
	Tomas Gustafson	SWE	14:39,95
	René Schöfisch	GDR	14:46,91
1988	Tomas Gustafson	SWE	13:48,20
	Michael Hadschieff	AUT	13:56,11
	Leo Visser	NED	14:00,55
1992	Bart Veldkamp	NED	14:12,12
	Johann Olav Koss	NOR	14:14,58
	Geir Karlstad	NOR	14:18,13
1994	Johann Olav Koss	NOR	13:30,55
	Kjell Storelid	NOR	13:49,25
	Bart Veldkamp	NED	13:56,73
1998	Gianni Romme	NED	13:15,33
	Bob de Jong	NED	13:25,76
	Rintje Ritsma	NED	13:28,19
2002	Jochem Uytdehaage	NED	12:58,92
	Gianni Romme	NED	13:10,03
	Lasse Saetre	NOR	13:16,92
2006	Bob de Jong	NED	13:01,57
	Chad Hedrick	USA	13:05,40
	Carl Verheijen	NED	13:08,80
2010	Seung-Hoon Lee	KOR	12:58,55
	Iwan Skobrew	RUS	13:02,07
	Bob de Jong	NED	13:06,73
2014	Jorrit Bergsma	NED	12:44,45
	Sven Kramer	NED	12:49,02
	Bob de Jong	NED	13:07,19
2018	Ted-Jan Bloemen	CAN	12:39,77
	Jorrit Bergsma	NED	12:41,98
	Nicola Tumolero	ITA	12:54,32

Massenstart, Männer

2018	Lee Seung Hoon	KOR	60
	Bart Swings	BEL	40
	Koen Verweij	NED	20

Teamverfolgung, Männer

2006	Italien	3:44,46
	Kanada	3:47,28
	Niederlande	3:44,53
2010	Kanada	3:41,37
	USA	3:41,58
	Niederlande	3:39,95
2014	Niederlande	3:37,71
	Südkorea	3:40,85
	Polen	3:41,94
2018	Norwegen	3:37,32
	Südkorea	3:38,52
	Niederlande	3:38,40

SHORTTRACK

500 m, Frauen

1992	Cathy Turner	USA	47,04
	Yan Li	CHN	47,08
	Ok-Sil Hwang	PRK	47,23
1994	Cathy Turner	USA	45,98
	Yanmei Zhang	CHN	46,44
	Amy Peterson	USA	46,76
1998	Annie Perreault	CAN	46,568
	Yang S. Yang	CHN	46,627
	Lee-Kyung Chun	KOR	46,335
2002	Yang A. Yang	CHN	44,187
	Jewgenia Radanowa	BUL	44,252
	Chunlu Wang	CHN	44,272
2006	Meng Wang	CHN	44,345
	Jewgenia Radanowa	BUL	44,374
	Anouk Leblanc-Boucher	CAN	44,759
2010	Meng Wang	CHN	43,048
	Marianne St-Gelais	CAN	43,707
	Arianna Fontana	ITA	43,804
2014	Li Jianrou	CHN	45,263
	Arianna Fontana	ITA	51,250
	Park Seung-Hi	KOR	54,207
2018	Arianna Fontana	ITA	42,569
	Yara van Kerkhof	NED	43,256
	Kim Boutin	CAN	43,881

1000 m, Frauen

1994	Lee-Kyung Chun	KOR	1:36,87
	Nathalie Lambert	CAN	1:36,97
	So-Hee Kim	KOR	1:37,09
1998	Lee-Kyung Chun	KOR	1:42,776
	Yang S. Yang	CHN	1:43,343
	Hye-Kyung Won	KOR	1:43,361
2002	Yang A. Yang	CHN	1:36,391
	Gi-Hyun Ko	KOR	1:36,427
	Yang S. Yang	CHN	1:37,008
2006	Sun-Yu Jin	KOR	1:32,859
	Meng Wang	CHN	1:33,079
	Yang A. Yang	CHN	1:33,937
2010	Meng Wang	CHN	1:29,213
	Katherine Reutter	USA	1:29,324
	Park Seung-Hi	KOR	1:29,379
2014	Park Seung-Hi	KOR	1:30,761
	Fan Kexin	CHN	1:30,811
	Shim Suk-Hee	KOR	1:31,027
2018	Suzanne Schulting	NED	1:29,778
	Kim Boutin	CAN	1:29,956
	Arianna Fontana	ITA	1:30,656

1500 m, Frauen

2002	Gi-Hyun Ko	KOR	2:31,581
	Eun-Kyung Choi	KOR	2:31,610
	Jewgenija Radanowa	BUL	2:31,723
2006	Sun-Yu Jin	KOR	2:23,494
	Eun-Kyung Choi	KOR	2:24,069
	Meng Wang	CHN	2:24,469
2010	Zhou Yang	CHN	2:16,993
	Eun-Byul Lee	KOR	2:17,849
	Seung-Hi Park	KOR	2:17,927
2014	Zhou Yang	CHN	2:19,140
	Shim Suk-Hee	KOR	2:19,239
	Arianna Fontana	ITA	2:19,416
2018	Choi Min Jeong	KOR	2:24,948
	Li Jinyu	CHN	2:25,703
	Kim Boutin	CAN	2:25,834

3000-m-Staffel, Frauen

1992	Kanada	4:36,62
	USA	4:37,62
	EUN	4:42,69
1994	Südkorea	4:26,64
	Kanada	4:32,04
	USA	4:39,34
1998	Südkorea	4:16,260
	China	4:16,383
	Kanada	4:21,205
2002	Südkorea	4:12,793
	China	4:13,236
	Kanada	4:15,738
2006	Südkorea	4:17,040
	Kanada	4:17,336
	Italien	4:20,030
2010	China	4:06,610
	Kanada	4:09,137
	USA	4:14,081
2014	Südkorea	4:09,498
	Kanada	4:10,641
	Italien	4:14,014
2018	Südkorea	4:07,361
	Italien	4:15,901
	Niederlande	4:03,471

500 m, Männer

1994	Ji-Hoon Chae	KOR	43,45
	Mirko Vuillermin	ITA	43,47
	Nicholas Gooch	GBR	43,68
1998	Takafumi Nashitani	JPN	42,862
	Yulong An	CHN	43,022
	Hitoshi Uematsu	JPN	43,713
2002	Marc Gagnon	CAN	41,802
	Jonathan Guilmette	CAN	41,994
	Rusty Smith	USA	42,027
2006	Apolo Anton Ohno	USA	41,935
	Francois-Louis Tremblay	CAN	42,002
	Hyun-Soo Ahn	KOR	42,089
2010	Charles Hamelin	CAN	40,981
	Si-Bak Sung	KOR	41,340
	Francois-Louis Tremblay	CAN	46,366
2014	Victor An	RUS	41,312
	Wu Dajing	CHN	41,516
	Charle Cournoyer	CAN	41,617
2018	Wu Dajing	CHN	39,584
	Hwang Dae Heon	KOR	39,854
	Lim Hyo Jun	KOR	39,919

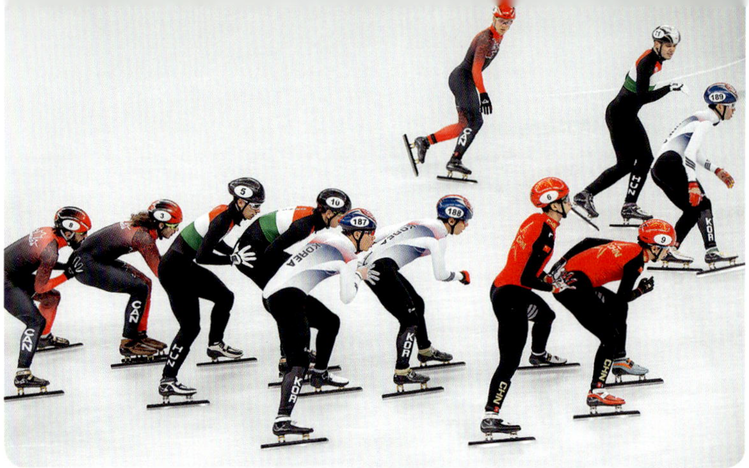

Sensation bei der 5000-Meter-Staffel im Shorttrack: Das erste Mal überhaupt gewann Ungarn eine Goldmedaille bei den olympischen Winterspielen.

1000 m, Männer

1992	Ki-Hoon Kim	KOR	1:30,76
	Frederic Blackburn	CAN	1:31,11
	Joon-Ho Lee	KOR	1:31,16
1994	Ki-Hoon Kim	KOR	1:34,57
	Ji-Hoon Chae	KOR	1:34,92
	Marc Gagnon	CAN	–
1998	Dong-Sung Kim	KOR	1:32,375
	Jiajun Li	CHN	1:32,428
	Eric Bedard	CAN	1:32,661
2002	Steven Bradbury	AUS	1:29,109
	Apolo Anton Ohno	USA	1:30,160
	Mathieu Turcotte	CAN	1:30,563
2006	Hyun-Soo Ahn	KOR	1:26,739
	Ho-Suk Lee	KOR	1:26,764
	Apolo Anton Ohno	USA	1:26,927
2010	Jung-Su Lee	KOR	1:23,747
	Ho-Suk Lee	KOR	1:23,801
	Apolo Anton Ohno	USA	1:24,128
2014	Victor An	RUS	1:25,325
	Wladimir Grigorew	RUS	1:25,399
	Sjinkie Knegt	NED	1:25,611
2018	Samuel Girard	CAN	1:24,650
	John-Henry Krueger	USA	1:24,864
	Seo Yi Ra	KOR	1:31,619

1500 m, Männer

2002	Apolo Anton Ohno	USA	2:18,541
	Jiajun Li	CHN	2:18,731
	Marc Gagnon	CAN	2:18,806
2006	Hyun-Soo Ahn	KOR	2:25,341
	Ho-Suk Lee	KOR	2:25,600
	Jia Jun Li	CHN	2:26,005
2010	Jung-Su Lee	KOR	2:17,611
	Apolo Anton Ohno	USA	2:17,976
	J.R. Celski	USA	2:18,053
2014	Charles Hamelin	CAN	2:14,985
	Han Tianyu	CHN	2:15,055
	Victor An	RUS	2:15,062
2018	Lim Hyo Jun	KOR	2:10,485
	Sjinkie Knegt	NED	2:10,555
	Semjon Jelistratow	OAR	2:10,687

5000-m-Staffel, Männer

1992	Südkorea	7:14,02
	Kanada	7:14,06
	Japan	7:18,18
1994	Italien	7:11,74
	USA	7:13,37
	Australien	7:13,68
1998	Kanada	7:06,075
	Südkorea	7:06,776
	China	7:11,559
2002	Kanada	6:51,579
	Italien	6:56,327
	China	6:59,633
2006	Südkorea	6:43,376
	Kanada	6:43,707
	USA	6:47,990
2010	Kanada	6:44,224
	Südkorea	6:44,446
	USA	6:44,498
2014	Russland	6:42,100
	USA	6:42,371
	China	6:48,341
2018	Ungarn	6:31,971
	China	6:32,035
	Kanada	6:32,282

NORDISCHE WETTBEWERBE

BIATHLON

7,5 km, Frauen

1992	Anfissa Reszowa	EUN	24:29,7
	Antje Misersky	GER	24:45,1
	Jelena Bjelowa	EUN	24:50,8
1994	Myriam Bedard	CAN	26:08,8
	Swetlana Paramygina	BLR	26:09,9
	Valentina Tserbe	UKR	26:10,0
1998	Galina Kuklewa	RUS	23:08,0
	Uschi Disl	GER	23:08,7
	Katrin Apel	GER	23:32,4
2002	Kati Wilhelm	GER	20:41,4
	Uschi Disl	GER	20:57,0
	Magdalena Forsberg	SWE	21:20,4
2006	Florence Baverel-Robert	FRA	22:31,4
	Anna Carin Olofsson	SWE	22:33,8
	Lilia Jefremowa	UKR	22:38,0
2010	Anastazia Kuzmina	SVK	19:55,6
	Magdalena Neuner	GER	19:57,1
	Marie Dorin	FRA	20:06,5
2014	Anastasiya Kuzmina	SVK	21:06,8
	N. N.		
	Wita Semerenko	UKR	21:28,5
2018	Laura Dahlmeier	GER	21:06,2
	Marte Olsbu	NOR	+ 0:24,2
	Veronika Vitková	CZE	+ 0:25,8

10 km Jagdrennen/Verfolgung, Frauen

2002	Olga Pilewa	RUS	31:07,7
	Kati Wilhelm	GER	31:13,0
	Irina Nikultschina	BUL	31:15,8
2006	Kati Wilhelm	GER	36:43,6
	Martina Glagow	GER	36:57,2
	Albina Achatowa	RUS	37:05,0
2010	Magdalena Neuner	GER	30:16,0
	Anastazia Kuzmina	SLO	30:28,3
	Marie Laure Brunet	FRA	30:44,3
2014	Darja Domratschewa	BLR	29:30,7
	Tora Berger	NOR	30:08,3
	Teja Gregorin	SLO	30:12,7
2018	Laura Dahlmeier	GER	30:35,3
	Anastasiya Kuzmina	SVK	+ 0:29,4
	Anais Bescond	FRA	+ 0:29,6

12,5 km Massenstart, Frauen

2006	Anna Carin Olofsson	SWE	40:36,5
	Kati Wilhelm	GER	+ 18,8
	Uschi Disl	GER	+ 41,9
2010	Magdalena Neuner	GER	35:19,6
	Olga Saizewa	RUS	35:25,1
	Simone Hauswald	GER	35:26,9
2014	Darja Domratschewa	BLR	35:25,6
	Gabriela Soukalova	CZE	35:45,8
	Tiril Eckhoff	NOR	35:52,9
2018	Anastasiya Kuzmina	SVK	35:23,0
	Darja Domratschewa	BLR	0:18,87
	Tiril Eckhoff	NOR	+ 0:27,7

15 km, Frauen

1992	Antje Misersky	GER	51:47,2
	Swetlana Petscherskaja	EUN	51:58,5
	Myriam Bedard	CAN	52:15,0
1994	Myriam Bedard	CAN	52:06,6
	Anne Briand	FRA	52:53,3
	Uschi Disl	GER	53:15,3
1998	Jekaterina Dafowska	BUL	54:52,0
	Elena Petrowa	UKR	55:09,8
	Uschi Disl	GER	55:17,9
2002	Andrea Henkel	GER	47:29,1
	Liv-Grete Poiree	NOR	47:37,0
	Magdalena Forsberg	SWE	48:08,3
2006	Swetlana Ischmuratowa	RUS	49:24,1
	Martina Glagow	GER	50:34,9
	Albina Achatowa	RUS	50:55,0
2010	Tora Berger	NOR	40:52,8
	Jelena Chrustalewa	KAZ	41:13,5
	Darja Domratschewa	BLR	41:21,0
2014	Darja Domratschewa	BLR	43:19,6
	Selina Gasparin	SUI	44:35,3
	Nadeschda Skardino	BLR	44:57,8
2018	Hanna Öberg	SWE	41:07,2
	Anastasiya Kuzmina	SVK	+ 0:24,7
	Laura Dahlmeier	GER	+ 0:41,2

Staffelrennen, Frauen

1992 3 x 7,5, bis 2002 4 x 7,5, ab 2006 4 x 6 km

1992	Frankreich	1:15:55,6
	Deutschland	1:16:18,4
	EUN	1:16:54,6
1994	Russland	1:47:19,5
	Deutschland	1:51:16,5
	Frankreich	1:52:28,3
1998	Deutschland	1:40:13,6
	Russland	1:40:25,2
	Norwegen	1:40:37,3
2002	Deutschland	1:27:55,0
	Norwegen	1:28:25,6
	Russland	1:29:19,7
2006	Russland	1:16:12,5
	Deutschland	1:17:03,2
	Frankreich	1:18:38,7
2010	Russland	1:09:36,3
	Frankreich	1:10:09,1
	Deutschland	1:10:13,4
2014	Ukraine	1:10:02,5
	N. N.	
	Norwegen	1:10:40,1
2018	Weißrussland	1:12:03,4
	Schweden	+ 0:10,7
	Frankreich	+ 0:17,6

Mixed-Staffel

2014	Norwegen	1:09:17,0
	Tschechien	1:09:49,6
	Italien	1:10:15,2
2018	Frankreich	1:08:34,3
	Norwegen	+ 0:20,9
	Italien	+ 0:26,9

10 km, Männer

1980	Frank Ullrich	GDR	32:10,6
	Wladimir Alikin	URS	32:53,1
	Anatoli Aljabjew	URS	33:09,1
1984	Eirik Kvalfoss	NOR	30:53,8
	Peter Angerer	FRG	31:02,4
	Matthias Jacob	GDR	31:10,5
1988	Frank-Peter Roetsch	GDR	25:08,1
	Waleri Medwedzew	URS	25:23,7
	Sergej Tschepikow	URS	25:29,4
1992	Mark Kirchner	GER	26:02,3
	Ricco Groß	GER	26:18,0
	Harri Eloranta	FIN	26:26,6
1994	Sergej Tschepikow	RUS	28:07,0
	Ricco Groß	GER	28:13,0
	Sergej Tarassow	RUS	28:27,4
1998	Ole Einar Björndalen	NOR	27:16,2
	Frode Andresen	NOR	28:17,8
	Ville Raikkonen	FIN	28:21,7
2002	Ole Einar Björndalen	NOR	24:51,3
	Sven Fischer	GER	25:20,2
	Wolfgang Perner	AUT	25:44,4
2006	Sven Fischer	GER	26:11,6
	Halvard Hanevold	NOR	26:19,8
	Frode Andresen	NOR	26:31,3
2010	Vincent Jay	FRA	24:07,8
	Emil Hegle Svendsen	NOR	24:20,0
	Jakov Fak	CRO	24:21,8
2014	Ole Einar Björndalen	NOR	24:33,5
	Dominik Landertinger	AUT	24:34,8
	Jaroslav Soukup	CZE	24:39,2
2018	Arnd Peiffer	GER	23:38,8
	Michal Krcmar	CZE	0:04,4
	Dominik Windisch	ITA	0:07,7

12,5 km Jagdrennen/Verfolgung, Männer

2002	Ole Einar Björndalen	NOR	32:34,6
	Raphael Poiree	FRA	33:17,6
	Ricco Groß	GER	33:30,6
2006	Vincent Defrasne	FRA	35:20,2
	Ole Einar Björndalen	NOR	+ 2,7
	Sven Fischer	GER	+ 15,6
2010	Björn Ferry	SWE	33:38,4
	Christoph Sumann	AUT	33:54,9
	Vincent Jay	FRA	34:06,6
2014	Martin Fourcade	FRA	33:48,6
	Ondrej Moravec	CZE	34:02,7
	Jean Guillaume Béatrix	FRA	34:12,8
2018	Martin Fourcade	FRA	32:51,7
	Sebastian Samuelsson	SWE	+ 0:12,0
	Benedikt Doll	GER	+ 0:15,1

15 km Massenstart, Männer

2006	Michael Greis	GER	47:20,0
	Tomasz Sikora	POL	+ 6,3
	Ole Einar Björndalen	NOR	+ 12,3
2010	Jewgeni Ustjugow	RUS	35:35,7
	Martin Fourcade	FRA	35:46,2
	Pavol Hurajt	SVK	35:52,3
2014	Emil Hegle Svendsen	NOR	42:29,1
	Martin Fourcade	FRA	42:29,1
	Ondrej Moravec	CZE	42:42,9
2018	1. Martin Fourcade	FRA	35:47,3
	1. Simon Schempp	GER	0:00,0
	Emil Hegle Svendsen	NOR	+ 0:11,2

20 km, Männer

1960	Klas Ivar Lestander	SWE	1:33:21,6
	Antti Tyrväinen	FIN	1:33:57,7
	Alexander Priwalow	URS	1:34:54,2
1964	Wladimir Melanin	URS	1:20:26,8
	Alexander Priwalow	URS	1:23:42,5
	Olav Jordet	NOR	1:24:38,8
1968	Magnar Solberg	NOR	1:13:45,9
	Alexander Tichonow	URS	1:14:40,4
	Wladimir Gundarzew	URS	1:18:27,4
1972	Magnar Solberg	NOR	1:15:55,5
	Hansjörg Knauthe	GDR	1:16:07,6
	Göran-Lars Arwidson	SWE	1:16:27,0
1976	Nikolai Kruglow	URS	1:14:12,2
	Heikki Ikola	FIN	1:15:54,1
	Alexander Jelisarow	URS	1:16:05,5
1980	Anatoli Aljabjew	URS	1:08:16,3
	Frank Ullrich	GDR	1:08:27,7
	Eberhard Rösch	GDR	1:11:11,7
1984	Peter Angerer	FRG	1:11:52,7
	Frank-Peter Roetsch	GDR	1:13:21,4
	Eirik Kvalfoss	NOR	1:14:02,4
1988	Frank-Peter Roetsch	GDR	56:33,3
	Waleri Medwedzew	URS	56:54,6
	Johann Passler	ITA	57:10,1
1992	Jewgeni Redkin	EUN	57:34,4
	Mark Kirchner	GER	57:40,8
	Mikael Lofgren	SWE	57:59,4
1994	Sergej Tarassow	RUS	57:25,3
	Frank Luck	GER	57:28,7
	Sven Fischer	GER	57:41,9
1998	Halvard Hanevold	NOR	56:16,4
	Pieralberto Carrara	ITA	56:21,9
	Alexej Aidarow	BLR	56:46,5
2002	Ole Einar Björndalen	NOR	51:03,3
	Frank Luck	GER	51:39,4
	Viktor Maigurow	RUS	51:40,6
2006	Michael Greis	GER	54:23,0
	Ole Einar Björndalen	NOR	54:39,0
	Halvard Hanevold	NOR	55:31,9
2010	Emil Hegle Svendsen	NOR	48:22,5
	2. Ole Einar Björndalen	NOR	48:32,0
	2. Sergej Nowikow	BLR	48:32,0
2014	Martin Fourcade	FRA	49:31,7
	Erik Lesser	GER	49:43,9
	Jewgeni Garanitschew	RUS	50:06,2
2018	Johannes Thingnes Bö	NOR	48:03,8
	Jakov Fak	SLO	+ 0:05,5
	Dominik Landertinger	AUT	+ 0:14,2

4 x 7,5 km, Männer

1968	UdSSR	2:13:02,4
	Norwegen	2:14:50,2
	Schweden	2:17:26,3
1972	UdSSR	1:51:44,9
	Finnland	1:54:37,2
	DDR	1:54:57,6
1976	UdSSR	1:57:55,6
	Finnland	2:01:45,5
	DDR	2:04:08,6
1980	UdSSR	1:34:03,2
	DDR	1:34:56,9
	BR Deutschland	1:37:30,2
1984	UdSSR	1:38:51,7
	Norwegen	1:39:03,9
	BR Deutschland	1:39:05,1
1988	UdSSR	1:22:30,0
	BR Deutschland	1:23:37,4
	Italien	1:23:51,5
1992	Deutschland	1:24:43,5
	EUN	1:25:06,3
	Schweden	1:25:38,2
1994	Deutschland	1:30:22,1
	Russland	1:31:23,6
	Frankreich	1:32:31,3
1998	Deutschland	1:21:36,2
	Norwegen	1:21:56,3
	Russland	1:22:19,3
2002	Norwegen	1:23:42,3
	Deutschland	1:24:27,6
	Frankreich	1:24:36,6
2006	Deutschland	1:21:51,5
	Russland	1:22:12,4
	Frankreich	1:22:35,1
2010	Norwegen	1:21:38,1
	Österreich	1:22:16,7
	Russland	1:22:16,9
2014	Russland	1:12:15,9
	Deutschland	1:12:19,4
	Österreich	1:12:45,7
2018	Schweden	1:15:16,5
	Norwegen	+ 0:55,5
	Deutschland	+ 2:07,1

LANGLAUF

Sprint, Frauen

2002	Julia Tschepalowa	RUS	3:10,6
	Evi Sachenbacher	GER	3:12,2
	Anita Moen	NOR	3:12,7
2006	Chandra Crawford	CAN	2:12,3
	Claudia Künzel	GER	+ 0,7
	Alena Sidko	RUS	+ 0,9
2010	Marit Björgen	NOR	3:39,2
	Justyna Kowalczyk	POL	+ 1,1
	Petra Majdic	SLO	+ 1,8
2014	Maiken Caspersen Falla	NOR	2:35,49
	Ingvild Flugstad Östberg	NOR	2:35,87
	Vesna Fabjan	SLO	2:35,89
2018	Stina Nilsson	SWE	3:03,84
	Maiken Caspersen Falla	NOR	+ 3,03
	Julia Belorukowa	OAR	+ 3,37

Teamsprint, Frauen

2006	Dahlberg/Andersson	SWE	16:36,9
	Renner/Scott	CAN	16:37,5
	Saarinen/Kuitunen	FIN	16:39,2
2010	Sachenbacher-Stehle/Nystad	GER	18:03,7
	Kalla/Haag	SWE	18:04,3
	Chasowa/Korostelewa	RUS	18:07,7
2014	Östberg/Björgen	NOR	16:04,05
	Saarinen/Niskanen	FIN	16:13,14
	Ingemarsdotter/Nilsson	SWE	16:23,82
2018	Randall/Jessica	USA	15:56,47
	Kalla/Nilsson	SWE	+ 0:00,19
	Björgen/Caspersen Falla	NOR	+ 0:02,97

5 km, Frauen

1964	Klawdija Bojarskich	URS	17:50,5
	Mirja Lehtonen	FIN	17:52,9
	Alewtina Koltschina	URS	18:08,4
1968	Toini Gustafsson	SWE	16:45,2
	Galina Kulakowa	URS	16:48,4
	Alewtina Koltschina	URS	16:51,6
1972	Galina Kulakowa	URS	17:00,5
	Mariatta Kajosmaa	FIN	17:05,5
	Helena Sikolova	TCH	17:07,3
1976	Helena Takalo	FIN	15:48,6
	Raissa Smetanina	URS	15:49,7
	Nina Baldytschewa	URS	16:12,8
1980	Raissa Smetanina	URS	15:06,9
	Hilkka Riihivuori	FIN	15:11,9
	Kvetoslava Jeriova	TCH	15:23,4
1984	Marja-Liisa Hämäläinen	FIN	17:04,0
	Berit Aunli	NOR	17:14,1
	Kvetoslava Jeriova	TCH	17:18,3
1988	Marjo Matikainen	FIN	15:04,0
	Tamara Tichonowa	URS	15:05,3
	Wida Wenzene	URS	15:11,1
1992	Marjut Lukkarinen	FIN	14:13,8
	Ljubow Jegorowa	EUN	14:14,7
	Jelena Välbe	EUN	14:22,7
1994	Ljubow Jegorowa	RUS	14:08,8
	Manuela di Centa	ITA	14:28,3
	Kirvesniemi-Hämäläinen	FIN	14:36,0
1998	Larissa Lasutina	RUS	17:37,9
	Katerina Neumannova	CZE	17:42,7
	Bente Martinsen	NOR	17:49,4

10 km, Frauen

1952	Lydia Wideman	FIN	41:40,0
	Mirja-Kyllikki Hietamies	FIN	42:39,0
	Johanna Siira Rantanen	FIN	42:50,0
1956	Ljubow Kosyrjewa	URS	38:11,0
	Radja Jeroschina	URS	38:16,0
	Sonja Edström	SWE	38:23,0
1960	Maria Gussakowa	URS	39:46,6
	Ljubow Baranowa	URS	40:04,2
	Radja Jeroschina	URS	40:06,0
1964	Klawdija Bojarskich	URS	40:24,3
	Jewdokija Mekschilo	URS	40:26,6
	Maria Gussakowa	URS	40:46,6
1968	Toini Gustafsson	SWE	36:46,5
	Berit Mördre	NOR	37:54,6
	Inger Aufles	NOR	37:59,9
1972	Galina Kulakowa	URS	34:17,8
	Alewtina Oljunina	URS	34:54,1
	Marjetta Kajosmaa	FIN	34:56,4
1976	Raissa Smetanina	URS	30:13,4
	Helena Takalo	FIN	30:14,2
	Galina Kulakowa	URS	30:38,6
1980	Barbara Petzold	GDR	30:31,5
	Hilkka Riihivuori	FIN	30:35,0
	Helena Takalo	FIN	30:45,2
1984	Marja-Liisa Hämäläinen	FIN	31:44,2
	Raissa Smetanina	URS	32:02,9
	Brit Pettersen	NOR	32:12,7
1988	Wida Wenzene	URS	30:08,3
	Raissa Smetanina	URS	30:17,0
	Marjo Matikainen	FIN	30:20,5
Klassisch			
2002	Bente Skari	NOR	28:05,6
	Julia Tschepalowa	RUS	28:09,9
	Stefania Belmondo	ITA	28:45,8
2006	Kristina Smigun	EST	27:51,4
	Marit Björgen	NOR	28:12,7
	Hilde G. Pedersen	NOR	28:14,0
2010	Charlotte Kalla	SWE	24:58,4
	Kristina Smigun-Vaehi	EST	25:05,0
	Marit Björgen	NOR	25:14,3
2014	Justyna Kowalczyk	POL	28:17,8
	Charlotte Kalla	SWE	28:36,2
	Therese Johaug	NOR	28:46,1
2018	Ragnhild Haga	NOR	25:00,5
	Charlotte Kalla	SWE	+ 0:20,3
	3. Marit Björgen	NOR	+ 0:31,9
	3. Krista Parmakoski	FIN	+ 0:31,9

Skiathlon, Frauen

Bis 1998 5+10 km, 2002 5+5 km, seit 2006 7,5+7,5 km

1992	Ljubow Jegerowa	EUN	40:07,7
	Stefania Belmondo	ITA	+ 0:24,1
	Jelena Välbe	EUN	+ 0:44,0
1994	Ljubow Jegorowa	RUS	41:38,1
	Manuela di Centa	ITA	41:46,4
	Stefania Belmondo	ITA	42:21,1
1998	Larissa Lasutina	RUS	46:06,9
	Olga Danilowa	RUS	46:13,4
	Katerina Neumannova	CZE	46:14,2
2002	Beckie Scott	CAN	25:09,9
	Katerina Neumannova	CZE	25:10,0
	Viola Bauer	GER	25:11,1
2006	Kristina Smigun	EST	42:48,7
	Katerina Neumannova	CZE	42:50,6
	J. Medwedewa-Abrusowa	RUS	43:03,2
2010	Marit Björgen	NOR	39:58,1
	Anna Haag	SWE	40:07,0
	Justyna Kowalczyk	POL	40:07,4
2014	Marit Björgen	NOR	38:33,6
	Charlotte Kalla	SWE	38:35,4
	Heidi Weng	NOR	38:46,8
2018	Charlotte Kalla	SWE	40:44,9
	Marit Björgen	NOR	+ 0:07,8
	Krista Parmakoski	FIN	+ 0:10,1

15 km, Frauen

Klassisch			
1992	Ljubow Jegorowa	EUN	42:20,8
	Marjut Lukkarinen	FIN	43:29,9
	Jelena Välbe	EUN	43:42,3
Freier Stil			
1994	Manuela di Centa	ITA	39:44,5
	Ljubow Jegorowa	RUS	41:03,0
	Nina Gawriljuk	RUS	41:10,4
Klassisch			
1998	Olga Danilowa	RUS	46:55,4
	Larissa Lasutina	RUS	47:01,0
	Anita Moen-Guidon	NOR	47:52,6
Freier Stil (Massenstart)			
2002	Stefania Belmondo	ITA	39:54,4
	Katerina Neumannova	CZE	40:01,3
	Julia Tschepalowa	RUS	40:02,7

20 km, Frauen

1984	Marja-Liisa Hämäläinen	FIN	1:01:45,0
	Raissa Smetanina	URS	1:02:26,7
	Anne Jahren	NOR	1:03:13,6
1988	Tamara Tichonowa	URS	55:53,6
	Anfissa Reszowa	URS	56:12,8
	Raissa Smetanina	URS	57:22,1

30 km, Frauen

Freier Stil			
1992	Stefania Belmondo	ITA	1:22:30,1
	Ljubow Jegorowa	EUN	1:22:52,0
	Jelena Välbe	EUN	1:24:13,9
Klassisch			
1994	Manuela di Centa	ITA	1:25:41,6
	Marit Wold	NOR	1:25:57,8
	Kirvesniemi-Hämäläinen	FIN	1:26:13,6
Freier Stil			
1998	Julia Tschepalowa	RUS	1:22:01,5
	Stefania Belmondo	ITA	1:22:11,7
	Larissa Lasutina	RUS	1:23:15,7
Klassisch			
2002	Gabriella Paruzzi	ITA	1:30:57,1
	Stefania Belmondo	ITA	1:31:01,6
	Bente Skari	NOR	1:31:36,3
Freier Stil (Massenstart)			
2006	Katerina Neumannova	CZE	1:22:25,4
	Julia Tschepalowa	RUS	1:22:26,8
	Justyna Kowalczyk	POL	1:22:27,5
2010	Justyna Kowalczyk	POL	1:30:33,7
	Marit Björgen	NOR	1:30:34,0
	Aino-Kaisa Saarinen	FIN	1:31:38,7
2014	Marit Björgen	NOR	1:11:05,2
	Therese Johaug	NOR	1:11:07,8
	Kristin Störmer Steira	NOR	1:11:28,8
2018	Marit Björgen	NOR	1:22:17,6
	Krista Parmakoski	FIN	+ 1:49,5
	Stina Nilsson	SWE	+ 1:58,9

3 x 5-km-Staffel, Frauen

1956	Finnland	1:09:01,0
	UdSSR	1:09:28,0
	Schweden	1:09:48,0
1960	Schweden	1:04:21,4
	UdSSR	1:05:02,6
	Finnland	1:06:27,5
1964	UdSSR	59:20,2
	Schweden	1:01:27,0
	Finnland	1:02:45,1
1968	Norwegen	57:30,0
	Schweden	57:51,0
	UdSSR	58:13,6
1972	UdSSR	48:46,1
	Finnland	49:19,3
	Norwegen	49:51,4

4 x 5-km-Staffel, Frauen

1976	UdSSR	1:07:47,7
	Finnland	1:08:36,5
	DDR	1:09:57,9
1980	DDR	1:02:11,1
	UdSSR	1:03:18,3
	Norwegen	1:04:13,5
1984	Norwegen	1:06:49,7
	Tschechoslowakei	1:07:34,7
	Finnland	1:07:36,7
1988	UdSSR	59:51,1
	Norwegen	1:01:33,0
	Finnland	1:01:53,8
1992	EUN	59:34,8
	Norwegen	59:56,4
	Italien	1:00:25,9
1994	Russland	57:12,5
	Norwegen	57:42,6
	Italien	58:42,6
1998	Russland	55:13,5
	Norwegen	55:38,0
	Italien	56:53,3
2002	Deutschland	49:30,6
	Norwegen	49:31,9
	Schweiz	50:03,6
2006	Russland	54:47,7
	Deutschland	54:57,7
	Italien	54:58,7
2010	Norwegen	55:19,5
	Deutschland	55:44,1
	Finnland	55:49,9
2014	Schweden	53:02,7
	Finnland	53:03,2
	Deutschland	53:03,6
2018	Norwegen	51:24,3
	Schweden	51:26,3
	OAR	52:07,6

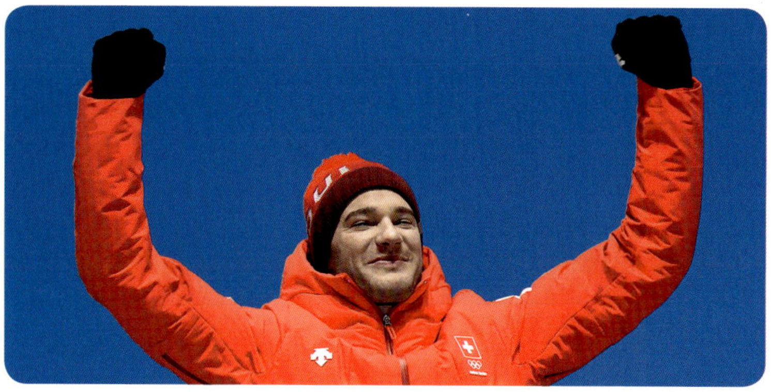

Der 31 Jahre alte Schweizer Dario Cologna durfte sich zum insgesamt vierten Mal über einen Olympiasieg freuen und gewann eine Goldmedaille beim 15-km-Skilanglauf.

Sprint, Männer

2002	Tor Arne Hetland	NOR	2:56,9
	Peter Schlickenrieder	GER	2:57,0
	Cristian Zorzi	ITA	2:57,2
2006	Björn Lind	SWE	2:26,5
	Roddy Darragon	FRA	+ 0,6
	Thobias Fredriksson	SWE	+ 1,3
2010	Nikita Krijukow	RUS	3:36,3
	Alexander Panschinski	RUS	+ 0,0
	Petter Northug	NOR	+ 9,2
2014	Ola Vigen Hattestad	NOR	3:38,39
	Teodor Peterson	SWE	3:39,61
	Emil Jönsson	SWE	3:58,13
2018	Johannes Hoesflot Kläbo	NOR	3:05,75
	Federico Pellegrino	ITA	+ 1,34
	Alexander Bolschunow	OAR	+ 1,36

Teamsprint, Männer

2006	Fredriksson/Lind	SWE	17:02,9
	Svartedal/Hetland	NOR	17:03,5
	Alipow/Rotschew	RUS	17:05,2
2010	Pettersen/Northug	NOR	19:01,0
	Teichmann/Tscharnke	GER	19:02,3
	Morillow/Petuchow	RUS	19:02,5
2014	Niskanen/Jauhojärvi	FIN	23:14,89
	Wylegschanin/Krjukow	RUS	23:15,86
	Jönsson/Peterson	SWE	23:30,01
2018	Sundby/Kläbo	NOR	15:56,26
	Spizow/Bolschunow	OAR	+ 1,71
	Manificat/Jouve	FRA	+ 2,02

10 km, Männer

1992	Vegard Ulvang	NOR	27:36,0
	Marco Albarello	ITA	27:55,2
	Christer Majbäck	SWE	27:56,4
1994	Björn Dählie	NOR	24:20,1
	Wladimir Smirnow	KAZ	24:38,3
	Marco Albarello	ITA	24:42,3
1998	Björn Dählie	NOR	27:24,5
	Markus Gandler	AUT	27:32,5
	Mika Myllylä	FIN	27:40,1

15 km, Männer

1956	Hallgeir Brenden	NOR	49:39,0
	Sixten Jernberg	SWE	50:14,0
	Pawel Koltschin	URS	50:17,0
1960	Hakon Brusveen	NOR	51:55,5
	Sixten Jernberg	SWE	51:58,6
	Veikko Hakulinen	FIN	52:03,0
1964	Eero Mäntyranta	FIN	50:54,1
	Harald Grönningen	NOR	51:34,8
	Sixten Jernberg	SWE	51:42,2
1968	Harald Grönningen	NOR	47:54,2
	Eero Mäntyranta	FIN	47:56,1
	Gunnar Larsson	SWE	48:33,7
1972	Sven-Ake Lundbäck	SWE	45:28,2
	Fjodor Simaschow	URS	46:00,8
	Ivar Formo	NOR	46:02,6
1976	Nikolai Baschukow	URS	43:58,4
	Jewgeni Beljajew	URS	44:01,1
	Arto Koivisto	FIN	44:19,2
1980	Thomas Wassberg	SWE	41:57,63
	Juha Mieto	FIN	41:57,64
	Ove Aunli	NOR	42:28,60
1984	Gunde Svan	SWE	41:25,6
	Aki Karvonen	FIN	41:34,9
	Harri Kirvesniemi	FIN	41:45,6
1988	Michail Dewjatjarow	URS	41:18,9
	Pal-Gunnar Mikkelsplass	NOR	41:33,4
	Wladimir Smirnow	URS	41:48,5
Klassisch			
2002	Andrus Veerpalu	EST	37:07,4
	Frode Estil	NOR	37:43,4
	Jaak Mae	EST	37:50,8
2006	Andrus Veerpalu	EST	38:01,3
	Lukas Bauer	CZE	38:15,8
	Tobias Angerer	GER	38:20,5
2010	Dario Cologna	SUI	33:36,3
	Pietro Piller Cottrer	ITA	34:00,9
	Lukas Bauer	CZE	34:12,0
2014	Dario Cologna	SUI	38:29,7
	Johan Olsson	SWE	38:58,2
	Daniel Richardsson	SWE	39:08,5
Freier Stil			
2018	Dario Cologna	SUI	33:43,9
	Simen Hegstad Krüger	NOR	+ 0:18,3
	Denis Spizow	OAR	+ 0:23,0

18 km, Männer

1924	Thorleif Haug	NOR	1:14:31
	Johan Gröttumsbraten	NOR	1:15:51
	Tapani Niku	FIN	1:16:26
1928	Johan Gröttumsbraten	NOR	1:37:01
	Ole Hegge	NOR	1:39:01
	Reidar Ödegaard	NOR	1:40:11
1932	Sven Utterström	SWE	1:23:07
	Axel Wikström	SWE	1:25:07
	Veli Selim Saarinen	FIN	1:25:24
1936	Erik-August Larsson	SWE	1:14:38
	Oddbjörn Hagen	NOR	1:15:33
	Pekka Niemi	FIN	1:16:59
1948	Martin Lundström	SWE	1:13:50
	Nils Östensson	SWE	1:14:22
	Gunnar Eriksson	SWE	1:16:06
1952	Hallgeir Brenden	NOR	1:01:34
	Tapio Valfrid Mäkälä	FIN	1:02:09
	Paavo Lonkila	FIN	1:02:20

Skiathlon, Männer

Bis 1998 10+15 km, 2002 10+10 km, seit 2006 15+15 km

1992	Björn Dählie	NOR	1:05:37,9
	Vegard Ulvang	NOR	+ 0:53,4
	Giorgio Vanzetta	ITA	+ 0:54,3
1994	Björn Dählie	NOR	1:00:08,9
	Wladimir Smirnow	KAZ	+ 0:29,2
	Silvio Fauner	ITA	+ 1:39,8
1998	Thomas Alsgaard	NOR	1:07:01,7
	Björn Dählie	NOR	1:07:02,8
	Wladimir Smirnow	KAZ	1:07:31,5
2002*	1. Frode Estil	NOR	49:48,9
	1. Thomas Alsgaard	NOR	49:48,9
	Per Elofsson	SWE	49:52,9
2006	Jewgeni Dementijew	RUS	1:17:00,8
	Frode Estil	NOR	1:17:01,4
	Pietro Piller Cottrer	ITA	1:17:01,7
2010	Marcus Hellner	SWE	1:15:11,4
	Tobias Angerer	GER	1:15:13,5
	Johan Olsson	SWE	1:15:14,2
2014	Dario Cologna	SUI	1:08:15,4
	Marcus Hellner	SWE	1:08:15,8
	Martin Johnsrud Sundby	NOR	1:08:16,8
2018	Simen Hegstad Krüger	NOR	1:16:20,0
	Martin Johnsrud Sundby	NOR	+ 0:08,0
	Hans Christer Holund	NOR	+ 0:09,9

30 km, Männer

1956	Veikko Hakulinen	FIN	1:44:06,0
	Sixten Jernberg	SWE	1:44:30,0
	Pawel Koltschin	URS	1:45:45,0
1960	Sixten Jernberg	SWE	1:51:03,9
	Rolf Rämgard	SWE	1:51:16,9
	Nikolai Anikin	URS	1:52:28,2
1964	Eero Mäntyranta	FIN	1:30:50,7
	Harald Grönningen	NOR	1:32:02,3
	Igor Worontschichin	URS	1:32:15,8
1968	Franco Nones	ITA	1:35:39,2
	Odd Martinsen	NOR	1:36:28,9
	Eero Mäntyranta	FIN	1:36:55,5
1972	Wjatscheslaw Wedenin	URS	1:36:31,1
	Pal Tyldum	NOR	1:37:25,3
	Johannes Harviken	NOR	1:37:32,4
1976	Sergej Saweljew	URS	1:30:29,3
	Bill Koch	USA	1:30:57,8
	Iwan Garanin	URS	1:31:09,2
1980	Nikolai Simjatow	URS	1:27:02,8
	Wassili Rotschew	URS	1:27:34,2
	Iwan Lebanow	BUL	1:28:03,8
1984	Nikolai Simjatow	URS	1:28:56,3
	Alexander Sawjalow	URS	1:29:23,3
	Gunde Svan	SWE	1:29:35,7
1988	Alexej Prokurorow	URS	1:24:26,3
	Wladimir Smirnow	URS	1:24:35,1
	Vegard Ulvang	NOR	1:25:11,6
Klassisch			
1992	Vegard Ulvang	NOR	1:22:27,8
	Björn Dählie	NOR	1:23:14,0
	Terje Langli	NOR	1:23:42,5
Freier Stil			
1994	Thomas Alsgaard	NOR	1:12:26,4
	Björn Dählie	NOR	1:13:13,6
	Mika Myllylä	FIN	1:14:14,0
Klassisch			
1998	Mika Myllylä	FIN	1:33:55,8
	Erling Jevne	NOR	1:35:27,1
	Silvio Fauner	ITA	1:36:08,5
Freier Stil (Massenstart)			
2002	Christian Hoffmann	AUT	1:11:31,0
	Michail Botwinow	AUT	1:11:32,3
	Kristen Skjeldal	NOR	1:11:42,7

50 km, Männer

1924	Thorleif Haug	NOR	3:44:32,0
	Thoralf Strömstad	NOR	3:46:23,0
	Johan Gröttumsbraten	NOR	3:47:46,0
1928	Per Erik Hedlund	SWE	4:52:03,0
	Gustaf Jonsson	SWE	5:05:30,0
	Volger Andersson	SWE	5:05:46,0
1932	Veli Selim Saarinen	FIN	4:28:00,0
	Väinö Liikkanen	FIN	4:28:20,0
	Arne Rustadstuen	NOR	4:31:53,0
1936	Elis Wiklund	SWE	3:30:11,0
	Axel Wikström	SWE	3:33:20,0
	Nils-Joel Englund	SWE	3:34:10,0
1948	Nils Karlsson	SWE	3:47:48,0
	Harald Eriksson	SWE	3:52:20,0
	Benjamin Vanninen	FIN	3:57:38,0
1952	Veikko Hakulinen	FIN	3:33:33,0
	Eero Kolehmainen	FIN	3:38:11,0
	Magnar Estenstad	NOR	3:38:28,0
1956	Sixten Jernberg	SWE	2:50:27,0
	Veikko Hakulinen	FIN	2:51:45,0
	Fjodor Terentjew	URS	2:53:32,0
1960	Kalevi Hämäläinen	FIN	2:59:06,3
	Veikko Hakulinen	FIN	2:59:26,7
	Rolf Rämgard	SWE	3:02:46,7
1964	Sixten Jernberg	SWE	2:43:52,6
	Assar Rönnlund	SWE	2:44:58,2
	Arto Tiainen	FIN	2:45:30,4
1968	Ole Ellefsäter	NOR	2:28:45,8
	Wjatscheslaw Wedenin	URS	2:29:02,5
	Josef Haas	SUI	2:29:14,8
1972	Pal Tyldum	NOR	2:43:14,7
	Magne Myrmo	NOR	2:43:29,4
	Wjatscheslaw Wedenin	URS	2:44:00,1
1976	Ivar Formo	NOR	2:37:30,0
	Gert-Dietmar Klause	GDR	2:38:13,2
	Benny Södergren	SWE	2:39:39,2
1980	Nikolai Simjatow	URS	2:27:24,6
	Juha Mieto	FIN	2:30:20,5
	Alexander Sawjalow	URS	2:30:51,5
1984	Thomas Wassberg	SWE	2:15:55,8
	Gunde Svan	SWE	2:16:00,7
	Aki Karvonen	FIN	2:17:04,7
1988	Gunde Svan	SWE	2:04:30,9
	Maurilio de Zolt	ITA	2:05:36,4
	Andreas Grünenfelder	SUI	2:06:01,9
Freier Stil			
1992	Björn Dählie	NOR	2:03:41,5
	Maurilio de Zolt	ITA	2:04:39,1
	Giorgio Vanzetta	ITA	2:06:42,1
Klassisch			
1994	Wladimir Smirnow	KAZ	2:07:20,3
	Mika Myllylä	FIN	2:08:41,9
	Sture Sivertsen	NOR	2:08:49,0
Freier Stil			
1998	Björn Dählie	NOR	2:05:08,2
	Niklas Jonsson	SWE	2:05:16,3
	Christian Hoffmann	AUT	2:06:01,8

Jahr	Name	Nation	Zeit
Klassisch			
2002	Michail Iwanow	RUS	2:06:20,8
	Andrus Veerpalu	EST	2:06:44,5
	Odd-Bjoern Hjelmeset	NOR	2:08:41,5
Freier Stil			
2006	Giorgio di Centa	ITA	2:06:11,8
	Jewgeni Dementijew	RUS	2:06:12,6
	Mikhail Botwinov	AUT	2:06:12,7
Klassisch			
2010	Petter Northug	NOR	2:05:35,5
	Axel Teichmann	GER	2:05:35,8
	Johan Olsson	SWE	2:05:36,5
Freier Stil			
2014	Alexander Legkow	RUS	1:46:55,2
	Maxim Wylegschanin	RUS	1:46:55,9
	Ilja Tschernussow	RUS	1:46:56,0
2018	Iivo Niskanen	FIN	2:08:22,1
	Alexander Bolschunow	OAR	+ 0:18,7
	Andrej Larkow	OAR	+ 2:37,5

4 x 10-km-Staffel, Männer

Jahr	Nation	Zeit
1936	Finnland	2:41:33,0
	Norwegen	2:41:39,0
	Schweden	2:43:03,0
1948	Schweden	2:32:08,0
	Finnland	2:41:06,0
	Norwegen	2:44:33,0
1952	Finnland	2:20:16,0
	Norwegen	2:23:13,0
	Schweden	2:24:13,0
1956	UdSSR	2:15:30,0
	Finnland	2:16:31,0
	Schweden	2:17:42,0
1960	Finnland	2:18:45,6
	Norwegen	2:18:46,4
	UdSSR	2:21:21,6
1964	Schweden	2:18:34,6
	Finnland	2:18:42,6
	UdSSR	2:18:46,9
1968	Norwegen	2:08:33,5
	Schweden	2:10:13,2
	Finnland	2:10:56,7
1972	UdSSR	2:04:47,9
	Norwegen	2:04:57,0
	Schweiz	2:07:00,0
1976	Finnland	2:07:59,7
	Norwegen	2:09:58,3
	UdSSR	2:10:51,4
1980	UdSSR	1:57:03,4
	Norwegen	1:58:45,7
	Finnland	2:00:00,1
1984	Schweden	1:55:06,3
	UdSSR	1:55:16,5
	Finnland	1:56:31,4
1988	Schweden	1:43:58,6
	UdSSR	1:44:11,3
	Tschechoslowakei	1:45:22,7
1992	Norwegen	1:39:26,0
	Italien	1:40:52,7
	Finnland	1:41:22,9
1994	Italien	1:41:15,0
	Norwegen	1:41:15,4
	Finnland	1:42:15,6
1998	Norwegen	1:40:55,7
	Italien	1:40:55,9
	Finnland	1:42:15,5
2002	Norwegen	1:32:45,5
	Italien	1:32:45,8
	Deutschland	1:33:34,5
2006	Italien	1:43:45,7
	Deutschland	1:44:01,4
	Schweden	1:44:01,7
2010	Schweden	1:45:05,4
	Norwegen	1:45:21,3
	Tschechien	1:45:21,9
2014	Schweden	1:28:42,0
	Russland	1:29:09,3
	Frankreich	1:29:13,9
2018	Norwegen	1:33:04,9
	OAR	1:33:14,3
	Frankreich	1:33:41,8

NORDISCHE KOMBINATION

Sprint

Jahr	Name	Nation	Zeit
2002	Samppa Lajunen	FIN	16:40,1
	Ronny Ackermann	GER	+ 9,0
	Felix Gottwald	AUT	+ 40,2
2006	Felix Gottwald	AUT	18:29,0
	Magnus Moan	NOR	+ 5,4
	Georg Hettich	GER	+ 9,6

Einzel Normalschanze

Jahr	Name	Nation	Zeit
2010	Jason Lamy Chappuis	FRA	25:47,1
	Johnny Spillane	USA	+ 00:44
	Alessandro Pittin	ITA	+ 00:48
2014	Eric Frenzel	GER	23:50,2
	Akito Watabe	JPN	+ 0:04,2
	Magnus Krog	NOR	+ 0:08,1
2018	Eric Frenzel	GER	24:51,4
	Akito Watabe	JPN	+ 0:04,8
	Lukas Klapfer	AUT	+ 0:18,1

Einzel

Jahr	Name	Nation	Punkte/Zeit
1924	Thorleif Haug	NOR	18,906
	Thoralf Strömstad	NOR	18,219
	Johan Gröttumsbraten	NOR	17,854
1928	Johan Gröttumsbraten	NOR	17,833
	Hans Vinjarengen	NOR	15,303
	John Snersrud	NOR	15,021
1932	Johan Gröttumsbraten	NOR	446,000
	Ole Stenen	NOR	436,050
	Hans Vinjarengen	NOR	434,600
1936	Oddbjörn Hagen	NOR	430,300
	Olaf Hoffsbakken	NOR	419,800
	Sverre Brodahl	NOR	408,100
1948	Heikki Vihtori Hasu	FIN	448,800
	Martti Huhtala	FIN	433,650
	Sven Israelsson	SWE	433,400
1952	Simon Slaettvik	NOR	451,621
	Heikki Vihtori Hasu	FIN	447,500
	Sverre Stenersen	NOR	436,335
1956	Sverre Stenersen	NOR	455,000
	Bengt Eriksson	SWE	437,400
	F. Gron-Gasienica	POL	436,800
1960	Georg Thoma	GER	457,952
	Tormod Knutsen	NOR	453,000
	Nikolai Gussakow	URS	452,000
1964	Tormod Knutsen	NOR	469,280
	Nikolai Kisseljow	URS	453,040
	Georg Thoma	GER	452,880
1968	Franz Keller	FRG	449,040
	Alois Kälin	SUI	447,990
	Andreas Kunz	GDR	444,100
1972	Ulrich Wehling	GDR	413,340
	Rauno Miettinen	FIN	404,505
	Karl-Heinz Luck	GDR	398,800
1976	Ulrich Wehling	GDR	423,390
	Urban Hettich	FRG	418,900
	Konrad Winkler	GDR	417,470
1980	Ulrich Wehling	GDR	432,200
	Jouko Karjalainen	FIN	429,500
	Konrad Winkler	GDR	425,320
1984	Tom Sandberg	NOR	422,595
	Jouko Karjalainen	FIN	416,900
	Jukka Ylipulli	FIN	410,825
1988	Hippolyt Kempf	SUI	38:16,8
	Klaus Sulzenbacher	AUT	38:46,5
	Allar Lewandi	URS	39:12,4
1992	Fabrice Guy	FRA	43:45,4
	Sylvain Guillaume	FRA	+ 0:48,4
	Klaus Sulzenbacher	AUT	+ 1:06,3
1994	Fred Börre Lundberg	NOR	39:07,8
	Takanori Kono	JPN	+ 1:17,5
	Bjarte Engen Vik	NOR	+ 1:18,3
1998	Bjarte Engen Vik	NOR	41:21,1
	Samppa Lajunen	FIN	+ 27,5
	Waleri Stoljarow	RUS	+ 28,2
2002	Samppa Lajunen	FIN	38:18,7
	Jaakko Tallus	FIN	+ 24,7
	Felix Gottwald	AUT	+ 54,8
2006	Georg Hettich	GER	39:44,6
	Felix Gottwald	AUT	+ 9,8
	Magnus Moan	NOR	+ 16,2

Einzel Großschanze

Jahr	Name	Nation	Zeit
2010	Bill Demong	USA	25:32,9
	Johnny Spillane	USA	25:02,9
	Bernhard Gruber	AUT	25:43,7
2014	Jörgen Graabak	NOR	23:27,5
	Magnus Moan	NOR	23:28,1
	Fabian Rießle	GER	23:29,1
2018	Johannes Rydzek	GER	23:21,5
	Fabian Rießle	GER	+ 0:0,4
	Eric Frenzel	GER	+ 0:0,8

Mannschaft/Team

Jahr	Nation	Zeit
1988	BR Deutschland	1:20:46,0
	Schweiz	+ 3,4
	Österreich	+ 30,9
1992	Japan	1:23:36,5
	Norwegen	+ 1:26,4
	Österreich	+ 1:40,1
1994	Japan	1:21:51,8
	Norwegen	+ 4:49,1
	Schweiz	+ 7:48,1
1998	Norwegen	54:03,5
	Finnland	+ 1:18,9
	Frankreich	+1:41,9
2002	Finnland	48:42,2
	Deutschland	+ 7,5
	Österreich	+ 11,0
2006	Österreich	49:52,6
	Deutschland	+ 15,3
	Finnland	+ 26,8
2010	Österreich	48:55,6
	USA	+ 5,2
	Deutschland	+ 19,5
2014	Norwegen	47:13,5
	Deutschland	+ 0:00,3
	Österreich	+ 0:03,4
2018	Deutschland	46:09,8
	Norwegen	+ 0:52,7
	Österreich	+ 1:07,8

SKISPRINGEN

Normalschanze, Frauen

Jahr	Name	Nation	Punkte
2014	Carina Vogt	GER	247,4
	Daniela Iraschko-Stolz	AUT	246,2
	Coline Mattel	FRA	245,2
2018	Maren Lundby	NOR	264,6
	Katharina Althaus	GER	252,6
	Sara Takanashi	JPN	243,8

Spezialspringen, Männer

Jahr	Name	Nation	Punkte
1924	Jacob Tullin Thams	NOR	18,960
	Narve Bonna	NOR	18,689
	Anders Haugen	USA	17,916
1928	Alf Sten Andersen	NOR	19,208
	Sigmund Ruud	NOR	18,542
	Rudolf Burkert	TCH	17,937
1932	Birger Ruud	NOR	228,1
	Hans Beck	NOR	227,0
	Kaare Wahlberg	NOR	219,5
1936	Birger Ruud	NOR	232,0
	Sven Eriksson	SWE	230,5
	Reidar Andersen	NOR	228,9
1948	Petter Hugsted	NOR	228,1
	Birger Ruud	NOR	226,6
	Thorleif Schjelderup	NOR	225,1
1952	Arnfinn Bergmann	NOR	226,0
	Torbjörn Falkanger	NOR	221,5
	Karl Holmström	SWE	219,5
1956	Antti Hyvärinen	FIN	227,0
	Aulis Kallakorpi	FIN	225,0
	Harry Glaß	GER	224,5
1960	Helmut Recknagel	GER	227,2
	Niilo Halonen	FIN	222,6
	Otto Leodolter	AUT	219,4

Normalschanze, Männer

Jahr	Name	Nation	Punkte
1964	Veikko Kankkonen	FIN	229,9
	Toralf Engan	NOR	226,3
	Torgeir Brandtzaeg	NOR	222,9
1968	Jiri Raska	TCH	216,5
	Reinhold Bachler	AUT	214,2
	Baldur Preiml	AUT	212,6
1972	Yukio Kasaya	JPN	244,2
	Akitsugu Konno	JPN	234,8
	Seiji Aochi	JPN	229,5
1976	Hans-Georg Aschenbach	GDR	252,0
	Jochen Danneberg	GDR	246,2
	Karl Schnabl	AUT	242,0
1980	Toni Innauer	AUT	266,3
	2. Manfred Deckert	GDR	249,2
	2. Hirokazu Yagi	JPN	249,2
1984	Jens Weißflog	GDR	215,2
	Matti Nykänen	FIN	214,0
	Jari Puikkonen	FIN	212,8
1988	Matti Nykänen	FIN	229,1
	Pavel Ploc	TCH	212,1
	Jiri Malec	TCH	211,8
1992	Ernst Vettori	AUT	222,8
	Martin Höllwarth	AUT	218,1
	Toni Nieminen	FIN	217,0
1994	Espen Bredesen	NOR	282,0
	Lasse Ottesen	NOR	268,0
	Dieter Thoma	GER	260,5
1998	Jani Soininen	FIN	234,5
	Kazuyoshi Funaki	JPN	233,5
	Andreas Widhölzl	AUT	232,5
2002	Simon Ammann	SUI	269,0
	Sven Hannawald	GER	267,5
	Adam Malysz	POL	263,0
2006	Lars Bystöl	NOR	266,5
	Matti Hautamäki	FIN	265,5
	Roar Ljökelsöy	NOR	264,5
2010	Simon Ammann	SUI	276,5
	Adam Malysz	POL	269,5
	Gregor Schlierenzauer	AUT	268,0
2014	Kamil Stoch	POL	278,0
	Peter Prevc	SLO	265,3
	Anders Bardal	NOR	264,1
2018	Andreas Wellinger	GER	259,3
	Johann André Forfang	NOR	250,9
	Robert Johansson	NOR	249,7

Großschanze, Männer

Jahr	Name	Nation	Punkte
1964	Toralf Engan	NOR	230,7
	Veikko Kankkonen	FIN	228,9
	Torgeir Brandtzaeg	NOR	227,2
1968	Wladimir Beloussow	URS	231,3
	Jiri Raska	TCH	229,4
	Lars Grini	NOR	214,3
1972	Wojciech Fortuna	POL	219,9
	Walter Steiner	SUI	219,8
	Rainer Schmidt	GDR	219,3
1976	Karl Schnabl	AUT	234,8
	Toni Innauer	AUT	232,9
	Henry Glaß	GDR	221,7
1980	Jouko Törmänen	FIN	271,0
	Hubert Neuper	AUT	262,4
	Jari Puikkonen	FIN	248,5
1984	Matti Nykänen	FIN	231,2
	Jens Weißflog	GDR	213,7
	Pavel Ploc	TCH	202,9
1988	Matti Nykänen	FIN	224,0
	Erik Johnsen	NOR	207,9
	Matjaz Debelak	YUG	207,7
1992	Toni Nieminen	FIN	239,5
	Martin Höllwarth	AUT	227,3
	Heinz Kuttin	AUT	214,8
1994	Jens Weißflog	GER	274,5
	Espen Bredesen	NOR	266,5
	Andreas Goldberger	AUT	255,0
1998	Kazuyoshi Funaki	JPN	272,3
	Jani Soininen	FIN	260,8
	Masahiko Harada	JPN	258,3
2002	Simon Ammann	SUI	281,4
	Adam Malysz	POL	269,7
	Matti Hautamäki	FIN	256,0
2006	Thomas Morgenstern	AUT	276,9
	Andreas Kofler	AUT	276,8
	Lars Bystöl	NOR	250,7
2010	Simon Ammann	SUI	283,6
	Adam Malysz	POL	269,4
	Gregor Schlierenzauer	AUT	262,2
2014	Kamil Stoch	POL	278,7
	Noriaki Kasai	JPN	277,4
	Peter Prevc	SLO	274,8
2018	Kamil Stoch	POL	285,7
	Andreas Wellinger	GER	282,3
	Robert Johansson	NOR	275,3

Mannschaft/Team, Männer

Jahr	Nation	Punkte
1988	Finnland	634,4
	Jugoslawien	625,5
	Norwegen	596,1
1992	Finnland	644,4
	Österreich	642,9
	Tschechoslowakei	620,1
1994	Deutschland	970,1
	Japan	956,9
	Österreich	918,9
1998	Japan	933,0
	Deutschland	897,4
	Österreich	881,5
2002	Deutschland	974,1
	Finnland	974,0
	Slowenien	946,3
2006	Österreich	984,0
	Finnland	976,6
	Norwegen	950,1
2010	Österreich	1107,9
	Deutschland	1035,8
	Norwegen	1030,3
2014	Deutschland	1041,1
	Österreich	1038,4
	Japan	1024,9
2018	Norwegen	1098,5
	Deutschland	1075,7
	Polen	1072,4

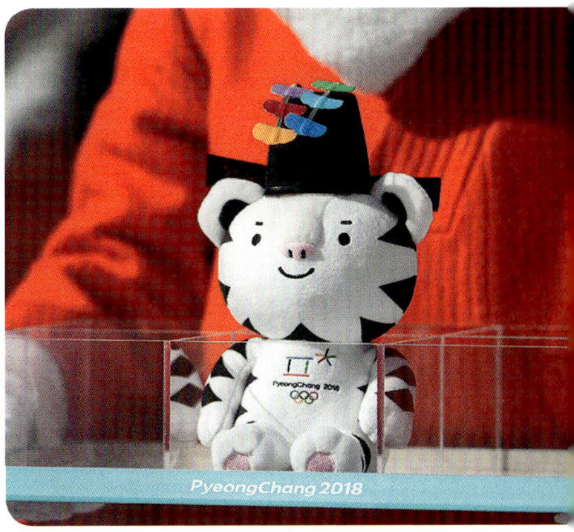

Die Bronzemedaillengewinner

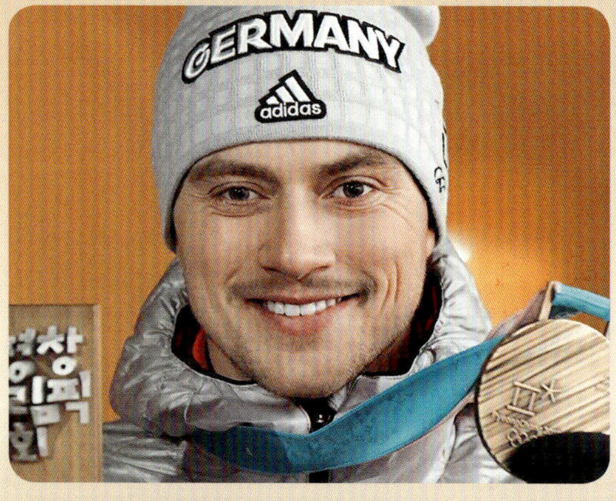

Johannes Ludwig (GER), Rodeln, Einsitzer

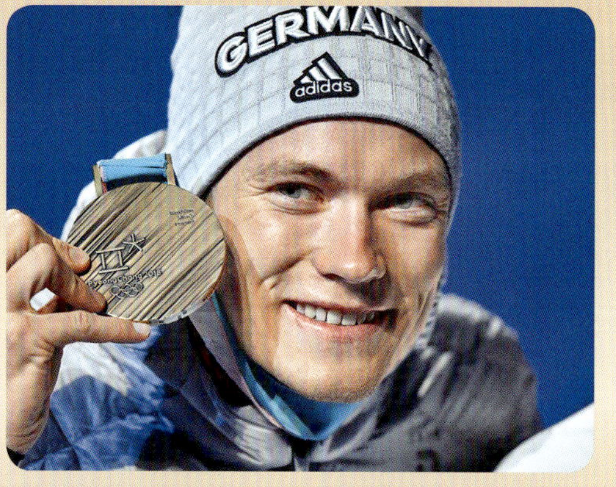

Benedikt Doll (GER), Biathlon, Verfolgung

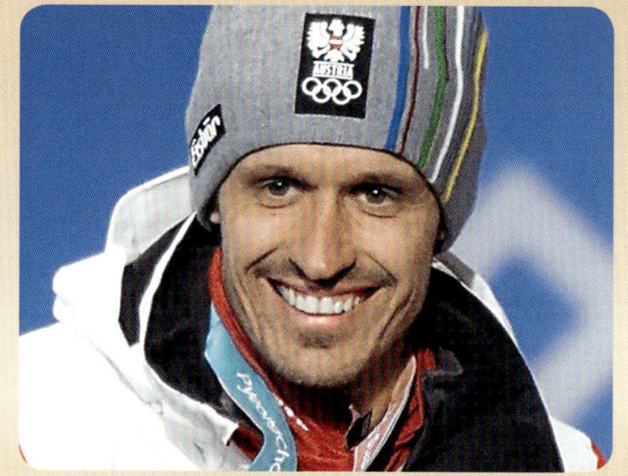

Lukas Klapfer (AUT), Nordische Kombination, Normalschanze

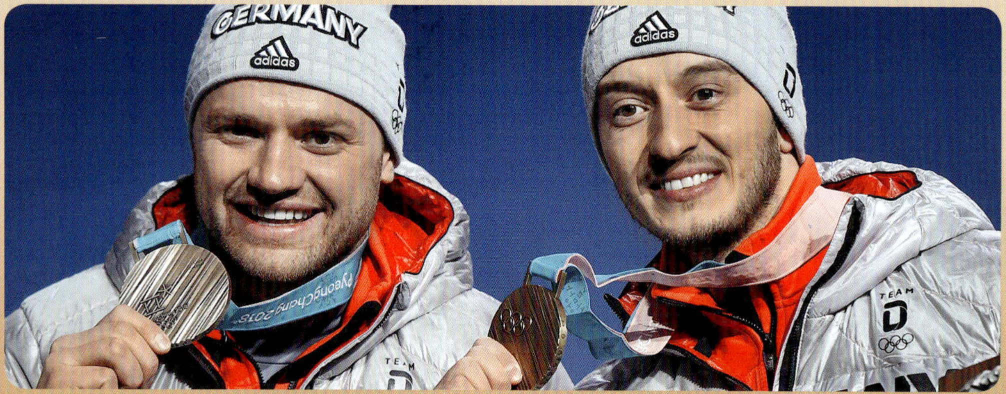

Toni Eggert/Sascha Benecken (GER), Rodeln, Doppelsitzer

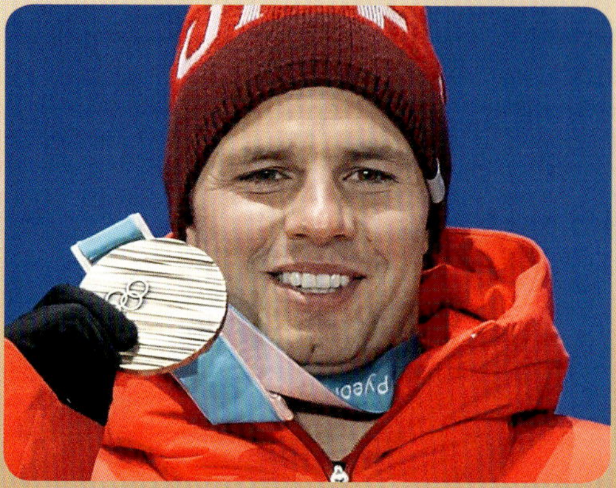

Beat Feuz (SUI), Ski Alpin, Abfahrt

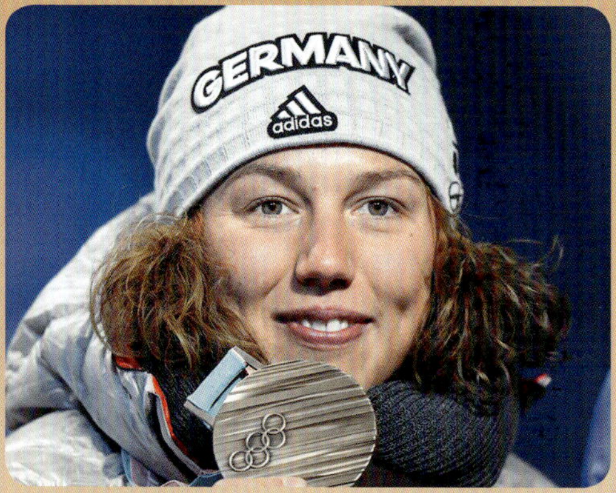

Laura Dahlmeier (GER), Biathlon, Einzel

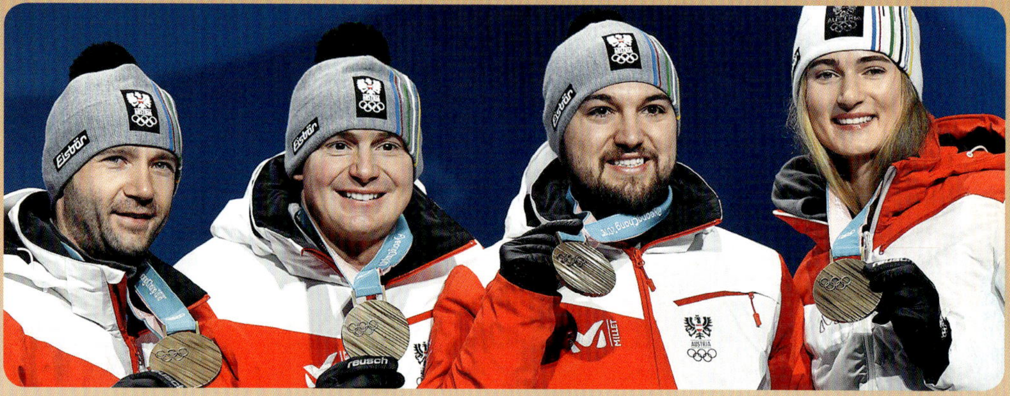

Österreich, Rodeln, Team-Wettbewerb

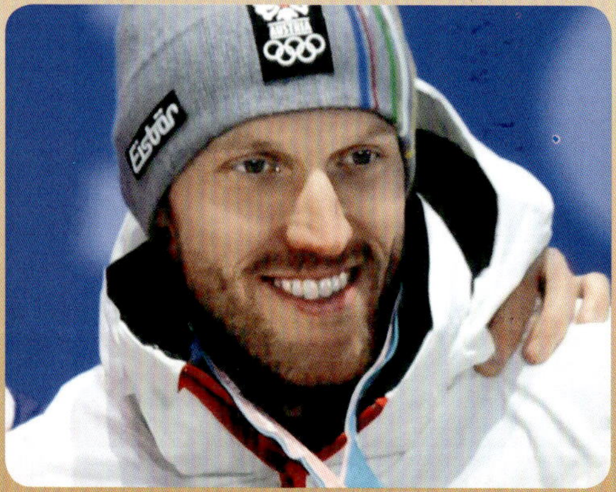

Dominik Landertinger (AUT), Biathlon, Einzel

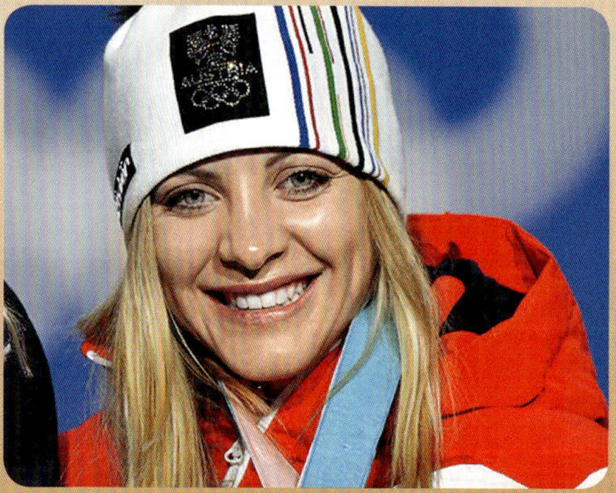

Katharina Gallhuber (AUT), Ski Alpin, Slalom

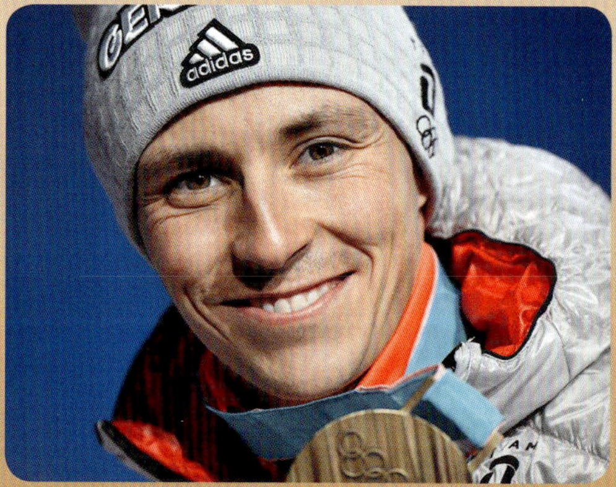

Eric Frenzel (GER), Nordische Kombination, Großschanze

Michael Matt (AUT), Ski Alpin, Slalom

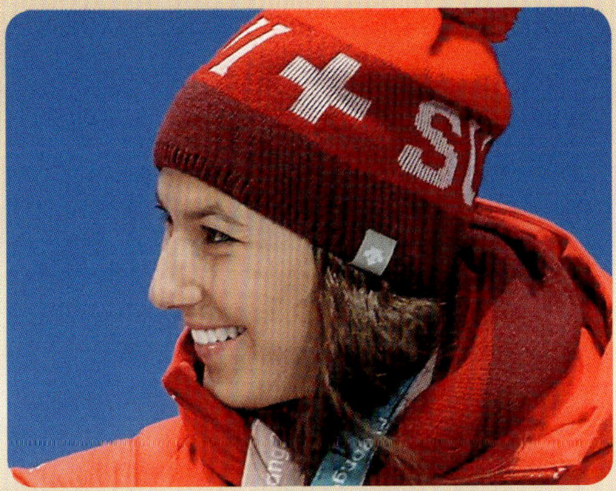
Wendy Holdener (SUI), Ski Alpin, Super-Kombination

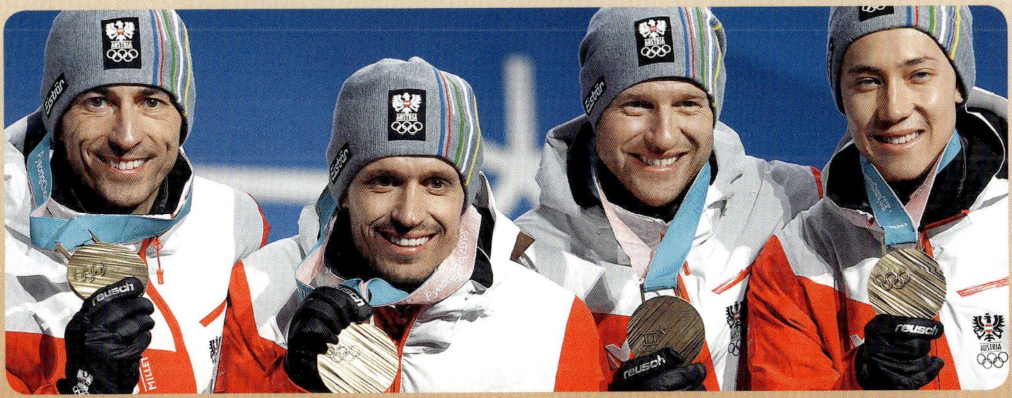

Österreich, Nordische Kombination, Teamstaffel

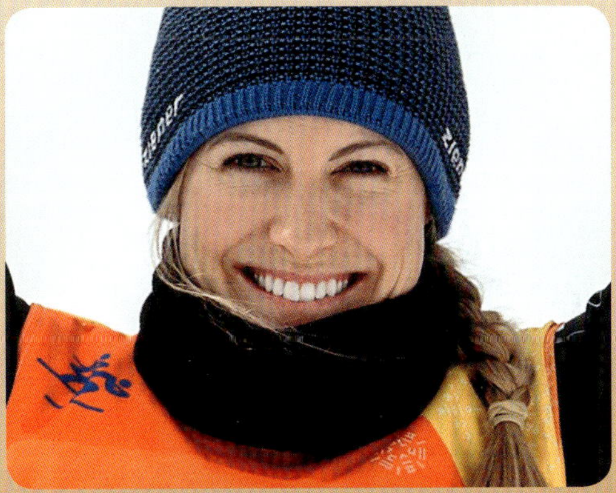
Fanny Smith (SUI), Ski Freestyle, Skicross

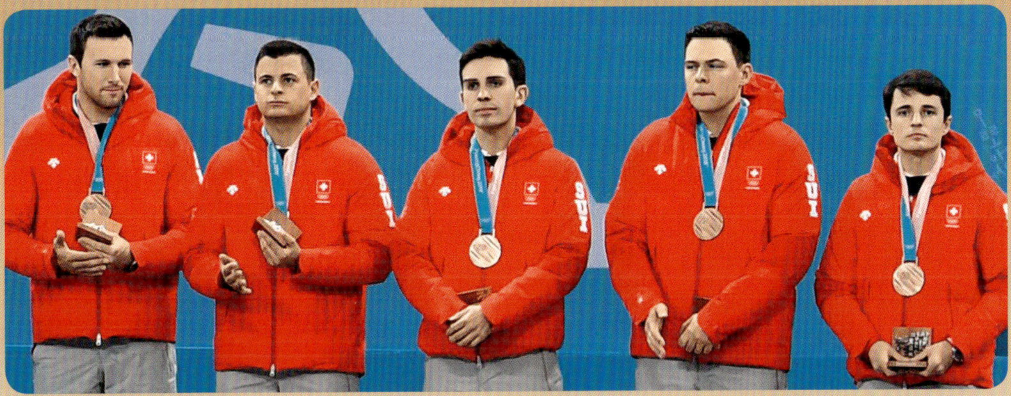
Schweiz, Curling, Männer

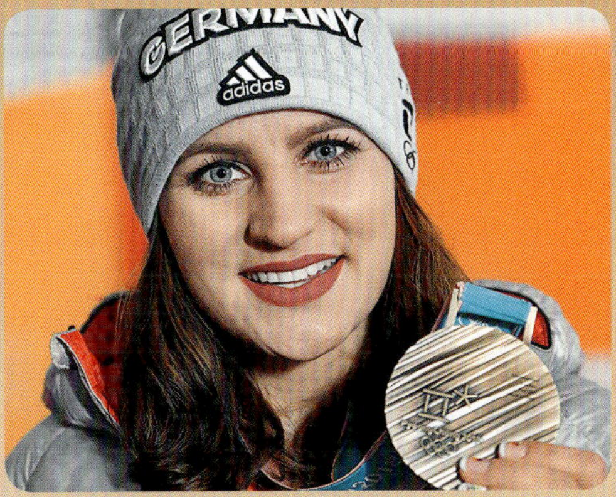

Ramona Hofmeister (GER), Snowboard, Parallel-Riesenslalom

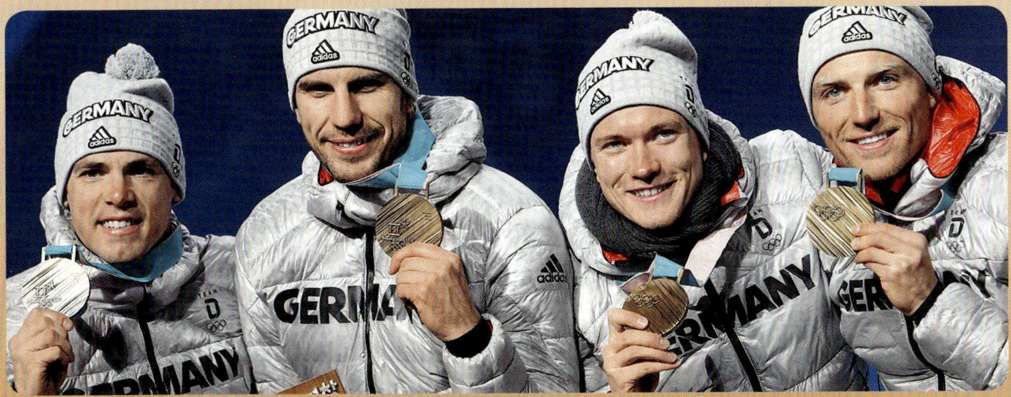

Deutschland, Biathlon, Männer-Staffel

Statistik-Hinweise

A	Ausgeschieden
DNS	Did not start
DQ	Disqualifiziert
Q	Qualifikation
n.V.	nach Verlängerung
n.P	nach Penalty

Bei den Namen chinesischer und koreanischer Sportler wurden entgegen der landestypischen Schreibweise die Vornamen nach vorne gesetzt.

IOC-Abkürzungen

Teilnehmer 2018 (91 Länder + Korea und Olympische Athleten aus Russland)

ALB	Albanien
AND	Andorra
ARG	Argentinien
ARM	Armenien
AUS	Australien
AUT	Österreich
AZE	Aserbaidschan
BEL	Belgien
BER	Bermuda
BIH	Bosnien-Herzegowina
BLR	Weißrussland
BOL	Bolivien
BRA	Brasilien
BUL	Bulgarien
CAN	Kanada
CHI	Chile
CHN	China
COL	Kolumbien
COR	Korea
CRO	Kroatien
CYP	Zypern
CZE	Tschechien
DEN	Dänemark
ECU	Ecuador
ERI	Eritrea
ESP	Spanien
EST	Estland
FIN	Finnland
FRA	Frankreich
GBR	Großbritannien
GEO	Georgien
GER	Deutschland
GHA	Ghana
GRE	Griechenland
HKG	Hongkong
HUN	Ungarn
IND	Indien
IRI	Iran
IRL	Irland
ISL	Island
ISR	Israel
ITA	Italien
JAM	Jamaika
JPN	Japan
KAZ	Kasachstan
KEN	Kenia
KGZ	Kirgisistan
KOR	Südkorea
KOS	Kosovo
LAT	Lettland
LIB	Libanon
LIE	Liechtenstein
LTU	Litauen
LUX	Luxemburg
MAD	Madagaskar
MAR	Marokko
MAS	Malaysia
MDA	Moldawien
MEX	Mexiko
MGL	Mongolei
MKD	Mazedonien
MLT	Malta
MNE	Montenegro
MON	Monaco
NED	Niederlande
NGR	Nigeria
NOR	Norwegen
NZL	Neuseeland
OAR	Olympische Athleten aus Russland
PAK	Pakistan
PHI	Philippinen
POL	Polen
POR	Portugal
PRK	Nordkorea
PUR	Puerto Rico
ROU	Rumänien
RSA	Südafrika
SIN	Singapur
SLO	Slowenien
SMR	San Marino
SRB	Serbien
SUI	Schweiz
SVK	Slowakei
SWE	Schweden
TGA	Tonga
THA	Thailand
TLS	Osttimor
TOG	Togo
TPE	Taiwan
TUR	Türkei
UKR	Ukraine
USA	USA
UZB	Usbekistan

Frühere Teilnehmer

FRG	BR Deutschland
GDR	DDR
URS	UdSSR
EUN	Ex-UdSSR (Team 1992)
TCH	Tschechoslowakei

Erfolgreichste Sportler bei Olympischen Winterspielen seit 1924

1.	Marit Björgen (Norwegen)	2006–2018 Langlauf	8	4	3
2.	Ole Einar Björndalen (Norwegen)	1998–2014 Biathlon	8	4	1
3.	Björn Dählie (Norwegen)	1992–1998 Langlauf	8	4	0
4.	Ljubow Jegorowa (Russland)	1992–1994 Langlauf	6	3	0
5.	Victor An (Südkorea/Russland)	2006–2014 Shorttrack	6	0	2
6.	Lidija Skoblikowa (UdSSR)	1960–1964 Eisschnelllauf	6	0	0
7.	Ireen Wüst (Niederlande)	2006–2018 Eisschnelllauf	5	4	1
8.	Claudia Pechstein (Deutschland)	1992–2006 Eisschnelllauf	5	2	2
9.	Martin Fourcade (Frankreich)	2010–2018 Biathlon	5	2	0
10.	Larissa Lasutina (Russland)	1992–2002 Langlauf	5	1	1
	Clas Thunberg (Finnland)	1924–1928 Eisschnelllauf	5	1	1
12.	Thomas Alsgaard (Norwegen)	1994–2002 Langlauf	5	1	0
13.	Bonnie Blair (USA)	1988–1994 Eisschnelllauf	5	0	1
14.	Eric Heiden (USA)	1980 Eisschnelllauf	5	0	0
15.	Raissa Smetanina (UdSSR)	1976–1992 Langlauf	4	5	1
16.	Sixten Jernberg (Schweden)	1956–1964 Langlauf	4	3	2
17.	Ricco Groß (Deutschland)	1992–2006 Biathlon	4	3	1
	Emil Hegle Svendsen (Norwegen)	2010–2018 Biathlon	4	3	1
19.	Galina Kulakowa (UdSSR)	1968–1980 Langlauf	4	2	2
	Kjetil Andre Aamodt (Norwegen)	1992–2006 Ski Alpin	4	2	2
	Sven Fischer (Deutschland)	1994–2006 Biathlon	4	2	2
	Sven Kramer (Niederlande)	2006–2018 Eisschnelllauf	4	2	3
23.	Ivar Ballangrud (Norwegen)	1928–1936 Eisschnelllauf	4	2	1
24.	Janica Kostelic (Kroatien)	2002–2006 Ski Alpin	4	2	0
	Kevin Kuske (Deutschland)	2002–2018 Bob	4	2	0
26.	Gunde Svan (Schweden)	1984–1988 Langlauf	4	1	1
	Wang Meng (China)	2006–2010 Shorttrack	4	1	1
	Darja Domratschewa (Weißrussland)	2010–2018 Biathlon	4	1	1
29.	Jewgeni Grischin (UdSSR)	1956–1964 Eisschnelllauf	4	1	0
	Alexander Tichonow (UdSSR)	1968–1980 Biathlon	4	1	0
	Nikolai Simjatow (UdSSR)	1980–1984 Langlauf	4	1	0
	Matti Nykänen (Finnland)	1984–1988 Skispringen	4	1	0
	Johann Olav Koss (Norwegen)	1992–1994 Eisschnelllauf	4	1	0
	Andre Lange (Deutschland)	2002–2010 Bob	4	1	0
	Jayna Hefford (Kanada)	1998–1914 Eishockey	4	1	0
	Hayley Wickenheiser (Kanada)	1998–1914 Eishockey	4	1	0
37.	Chun Lee-Kyung (Südkorea)	1994–1998 Shorttrack	4	0	1
	Natalie Geisenberger (Deutschland)	2010–2018 Rennrodeln	4	0	1
39.	Thomas Wassberg (Schweden)	1980–1988 Langlauf	4	0	0
	Simon Amman (Schweiz)	2002–2010 Skispringen	4	0	0
	Caroline Ouellette (Kanada)	2002–2014 Eishockey	4	0	0
	Tobias Arlt (Deutschland)	2014–2018 Rennrodeln	4	0	0
	Tobias Wendl (Deutschland)	2014–2018 Rennrodeln	4	0	0
	Dario Cologna (Schweiz)	2010–2018 Langlauf	4	0	0

Medaillenspiegel von Pyeongchang

(102 Entscheidungen)

					gesamt
1.	Norwegen	14	14	11	39
2.	Deutschland	14	10	7	31
3.	Kanada	11	8	10	29
4.	USA	9	8	6	23
5.	Niederlande	8	6	6	20
6.	Schweden	7	6	1	14
7.	Südkorea	5	8	4	17
8.	Schweiz	5	6	4	15
9.	Frankreich	5	4	6	15
10.	Österreich	5	3	6	14
11.	Japan	4	5	4	13
12.	Italien	3	2	5	10
13.	OAR	2	6	9	17
14.	Tschechien	2	2	3	7
15.	Weißrussland	2	1	0	3
16.	China	1	6	2	9
17.	Slowakei	1	2	0	3
18.	Finnland	1	1	4	6
19.	Großbritannien	1	0	4	5
20.	Polen	1	0	1	2
21.	Ukraine	1	0	0	1
	Ungarn	1	0	0	1
23.	Australien	0	2	1	3
24.	Slowenien	0	1	1	2
25.	Belgien	0	1	0	1
26.	Neuseeland	0	0	2	2
	Spanien	0	0	2	2
28.	Kasachstan	0	0	1	1
	Lettland	0	0	1	1
	Liechtenstein	0	0	1	1

Es wurden zwei Goldmedaillen (Zweierbob, Männer), zwei Silbermedaillen (Viererbob, Männer) und zwei Bronzemedaillen (Langlauf, Frauen) vergeben.

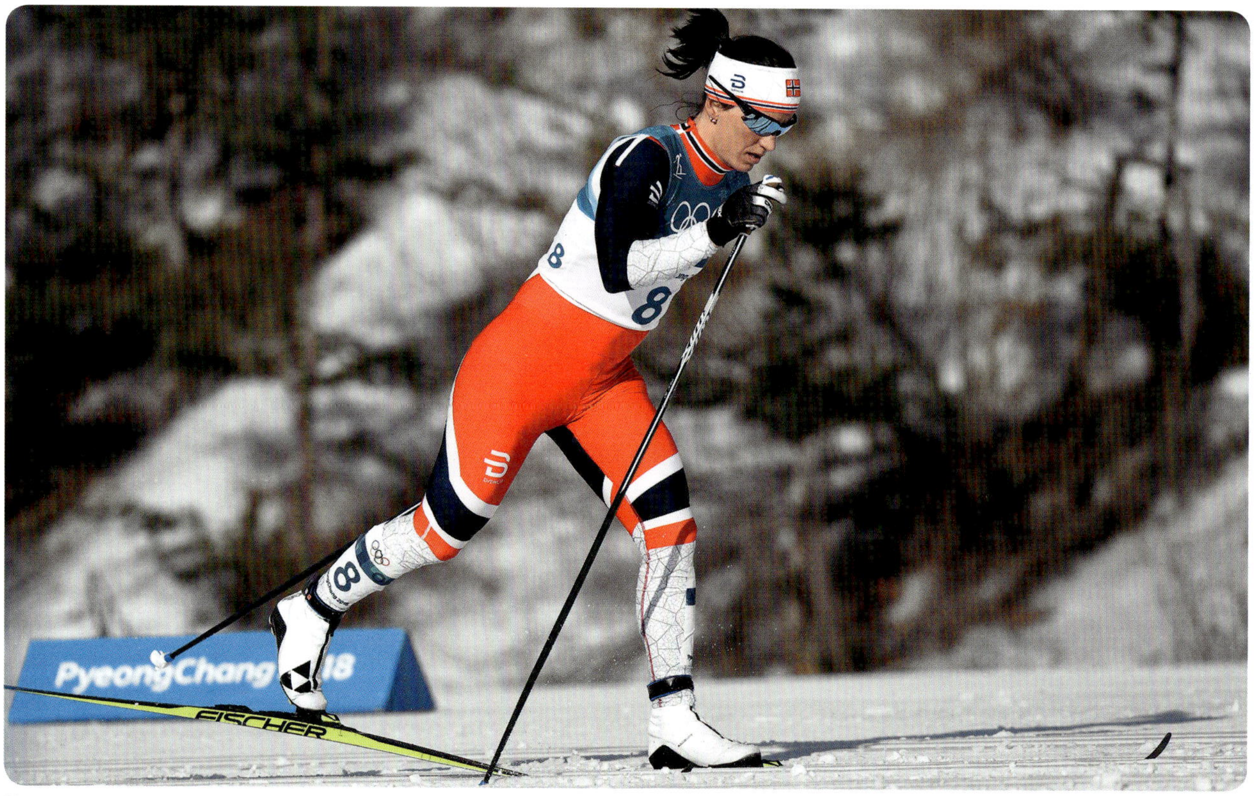

Mit insgesamt acht Gold-, vier Silber- und drei Bronzemedaillen avancierte die norwegische Langläuferin Marit Björgen zur derzeit erfolgreichsten Olympionikin überhaupt.

Die Teilnehmer der XXIII. Olympischen Winterspiele

Ski alpin

Brennsteiner, Stefan	AUT	03.10.1991
Brunner, Stephanie	AUT	20.02.1994
Feller, Manuel	AUT	13.10.1992
Franz, Max	AUT	01.09.1989
Gallhuber, Katharina	AUT	16.06.1997
Haaser, Ricarda	AUT	10.09.1993
Hirschbühl, Christian	AUT	19.04.1990
Hirscher, Marcel	AUT	02.03.1989
Hütter, Cornelia	AUT	29.10.1992
Kriechmayr, Vincent	AUT	01.10.1991
Liensberger, Katharina	AUT	01.04.1997
Matt, Michael	AUT	13.05.1993
Mayer, Matthias	AUT	09.06.1990
Reichelt, Hannes	AUT	05.07.1980
Schild, Bernadette	AUT	02.01.1990
Schmidhofer, Nicole	AUT	15.03.1989
Schörghofer, Philipp	AUT	20.01.1983
Schwarz, Marco	AUT	16.08.1995
Siebenhofer, Ramona	AUT	29.07.1991
Tippler, Tamara	AUT	09.04.1991
Veith, Anna	AUT	18.06.1989
Venier, Stephanie	AUT	19.12.1993
Dopfer, Fritz	GER	24.08.1987
Dressen, Thomas	GER	22.11.1993
Dürr, Lena	GER	04.08.1991
Ferstl, Josef	GER	29.12.1988
Geiger, Christina	GER	06.12.1990
Hilzlinger, Jessica	GER	26.05.1997
Rebensburg, Viktoria	GER	04.10.1989
Sander, Andreas	GER	13.06.1989
Schmid, Alexander	GER	09.06.1994
Schmid, Manuel	GER	09.02.1993
Strasser, Linus	GER	06.11.1992
Wallner, Marina	GER	07.11.1994
Weidle, Kira	GER	24.02.1996
Wenig, Michaela	GER	14.06.1992
Aerni, Luca	SUI	27.03.1993
Caviezel, Gino	SUI	23.06.1992
Caviezel, Mauro	SUI	18.08.1988
Feierabend, Denise	SUI	15.04.1989
Feuz, Beat	SUI	11.02.1987
Flury, Jasmine	SUI	16.09.1993
Gisin, Marc	SUI	25.06.1988
Gisin, Michelle	SUI	05.12.1993
Gut, Lara	SUI	27.04.1991
Hählen, Joana	SUI	23.01.1992
Holdener, Wendy	SUI	12.05.1993
Janka, Carlo	SUI	15.10.1986
Küng, Patrick	SUI	11.01.1984
Meillard, Loic	SUI	29.10.1996
Meillard, Melanie	SUI	23.09.1998
Murisier, Justin	SUI	08.01.1992
Roulin, Gilles	SUI	14.05.1994
Suter, Corinne	SUI	28.09.1994
Tumler, Thomas	SUI	05.11.1989
Wild, Simone	SUI	07.12.1993
Yule, Daniel	SUI	18.02.1993
Zenhäusern, Ramon	SUI	04.05.1992

Ski Freestyle

Gohl, Andreas	AUT	29.01.1994
Gram, Elisabeth	AUT	17.04.1996
Kappacher, Adam	AUT	15.12.1993
Ladner, Marco	AUT	22.04.1998
Limbacher, Andrea	AUT	25.07.1989
Meilinger, Melanie	AUT	27.06.1991
Müllauer, Lukas	AUT	03.07.1997
Ofner, Katrin	AUT	05.03.1990
Wahrstötter, Christoph	AUT	18.10.1989
Winkler, Robert	AUT	24.01.1991
Wolf, Lara	AUT	23.03.2000
Zangerl, Thomas	AUT	10.06.1983
Bouard, Lea	GER	07.06.1996
Cakmakli, Sabrina	GER	25.11.1994
Eckert, Paul	GER	09.09.1990
Eichinger, Julia	GER	28.12.1992
Förster, Katharina	GER	06.11.1988
Funkler, Celia	GER	19.04.1998
Hronek, Tim	GER	01.06.1995
Kühnel, Kea	GER	16.03.1991
Wilmsmann, Florian	GER	21.01.1996
Ambühl, Elias	SUI	26.03.1992
Annen, Priscillia	SUI	04.06.1992
Bischofberger, Marc	SUI	26.01.1991
Bösch, Fabian	SUI	06.07.1997
Briguet, Robin	SUI	11.05.1999
Fiva, Alex	SUI	29.01.1986
Gantenbein, Talina	SUI	18.08.1998
Gasser, Mischa	SUI	02.11.1991
Gisler, Joel	SUI	25.02.1994
Gremaud, Mathilde	SUI	08.02.1900
Gygax, Nicolas	SUI	15.02.1996
Höfflin, Sarah	SUI	08.01.1991
Hunziker, Jonas	SUI	15.05.1994
Isler, Dimitri	SUI	14.051993
Kreienbühl, Rafael	SUI	10.06.1999
Lenherr, Jonas	SUI	24.03.1989
Lüdi, Sanna	SUI	17.02.1986
Niederer, Armin	SUI	28.02.1987
Ragettli, Andri	SUI	21.08.1998
Roth, Noe	SUI	27.12.2000
Scanzio, Deborah	SUI	25.12.1986
Smith, Fanny	SUI	20.05.1992

Snowboard

Douschan, Hanno	AUT	05.09.1989
Dujmovits Julia	AUT	12.06.1987
Grasser, Anna	AUT	16.08.1991
Hämmerle, Alessandro	AUT	30.07.1993
Karl, Benjamin	AUT	16.10.1985
Kislinger, Sebastian	AUT	01.08.1988
Meschik, Ina	AUT	25.09.1990
Millauer, Clemens	AUT	15.12.1994
Pachner, Lukas	AUT	05.12.1991
Payer, Alexander	AUT	12.09.1989
Prommegger, Andreas	AUT	10.11.1980
Riegler, Claudia	AUT	07.07.1973
Schraier, Markus	AUT	04.07.1987
Ulbing, Daniela	AUT	27.02.1998
Baumeister, Stefan	GER	18.04.1993
Berg, Paul	GER	26.09.1991
Bergmann, Alexander	GER	16.05.1987
Bussler, Patrick	GER	01.06.1984
Fischer, Jana	GER	08.05.1999
Höpfl, Johannes	GER	12.08.1995
Hofmeister, Ramona Theresia	GER	28.03.1996
Jörg, Selina	GER	24.01.1988
Langenhorst, Carolin	GER	03.01.1996
Mittermüller, Silvia	GER	08.08.1983
Nörl, Martin	GER	12.04.1993
Schad, Konstantin	GER	25.07.1987
Wöhrer, Anke	GER	13.10.1985
Allensbach, Elias	SUI	14.05.2001
Bösiger, Jonas	SUI	05.04.1995
Burgener, Patrick	SUI	01.06.1994
Candrian, Sina	SUI	21.11.1988
Casanova, Lara	SUI	25.10.1996
Caviezel, Dario	SUI	12.09.1995
Derungs, Isabel	SUI	17.07.1987
Flütsch, Kaspar	SUI	20.06.1986
Galmarini, Nevin	SUI	04.12.1986
Hasler, Alexandra	SUI	01.06.1997
Huber, Nicolas	SUI	14.01.1995
Jenny, Ladina	SUI	10.06.1993
Koblet, Kalle	SUI	17.08.1997
Könz, Elena	SUI	12.09.1987
Kummer, Patrizia	SUI	16.10.1987
Lymann, Jerome	SUI	02.04.1996
Meiler, Simona	SUI	13.09.1989
Müller, Stefanie	SUI	05.06.1992
Rohrer, Verena	SUI	08.04.1996
Schärer, Michael	SUI	23.12.1996
Scherrer, Jan	SUI	11.07.1994
Somani, Carla	SUI	13.10.1991
Thönen, Moritz	SUI	09.12.1996
Zogg, Julie	SUI	01.10.1992

Bob

Bassey, Ekemini	AUT	22.10.1987
Beierl, Katrin	AUT	16.08.1993
Glück, Markus	AUT	15.02.1990
Hahn, Victoria	AUT	17.03.1993
Hengster, Christina	AUT	04.02.1986
Kleiser, Valerie	AUT	11.01.1993
Maier, Benjamin	AUT	19.04.1994
Moldavan, Danut Ion	AUT	18.03.1991
Rangl, Marco	AUT	07.05.1990
Sammer, Markus	AUT	20.05.1988
Treichl, Markus	AUT	28.09.1993
Walch, Kilian	AUT	24.01.1997
Bauer, Candy	GER	31.07.1986
Buckwitz, Lisa	GER	02.12.1994
Drazek, Annika	GER	11.04.1995
Franke, Eric	GER	16.08.1989
Friedrich, Francesco	GER	02.05.1990
Grothkopp, Martin	GER	21.06.1986
Jamanka, Mariama	GER	23.08.1990
Köhler, Anna	GER	05.08.1993
Kuske, Kevin	GER	04.01.1979
Lochner, Johannes	GER	15.10.1990
Margis, Thorsten	GER	14.08.1989
Nolte, Erline	GER	19.05.1989
Poser, Christian	GER	16.08.1986
Rasp, Christian	GER	29.09.1989
Rödiger, Alexander	GER	14.05.1985
Schneider, Stephanie	GER	25.09.1990
Walther, Nico	GER	07.06.1990
Weber, Christopher	GER	05.10.1991
Amrhein, Thomas	SUI	30.05.1989
Badraun, Fabio	SUI	04.10.1987
Bracher, Clemens	SUI	25.01.1987
Friedli, Simon	SUI	22.07.1991
Hafner, Sabina	SUI	10.05.1984
Knuser, Alain	SUI	07.12.1994
Kuonen, Michael	SUI	10.06.1991
Meier, Martin	SUI	27.04.1984
Peter, Rico	SUI	13.09.1983
Rebsamen, Rahel	SUI	08.04.1994

Rodeln

Egger, Reinhard	AUT	11.09.1989
Egle, Madeleine	AUT	21.08.1998
Fischler, Georg	AUT	03.07.1985
Gleirscher, David	AUT	23.07.1994
Kindl, Wolfgang	AUT	18.04.1988
Koller, Lorenz	AUT	26.09.1994
Penz, Peter	AUT	05.04.1984
Platzer, Birgit	AUT	14.10.1992
Prock, Hannah	AUT	02.02.2000
Steu, Thomas	AUT	09.02.1994
Arlt, Tobias	GER	02.06.1987
Benecken, Sascha	GER	14.02.1990
Eggert, Toni	GER	12.05.1988
Eitberger, Dajana	GER	07.01.1991
Geisenberger, Natalie	GER	05.02.1988
Hüffner, Tatjana	GER	30.04.1983
Langenhan, Andi	GER	01.10.1984
Loch, Felix	GER	24.07.1989
Ludwig, Johannes	GER	14.02.1986
Wendl, Tobias	GER	16.06.1987
Kocher, Martina	SUI	14.03.1985

Skeleton

Flock, Janine	AUT	25.07.1989
Guggenberger, Matthias	AUT	24.09.1984
Fernstädt, Anna	GER	23.11.1996
Gassner, Alexander	GER	09.08.1989
Grotheer, Christopher	GER	31.07.1992
Hermann, Tina	GER	05.03.1992
Jungk, Axel	GER	05.05.1991
Lölling, Jacqueline	GER	06.02.1995
Gilardoni, Marina	SUI	04.03.1987

Eishockey

Akdag, Sinan	GER	05.11.1989
Aus den Birken, Danny	GER	15.02.1985
Boyle, Daryl	GER	24.02.1987
Ehliz, Yasin	GER	30.12.1992
Ehrhoff, Christian	GER	06.07.1982
Endras, Dennis	GER	14.07.1985
Fauser, Gerrit	GER	13.07.1989
Goc, Marcel	GER	24.08.1983
Hager, Patrick	GER	08.09.1988
Hordler, Frank	GER	26.01.1985
Kahun, Dominik	GER	02.07.1995
Kink, Marcus	GER	13.01.1985
Krupp, Bjorn	GER	06.03.1991
Macek, Brooks	GER	15.05.1992
Mauer, Frank	GER	12.04.1988
Müller, Jonas	GER	19.11.1995
Müller, Moritz	GER	19.11.1986
Noebels, Marcel	GER	14.03.1992
Pfoderl, Leonhard	GER	01.09.1993
Pielmeier, Timo	GER	07.07.1989
Plachta, Matthias	GER	16.05.1991
Reimer, Patrick	GER	10.12.1982
Schutz, Felix	GER	03.11.1987
Seidenberg, Yannic	GER	11.01.1984
Wolf, David	GER	15.09.1989
Alder, Janine	SUI	05.07.1995
Allemann, Tess	SUI	07.04.1998
Almond, Cody	SUI	24.07.1989
Altmann, Livia	SUI	13.12.1994
Ambühl, Andres	SUI	14.09.1983
Benz, Laura	SUI	25.08.1992
Benz, Sara	SUI	25.08.1992
Blum, Eric	SUI	13.06.1986
Bodenmann, Simon	SUI	02.03.1988
Brandli, Andrea	SUI	05.06.1997
Bullo, Nicole	SUI	18.07.1987
Corvi, Enzo	SUI	23.12.1992
Diaz, Raphael	SUI	09.01.1986
Du Bois, Felicien	SUI	18.10.1983
Forster, Sarah	SUI	19.05.1993
Fürrer, Philippe	SUI	16.06.1985
Gass, Nicole	SUI	18.08.1993
Geering, Patrick	SUI	12.02.1990
Genoni, Leonardo	SUI	28.08.1987
Haas, Gaetan	SUI	31.01.1992
Herzog, Fabrice	SUI	09.12.1994
Hiller, Jonas	SUI	12.02.1982
Hofmann, Gregory	SUI	13.11.1992
Hollenstein, Denis	SUI	15.10.1989
Löffel, Romain	SUI	10.03.1991
Meier, Christine	SUI	24.05.1986
Moser, Simon	SUI	10.05.1989
Müller, Alina	SUI	12.03.1998
Praplan, Vincent	SUI	10.06.1994
Raselli, Evelina	SUI	03.05.1992
Rüdi, Lisa	SUI	03.11.1900
Rügg, Dominique	SUI	05.02.1996
Rufenacht, Thomas	SUI	22.02.1985
Schäppi, Reto	SUI	27.01.1991
Schelling, Florence	SUI	09.03.1989
Scherwey, Tristan	SUI	07.05.1991
Schlumpf, Dominik	SUI	03.031991
Sigrist, Shannon	SUI	20.04.1999
Stänz, Phoebe	SUI	07.01.1994
Stalder, Lara	SUI	15.05.1994
Stephan, Tobias	SUI	21.01.1984
Suter, Pius	SUI	24.05.1996
Untersander, Ramon	SUI	21.01.1991
Waidacher, Isabel	SUI	25.07.1994
Waidacher, Monika	SUI	09.07.1990
Waidacher, Nina	SUI	23.08.1992
Wetli, Stefanie	SUI	04.02.1900
Zollinger, Sabrina	SUI	27.03.1993

Curling

Albrecht, Marlene	SUI	13.03.1988
De Cruz, Peter	SUI	04.01.1990
Märki, Dominik	SUI	09.10.1990
Neuenschwander, Esther	SUI	30.08.1983
Pätz, Claudio	SUI	01.07.1987
Perret, Jenny	SUI	23.12.1991
Rios, Martin	SUI	24.05.1981
Schwarz, Benoit	SUI	19.08.1991
Siegrist, Manuela	SUI	18.05.1990
Tanner, Valentin	SUI	02.10.1992
Tirinzoni, Silvana	SUI	25.06.1979

Eiskunstlauf

Kiefer, Severin	AUT	11.10.1990
Ziegler, Miriam	AUT	19.03.1994
Blommaert, Ruben	GER	05.03.1992
Fentz, Paul	GER	08.09.1992
Hocke, Annika	GER	16.07.2000
Lorenz, Kavita	GER	05.09.1995
Massot, Bruno	GER	28.01.1989
Polizoakis, Joti	GER	09.06.1995
Savchenko, Aljona	GER	19.01.1984
Schott, Nicole	GER	12.09.1996
Paganini, Alexia	SUI	15.11.2001

Eisschnellauf

Heidegger, Linus	AUT	23.08.1995
Herzog, Vanessa	AUT	04.07.1995
Beckert, Patrick	GER	17.04.1990
Dannhauer, Judith	GER	03.09.1982
Dufter, Joel	GER	18.03.1995
Dufter, Roxanne	GER	13.02.1992
Geisreiter, Moritz	GER	30.12.1987
Hirschbichler, Gabriele	GER	26.12.1983
Ihle, Nico	GER	02.12.1985
Pechstein, Claudia	GER	22.02.1972
Uhrig, Michelle	GER	20.01.1996
Härdi, Ramona	SUI	09.04.1997
Wenger, Livio	SUI	20.01.1993

Nordische Wettbewerbe

Biathlon

Eberhard, Julian	AUT	09.11.1986
Eberhard, Tobias	AUT	12.01.1985
Eder, Simon	AUT	23.02.1983
Grossegger, Sven	AUT	17.11.1987
Hauser, Lisa Theresa	AUT	16.12.1993
Innerhofer, Katharina	AUT	17.01.1991
Komatz, David	AUT	10.12.1991
Landertinger, Dominik	AUT	13.03.1988
Zdouc, Dunja	AUT	03.01.1994
Dahlmeier, Laura	GER	22.08.1993
Doll, Benedikt	GER	24.03.1990
Hammerschmidt, Maren	GER	24.10.1989
Herrmann, Denise	GER	20.12.1988
Hilderbrand, Franziska	GER	24.03.1987
Hinz, Vanessa	GER	24.03.1992
Kühn, Johannes	GER	19.11.1991
Lesser Erik	GER	17.05.1988
Peiffer, Arnd	GER	18.03.1987
Preuss, Franziska	GER	11.03.1994
Rees, Roman	GER	01.03.1993
Schempp, Simon	GER	14.11.1988
Cadurisch, Irene	SUI	23.10.1991
Dolder, Mario	SUI	22.06.1990
Finello, Jeremy	SUI	13.05.1992
Gasparin, Aita	SUI	09.02.1994
Gasparin, Elisa	SUI	02.12.1991
Gasparin, Selina	SUI	03.04.1984
Häckl, Lena	SUI	01.07.1995
Jäger, Martin	SUI	20.12.1987
Weger, Benjamin	SUI	05.10.1989
Wiestner, Serafin	SUI	20.07.1990

Langlauf

Baldauf, Dominik	AUT	23.04.1992
Hauke, Max	AUT	29.08.1992
Seebacher, Anna Roswitha	AUT	09.03.1994
Stadlober, Luis	AUT	23.07.1991
Stadlober, Teresa	AUT	01.02.1993
Tritschler, Bernhard	AUT	25.04.1988
Unterweger, Lisa	AUT	04.02.1995
Bing, Thomas	GER	03.04.1990
Bögl, Lucas	GER	14.06.1990
Böhler, Stefanie	GER	27.02.1981
Carl, Victoria	GER	31.07.1995
Dobler, Jonas	GER	04.05.1991
Eisenlauer, Sebastian	GER	13.03.1990
Fessel, Nicole	GER	19.03.1983
Fink, Pia	GER	10.07.1995
Hennig, Katharina	GER	14.06.1996
Katz, Andreas	GER	08.01.1988
Kolb, Hanna	GER	21.08.1991
Notz, Florian	GER	24.04.1992
Ringwald, Sandra	GER	27.07.1990
Schicho, Elisabeth	GER	10.05.1991
Wick, Thomas	GER	12.04.1991
Winkler, Anne	GER	28.03.1994
Baumann, Jonas	SUI	27.03.1990
Cologna, Dario	SUI	11.03.1986
Fähndrich, Nadine	SUI	16.10.1995
Furger, Roman	SUI	10.02.1990
Hediger, Jovian	SUI	17.12.1990
Hiernickel, Lydia	SUI	23.12.1996
Käser, Erwan	SUI	08.06.1992
Livers, Toni	SUI	02.06.1983
Pralong, Candide	SUI	24.09.1990
Rüesch, Jason	SUI	16.05.1994
Schnider, Ueli	SUI	29.03.1990
Van der Graaff, Laurien	SUI	14.10.1987
Von Siebenthal, Nathalie	SUI	30.09.1993

Nordische Kombination

Denifl, Wilhelm	AUT	10.11.1980
Gruber, Bernhard	AUT	12.08.1982
Klapfer, Lukas	AUT	25.12.1985
Rehrl, Franz-Josef	AUT	15.03.1993
Seidl, Mario	AUT	08.12.1992
Frenzel, Eric	GER	21.11.1988
Geiger, Vinzenz	GER	24.07.1997
Kircheisen, Björn	GER	06.08.1983
Rießle, Fabian	GER	18.12.1990
Rydzek, Johannes	GER	09.12.1991
Hug, Tim	SUI	11.08.1987

Skispringen

Aigner, Clemens	AUT	02.02.1993
Fettner, Manuel	AUT	17.06.1985
Hayböck Michael	AUT	05.03.1991
Hölzl, Chiara	AUT	18.07.1997
Iraschko-Stolz, Daniela	AUT	21.11.1983
Kraft, Stefan	AUT	13.05.1993
Schlierenzauer, Gregor	AUT	07.01.1990
Seifriedsberger, Jacqueline	AUT	20.01.1991
Althaus, Katharina	GER	23.05.1996
Eisenbichler, Markus	GER	03.04.1991
Freitag, Richard	GER	14.08.1991
Geiger, Karl	GER	11.02.1993
Leyhe, Stephan	GER	05.01.1992
Seyfarth, Juliane	GER	19.02.1990
Straub, Ramona	GER	19.09.1993
Vogt, Carina	GER	05.02.1992
Wellinger, Andreas	GER	28.08.1995
Ammann, Simon	SUI	25.06.1981
Deschwanden, Gregor	SUI	27.02.1991

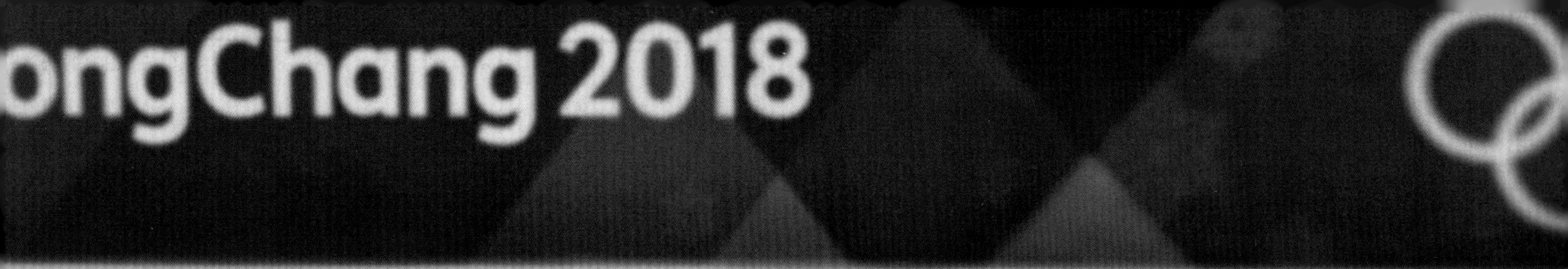

Eine Produktion des Copress-Teams, Grünwald

Lektorat und Bildredaktion	Pierre Sick
Produktion und Layout	VerlagsService Dietmar Schmitz GmbH, Heimstetten
Umschlaggestaltung	Stiebner Verlag GmbH
Alle Fotos	von FOTOAGENTUR SVEN SIMON, außer: S. 20, 26, 31(2), 63, 78, 78/79, 102, 111, 139, 151 (alle imago)
Fotografen	Frank Hörmann, Anke Wälischmiller
Redaktionelle Mitarbeit Foto	Malte Ossowski
Alle Texte	dpa Deutsche Presse-Agentur GmbH
Texte/Redaktion/Koordination	Jan-Nikolas Picker, Christina Storz, Catharina Jäckel, Christian Schierwagen, Niklas Schilling
Statistiken (außer Anhang)	dpa-Sportsdata, Jan-Nikolas Picker, Christina Storz
dpa-Team Pyeongchang	Volker Gundrum, Sandra Degenhardt, Thomas Wolfer, Gerald Fritsche, Patrick Reichardt, Maximilian Haupt, Manuel Schwarz, Frank Kastner, Frank Thomas, Britta Körber, Carsten Lappe, Kristina Puck, Dirk Godder, Andreas Landwehr, Stefan Tabeling, Claas Hennig, Martin Beils, Andreas Schirmer, Robert Semmler, Florian Lütticke, Christian Hollmann, Thomas Bremser
Bibliografische Information der Deutschen Nationalbibliothek	Die Deutsche Nationalbibliothek verzeichnet diese Publikation in der Deutschen Nationalbibliografie; detaillierte bibliografische Daten sind im Internet über http://dnb.dnb.de abrufbar.
Copyright	© 2018 Copress Verlag in der Stiebner Verlag GmbH, Grünwald Alle Rechte vorbehalten
Projektmanagement	Stiebner Verlag GmbH, Grünwald www.copress.de
Reproduktion	digiartworx, Nittenau/Kaspeltshub
Druck und Bindung	Firmengruppe APPL, aprinta druck, Wemding
ISBN	978-3-7679-1215-1